国际财务管理

INTERNATIONAL CORPORATE FINANCE 13E

金融学精选教材译丛

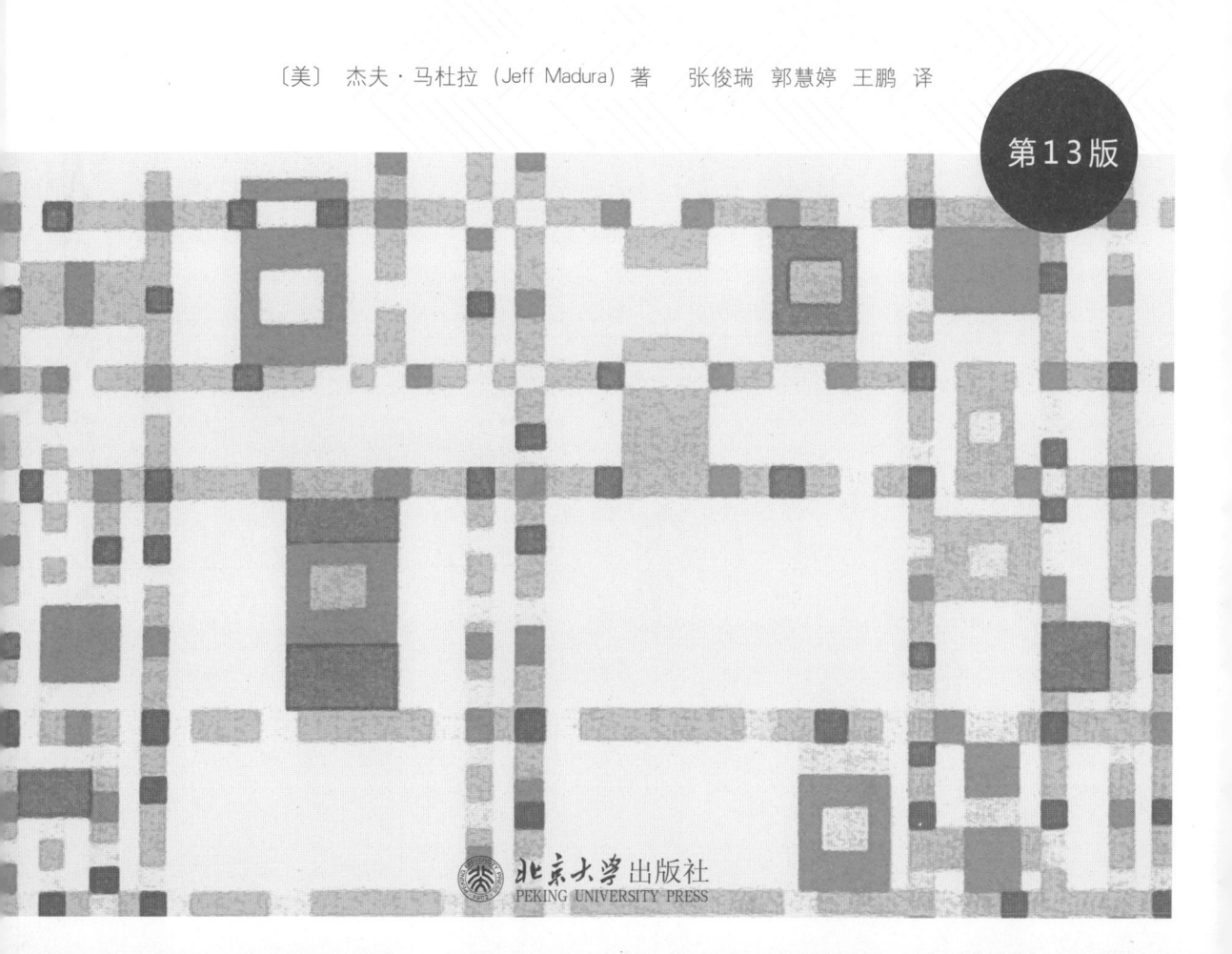

〔美〕杰夫·马杜拉（Jeff Madura） 著　张俊瑞　郭慧婷　王鹏　译

第13版

北京大学出版社
PEKING UNIVERSITY PRESS

著作权合同登记号　图字：01-2018-1384

图书在版编目（CIP）数据

国际财务管理：第13版／（美）杰夫·马杜拉著；张俊瑞，郭慧婷，王鹏译. -- 北京：北京大学出版社，2025.5. --（金融学精选教材译丛）. -- ISBN 978-7-301-35928-0

Ⅰ．F811.2

中国国家版本馆CIP数据核字第2025RB9093号

Jeff Madura
International Corporate Finance, 13th edition
Copyright © 2020 Cengage Learning Asia Pte Ltd.

Original edition published by Cengage Learning. All Rights reserved.
本书原版由圣智学习出版公司出版。版权所有，盗印必究。

Peking University Press is authorized by Cengage Learning to publish and distribute exclusively this simplified Chinese edition. This edition is authorized for sale in the People's Republic of China only (excluding Hong Kong, Macao SARs and Taiwan). Unauthorized export of this edition is a violation of the Copyright Act. No part of this publication may be reproduced or distributed by any means, or stored in a database or retrieval system, without the prior written permission of the publisher.

本书中文简体字翻译版由圣智学习出版公司授权北京大学出版社独家出版发行。此版本仅限在中华人民共和国境内（不包括中国香港、澳门特别行政区及中国台湾地区）销售。未经授权的本书出口将被视为违反版权法的行为。未经出版者预先书面许可，不得以任何方式复制或发行本书的任何部分。

本书封面贴有 Cengage Learning 防伪标签，无标签者不得销售。

书　　　名	国际财务管理（第13版） GUOJI CAIWU GUANLI（DI-SHI SAN BAN）
著作责任者	〔美〕杰夫·马杜拉（Jeff Madura）　著　张俊瑞　郭慧婷　王　鹏　译
策 划 编 辑	张　燕
责 任 编 辑	高　源
标 准 书 号	ISBN 978-7-301-35928-0
出 版 发 行	北京大学出版社
地　　　址	北京市海淀区成府路205号　100871
网　　　址	http://www.pup.cn
微信公众号	北京大学经管书苑（pupembook）
电 子 邮 箱	编辑部 em@pup.cn　总编室 zpup@pup.cn
电　　　话	邮购部 010-62752015　发行部 010-62750672　编辑部 010-62752926
印 刷 者	北京飞达印刷有限责任公司
经 销 者	新华书店
	787毫米×1092毫米　16开本　32.75印张　779千字 2025年5月第1版　2025年5月第1次印刷
定　　　价	98.00元

未经许可，不得以任何方式复制或抄袭本书之部分或全部内容。
版权所有，侵权必究
举报电话：010-62752024　电子邮箱：fd@pup.cn
图书如有印装质量问题，请与出版部联系，电话：010-62756370

献给我的母亲艾琳

出 版 者 序

作为一家致力于出版和传承经典、与国际接轨的大学出版社,北京大学出版社历来重视国际经典教材,尤其是经管类经典教材的引进和出版。自2003年起,我们与圣智、培生、麦格劳-希尔、约翰-威利等国际著名教育出版机构合作,精选并引进了一大批经济管理类的国际优秀教材。其中,很多图书已经改版多次,得到了广大读者的认可和好评,成为国内市面上的经典。例如,我们引进的世界上最流行的经济学教科书——曼昆的《经济学原理》,已经成为国内广为选用、广受欢迎的经济学经典教材。

呈现在您面前的这套"引进版精选教材",是主要面向国内经济管理类各专业本科生、研究生的教材系列。经过多年的沉淀和累积、吐故和纳新,本丛书在各方面正逐步趋于完善:在学科范围上,扩展为"经济学精选教材""金融学精选教材""国际商务精选教材""管理学精选教材""会计学精选教材""营销学精选教材""人力资源管理精选教材"七个子系列;在课程类型上,基本涵盖了经管类各专业的主修课程,并延伸到不少国内缺乏教材的前沿和分支领域;即便针对同一门课程,也有多本教材入选,或难易程度不同,或理论和实践各有侧重,从而为师生提供了更多的选择。同时,我们在出版形式上也进行了一些探索和创新。例如,为了满足国内双语教学的需要,我们改变了影印版图书之前的单纯影印形式,而是在此基础上,由资深授课教师根据该课程的重点,添加重要术语和重要结论的中文注释,使之成为双语注释版。此次,我们更新了丛书的封面和开本,将其以全新的面貌呈现给广大读者。希望这些内容和形式上的改进,能够为教师授课和学生学习提供便利。

在本丛书的出版过程中,我们得到了国际教育出版机构同行们在版权方面的协助和教辅材料方面的支持。国内诸多著名高校的专家学者、一线教师,更是在繁重的教学和科研任务之余,为我们承担了图书的推荐、评审和翻译工作。正是每一位推荐者和评审者的国际化视野和专业眼光,帮助我们书海拾慧,汇集了各学科的前沿和经典;正是每一位译者的全心投入和细致校译,保证了经典内容的准确传达和最佳呈现。此外,来自广大读者的反馈既是对我们莫大的肯定和鼓舞,也总能让我们找到提升的空间。本丛书凝聚了上述各方的心血和智慧,在此,谨对他们的热忱帮助和卓越贡献深表谢意!

"千淘万漉虽辛苦,吹尽狂沙始到金。"在图书市场竞争日趋激烈的今天,北京大学出版社始终秉承"教材优先,学术为本"的宗旨,把精品教材的建设作为一项长期的事业。尽管其中会有探索,有坚持,有舍弃,但我们深信,经典必将长远传承,并历久弥新。我们的事业也需要您的热情参与!在此,诚邀各位专家学者和一线教师为我们推荐优秀的经济管理图书(em@pup.cn),并期待来自广大读者的批评和建议。您的需要始终是我们为之努力的目标方向,您的支持是激励我们不断前行的动力源泉!让我们共同引进经典,传播智慧,为提升中国经济管理教育的国际化水平做出贡献!

北京大学出版社

经济与管理图书事业部

前言

企业逐渐发展成跨国公司(Multi National Company, MNC)就可以充分利用国际机会。公司的财务经理们需要能够评估国际环境、发现机会、执行战略、评估风险和管理风险。那些能够应对国际金融环境变化的跨国公司将获得回报。对那些目前是学生、未来可能成为跨国公司经理的人士来说也是如此。

目标市场

本书(《国际财务管理(第13版)》)假定读者已具备了财务管理的基本知识。它适用于本科生和研究生学习国际财务管理之用。在研究生课程中,学生应解决每章中较难的问题、完成习题和学习案例以及一些特别的项目。

本书的编排

本书首先介绍了国际财务环境背景,而后从公司角度重点对管理进行分析。跨国公司经理在进行管理之前需要先了解国际财务环境。

本书前两篇提供了必要的宏观经济框架。第1篇(第1—5章)介绍了开展国际业务的主要市场。第2篇(第6—8章)描述了汇率与经济变量之间的关系,并解释了影响这些关系的因素。

本书的其余部分提供了一个微观经济框架,重点讨论国际财务管理的管理方面。第3篇(第9—12章)解释了汇率风险的度量与管理。第4篇(第13—16章)描述了长期资产与长期负债的管理,包括跨国资本预算和资本结构决策等。第5篇(第17—19章)集中介绍了跨国公司的短期资产与短期负债的管理,包括贸易融资、其他短期融资和国际现金管理。

每章自成体系,以便授课教师能把课堂时间集中用于更具综合性的议题上。长期资产管理(第13—14章:跨国资本预算、国际公司治理与控制)被安排在长期负债管理(第15—16

章:跨国资本成本和资本结构与长期债务融资)之前,这是因为融资决策依赖于投资决策。然而,在解释概念时,本书特别强调如何将长期资产管理和长期负债管理结合起来。例如,本书在跨国资本预算分析部分说明了外国项目的可行性是怎样依赖于融资组合的。有些授课教师可能更喜欢先讲授长期负债管理,再讲授长期资产管理。

战略方面的内容(如境外直接投资的动机)被安排在经营方面的内容(如短期融资及投资)之前。对于喜欢先讲授跨国公司短期资产和短期负债管理、后讲授长期资产和长期负债管理的授课教师来说,这两部分的顺序可以调换,因为它们是自成体系的。

如果授课教师认为本书中一些章节已在其他课程中涵盖或者无须给予更多的关注,他们就可以减少对这些内容的讲授。例如,如果学生选修了国际经济学这门课程,授课教师就可以降低对第 2 篇(第 6—8 章)的关注。如果授课教师重点关注主要原理,他们就可以减少对第 5 章、14 章、16 章的讲授。另外,如果授课教师认为无须对本书中的描述再进行更具体的阐述,就可以减少对第 17—19 章的关注。

本书的学习方法

本书重点讨论使公司价值最大化的财务管理决策。本书提供了许多强化关键概念的方法,教师可以选择适合自己教学风格的方法和特点。

- **开篇图表** 基本上每篇开始都有一个图表,说明该篇所涉及的关键概念是如何彼此相关的。
- **学习目标** 基本上每章开始都在"本章目标"部分列出了该章的学习目标。
- **示例** 每章都对关键概念进行深入阐释,并举例支持。
- **网站链接** 提供了与关键概念有关信息的网站。
- **小结** 每章末对关键概念进行小结,与每章开始所列学习目标相对应。
- **正方反方** 提出一个有争议的问题以及关于此问题的两种相反观点,要求学生判断哪种说法是正确的,并解释为什么。
- **自测题** 每章末的自测题考查学生对关键概念的理解,书后附录 A 中提供了自测题答案。
- **应用思考题** 每章末大量的应用思考题测验学生对本章关键概念的掌握情况。
- **批判性思考题** 在每章末都有一个批判性思考题,要求学生根据每章相关内容写一篇短文。
- **连续案例** 每章末的连续案例使得学生能够使用关键概念来解决布雷泽(Blades)公司(一家轮滑鞋生产商)遇到的问题。在一个学期里,通过研究同一跨国公司的一系列连续案例,学生就会明白如何对一家跨国公司进行综合决策。
- **小企业困境** 每章末的"小企业困境"部分使学生设身处地,运用本章所学概念为一个名为体育用品出口公司的小型跨国公司做出决策。
- **互联网/Excel 练习** 每章末的"互联网/Excel 练习"部分使学生从各种网站获得实用信息,并能够将 Excel 运用于相关主题。
- **综合题** 每篇末的综合题把本篇各章中的关键概念融合在一起。
- **期中和期末自测题** 第 8 章末提供了期中自测题,其重点是国际宏观经济和市场状况(第 1—8 章)。第 19 章末提供了期末自测题,其重点是管理方面(第 9—19 章)。学生可以将自己的答案与本书提供的参考答案进行比较。
- 每章末和篇末的各种练习及案例给学生提供了许多参与团队合作、决策和交流的机会。

本版的主要变化

第 13 版对所有章节都进行了修订,包括近期国际金融市场上的发展态势,以及跨国公司的管理工具。尤其对以下章节进行了重大变更:
- 第 2 章修订后的国际收支平衡表的格式与美国政府近期公布的具体账户的格式一致。
- 第 3 章修订后各个部分的衔接更加顺畅,并更新了外汇市场的汇率操控。
- 第 6 章修订后包括了货币黑市的内容,以及欧洲中央银行(European Central Bank,ECB)在欧元区稳定金融状况时所面临的挑战。
- 第 8 章修订后综合了费雪效应、购买力平价和国际费雪效应之间的关系。
- 第 9 章对内容进行了重新组织,以提高流畅性。
- 第 10 章修订后各个部分的衔接更加顺畅,并直接关注用以评估汇率风险敞口的风险价值法。
- 第 13 章修订后包含了关于经理(或学生)如何使用电子表格来进行国际资本预算以及敏感性分析的更多详细信息。
- 第 16 章修订后各个部分的衔接更加顺畅。

教辅资源

教师可以得到以下教辅资源(所有资源为电子形式,教师可填写书后的教辅申请表申请):
- **教师手册** 教师手册包括各章的主题、模拟课堂讨论的题目和自测题、连续案例(布雷泽公司)、小企业困境、综合题的答案。

- **试题库** 试题库包含大量多项选择题或者判断题,以及应用题和思考题。
- **幻灯片** 幻灯片为组织讲义材料提供了扎实的指导。除了常规的讲义版的幻灯片,还提供了一套仅供展示的幻灯片。

中文版改编说明

考虑到篇幅的限制和国内教学的实际情况,第 13 版中文版对英文原书的内容进行了适当改编,主要删减了原书的第 13 章、第 16 章,各章章末的 Advanced questions 部分、附录部分以及个别章节中的非核心内容。因此,中文版的章节序号及图表序号与英文版不完全一致。教师在使用英文版教辅资料时,可以参考以下章节序号对照表:

《国际财务管理(第 13 版)》章节序号对照表

章标题	英文版	中文版
跨国财务管理:概览	第 1 章	第 1 章
国际资本流动	第 2 章	第 2 章
国际金融市场	第 3 章	第 3 章
汇率决定	第 4 章	第 4 章
货币衍生品	第 5 章	第 5 章
政府对汇率的影响	第 6 章	第 6 章
国际套利与利率平价	第 7 章	第 7 章
通货膨胀、利率、汇率的关系	第 8 章	第 8 章
汇率预测	第 9 章	第 9 章
汇率波动风险的计量	第 10 章	第 10 章
交易风险的管理	第 11 章	第 11 章
经济风险与折算风险的管理	第 12 章	第 12 章
直接对外投资	第 13 章	本章删除
跨国资本预算	第 14 章	第 13 章
国际公司治理与控制	第 15 章	第 14 章
国家风险分析	第 16 章	本章删除
跨国资本成本和资本结构	第 17 章	第 15 章
长期债务融资	第 18 章	第 16 章
国际贸易融资	第 19 章	第 17 章
短期融资	第 20 章	第 18 章
国际现金管理	第 21 章	第 19 章

目录

第1篇 国际财务环境

第1章 跨国财务管理:概览 3
1.1 跨国公司管理 4
1.2 企业为什么从事国际业务 8
1.3 经营国际业务的方法 9
1.4 跨国公司估值模型 13
1.5 本书框架 21
小结 21
正方反方 22
自测题 22
应用思考题 22
批判性思考题 24
布雷泽公司案例:国际扩张决策 24
小企业困境:创立一个跨国体育用品公司 25
互联网/Excel 练习 26
真实案例在线文章 26

第2章 国际资本流动 27
2.1 国际收支平衡表 27
2.2 国际贸易增长 31
2.3 影响国际贸易流动的因素 36
2.4 国际资本流动 44
2.5 促进资本国际流动的机构 47
小结 50
正方反方 50
自测题 51
应用思考题 51
批判性思考题 52
布雷泽公司案例:资金的国际流动 52

小企业困境:确认会影响体育用品出口公司国外需求的因素 53
互联网/Excel 练习 53
真实案例在线文章 54

第3章 国际金融市场 55
3.1 外汇市场 55
3.2 国际货币市场 67
3.3 国际信贷市场 69
3.4 国际债券市场 71
3.5 国际股票市场 74
3.6 金融市场如何为跨国公司服务 79
小结 79
正方反方 80
自测题 80
应用思考题 80
批判性思考题 82
布雷泽公司案例:利用国际金融市场的决定 82
小企业困境:体育用品出口公司对外汇市场的利用 83
互联网/Excel 练习 83
真实案例在线文章 84

第4章 汇率决定 85
4.1 汇率波动的计量 85
4.2 汇率均衡 87
4.3 影响汇率的因素 90
4.4 套算汇率的变动 98
小结 100
正方反方 100
自测题 101
应用思考题 101
批判性思考题 105
布雷泽公司案例:对远期汇率波动的评价 106

小企业困境:体育用品出口公司对影响
　　英镑价值因素的评估　107
互联网/Excel 练习　107
真实案例在线文章　107

第 5 章　货币衍生品　108
5.1　远期市场　108
5.2　货币期货市场　114
5.3　货币期权市场　120
5.4　货币买入期权　121
5.5　货币卖出期权　128
5.6　货币期权的其他形式　132
小结　134
正方反方　135
自测题　135
应用思考题　136
批判性思考题　139
布雷泽公司案例:利用货币衍生品
　　工具　139
小企业困境:体育用品出口公司对货币
　　期货与期权的应用　141
互联网/Excel 练习　141
真实案例在线文章　141

第 1 篇综合题　国际财务环境　143

第 2 篇　汇率行为

第 6 章　政府对汇率的影响　147
6.1　汇率体系　147
6.2　单一欧洲货币计划　158
6.3　直接干预　163
6.4　间接干预　168
小结　169
正方反方　170
自测题　170

应用思考题　171
批判性思考题　172
布雷泽公司案例:评估干预对汇率的
　　影响　172
小企业困境:体育用品出口公司对中央
　　银行干预的评价　173
互联网/Excel 练习　173
真实案例在线文章　173

第 7 章　国际套利与利率平价　175
7.1　区位套利　175
7.2　三角套利　178
7.3　抛补套利　181
7.4　利率平价理论　186
小结　192
正方反方　192
自测题　193
应用思考题　193
批判性思考题　196
布雷泽公司案例:对潜在套利机会的
　　评估　196
小企业困境:体育用品出口公司对现行
　　即期汇率和远期汇率的估计　197
互联网/Excel 练习　198
真实案例在线文章　198

第 8 章　通货膨胀、利率与汇率的
　　关系　199
8.1　购买力平价理论　199
8.2　国际费雪效应　207
小结　216
正方反方　216
自测题　217
应用思考题　217
批判性思考题　219
布雷泽公司案例:对购买力平价的
　　评估　219
小企业困境:体育用品出口公司对国际

费雪效应的评价 221
互联网/Excel 练习 221
真实案例在线文章 221

第2篇综合题 汇率行为 223

期中自测题 224

第3篇 汇率风险管理

第9章 汇率预测 233
9.1 企业为什么要预测汇率 233
9.2 预测汇率的方法 235
9.3 评估预测效果 243
小结 249
正方反方 249
自测题 249
应用思考题 250
批判性思考题 252
布雷泽公司案例:汇率预测 252
小企业困境:体育用品出口公司的汇率预测 253
互联网/Excel 练习 254
真实案例在线文章 254

第10章 汇率波动风险的计量 255
10.1 汇率风险的相关性 255
10.2 交易风险 256
10.3 经济风险 266
10.4 折算风险 270
小结 273
正方反方 274
自测题 274
应用思考题 275
批判性思考题 276
布雷泽公司案例:评估汇率风险 276
小企业困境:评估体育用品出口公司的

汇率风险 278
互联网/Excel 练习 278
真实案例在线文章 279

第11章 交易风险的管理 280
11.1 规避交易风险的政策 280
11.2 对应付项目的交易风险套期保值 281
11.3 规避应收项目的交易风险 289
11.4 套期保值的局限性 297
11.5 其他减少汇率风险的套期保值方法 299
小结 301
正方反方 301
自测题 302
应用思考题 302
布雷泽公司案例:管理交易风险 306
小企业困境:体育用品出口公司的套期保值决策 308
真实案例在线文章 308

第12章 经济风险与折算风险的管理 309
12.1 管理经济风险 309
12.2 案例:对经济风险套期保值 315
12.3 对固定资产套期保值 318
12.4 管理折算风险 319
小结 321
正方反方 321
自测题 322
应用思考题 322
批判性思考题 323
布雷泽公司案例:评估经济风险 323
小企业困境:对体育用品出口公司汇率波动的经济风险套期保值 325
互联网/Excel 练习 325
真实案例在线文章 326

第3篇综合题 汇率风险管理 327

第4篇 长期资产与长期负债的管理

第13章 跨国资本预算 331
13.1 子公司和母公司的视角 331
13.2 跨国公司资本预算变量输入 333
13.3 跨国资本预算案例 335
13.4 应考虑的其他因素 338
13.5 调整项目评估的风险因素 348
小结 352
正方反方 353
自测题 353
应用思考题 354
批判性思考题 357
布雷泽公司案例:公司在泰国的投资决策 357
小企业困境:体育用品出口公司的跨国资本预算 358
互联网/Excel 练习 359
真实案例在线文章 359

第14章 国际公司治理与控制 360
14.1 国际公司治理 360
14.2 国际公司控制 362
14.3 影响目标公司估值的因素 365
14.4 目标公司价值评估案例 367
14.5 外国目标公司估值的差异 370
14.6 其他公司控制决策 372
14.7 作为实物期权的公司控制决策 374
小结 376
正方反方 377
自测题 377
应用思考题 377
批判性思考题 379
布雷泽公司案例:评估一项在泰国的收购计划 379
小企业困境:体育出口公司的跨国重组 381
互联网/Excel 练习 381
真实案例在线文章 381

第15章 跨国资本成本和资本结构 383
15.1 资本要素 383
15.2 跨国公司的资本结构决策 386
15.3 子公司和母公司资本结构决策之间的相互影响 388
15.4 跨国资本成本 389
15.5 各个国家资本成本的差异 394
小结 397
正方反方 397
自测题 398
应用思考题 398
批判性思考题 400
布雷泽公司案例:评估资本成本 400
小企业困境:体育用品出口公司的跨国资本结构决策 402
互联网/Excel 练习 402
真实案例在线文章 402

第16章 长期债务融资 404
16.1 外国子公司的债务计价货币决策 404
16.2 债务计价货币分析:案例学习 406
16.3 贷款融资 408
16.4 债务期限决策 412
16.5 固定利率和浮动利率债务决策 414
小结 418
正方反方 418
自测题 419

应用思考题　419
批判性思考题　420
布雷泽公司案例：利用
　　长期融资　420
小企业困境：体育用品出口公司的长期
　　融资决策　422
互联网/Excel 练习　422
真实案例在线文章　422

第 4 篇综合题　长期资产和负债
**　　　　　　管理　424**

第 5 篇　短期资产与短期负债的管理

第 17 章　国际贸易融资　429
17.1　国际贸易的支付方式　429
17.2　贸易融资方式　433
小结　438
正方反方　438
自测题　439
应用思考题　439
批判性思考题　439
布雷泽公司案例：评价在泰国的
　　国际贸易融资　440
小企业困境：确保体育用品出口公司
　　收到出口货款　441
真实案例在线文章　441

第 18 章　短期融资　443
18.1　外国融资的来源　443
18.2　外币融资　445
18.3　多币种组合融资　451
小结　453

正方反方　453
自测题　453
应用思考题　454
批判性思考题　455
布雷泽公司案例：外国短期融资的
　　运用　455
小企业困境：体育用品出口公司的短期
　　融资　456
互联网/Excel 练习　457
真实案例在线文章　457

第 19 章　国际现金管理　458
19.1　营运资金的跨国管理　458
19.2　现金集中管理　460
19.3　优化现金流　461
19.4　将超额现金用于投资　465
小结　473
正方反方　473
自测题　474
应用思考题　474
批判性思考题　475
布雷泽公司案例：国际
　　现金管理　476
小企业困境：体育用品出口公司的现金
　　管理　476
互联网/Excel 练习　477
真实案例在线文章　477

第 5 篇综合题　短期资产和负债
**　　　　　　管理　479**

期末自测题　481

附录 A　自测题答案　489

术语表　499

第1篇

国际财务环境

第1篇(第1章到第5章)对跨国公司及其运行环境进行了概述。第1章解释了跨国公司的目标、动机和国际经营风险。第2章描述了资金的国际流动。第3章描述了国际金融市场以及这些市场是如何促进持续经营的。第4章解释了汇率是怎样决定的。第5章提供了货币期货市场和期权市场的背景知识。跨国公司的管理者们必须理解这些章节所描述的国际环境以做出正确的决策。

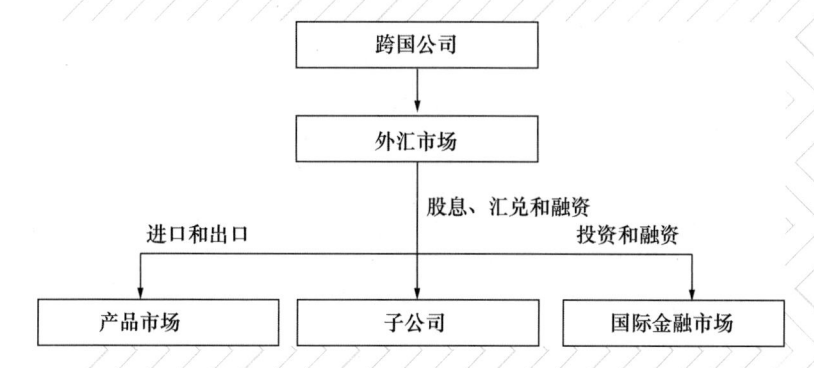

```
                    ┌──────────┐
                    │  跨国公司  │
                    └─────┬────┘
                          │
                    ┌─────┴────┐
                    │  外汇市场  │
                    └─────┬────┘
              股息、汇兑和融资
      进口和出口      │         投资和融资
        ┌────────┐ ┌────────┐ ┌──────────────┐
        │ 产品市场 │ │ 子公司 │ │ 国际金融市场 │
        └────────┘ └────────┘ └──────────────┘
```

第1章
跨国财务管理:概览

跨国公司可定义为从事某种国际经营活动的企业。它们的经理需要做出涉及国际投资、融资等内容的国际财务管理决策,以实现公司价值的最大化。跨国公司经理们的目标与国内公司经理们的目标相似,都是追求公司价值最大化。

最初,这些公司也许只是谋求向特定的国家出口产品,或是从外国厂家进口一些设备。然而,随着时间的推移,许多公司看到了其他的外国经营机会,并最终在境外设立子公司。例如,陶氏化学(Dow Chemical)、IBM(International Business Machines Corporation,国际商业机器公司)、耐克(Nike)等跨国公司的资产有一半以上在外国;而埃克森美孚(ExxonMobil)、富俊国际(Fortune Brands)和高露洁-棕榄(Colgate-Palmolive)等跨国公司有一半以上的销售额源自海外。即使是美国的小公司,其在外国市场的销售收入也占总销售收入的20%以上,其中包括福禄(Ferro)公司(俄亥俄州)、美敦力(Medtronic)公司(明尼苏达州)。很多技术公司,例如苹果(Apple)、脸书(Facebook)在海外扩张,目的是利用其技术优势。美国许多小型的私人企业,例如茶叶共和国(The Republic of Tea)公司(加利福尼亚州)在外国市场的销售收入占很大比重。75%有出口业务的美国公司的雇员数不足100人。

甚至对于那些没有国际经营意图的公司而言,国际财务管理也是重要的。因为这些公司必须认识到它们的外国竞争者是如何被汇率、外国利率、劳动力价格和通货膨胀的波动所影响的。这些经济特征可以影响到外国竞争者的生产成本和定价政策。

本章提供了关于跨国公司的目标、动机和价值的背景知识。

本章目标

- 确定跨国公司的管理目标和组织结构;
- 描述关于跨国经营合理性的重要理论;
- 介绍跨国经营的一般方法;
- 提出跨国公司的价值评估模型。

1.1 跨国公司管理

通常认为,跨国公司的目标是使股东财富最大化。跨国公司聘任经理,期望经理做出使公司股票价值最大化的决策,并服务于全体股东。一些在境外上市的跨国公司可能还有其他目标,例如满足它们各自的政府、债权人或雇员的要求。但是,这些跨国公司目前更注重保护股东的利益,以便能更容易地从股东那里获得资金以支持公司运营。甚至在一些发展中国家,例如保加利亚和越南,由于近年来才开始鼓励商业企业的发展,经理必须服务于股东的利益才能从他们那里获得资金。如果公司宣布将用股票发行收入支付额外的经理薪酬或者投资非营利性的商业项目,那么市场对公司股票的需求量将会很小。

本书聚焦于母公司完全拥有外国子公司的跨国公司,这意味着母公司是子公司的唯一所有者。这种所有权方式是美国跨国公司最为普遍采用的方式,它使得所有跨国公司的财务经理以跨国公司价值最大化为唯一目标,而不以某个外国子公司的价值最大化为目标。本书中的概念也适用于美国之外国家的跨国公司。

1.1.1 如何使用商科知识管理跨国公司

人们将各种不同的商科知识以最大化股东财富的方式整合起来用于管理跨国公司。管理学帮助形成公司战略、激励和指导在企业工作的员工,以及以一种有效生产产品或提供服务的方式组织资源。市场营销学帮助增加客户对产品的知晓程度,并跟踪客户偏好的变化。会计学和信息系统帮助记录跨国公司收入和支出的财务信息,将财务信息报告给投资者,并评估跨国公司已经实施的各种战略的结果。财务学帮助跨国公司进行投资和融资决策。常见的财务决策包括:

- 是否在某个国家终止经营?
- 是否在某个国家开展新业务?
- 是否在某个国家扩大业务?
- 如何在某个国家进行扩张而融资?

每个跨国公司的这些财务决策或多或少都会受到其他商科知识的影响。这些在某个国家开展新业务的决策是基于扩张的成本和潜在收益的比较。新业务的潜在收益受到以下因素影响:一是将要出售产品中的预期消费者利益(市场营销功能);二是用于开展新业务所用资源的预期成本(管理功能)。财务经理的工作依赖于会计和信息系统提供的财务信息。

1.1.2 委托代理问题

跨国公司的管理者也许会做出一些不利于实现股东利益最大化目标的决策。例如,一个关于在某个地区而不是在其他地区设立子公司的决策或许是基于该地区对经理个人的吸引力,而不是基于对股东潜在利益的考虑。管理者可能为获得更多的薪酬而不是为增加跨国公司的价值而做出扩张子公司的决策。公司管理者与股东之间的目标冲突被称为**委托代理问题**(agency problem,简称"代理问题")。

跨国公司为确保管理者以股东财富最大化为目标而付出的成本(即代理成本)往往高于国内公司付出的成本。原因如下:第一,那些拥有分散在各地的子公司的跨国公司会有较大的委托代理问题,这是因为很难对外国子公司管理者的行为进行监督;第二,在不同文化背景下成长的外国子公司管理者也许不会服从统一的目标,其中一些人认为公司应该首先服务于他们各自的员工;第三,大型跨国公司的庞大规模也会带来更严重的委托代理问题,因为较大的规模使得对管理者的监督变得更复杂。

> **举例**
> 西雅图公司(Seattle Co.,总部设在美国)两年前在新加坡建立了子公司以便在那里扩展业务。该公司在新加坡雇了一位经理。子公司成立后,该子公司的销售额并没有增长。而且该经理雇了很多员工来完成委任给他的工作。位于美国的母公司没有严密监视该子公司,一方面是出于对该子公司经理的信任,另一方面是因为母公司距离该子公司太远了。现在,母公司意识到了委托代理问题的存在。由于该子公司开始出现每季度亏损,因此需要对该子公司的经理进行严密监视。

缺乏监督可能导致跨国公司发生重大的亏损。总部位于纽约的大型银行——摩根大通公司(J P Morgan Chase & Co.),在它位于英国伦敦的办公处,一名交易员进行了风险极高的交易后,至少损失了62亿美元,并且令公司不得不支付超过10亿美元的罚款。随后的调查显示,该银行内部控制不力,未能对其员工进行适当的监督。

委托代理问题的母公司控制。由母公司控制的跨国公司可以通过恰当的管理防止委托代理问题的发生。母公司需要与每个子公司进行充分沟通,确保所有子公司都以跨国公司的价值最大化而不是以各自子公司的价值最大化为目标。母公司要检查子公司经理的决策是否符合跨国公司的整体目标,而且也可以通过实施薪酬计划奖励那些达到跨国公司目标的子公司经理。常用的激励手段是将跨国公司的股票(或以固定价格购买股票的权利)作为经理薪酬的一部分,因此当经理的决策能提升跨国公司价值时,他们能直接从高股价中获益。

> **举例**
> (续前例)当西雅图公司认识到它和子公司之间的委托代理问题时,它建立了一种使子公司经理与母公司的股东财富最大化目标一致的激励机制。具体而言,母公司建立了一种薪酬制度,在该制度下子公司经理每年获得的股票红利基于他所在子公司的盈利水平。

委托代理问题的公司控制。在某些情形下,委托代理问题的发生是因为跨国公司整个管理层不是以股东财富最大化为目标。多种形式的公司控制模式有助于防止委托代理问题的产生,能保证经理的决策符合跨国公司股东的利益。如果跨国公司的经理们做出了有损公司价值的决策,公司可能被其他公司低价收购,业绩不佳的经理们也可能被辞退。此外,持有大量跨国公司股票的机构投资者,例如共有基金或养老基金,也可以通过向董事会控诉经理决策不当,来对公司的管理施加影响。当跨国公司业绩较差时,机构投资者也试图引发跨国公司的变革,包括辞退高级管理人员或董事。一些机构投资者在要求跨国公司进行变革时甚至会联合起来,因为它们知道跨国公司不愿失去所有的大股东。

《萨班斯-奥克斯利法案》是如何改善跨国公司公司治理的?

公司控制模式的一个局限性是投资者依赖经理提供的报告来获取信息。如果经理们寻求的是自身利益最大化而不是投资者利益最大化,他们可能会夸大公司业绩。有很多关于跨国公司操控其财务报告的事例(例如安然(Enron)公司和世界通信(WorldCom)公司的例子),而投资者对它们的财务问题却一无所知。

2002年颁布的《萨班斯-奥克斯利法案》(Sarbanes-Oxley Act)则要求经理按照更为透明的流程来报告公司生产经营和财务状况,并要求公司贯彻执行便于管理者和董事会成员监督的内部报告流程。跨国公司经常采用的改善其内部控制流程的具体方法如下:

- 建立集中的信息数据库;
- 确保提供的数据在子公司之间是一致的;
- 执行异常数据自动检测系统;
- 加速所有部门和子公司访问所需数据的流程;
- 主管人员通过个人核查对财务报告的准确性承担更多的责任。

这些方法方便了董事会成员监督财务报告流程。因此,《萨班斯-奥克斯利法案》降低了经理操控财务报告的可能性,为当前和潜在的投资者提供了更为准确的财务信息。

1.1.3 跨国公司的管理结构

代理成本的大小因跨国公司的管理模式而异。如图表1.1上半部分所示,集权式跨国财务管理可以降低代理成本,因为它允许母公司的管理者控制外国子公司,并削弱子公司管理者的权力。然而,母公司的管理者有可能对子公司做出不当决策,因为他不像子公司的管理者那样熟悉子公司的财务信息。

另外,如图表1.1下半部分所示,跨国公司可以使用分权式跨国财务管理模式。这种模式可能产生较高的代理成本,因为子公司管理者不能将决策聚焦于使跨国公司的总体价值最大化。但这种模式能赋予那些熟悉子公司经营状况和经营环境的管理者更大的控制权。而且,如果子公司经理能意识到以跨国公司总体价值最大化为目标,他将得到相应的薪酬奖励,那么分权式跨国财务管理模式可能是更为有效的模式。

在权衡集权式跨国财务管理和分权式跨国财务管理两种模式后,有些跨国公司试图吸收两种模式的优点。那就是,跨国公司赋予子公司管理者对其未来经营做出关键决策的权力。与此同时,母公司的管理者会监督这些决策,以保证跨国公司总体利益的最大化。

互联网是怎样使管理层控制更加便捷的? 互联网简化了母公司监督外国子公司的行动

和业绩的流程。

集权式跨国财务管理

```
                        母公司的财务经理
         ┌──────────────┬──────────┬──────────────┐
    子公司A的        子公司A的存货   子公司B的      子公司B的存货
    现金管理         和应收账款管理   现金管理       和应收账款管理

         ┌──────────┬──────────┬──────────┐
    子公司A        子公司A的    子公司B的    子公司B
    的融资         资本支出     资本支出     的融资
```

分权式跨国财务管理

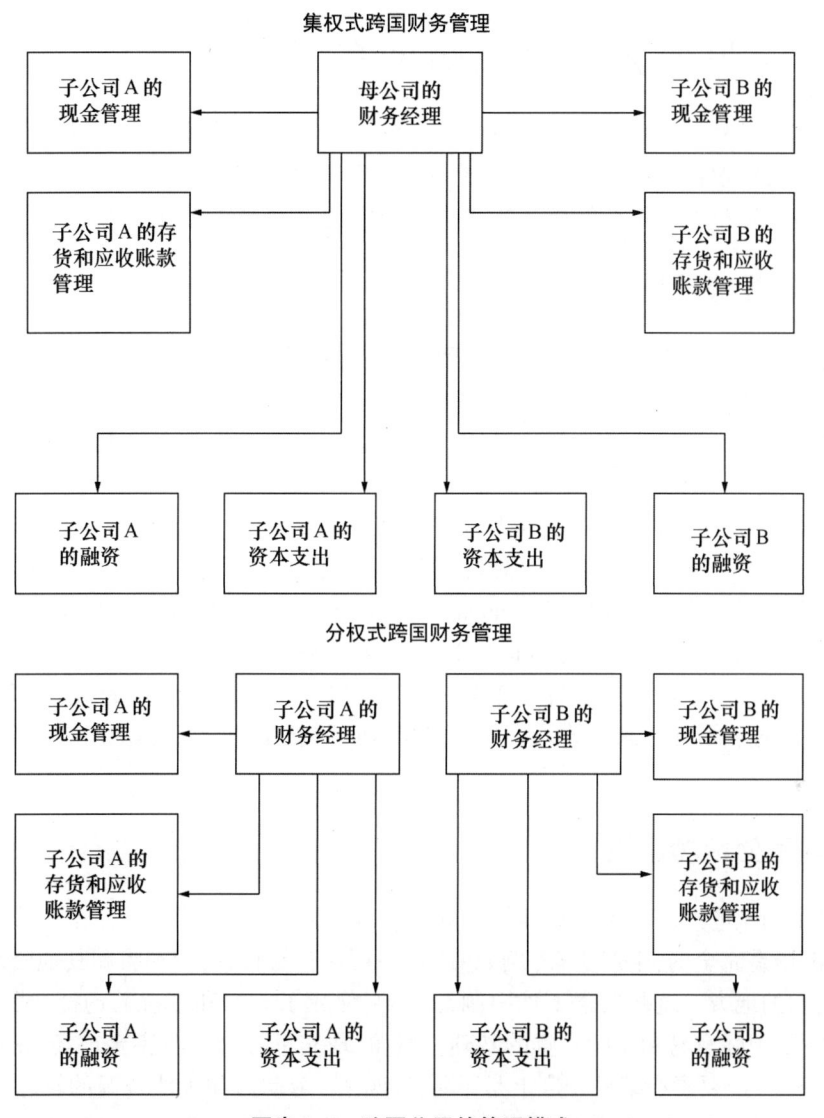

```
    子公司A的        子公司A的          子公司B的      子公司B的
    现金管理 ← 财务经理           财务经理 → 现金管理

    子公司A的        ↓                  ↓        子公司B的
    存货和应收       ↓                  ↓        存货和应收
    账款管理                                     账款管理

    子公司A        子公司A的          子公司B的    子公司B
    的融资         资本支出           资本支出     的融资
```

图表1.1　跨国公司的管理模式

举例

回忆那个在新加坡有子公司的西雅图公司。互联网使得外国子公司能够采用标准格式以电子邮件的方式发送最新信息,从而避免语言沟通问题,并将财务报告和产品设计以图片的形式发送。母公司可以轻松地跟踪每个子公司每周和每月的存货、销售、支出和盈余情况。因此,互联网的使用可以减少跨国公司由国际业务带来的代理成本。

1.2　企业为什么从事国际业务

随着时间的推移,跨国公司的数量日益增多。对于企业积极拓展国际业务的原因,有一些常见的理论可以解释:(1)比较优势理论;(2)不完全市场理论;(3)产品周期理论。这三种理论虽然在一定程度上重叠但相互补充,构成国际业务演进的基本原理。

1.2.1　比较优势理论

国家之间的专业化生产可以提高生产效率。一些国家,例如日本和美国拥有技术优势,而中国和马来西亚在劳动力成本上有优势。因为这些优势不能轻易地转移,这些国家就愿意利用其优势专门生产那些能更高效生产的产品。这就说明了为什么日本和美国是电子产品的制造大国,而牙买加和墨西哥则是农业和手工制品的制造大国。甲骨文(Oracle)、英特尔和IBM等跨国公司由于技术优势而在海外获得了持续发展。

当某个国家专业化地生产某些产品时,可能会引起该国其他产品的生产短缺,这样国际贸易就十分必要了。这是**比较优势**(comparative advantage)理论的观点。比较优势允许公司进入外国市场。例如,维尔京群岛(Virgin Island)的多数产品完全依靠进口,但是旅游业却独具特色。尽管在维尔京群岛上也能生产某些产品,但专门从事旅游业的效率更高。也就是说,这些岛屿通过旅游业带来的收入来进口产品,而不是试图生产所需的所有产品,这实现了福利的改进。

1.2.2　不完全市场理论

如果每个国家的产品市场都对其他所有国家封闭,国际业务就不会存在。另一个极端情况是,如果市场是完全的,生产要素(例如劳动力)可以轻易转移,劳动力和其他资源则会流向任何需要它们的地方。这些要素不加限制的流动,促成了成本和收益的均衡,消除了比较成本优势,摧毁了国际贸易和国际投资的基础。然而,现实世界处于**不完全市场**(imperfect market)的条件下,生产要素在某种程度上是不可流动的。劳动力和其他资源的转移不仅要花费成本,而且可能受到限制,国家间还可能存在资金和其他资源转移上的限制。由于生产所需的各类资源的市场是不完全的,跨国公司,例如盖璞(GAP)和耐克公司等通常需要利用外国的某些特定资源来促进生产。不完全市场会刺激公司去寻求外国机会。

1.2.3　产品周期理论

产品周期理论(product cycle theory)是说明公司为什么会发展成跨国公司的一个更流行的理论。根据这一理论,在国内建立公司是由于它们比其他竞争者有更大的优势,而且在国内,有关市场和竞争的信息更容易获取,所以公司会优选在国内建立。外国市场对该公司产品的需求首先通过出口满足。随着时间的推移,这个公司也许会觉得能保持其竞争地位的唯一方法是在外国市场上生产这种产品,这样会减少运输成本。经过一段时间,当其他生产商熟悉了该公司的产品后,外国市场的竞争就会加剧。这样,这家公司会制定一些能够延长其产品外国需求的策略。通常使用的办法是使产品差异化,使竞争者们不能供应完全相同的产品。图表1.2显示了国际化产品生命周期的各个不同阶段。

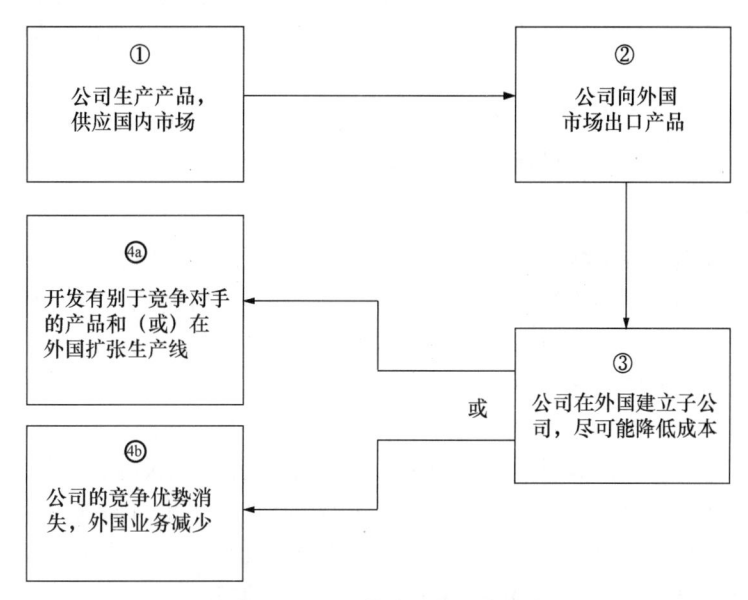

图表1.2　国际化产品的生命周期

关于产品生命周期理论还有很多内容没有在此概括。此处的讨论只是表明,当公司成熟的时候,公司可能意识到在外国还有其他机会。经过一段时间,公司在海外的经营是消亡还是扩张将取决于它是否能成功地保持某些竞争优势。这种优势可能是它在提高生产效率或降低成本方面的优势,也可能是它在营销方法上的优势。

1.3　经营国际业务的方法

公司经营国际业务的方法很多,最常见的有:
- 国际贸易;
- 许可经营;
- 特许经营;
- 合资企业;
- 收购现有企业;
- 建立新的境外子公司。

下面我们依次讨论每种方法,并强调它的风险和收益特征。

1.3.1　国际贸易

国际贸易(international trade)是一种比较保守的办法,公司可以利用这一方式进入外国市场(通过出口),或以低价获得原材料(通过进口)。这种办法的风险最小,因为公司没有任何资本风险。如果公司的出口额或进口额下降,那么公司通常可以以较低的成本减少或终止这部分的经营。

很多大型的美国跨国公司,包括波音(Boeing)、杜邦(DuPont)、通用电气(General Electric,GE)和IBM,它们每年的出口额超过40亿美元。另外,全美出口额中超过20%的份额是由小公司提供的。

互联网是如何为国际贸易提供便利的? 很多公司在自己的网站上列出产品清单和销售价格。它们不用再向各个国家寄送产品宣传册,而是通过网络向世界上任何潜在的进口商做产品广告。此外,公司可以很方便地通过更新网站来增加产品种类或调整价格。这样,进口商仅需定期浏览出口商的网站,就可以及时获得产品信息。

公司也可以使用网站在线获得产品订单。一些产品(例如软件产品)可以直接通过互联网传送并安装在进口商的计算机上。即使是需要运输的商品,互联网也能很方便地跟踪运输过程。进口商可以通过电子邮件把产品订单发送给出口商。当出口商的仓库发送产品时,仓库可以通过电子邮件向进口商和出口商总部发送信息。仓库甚至可以使用监控技术控制产品库存,当某产品的库存低于某个特定水平时,则会自动通知供应商补货。如果出口商有多个仓库,那么互联网能构建仓库网络平台,当某个仓库的货物存量不足以满足订单要求时,其他仓库可以补足。

1.3.2　许可经营

许可经营(licensing)指公司提供技术(包括版权、专利、商标或商号名称)来换取收入或其他报酬的经营方式。许多软件生产商允许外国公司付费使用它们的软件。这样,软件生产商无须在外国建立任何生产工厂,也无须将产品运送至外国,就可以从外国获取收入。

1.3.3　特许经营

特许经营(franchising)要求公司为获得定期收入而提供专业化的销售或劳务策略、技术支持以及可能的首期投资,并允许当地的居民拥有和管理专营店。例如,麦当劳(McDonald's)、必胜客(Pizza Hut)、赛百味(Subway)、冰雪皇后冰激凌(Dairy Queen)在许多国家拥有一些由本国居民所有和管理的专营店。麦当劳通常会购买土地并建造建筑物,然后将建筑物租给特许经营者,并允许特许经营者在建筑物内经营特定年限(如20年)的业务,但特许经营者在经营时必须遵守麦当劳制定的规范。由于跨国公司的特许经营通常需要直接投资于海外业务,因此被称为境外直接投资。

1.3.4 合资企业

合资企业(joint venture)是一种由两个或多个公司所有和经营的企业。很多公司通过与目标市场所在国公司建立合资公司进入该国市场。大多数合资企业可以让两个公司在一个项目上发挥各自的比较优势。由于其他各方也参与到合资企业的投资中,合资企业通常需要进行一定程度的境外直接投资。

例如,美国通用磨坊公司(General Mills, Inc.)与雀巢公司(Nestle)组建合资企业,这样通用磨坊公司生产的谷类产品就可以通过雀巢建立的海外销售网销售。施乐公司(Xerox Corp)和日本富士公司(Fuji Co.)建立了一家合资企业,使得施乐公司进入日本市场并且促使富士公司进入了影印业。家乐氏公司(Kellogg Co.)和丰益国际有限公司(Wilmar International Ltd.)已经建立了合资企业,该合资企业在中国生产谷物和销售快餐产品。丰益国际有限公司在中国成立的全资子公司也参与了该项目。汽车制造商间的合资企业很多,因为每个制造商都可以提供自己的技术优势。

1.3.5 收购现有企业

作为进入外国市场的一种办法,公司经常收购一些外国公司。收购使得公司能够完全控制外国业务并迅速在海外市场中获取大量份额。由于跨国公司是通过购买目标公司业务的方式直接投资于外国,因此收购意味着境外直接投资。

> **举例**
>
> 为了扩展业务和提高技术,谷歌公司已完成了一些重要的国际收购。该公司并购业务涉及范围包括:澳大利亚(搜索引擎)、巴西(搜索引擎)、加拿大(手机浏览器)、中国(搜索引擎)、芬兰(微型浏览器)、德国(手机软件)、俄罗斯(在线广告)、韩国(网络日志软件)、西班牙(照片共享)和瑞典(视频会议)。

然而,由于所需投资巨大,收购现有企业可能会导致损失巨大。另外,如果这些外国公司经营不好,很难将其在合理的价位上卖掉。

有一些公司采用部分的国际收购,以便在外国经营中获取一定份额。一方面,这与完全收购相比所需投资较少,因此公司承担的风险较小。但另一方面,它对这些部分收购的公司不能完全控制。

1.3.6 建立新的境外子公司

公司可以通过在境外建立新的公司生产和销售产品而打入外国市场。正如外国企业收购一样,这需要大量境外直接投资。比起外国企业收购,设立子公司也许更适合,因为公司可以根据需要调整子公司的经营。而且,这样需要的资金会比购买现成的企业少。然而,直到子公司建立和形成销售网,公司的投资才会产生收益。

1.3.7 方法小结

增加国际业务的方法很多,从比较简单的国际贸易到复杂的收购外国公司或建立新的子公司。国际贸易和许可经营不能被称为境外直接投资,因为它们未涉及对外国业务的直接投资。特许经营和合资企业需要对外国业务投入一些资金,但是很有限。外国企业收购和设立子公司需要大量的资金,在境外直接投资中占比最大。

许多跨国公司使用组合方法增加国际业务。例如IBM公司和百事可乐公司不仅拥有大量的境外直接投资,而且从需要较少境外直接投资的各种许可经营协议中获得外国收入。

> **举例**
>
> 1962年,当时菲尔·奈特(Phil Knight)是斯坦福商学院的学生,他写了一篇关于美国公司如何使用日本技术来打破德国公司统治美国运动鞋市场的文章。毕业后,奈特参观了日本的鬼塚虎鞋业公司(Onitsuka Tiger)。他与该公司签署了许可经营协议,生产销往美国的蓝带牌运动鞋(Blue Ribbon Sports, BRS)。1972年,奈特开始向加拿大出口运动鞋。1974年,他把业务扩展到澳大利亚。1977年,公司在中国台湾地区和韩国办厂,生产运动鞋销往亚洲国家。1978年,BRS更名为耐克公司(Nike, Inc.),开始向欧洲和南美洲出口鞋子。由于耐克公司从事产品出口和境外直接投资,它的国际销售收入在1992年达到了10亿美元,如今(指2018年)每年销售收入超过80亿美元。

图表1.3描述了跨国公司的国际业务对现金流的影响。通常而言,美国的母公司为进口、

跨国公司的国际贸易

跨国公司	← 出口业务的现金流入 —	外国进口商
	— 进口业务的现金流出 →	外国出口商

跨国公司的许可经营、特许经营及合资经营

跨国公司	← 提供劳务产生的现金流入 —	外国公司或政府机构
	— 接受劳务产生的现金流出 →	

跨国公司投资外国子公司

跨国公司	← 汇入收益产生的现金流入 —	外国子公司
	— 提供给外国子公司资金产生的现金流出 →	

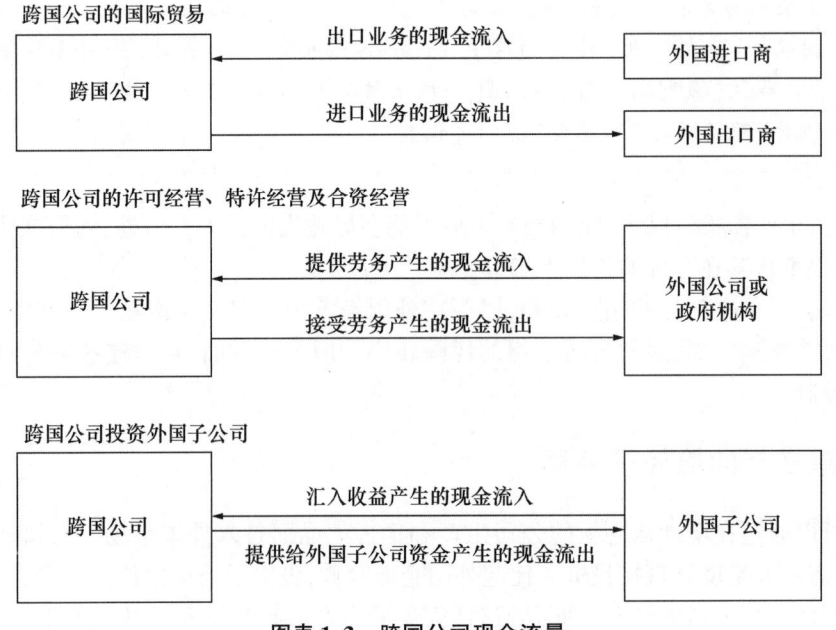

图表1.3 跨国公司现金流量

国际事务安排、创建和扩张外国子公司而支付大量现金,它也会从出口、提供国际事务取得服务费用和外国子公司的汇入款项中获得大量现金。第一个图表反映的是从事国际贸易的跨国公司的现金流量情况,它的现金流量不仅包括原料进口支出,而且包括出口业务的收入。

第二个图表反映了从事某些国际业务(包括跨国许可经营、特许经营或合资经营)的跨国公司的现金流量情况。任何一项国际业务都需要跨国公司在外国支付与此安排相对应的现金,例如技术转移费用、特许经营投资或合资经营投资等。这些业务也可以通过服务收费的形式(例如技术支持或援助)为跨国公司带来现金流入。

第三个图表反映了跨国公司从事境外直接投资的现金流量情况。这种类型的跨国公司至少有一个外国子公司。现金会通过对外国子公司投资、帮助筹措资金的形式从母公司流向外国子公司。同样,现金也会以外国子公司的利润和对母公司的服务付费的形式从外国子公司流向母公司,这些都可以归入来自外国子公司的汇入收益产生的现金流入中。

1.4 跨国公司估值模型

跨国公司的价值与其股东和债权人利益息息相关。当经理做出的决策能使公司价值最大化时,这也使股东利益最大化了(假定这种决策不是在损害股东利益的情况下使债权人利益最大化)。由于国际财务管理的目标是增加跨国公司的价值,因此很有必要回顾价值评估的一些基础内容。有很多评价跨国公司价值的方法,一些方法的评价结论也很相似。在本节介绍的评估方法有助于理解影响跨国公司价值的关键因素。

1.4.1 本国模型

在评估跨国公司价值之前,先考察无任何外国交易、完全从事国内业务企业的价值评估模型。一个纯美国国内公司,其价值通常被定义为预期现金流量现值,计算如下:

$$V = \sum_{t=1}^{n} \left\{ \frac{[E(\text{CF}_{\$,t})]}{(1+k)^t} \right\}$$

$E(\text{CF}_{\$,t})$ 表示第 t 期期末预期收到的现金流量;n 表示未来收到的现金流量的期数;k 表示资本成本比重,也表示向跨国公司提供资金的投资者和债权人要求的投资回报率。

美元现金流量。 美元现金流量表示企业收到的现金减去需要支付的费用、税收或再投资(例如更换陈旧计算机或设备)后的净额。预期现金流量是从现有的各种项目中估算而来的,也包括在未来实施的其他项目。企业业务扩张的投资决策将会影响到企业未来现金流量,也会影响到企业价值。假设其他条件不变,预期现金流量的增加将会增加企业的价值。

资本成本。 等式分母中的投资回报率(k)表示企业的资本成本(包括债务成本和权益成本),它是企业所有项目的资本成本的加权平均值。当企业的决策影响到项目的资本成本时,也将影响到加权平均资本成本和投资回报率。例如,如果企业的信用突然降低,其资本成本将会增加,投资人要求的投资回报率也会相应增加。假设在其他条件不变的情况下,增加投资回报率,将减少企业的价值,因为需要用更高的利率折算预期现金流量。相反,降低投资回报率,将增加企业的价值,因为需要用更低的利率折算预期现金流量。

1.4.2 跨国模型

跨国公司的价值评估与纯国内企业的价值评估类似。但是,考虑到美国跨国公司在第 t 期期末的预期现金流量来自不同的国家,因此有不同的外币结算。

外币结算的现金流量需转换成美元。因此,跨国公司在第 t 期期末预期收到的美元现金流量等于以每种外币 j 结算的现金流量乘以其预期的兑换汇率之和,该预期兑换汇率是跨国公司在第 t 期期末可以将外币 j 兑换为美元现金流量的汇率。

$$E(\mathrm{CF}_{\$,t}) = \sum_{j=1}^{m}[E(\mathrm{CF}_{j,t}) \times E(S_{j,t})]$$

其中, $\mathrm{CF}_{j,t}$ 表示在第 t 期期末以外币 j 计算的现金流量数额, $S_{j,t}$ 表示在第 t 期期末外币对美元的汇率(即一单位的外币 j 兑换成美元的数额)。

使用两种货币经营业务的跨国公司的价值估值。 一家使用两种货币经营业务的跨国公司,每期计算其预期美元现金流时,把每种货币的预期现金流量数额乘以对应的外币对美元汇率,然后加总,即可计算出预期的美元现金流量数额。

把跨国公司视为一篮子币种的现金流量组合是很有帮助的,跨国公司在每个币种下都存在经营业务。来自每个币种的预期美元现金流量的组合构成了未来每期的美元现金流量数额。由于在合并之前每个币种的现金流量必须转换为相同币种(美元),因此在合计特定期间的现金流量前,很容易推算出每个币种的预期的美元现金流量数额。

> **举例**
>
> 卡罗莱纳公司(Carolina Co.)第 t 期期末现金流量构成中,来自美国业务的预期现金流量是 100 000 美元,来自墨西哥的预期现金流量是 1 000 000 墨西哥比索。假定 1 单位墨西哥比索兑换 0.09 美元,则预期的美元现金流量是:
>
> $$\begin{aligned} E(\mathrm{CF}_{\$,t}) &= \sum_{j=1}^{m}[E(\mathrm{CF}_{j,t}) \times E(S_{j,t})] \\ &= 来自美国业务的现金流量 + 来自墨西哥业务的现金流量 \\ &= 100\,000 + 1\,000\,000(比索) \times 0.09 \\ &= 100\,000 + 90\,000 \\ &= 190\,000(美元) \end{aligned}$$
>
> 来自美国业务的 100 000 美元的现金流量是用美元计量的,因此不用再转换为美元。

使用多国货币的跨国公司估值。 使用多种外币的跨国公司,计算公司价值也可以运用上述方式。计算跨国公司在一个期间从多种货币获得美元现金流量的通用公式如下:

$$E(\mathrm{CF}_{\$,t}) = \sum_{j=1}^{m}[E(\mathrm{CF}_{j,t}) \times E(S_{j,t})]$$

> **举例**
>
> 　　假定耶鲁公司(Yale Co.)在下期期末将收到来自 15 个不同国家的现金流量。为了对耶鲁公司进行估值,第一步是估计耶鲁公司在期末将收到每种货币的现金流总量(例如,200 万欧元、800 万墨西哥比索等)。第二步,预估将在期末收到的 15 种货币的汇率预计值(例如,预计 1 欧元 = 1.4 美元,1 比索 = 0.12 美元等)。现有的汇率可能被用于未来汇率的预测,也有很多其他的方法(第 9 章将会具体解释)。第三步,用将会收到的每一种外币乘以预计的汇率,从而估计每种货币兑换出的美元现金流。第四步,将所有 15 种货币估计的美元现金流加总,以便计算当期收到的总预期美元现金流。上面的等式表示这里描述的四个步骤。在应用本例时,因为有 15 种不同的货币,所以令 $m = 15$。

跨国公司的多期现金流量估值。 例子中所描述的全部程序只是衡量同一个时期的现金流量估值,不能衡量多期的跨国公司现金流量估值。然而,可以调整这个过程用以估计未来几期的总现金流。第一步,用同样的计算过程描述跨国公司在未来每一期将会收到现金流量,以此估计出在未来每一期将会收到的总现金流量。第二步,将每期估计的收到的总现金流量按照资本成本比重(k)进行折现,并且将这些折现现金流加总,从而估计跨国公司的价值。

衡量一个公司多期收到多种货币的公式可以写成如下形式:

$$V = \sum_{t=1}^{n} \left\{ \frac{\sum_{j=1}^{m} \left[E(\mathrm{CF}_{j,t}) \times E(S_{j,t}) \right]}{(1 + k)^t} \right\}$$

$\mathrm{CF}_{j,t}$ 表示某种货币(包括美元)的现金流量数额,$S_{j,t}$ 表示跨国公司在第 t 期期末把外币兑换为美元的汇率。这一等式和上一等式的区别是,上一等式计算同一时期现金流,而这一等式考虑多期现金流,并将未来收到的现金流进行折现。

因为跨国公司的经理主要考虑公司价值最大化,所以这个跨国公司估值等式就非常重要。从这一估值等式可以看出,价值(V)将会因为增加了某种货币的现金流量(CF_j)而增加,或者随着需换算为美元的某种货币的汇率(S_j)的增加而增加。

为了避免重复计算,只有子公司与美国母公司交易产生的现金流量才能计入价值评估模型中。因此,只有当外国子公司预期收到的现金流量预期能转移到母公司时,才可以计入评估模型中。

跨国公司价值评估模型的分母与纯国内企业的价值评估模型的分母是相同的。但是跨国公司的加权平均资本成本是基于不同国家项目的资金而言的,因此母公司在某个国家有关项目资本成本的决策都将影响到加权平均资本成本(和投资回报率),最终影响到公司的价值。

> **举例**
>
> 奥斯汀公司(Austin Co.)是一家美国的跨国公司,向美国消费者销售电子游戏,同时在欧洲也有生产和销售游戏的子公司。该公司的欧洲收益以欧元(大多数欧洲国家的货币)计价,并且汇至美国的母公司。去年,奥斯汀公司从美国业务中获得了4 000万美元的现金流量,从欧洲业务中获得了2 000万欧元的现金流量。收益汇往美国母公司时,1欧元兑换1.30美元,则奥斯汀公司去年的现金流量计算如下:
>
> 奥斯汀公司去年的现金流量合计
> = 来自美国业务的现金流量 + 来自海外业务的现金流量
> = 来自美国业务的现金流量 + (欧元现金流量 × 欧元兑换比率)
> = 40 000 000 + 20 000 000(欧元) × 1.30
> = 40 000 000 + 26 000 000
> = 66 000 000(美元)
>
> 假设在未来三年,奥斯汀公司计划在美国和欧洲继续经营。基于这个基本的估值模型,公司可以用去年的现金流量来估计未来每年的现金流量,那么未来三年每年的预期现金流量将为6 600万美元。可以按以资本成本进行折现后的现金流量来估值。

1.4.3 跨国公司现金流量的不确定性

由于跨国公司不仅处在国内经济风险中,而且处在国际经济、政治和汇率风险中,因此公司未来现金流量(或价值)具有很大的不确定性。具体解释见图表1.4。

$$V = \sum_{t=1}^{n} \left\{ \frac{\sum_{j=1}^{m} [E(CF_{j,t}) \times E(S_{j,t})]}{(1+k)^t} \right\}$$

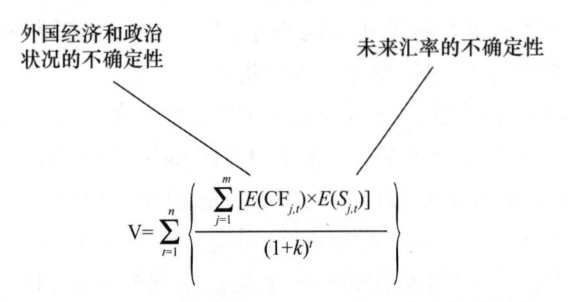

(外国经济和政治状况的不确定性;未来汇率的不确定性)

图表 1.4 不确定性(风险)对跨国公司价值的影响

跨国公司估值中环境的不确定性:
外国经济风险,如果 $CF_{j,t} < E(CF_{j,t}) \rightarrow V \downarrow$
政治风险,如果 $CF_{j,t} < E(CF_{j,t}) \rightarrow V \downarrow$
汇率风险,如果 $S_{j,t} < E(S_{j,t}) \rightarrow V \downarrow$

国际经济风险。 如果外国的经济状况影响跨国公司的现金流量,则会影响跨国公司的估值。跨国公司在特定时期内通过外国销售获得的现金流入量取决于该国消费者对跨国公司产品的需求,而这些需求又受到这段时期内该国国家收入的影响。如果该国的经济状况有所改善,那么消费者的收入可能会增加,就业率可能会上升。在此情况下,这些消费者将有更多资金可用，他们对跨国公司产品的需求也会增加。这解释了跨国公司在国际经济风险下现金流量增加的过程。

然而，跨国公司也会受到国际经济风险的不利影响。如果跨国公司经营所在国的经济状况下滑，则该国消费者的收入会减少，就业率可能会下降。那么这些消费者的可用资金将会变少，他们对跨国公司产品的需求就会减少。在此情况下，跨国公司的现金流量就会由于国际经济风险而减少。

脸书于 2012 年上市时，其注册声明承认了国际经济风险的存在："我们计划继续拓展海外业务，但我们的运营经验有限，并且可能面临日益增长的商业和经济风险，这会影响公司的财务状况。"

国际经济状况也会通过影响跨国公司的本国经济，来间接影响跨国公司的现金流量。当一个国家的经济增长，其消费者从其他国企业购买更多产品时，这些国家企业的销售额和现金流量都会增加。因此，这些企业的所有者和员工会有更高的收入。当他们在当地消费其高收入中的一部分时，则会刺激当地经济增长。

相反，如果外国经济疲软，这会使其消费者从其他国企业购买的产品变少，那么这些他国企业的销售额和现金流量就会减少。因而这些公司的所有者和员工只有较低的收入，如果他们在当地减少支出，则当地经济也会衰退。

美国和欧洲国家之间有很多国际贸易。在经济状况疲软时欧洲国家往往会减少对美国公司产品的需求。美国的经济状况可能会因此变差，这也许会导致国民收入下降和失业率上升。美国消费者可支配的资金减少，他们对美国跨国公司提供的产品的需求也会因此下降。近年来，金融媒体就欧洲国家恶化的经济状况对美国经济的不利影响进行了广泛报道。同样地，研究报告也表明，美国股市的表现对欧洲的经济状况高度敏感。

国际经济状况的影响如图表 1.5 所示，该图说明了欧洲恶化的经济状况是如何影响美国跨国公司估值的。该图表一系列最重要的结果（从左至右）显示了欧洲经济恶化的状况是如何造成对美国公司产品需求下降的。那些通过出口或通过在欧洲子公司向欧洲客户出售产品的美国跨国公司的现金流量因此减少。然而，欧洲经济疲软对美国跨国公司，甚至是对美

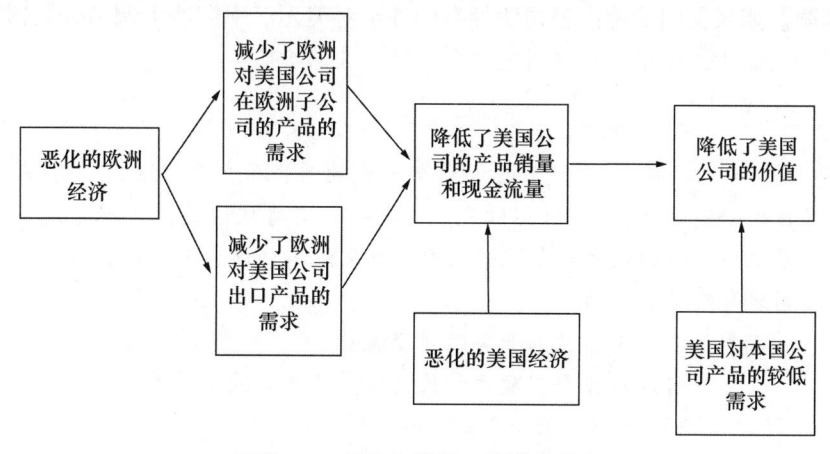

图表 1.5　国际经济状况的潜在影响

国国内企业还有其他的不利影响。由于美国跨国公司的现金流量较少,这些公司可能会减少员工数量或员工工作时间。此外,企业的所有者赚取的利润也减少了。因此,不仅是员工,美国跨国公司所有者的可支配资金也减少了,因此美国公司也将同样受到销售额和现金流量减少的影响。这意味着欧洲经济的恶化除了会减少欧洲对美国跨国公司产品的需求,也会削弱美国经济,从而减少美国对本国公司产品的需求。

> **举例**
>
> 回顾之前奥斯汀公司(Austin Co.)的例子,它在美国的业务预计每年有4 000万美元的现金流量。但是,如果欧洲经济衰退,奥斯汀公司预计欧洲对许多美国产品的需求会减少,这将对美国经济产生不利影响。在这种情况下,美国国内消费者对奥斯汀电子游戏的需求将会下降,从而使预计来自美国业务的年度现金流量从4 000万美元降至3 800万美元。欧洲经济衰退自然会导致欧洲国家消费者对奥斯汀电子游戏的需求减少,因此该公司预计欧洲业务的现金流量将从2 000万欧元降至1 600万欧元。

国际政治风险。任何国家的政治风险(也称国家风险)都能影响跨国公司的销售水平。外国政府可能对跨国公司的子公司增加税金或提高壁垒。或者,如果外国政府与母公司所在国政府之间有摩擦时,外国的消费者可能会联合抵制跨国公司。这样的政治行为可能会减少跨国公司的现金流。"国家风险"一词通常用于反映跨国公司在各种国情下发生的风险,包括政府行为,例如政府内部的摩擦、政府政策(如税收规定)以及该国的财务状况。

> **举例**
>
> 2015年,俄罗斯禁止从美国进口某些食品。这一举措是为了报复美国对俄罗斯实施的制裁。俄罗斯的禁令使一些以前向俄罗斯出口的美国跨国公司的销售额和现金流量减少。这些跨国公司与对俄罗斯实施的制裁无关,但仍受到美俄政治关系的不利影响。

汇率风险。如果美国的跨国公司所拥有的外币对美元汇率突然下调,跨国公司拥有的美元现金流量则会低于预期水平。这可能降低跨国公司的价值。

> **举例**
>
> 回顾之前奥斯汀公司的例子,由于预计会出现欧洲经济衰退,因此公司将来自欧洲业务的预期年度现金流量改为1 600万欧元。奥斯汀公司将从这些欧元现金流量中获得的美元现金流量取决于当时欧元对美元的汇率。如果汇率预计为1欧元兑换1.30美元,那么奥斯汀公司现金流量的预估如下:
>
> 奥斯汀公司来自欧洲业务的现金流量
> = 奥斯汀公司以欧元计价的现金流量 × 欧元对美元汇率
> = 16 000 000(欧元) × 1.30
> = 20 800 000(美元)

然而,如果奥斯汀公司认为预计的欧洲经济衰退会导致欧元价值下降,且在兑换时 1 欧元仅价值 1.20 美元,那么该公司对来自欧洲业务的美元现金流量的预估将改为:

奥斯汀公司来自欧洲业务的现金流量
= 奥斯汀公司以欧元计价的现金流量 × 欧元对美元汇率
= 16 000 000(欧元) × 1.20
= 19 200 000(美元)

由于欧元在兑换成美元时的预期价值下降,奥斯汀公司预计的美元现金流量也因此下降。

这个概念框架可以用来理解诸如脸书和谷歌这样的跨国公司是如何受到汇率变动影响的。由于谷歌为针对非美国用户的非美国公司提供广告,它从美国以外地区获得的收入已占其总收入的一半以上。因此,随着时间的推移,当谷歌收到的货币相对于美元升值时,其美元现金流将受到有利的影响。

随着脸书吸引更多的欧洲用户,它将吸引更多欧洲公司投放广告,从而获得更多的欧元现金流量。当脸书向各国公司销售更多的广告服务时,它将以各国的货币获得现金流量。其国际收入占总收入的比例一直在增长,2018 年已接近 50%。随着脸书国际业务的持续增长,在一定时期内,其预计的美元现金流量必然会对这些货币对美元的汇率变得更加敏感。随着时间的推移,如果脸书收到的收入是以相对于美元升值的货币计价的,那么它的美元现金流量和价值就会增加。反之,如果脸书收到的收入是以相对于美元贬值的货币计价的,那么它的美元现金流量和价值就会下降。

许多跨国公司由于进口商品或材料,对某个国家或多个国家有现金流出。当存在以外币计价的未来现金流出时,汇率也会变动,但是方向相反。如果外币走强,那么跨国公司为支付购买所需要的美元将增多。这会减少跨国公司的总现金流量(基于净量),从而降低其价值。

1.4.4 国际影响的总结

图表 1.4 总结了跨国公司的预计现金流量和价值是如何受到国际环境风险的不确定性影响的。到目前为止,每种国际状况对跨国公司现金流量的可能影响都是单独看待的。但实际上,跨国公司必须考虑所有的国际状况,以便确定这些状况对现金流量的影响。

举例

回顾最初的美国跨国公司奥斯汀公司的例子,该公司预计在未来三年内,每年从美国业务中产生 4 000 万美元的现金流量,从欧洲业务中产生 2 000 万欧元的现金流量。假设奥斯汀公司预料到在此期间可能会出现欧洲经济衰退的现象,因此改变预测内容如下:

1. 该公司预计,欧洲经济衰退将对美国经济产生不利影响,并导致美国国内消费者对其电子游戏的需求下降。因此,在未来三年,每年来自美国业务的预期美元现金流量将减少到 3 800 万美元。

2. 该公司预计,欧洲经济衰退将导致欧洲国家消费者对其电子游戏的需求下降,因此,在未来三年内,每年来自欧洲业务的预期欧元现金流量将降至 1 600 万欧元。

3. 该公司预计,欧洲经济衰退将削弱欧元价值,因此将未来三年预估的欧元价值下调至 1.20 美元。那么,奥斯汀公司在未来三年每年的预期年度现金流量计算如下:

奥斯汀公司每年的预期现金流量合计
= 来自美国业务的现金流量 + 来自海外业务的现金流量
= 来自美国业务的现金流量 + (奥斯汀公司以欧元计价的现金流量 × 欧元对美元汇率)
= 38 000 000 + 16 000 000(欧元) × 1.20
= 38 000 000 + 19 200 000
= 57 200 000(美元)

将这些估值与原始示例中的估值进行比较,可以显示出每一个国际影响是如何影响预期现金流量的。外国经济衰退将导致来自美国业务的预期美元现金流量减少。预期欧元现金流量减少、预期汇率下降,这两个因素都会降低来自外国业务的美元现金流量。原来奥斯汀公司预期年度美元现金流量为 6 600 万美元,而改变后仅为 5 720 万美元。这个例子清晰地展示了跨国公司的现金流量会受到国际风险不利影响的程度。

1.4.5 不确定因素如何影响跨国公司的资本成本

如果未来现金流量突然充满更多的不确定性,那么投资者将会愿意投资那些投资回报率更高的跨国公司。于是,更高的不确定性增加了投资者要求的投资回报率(这反映在该跨国公司获得资本的成本增加),从而使跨国公司的价值下降。

举例

奥斯汀公司在欧洲有重要的业务,因此公司的价值很大程度上受到这一业务预期收入的影响。最近,由于受到欧洲一些事件的影响,欧洲的经济环境变得非常不稳定。尽管奥斯汀公司并未改变预期现金流,但实际现金流已存在严重偏离预期的情况。现金流面临的不确定性增加了资本成本,因为投资者要求的回报率更高了。也就是说,估计公式中的分子(估计现金流量)没有变,但由于现金流量的不确定性增加,分母变大了。结果,奥斯汀公司的价值下降了。

如果影响现金流的不确定因素减少,那么跨国公司现金流的不确定性也会减少,会导致资金成本和回报率的下降。因此跨国公司的价值会增加。

1.5 本书框架

本书的框架如图表1.6所示。第2章到第8章从宏观角度讨论了国际市场和经济状况，侧重于讨论影响跨国公司价值的外部因素。尽管财务经理可能无法左右这些因素，但是他们对此或多或少会采取一些应对措施。这些章节为财务决策提供了必要的宏观经济背景。

第9章到第19章从微观角度讨论了跨国公司的财务管理是如何影响公司价值的。跨国公司的财务决策通常可分为投资决策和融资决策。一般而言，投资决策会影响跨国公司价值评估模型的分子，因为这些决策影响到预期现金流量。此外，如果跨国公司的投资决策调整了加权平均资本成本，那么这将影响价值评估模型的分母。由于跨国公司的长期投资决策影响公司的资本成本，因此它也影响价值评估模型的分母。

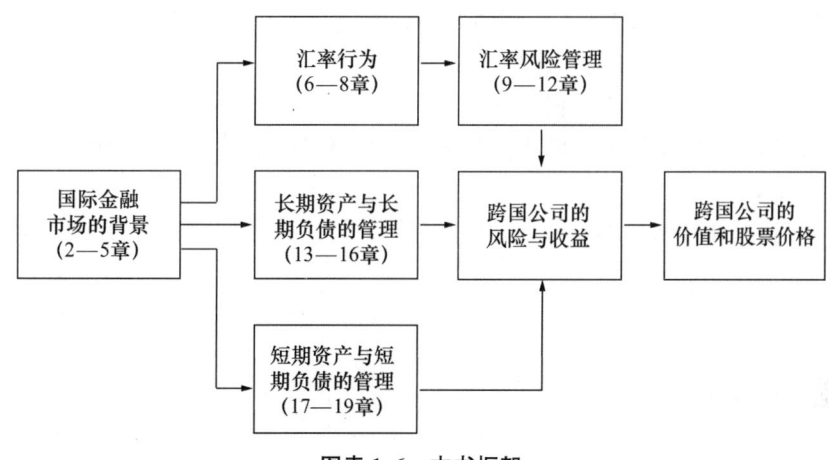

图表1.6 本书框架

小结

- 跨国公司最主要的目标是股东财富最大化。当经理们试图谋取私利而非股东利益时，便产生了委托代理问题。跨国公司可能比国内公司遭遇更为严重的代理问题，因为子公司经理的决策可能更加倾向于服务子公司而不是整个跨国公司。来自母公司的适当激励和沟通可能有助于保证子公司的经理也致力于为整个跨国公司服务。

- 有三种重要理论证明了国际经营的合理性。比较优势理论认为每一个国家应该利用比较优势使其生产专业化，并依靠其他国家满足一些其他需要。不完全市场理论说明，由于不完全市场的存在，生产要素是不可流动的，这就鼓励国家依靠已有的资源实现专业化生产。产品周期理论阐释了在本国建立公司以后，它们通常要在外国扩展产品专业化。

- 在进行国际经营时最通常的方法是国际贸易、许可经营、特许经营、合资企业、收购外国公司和建立外国子公司。如许可经营和特许经营这样的方法只涉及较少的资本投入，但把一部分利益让渡给了其他当事人。收购外国公司和建立子公司需要大量的资本投入,但是潜在的收益很大。

- 跨国公司价值评估模型表明,当预期外国子公司现金流入增加,或这些现金流入所使用的货币升值,或跨国公司要求的投资回报率降低时,跨国公司的价值将受到有利的影响。相反,当预期外国子公司现金流入减少,或这些现金流所使用的货币贬值(假定有外国货币的净现金流入),或跨国公司要求的投资回报率增加时,跨国公司的价值将受到不利的影响。

正方反方

跨国公司在国际竞争中是否应该降低道德标准?

正方:应该。当美国的跨国公司在外国竞争时,它可能遭遇一些在美国不被允许的经营规范。例如,在争取政府订单时,公司可能向有决策权的政府官员支付回扣。当然,在美国,公司有时会赠送给客户昂贵的高尔夫球体验券或比赛项目的包厢券。这与支付回扣没有明显区别。如果在某一国家回扣的数额很大,跨国公司为了同对手竞争,则不得不支付回扣。

反方:不应该。跨国公司在任何国家都应当保持同一道德标准,即使是某些国家允许的但不道德的活动,这些活动使公司处于不利境地。杜绝这些活动有助于跨国公司树立更高的世界范围的信任度。

孰是孰非:利用互联网了解该话题的更多内容。你支持何种观点?对这个问题请发表你的见解。

自测题

(答案见书后的附录A)

1. 跨国公司国际化扩张的主要原因是什么?
2. 解释为什么不良的经济或政治环境会影响跨国公司的现金流量、要求的投资回报率和公司价值。
3. 描述向国际化发展的跨国公司所面临的更明显的风险。

应用思考题

1. 跨国公司的代理问题。
   a. 解释跨国公司的委托代理问题。
   b. 与纯国内企业相比,为何跨国公司的代理成本更大?
2. 比较优势。
   a. 说明比较优势理论与国际经营有怎样的关系。
   b. 说明产品周期理论与跨国公司的发展有怎样的关系。
3. 不完全市场。

a. 说明不完全市场的存在如何导致了外国市场上子公司的建立。

b. 如果完全市场存在,那么与非完全市场情况相比,国与国之间的薪水、价格和利率水平会更为类似还是差别更大？为什么？

4. **国际机遇**。

a. 你认为收购外国公司或进行外国公司许可经营会帮助跨国公司的发展吗？哪种方法风险更大？

b. 设计一个跨国公司的规模不会因为国际机遇而受到影响的情景。

c. 解释可口可乐和百事可乐为什么拥有很多的国际扩张的机遇。

5. **源于互联网的国际机遇**。

a. 什么因素导致一些公司比其他公司更为国际化？

b. 为什么互联网可能促进更多的国际经营？试阐述你的观点。

6. **汇率波动的影响**。位于芝加哥的珀莱克公司(Plak Co.)在欧洲有几家子公司,它们每年都向珀莱克公司汇入收益。解释欧元(很多欧洲国家使用的货币)升值如何影响珀莱克公司的价值。

7. **国际经营的风险和收益**。作为本章的总体回顾,指出影响国际经营收入增长的原因。然后,列出阻碍国际经营的各种不利因素。

8. **跨国公司的价值评估**。哈德森公司(Hudson Co.)是一家美国公司,在墨西哥有子公司,而墨西哥的政治风险与日俱增。哈德森公司乐观地估计收到的墨西哥比索现金流量将不会发生变化。但是,由于政治风险的增加,公司价值却降低了。试解释原因。

9. **集权与代理成本**。伯克利公司(Berkeley Corp.)的母公司为外国子公司做了大多数的重要决策,而奥克兰公司(Oakland Corp.)实行非集权式管理,这两家公司哪一个委托代理问题更严重？

10. **全球竞争**。为何国家间更为标准化的产品规格加剧了全球竞争。

11. **汇率风险**。麦坎纳公司(McCanna Corp.)是一家美国公司,其在法国的子公司生产酒品并出口到欧洲不同的国家。在向这些欧洲国家销售酒品时使用的是欧元,在法国也是如此。麦坎纳公司是否有汇率风险？

12. **宏观与微观主题**。阅读目录,并指出从第2章到第19章中的各章是从宏观还是微观的角度论述问题。

13. **实施国际经营的方法**。杜韦公司(Duv Inc.)试图通过与一家外国公司签署一项许可经营协议或收购一家企业以进入外国市场。说明许可经营协议和收购外国公司之间潜在风险和收益的区别。

14. **国际经营方法**。斯奈德高尔夫公司(Snyder Golf Co.)是建设高端高尔夫球俱乐部的美国公司,该公司想在巴西建设类似俱乐部来扩展国际业务。

a. 描述斯奈德公司为实现上述目标而采用的每种方法的利弊(例如出口、境外直接投资等);

b. 你将向该公司推荐哪种方法？并说明理由。

15. **政治风险影响**。解释为什么政治风险可能不利于国际经营。

16. **"9·11"事件的影响。** 美国遭遇恐怖袭击后,很多跨国公司的价值降幅超过10%。解释为什么跨国公司的预期现金流量也会减少,即使是跨国公司没有直接遭受恐怖袭击。

批判性思考题 》》》

国际环境对跨国公司现金流的影响。 通过在线搜索,查阅任何公开交易的美国跨国公司最近的年度报告。写一篇简短的文章,描述在国际环境中跨国公司现金流有何风险。你选择的跨国公司是否容易受到某种特定货币的影响?如果是这样的话,本币对美元的贬值会如何影响跨国公司的价值?跨国公司是否处于某个特定国家的经济状况中?如果是这样,请描述该国情况的变化如何对跨国公司的现金流产生不利影响。

布雷泽公司案例:国际扩张决策 》》》

布雷泽公司(Blades Co.)是一家美国公司,注册成立已有3年。它是一个相对较小的公司,总资产仅有2亿美元。公司生产单一类型的产品——轮滑鞋。由于公司在成立之初,轮滑鞋市场在美国兴起,布雷泽公司取得了很大成功。例如,经营第1年,它报告的收益是350万美元。但在最近,公司在美国的主打产品"Speedos"的需求量渐渐减少,布雷泽公司的业绩也大不如以前了。去年,公司的资产收益率仅为7%。布雷泽公司的股东对最近几年的公司经营报告的反应是为公司改善业绩施加压力。公司的股票价格已从3年前的每股20美元的高价降到了去年的每股12美元。布雷泽公司生产高质量的轮滑鞋,拥有独一无二的生产流程,但是产品的价格较高,处于该行业的前5%之列。

根据这些情况,公司的首席财务官——本·霍尔特(Ben Holt)正在考虑公司的未来选择。在不影响产品质量的情况下,布雷泽公司在美国没有任何削减成本的可能。而且,替代产品的生产需要对现存的厂房进行重大调整。此外,由于这些限制,此时在美国进行业务扩张似乎很渺茫。

霍尔特的思路如下:如果布雷泽公司在未来不能再渗入美国市场或降低成本,为什么不从海外进口部件和(或)向海外扩张以增加销售额?近年来,很多公司运用类似的战略,成功地向亚洲扩张,增加了公司的边际利润。霍尔特最初将海外市场定位在泰国。泰国近期经历了经济萧条,布雷泽公司可以以低价进口零部件。霍尔特意识到很多布雷泽公司的竞争者已开始从泰国进口生产部件。

布雷泽公司不仅能够通过从泰国进口橡胶和(或)塑料以降低成本,因为这些原料的进口成本低,而且也能通过向泰国出口产品,增加已在美国不景气的销售额,因为泰国的经济仍处于婴儿期,诸如轮滑鞋的休闲产品刚刚受到青睐。一些布雷泽公司的竞争对手虽然从泰国进口零部件,却很少向泰国出口产品。如果布雷泽公司在美国的销售没有反弹,公司最终还是要做出长期决策,可能在泰国设立子公司,逐步把业务转移出美国。由于公司拥有先进的生产流程,公司在泰国设立子公司是有意义的。霍尔特相当确定泰国公司的雇员无法复制布雷泽公司的先进生产流程。而且,如果公司的最初输出方式运行良好,在其他竞争者进入泰国之前,在泰国建立子公司将有利于布雷泽公司保持销售额。

作为布雷泽公司的财务分析师,你被指派去分析国际经营的国际机遇和风险。你的任务应侧重于分析国际交易中的壁垒和机遇。霍尔特从未涉足过任何形式的国际经营,也不知晓可能阻碍外国进出口计划的任何限制。霍尔特先生已向你提出了一些问题,这些问题需要你回答:

1. 从外国例如泰国进口和(或)向其出口时,布雷泽公司能得到什么益处?
2. 从短期来看,在外国进行交易时,布雷泽公司可能存在一些什么劣势?从长期来看呢?
3. 在本章描写的国际经营理论中,从短期来看,哪些理论适用于布雷泽公司?从长期来看呢?
4. 除了在泰国设立子公司,哪些长远计划可供布雷泽公司选择,并且更适合该公司?

小企业困境:创立一个跨国体育用品公司

在本书的每一章中,一些关键概念都是通过在一家从事国际经营的小型体育用品公司的具体运用加以阐释的。每一章中的"小企业困境"可以让学生们认识到这些难题以及公司(如这家体育用品公司)在国际环境下面临的一些可能性决策。对于本章,"小企业困境"的具体案例是创立一家将会开展国际经营业务的体育用品公司。

上个月,吉姆·洛根(Jim Logan)在法国取得了大学本科学位并决定追寻管理自己的体育用品公司的梦想。在吉姆上大学期间,他在一家体育用品商店工作。他看到许多顾客想买低价格的橄榄球,但是在他工作的这家商店以及其他地方只销售高档橄榄球。通过他的经验,他意识到高档橄榄球的利润高,而低价的橄榄球将有可能进入美国市场。他还知道如何制作橄榄球,他的目标是创建一家公司,生产低价橄榄球并批发给美国各体育用品商店。但不幸的是,就在吉姆准备开始行动之前,许多体育用品商店开始销售低价橄榄球。那家生产低价橄榄球的公司早已向美国的体育用品商店提供了大量的其他产品,并建立了商业关系。吉姆认为他无法在美国市场与这家公司竞争。

吉姆没有开办其他公司,他决定在全球市场的基础上实现他的这一想法。橄榄球(在美国流行)在其他国家还没有成为传统运动,但近年来开始在一些国家流行了。而且,外国有线电视的发展使这些国家在未来将会看到更多的美国橄榄球比赛。这会促进美式橄榄球的流行并使它在一些国家成为人们的爱好,而这会导致这些国家增加对橄榄球的需求。吉姆询问了许多大学时期的外国朋友是否能回忆起他们的国家曾销售过橄榄球。大多数外国朋友说体育用品商店很少有销售橄榄球的,但他们认为自己国家的橄榄球需求量会增加。因此,吉姆决定创立一家公司生产低价橄榄球并出口给外国的体育用品经销商。这些经销商会以零售价出售橄榄球。吉姆计划一旦开发了可以卖给外国的其他体育产品,就会一直扩大生产线。他决定称他的公司为"体育用品出口公司"。为了避免任何的租金和劳务费,吉姆计划在他的车库生产橄榄球并自己干活。这样,他的主要开销是生产橄榄球的原料费,以及为寻找将产品卖给体育用品商店的外国经销商的联系费用。

1. 体育用品出口公司是一家跨国公司吗？
2. 为何体育用品出口公司的代理成本比大多数的跨国公司低？
3. 与外国生产和销售足球的潜在竞争对手相比，体育用品出口公司是否有比较优势？
4. 吉姆如何决定进入哪一个国家的市场？他最初应当集中于一个还是多个外国市场？
5. 体育用品出口公司没有立即进行境外直接投资的计划。然而，它会考虑以其他成本较小的方法在外国开设经营机构。体育用品出口公司会使用哪一种方法与一家或更多的外国公司合作以增加外国市场份额？

互联网/Excel 练习

美国经济分析局的网址是 https://www.bea.gov。

1. 使用上述网址，获得美国公司近期境外直接投资的趋势。比较英国和法国的境外直接投资，解释两者存在巨大差异的可能原因。
2. 根据近期的境外直接投资趋势，美国的跨国公司是否在亚洲寻求商机？在东欧呢？在拉丁美洲呢？

真实案例在线文章

在网上寻找一篇最近的文章，这篇文章应是国际财务管理的实际应用，或是现实世界中特定跨国公司的案例，该案例能够诠释本章所述的某一个或者多个概念的行为。

如果你的班级有在线平台，教授可以要求你将总结放在在线平台上，这样，其他学生也能看到这篇文章。如果你的班级是面授课堂，教授可以要求你在课堂上汇报你的文章。教授也可以给某个学生布置任务，让学生完成本章作业，或者要求学生自愿完成某些作业。

对于本章所用到的在线文章和现实世界的案例，考虑搜索以下术语，并且将本年度作为搜索关键词以保证在线文章是最近的：

1. 公司和汇回母公司的外国盈余；
2. 股份有限公司和汇回母公司的外国盈余；
3. 公司和货币作用；
4. 股份有限公司和货币作用；
5. 公司和国家风险；
6. 股份有限公司和国家风险；
7. 境外直接投资；
8. 合资企业和国际化；
9. 许可经营和国际化；
10. 跨国公司和风险。

第 2 章　国际资本流动

许多跨国公司正大量从事国际业务,例如出口、进口或境外直接投资。国际经营中的交易活动引起资金从一国流向另一国。国际收支平衡表反映了国际资本流动的状况,相关内容将在本章详述。

跨国公司的财务经理关注着国际收支平衡表,因此他们能确定国际交易的资金如何变动。国际收支平衡表能表示出特定国家之间的交易数量,甚至能发出特定汇率潜在变动的信号,因此,可能对跨国公司长期的计划和管理产生重大影响。

> **本章目标**
> - 解释国际收支的主要组成部分;
> - 解释一段时间内国际贸易的增长;
> - 解释经济和其他因素是怎样影响国际交易活动的;
> - 解释国家特征是怎样影响国际资本流动的;
> - 介绍促进国际资本流动的机构。

2.1　国际收支平衡表

国际收支平衡表(balance of payments)反映了在一定时期内本国和外国居民之间的所有交易。它表示一个国家在一定时期内的国际交易账户,通常是一个季度或一年的。它记录了企业、个人和政府的交易。

一个国际收支平衡表由经常项目、金融项目和资本项目组成。

2.1.1　经常项目

经常项目(current account)指一国与其他国家之间由于货物、服务贸易或提供资产而产生的资本流动。两国交易所形成的经常项目有三个主要部分:(1) 商品(货物)和服务收支;(2) 初次收入(primary income);(3) 二次收入(secondary income)。

货物和服务收支。货物的进出口指有形产品在国家之间的输送,例如智能手机和服装等。服务的进出口指为其他国家消费者提供的旅游和其他服务,例如法律、保险和咨询服务等。美国出口服务使得资金流向美国,而其进口服务使得资金流出美国。

出口总额与进口总额之间的差异称为**贸易余额**(balance of trade)。美国的贸易余额逆差指美国出口货物和服务的总量小于美国进口货物和服务的总量。在1993年以前,贸易余额仅指货物的进出口。在1993年,服务的进出口也包括在内。

初次收入。经常项目的第二个部分是初次收入[在过去有时也被称为要素收入(factor income)],多数是由跨国公司境外直接投资所得的收益(投资于外国用于管理企业生产经营的固定资产),以及投资者投资于证券投资组合所得的收益(投资外国证券)所构成。因此,美国投资者收到的初次收入表现为资金流入美国,美国支付的初次收入则表现为资金流出美国。净初次收入代表收到的初次收入和支付的初次收入之差。

二次收入。经常项目的第三个部分是二次收入,有时也被称为转移支付(transfer payment),它指国家之间的援助、捐赠和赠予等。净二次收入代表收到的二次收入和支付的二次收入之差。

收支项目举例。图表2.1显示了经常项目中几个交易实例。表中需要注意的是,每笔交易产生的美元现金流入量(出口和收入所得)计入经常项目的贷方,而每笔交易产生的美元现金流出量(进口和收入支付)计入经常项目的借方。因此,大额的经常项目逆差表示美国从外国购买商品、服务或收入支付而花费的现金大于向外国销售商品、服务或收入所得而收到的现金。

图表2.1 经常项目交易实例

国际贸易交易	美国现金流动状况	收支平衡表记录
J.C.彭尼(J.C.Penney)购买将在美国连锁店出售的印度尼西亚生产的服装	美国现金流出	借方
美国居民通过网络从意大利公司购买皮革商品	美国现金流出	借方
墨西哥政府向美国咨询公司支付由该公司提供的咨询服务费用	美国现金流入	贷方
美国家得宝(Home Depot)公司总部从加拿大购买木材用于组装厨房的橱柜	美国现金流出	借方
爱尔兰的大学书店购买由美国公司出版的教科书	美国现金流入	贷方
国际初次收入交易	美国现金流动状况	收支平衡表记录
美国投资者因购买法国公司的股票而收到的股利	美国现金流入	贷方
美国财政部向德国保险公司支付利息,该公司一年前购买了美国债券	美国现金流出	借方
从美国银行借款的墨西哥公司向该银行支付利息	美国现金流入	贷方

（续表）

国际二次收入交易	美国现金流动状况	收支平衡表记录
由于哥斯达黎加发洪水，美国向该国提供援助	美国现金流出	借方
瑞士向研究癌症的美国科学家提供资金	美国现金流入	贷方

真实的经常项目余额表。通过评估一个国家经常项目余额的组成部分，可以了解本国与其他国家的现金流动是如何受国际贸易与收入支出影响的。2014年美国经常项目汇总反映在图表2.2中，说明以上描述的各组成部分。导致现金流入美国的部分用加号表示，而导致现金流出美国的部分用减号表示。

图表2.2　2014年美国经常项目汇总　　　　　　（10亿美元）

(1)	美国出口商品	+1 635
(2)	美国进口商品	-2 372
(3) = (1) - (2)	美国出口商品净收益	-737
(4)	美国出口服务	+710
(5)	美国进口服务	-478
(6) = (4) - (5)	美国出口服务净收益	+232
(7)	美国收到初次收入	+819
(8)	美国支付初次收入	-601
(9) = (7) - (8)	美国初次收入净收益	+218
(10)	美国收到二次收入	+125
(11)	美国支付二次收入	-249
(12) = (10) - (11)	美国二次收入净收益	-124
(13) = (3) + (6) + (9) + (12)	美国经常项目余额	-411

从图表2.2中我们注意到，商品出口使得美国收入（现金流入）总计为16 350亿美元（第1行），进口商品使得美国支出（现金流出）总计为23 720亿美元（第2行）。因此进出口商品净收益（现金流入减去现金流出）总计为-7 370亿美元（第3行，16 350亿美元 减去23 720亿美元）。服务出口使得美国收入（现金流入）总计为7 100亿美元（第4行），进口服务使得美国支出（现金流出）总计为4 780亿美元（第5行）。因此进出口服务净收益（现金流入减去现金流出）总计为2 320亿美元（第6行，7 100亿美元减去4 780亿美元）。因此美国的服务出口额高于服务进口额，但是美国的商品出口额远小于商品进口额。所以，2014年美国的贸易余额为负。

图表2.2同样反映出，美国收到的初次收入（现金流入）总计为8 190亿美元（第7行），美国支付的初次收入（现金流出）总计为6 010亿美元（第8行）。美国收到的二次收入（现金流入）总计为1 250亿美元（第10行），美国支付的二次收入（现金流出）总计为2 490亿美元（第11行）。总体来说，2014年美国经常项目余额（第13行）为-4 110亿美元。出现巨大贸易逆差的主要原因是美国商品进口额（现金流出）远大于商品出口额（现金流入）。

2.1.2 金融项目

金融项目(financial account)衡量的是由以下情况形成的国家间资本流动：(1) 境外直接投资；(2) 证券投资；(3) 其他资本投资。

境外直接投资。金融项目是记录一个国家在一定期限(例如特定的一个季度或一年)内用于新的境外直接投资的国家支出。对美国的直接投资(例如非美国企业收购美国企业)在美国的金融项目中记为正数，因为资金流向美国。相反，美国跨国公司对其他国家的直接投资在美国金融项目中记为负数，因为资金从美国流向其他国家。境外直接投资指投向外国商业活动的固定资产投资。境外直接投资包括在外国收购外国公司、建设新厂房或扩大现有的厂房规模。

证券投资。金融项目同样记录一个国家在一定期限(例如特定的一季度或一年)内用于新证券投资(投资金融资产例如股票和债券)的国家支出。因此，美国投资者购买荷兰喜力(Heineken)股票属于证券投资，因为这仅仅是对外国金融资产的购买，并没有改变该公司的控制权。该交易在美国的金融项目中被记为负数(即借方)。如果一家美国公司以收购的方式购买荷兰喜力股票，那么这种交易改变了公司的控制权，属于境外直接投资而不是证券投资。

其他资本投资。金融项目的第三个部分是其他资本投资。它指国家间的短期金融资产交易(货币市场证券)。一般而言，境外直接投资衡量了企业在外国经营扩张的情况，而证券投资和其他资本投资衡量了个人或机构投资者之间金融资产交易的资金净流量。

2.1.3 资本项目

资本项目(capital account)是衡量一国与其他国家之间因为金融资产随其所有者转移至不同国家而跨国转移形成的资本流动，或是因为销售专利或商标而形成的资本流动。美国在资本项目中将美国公司销售给加拿大公司的专利权记为正数(贷方)，因为该交易使得美国获得了资金。相反，美国在资本项目中将美国公司从加拿大公司购买的专利权记为负数(借方)，因为该交易使得资金从美国流向其他国家。

通常来说，各国之间金融项目涉及的现金流量是非常大的，相较于金融项目而言资本项目较少(以美元计)。因此，在试图了解一个国家的投资行为如何影响该国在某一特定时期内与其他国家的资本流动时，金融项目比资本项目受到更多关注。

2.1.4 各项目间关系

如果一个国家的经常项目余额为负，那么它的资本项目和金融项目余额应当为正(反之亦然)。这意味着当一个国家为贸易和生产要素向外国支付的资金多于从其他国家收到的资金时，该国依靠对外投资从其他国家获得的资金则大于它支付的资金。

例如,如果一个国家对其他国家的境外直接投资额远超于其他国家对该国的境外直接投资额,这将导致该国金融项目出现负数(借方),因为该国流出资金大于流入资金。然而,对参与投资的国家来说,对其他国家的境外直接投资会形成该国收到的初次收入。因此,对别国的境外直接投资越高,该国获得的初次收入就越高,这将导致该国的经常项目余额为正(贷方),因为该国初次收入的流入大于流出。

差错、**遗漏和储备**。国际收支平衡表还包括差错、遗漏和储备部分,因为当计算两国之间的资金转移价值时,总会出现计量误差。

2.2 国际贸易增长

美国受益于国际贸易的增长。第一,国际贸易为美国创造了就业岗位,特别是那些在本国国内拥有技术优势的行业。国际贸易使得生产企业转移到生产效率更高的国家。第二,国际贸易使得生产产品的公司之间竞争更加激烈,从而迫使产品保持低价格。因此国际贸易使得美国的消费者在更低的价格中有更多的选择。

2.2.1 增加贸易量的事件

随着时间的推移,国际贸易有了明显的增长,并对跨国公司产生了重大影响。第一,国际贸易使得一些跨国公司能以低价获得原材料。第二,国际贸易使得许多跨国公司能增加自己销售额并扩张经营。

国际贸易发展是多国努力解除边界限制的结果。下面将讨论一些增加了贸易活动的重要历史事件。

柏林墙的拆除。1989 年,隔离民主德国和联邦德国的柏林墙被拆除了。这是民主德国与联邦德国新关系的象征。所有东欧国家的企业开始自由经营,政府所有制企业开始私有化。这减少了东欧国家的贸易壁垒。很多跨国公司开始向那里出口商品,或者从那里进口商品以利用其廉价劳动力。

《单一欧洲法案》(Single European Act)。20 世纪 80 年代后期,欧洲的工业化国家同意制订一个更加统一的条款,消除国家之间的商品贸易税负。1987 年《单一欧洲法案》生效,它规定各个国家代表经过一系列的谈判后在 1992 年前应达成一致。该法案允许特定欧洲国家的企业有更多的渠道从其他欧洲国家获得供应。

美国跨国公司在欧洲的分公司利用这个法案进入其他欧洲国家的市场。通过生产更多的类似产品并配送到各个欧洲国家,企业更容易达到规模经济。百事福公司(Best Foods,现为联合利华的一部分)是跨国公司之一,由于壁垒的减少,该公司通过流水生产作业来提高效率。

《北美自由贸易协定》(NAFTA)。由于 1993 年签订了《北美自由贸易协定》,美国和墨西哥的贸易壁垒被消除了。一些美国企业利用该协定向墨西哥出口那些曾被墨西哥贸易壁垒限制的产品。其他企业在墨西哥设立子公司生产商品并在美国销售，而这些商品的生产成本低于在美国生产的成本。贸易壁垒的消除使得美国企业可以渗透到以前不能进入的商品和劳动力市场。

美国和墨西哥贸易壁垒的消除使得墨西哥企业可以向美国出口曾经被限制的产品。因此，生产这些产品的美国企业受到了来自墨西哥出口商的竞争。由于墨西哥的劳动力成本低廉，一些美国企业已经失去了部分市场占有率。这种影响在劳动密集型行业（例如服装业）最为明显。

《关税及贸易总协定》（GATT）。 在《北美自由贸易协定》签署后，《关税及贸易总协定》继续推动着自由贸易。该协定衍生于所谓"乌拉圭回合"（Uruguay Round）的贸易谈判。该谈判呼吁在117个国家里，10年内降低或消除特定商品的贸易限制。该协定为原先受贸易限制而不能进入外国市场的企业创造了更多的国际业务。

欧盟（EU）。 欧盟由28个欧洲国家组成（截至2023年，欧盟共有27个成员国），它们都认同成员国之间商品、服务、资本的自由流动。欧盟致力于促进跨国公司之间强有力的竞争，因为它允许任一欧盟成员国的跨国公司不受任何贸易限制出口至其他欧盟成员国。在2004年之前，欧盟成员国只包括西欧国家（奥地利、比利时、丹麦、芬兰、法国、德国、希腊、冰岛、意大利、卢森堡、荷兰、葡萄牙、西班牙、瑞典和英国）。2004年，塞浦路斯、捷克共和国、爱沙尼亚、匈牙利、拉脱维亚、立陶宛、马耳他、波兰、斯洛伐克和斯洛文尼亚加入了欧盟，保加利亚和罗马尼亚在2007年加入了欧盟，克罗地亚在2013年也加入了欧盟。由于东欧的工资水平明显低于西欧国家，很多跨国公司在东欧国家建立厂房、生产产品并销往西欧。如今（指2018年），欧盟国家总人口超过5亿人，占世界GDP的四分之一。

欧盟在成员国的产品、服务、资本的自由流动达成一致方面取得了成功。但在制定标准、移民政策方面却不太成功。那些对移民持开放态度的欧盟国家认为，移民应该在欧盟国家中平均分配（按人口比例）。但其他欧盟国家对移民问题有着严重的担忧。因此，现在很多欧盟国家实施符合自身利益的移民政策。

如果欧盟各国政府被迫遵循与自身原则大相径庭的移民政策，那么它们可能会考虑脱欧。2016年6月，英国选民投票退出欧盟，英国彻底退出欧盟可能需要至少两年的时间（英国已于2019年正式退出欧盟）。这一具有历史意义的事件，对英国和欧盟的潜在影响往往会引发诸多争论。一些分析人士认为英国将遭受一次严重的经济衰退。但其他分析人士认为，如果不加入欧盟的官僚体制，英国将变得更有效率，而其他欧盟国家也在考虑退出欧盟。

一个国家退出欧盟可能会对本国公民和企业产生重大影响。尤其是该国的出口企业会受到来自其他欧盟国家施加的贸易限制。此外该国可能会对来自其他欧盟国家的任何进口商品施加贸易限制。因此，正如减少贸易限制会促进国际贸易，实施新的贸易限制则会减少国际贸易。一国的企业会以不同的方式受到新贸易限制的影响。如果其他国家对该国出口实施新的贸易限制，那么该国的出口企业将受到不利影响。如果该国对商品进口实施新的贸易限制，那么该国侧重服务于国内市场，并且与外国出口商竞争的国内企业将会受到有利影响。

欧元的启用。2002年,11个欧盟成员国采用欧元作为代替本国货币的新货币。随着时间的推移,另外8个成员国也采用了欧元。为了加入所谓的欧元区(该地区由采用欧元的国家组成),该国必须是欧盟成员国,其政府在预算赤字和总债务中履行特定的财政责任限制。但一些欧盟国家已经决定不加入欧元区(例如英国)。截至2018年,欧盟成员国中有19个成员国加入欧元区;其他成员国可能会在其政府履行财政责任指导方针时采用欧元。

当欧元区内的跨国公司相互进行交易时,它们不需要将一种货币转换为另一种货币。因此避免了这些交易的汇率风险,这鼓励了跨国公司在欧元区内进行贸易。随着欧元的推广,欧元区国家之间的国际贸易有所增加。所有采用欧元作为本国货币的国家都要遵循同样的货币政策,这在第6章中有详细的解释。

其他贸易协定。2003年6月,美国和智利签署了一项自由贸易协定,消除两国之间的产品贸易关税。2006年,《中美洲自由贸易协定》(CAFTA)实施并规定,在美国、多米尼加共和国和五个中美洲国家之间实行更低关税和管制。美国也与其他很多国家建立了贸易协定,包括新加坡(2004)、摩洛哥(2006)、阿曼(2006)、秘鲁(2009)、约旦(2010)、巴林(2010)、韩国(2012)。然而,在2008—2011年的全球经济疲软时期,贸易协定的势头有所消退,因为一些国家更关注保护本地的公司和工作机会。在2016年,美国签署《跨太平洋伙伴关系协定》,该协定涉及太平洋沿岸的12个国家,包括加拿大、澳大利亚、日本、墨西哥、新西兰和新加坡。

2.2.2 外包对贸易的影响

外包。"外包"一词指代表与第三方签订子合同。在跨国财务管理的背景下,外包是同另一个国家的第三方签订子合同,以便提供以前内部生产的产品或服务。在使用这个定义时,外包已经增加了国际贸易活动,因为它意味着跨国公司正在购买其他国家的产品或服务。例如,在美国使用的计算机技术支持系统通常是外包给印度或其他国家的。

外包使得跨国公司经营成本更低,因为向第三方支付的费用比跨国公司自己生产产品或服务的花费更低。许多跨国公司都认为如果不将一些产品或服务外包,它们将毫无全球竞争力。跨国公司的外包为低工资国家创造了很多就业机会。然而,美国跨国公司的外包行为受到了一些批评,因为这样可能会减少美国国内的就业机会。但是,美国的跨国公司可能会辩解说如果部分产品或服务不外包,公司可能就得削减一些劳动密集型的业务,因为在全球竞争中,美国的劳动力实在是太贵了。

外包存在的问题很多,但是没有简单的解决办法。很多人对外包有看法,但这些人往往言行不一。

> **举例**
>
> 里克（Rick）是美国公民，他因为美国企业把服务外包给其他国家来增加企业价值而感到困窘，因为这种行为减少了美国国内的工作机会。里克是大西洋公司的董事长，他说该公司从未将服务外包。大西洋公司只是从外国公司进口大部分原料，并在墨西哥拥有一家工厂，将在墨西哥生产的产品出口到美国。
>
> 里克发现外包可能会减少美国国内的工作机会。然而，他不认为从墨西哥进口原料或在墨西哥经营工厂也能减少美国国内的工作机会。如果问起他为什么使用外国劳动力市场生产原料或产品，他可能解释说美国制造业的高额工资迫使他依赖外国的低成本劳动力。然而，类似的讨论也适用于其他将服务外包的美国企业。
>
> 里克个人拥有一部丰田轿车、一部三星智能手机和一台平板电脑，以及一些阿迪达斯服装。他认为这些非美国生产的产品比美国的产品更加物有所值。里克的朋友妮科尔表示里克的消费选择与他"创造美国就业"的信条不一致。她解释说她仅购买美国产品。她拥有一部福特（墨西哥产）轿车、一部 iPod 和一部 iPhone（中国产），以及一些耐克服装（印度尼西亚产）。

外包的管理决策。 美国跨国公司的经理可能认为他们在美国生产产品能够为美国工人创造就业机会。但是，当在外国市场很容易以成本的 1/5 价格生产同样产品时，股东可能向经理施压，让经理在外国设立子公司或从事外包。股东可能认为经理为创造美国就业而没有最大化公司的价值。跨国公司的董事们能左右重大管理决策，并迫使经理把一些生产转移到美国以外的地区。董事会应该考虑把生产移至外国而节省潜在成本。但是，董事会也应当考虑美国员工会对公司声誉或道德评价产生负面影响。在保证质量的情况下，外国生产若能充分降低产品成本，一个折中的办法是限定外国生产，来促进公司的经营增长。此时，该种做法不会对生产工人有负面影响。

2.2.3　各国之间的贸易量

有的国家比其他国家更依赖国际贸易。美国每年的国际贸易额一般占当年 GDP 的 10%—20%。从这个比例分析来看，美国比其他发达国家更少依赖国际贸易。加拿大、法国、德国和其他欧洲国家比美国更加依赖国际贸易。例如，加拿大每年的贸易进出口量占年度国内生产总值（GDP）的 50% 以上。欧洲各国的国际贸易量基本上是 GDP 的 30%—40%。日本与美国相似，国际贸易总量为 GDP 的 10%—20%。

图表 2.3 中的上图反映了美国向其他国家出口的分布情况。美国向加拿大的出口占美国出口的 19%，而对墨西哥的出口达到了美国出口的 16%。

图表 2.3 中的下图反映了美国从其他国家进口的分布情况。加拿大、中国、墨西哥和日本是向美国出口的重要国家：它们的出口合计达到了美国进口总量的一半以上。

出口分布情况

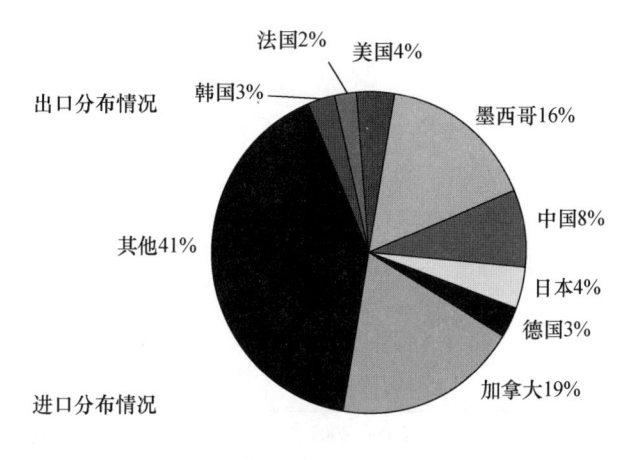

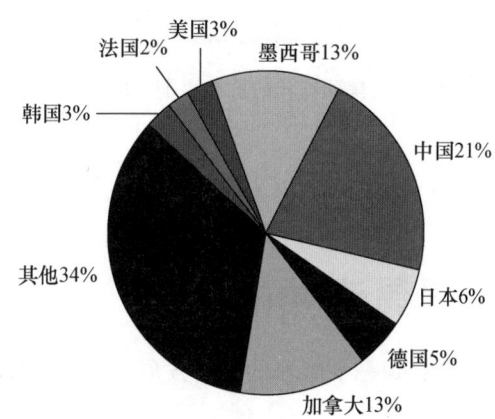

- 法国2%
- 美国4%
- 韩国3%
- 墨西哥16%
- 中国8%
- 日本4%
- 德国3%
- 加拿大19%
- 其他41%

进口分布情况

- 法国2%
- 美国3%
- 墨西哥13%
- 韩国3%
- 中国21%
- 日本6%
- 德国5%
- 加拿大13%
- 其他34%

图表 2.3　美国出口和进口的分布情况（2015）

来源：U. S. Census Bureau,2016.

2.2.4　美国的贸易平衡趋势

任何国家的贸易平衡都能随着时间的推移发生重大变化。第二次世界大战之后不久,美国经历了一次较大的贸易顺差,因为欧洲的重建依赖于美国的出口。在最近十年,美国经历了贸易逆差,因为与本国生产的相似产品相比,美国对以低成本生产的进口产品有强烈的需求。

图表 2.4 反映了美国贸易余额的年度变化趋势。许多美国贸易赤字是由和中国、日本之间的贸易不平衡造成的。最近几年,美国和中国的贸易逆差每年都超过3 000 亿美元。

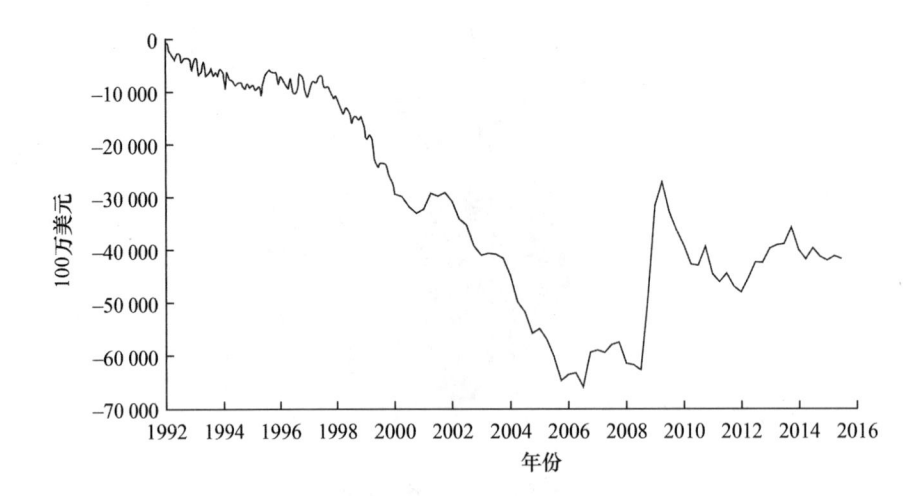

图表 2.4　美国往年的贸易平衡情况（1992—2016）
来源：U.S. Dep. of Commerce, Bureau of Economic Analysis, Census Bureau, Federal Reserve.

2.3　影响国际贸易流动的因素

因为国际贸易极大地影响到一个国家的经济发展，所以确认和监测影响它的因素极为重要。主要影响因素包括：
- 劳动力成本；
- 通货膨胀；
- 国民收入；
- 信贷条件；
- 政府政策；
- 汇率。

2.3.1　劳动力成本

每个国家之间的劳动力成本各不相同。中国许多工人的月工资较低，所以中国公司生产的那些手工产品的劳动力成本和欧洲及北美洲的许多国家相比较低，就不令人惊讶了。在欧洲，东欧国家的工资也普遍低于西欧国家的工资。劳动力成本低的国家在全球竞争中有一定的优势，尤其是在劳动密集型行业。

2.3.2　通货膨胀

如果一个国家的通货膨胀率相对于与它进行贸易的国家上升，那么将会造成该国出口减少(外国消费者转向购买别国更便宜的替代品)、进口增加(本国个人或公司选择更便宜的替代品)。一般情况下,一国的通货膨胀加剧会导致它的经常项目下降。

2.3.3 国民收入

如果一个国家的收入水平(国民收入)增速比其他国家高出几个百分点,在其他因素相同时,那么该国的经常项目会下降。当真实收入水平(用通货膨胀调整后)上升时,其商品消费也会上升。消费上升的百分比水平也反映了对海外商品的需求增加情况。

2.3.4 信贷条件

当经济萎靡时信贷条件会变得严格,因为企业很难偿还贷款。在这种情况下,银行不愿意为跨国公司提供资金,这会导致企业减少支出,经济进一步衰退。因为企业减少了支出,也减少了对进口材料的需求。因此,国际贸易流动也有所减少。

不理想的信贷环境同样会导致一些跨国公司难以获得用于进口材料的资金,从而减少国际贸易。很多跨国公司进口材料会依赖信用证,信用证是由商业银行代表进口商出具以保证交货时付款的凭证。如果银行害怕跨国公司因为经济状况低迷而无法偿还该笔贷款,那么银行可以拒绝提供信贷,这样跨国公司因为没有贷款将无法进口材料。

2.3.5 政府政策

课堂往往很重视自由贸易的优势理论,但是当一个国家出现巨大的贸易逆差导致失业率上升时,这些理论就不适用了。在一个国家创造就业机会可能会使其他国家减少就业机会,甚至可能造成国家之间为了更高的全球出口份额而开战。

政府政策可能对在某个行业市场占有率非常高的公司有重大影响。这些政策影响相关国家的失业水平、收入水平和经济增长。每个国家的政府都想增加出口,因为更多的出口可以产生更多的收入,还能创造就业机会。此外,一个国家的政府通常更希望消费者和公司能购买更多当地产品和服务而不是选择进口的产品和服务。因为这样可以为当地创造更多的就业机会。

在学生(或教师)中展开讨论的一种简单方法是询问学生,问他们想到了什么可以应用的国际贸易政策。有些人的工作可能受国际贸易影响较大,他们可能对这个主题有更强烈的想法。

经济疲软的国家政府往往会采用更有创造力和积极的政策,旨在促进出口或减少进口。以下几种类型的政策经常被用于改善贸易平衡,从而创造国内就业机会。

进口限制。一些政府通过加强贸易限制来阻止或不鼓励从其他国家进口。关税和配额是贸易限制中最普遍的做法。如果一个国家对进口商品课税(通常指征收关税),此税通常会从进口商传递至消费者身上,于是消费者在购买进口商品时价格更高。许多国家提高汽车进口关税是为了鼓励出口商在本国建立汽车制造的子公司(以及创造当地就业岗位)。虽然美国的关税税率平均来看比其他国家低,但一些行业比其他行业受到更多的关税保护,如美国服装业和农产品在历史上就因对相应进口商品课以高关税而受到保护。

除关税外,政府可以通过实施**配额**(quota)或者最大进口限额来减少进口。配额通常被美国和其他国家广泛应用于进口各种商品上。实际上,2008—2012年经济形势衰退导致了很多国家实施贸易壁垒以保护本国的一些产业。

出口补贴。一些政府为本国企业提供出口补贴,因此这些企业比其全球竞争对手的产品生产成本更低。由于这些补贴,导致这些企业的产品出口需求更高了。

> **举例**
> 在一些国家,很多企业通常可以从政府那里获得无息贷款或无偿的土地。这些企业的运营成本和产品价格都很低,这些得到补贴的企业能获得较大的全球市场份额。

一些国家的公司只要出口产品,就能从政府得到补贴。在政府补贴的帮助下出口产品被称为**倾销**(dumping)。这些公司可能以比其他国家竞争对手用更低的价格销售其产品。值得讨论的是每个政府都以各自的方式为出口企业提供补助。

限制盗版。各国政府对盗版的限制各不相同。政府对盗版限制的缺乏也会影响国际贸易流动。一国政府如果在打击盗版中不作为,将间接减少该国进口,甚至可能阻碍跨国公司出口至该市场。

由于盗版的存在,中国对进口需求较低。盗版也是美国对中国产生巨大贸易逆差的原因之一。但是,剔除盗版,美国对中国的贸易逆差仍然很大。

环境限制。当一个政府加强环境限制时,当地公司就会承受更高的生产成本。因此,和那些没有受到类似限制的公司相比,这些公司处于不利之中。一些政府为确保本国企业更能够参与全球竞争,已经考虑放松或是完全取消环境限制。当然,这样的政策与国家环保组织的目标是明显冲突的。一个人对某项政策的看法在很大程度上取决于当地的就业水平和干净的环境是否被认为是最重要的指标。

劳动法。劳动法在各国之间并不相同,这就使得各国公司发生的人工费存在差异。有些国家有更严格的法律保护工人的权利。此外,一些国家还有更加严厉的限制童工的法律。在其他条件相同的情况下,那些受到更多法律限制的公司将产生更高的人工费。因此,那些受到更多法律限制的公司在同其他国家公司的竞争中处于不利地位。

商业法。有些国家比其他国家对行贿有更严格的限制。因此,这些国家的公司在某些环境下也许不能参与全球竞争。例如,当政府官员向跨国公司寻求特定的服务项目时,他们希望从试图获得该业务的跨国公司收到贿赂。

税收减免。有些国家的政府可能对一些特殊行业的公司实施税收减免。这一行为并不算补贴,但政府以财政支持的形式对那些出口产品的公司进行帮助。例如,当美国的跨国公司投资于研发或投资于设备或机械时,它们会从税收减免中受益。

国家贸易要求。政府可能要求跨国公司在向该国出口产品之前完成各种验收工作,或取得许可证。这样的要求常常导致贸易延迟,原因很简单,因为政府在验收这些产品或许可证方面效率低下。这可能是为了阻碍出口而故意为之的,从而间接保护本国的就业机会。

官僚主义(无论国际与否)是一个巨大的贸易壁垒。因此,很难证明一个国家的政府因为有意阻止贸易而违反自由贸易协定。即使有了技术上的进步(如在线办公的可能性),许多政府在其他国家的出口商向本国出口产品时仍然反应迟缓。官僚主义的低效阻碍了一些跨国公司在其他国家开展业务。

政府所有权或补贴。一些政府保持对重要出口企业的所有权。2009年,美国政府通过投资数十亿美元购买通用汽车的大量股票,从而拯救了通用汽车。

国家证券法。一些美国政客认为,如果美国的安全受到威胁则应该限制国际贸易和外资持股比例。尽管大多数人认同此观点,也有人认为不应对美国某些特殊行业实施保护。请考虑下列问题:

1. 美国购买的军用飞机是否仅限于在美国生产制造,即使巴西能以半价生产类似飞机?这些权衡涉及巨额预算赤字。美国使用美国制造的飞机是否更安全?依靠美国企业在美国生产产品,技术秘密是否更安全?

2. 你是否认为军用飞机应该仅由美国企业生产,该企业是否应当限制外资持股比例?外国投资者对大多数在美国上市交易的公司都拥有一定比例的股份。

3. 对外国所有权的限制是否仅局限于某些国家的投资者?当美国安全受到威胁时,是否禁止与任何外国所有者进行商业贸易?这些威胁是指向敌人出售了秘密技术?如果可以接受一些外国所有者知晓秘密技术,那么哪些国家可以被接受?

4. 哪些产品应当被视为对美国安全构成威胁?例如,即使严格要求由美国企业生产军用飞机,制造飞机所用的零部件是否皆遵循严格要求?但现实,一些美国军用飞机使用的零部件是由中国生产,并由飞机制造商进口而来。

为了获得这些问题的不同意见,你可以尝试从学生那里获得有关这些问题的答案。如果学生对某些信息有所隐瞒,那么他们的观点将无法达成一致,那些在美国从事国际贸易或从投资中获利(或受损)的外国企业更加无法达成一致意见。很难区分贸易或投资限制究竟是确保了国家安全还是不公平地保护了美国企业免受外国企业的竞争。美国面临的困境也适用于其他所有国家。

对政府的惩罚政策。随着时间的推移,国际贸易政策变得更具有争议性。即使有一些人支持无限制的自由贸易,另一些人则希望他们的政府对那些不遵守环境法律、童工法律,或侵犯人权的国家政府加强贸易限制。现在每一个国际贸易协定都会有大批抗议者,他们有自己的利益出发点。

跨国公司的经理不可能负责解决这些贸易政策争端。但是,他们至少应认识到一项特殊的贸易政策会如何影响公司所在行业的竞争地位,贸易政策的变化如何影响公司未来的地位。

政府政策总结。每个政府都会实施一些政策,可以为本国公司提供某种优势使其在全球竞争中获得市场份额。因此,在全球市场份额大战的战场上对所有国家而言都不公平。然而,并不存在一个保证全球市场份额公平竞争的方案。大部分政府都承受来自其选民的压力,选民希望政府实施贸易限制,为本国创造就业岗位以及为本国公司提供出口优惠。然而,一国实施新的贸易限制政策往往会遭受报复。

> **举例**
>
> 假设近期美国有大量的农业公司没有业务,因为当地的消费者开始购买 Vegambia(某虚拟国)的低价格蔬菜。这导致美国农业公司解雇了许多员工,这些公司决定游说他们的政治代表。农业公司认为:
> - 因为 Vegambia 的政府会给种植蔬菜的公司减税,所以来自 Vegambia 的蔬菜价格是不公平的;
> - 有猜测说,从 Vegambia 进口的蔬菜已经使部分消费者感染疾病;
> - Vegambia 允许儿童工作的年龄比美国允许的年龄更早。
>
> 为此,美国政府决定对 Vegambia 的进口实施贸易限制。因此 Vegambia 对美国的蔬菜出口量下降,该国国内失业率上升。Vegambia 政府决定通过调整贸易逆差来改善失业率。虽然该国有一些公司专门生产玩具,但是因为当地许多消费者购买从美国进口的玩具,使得最近本国玩具销售疲软,Vegambia 政府决定:
> - 美国玩具制造商享有不公平优势地位,因为它们向美国政府支付的税率低(就其收入而言);
> - 美国生产的玩具给当地的儿童带来了健康风险,因为据报道称有几个孩子在玩这些玩具时受伤了;
> - 美国政府未能阻止一些非法药物流入 Vegambia,作为抗议,Vegambia 应该减少从美国的进口。
>
> 因此 Vegambia 政府禁止从美国进口玩具。

从上面的例子我们可以得出结论,如果政府想要增加国内就业,它们可以找到任何限制进口的理由。有些理由可能是合理的,有些理由可能不是。当然,那些受到贸易限制政策不利影响的国家,为了抵消对本国就业的不良影响可能会采取报复措施。所以通过限制进口来增加就业的计划可能不会成功。但是,当两国的整体就业形势因为贸易政策的影响相互抵消而没有改变时,特定行业内的就业情况可能会发生变化。在上面的例子中,农业公司从美国政府的政策中受益,以牺牲玩具制造商的利益为代价。

在学生(或教师)中建立讨论的一个简单办法是问他们,什么是能保证所有国家的跨国公司公平参与全球竞争而采取的适合的政府政策?即使在一个国家,人们的观点也会不同,要在各国之间达成一致意见会很困难。

2.3.6 汇率

一个国家的货币是通过汇率按其他国家的货币计价的。货币间可兑换促进了国际贸易。大多数货币的价值因市场和政府的力量(详见第 4 章)而不断波动。如果一个国家的货币相对其他货币升值,在其他因素相同时,该国经常项目余额就应当下降。如果货币坚挺,该国出口的商品对于进口国来说变贵了,结果导致对这种商品的需求会下降。

> **举例**
>
> 阿塞尔公司(Accel Co.)在荷兰生产一种标准网球拍并且在网上销售给美国消费者。美国马里布公司(Malibu Co.)是该公司的竞争对手,马里布公司生产同样质量的网球拍,并且价格在 140 美元左右。阿塞尔公司将其球拍定价在 100 欧元。假设欧元对美元的汇率是 1.6,所以该球拍对于美国消费者而言就是每只 160 美元(由 100×1.6 计算得到)。因为美国消费者仅需要 140 美元就可以购买马里布公司的网球拍,因此这个月阿塞尔公司仅向美国消费者卖出了 1 000 只球拍。
>
> 然而,此后欧元开始贬值,本月降到 1∶1.2 美元。因此,美国消费者可以以 120 美元(由 100×1.2 计算得到)的单价购买阿塞尔公司的网球拍。这就比马里布公司的球拍便宜。阿塞尔公司在这个月卖出了 5 000 只球拍。美国消费者对这个网球拍的需求就具有**价格弹性**(price elastic,对价格变化敏感),因为购买的产品有替代品,对阿塞尔公司球拍需求的增加导致了对马里布公司球拍需求的减少。

例子中这两种不同的汇率是非常真实的情况。欧元在 2009 年 7 月的汇率是 1.6 美元,而仅在 11 个月后的 2010 年 6 月变为 1.2 美元(降低了 25%)。在 2011 年 4 月,1 欧元升值至 1.48 美元,9 个月内上升了 23%。然而在 2012 年 7 月,1 欧元又跌至 1.24 美元,这意味着它的汇率在 15 个月内降低了 16%。

这个例子首先描述了一个产品的价格因为汇率变动而在短期内如何变化。其次,它描述了一种出口商品的需求量是如何随着汇率变动而变化。最后,该例子还描述了由于汇率变动,一种出口的竞争产品的需求量如何变化。

尽管这个例子只描述了一种产品,考虑一下由于欧元的价值发生变化导致美国对从欧元区国家进口的所有商品的需求量将发生变化,这种经济影响会更大。现在用下面的例子来理解汇率变动对美国出口的影响。

> **举例**
>
> 　　美国马里布公司生产的网球拍部分销售给欧洲国家。其标准价格是每只 140 美元，并且该球拍和阿塞尔公司生产的球拍在美国和欧洲市场上有竞争。当欧元的汇率是 1.6 美元时，欧元区消费者大约只需付 87.5 欧元就可以购买马里布公司的球拍（由 140/1.6 =87.5 计算得到）。因为这个价格对欧元区消费者而言低于阿塞尔公司的球拍的价格，马里布公司那时在欧元区销售了 7 000 只球拍。
>
> 　　然而，当 1 欧元贬值到 1.2 美元，欧元区消费者就需要支付 117 欧元来购买马里布公司的球拍（由 140/1.2 计算得到），这就比阿塞尔公司的球拍贵。马里布公司在这个月仅仅向欧元区消费者卖出了 2 000 只球拍。这些消费者减少了对马里布公司球拍的需求，增加了对阿塞尔公司球拍的需求。

　　这个例子只是基于一种产品，所有出口商品所累积的影响将会更大。一般情况下，本例表明当某国货币对美元坚挺时（当美元疲软时），美国出口相对较多，而进口相对较少；相反，当某国货币对美元疲软时（当美元坚挺时），美国出口相对较少，而进口相对较多，这就会扩大贸易余额逆差。

　　汇率如何解决贸易赤字。浮动汇率可能通过以下方式调整两国之间贸易的任何不平衡问题。一个国家贸易中的赤字，显示出该国在购买外国商品上花费的资金比它向外国出口的商品中所获得的资金更多。因为它出售本币的数量（购买外国商品）大于外国对本币的需求量，其币值降低。一旦某国的本币价值下降，将导致外国对其商品的需求增加。

　　为何汇率可能不能解决贸易赤字。当有其他力量抵消了国际贸易对汇率的作用时，浮动汇率将不能解决任何国家贸易不平衡问题。

> **举例**
>
> 　　美国通常有巨大的贸易赤字，这应该给美元带来贬值压力。然而，很多年来美国的金融资本流入（例如，购买美国证券）大于其金融资本流出，这些力量可以抵消由贸易不平衡给美元带来的贬值压力。如果美元不贬值，那么浮动汇率将不能解决贸易赤字。

　　本国货币疲软导致解决方案有局限性。当一个国家的货币疲软时，基于下列原因它的贸易余额也不一定会改善。第一，当一国货币疲软时，该国的商品价格对外国消费者而言变得更有吸引力，导致许多外国公司降低其商品价格以保持其竞争力。第二，本国货币不可能同时对全部货币都疲软。因此，当一个国家对许多国家都有贸易赤字时，不可能同时解决所有的赤字问题。

> **举例**
>
> 即使美元对欧元疲软,美元对亚洲国家的货币汇率可能仍保持强势。在这种情况下,美国消费者可能减少他们对欧洲国家产品的需求,而增加他们对亚洲国家产品的需求。结果美国对欧洲国家的贸易赤字可能减少,但是美国对亚洲国家的贸易赤字可能增加。这导致美国的贸易总逆差并没有消除。

为什么疲软的货币不总会改善国家贸易余额?这是因为很多国际贸易交易是预先安排的,并不能即时调整。因此,出口商和进口商有义务继续它们承诺的国际交易。在美元疲软和非美国公司对美国商品需求增加之间,滞后期通常估计为 18 个月或更长。美国贸易赤字可能因美元贬值而在短期内恶化,因为美国进口商需要更多的美元以支付之前签订合同而承诺购买的商品。这代表了所谓的 **J 曲线效应**(J-curve effect),见图表 2.5。在形势逆转之前,贸易余额的进一步下跌导致了一个像字母 J 的趋势。

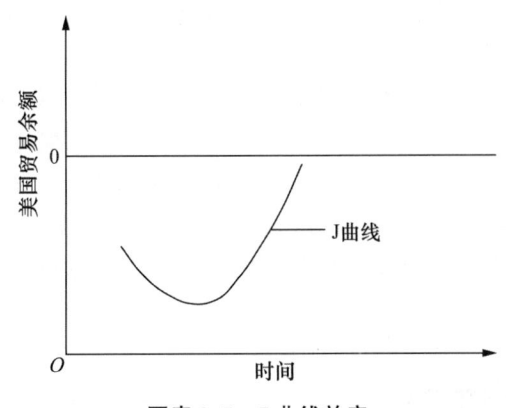

图表 2.5　J 曲线效应

货币疲软不总会改善一国贸易余额是因为有些国际贸易是在同一所有权下的进口商和出口商之间进行的。很多公司购买它们子公司生产的产品,这被称为**公司内部交易**(intra-company trade)。这种形式的贸易占所有国际贸易的 50% 以上。即使进口国货币疲软,这种内部交易依然普遍存在。

汇率摩擦。尽管基于上述原因,本国货币疲软不会总是解决贸易逆差的最佳办法,但它仍然被政府官员普遍推荐为可行的解决办法。然而,所有国家不能同时使本国货币疲软。以两个国家为例,一国政府使本国货币疲软的行动会引起对方国家货币的坚挺。货币坚挺国家的消费者在新汇率的影响下会购买更多的进口商品;而且,货币疲软的国家会产生更多的就业机会,而货币坚挺的国家将会失去更多的就业机会。这就会导致两国之间的摩擦。

> **举例**
>
> 在任何给定的时间点,总会有一些出口商抱怨受到不公正的待遇,它们向政府游说,以使当地货币疲软,这样对于国外购买者而言,该国出口商品就不会太贵。当欧元对美元坚挺时,一些欧洲出口商就会抱怨它们处于不利地位,因为以欧元计价的产品换算成美元后对美国消费者而言就显得很贵。当欧元对美元疲软时,一些美国出口商就会抱怨它们处于不利地位,因为以美元计价的产品换算成欧元后对欧洲消费者而言就显得很贵。

美国出口商和政府官员也常常抱怨中国政府将人民币对美元的汇率人为地保持在较低水平。他们建议中国政府应该重新高估人民币从而解决美国对中国巨大的贸易逆差问题。这一问题在2008—2011年美国经济十分疲软时期得到了许多关注,美国那时正在寻找刺激美国经济的方案。一些美国政府官员相信如果中国的人民币相对美元升值,那么美国对中国的出口将会增加,进口将会减少,这样就会创造更多的美国就业机会。

然而,这里也存在一些强烈的反对意见。中国政府可能认为,贸易不平衡主要受到两国劳动力成本差异的影响,因此对汇率的调整并不能抵消两国劳动力成本之间的巨大差异。而且,尽管中国政府使人民币升值让本国产品比美国产品更贵,但对美国产品的需求量真的会增加吗?或者这仅仅使那些从中国购买的美国消费者转向购买其他成本较低的国家的产品,例如马来西亚、墨西哥、越南。如果美国消费者转向购买这些低工资国家的产品,是否意味着美国政府官员将要求这些低工资国家重估其本国货币,以减少美国贸易余额逆差?这些问题留给现在的学生回答,他们将在未来为本国政府服务,到那时这样的问题很有可能依然存在。

2.4 国际资本流动

资本流动的一个最重要方式是境外直接投资。企业通常进行境外直接投资,目的是让企业能接触到额外的消费者或利用低成本的劳动力。美国跨国公司比其他国家的跨国公司更多地参与境外直接投资。欧洲整体吸引了超过50%的美国跨国公司的对外投资。美国对外投资中另外30%去往拉丁美洲和加拿大,只有15%是去往亚洲和太平洋区域。英国和加拿大是美国跨国公司境外直接投资的最大目标。

在英国、法国、德国的跨国公司也纷纷进行境外直接投资。这些主要从事境外直接投资的国家同时也吸引了很多的境外直接投资。尤其是美国,占有所有境外直接投资的六分之一份额,超过了任何其他国家。对美国的境外直接投资很多来自英国、日本、荷兰、法国和加拿大。很多在美国经营的著名企业是外国公司所有的,包括壳牌石油公司(Shell Oil,荷兰)、希戈石油公司(Citgo Petroleum,委内瑞拉)、佳能(Canon,日本)和消防员基金(Fireman's Fund,德国)。而很多在美国经营的企业是外国公司部分或全部所有的,包括葛兰素史克公司(GlaxoSmithKline,英国)和印地纺集团,后者是飒拉(Zara,西班牙)的制造商。当美国的跨国公司考虑在其他国家扩张时,它们也必须与美国境内的外国公司竞争。

2.4.1 影响境外直接投资的因素

任何时候,如果一个国家的状况改变了企业在该国经营的愿望,那么源于境外直接投资的资本流动也将发生变化。这里明确了一些影响一个国家境外直接投资的共同因素。

限制的变化。 20世纪90年代,很多国家降低了境外直接投资的限制,导致出现了更多的境外直接投资。很多美国跨国公司,包括博士伦(Bausch&Lomb)、高露洁-棕榄和通用电气公司,逐渐进入欠发达国家,例如阿根廷、智利、中国、匈牙利、印度和墨西哥。随着政府壁垒的消除,跨国公司在这些国家开始增加新的机遇。

私有化。 近期一些国家政府进行了**私有化**(privatization),向公司和其他投资者出售一些业务。私有化在巴西和墨西哥、东欧国家(例如波兰和匈牙利),以及加勒比地区(例如维尔京群岛)都很普遍。外国公司可以从他国政府出售的业务中获得更多的国际经营业务。

智利运用私有化防止少数投资者控制全部产权,法国则利用私有化防止出现国有化经济。在英国,私有化作为一种向投资者分散股票所有权的方式而得到推广,这使得更多的人能够直接参与到英国工业化的成功中。

为应对私有化,增加企业市场价值的关键因素是提升管理预期效率。私有企业的经理以股东价值最大化为目标,然而在国有企业中,国家必须考虑任何决策对经济和社会的影响。因此,私有企业的经理更有动机保证营利性,因为这决定了他们的职业生涯。基于这些原因,私有企业将在本国和全球寻求价值增长的机遇。私有化不断上升的趋势无疑增加了全球市场竞争的激烈程度。

潜在的经济增长。 经济增长潜力越大的国家,越有可能吸引境外直接投资,因为企业认为它们能通过在这些国家建立更多的业务来获利。

税率。 对公司收益征收税率越低的国家,越有可能吸引境外直接投资。企业在评价境外直接投资的可行性时,需要估计预期收益的税后现金流量。

汇率。 如果一个国家的货币有望走强,外国投资者会愿意对该国进行直接投资。在这种条件下,当该国货币相对处于低值(疲软)时,外国投资者会在该国投入资金建立业务。然后,来自这些新业务的利润在未来更加有利的汇率下可以被定期兑换为企业所在国的货币。

2.4.2 影响国际证券投资的因素

影响个人或机构投资者向特定国家直接进行国际证券投资的因素如下:

利息或股利的税率。 投资者通常更愿意投向那些对利息或股利征收税率较低的国家。投资者要对外国证券投资获取的潜在税后收益进行评估。

利率。 证券投资还会受利率的影响。只要本国货币预期不贬值,资金就会倾向于流入高利率的国家。

汇率。 当投资者投资外国证券时,回报率会受到下列因素影响:(1)证券价值的变动;

(2) 计量证券的货币币值的变动。如果一个国家的本币有望走强,那么外国投资者会愿意投资于该国的证券以便从币值变动中获利。相反地,如果该国货币预计走弱,那么外国投资者可能会购买其他国家的证券。

2.4.3 资本国际流动的影响

在许多方面,美国很依赖外国资本。第一,外国投资者在美国建立生产厂房、办公室和其他建筑物;第二,外国投资者购买美国企业发行的债券,因此向美国企业提供了信贷服务;第三,外国投资者购买美国国家债券,因此向美国政府也提供了信贷服务。

当外国投资者所在国的利率明显低于美国利率时,美国的金融市场对外国投资者有着特殊的吸引力。例如,当日本和欧洲的年利率低于美国的年利率时,投资者通常会投资美国的债券。

国际资本流动对美国经济的影响如图表2.6所示。在任何时候,美国的长期利率由美国信贷市场上可供使用的资金供应量与资金需求量相互作用决定。左图的供给曲线 S_1 反映了来自国内的资金供给。如果美国仅仅依赖于国内的资金供给,均衡点利率则是 i_1,美国的经营投资水平则是右图的 BI_1。但是由于供给曲线也包括了来自外国资金的供给(S_2所示),均衡点利率则是 i_2。由于巨大的国际资本流动被提供给美国的信贷市场,美国的长期利率将比其他情况下的利率更低。这使得借款的成本较低,资本成本也更低。相应地,均衡经营投资水平则是 BI_2。在美国,由于低利率,更多的商业机会值得投资。

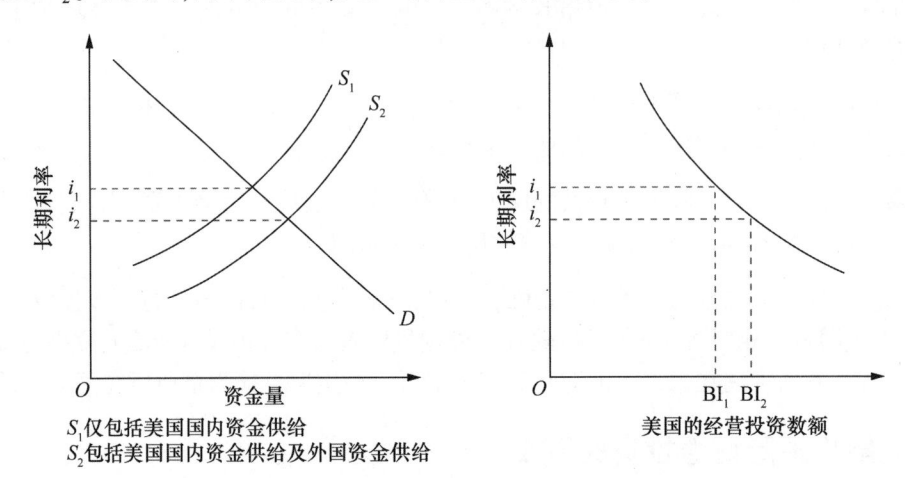

图表2.6　国际资本流动对美国长期利率和经营投资的影响

这里展示的以长期利率作为借款成本是针对大多数有信誉公司而言的。其他公司不得不在上述利率的基础上支付额外费用。如果没有国际资本流动,那么在美国的所有风险等级上,市场将获得更少的资金,资金的成本也更高。这使得美国可利用的商机减少。

美国对外币的依赖。如果日本和中国对美国债券市场停止投资,那么美国的利率有可能上升,外国投资者将被美国高利率所吸引。因此,美国仍然能通过负债获得资金,不过利率(借款成本)可能被提高。

通常,获取国际资金使得美国的经济得到增长,但是这也使美国更加依赖外国投资者的资金。只要美国政府和企业仍然是信誉良好的,未来美国就能继续依赖外国资金。如果信誉水平降低了,美国政府和企业就只能为了补偿风险(风险溢价)而支付更高的利率,以获得外国资金。

近年来,美联储(美国的中央银行)一直将长期利率维持在一个非常低的水平,这项政策旨在鼓励更多的贷款和刺激经济。然而,低利率也可能导致外国投资者寻求能提供更高回报的其他投资。在这种情况下,如果美联储想要降低利率,那么它可能需要提供更多的资金来替代外国投资者撤出的资金。

2.5 促进资本国际流动的机构

目前已经建立了各种各样的机构来促进国际贸易和金融交易。这些机构通常代表一些国家。下面将讲述些重要机构的基本情况。

2.5.1 国际货币基金组织

1944 年 7 月,在美国新罕布什尔州的布雷顿森林镇举行了联合国货币和金融会议,号召建立一个有组织的国际货币体系。这次会议的成果是建立了**国际货币基金组织**(IMF)。该组织章程规定 IMF 的主要宗旨是:(1) 促进国家间国际货币的合作;(2) 促进汇率的稳定;(3) 向成员国提供短期资金以改善国际收支的不平衡;(4) 促进国家间资本的自由流动;(5) 促进自由贸易。这些宗旨很清楚地表明了 IMF 的目标是增加经营的国际化。

国际货币基金组织在解决国际金融危机中发挥了重要作用,包括 20 世纪 90 年代末的亚洲金融危机、2008—2010 年的美国金融危机和 2011—2012 年的欧洲金融危机。近年来,它为希腊和葡萄牙等经历了巨额的政府赤字,且无法从其他来源获得低成本资金的国家提供了相当多的资金帮助。在向这些国家提供资金的同时,国际货币基金组织帮助它们稳定经济,以便这些国家的政府最终能够偿还来自不同国家银行(和其他债权人)的贷款。通过这种方式,国际货币基金组织旨在防止这些国家的金融问题蔓延到其他国家。IMF 由 188 个成员的财政官员(例如中央银行行长)组成的理事会进行监督。还有一个由 24 个代表成员的执行董事组成的执行董事会。该董事会位于华盛顿特区,每周至少召开三次会议讨论当前问题。

国际货币基金组织使用一套严密监控国家、地区和全球金融状况的监控系统。它试图预测成员的财政问题,并就如何减少潜在风险向这些成员提供建议。国际货币基金组织也提供技术援助以帮助各成员实施有效的税收政策、汇率政策、银行体系和法律制度。

IMF 的每个成员根据反映经济地位的各种因素被分配一个配额。成员被要求为该配额支付费用。成员从 IMF 可借出的资金额是由配额决定的。

IMF 的融资是以**特别提款权**(Special Drawing Rights,SDR)来计量的。SDR 是一种记账单位,被分配给成员支持其货币储备。SDR 的价值随着主要货币的币值而波动。

IMF 设立出口波动补偿贷款(Compensatory Financing Facility,CFF),它可以降低出口不

稳定对成员经济的影响。这对所有成员都适用，但主要适用于发展中国家。由于出口利润减少而遭受金融问题的成员必须要证明这种出口利润减少是暂时的，并是无力控制的。另外，这些成员必须愿意与 IMF 合作解决这个问题。

IMF 资助的困境。 成员必须满足 IMF 指定的经济改革条件才能获得 IMF 的资助。这样，IMF 确保该成员能恰当地使用资金。但是，一些成员想使用资金，却不想遵守 IMF 的经济改革要求。

例如，IMF 可能要求某成员政府以减少预算赤字作为获得资金资助的条件，但有些成员政府不能履行 IMF 要求的改革。例如，希腊虽接受了 IMF 提供的大量资金，并预计将减少庞大的政府开支，以减少预算赤字，但该国政府继续保持支出和巨额预算赤字，并在 2015 年 7 月停止向国际货币基金组织就借款支付利息。

2.5.2 世界银行

国际复兴与开发银行（International Bank for Reconstruction and Development，IBRD），也称**世界银行**（World Bank），创立于 1944 年。它的主要目标是向国家提供贷款，以减少贫困和提高经济发展。世界银行在降低极端贫困线、提高教育水平、预防致死疾病的传播和改善环境方面卓有成效。

世界银行的主要资金来源是向私人投资者和政府出售债券和其他债务工具。世界银行也有以盈利为导向的经营理念。因此，贷款不会得到补贴，只会按市场利率贷给有能力偿还的政府（及其代理机构）。

世界银行的一个关键任务是创立**结构性调节贷款**（Structural Adjustment Loan，SAL），该贷款创建于 1980 年。结构性调节贷款倾向于提高一个国家的长期经济增长能力。

因为世界银行只为发展中国家提供所需的一小部分资金，所以它会试图通过签订**共同融资协定**来增加资金。共同融资协定通过以下几种途径进行：

- 官方援助机构：开发署可以加入世界银行以资助低收入国家的发展项目。
- 出口信贷机构：世界银行资助一些资本密集型项目并通过出口信贷机构进行融资。
- 商业银行：世界银行和商业银行为私人企业发展提供资助。

世界银行近来建立了**多边投资担保机构**（Multilateral Investment Guarantee Agency，MIGA），它提供各种各样的政治风险保险。这是世界银行提供的另一种（和结构性调节贷款一起）鼓励国际贸易和投资的方法。

世界银行是世界上最大的借出方之一，它的贷款分布于各种形式的货币和不同国家。它还得到了最高的信用评级（AAA）。

2.5.3 世界贸易组织

世界贸易组织（WTO）是在 1993 年举行的产生《关税及贸易总协定》（GATT）的乌拉圭贸易谈判之后建立的。该组织为多国贸易谈判提供了规则，并解决与 GATT 有关的贸易争端。该组织于 1995 年开始运作，有 81 个成员，还有更多的国家或地区希望加入。WTO 成员在贸易争端和其他问题有做出裁决的投票权。世界贸易协定已在各国之间签署,这些协定为促进国际贸易提供了法律基础。为避免违反特定的社会和环境标准,这些协定明确指出国际贸易必须如何执行。尽管这些协定由规则构成,但它们有助于促进国际贸易,因为这些规则已被传达给了出口商和进口商。换句话说,当规则更加透明时,跨国公司更愿意进行国际贸易。

2.5.4　国际金融公司

1956年国际金融公司(International Finance Corporation, IFC)成立,该机构以促进各国的私人企业的发展为目标。IFC由很多成员组成,其目标是提高经济发展水平,它利用私人机构而非政府部门以达到目标。它不仅向公司提供贷款,而且购买公司的股票,因此成了一些公司的股东,而不仅仅是债权人。国际金融公司通常向私人企业提供投资项目所需10%—15%的资金,资金的其余部分必须通过其他渠道融资。这样,国际金融公司对私人企业开发的项目起到催化剂的作用,而不是主要支持者。国际金融公司通常从世界银行获得资金,但也可以从国际金融市场借入资金。

2.5.5　国际开发协会

国际开发协会(International Development Association, IDA)于1960年建立,它具有和世界银行相似的发展目标。然而,其贷款政策对那些欠发达国家或地区更合适。国际开发协会以低利率贷款给那些无资格获得世界银行贷款的贫穷国家。

2.5.6　国际清算银行

国际清算银行(Bank for International Settlements, BIS)旨在促进涉及国际贸易的有关国家或地区之间的合作,还为追求金融稳定性的国家中央银行提供帮助。国际清算银行有时也被称为"中央银行的中央银行"或"最后的贷款者"。在国际债务危机期间,它在支持一些欠发达国家方面起到了重要的作用。它通常对拉丁美洲和东欧国家或地区的中央银行提供资助。

2.5.7　经济合作与发展组织

经济合作与发展组织(Organisation for Economic Co-operation and Development, OECD)旨在促进市场经济国家的政府和企业治理。它有34个成员,并和很多国家或地区有着联系。经济合作与发展组织促进了国家关系的全球化。

2.5.8　区域性开发机构

还有一些其他机构,它们更关心区域而不是全球经济发展的目标。例如,中美洲发展银行(Inter-American Development Bank,针对拉丁美洲的需要)、亚洲开发银行(Asian Development Bank,提高亚洲的社会和经济发展),以及非洲发展银行(African Development Bank,针对非洲国家的发展)。1990年欧洲复兴与开发银行的创建,旨在帮助东欧国家从共产主义向资本主义转型。

小结

- 国际收支的重要组成部分是经常项目、资本项目和金融项目。经常项目是一种计量国家间国际贸易平衡的手段。资本项目计量跨国间金融和非金融的资产转移价值。金融项目主要包括境外直接投资和证券投资(证券投资组合)。
- 在几个国家政府同意减少多边限制后的一段时间内,国际贸易活动有所增长。此外,跨国公司最近几年纷纷使用外包,将以前自己生产的产品或服务通过签订子合同交由外国第三方生产。外包是国际贸易活动增长的另一个原因。
- 一国的国际贸易流动受到通货膨胀、国民收入、政府限制和汇率的影响。高劳动成本、高通货膨胀率、高国民收入、对进口较低限制或没有限制,以及坚挺的本国货币,可以对进口带来强大需求和经常项目逆差。虽然一些国家试图通过降低其本国货币币值来调整经常项目逆差,但这种策略并不总是奏效。
- 一国的国际资本流动受到境外直接投资或证券投资作用因素的影响。境外直接投资通常发生在没有限制和经济增长潜力大的国家。证券投资通常发生在低税率、高利率和本国货币预期不会疲软的国家。
- 一些机构通过促进国际贸易和融资、提供促进全球经济增长的贷款、解决国家间贸易争端、促进国家间的全球经营业务关系来增强国际资金的流动。

正方反方

是否应当用贸易限制来影响人权问题?

正方:应该。有些国家没有像美国那样保护人权。美国应该限制从没有改善侵犯人权的国家那里进口商品。美国应该运用数额巨大的国际贸易和投资作为杠杆确保不再发生侵犯人权的现象。其他有着侵犯人权历史的国家,当它们的经济受到威胁时,则更可能尊重人权。

反方:不应该。国际贸易和人权问题是两个相互分离的问题。国际贸易不应该作为保护人权的武器。当一国政府侵犯人权时,该国从事国际贸易的企业不应该受到制裁。如果美国为保护人权而实施贸易限制,那么该国也将对美国企业实施报复,因此对外出口的美国公司将会受到不利的影响。美国政府实施的贸易制裁,也间接地惩罚了那些在该国从事经营业务的跨国公司。贸易制裁并不能解决发展中国家与发达国家之间的信仰或道德的各种差异。通过限制贸易,美国将放缓发展中国家的经济增长速度。

孰是孰非? 运用互联网了解该话题的更多内容。你支持哪种观点?对这个问题发表你的见解。

自测题

（答案见书后附录 A）

1. 简述各种不同经济因素的变化是怎样影响美国经常项目余额的。
2. 解释为何美国的关税不一定减少美国的贸易赤字。
3. 解释为什么类似于 2008—2009 年全球经济衰退会鼓励一些国家政府实施更多贸易限制。

应用思考题

1. **收支平衡表**。
   a. 经常项目一般由什么构成？
   b. 资本项目一般由什么构成？
2. **通货膨胀对贸易的影响**。
   a. 在其他条件不变的情况下，相对高的本国通货膨胀率将怎样影响本国的经常项目？
   b. 一国的经常项目为负是否对该国有害？请讨论。
3. **政府限制**。政府限制如何影响国家间的国际收支？
4. **IMF**。
   a. IMF 有哪些主要宗旨？
   b. IMF 是如何参与国际贸易的？
5. **汇率对贸易余额的影响**。如果美元对所有货币都贬值，那么美国贸易逆差将会更大还是更小？如果美元对部分货币贬值，但对其他货币升值，那么美国贸易逆差将会更大还是更小？请解释。
6. **出口需求**。一个比较小的美国贸易逆差通常是因为对美国出口的强劲需求引起的。你认为对美国出口强劲需求背后的原因是什么？
7. **国际贸易量的变动**。为什么你认为国际贸易量随着时间的推移已经增大了？通常，国家间的贸易限制减少和国际贸易的持续增加是怎样影响低效率企业的？
8. **欧元的影响**。解释欧元的存在是如何影响美国国际贸易的。
9. **货币影响**。当韩国出口增长停滞不前时，一些韩国公司提出韩国出口的主要问题是由日元疲软引起的。怎样解释这个观点？
10. **关税影响**。假定美国向法国出口软饮和啤酒，从法国进口葡萄酒。如果美国对法国葡萄酒征收高额关税，试解释该种做法对美国饮料企业价值、美国葡萄酒生产企业价值、法国饮料企业价值和法国葡萄酒生产企业价值产生的影响。

批判性思考题

国际贸易冲突的原因和影响。 在网络上搜索"国际贸易冲突"关键词,并插入目前的月份和年份。你会发现,在你进行搜索的时候国际贸易冲突就出现了。查看最近有关国际贸易冲突的在线文章。写一篇短文来概括国际贸易冲突的根源,以及一个国家采用的贸易壁垒是否是该国对其他国家采取行动的报复。描述最有可能出现贸易冲突的跨国公司类型。

布雷泽公司案例:资金的国际流动

本·霍尔特是布雷泽公司的首席财务官,决定通过向泰国出口"Speedos"轮滑鞋来扭转该轮滑鞋日益减少的需求。而且,由于东南亚的橡胶和塑料成本低廉,霍尔特已经决定从泰国进口橡胶和塑料;生产"Speedos"轮滑鞋所必需的零件。霍尔特认为从泰国进口橡胶和塑料将为布雷泽公司提供成本优势(从泰国进口零件要比在美国生产大约便宜20%)。目前,在布雷泽公司的销售收入中,大约有2000万美元(即10%)来自泰国。而从泰国进口的橡胶和塑料大约仅占布雷泽公司销售成本的4%。

在泰国,布雷泽公司与美国其他轮滑鞋制造商的竞争很小。其他向泰国出口轮滑鞋的竞争者以美元开具发票。目前,布雷泽公司遵循以泰铢(泰国货币)开具发票的政策。霍尔特认为这种策略将为布雷泽公司获得竞争优势。当泰国进口商不得不因汇率的变动而考虑支付不同数额时,该策略使得泰国进口商更容易选择布雷泽公司。而且,如果布雷泽公司选择在三年内都以泰铢开具发票,那么布雷泽公司在泰国的主要客户(一家连锁店)已经承诺每年将购买一定数量的"Speedos"轮滑鞋作为回报。布雷泽公司从泰国出口商那里采购零件时通常以泰铢开具发票。

霍尔特很满意目前的安排,认为布雷泽公司在泰国缺乏竞争者、布雷泽公司产品的质量高及其定价方法将确保布雷泽公司在泰国轮滑鞋市场上的未来地位。霍尔特也认为因为布雷泽公司选择以泰铢开具发票,所以泰国进口商更喜欢布雷泽公司而不是它的竞争者。

你作为布雷泽公司的财务分析师,对布雷泽公司"确定"的未来成功表示怀疑。尽管你认为布雷泽公司对泰国销售和进口战略是稳固的,但是你对泰国经济的预期表示担忧。目前的预测表明泰国将面临高水平的预期通货膨胀率、不断下降的国民收入水平和泰铢的持续贬值的趋势。你认为,在公司与其供应商和泰国进口商目前的安排下,上述情况在未来将会在财务上影响布雷泽公司的发展。当某一情况发生时,泰国的消费者和企业可能调整它们的支出习惯。

过去,你很难让霍尔特相信在泰国可能会出现问题。因此,你提出了一系列问题,并在你解答这些问题后,计划将这些问题反馈给公司的CFO。你的问题如下:

1. 泰国的高水平通货膨胀率将如何影响布雷泽公司(假定美国通货膨胀率保持不变)?
2. 来自泰国企业和来自在泰国经营的美国企业的竞争将如何影响布雷泽公司?

3. 日益降低的泰国国民收入水平将如何影响布雷泽公司？

4. 泰铢的持续贬值将如何影响布雷泽公司？与那些以美元开具轮滑鞋销售发票的美国出口商相比，泰铢的持续贬值将如何影响布雷泽公司？

5. 如果布雷泽公司因增加泰国的业务遭遇严重的财务问题，是否存在这样的国际代理机构能够向布雷泽公司贷款或提供其他财务援助？

小企业困境：确认会影响体育用品出口公司国外需求的因素

回顾第1章中吉姆计划实现他创建一家公司（即体育用品出口公司）的愿望，将橄榄球出口到外国市场。吉姆已经决定首先进入英国市场，因为英国人看起来将会把橄榄球作为一种爱好，并且没有其他公司在英国投资橄榄球。（英国体育用品商店目前虽不卖橄榄球，但未来可能会愿意卖它们。）吉姆已与一家体育用品分销商取得联系，对方同意每月购买一定量的橄榄球并将其分销至英国各地的体育用品商店。这个分销商对橄榄球的需求最终是受那些光顾英国体育用品商店的英国人对橄榄球的需求影响。当体育用品出口公司把产品销售到分销商手中时，会收到英镑并需要将英镑兑换为美元。吉姆意识到从美国出口到外国的产品（如他的公司生产的橄榄球）会受到各种因素的影响。

确定影响美国与英国之间经常项目余额的因素。解释每一种因素怎样影响英国消费者对体育用品出口公司生产的橄榄球的需求。

互联网/Excel 练习

美国经济分析局的网址是 https://www.bea.gov。

1. 使用上述网址，获取美国企业近期的进口和出口趋势。最近12个月的贸易余额是如何变化的？

2. 给出影响贸易余额变化的可能原因。

3. 获取最近24个月美国与英国，或是由你的教授指定的某个国家的贸易余额月份数据。建立一个电子数据表，其中第一列是涉及的月份，第二列是贸易余额。使用计算机语句，在第三列中计算出贸易余额的变化百分比。然后，获取（美元对每货币单位）英镑（或你选择的其他国家的当地货币）的直接汇率。获取每月月初的货币直接汇率，并插入第四列中。

4. 在第五列中，使用计算机语句得到本月对下月货币价值的变动百分比。

5. 然后进行回归分析，其中贸易余额变化百分比是因变量，汇率变化百分比是自变量。这两个变量之间的关系是否显著？两者的关系是否符合预期？如果你认为汇率波动对贸易余额的影响滞后（因为进口商和出口商的交易可能是提前约定的），你可以重新设置你的数据来评估上述关系（每个月的贸易余额变动百分比与几个月前的汇率匹配情况）。

真实案例在线文章

在网上寻找一篇最近的文章,这篇文章应是国际财务管理的实际应用,或是现实世界中特定跨国公司的案例,该案例能够诠释本章所述的某一个或者多个概念的行为。

如果你的班级有在线平台,教授可以要求你将总结放在在线平台上,这样,其他学生也能看到这篇文章。如果你的班级是面授课堂,教授可以要求你在课堂上汇报你的文章。教授也可以给某个学生布置任务,让学生完成本章作业,或者要求学生自愿完成某些作业。

对于本章所用到的在线文章和现实世界的例子,考虑搜索以下术语,并且将本年度作为搜索关键词以保证在线文章是最近的:

1. 美国和贸易余额;
2. 美国和国际贸易;
3. 美国和外包;
4. 美国和贸易摩擦;
5. 国际贸易和货币影响;
6. 国际资本流动和货币影响;
7. 境外直接投资和货币影响;
8. 国际贸易和通货膨胀;
9. 美国出口和货币影响;
10. 美国进口和货币影响。

第 3 章
国际金融市场

由于近 30 年来国际经营的发展,出现了各种各样的国际金融市场。跨国公司的财务经理必须了解这些不同的国际金融市场的特征,以便利用这些市场促进国际经营活动。

> **本章目标**
>
> 描述在国际金融市场背景下,相关公司对它们的利用:
> - 外汇市场;
> - 国际货币市场;
> - 国际信贷市场;
> - 国际债券市场;
> - 国际股票市场。

3.1 外汇市场

世界上几乎每个国家都有本国货币,不过欧元区例外,它将欧元作为统一的货币。当跨国公司和个体经营者参与国际交易时,它们往往需要将本国货币兑换成外国货币,或者将外国货币兑换成本国货币。**外汇市场**(foreign exchange market)允许货币间互相兑换。大型商业银行持有每种货币以服务于外汇市场,能够满足个人或跨国公司参与国际交易的要求。当个人到外国旅行时,就需要依赖外汇市场。当美国人访问墨西哥时,他需要将美元兑换为墨西哥比索;访问意大利时,他需要将美元兑换为欧元;访问日本时,他需要将美元兑换为日元。当一些总部设在美国的跨国公司购买以比索标价的墨西哥商品时,它需要将美元兑换为墨西哥比索;当购买以欧元标价的意大利商品时,它需要将美元兑换为欧元。当其他一些总部设在美国的跨国公司向日本销售产品收到日元时,它们可能希望将日元兑换为美元。此外,一些个人和金融机构通过将本国货币兑换成一种他们认为在一段时间后会升值的外国货币,在外汇市场上进行投机交易。

无论何时,两种货币之间都存在一个汇率,用以标明一种货币兑换成另一种货币的比率。实质上,汇率代表了一种货币以何种价格被兑换成另一种货币。如果墨西哥比索的汇率是 0.10 美元,那么你在墨西哥一家温泉假日酒店住一晚需要花费 700 墨西哥比索,也就是需要花费 70 美元(700 × 0.10 = 70)。如果墨西哥比索的汇率变高(例如 1 比索 = 0.11 美元),那么你将花费更多美元。墨西哥比索的汇率同样决定了一家跨国公司购买价值 100 万比索的商品将花费多少美元。

3.1.1　外汇的历史沿革

外币兑换制度随着时间的推移而改变。它从金本位制逐渐发展到固定汇率制,再到浮动汇率制。

金本位制。从 1876 年到 1913 年,汇率由**金本位制**(Gold Standard)决定。每一种货币都根据特定比率兑换黄金。这样,两种货币的汇率就由货币与每盎司黄金的兑换比率决定。每个国家都用黄金作为货币币值的后盾。

1914 年,第一次世界大战爆发,金本位制被搁置起来。20 世纪 20 年代一些国家恢复了金本位制,但是由于大萧条造成的美国银行和欧洲银行的混乱,这些国家最终放弃了金本位制。20 世纪 30 年代,一些国家试图将本国货币钉住美元或英镑,但不断有所修改。外汇市场的不稳定性和该时期对国际贸易的严格限制造成国际贸易量下降。

固定汇率制。1944 年,各国间达成的一项协议——**布雷顿森林协议**(Bretton Woods Agreement),呼吁在各国间实行固定汇率制。该协议为每一对货币设定了汇率,并且要求每个国家的中央银行在协议汇率的 1% 范围内保持各自本币的价值。例如,当美国对某一特定外币的需求远大于该种货币的供给时,为外汇市场服务的商业银行将面临该外币短缺,此时该货币的汇率将开始移出边界。在此类情况下,美联储(美国中央银行)需要进行干预以平衡两种货币之间的汇率(干预过程将在第 6 章中进行解释),这样汇率才能保持稳定。布雷顿森林协议确定的固定汇率制度一直持续到 1971 年。

1971 年,外国对美元的需求明显小于可出售美元的供给(与其他货币兑换),这说明美元被高估了。中央银行的干预不能有效抵消需求与供给之间的巨大失衡。主要国家的代表聚集在一起讨论怎样解决这个难题。这次会议的结果是形成了著名的**史密森协议**(Smithsonian Agreement),使美元对相关的其他主要货币贬值。美元贬值的幅度因外币不同而不同。这不仅是对美元价格的重新设定,而且新的汇率被允许在新设定汇率标准上下波动 2.25%。这个 2.25% 的边界比之前 1% 的边界要大,保证了汇率向着更广的范围变动。

浮动汇率制。即使史密森协议允许在更宽的区间内波动,政府仍难以把汇率维持在设定的界限内。直到 1973 年 3 月,史密森协议规定的官方边界被取消,从而允许汇率更自由地流动。从那时起,大多数国家的货币被允许根据市场情况波动。然而,一些国家的中央银行仍然在定期干预外汇市场,以影响市场决定的汇率或者减少各自货币汇率的波动。

3.1.2 外汇交易

外汇市场不应该被认为是商人兑换货币的具体建筑物或场所。公司通常通过商业银行的电信网兑换货币。这是一种场外交易,许多业务都是通过电信网完成的。尽管几个较大的外汇交易中心在伦敦、纽约和东京,但是外汇交易每天都在全球各个城市进行。伦敦市场大约占全球外汇交易总量的33%,纽约市场大约占20%。因此,这两个市场控制了全球一半以上的货币交易。

外汇交易商(foreign exchange dealers)为外汇市场上需要兑换货币的跨国公司或个人提供中介服务。外汇交易商包括大型商业银行如花旗集团(Citigroup)、摩根大通集团(J P Morgan Chase & Co.)、巴克莱银行(Barclays,英国)、瑞士银行(UBS,瑞士)和德意志银行(Deutsche Bank,德国)。这些交易商在许多大城市有分公司,并且有网络贸易服务促进外汇交易。其他交易商例如 FX Connect(美国道富公司的子公司)、OANDA 外汇平台(加拿大)、XE.com(加拿大)则完全依赖网上贸易服务以促进外汇交易。顾客在网上开设账户,并与外汇交易商在网上互动发送外汇订单。

近年来,一些新的交易平台建立,允许一些跨国公司直接与其他跨国公司进行外汇交易,从而减少了对外汇经销商的需求。订阅该平台的跨国公司可以向该平台的其他用户表明它是否想要购买或出售某一特定货币以及所需的数量。一些跨国公司则继续使用外汇交易商进行外汇交易,这往往是因为比起交易平台,它们更喜欢个性化关注或者需要更多的定制化交易。

如今,在外汇市场平均每天的贸易量超过 5 万亿美元,其中40%的交易涉及美元,20%的交易来自新兴国家。大部分非美国国家之间的交易都不涉及美元。例如一家加拿大跨国公司从一家墨西哥跨国公司购买产品,就要将加拿大元兑换为墨西哥比索。类似地,一家日本跨国公司向英国银行投资,就需将日元兑换为英镑。

即期市场。 外汇交易最常见的类型就是立即兑换。进行这种交易的场所叫作**即期市场**(spot market)。在即期市场以一种货币兑换为另一种货币的汇率叫作**即期汇率**(spot rate)。

即期市场的结构。 即期市场的商业交易常常通过电子手段,并与作为中间商的银行或其他金融机构一起完成,交易当时的汇率决定了交易所必需的资金量。

> **举例**
> 印第安纳公司(Indiana Co.)在每个月的第一天从一家比利时供应商贝尔戈(Belgo)那里购买标价为 100 000 欧元的产品,并在当天通知它的开户银行将资金从账户转到供应商账户上。印第安纳公司的账户上只有美元,而比利时供应商的账户以欧元计价。一个月

> 前付款时，1 欧元价值 1.08 美元，所以印第安纳公司需要为这些购得的产品支付 108 000 美元（100 000×1.08＝108 000）。银行减少印第安纳公司 108 000 美元的账户余额，并将其兑换为 100 000 欧元，然后以电子方式发送给比利时供应商，使其账户余额增加 100 000 欧元。如果今天需要一笔新的付款，当前 1 欧元价值 1.12 美元，则银行将减少印第安纳公司 112 000 美元（100 000×1.12＝112 000）的账户余额，并将其兑换为 100 000 欧元，然后以电子方式发送给比利时供应商。
>
> 这种方式下，银行不仅要处理日常转账交易，还要担任外汇交易员。每月银行都从印第安纳公司收到美元，并将美元兑换为欧元。另外，银行还为跨国公司提供其他便利的交易，在这些交易中，银行收到欧元，并将欧元兑换为美元。银行持有欧元、美元以及其他货币以方便外汇交易。在交易中，如果银行向跨国公司买入和卖出的欧元一样多，则欧元的库存不变。如果银行卖出的欧元比买入的多，则欧元的库存将会减少。

若一家银行开始遇到某种外汇短缺的问题，它可以从其他银行购买该种货币。这种银行之间的交易通常发生在**银行同业拆借市场**(interbank market)之中。

其他的金融机构如证券公司可以提供同样的服务，这在前面的例子中已有描述。另外，世界上大部分主要机场设有外汇中心，个人可以在那里兑换货币。很多城市设有零售外汇办事处，供游客或其他人兑换货币。

即期市场上对美元的使用。 在许多国家，商家通常接受美元作为兑换的中介，尤其是在那些本国货币疲软或受到外汇管制的国家，如玻利维亚、印度尼西亚、俄罗斯和越南。很多商家接受美元是因为可以用美元购买其他国家的商品。

即期市场的时区。 尽管在某一特定地区外汇交易仅在正常营业时间内进行，但由于时差的关系，交易的实际时间各地不同。这样，在一周的任何时间，总会有一家银行开业为跨国公司提供外汇交易服务。

当每天早上外汇市场在美国开市时，开市汇率行情会以那些已经开市的外汇市场（伦敦和其他地方）先前挂牌的汇率为基础。例如，英镑价格在美国外汇市场前一天收市时可能是 1.8 美元，但是到了第二天开市时，开盘价格可能是 1.76 美元。在这个例子中，美国市场早晨开市前的消息可能会引起伦敦外汇市场英镑供求状况的变化，这会降低英镑的报价。

部分美国银行已经建立了夜间交易柜台。大银行建立这些夜间交易柜台是为了利用夜间外汇汇率的变动赚钱，并满足公司货币交易的需求。即使是一些中等规模的银行也已经开始向公司客户提供夜间交易服务。

即期市场的流动性。 每种货币的即期外汇市场可以用流动性来描述，以反映交易活动的水平。某种货币的买家和卖家越多，这种货币的市场流动性就越强。一些货币交易量很大的即期市场，如欧元、英镑和日元，市场流动性就很强。相反，欠发达国家的货币在即期外汇市场的流动性就较弱。一种货币的流动性反映了跨国公司可以买到或售出该货币的容易程度。如果一种货币缺乏流动性，有意愿的买家和卖家的数量就有限，跨国公司就可能无法快速地以一个合理的汇率购买或出售该货币。

> **举例**
>
> 本尼特公司(Bennett Co.)向秘鲁一家公司出售电脑软件,并收到1 000万索尔(秘鲁货币)。本尼特公司拟将这些索尔兑换为美元。当时索尔对美元的平均汇率是1:0.36。然而当地银行不愿收到这么一大笔索尔,因为银行认为其他客户可能不需要该货币。因此,银行仅接受索尔对美元的汇率为1:0.35。

提供外汇服务的银行的特点。银行的下列特点对于需要外汇的客户(如跨国公司)十分重要:

1. 报价的竞争力。每单位节省1美分,在100万货币单位的报单中节省的就是10 000美元。

2. 与银行保持密切关系。银行会提供现金管理服务或愿意努力寻求对于公司来说很难找到的外汇。

3. 执行速度。各银行处理一笔报单交易时的效率不同。需要外汇的公司会选择一家能迅速执行交易并能正确处理案头工作的银行。

4. 提供目前市场情况的建议。一些银行会对外国经济和在国际金融环境下与公司客户有关的相关活动进行评价。

5. 预测建议。一些银行会对未来外国经济状况和未来的汇率进行预测。

这些特点表明需要外币的公司不应机械地选择一家以最低价出售其货币的银行。大多数经常需要外汇的跨国公司应至少与一家主要银行保持密切关系以便得到银行不同的外汇服务。

银行的买入/卖出差价。商业银行对提供的外汇交易服务收费。银行以较低的价格从客户手中买入货币再以高价卖出。银行的外汇**买入**(bid 或 buy)报价总会低于**卖出**(ask 或 sell)报价。买入价与卖出价之间的差异就是**买入/卖出差价**(bid/ask spread),它被用来补偿提供外汇交易服务的成本。一个较高的买入/卖出差价为商业银行带来了更高的收入,但是对于从事外汇交易的个人和跨国公司来说,这意味着更高的成本。买入/卖出差价通常表示为卖出报价的百分比。

> **举例**
>
> 为了理解买入/卖出差价怎样影响你的生活,假定你有1 000美元并计划从美国到英国去旅行。进一步假定银行对英镑的买入汇率是1.52美元,卖出汇率是1.60美元。在你动身之前,你去这家银行用美元兑换英镑。1 000美元将被兑换为625英镑,计算如下:
>
> $$\frac{\text{可兑换的美元数额}}{\text{银行每英镑的价格}} = \frac{1\,000}{1.60} = 625(\text{英镑})$$
>
> 现在由于紧急情况你不能去旅游,你又要重新把625英镑兑换为美元。如果汇率未变,你会得到:

> 625 英镑×(银行每英镑 1.52 美元的买入汇率)= 950 美元
>
> 由于买入/卖出差价,你比以前少了 50 美元(5%)。很明显,如果你用比 1 000 美元更多的钱兑换为英镑,那么你的损失会更多。

货币间买入/卖出差价的比较。 对那些价值较低的货币来说,买入和卖出报价之间的差价看起来要小得多。通过度量货币的即期汇率的百分比,这一差价可以被标准化。

举例

> 夏洛特银行(Charlotte Bank)对日元的买入价为 0.007 美元,卖出价为 0.0074 美元。在这种情况下,名义的买入/卖出差价是 0.0074 美元减 0.007 美元。然而,该例子中以百分数形式表示的日元买入/卖出差价,实际上比上一个例子中英镑的买入/卖出差价略高。为了证明这点,设想一个旅行者按银行卖出价每日元 0.0074 美元售出了 1 000 美元。此人得到大约 135 135 日元(由 1 000/0.0074 计算得出)。如果此人要取消旅行并将日元兑换回美元,那么,假定买入和卖出标准不变,银行会以买入价每日元 0.007 美元买回这些日元换出 946 美元(由 135 135×0.007 计算得出),比旅行者开始时的钱少了 54 美元(或 5.4%)。这个差价超过了英镑的买入/卖出差价(前面例子是 5%)。

以百分比形式计算买入/卖出差价的常用方法表示如下:

买入/卖出百分比差价(或简称"买入/卖出差价") =(卖出价 − 买入价)/卖出价

用这个公式,图表 3.1 计算了对英镑和日元的买入/卖出百分比差价。

图表 3.1 买入/卖出百分比差价计算

货币	买入价	卖出价	(卖出价 − 买入价)/卖出价 = 买入/卖出百分比差价
英镑	$1.52	$1.60	($1.60 − $1.52)/$1.60 = 0.05 或 5%
日元	$0.0070	$0.0074	($0.0074 − $0.0070)/$0.0074 = 0.054 或 5.4%

我们注意到这些数字与前面得出的结果一致。这种差价对服务于消费者的零售交易来说是常见的。对银行或大公司之间的大型批发交易,差价会小得多。对小型零售交易来说,买入/卖出差价通常在 3% 到 7% 的范围内;对跨国公司进行的批发交易来说,差价在 0.01% 和 0.03% 之间。对那些不经常交易的货币买入/卖出差价通常更大一些。这里定义的买入/卖出差价表示为买入价的折价占卖出价的百分比。另一种买入/卖出差价以买入价为分母,而不是卖出价,这衡量了卖出价相对于买入价增长的百分比。当运用这个公式时差价会稍高一些,因为用作分母的买入价总比卖出价小。

在下面的讨论和贯穿本书大部分的例子中,买入/卖出差价会被忽略掉。也就是说,对特定货币只有一个价格,这使得我们可以集中理解其他相关概念。这些例子与实际稍有不同,因为买入价格和卖出价格在某种程度上被假定是相等的,而实际上卖出价总是高出买入价一点儿。尽管如此,即使不考虑买入/卖出差价,各例子的含义也应当可以被清楚地理解。在那些买入/卖出差价有助于理解概念的例子中,其也是会被说明的。

为了节约空间,有些报价显示全部买入价格,后跟斜线,斜线后面只显示卖出价格的最后两位或三位数字。

举例

假设一家商业银行进行欧元的批发交易,当时的报价为 1.0876/78 美元。这意味着这家商业银行愿意为每欧元支付 1.0876 美元,或者以 1.0878 美元的价格出售每欧元。这个例子中,买入/卖出差价为:

$$买入/卖出差价 = (1.0878 - 1.0876)/1.0878$$
$$\approx 0.000184 \text{ 或 } 0.0184\%$$

影响差价的因素。 货币报价的差价受如下因素的影响:

$$差价 = f(订单成本, 存货成本, 竞争, 交易量, 货币风险)$$
$$\quad\quad\quad\quad + \quad\quad + \quad\quad - \quad\quad - \quad\quad +$$

- 订单成本。订单成本是指处理订单的成本,包括结算成本和记录交易的成本。
- 存货成本。存货成本是指持有某一特定货币的成本。持有存货涉及机会成本,因为存货占用的资金本可以被用于一些其他用途。如果利率相对较高,那么持有存货的机会成本也会相对较高。存货成本越高,差价会越大,以补偿这些成本。
- 竞争。竞争越激烈,中介机构所报的差价就越小。货币交易越普遍,竞争就越激烈,因为这些货币的交易量会更大。建立交易平台,允许跨国公司直接进行交易,是与外汇交易商相互竞争的一种形式,它迫使经销商减少差价,以保持竞争力。
- 交易量。流动性越强的货币越不可能遇到价格的突然变化。交易量越大的货币,流动性越强,因为在任何既定时点都有众多的买者和卖者。这意味着市场有足够的深度,少数几个大宗交易不大可能会导致货币价格的突然变化。
- 货币风险。有的货币会比其他货币价格波动更大。由于经济或政治的原因,一些货币的供给和需求会突然发生变化,使得这些货币相比其他货币显示出更强的波动性。例如,那些经常发生政治危机国家的货币就常遭受突发性的价格波动。由于这些货币价值会突然发生变化,愿意购买或出售这些货币的中介机构可能会遭受大的损失。

举例

只有少数几家银行等金融机构提供俄罗斯卢布外汇交易。美元兑换卢布的交易量有限,暗示了一个非流动的市场。一些交易商不能提供大规模卢布兑换业务。卢布的价值也会因为某一笔大交易而突然发生变化。因此,这几年卢布的价值一直在波动,这就意味着为应对外汇交易而持有大量卢布的交易商将面临明显的卢布贬值。考虑到这些情况,交易商有可能报出一个较高的俄罗斯卢布买入/卖出差价。

与许多金融市场的证券价格一样，外汇价格也可能受到操纵。特别是，作为大型外汇交易的主要中间人，如果他们的报价具有竞争性，那么一些金融机构可能会相互串通，同意设定比一般情况下更高的报入/报出差价。

在美国，司法部门、联邦调查局和美联储等机构试图保证外汇市场秩序稳定、定价公平。然而，对汇率定价的监督是有挑战性的，因为很难证明金融机构密谋扩大差价。

3.1.3 外汇报价

交易普遍的货币汇率行情，甚至很多交易并不普遍的货币的汇率行情都能随时在互联网上查找到。可以在金融网站、《华尔街日报》(*The Wall Street Journal*)的网站、外汇交易商的网站找到这些汇率行情，甚至可以通过在网页上搜索"欧元-美元汇率"或者任何想要了解的两种货币汇率。这些数据随着汇率在一天中的变动而频繁更新。

无论何时，两种货币在提供外汇服务的不同银行之间的汇率应该是相近的。如果差异较大，客户（或者其他银行）就可以从低报价的银行购买大量的货币并立刻出售给高报价的银行，从而获利。这些行为将迅速导致低报价的银行面临该种货币短缺，而高报价的银行则由于愿意支付高价钱购买该货币，从而超额持有该种货币。因此，银行将迅速调整汇率报价，消除报价差异。

在某一时刻直接和间接报价。 货币的汇率行情通常反映的是大宗交易的卖出价格。以美元表示一种外币价值的报价（每单位该货币对应的美元数），被称为**直接报价**(direct quotations)。相反，反映每单位美元对应的外币报价被称为**间接报价**(indirect quotations)。在网页上搜索"欧元-美元汇率"，得到的结果是1欧元等于多少美元，这是直接报价；搜索"美元-欧元汇率"，得到的结果是1美元等于多少欧元，这是间接报价。间接报价是相应的直接报价的倒数。

举例

某天早上报道欧元的即期汇率是1.25美元。这是直接报价，因为它以美元表示了欧元这种外币的价值。欧元的间接报价是直接报价的倒数：

$$\text{间接报价} = 1/\text{直接报价}$$
$$= 1/1.25$$
$$= 0.80, \text{意思是} 0.80 \text{欧元} = 1 \text{美元}$$

如果你最初得到的是间接报价，取其倒数就可以得到直接报价。因为欧元的间接报价是0.80，所以直接报价为：

$$\text{直接报价} = 1/\text{间接报价}$$
$$= 1/0.80$$
$$= 1.25(\text{美元})$$

图表3.2显示了在两个时点的直接汇率和间接汇率的情况。第(2)列和第(3)列提供的

是半年初的报价,第(4)列和第(5)列提供的是半年末的报价。每一种货币半年初和半年末的间接报价(第(3)列和第(5)列)是半年初和半年末的直接报价(第(2)列和第(4)列)的倒数。

图表3.2　直接和间接汇率行情

(1) 货币	(2) 半年初的 直接报价(美元)	(3) 半年初的间接报价 (1美元对应的外币数)	(4) 半年末的 直接报价(美元)	(5) 半年末的间接报价 (1美元对应的外币数)
加元	0.66	1.51	0.70	1.43
欧元	1.031	0.97	1.064	0.94
日元	0.0090	111.11	0.0097	103.09
墨西哥比索	0.12	8.33	0.11	9.09
瑞士法郎	0.62	1.61	0.67	1.49
英镑	1.50	0.67	1.60	0.62

图表3.2说明对任何货币而言,间接汇率是对应时点的直接汇率的倒数。该图表也说明每一种货币直接汇率变动和间接汇率变动之间的关系。

举例

图表3.2显示,加元的直接报价从半年初的0.66美元变至半年末的0.70美元。这一变化反映了加元的升值,因为加元的币值在半年内增加了。我们注意到加元的间接报价从半年初的1.51下降到半年末的1.43。这意味着,在半年末获得1美元需花费的加元要比半年初花费的少。这一变化同样证实了加元价值的增加。

我们注意到墨西哥比索的直接报价从半年初的0.12美元变至半年末的0.11美元。这反映了墨西哥比索在贬值。从半年初到半年末,墨西哥比索的间接报价增加了,意味着在半年末获得1美元需花费的墨西哥比索要比半年初花费的多。这一变化同样证实了半年内墨西哥比索的贬值。

从上述对直接报价和间接报价之间关系的描述可以发现,随着时间的推移,如果一种货币的直接报价在上升,那么该货币的间接报价必将随着时间的推移而下降(反之亦然)

图表3.3展示了欧元汇率的走势。两张图表比较了直接汇率和间接汇率的变动。其中,上图显示了欧元的直接汇率,下图则显示了欧元的间接汇率。在某些期间内,如2010年6月到2011年6月,欧元的直接汇率上升,反映了欧元对美元升值。在此期间,欧元的间接汇率下降,表示1美元对应的欧元数量减少了。当欧元的即期汇率上升时,只需比以前更少的欧元就可以购进1美元。

在2014年4月到2015年11月,欧元的直接汇率下降,反映了欧元对美元的贬值。在此期间,欧元的间接汇率上升,表明1美元兑换的欧元的数量增加了。当欧元贬值时,需要比以前更多的欧元才可以购进1美元。

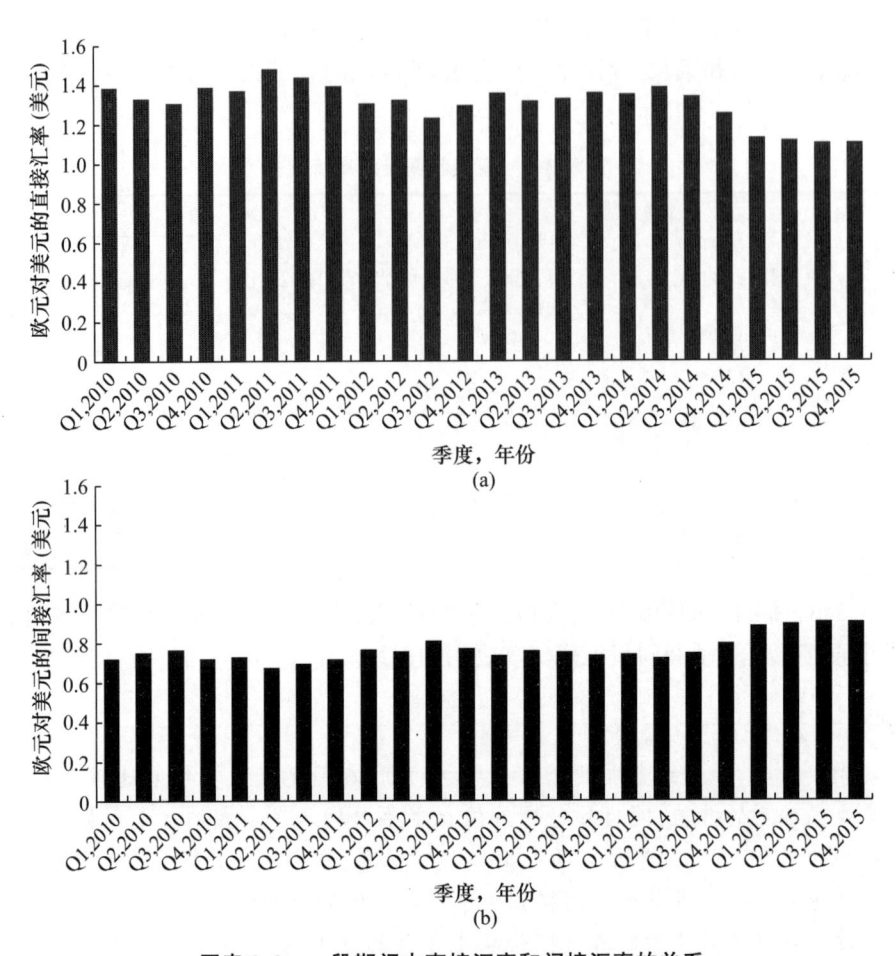

图表3.3 一段期间内直接汇率和间接汇率的关系

识别一定期间直接汇率和间接汇率的差异很重要,因为二者会被不同的分析师和公司所应用。当讨论一种货币贬值时,而该货币汇率呈上升趋势,则该趋势必定是基于间接汇率。

如果你正在进行广泛的汇率分析,那么可以把所有的汇率都换算为直接汇率。这样你就可以更容易地比较货币变动情况,并且在分析某个时期某种货币是升值还是贬值时不容易出错。

如果有人用直接汇率,而有人用间接汇率,那么汇率变动的讨论可能会令人困扰。为了保持一致,本书中的例子都使用直接汇率,除非例子中说明了所用的是间接汇率。

汇率报价来源。 在相关网站上可以查到几种重要货币的汇率报价。你可以查看任何一种货币的实时汇率报价,可以查看任何一种货币汇率变动的历史趋势。你也可以查看不同期间的趋势,例如1天、5天、1个月、3个月、6个月、1年甚至是5年。当你查看一种货币的汇率变动趋势时,注意汇率报价是直接的(以美元计价)还是间接的(1美元对应的其他货币量),这样你就能合理了解货币变化趋势了。这个趋势不仅说明了汇率的变化方向,还显示了这个期间内货币变化的幅度,并说明了一定期间内汇率变化的范围。如果一种货币的汇率对经济变化非常敏感,那么它的变化幅度就很大。

很多其他网络资源也提供了汇率报价,大部分资源既提供货币的直接汇率报价,也提供货币的间接汇率报价,所以在使用汇率时要检查所提供汇率报价的类型。

套算汇率。大多数汇率行情表给出了某种货币相对于美元的币值,但在有些情况下,公司将会关注两个非美元货币间的汇率。例如,一家美国公司拥有大量加元,同时和加拿大与墨西哥做生意,但是现在它需要墨西哥比索来购买墨西哥商品。该公司想要用加元换取墨西哥比索,那它就要知道墨西哥比索相对于加元的价值。这种类型的汇率叫作**套算汇率**(cross exchange rate),因为它反映了每单位的一种外币以另一种外币表示的数量。利用外汇行情可以轻易地计算出套算汇率。任何一种非美元货币相对于另一种非美元货币的价值,等于以美元表示的一种货币的价值除以以美元表示的另一种货币的价值。

举例

回顾图表3.2,期初1墨西哥比索价值0.12美元,1加元价值0.66美元。在上述条件下,以加元表示的墨西哥比索价值计算如下:

$$\text{以加元表示的墨西哥比索价值} = \frac{\text{以美元表示的墨西哥比索价值}}{\text{以美元表示的加元价值}} = \frac{0.12}{0.66} \approx 0.182(\text{加元})$$

这样,1墨西哥比索约值0.182加元。墨西哥比索与加元之间的汇率也可以用1加元对应的墨西哥比索数来表示。这个数字可以通过取倒数来计算:0.66/0.12=5.5,即1加元值5.5墨西哥比索。

一段时期内的套算汇率。由于在一定时期内两种货币对美元的汇率在变化,所以这两种货币之间的套算汇率也在变化。

举例

回顾图表3.2,半年末1墨西哥比索价值0.11美元,1加元价值0.70美元。在上述条件下,以加元表示的墨西哥比索价值计算如下:

$$\text{以加元表示的墨西哥比索价值} = \frac{\text{以美元表示的墨西哥比索价值}}{\text{以美元表示的加元价值}} = \frac{0.11}{0.70} \approx 0.157(\text{加元})$$

半年末墨西哥比索的价值低于加元,这说明在这段时间墨西哥比索相对于加元贬值了。墨西哥比索对加元贬值归因于这段期间发生的两股力量:(1)墨西哥比索对美元贬值了,(2)加元对美元升值了。

套算汇率行情资源。你可以查看一定时期内某一特定货币套算汇率的最近趋势,例如1天、5天、1个月、3个月或1年。这个趋势说明了在一定时期内套算汇率的波动情况。两种非美元货币对美元的汇率波动可能很大,但是如果两种货币的变动与美元高度相关,这两种货币之间的套算汇率就能保持相对稳定。例如,在一定时期内欧元和英镑对美元的价值通常以同方向变动,并且是相同程度的变动。因此,欧元和英镑之间的套算汇率较为稳定。

3.1.4　外汇交易市场中的衍生合约

货币衍生合约是一种有价格的合约,代表基本货币衍生的价值。跨国公司常用的三种货币衍生合约有远期合约、货币期货合约以及货币期权合约。以下依次对每一种货币衍生合约进行解释。

远期合约(forward contracts)。在一些情况下,跨国公司可能希望在未来某个时点以锁定的汇率获得某种货币。**远期合约**是跨国公司和外汇交易商之间的协议,明确指定了将要交换的货币、汇率和交易发生的日期。**远期汇率**(forward rate)是在货币将要交换的远期合约中标明的汇率。跨国公司通常利用远期合约对它们期望的以外币付出或收到的未来款项进行套期保值。这样,在未来付款之前,它们无须担心即期汇率的波动。

举例

今天,孟菲斯公司(Memphis Co.)已从欧洲国家以欧元订货。公司将在90天内收到货物,并于那时付款。公司预期欧元会在随后的90天内升值,因此拟对将以欧元支付的应付账款进行套期保值。孟菲斯公司用欧元购买了90天的远期合约以锁定在未来某时点以欧元支付的价格。

同时,该公司今天与墨西哥的公司签订一笔订单,并在未来180天内收到墨西哥比索。因为公司预期墨西哥比索将在未来贬值,因此想要对该应收账款进行套期保值。孟菲斯公司出售远期合约,以便在未来某时点交换墨西哥比索时锁定收到的美元。

远期市场(forward market)指远期合约交易的市场。它属于场外交易市场,主要参与者是想获得外汇合约的外汇交易商和跨国公司。许多跨国公司用远期合约对应收款和应付款进行套期保值。例如,谷歌公司通常有价值超过10亿美元的远期合约。

许多在即期市场作为中介的大型交易商也在远期市场提供服务。也就是说,它们可以满足跨国公司用美元购买90天欧元远期合约的需求。同时,它们也可以满足跨国公司拟出售用以交换美元的欧元的远期合约需求。

不同货币远期市场的流动性不同。欧元的远期市场流动性很强,因为有很多跨国公司建立远期头寸,以对它们将来以欧元付出或收到的款项进行套期保值。相反,拉丁美洲和东欧国家的货币远期市场的流动性较弱,因为这些国家的国际贸易较少,因此跨国公司建立的远期头寸较少。还有一些货币没有远期市场。

一些汇率行情仅包括交易最普遍货币的远期汇率。其他货币的远期汇率不在金融网站上刊登,而是由那些提供各种不同货币的远期合约的银行提供。

货币期货合约(currency futures contracts)。期货合约和远期合约有些相似,但期货合约是在交易所交易而不是在场外交易。货币期货合约明确指定了在特定结算日兑换特定货币的标准数量。参与国际贸易的一些跨国公司运用货币期货市场对货币头寸套期保值。**期货汇率**(futures rate)表示某人根据期货合约可以在未来结算日买进或卖出某一特定货币的汇率。因此,期货汇率在期货合约中的作用类似于远期合约中远期汇率的作用。

在这一点上,区别"期货汇率"(futures rate)和"未来即期汇率"(future spot rate)就很重要。未来即期汇率是在未来某一时点存在的即期汇率,每天都是不确定的。如果一家美国公司 90 天后需要日元,并且预期从今天起后 90 天的未来即期汇率将超过现行 90 天期货汇率(来自期货合约)或者 90 天的远期汇率(来自远期合约),那么公司就会慎重考虑用期货合约或远期合约进行套期保值。

有关期货合约的更多细节,包括它与远期合约的其他差异将在第 5 章介绍。

货币期权合约(currency options contracts)。货币期权合约可分为买入期权与卖出期权。**货币买入期权**(currency call option)提供了在特定时间内以特定价格——被称为**清算价格**(strike price),或**行使价格**(exercise price)——购买特定货币的权利。它用于为将来的应付账款套期保值。**货币卖出期权**(currency put option)提供了在特定时间内以特定价格出售特定货币的权利。它用于为将来的应收账款套期保值。

货币买入和卖出期权可以在交易所进行交易。因为没有任何义务要求,货币期权合约比远期合约或期货合约提供了更多的灵活性。也就是说,公司可以选择不执行该期权。

货币期权合约已经成为流行的套期保值手段。可口可乐公司已经用货币期权合约取代了其约 30%—40% 的远期合约。尽管大多数跨国公司普遍使用远期合约,但也有许多公司使用货币期权合约。有关货币期权合约的更多细节,包括与期货和远期合约的其他差异将在第 5 章介绍。

3.2 国际货币市场

基本上每个国家都有货币市场,让资金从有盈余的单位流向资金赤字的单位。像商业银行这样的金融机构接受短期存款并将这些资金转向资金赤字的单位。

国际货币市场的发展是为了适应跨国公司的需要。第一,跨国公司可能需要借入不同币种的短期资金为那些以外币计价的进口商品付款。第二,即使跨国公司需要资金以支持当地业务,它们也可能会考虑借入利率较低的非当地货币。如果公司将来会拥有以该货币计价的应收账款,那么这一策略是可取的。第三,跨国公司可能会考虑借入一种货币,该货币相对于它们的本国货币将会贬值,因此随着时间的推移,它们将能够以一个更加有利的汇率偿还贷款。这样,借款的实际成本将低于该货币的利率。

与此同时,一些跨国公司和机构投资者有动机将短期资金投资于外币。第一,投资于本国货币能得到的利率可能会低于短期投资于外国货币所能赚取的利率。第二,跨国公司和机构投资者可能会考虑投资于一种货币,该货币相对于它们的本国货币将会升值,这样在投资期末,它们能够以一个更加有利的汇率将该投资兑换为它们的本国货币。这样,投资的实际回报将高于该外币的利率。

金融机构如商业银行,通过吸收各种货币存款并提供各种货币贷款为国际货币市场服务。这些金融机构通常也是外汇市场的交易商。

3.2.1 欧洲和亚洲货币市场

20世纪70年代,随着跨国公司经营范围的扩大,欧洲和亚洲货币市场作为国际金融中介的中心兴起,以满足跨国公司的需求。因为美元作为国际贸易的媒介被广泛使用,所以美元在欧洲及其他地区有持续的需求。为了与欧洲国家进行国际贸易,美国公司在欧洲银行存储美元。这些欧洲银行愿意接受美元存款,因为它们可以将美元贷给欧洲的公司客户。存放在欧洲银行(和其他大陆)的美元逐渐成为著名的**欧洲美元**(Eurodollars)。(不要将"欧洲美元"与"欧元"混淆,欧元是如今很多欧洲国家使用的货币。)

日益重要的石油输出国组织(OPEC)同样有助于欧洲美元的发展。因为OPEC一般要求以美元支付石油款,所以OPEC成员国开始在欧洲银行储蓄一部分石油收入。这些美元存款有时被称为**石油美元**(petrodollars)。

像欧洲货币市场一样,亚洲货币市场因市场上大部分是美元存款而产生。该市场是为满足那些以美元(和一些其他外币)作为国际贸易交换媒介公司的需要而出现的。因为距离和不同时区的原因,这些公司不能依靠欧洲银行。亚洲货币市场以中国香港和新加坡为中心,其中大型银行接受各种外币短期存款并发放各种外币贷款。

在亚洲市场上,一些银行资金过剩,还有些银行资金不足,它们之间通常会互相借贷。亚洲货币市场上的银行通常与欧洲货币市场上的银行互相借贷。

3.2.2 货币市场上不同货币的利率

在国际货币市场上,某一特定货币的短期存款利率或借款利率取决于该货币资金结余方短期资金的供给和货币不足方对该货币的需求。一般来说,如果一个国家的借款方需要一大笔短期资金而短期资金供给较少,货币市场利率就会相对较高。相反,如果一个国家借款方短期资金需求较少却有大量短期资金供给,货币市场利率就会相对较低。发展中国家的货币市场利率一般较高,因为它们正处于高速发展及高通货膨胀期,需要更多资金(与可以得到的资金供给相比)为其增长助力。随着时间的推移,某一特定货币的货币市场利率随着该货币短期资金供给和需求的变动而不断变化。

图表3.4显示了最近某一时点货币市场上各种不同货币的利率。注意不同国家货币的市场利率非常不同。以本国货币表现出低利率的国家为基础的跨国公司,其融资成本往往比较低。

货币市场受到伦敦银行同业拆借利率(LIBOR)的高度影响,伦敦银行同业拆借利率是国际货币市场上银行间短期贷款最常收取的利率。尽管许多国际银行同业交易并未通过伦敦市场,LIBOR这一术语仍应用广泛。当一种货币的伦敦银行同业拆借利率上升,以该种货币计价的货币市场利率也倾向于上升,正如美国的货币市场利率通常随着联邦基金利率(美国银行之间的贷款利率)而变动。

在历史上,LIBOR在某一特定时间被视为银行业报告的平均利率水平。2012年,国家政府发现,一些银行在银行同业拆借市场上虚报利率,以操纵LIBOR,从而虚增它与LIBOR挂

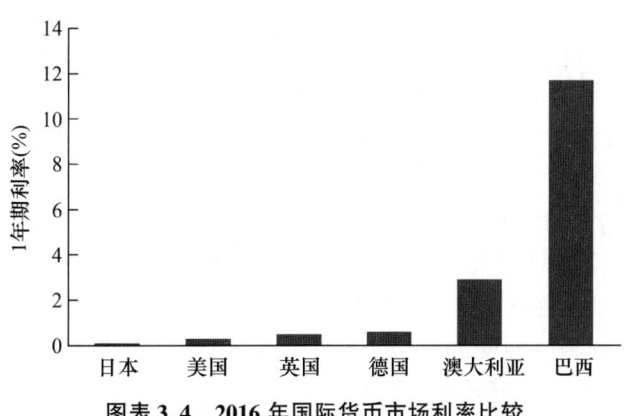

图表 3.4　2016 年国际货币市场利率比较

钩的投资价值。这一丑闻促使金融市场设计出一种不依赖参与银行所报利率的方式来确定市场利率。

3.2.3　国际货币市场证券的风险

由跨国公司和政府代理机构在国际货币市场发行的短期(1 年或更短时间)债务证券被称为**国际货币市场证券**(international money market securities)。跨国公司在国际货币市场借贷时,通常比当地政府支付稍高的利率,因为跨国公司存在一个小的风险溢价以反映信用(违约)风险。通常,国际货币市场证券被认为很安全,特别是当评级机构给予该证券较高评级时。此外,因为国际货币市场证券到期日一般在 1 年以内,因此与投资长期证券相比,国际货币市场投资者不太关注证券到期时发行商的财务状况是否有可能恶化。然而,一些国际货币市场证券也存在违约的情况,国际货币市场投资者就需要考虑所发行的证券存在的信贷风险(违约风险)。

当证券所用的货币与投资者本国货币不同时,国际货币市场证券也面临汇率风险。特别是当国际货币市场证券的货币价值相对于投资者本国货币疲软时,国际货币市场证券的投资回报将会下降。事实上,即使证券本身没有信贷风险,对国际货币市场证券的投资也可能由汇率风险而导致投资者遭受损失。

3.3　国际信贷市场

跨国公司和国内公司有时通过本地金融机构的中期贷款,或者通过在本地市场发行债券(中期债券)获得中期资金。但是,跨国公司也可以通过位于外国市场的银行得到中期资金。由银行提供给欧洲跨国公司或政府机构的 1 年或更长时间的贷款通常被称为欧洲信贷或**欧洲信用贷款**(Eurocredit loans)。**欧洲信贷市场**(Eurocredit market)提供这些贷款。这些贷款可以以美元或多种其他货币计价,通常期限为 5 年。

借款人通常更愿意借入以它大部分现金流入的国家货币计价的贷款,以此来抵消借款者的汇率风险。然而,借款利率取决于借款的计价货币。因为银行接受短期存款,而提供长期贷款,所以银行资产与负债到期日不匹配。这种失调在利率上升时期对银行的业绩有不良影响,因为当银行所付的短期存款利率不断上升时,也许已经锁定了其长期贷款利率。为了避免该风险,银行通常使用浮动利率贷款。贷款利率随着一些市场利率的变动而浮动,如伦敦银行同业拆借利率。例如,以某种货币计价并由银行向跨国公司提供的贷款,其利率可能每6个月调整一次,一般是"LIBOR+3%"。

随着时间的推移,国际信贷市场活动有所增加,但市场活动增加主要集中在经济条件相对较好的地区。这些地区往往拥有更多的由跨国公司存入的资金,同时正在扩大业务的跨国公司对贷款的需求更强烈。相反,在经济条件较差的地区,由于跨国公司不太愿意扩展业务,也不借入额外的资金,导致放贷规模趋于下降。在经济条件较差的地区,信用风险更高,因此银行不太愿意发放贷款。

3.3.1 信贷市场上的辛迪加贷款

有时单个银行不愿意或没有能力为某一特定公司或政府机构提供所需的全部资金。在这种情况下,可以组成一种银行组织,即**辛迪加**(syndicate)。辛迪加内的每一家银行都参与提供贷款。由一家牵头银行负责与借款方谈判条件。然后,牵头银行组织一个银团承担贷款。对于涉及的每一个银行来说,辛迪加贷款可以减少单个银行参与大宗贷款的违约风险。

得到辛迪加贷款的借款方除了贷款利息,还会发生各种费用。前期管理费用于支付组织辛迪加的成本和承销费。此外,对可用的辛迪加贷款信用额度中未使用的部分,每年要收取大约0.25%或0.50%的承诺费。

辛迪加贷款可以以各种货币计价。利率需根据贷款的计价货币、贷款到期日和借款方信誉而定。辛迪加贷款利率通常可以根据市场利率(如银行同业贷款利率)的变动调整,这种调整可能每6个月或每年发生一次。

3.3.2 信贷市场上的银行监管

随着时间推移,国际银行业监管变得更加标准化,这一变化使得全球银行业的竞争更加激烈。《单一欧洲法案》和《巴赛尔协议》都促成了这一趋势。

《单一欧洲法案》(Single European Act)。影响国际银行业的最重大事件之一是签署了《单一欧洲法案》,并于1992年在欧盟被逐步采用。下面是《单一欧洲法案》与银行业相关的一些条款:

- 资本可以在欧盟自由流动。
- 银行可以在欧盟内提供各种借贷、租赁和有价证券活动。
- 有关竞争、合并和税收的法规在整个欧盟都是类似的。
- 任何一个欧盟国家开办的银行都有权进入其他任何或所有欧盟国家。

有了这项法案,银行可以在整个欧盟扩展业务。由于银行可以不必考虑过去每个国家特有的规定,从而更容易进行跨国经营,欧洲银行市场的效率提高了。

该法案的一个重要条款是进入欧盟的银行与其他本国银行具有同等的银行权利。类似的条款也适用于进入美国的非美国银行。

《巴塞尔协议》(Basel Accord)。1988年,12个发达国家的中央银行达成了《巴塞尔协议》。根据这项协议,它们各自的商业银行如果持有更高风险的资产,就必须维持较高的资本(普通股和留存收益)水平。第二个协议(《巴塞尔协议Ⅱ》)要求银行对抵押贷款提供更加严格的指导方针。此外,该协议鼓励银行改善控制操作风险的技术,这样可以减少银行系统的失败。

2008—2009年的金融危机说明银行仍面临着高风险。如果没有政府资助,那么许多银行都会倒闭。全球银行监管委员会制定了指导方针(非正式地被称为《巴赛尔协议Ⅲ》),旨在加强全球银行体系的安全性。这项协议要求用新的方法来估计银行的风险加权资产,以便更准确地检测资产的风险水平,并要求许多银行保持较高的资本水平。由于监管更加严格,银行在国际信贷市场向跨国公司提供贷款时保持了较高的标准。

3.3.3 信贷危机的影响

2008年,美国经历了一场影响国际信贷市场的信贷危机。这次信贷危机是由次贷(低质量抵押贷款)的大量违约引发的。其他国家的金融机构,例如英国,也提供次级抵押贷款,也同样面临较高违约率。由于金融市场的全球一体化,美国和英国金融市场的问题正蔓延到其他市场。一些亚洲和欧洲的金融机构购买了许多源于英国和美国的次级抵押贷款。更甚一步,美国和英国的经济疲软导致了从其他国家进口需求的减少。因此,美国信贷危机导致了国际信贷危机,并且加剧了国际市场对信用风险的担忧。债权人减少了他们愿意提供的信贷额度,一些跨国公司和政府机构在国际信贷市场上也不再能获取资金。

3.4 国际债券市场

国际债券市场促进了需要长期资金的借款方和愿意提供长期资金的投资者之间的资金流动。国际债券市场的主要投资者包括商业银行、共同基金、保险公司和许多国家的养老基金等。当机构投资者投资于以外币计价的债券能够获得更高的回报率时,它们更愿意投资于国际债券市场,而不是投资于本国市场。国际债券市场上的借款人包括国家政府和跨国公司。

跨国公司可以通过在本国市场发行债券获得长期债务,也可以在外国市场得到长期资金。跨国公司可能选择在国际债券市场上发行债券,原因有三。第一,发行人可以通过在某一特定外国国家,而不是在本国发行债券吸引更多的需求。一些国家的投资者基础有限,使得这些国家的跨国公司需要在其他地方寻求融资。第二,跨国公司可能想为一个以某一货币计价的特定外资项目融资,因此可能会寻求在该货币被广泛使用的地方获得资金。第三,以一个较低的利率获得一种外币资金可能使一家跨国公司能够降低其融资成本,尽管也需面临汇率风险。

外国借款人在某个国家发行的国际债券，在该国被称为**外国债券**（foreign bond）。例如，一家美国公司可以发行一种以日元计价的债券，该债券可以卖给日本的投资者。在某些情况下，一家公司可以在多个国家发行各种债券。每种债券的计价货币由售出债券的国家决定。这些外国债券有时被专门称为**平行债券**（parallel bonds）。

3.4.1 欧洲债券市场

欧洲债券是一种在债券计价货币以外的国家出售的债券。由于欧洲债券规避了注册要求和一些披露要求，它已经成为一种很受欢迎的吸引资金的手段。欧洲债券发行迅速，成本较低。欧洲债券是由投资银行的跨国财团承销的，同时也在很多国家发行，提供了一种广泛的、可供挖掘的资金来源。美国跨国公司，如麦当劳（McDonald's）和迪斯尼（Walt Disney）一般发行欧洲债券。非美国公司如吉尼斯（Guinness）、雀巢（Nestlé）和大众汽车（Volkswagen）也利用欧洲债券作为资金的来源。没有建立良好信用记录的跨国公司在欧洲债券市场想获得资金就有困难，因为对于未知发行商来说，有限的披露不足以使它们获得投资者的信任。

近年来，来自新兴市场，如克罗地亚、乌克兰、罗马尼亚和匈牙利的政府和公司，经常利用欧洲债券市场来获得资金。已经在新兴市场上建立起来的新公司依赖欧洲债券市场资助它们的增长。这些新公司每年必须在美国国债利率基础之上再支付一个至少3%的风险溢价。

欧洲债券的特征。 欧洲债券有几个显著的特征。它们通常以不记名形式发行，即不存在任何关于所有权的记录；每年支付利息；一些欧洲债券包含可转换条款，使得它们可以转换为特定数额的普通股股票。欧洲债券一般很少有保护性契约，这对发行人很有利。此外，即使是短期欧洲债券也包括回购条款。一些被称为**浮动利率票据**（floating rate notes, FRNs）的欧洲债券，它有一个可变利率条款并根据现行市场利率不断调整息票利率。

计价单位。 欧洲债券通常以多种货币计价。美元是最常用的计价单位，70%—75%的欧洲债券是以美元计价的。然而，2015年，美国跨国公司，如可口可乐、贝莱德（BlackRock）、美国电话电报（AT&T）和金德尔摩根（Kinder Morgan）公司利用欧元区的低利率发行了以欧元计价的欧洲债券。类似地，一些公司发行以日元计价的债券，以利用日本的极低利率。因为每种货币的利率和信贷条件不断发生变化，所以欧洲债券市场上特定货币的受欢迎程度也在不断变化。

二级市场。 欧洲债券也有一个二级市场。在很多情况下，市场的参与者同样是销售首期债券的包销者。欧洲债券结算系统（Euroclear）是一家总部设在比利时的金融服务公司。它经营着一个结算系统，帮助所有交易商了解待销售债券的相关情况，这样就产生了一个更为活跃的二级市场。

3.4.2 其他债券市场的发展

债券市场已经在亚洲和南美洲发展起来了。当这些地区的政府机构和跨国公司认为债券市场能够降低融资成本时,就会利用国际债券市场发行债券。一些国家的投资者利用国际债券市场是因为这些投资者预期本国货币将会疲软,从而更喜欢投资于以强势外币计价的债券。南美债券市场经历了有限的增长,因为那里一些国家的利率通常很高。当利率很高时,这些国家的跨国公司和政府机构就不愿发行债券,所以它们更依赖于短期融资。

3.4.3 国际债券的风险

从投资者的角度,国际债券会受到四种风险的影响:利率风险、汇率风险、流动性风险以及信贷(违约)风险。

利率风险。国际债券的利率风险反映当长期利率上升时债券有贬值的可能性。当长期利率上升时,投资者要求获得更高的回报率,因此,债券价值会下降。固定利率债券的利率风险可能比浮动利率债券的利率风险更大,因为固定利率债券的票面利率是固定的,即使当市场利率上升时也是不变的。

汇率风险。汇率风险反映了(从投资者角度)由债券发行国货币相对于投资者本国货币贬值而引起的债券贬值的可能性。最终,预期未来从债券收回的票面利息和本金在兑换为投资者本国货币时可能会减少。

流动性风险。流动性风险反映了债券在出售时因为没有一直活跃的市场而存在贬值的潜在风险。因此,想要出售债券的投资者就需要降低价格以吸引潜在购买者。

信贷风险。国际债券的信贷风险反映了违约的可能性,即对投资者的利息或本金的支付可能存在一时或者永久性的拖延。这种风险在债权人权利受限的国家尤其明显,因为债权人可能没有足够的能力迫使债务公司还款。

随着发行公司信贷风险的增加,投资者对风险溢价的要求也在提高。在这种情况下,当投资者想出售手头持有的债券时,就必须以较低价格出售,以补偿潜在购买者面临的信贷风险。

3.4.4 希腊危机对债券的影响

2010年春天,希腊政府经历了经济下滑、财政赤字大幅增加等危机。投资者关心希腊政府将来能否偿还债务。此外,投资者了解到,希腊政府在2010年之前的8年中报告的预算赤字被低估了。由于政府对得到新的融资不抱希望,希腊爆发债务危机。2010年3月,希腊政府对发行的债券提供了6.5%的收益率,这比其他也使用欧元作为本国货币发行债券的欧洲国家(例如德国)每年高出4个百分点。这意味着希腊政府发行100亿美元的债券每年就要额外支付4亿美元的利息,因为希腊政府的违约风险更高。而高利息又引起了人们对希腊政府的支付能力的担忧。

2010年,欧元区其他国家的政府和银行向希腊提供了1 100亿欧元的救助贷款,并要求希腊满足所谓的紧缩条件(如减少公共部门的薪资和养老金),以减少未来的预算赤字。然而,2012年,希腊政府的预算赤字还在增加,甚至还需要一笔约1 300亿欧元的救助金。

在接下来的几年里,希腊政府的预算赤字继续增长,到 2015 年,希腊政府借款超过 3 000 亿欧元,它又需要一笔救助金,这已经是 5 年内第三次寻求救助金的帮助了。2015 年 7 月,几个欧洲政府同意向希腊政府提供这第三次约 850 亿欧元的救助金贷款。

传染效应。因为欧洲政府是希腊的主要债权人,它们受到了信贷危机的波及。希腊拖欠债务可能对那些提供贷款的欧洲政府造成破坏性的财政影响,这可能会造成一些政府无法偿还自己的债务。

希腊债务危机引发的关于传染性的担忧也影响了跨国公司。希腊政府债务违约,造成政府可能无法支付从跨国公司那里购买商品或接受劳务的款项。此外,对希腊实施的紧缩性措施会降低政府对退休人员的养老金支付,这可能导致退休人员减少对一些跨国公司提供的产品或服务的需求。

希腊危机也迫使债权人认识到政府债务并非总是无风险的。因此,债权人在提供资金前应更加仔细地评估其他有巨额预算赤字的国家(如葡萄牙、西班牙和意大利)的信贷风险。这种对风险的担忧减少了其他欧洲国家进入债券市场的机会,因为一些金融机构不再愿意贷款给它们。这些政府必须支付较高的风险溢价,以弥补它们的信贷风险,这增加了它们的借款成本。

3.5 国际股票市场

就像一些跨国公司在本国以外会发行股票一样,许多投资者在本国以外也会购买股票。这样做的原因有几个。第一,投资者可能预期某一特定国家的经济形势将会非常有利,从而投资该国公司股票。第二,投资者可能考虑投资那些预期以不断升值的货币计价的股票,从而增加投资回报。第三,一些投资者投资于其他国家股票使其投资组合多元化。这样,投资者的投资就不易受本国股票市场可能的不利影响。有关投资国际股票市场的更多细节将在本章的附录中介绍。

(网站信息:www.stockmarkets.com 网站提供有关全球股票市场的信息。)

3.5.1 在外国市场发行股票

跨国公司可能因为各种原因选择在外国市场上发行股票。跨国公司通过在外国市场发行股票以便更容易地吸引外国投资者的资金。跨国公司需要使它的股票在发行股票的任何一个国家的交易所上市。只有当外国投资者能够在本地二级市场上轻易地出售持有的股票时,他们才愿意购买股票。股票以所在发行国的货币计价。

当跨国公司的股票在多个市场上发行时,股票可能更容易被消化。美国跨国公司的股票在世界上许多股票交易所被广泛交易,这使得非美国投资者能够轻易地购买一些美国股票,并且提高了这些跨国公司的全球知名度。很多跨国公司会选择一个能产生足够的未来现金流量以支付股息的国家来发行股票。

> **举例**
>
> 陶氏化学公司(Dow Chemical Co.)是一家美国跨国公司,与日本有大量业务往来。假定公司通过在日本发行股票来支持它在日本的经营,股票以日元计价。因此,公司可以利用收到的日元为公司扩张提供资金,而不需要将美元再转为日元。为了保证日本投资者可以轻易地将买入的股票卖出,陶氏化学公司在东京交易所上市。因为在东京交易所上市的股票是用日元计价,想买卖股票的日本投资者不需要兑换美元。如果陶氏化学公司计划在日本扩大经营,它就需要考虑在二级市场发行更多股票。既然公司已经在日本上市了,它就能在市场上轻松地投放更多的股票,从而为扩张筹集更多股本资金。

3.5.2 外国股票在美国的发行

由于美国新股发行市场具有高流动性,那些需要大量资金的非美国公司有时在美国发行股票,发行这类股票被称为**扬基股票发行**(Yankee stock offerings)。由于美国许多金融机构会购买非美国股票作为投资,非美国公司可以在美国发行它的全部股票。非美国公司可以通过在美国发行股票使它的股东组成多元化,这样可以减少大的投资者因抛售股票引起的股价波动。美国投资银行和其他金融机构通常作为在美国市场发行股票的承销商,并收取占所发行股票价值约7%的承销费。

很多非美国公司近期在美国发行股票是由拉丁美洲和欧洲的私有化计划引起的。即以前为政府所有的公司正出售股份给美国股东。因为这些公司中的一些规模很大,本国股票市场不足以消化股票的发行量。因此,美国投资者正在为许多私有化的外国公司提供融资。

在美国发行股票的非美国公司让它的股票在一家美国的股票交易所上市,这样非美国公司发行在美国的股票能很容易地在二级市场上交易。在美国发行股票的公司通常需要对它的财务状况进行严格的披露。但是当非美国公司直接向机构投资者发行股票时,如果符合证券交易管理委员会的规定(144a条例),就可以免除这样一些规则。

《萨班斯-奥克斯利法案》对外国股票发行的影响。2002年,美国国会通过了《萨班斯-奥克斯利法案》。该法案要求在美国证券交易所上市的公司提供更加完整的财务状况披露。然而,履行该法案需要花费高昂的成本,因此,许多发行新股的非美国公司决定在英国而不是在美国发行股票。此外,一些在法案实施前就已经在美国上市的非美国公司在该法案通过后撤销注册,也是因为遵守该法案的成本太高。

美国存托凭证(American depository receipts, ADRs)。非美国公司还可以通过**美国存托凭证**获得权益融资,ADRs是表明大量股权的证书。非美国公司运用ADRs既可以规避在美国发行股票的一些披露要求,又可以利用美国市场融资。运用ADRs的例子包括西麦斯公司(Cemex,股票代码为CX,总部在墨西哥,以下表达相同)、中国电信公司(CHA,中国)、诺基亚(NOK,芬兰)、喜力(HINKY,荷兰)、阿里巴巴(BABA,中国)以及瑞士信贷集团(CS,瑞士)。

因为 ADRs 像股票一样可以交易,所以 ADRs 的价格随着需求和供给状况的变化而发生变化。不过,在调整了汇率的影响后,ADRs 的价值将会随着在外国证券交易所上市股票的价值而不断变化。计算 ADRs 价格的公式是:

$$P_{ADRs} = P_{FS} \times S$$

其中 P_{ADRs} 代表 ADRs 的价格,P_{FS} 代表以外币计量的外国股票的价格,S 代表该外币的即期汇率。保持外国股票价格不变,ADRs 的价格应该和外国股票计价的货币对美元价值的变化成同比例变化。ADRs 尤其吸引美国投资者,他们预期外国股票将会有良好业绩,并且外国股票计价的货币对美元将会升值。

> **举例**
>
> 法国公司帕里(Pari)的 1 份 ADRs 代表在法国证券交易所交易的该公司 1 股股票。帕里公司的股票收盘价格是 20 欧元。美国股票市场开市时,1 欧元值 1.05 美元,所以 ADRs 的价格应该是:
>
> $$\begin{aligned} P_{ADRs} &= P_{FS} \times S \\ &= 20 \times 1.05 \\ &= 21(美元) \end{aligned}$$

如果 ADRs 的价格和外国股票的价格之间存在差异(调整了汇率的影响后),投资者就可以利用套利从这两个资产的价格差异中获利。套利行为将会使这两个价格趋于一致。

> **举例**
>
> 接上例,假设没有交易成本。如果 $P_{ADRs} < (P_{FS} \times S)$,那么 ADRs 将回流到法国。将 ADRs 转换为法国股票,在法国市场上交易。投资者可以通过在美国购买 ADRs,转换为法国股票,然后在股票上市的法国证券交易所出售这些股票进行套利活动。
>
> 套利将(1)减少在美国市场上交易的 ADRs 供应量,从而使 ADRs 的价格产生上升的压力;(2)增加在法国市场上交易的法国股票,从而使法国股票的价格产生下调的压力。直至价格上的差异消失,套利才会停止。

在现实中,将 ADRs 转换为外国股票会涉及一些交易成本。因此,只有当潜在的套利利润超过了交易成本时,套利才会发生。许多网站提供了 ADRs 的报价行情。

3.5.3 股票市场规模的比较

图表 3.5 中提供了主要证券交易所的概要,但还有很多其他证券交易所。一些国家的股票市场远小于美国的股票市场,因为这些国家的公司更多依赖于债务融资,而不是股权融资。然而,最近非美国的公司更加频繁地发行股票,促进了非美国股票市场的发展。在不同的股票市场中,个人持股与机构持股之间的比例也不同。在美国以外的国家,金融机构和其他公

司拥有较大比例的股份,而个人投资者拥有一个相对较小比例的股份。

图表 3.5　全球证券交易所的比较(2015)

国家或地区	市值(10 亿美元)	上市公司数(个)
阿根廷	60	101
澳大利亚	1 622	2 071
巴西	823	308
智利	225	308
中国(不包括中国香港和中国台湾)	6 270	2 635
希腊	22	244
中国香港	3 324	1 763
匈牙利	13	48
日本	4 485	3 470
墨西哥	460	147
挪威	219	220
斯洛文尼亚	6	77
西班牙	942	3 460
瑞士	1 515	275
中国台湾	860	882
英国	6 187	2 938
美国	19 222	5 250

来源:World Federation of Exchange.

　　2000 年,阿姆斯特丹、布鲁塞尔和巴黎证券交易所合并为欧洲证券交易所。其后,里斯本证券交易所也加入欧洲证券交易所。2007 年,纽约证券交易所加入欧洲证券交易所形成全球最大的交易所——纽约欧洲证券交易所(NYSE Euronext),这是建立一个全球证券交易所的重要一步。2012 年,洲际交易所(ICE)收购了纽约欧洲证券交易所。现在,纽约证交所和欧洲证交所都作为洲际交易所的一个分部在运作。大部分位于欧洲的大公司都在欧洲证交所上市。

　　近年来,很多新的股票市场发展起来。这些新兴市场使外国公司通过发行股票筹集大量资本。这些市场保证了在发展中国家经营的美国公司通过发行股票并在当地证券交易所上市来筹集资金。

3.5.4　股票市场的治理如何变化

　　一般而言,国家的治理越强大,该国股票市场的参与者就越多,交易活动也越频繁。图表 3.6 指明了一些加强治理的方式,从而增加股市交易活动的具体因素,接下来将讨论这些因素。

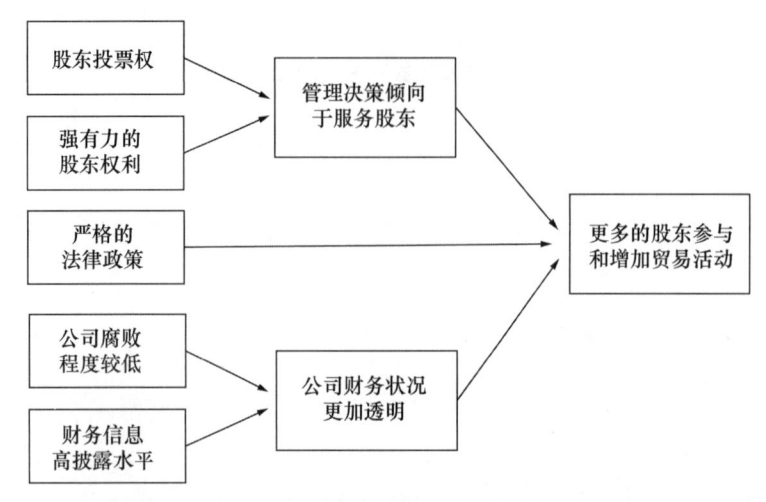

图表3.6 公司治理对股东参与和增加贸易活动的影响

权利。有些国家的股东比另一些国家的股东拥有更多的权利。例如,有些国家的股东有更多的投票权,因此他们对管理事务有更多的影响力。

法律保护。一些国家的股东可能有更多的权利起诉上市公司,如起诉上市公司的高管或董事进行财务舞弊。通常,英美法系国家如加拿大、英国和美国比大陆法系国家如法国、意大利有更多的法律保护。如果股东的权利受到更多的法律保护,则经理人更有可能为股东利益服务。

政府执法。一个国家可能有保护股东的法律,但没有对该法进行强制执行,这意味着股东的权利还是得不到保护。一些国家的公司腐败比其他国家少,这些国家的股东就会较少蒙受由于代理问题带来的重大损失,即经理人利用股东的钱为自己牟利。

会计法。从2001年开始,国际会计准则委员会发布了上市公司会计准则。现在,很多国家要求上市公司在准备财务报表时使用这些准则。为此,各国的会计准则更加统一,但仍有一些不同之处,这可能会导致不同国家的跨国公司的财务报表难以直接比较。当上市公司财务报表的透明度更高时,股东不太容易遭受由于信息不足造成的损失。

治理特征的影响。总的来说,股票市场为股东提供了更多的表决权、更多的法律保护、更多的法律执行和更严格的会计要求,这样的股票市场能吸引更多愿意投资股票的投资者。这使得投资者更加信任股票市场,股票市场具有更高的定价效率(因为有足够多的投资者来监督每家公司)。如果股票市场不能吸引投资者,就不会吸引需要筹集资金的公司。在这种情况下,这些公司就必须依赖其他国家的股票市场或者依赖信贷市场(如债券和银行贷款)来筹集资金。

3.5.5 国际股票市场和信贷市场的整合

由于各国经济是一体化的,并且股票市场价格反映了东道国普遍和预期的经济状况,因此,股票价格在各国之间是统一的。此外,国际信贷市场和股票市场是一体化的,因为当某些条件导致公司的信用风险增加时,二者都将受到不利影响。当经济状况变得不利时,企业未来现金流的不确定性就会增大,因此,投资者所要求的风险溢价会上升,同时债务证券和股票的估值会下降。

3.6 金融市场如何为跨国公司服务

图表3.7说明了一家典型跨国公司的外国现金流动状态。这些现金流动可以实现四种公司职能,所有这些职能的实现通常需要利用外汇市场。即期市场、远期市场、货币期货市场和货币期权市场,被统称为外汇市场。

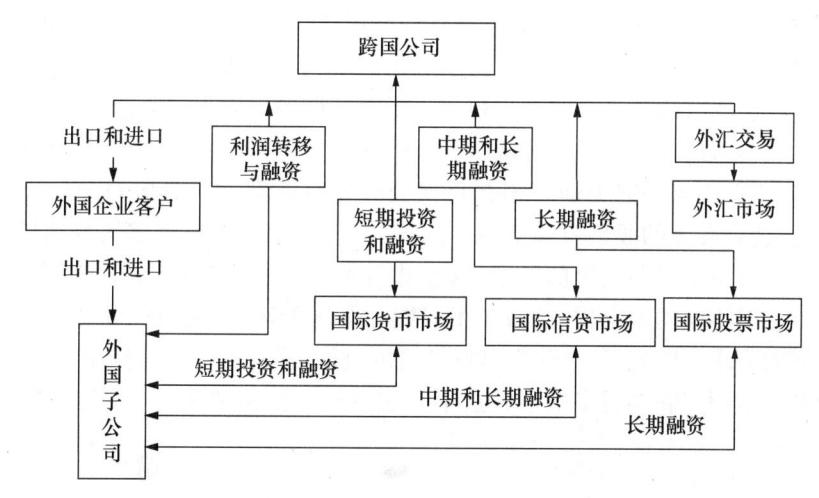

图表3.7 一家跨国公司的外国现金流动状态

第一个职能是与企业客户进行对外贸易。出口产生外国现金流入,而进口需要现金流出。第二个职能是实现境外直接投资,或者收购外国实物资产。这个职能需要现金流出,但是将来通过汇给跨国公司母公司红利或出售这些外国资产产生未来现金流入。第三个职能是通过国际货币市场上的外国证券进行短期的投资或融资。第四个职能是在国际债券或股票市场进行长期融资。一家跨国公司可能会利用国际货币市场或债券市场获得资金,其成本将比本地市场更低。

小结

- 外汇市场为了促进国际贸易或金融交易允许货币互相兑换。商业银行在市场上扮演着金融中介的作用。它们随时准备在即期市场上立即兑换货币。而且,它们也愿意在未来某一时点与有意购买或出售货币的跨国公司商定远期合约。
- 国际货币市场由一些大型银行组成,这些银行接受各种货币的存款并提供各种货币的短期贷款。这个市场的主要参与者有政府和大型公司。

- 国际信贷市场由同类型服务于国际货币市场的商业银行组成。这些银行将收到的一部分存款用来给政府和大型公司贷款(中期)。
- 国际债券市场促进了长期信贷的国际转移，它可以使政府和大型公司从各国借入资金。由投资银行组成的跨国辛迪加帮助发行债券，促进了国际债券市场的发展。
- 国际股票市场使公司能够获得外国的权益融资。因此，这些市场有助于跨国公司筹集进行国际扩张所需的资金。

正方反方

首次公开发行股票的公司应该参与国际销售吗？

正方：应该。当一家美国公司首次向公众发行股票，即首次公开发行股票时，自然会关心能否以合理价格售出发行的所有股票。通过吸引更多的投资者，它将能够以一个较高的价格发行其股票。将股票分散于各个国家出售将会增加对股票的需求。股票的发行价格越高，使用权益资本的成本就越低。将股票分散于各个国家出售还可以建立公司在全球的知名度。

反方：不应该。如果一家美国公司在首次公开发行股票时将其股票分散于不同国家出售，那么在美国公开交易的股票就会变少。这样，二级市场将没有足够的流动性。投资者想购买能够在二级市场上轻易出售的股票，这意味着他们要求股票有流动性。在一定程度上，公司将股票分散于不同国家出售，这减少了股票在美国的流动性，可能无法吸引美国投资者对该股票足够的需求。因此，努力建立全球知名度可能会减少公司在美国的知名度。

孰是孰非？ 运用互联网更多地了解这个问题。你支持哪种观点？对这个问题提出自己的看法。

自测题

(答案见书后的附录 A)

1. 斯特森银行(Stetson Bank)对澳元的买入价为 0.784 美元，卖出价为 0.80 美元，买入/卖出百分比差价是多少？
2. 富勒顿银行(Fullerton Bank)对秘鲁货币(新索尔)的卖出价为 0.190 美元，买入价为 0.188 美元。确定买入/卖出百分比差价。
3. 简述跨国公司怎样利用本章所介绍的每一个国际金融市场。

应用思考题

1. **投资于外国货币市场的动机**。解释为什么跨国公司会将资金投资于自己国家以外的金融市场。
2. **在外国市场提供信贷的动机**。解释为什么有些金融机构更愿意在自己国家以外的金融市场提供信贷。

3. **汇率对投资的影响**。当澳元对美元升值时,会怎样影响一家投资于澳大利亚货币市场有价证券的美国公司的收益。

4. **汇率对借款的影响**。当日元对美元升值时,会怎样影响一家借入日元用于一个美国项目的美国公司的收益。

5. **银行服务**。列出跨国公司应考虑银行外汇交易服务的一些重要特征。

6. **买入/卖出差价**。犹他州银行(Utah Bank)加元的买入价是0.7938美元,卖出价是0.81美元。买入/卖出百分比差价是多少?

7. **买入/卖出差价**。计算墨西哥比索零售交易的买入/卖出百分比差价,其中卖出汇率是0.11美元,买入汇率是0.10美元。

8. **远期合约**。狼群公司(Wolfpack Corp.)是一家美国出口商,它用英镑对出口到英国的商品计价。如果公司预期将来英镑会对美元升值,它是否应该用远期合约对出口套期保值?说明理由。

9. **欧元**。说明使用欧元的国家在它们自己之间从事国际贸易时的外汇情况。

10. **间接汇率**。如果欧元的直接汇率是1.25美元,那么欧元的间接汇率是多少?也就是,1美元值多少欧元?

11. **套算汇率**。假定1波兰货币兹罗提值0.17美元,1日元值0.008美元。兹罗提对日元的套算汇率是多少?即多少日元等于1兹罗提?

12. **辛迪加贷款**。解释怎样在国际市场上利用辛迪加贷款。

13. **贷款利率**。解释银行在欧洲信贷市场上用于确定贷款收取的利率而使用的程序流程。

14. **国际市场**。国际货币市场的功能是什么?简述欧洲货币市场发展和增长的原因。解释各个国际货币市场、信贷市场和债券市场之间的差异。

15. **浮动汇率的演变**。简述1973年汇率转变为浮动汇率制的历史演变。

16. **希腊信贷危机**。解释为什么希腊信贷危机会在整个欧洲引起传染效应。

17. **欧洲信用贷款**。

a. 关于欧洲信用贷款,谁是借款方?

b. 为什么银行愿意参加欧洲信用贷款辛迪加?

c. 什么是伦敦银行同业拆借利率(LIBOR),以及如何在欧洲信贷市场使用它?

18. **外汇**。你刚从加拿大回来,那里1加元值0.70美元。旅行结束后你还有200加元,可以在机场将其兑换为美元,但机场的外汇服务台只愿意支付0.60美元购买它们。下周,你将前往墨西哥并需要比索。机场的外汇服务台将以每比索0.10美元的价格出售比索。你在机场遇见了一名来自墨西哥的旅客,正准备出发去加拿大。他愿意以1 300比索购买你的200加元。在机场,你是应该选择将加元兑换为比索还是应该选择将加元兑换为美元以套现?说明理由。

19. **外国股票市场**。解释为什么公司会在外国市场发行股票。为什么从1999年欧元变为单一货币以来美国公司在欧洲发行了更多的股票?

20. **用股票融资**。查普曼公司(Chapman Co.)是一家私人拥有的美国跨国公司,计划进行股票的首次公开发行,以便能够为公司进行国际扩张筹集资金。目前,世界股票市场的状况非常糟糕,但有望得到改善。当全世界其他股票市场疲软时,美国市场往往也是疲软的。查普曼公司的一名财务经理建议等到世界股票市场复苏之后再发行股票。另一位财务经理则认为查普曼公司现在就可以发行股票,即使价格会很低,因为一旦世界股票市场复苏,公司的股票价格应该就会上升。谁的观点是正确的呢?说明理由。

批判性思考题

股东权利的影响和会计法。选择一个除美国外的国家,通过互联网了解这个国家的股东权利或者会计法。写一篇短文简要描述这个国家的股东权利或会计法。基于你对这个国家的评价,你会考虑投资该国公司的股票吗?你相信股东权利和会计法会促进这个国家股票市场的发展吗?说明理由。

布雷泽公司案例:利用国际金融市场的决定

作为布雷泽公司的财务分析师,你相当满意布雷泽公司目前向泰国出口"Speedos"轮滑鞋的计划。由于布雷泽公司与泰国的主要客户之间有特别协议,预期在泰国获得收入是一个比较容易的任务。特别是,客户已同意以每双4 594泰铢的价格每年购买180 000双轮滑鞋,该协议为期3年。目前美元-泰铢的直接汇率报价是0.024美元。

在泰国发生的销售成本(由于从泰国进口橡胶和塑料成分)每双轮滑鞋大约为2 871泰铢,但布雷泽公司目前进口的原料仅够生产约72 000双轮滑鞋。布雷泽公司从泰国供应商进口原料的主要原因是原料具有品质高和成本低的优势,泰铢对美元的持续贬值更助长了这些优势。如果在泰国购买原料的美元成本比在美国更高,布雷泽公司就会考虑与美国供应商开展更多业务。

你的计划很简单:布雷泽公司目前使用以泰铢计价的收入来支付在泰国发生的销售成本。在过去的一年,超额收益以当时的汇率转换为美元。虽然销售成本不像来自泰国的收入一样以合约形式固定,但你仍然期望销售成本在近期保持相对稳定。因此,每年以泰铢计价的现金流入完全是可以预见的,因为泰国客户已承诺要以一个固定价格购买180 000双轮滑鞋。由超额的泰铢收益转换而来的美元收益可以用于支持美国轮滑鞋的生产,如有需要的话,也可以用于在美国投资。具体来说,这部分超额收益用于支付设在美国内布拉斯加州奥马哈的制造厂的销售成本。

本·霍尔特——布雷泽公司的首席财务官,告诉你泰国的利率约为15%(美国为8%)。泰国的高利率是泰国经济不稳定导致的不确定性的表现,请你对此解释。霍尔特要求你对布雷泽公司用在泰国经营所得的资金以15%的利率投资于泰国的可行性进行评估。如果你反对霍尔特的计划,请出具一份详细报告说明原因。

1. 如果将在泰国经营的净利润(以泰铢计价)投资于泰国的业务,那么美国的业务将受到怎样的影响?(假设布雷泽公司目前对贷款而来的美元支付 10% 的利率,且公司需要筹集更多资金。)

2. 建立一个电子数据表以比较两个计划产生的现金流量。根据第一个计划,以泰铢计价的净现金流量(今天收到的)将以 15% 的利率投资于泰国,为期 1 年。1 年后将泰铢转换为美元。1 年后泰铢预期的即期汇率约为 0.022 美元(霍尔特的计划)。根据第二个计划,以泰铢计价的净现金流量即刻转换成美元,并以 8% 的利率投资于美国,为期 1 年。关于这个问题,假设所有以泰铢计价的现金流量今天到期。就 1 年后可用的美元现金流量来说,霍尔特的计划是否看上去更好?比较将资金用于投资和将资金用于满足公司所需两个选择的优劣。

小企业困境:体育用品出口公司对外汇市场的利用

每个月,体育用品出口公司(一家美国公司)都会收到英国体育用品分销商的一份橄榄球订单。英国分销商要求对橄榄球的每月付款以英镑计价。体育用品出口公司的所有者吉姆·洛根必须将收到的英镑兑换为美元。

1. 解释体育用品出口公司怎样利用即期市场以帮助其货币兑换。具体说明。
2. 解释体育用品出口公司面临怎样的汇率风险,以及它怎样利用远期市场对风险套期保值。

互联网/Excel 练习

互联网上,一些网站提供各种汇率报价和股票市场指数。
1. 通过网络搜索找到汇率数据:
   a. 日元现行的直接汇率是多少?
   b. 欧元现行的直接汇率是多少?
   c. 在以上问题 a 和 b 的基础上,1 欧元相当于多少日元?
   d. 生成一个欧元直接汇率的历史趋势,回顾欧元过去 5 年的汇率。简单解释这个趋势(主要是上升还是下降),以及方向突变的一个或几个点。
   e. 生成一个欧元间接汇率的历史趋势,回顾欧元过去 5 年的汇率。简单解释这个趋势,以及方向突变的一个或几个点。间接汇率的变换趋势和直接汇率的变换趋势相比有何异同?
   f. 在欧元直接汇率历史趋势的基础上,欧元去年变化百分比大概是多少?
   g. 将欧元转换为加拿大元。通过观察历史趋势,解释在此期间欧元对加拿大元是升值了还是贬值了?
   h. 货币转换表提供了买入卖出汇率,在此信息上的买入/卖出百分比价差是多少?
2. 利用互联网,从美国的角度找出外币的直接汇率,然后找出间接汇率。欧元的直接汇率是多少?欧元的间接汇率是多少?欧元的直接和间接汇率之间有什么关系?
3. 利用互联网确定日元和澳元之间的套算汇率。对今天购买澳大利亚商品的日本进口商来说,确定多少日元可以兑换为 1 澳元;多少澳元等于 1 日元。以每澳元等于的日元数计量的汇率和以每日元等于的澳元数计量的汇率之间有什么关系？

真实案例在线文章

在网上寻找一篇最近的文章，这篇文章应是国际财务管理的实际应用，或是现实世界中特定跨国公司的案例，该案例能够诠释本章所述的某一个或者多个概念的行为。

如果你的班级有在线平台，教授可以要求你将总结放在在线平台上，这样，其他学生也能看到这篇文章。如果你的班级是面授课堂，教授可以要求你在课堂上汇报你的文章。教授也可以给某个学生布置任务，让学生完成本章作业，或者要求学生自愿完成某些作业。

对于本章所用到的在线文章和现实世界的案例，考虑搜索以下术语，并且将本年度作为搜索关键词以保证在线文章是最近的：

1. 外汇市场；
2. 外汇行情；
3. 厂商公司和远期合约；
4. 公司和远期合约；
5. 国际货币市场；
6. 贷款和国际辛迪加；
7. 国际资本市场；
8. 银行与巴塞尔资本要求；
9. 国际股票上市；
10. 美国存托凭证。

第 4 章
汇率决定

具有国际业务的跨国公司的财务经理必须持续地关注汇率,因为公司的现金流量在很大程度上取决于汇率。他们需要理解影响汇率的因素是什么,并能够预计到在特定情形下,汇率将如何变化。本章将提供有关如何决定汇率的基础知识。

> **本章目标**
>
> - 解释如何计量汇率变动;
> - 解释均衡汇率如何决定;
> - 探讨影响均衡汇率的因素;
> - 解释套算汇率的变动;
> - 解释金融机构如何努力预测汇率变动。

4.1 汇率波动的计量

汇率波动影响跨国公司的价值,因为汇率不仅影响来自出口或子公司的现金流入量,而且影响支付进口的现金流出量。汇率就是用一种货币单位计量另一种货币的价值。随着经济环境的变化,汇率可能发生大幅变动。货币价值的下跌经常被称为**贬值**(depreciation)。当英镑相对于美元贬值时,这意味着美元相对于英镑坚挺。这种货币价值的增加常常被称为**升值**(appreciation)。

当我们对两个不同时点的即期汇率进行比较时,距现在最近日期的即期汇率记作 S,而较早日期的即期汇率记作 S_{t-1}。外币币值变动的百分比可计算如下:

$$外币币值变动百分比 = \frac{S - S_{t-1}}{S_{t-1}}$$

变动百分比为正值代表外币升值,而变动百分比为负值代表外币贬值。

在有些时间里,大多数外币相对于美元升值,只是升值程度不同。但在其他时间里,大多数外币相对美元有不同程度的贬值。也有时是一些外币相对美元升值,而另一些外币相对美元贬值。金融媒体报道这种情况时一般都说"美元交易有升有贬"(The dollar was mixed in trading)。

举例

从1月1日至7月1日的加元和欧元的月度汇率反映在图表4.1的第二列和第四列中。首先,贬值的趋势有时可能会持续几个月,有时则不会。尽管一些月份的变动百分比可能是预测未来月份变动百分比的合适指标,但是这种波动的程度每个月都不相同。这两种货币的波动对比表明二者的波动是相互独立的。

图表4.1 如何计量汇率波动和不稳定性

日期	加元币值(美元)	加元币值月度变动百分比	欧元币值(美元)	欧元币值月度变动百分比
1月1日	0.70	—	1.18	—
2月1日	0.71	+1.43%	1.16	-1.69%
3月1日	0.70	-1.43%	1.15	-0.86%
4月1日	0.70	-0.00%	1.12	-2.61%
5月1日	0.69	-1.43%	1.11	-0.89%
6月1日	0.70	+1.44%	1.14	+2.70%
7月1日	0.69	-1.43%	1.17	+2.63%
月度变动的标准差		1.41%		2.31%

欧元的波动(不考虑方向)要明显大于加元的波动。从美国的角度看,这意味着欧元是更不稳定的货币。每种货币变动的标准差(显示在图表最后一行)证实了这个观点。在对比货币的不稳定性时,可以对比变动百分比的标准差(而不是币值)。从美国的角度看,一些货币(例如澳元、巴西雷亚尔、墨西哥比索以及新西兰元)往往都不如欧元稳定。跨国公司财务经理会密切关注每种货币的波动,因为一种不稳定的货币更有可能偏离预期,并且会对公司的现金流造成重大影响。

长时间范围内,外币汇率的波动更大。因此,如果按年度估计汇率数据,那么每种货币的波动将比此处显示的更不稳定,但欧元的波动比加元更具不稳定性。如果按日估计汇率数据,那么每种货币波动的不稳定性将小于此处显示的程度,但是欧元的波动比加元仍更具不稳定性。观测日汇率波动对跨国公司是很重要的,这些公司在一段时间内想获得某种外币,就要估计该期间汇率可能波动的程度。观测年度汇率波动对跨国公司更为合适,这些公司每年都在经营外国贸易,因此想要估计以年为基础的汇率可能波动程度。很多跨国公司以短期和长期范围来观测汇率的波动程度,因为它们预期在不久的将来和较远的将来会从事国际交易。

4.2 汇率均衡

尽管计算货币价值变动百分比较容易,但是解释币值为什么会发生变化,以及预测币值在未来会如何变化却并不容易。为了实现其中任何一个目的,我们都必须理解**均衡汇率**(equilibrium exchange rate)的概念及影响均衡汇率的因素。

考虑汇率为什么会变化之前,我们应明白特定时点的汇率代表了该时点的货币价格,或是一种货币可以兑换为另一种货币的比例。尽管汇率总是涉及两种货币,我们更注重美国的视角。因此,除非特别指明,本章所说某种货币的汇率都是指它能兑换多少美元。

像市场上销售的任何其他产品的价格一样,货币价格也是由货币供给相对于货币需求的关系决定的。因此,对英镑来说,任何一个可能的价格都将会有一个相应的英镑供求数额(将兑换为美元)。在任一个时点上,货币价格都应是货币供给等于货币需求时的价格,这就是所谓的均衡汇率。当然,当外界条件随着时间而变化时,会使得特定货币的供求也跟着发生变化,这就会引起该货币价格的变动。本节将对这个问题进行详细讨论。

4.2.1 货币需求

我们在此以英镑为例来解释均衡汇率的概念。英国没有采用欧元作为本国货币,而是继续使用英镑。美国对英镑的需求一部分是由国际贸易产生的,美国公司获得英镑是为了购买英国产品。美国对英镑的需求另一部分是由国际资本流动产生的,美国公司和投资者获得英镑来投资英国证券。图表4.2列出了在不同汇率情况下的英镑需求量,在任一时点都仅有一个汇率,该图列出了在一个给定的时点上不同汇率下英镑的需求量。英镑需求曲线向下倾斜的原因是,美国的公司和个人将在英镑贬值时购入更多的英国商品,因为此时只需花费更少的美元就能得到所需的英镑金额。相反,如果英镑的汇率升高,那么美国的公司和个人购买英国产品的意愿会降低,因为这些产品在美国或其他国家的价格会更低。

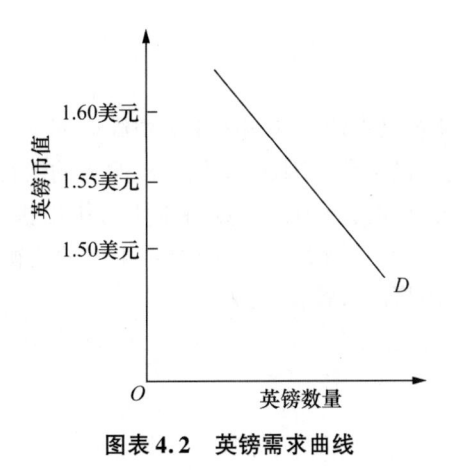

图表4.2 英镑需求曲线

4.2.2 可供出售的货币供给

迄今为止,我们只考虑了美国对英镑的需求,但是英国对美元的需求也必须考虑。这可以叫作**可供出售的英镑供给**(supply of pounds for sale),因为此时在外汇市场供应英镑是为了换取美元。

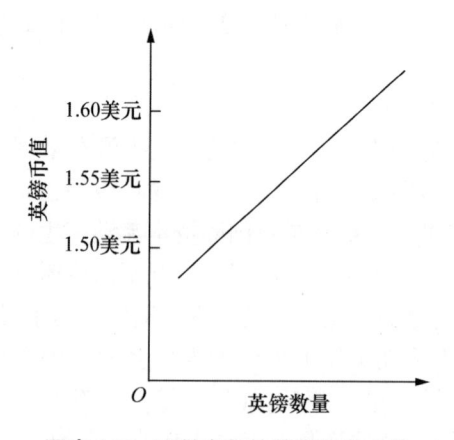

在外汇市场可供出售的英镑供给曲线可用一种和绘制英镑需求曲线类似的方法来编制。图表 4.3 列出了可供出售的英镑供给量(供给外汇市场以换取美元),该供给量是相对于一个给定时间不同汇率下的英镑供给量。注意图表 4.3 中的供给曲线说明英镑价值与可供出售(供应)的英镑数量之间有正相关关系,对此可做如下解释:当英镑币值较高时,英国消费者和公司更愿意将英镑兑换为美元,来购买美国商品及证券,这样,就向市场供应了更多的英镑来换取美元。相反,当英镑币值较低时,可供出售的英镑供给量会减少,这反映了英国的公司和个人不太愿意购买美国商品。

图表 4.3 可供出售的英镑供给曲线

4.2.3 均衡汇率

在一个给定的时间内,英镑供求曲线在图表 4.4 中综合列示,在汇率为 1.5 美元时,英镑需求数将超过可供出售的英镑供给数。因此,提供外汇服务的银行在该汇率下将会经受英镑短缺的困扰。当汇率为 1.6 美元时,英镑需求数将少于可供出售的英镑供给数。因此,提供外汇服务的银行在该汇率下将会有英镑盈余。图表 4.4 中的均衡汇率是 1.55 美元,因为该汇率使英镑需求数等于可供出售的英镑供给数。

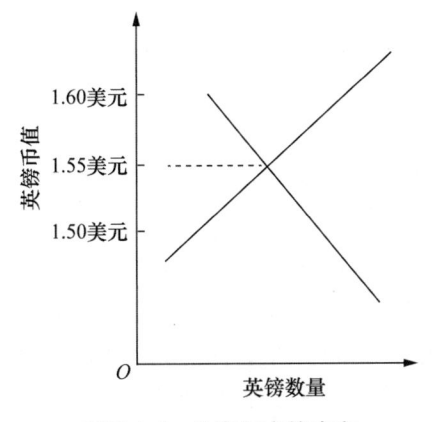

图表 4.4　均衡汇率的决定

4.2.4　均衡汇率变动

货币供求曲线的变化会引起外汇市场上均衡汇率的变化。在考虑可能导致货币供求变化的因素之前，了解这种供求变化如何影响均衡汇率的逻辑很重要。市场环境中有四种可能的变化会影响这一比率，每种情况都可以用英镑来解释。汇率变化是因为，作为外汇市场中介机构的银行在面对某种货币突然短缺或超额时，调整了它们愿意买入或卖出某种货币的价格。在阅读下面的描述时，假设一家银行可以满足所有想要购买英镑的客户的需求（以美元兑换英镑）以及所有想要出售英镑的客户的需求（用英镑兑换美元）。这个假设使我们更容易理解为什么汇率会根据特定货币的需求或供应曲线的变化进行调整。请注意，银行引用的买入/卖出差价并不需要解释这种关系。

需求曲线的上升。 美国对英镑的需求随时可能发生变化。假设英镑在外汇市场上的需求增加（在图中表现为需求曲线向外移动），但英镑可供出售的供应量没有变化。那么外汇市场所需的英镑数量将超过外汇市场以现行价格（汇率）出售的数量，导致英镑的短缺。作为外汇市场中介机构的银行，将没有足够的英镑来满足现行汇率对英镑的需求。因此，这些银行会通过提高英镑的价格（汇率）来做出回应。当银行提高汇率时，外汇市场对英镑的需求会有所下降，而外汇市场上英镑的供应（卖出）数量会增加。银行将把汇率提高到英镑的需求量等于英镑在外汇市场上的供应量的水平。

需求曲线的下降。 现在假设市场状况发生变化导致对英镑的需求减少（以图形方式描述为需求曲线的内移），但可供出售的英镑供给曲线未发生变化。在这种情况下，外汇市场所需的英镑数量将低于外汇市场以现行价格（汇率）出售英镑的数量。在这个市场上充当中介的银行将会以现行汇率计算超额的英镑，它们会通过降低英镑价格（汇率）来做回应。在降低汇率的同时，英镑在外汇市场上的需求量将会增加，英镑在这个市场上的供应量也会减少。银行将把汇率降低到英镑需求数量等于英镑在外汇市场上的供应量的水平。

供给曲线的上升。 英国公司、消费者或政府机构对美元的需求随时都有可能发生改变。

假设一些因素导致英国对美元的需求增加。即使英镑的需求曲线没有发生改变,外汇市场上的英镑供应量(以美元换算)也会有所增加(以图形方式表示为供给曲线的外移)。在这种情况下,在外汇市场上供应的货币数量将超过以现行价格(汇率)计算的英镑需求数量,从而导致英镑数量的盈余。作为外汇市场中介机构的银行会通过降低英镑的价格做出回应。当银行降低汇率时,外汇市场所需的英镑数量就会增加。银行将汇率降低到英镑需求量等于英镑在外汇市场的供应量(卖出量)的水平。

供给曲线的降低。 现在假设一些因素导致英国公司、消费者和政府机关对美元的需求减少。因此,尽管英镑需求曲线没有发生变化,外汇市场上用于兑换美元的英镑供给量也会减少(在图形中表现为供给曲线的内移)。在这种情况下,外汇市场上按现行价格(汇率)计算的英镑供应量将少于其需求量,从而导致英镑数量的短缺。作为外汇市场中介机构的银行会通过提高英镑的价格(汇率)做出回应。随着汇率的上涨,英镑的供应量也会增加。银行将汇率上调至英镑所需的数量等于英镑在外汇市场供应量(卖出量)的水平。

4.3 影响汇率的因素

在此我们要讨论使货币供求曲线发生变化的因素,我们将说明每一个因素对图表4.4所示货币供求曲线的影响。下面的等式概括了影响即期汇率的因素:

$$e = f(\Delta INF, \Delta INT, \Delta INC, \Delta GC, \Delta EXP)$$

其中,e = 即期汇率变动百分比;

ΔINF = 美国通货膨胀率与外国通货膨胀率差异的变动;

ΔINT = 美国利率与外国利率差异的变动;

ΔINC = 美国收入水平与外国收入水平差异的变动;

ΔGC = 政府管制的变动;

ΔEXP = 对未来汇率预期的变动。

4.3.1 相对通货膨胀率

影响汇率的第一个因素是相对通货膨胀率。相对通货膨胀率的变化会影响国际经营活动,影响货币供求关系,进而也会影响到汇率。

> **举例**
>
> 如果美国通货膨胀率突然大幅提高而英国通货膨胀率保持不变,图表4.4中所列的货币供求曲线会发生怎样的变化?(假定英美两国所销产品可以相互替代)。美国通货膨胀率的突然上升将使美国消费者购买更多的英国产品而非美国产品。在任何给定的汇率下,美国对英国产品的需求量都会增加,这在图表4.5中表示为美国对英镑的需求增加。

另外,美国通货膨胀率的上升将减少英国消费者购买美国产品的欲望,因而也会减少在给定汇率下可供出售的英镑供应。这种市场反应列示在图表4.5中,即在前一个均衡汇率为1.55美元处,外汇市场上将出现英镑短缺。美国对英镑需求的增加和可供出售的英镑供给的减少对英镑币值带来向上升值的压力。在图表4.5中,新的均衡汇率是1.57美元。如果英国通货膨胀率(不是美国通货膨胀率)上升,那么将产生相反的影响力。

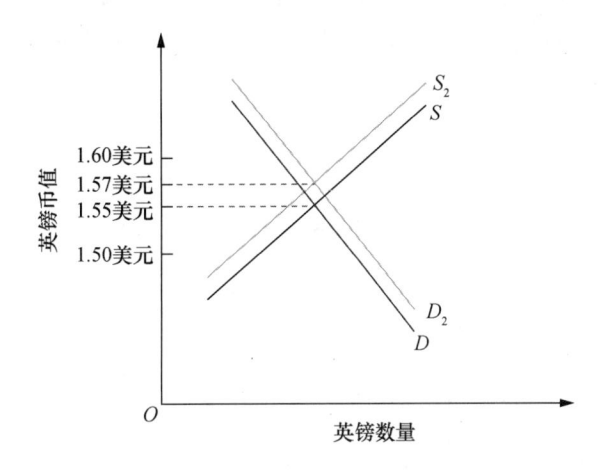

图表4.5　美国通货膨胀率上升对英镑均衡汇率的影响

举例

假定英国通货膨胀率突然大幅上升而美国通货膨胀率很低。根据这个信息,请回答如下问题:(1)英镑需求曲线会受到怎样的影响?(2)英镑供给曲线会受到怎样的影响?(3)英镑新的均衡汇率会上升、下降,还是保持不变?根据所给信息得出的答案是:(1)英镑需求曲线将内移;(2)英镑供给曲线将外移;(3)英镑新的均衡汇率将降低。当然,英镑汇率降低的实际数量将取决于曲线移动的幅度。我们没有足够的信息可用来测算曲线移动的确切幅度。

事实上,现实的供求曲线也即真正的均衡汇率将会同时反映多种因素的变化。前一个例子的目的是说明单一因素(通货膨胀率上升)是如何影响汇率的。每次评估一个因素对汇率的单独影响,都假定其他所有因素保持不变。然后,把所有因素综合起来全面解释汇率变动的具体原因。

4.3.2　相对利率

影响汇率的第二个因素是相对利率。相对利率的变化会影响对外国证券的投资,这会影响货币供求关系,从而影响均衡汇率。

举例

假定美国和英国初始利率相同,随后美国利率上升而英国利率不变。这时美国投资者可能会减少对英镑的需求,因为此时对投资者而言美国利率比英国利率更有吸引力。

由于美国利率对拥有多余现金的英国投资者来说更有吸引力,英国投资者可供出售的英镑供给量会增加,因为他们要把更多的钱存入美国银行。由于英镑需求曲线的内移和可供出售的英镑供给曲线的外移,英镑均衡汇率将会降低,如图表4.6所示。如果美国利率相对于英国利率下跌,那么我们将看到与刚才所描述的曲线移动相反的情况。

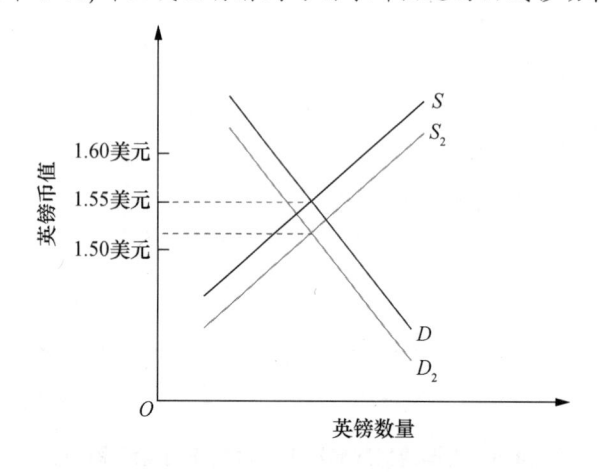

图表 4.6　美国利率上升对英镑均衡汇率的影响

为了确保你已经理解了这些因素对均衡汇率的影响,请回答在以下几个情景中,英镑供求曲线理论移位的决定因素以及对英镑价值的可能影响。

举例

美国和英国利率一开始相等,但是英国利率上升而美国利率不变。本例中,英国利率上升可能对手中有多余现金的美国投资者更有吸引力,这会增加对英镑的需求。此外,美国利率相对下降会降低美国对英国投资者的吸引力,这就意味着可供出售的英镑供应量下降。英镑需求曲线向外移动,可供出售的英镑供应曲线向内移动,使得英镑汇率均衡点上移。

很多投资者认为拥有较高利率的国家可能会吸引更多的资金,并导致对本国货币需求量的增加。如果他们在利率上涨前投资该货币,那么他们会从可能发生的升值中受益。当然,这种策略的缺点是利率可能不会像他们预期的那样上涨。实质上,他们对汇率的推测也需要根据对利率的推测。

实际利率。 尽管相对较高的利率可能会吸引外资流入(用于投资高收益的证券),然而相对较高的利率可能反映了较高的通货膨胀预期。因为高水平的通货膨胀率可能使本币有贬值压力,这可能也会使一些投资者不愿意投资以该货币标价的证券。正是因为这个原因,就有必要考虑**实际利率**(real interest rate),即用通货膨胀因素调整后的名义利率,即

$$实际利率 = 名义利率 - 通货膨胀率$$

这种关系一般被称为**费雪效应**(Fisher Effect)。这部分内容将在第 8 章详细解释。

一般通过比较各国间实际利率来估计汇率波动,因为实际利率综合考虑了名义利率和通货膨胀因素,而这两个因素都会影响汇率。在其他因素保持不变的情况下,美国的实际利率相对其他国家较高则会促使美元升值。

4.3.3 相对收入水平

影响汇率的第三个因素是相对收入水平。由于收入影响进口需求量,因此也能影响汇率。

> **举例**
>
> 假定美国收入水平大幅上升而英国收入水平保持不变。现在来考虑这种情况对下列变量的影响:(1) 英镑需求曲线;(2) 可供出售的英镑供给曲线;(3) 均衡汇率。首先,英镑需求曲线将外移,这反映了美国因收入增加,对英国产品的需求量也相应增加。其次,可供出售的英镑供给曲线预计不变。最后,英镑均衡汇率预计会上升,如图表 4.7 所示。
>
> **图表 4.7 相对收入水平上升对英镑均衡汇率的影响**

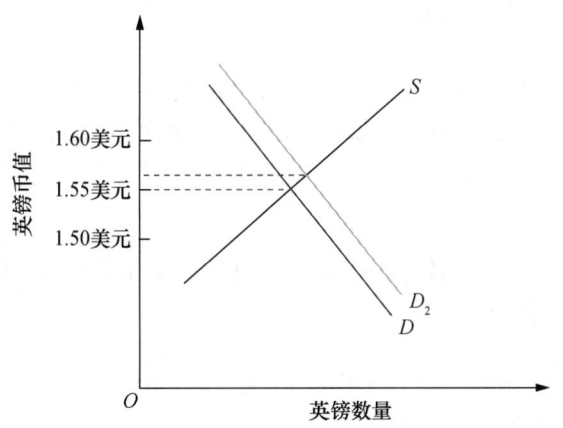

这个例子假设其他因素(包括利率)保持不变。实际上,其他因素当然不会保持不变。美国收入水平上升可能反映出有利的经济状况。在这种情况下,一些英国公司可能会增加对美国业务的投资,用更多英镑兑换美元以便扩大美国的业务。此外,英国投资者可能会投资美国股票以便从美国的经济增长中获利,这一趋势也反映在外汇市场上,英镑兑换美元的交易量增加。因此,英镑供给曲线可能会增加(向外移动),这可能会抵消英镑需求曲线产生的任

何影响。此外,美国收入水平(以及美国经济增长)的上升也可能通过影响利率对英镑汇率产生间接影响。在经济增长条件下,商业贷款需求趋于增加,从而导致利率上升。美国较高的利率可能会吸引更多的英国投资者。英镑供给曲线可能增加到足以抵消美国收入水平上升对需求曲线的影响。一旦确定了可能影响货币需求或供给曲线的其他因素,就可以更详细地讨论影响汇率的各种因素的相互作用。

4.3.4 政府管制

影响汇率的第四个因素是政府管制。外国政府可用以下方法来影响均衡汇率,其中包括(1)施加外汇流动壁垒;(2)施加对外贸易壁垒;(3)干预外汇市场(货币买卖);(4)影响宏观经济因素如通货膨胀率、利率和收入水平。第6章将详细说明这些方法。

举例

回忆关于美国利率相对于英国利率上升的例子。预计的市场反应是用于兑换美元的可供出售的英镑供给增加(为了利用美国货币市场更高的收益率来赚钱)。然而,如果英国政府对来自对外投资的利息收入课以重税,那么这就可能使人们不再愿意以英镑换取美元。

4.3.5 未来市场汇率的预期

影响汇率的第五个因素是人们对未来市场汇率的预期。就像其他金融市场一样,外汇市场也会对任何影响未来市场汇率的信息做出反应。例如,美国通货膨胀率可能加剧的信息会使货币交易者卖掉美元,因为他们预期美元币值将下跌。这种反应会立即对美元产生贬值的压力。

有利预期的影响。 许多机构投资者(如商业银行和保险公司)会根据对各个国家利率变动的不同预期而买卖货币。

举例

如果投资者预计加拿大利率会升高,那么他们可能会暂时选择把资金投入加拿大,这会使更多的资金流入加拿大,从而对加元产生升值的压力。根据这种预期来投资以加元计价的证券,投资者可以从加元币值的变化中获利,因为在币值真正发生变化前他们已经购入了加元。虽然投资者面临预期错误的风险,但问题的关键是预期可以影响汇率,因为这种预期可以促使机构投资者去买卖某种外币。

不利预期的影响。 当投资者期望货币升值时,他们可以对货币施加升值压力;当投资者期望货币贬值时,他们可以对货币施加贬值压力。

> **举例**
> 在2010—2015年期间,希腊由于被怀疑不能偿还现有的债务而经历了一场严重的债务危机。一些机构投资者预期希腊危机可能会波及其他欧元区国家,这将导致资本流出欧元区。也有人担心希腊可能不再使用欧元作为本币,这让以欧元计价的证券投资者产生了额外的担心。结果,大量机构投资者出售了他们在欧元区的投资,并且在外汇市场将欧元兑换成其他货币。那些投资以欧元计价的证券的投资者也纷纷在欧元价值下跌之前将手中的证券卖掉。这是导致欧元汇率在2010—2015年期间下降的主要原因。

货币危机的影响。 有时候货币贬值会导致货币危机的发生。许多新兴市场经历了货币危机。一些新兴市场似乎每隔几年就会出现货币危机。近期发生货币危机的国家包括阿根廷、印度和土耳其。尽管各国货币危机的具体情况因国家而异,但导致大多数危机发生的重要因素是该国未来的经济或政治状况存在重大不确定性。

当一个国家遇到政治问题时,该国对外国和本国投资者的吸引力就会消失。外国投资者会清算他们在该国的投资并将资金转移到其他国家。本国投资者可能会效仿外国投资者的做法,出售他们在该国的投资并卖出本币,以换取其他国家的货币,这样他们就可以将资金转移到一个更安全(政治更稳定)的环境。

任何对潜在危机的担忧都可能会引发在危机全面爆发前的资金外流。然而,这种行为本身就会造成外汇市场的严重失衡,并导致本币汇率大幅下跌。也就是说,对危机的预期触发了使危机恶化的行为。为了稳定形势,该国政府甚至会试图实施外汇限制,但这可能会引发更大的恐慌,因为本国投资者急于在施加限制前将资金撤出本国。

此外,一些外汇投机者可能会有意利用货币危机,借入预期可能贬值的本国货币并在外汇市场上兑换成其他货币。一旦货币危机爆发,本国货币价值大幅下降,他们就会以更低的价格回购这些货币并偿还贷款。这种投机行为会增加该国货币价值下行的压力。

4.3.6 各种因素的相互影响

外汇市场促进了贸易或金融的流动。与贸易有关的外汇交易对新闻的反应通常较小。但是与金融流动有关的外汇交易对新闻的反应极大,因为持有特定货币计价的证券的策略经常取决于币值的预期变动。与贸易有关的因素和金融因素有时会相互影响,同时影响汇率的波动。

图表4.8把国家间资金流动分为与贸易有关和与金融有关的资金流动,并总结了影响这种流动的因素。在某一特定时期,一些因素可能会对外币币值形成向上升值的压力,而其他因素则可能对该外币形成向下贬值的压力。

汇率对这些因素的敏感性取决于两国间交易的规模。如果这两个国家贸易数额巨大但国际资本流动较少,那么相对的通货膨胀率的影响力可能会更大。然而,如果两个国家间资本流动数额巨大,则利率波动的影响将会更大。

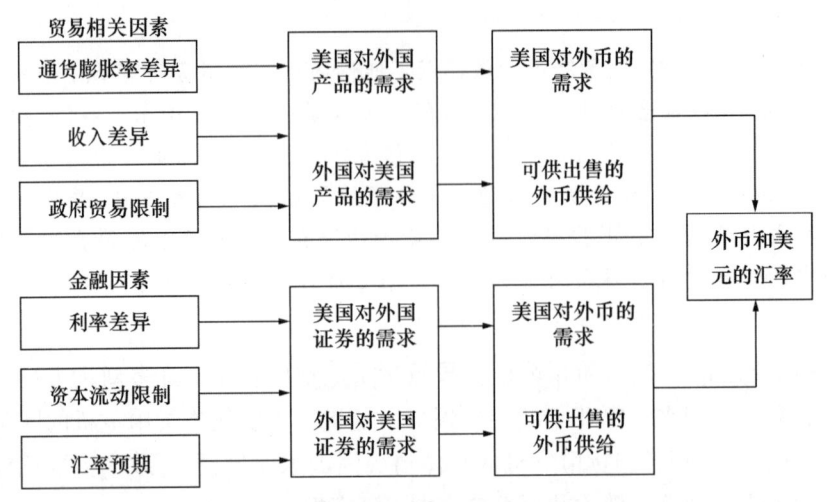

图表 4.8　对各种因素如何影响汇率的总结

举例

假定有一家美国跨国公司摩根（Morgan）经常从墨西哥和日本采购原材料。它希望能预测到墨西哥比索和日元币值变动的方向。下面是摩根公司财务分析师对经济状况做出的 1 年期预测。

影响因素	美国	墨西哥	日本
利率变化	-1%	-2%	-4%
通货膨胀率变化	+2%	-3%	-6%

假定美国和墨西哥之间有巨额国际贸易业务但资本流动交易很少；假定美国和日本之间几乎没有什么国际贸易但却频繁地进行资本流动交易。因为假定墨西哥和美国有着巨额国际贸易往来，所以墨西哥比索受到的与贸易有关因素的影响最大。预计通货膨胀率的变化将使墨西哥比索有升值的压力。由于假定墨西哥与美国之间并不经常发生资本交易，因此预期利率对墨西哥比索只有很小的直接影响。

因为假定日本和美国之间有着巨额资本流动交易，所以日元最应受到利率变化的影响。预期的利率变化会对日元形成贬值的压力。又因为假定日美之间国际贸易往来较少，所以通货膨胀率变化不会对日元币值产生较大的直接影响。

随着时间的推移，资本流动规模变得越来越大。资本流动规模很大的一部分原因来自大型机构投资者，它们通常会对以特定货币计价的证券进行大规模投资，而这些投资可能只会持续一到两天。随着资本流动规模变得越来越大，资本流动规模很容易超过贸易流动规模。基于这个原因，影响贸易和汇率的因素（如通货膨胀和收入）间的关系并不总是像预期的那样强势。

理解汇率均衡并不能保证准确地预测未来汇率的变动趋势，因为未来汇率的变动趋势取决于影响汇率的因素在未来会如何变化。即使分析师充分认识到各个因素是如何影响汇率的,也并不意味着他们可以预测这些因素在未来将会如何变化。

4.3.7 影响跨国货币市场的因素

每一个汇率市场都有自身的供求状况。英镑相对美元的价值受美国对英镑需求的影响,也受到(由英国消费者和公司)向市场供应的可兑换为美元的英镑总量的影响。瑞士法郎相对美元的价值受美国对瑞士法郎的需求的影响,也受到(由瑞士消费者和公司)向市场供应的可兑换为美元的瑞士法郎总量的影响。

有时,大部分货币相对美元的价值以同一个方向变动。这主要是由于当时美国存在一定的潜在因素,对所有货币供求状况有相似的影响。

> **举例**
>
> 假定美国某时期的利率异常低,引起了有多余短期美元现金的美国公司和个人投资者将手中美元现金投资到利率较高的外币上。这使得美国对英镑、瑞士法郎、欧元以及其他货币需求的增加,这些国家的经济状况稳定,并且利率高于美国。结果,这些货币相对美元有升值的压力。
>
> 假定在接下来的一个时期,美国利率上升高于欧洲国家利率。这就会引起资金向相反的方向流动,欧洲国家的投资者投资美元以便从美国更高的利率中获利。结果,可兑换为美元的英镑、瑞士法郎和欧元的供应量增加。在外汇市场上的超额供应量使这些货币相对美元产生了贬值的压力。

这些欧洲货币相对美元的价值以同一方向变动是正常的,因为它们的经济状况在一段时期内以相同的方式变动。然而,也可能有某个国家在一定时期内经历了不同的经济状况,从而引起该国货币相对美元的价值的变动方向与其他欧洲国家不同。

> **举例**
>
> 接上例,假定美国利率相对欧洲国家保持较高的水平,但是瑞士政府突然对瑞士公司和消费者通过外国投资获得的收益征收特别的税费。这就会减少瑞士对美国的投资(也因此减少了可兑换为美元的瑞士法郎的供应量),最终使瑞士法郎的价值保持稳定。同时,其他欧洲国家的投资者会继续将欧元兑换为美元,以利用美国的高利率,这就导致了欧元对美元的贬值。

4.3.8 流动性对汇率调整的影响

对所有货币而言,均衡汇率都是通过外汇市场的交易达到的。然而,对某些货币来说,调整过程会比其他货币更不稳定。货币的流动性会影响汇率对特定交易的敏感性。如果货币的现货市场是流动的,那么它的汇率就不会对单笔大额买卖高度敏感,所以均衡汇率的变化会相对较小。由于有许多愿意买卖外汇的交易者存在,交易可以很容易地得到满足。相反,如果一个货币的现货市场缺乏流动性,那么它的汇率可能会对单笔大额买卖交易高度敏感。在这种情况下,若没有足够的买家或卖家来完成一笔大额交易,这就意味着货币的价格必须发生改变,以重新平衡货币的供给和需求。缺乏流动性的货币,比如新兴市场的货币,往往会表现出更剧烈的汇率波动,因为它们的货币均衡价格会随着供求状况的微小变化而调整。

举 例

俄罗斯货币(卢布)的市场并不十分活跃,这意味着外汇市场上购买或出售卢布的数量很小。因此,鼓励投机者购买卢布的消息可能会造成美国对卢布的需求和可兑换为美元的卢布的供应之间的严重失衡。因此,当美国投机者急于在俄罗斯投资时,结果可能是卢布价值突然增加。相反,当美国投机者试图撤回他们的投资并将卢布兑换成美元时,卢布价值可能会突然下跌。

4.4 套算汇率的变动

虽然这本教科书的大部分内容都集中在货币价值对美元(从美国的视角反映)的变动上,但许多国际交易涉及一种非美元货币兑换另一种非美元货币,这有时也被称为基于美国角度的套算汇率。

在每一组国家之间有独特的国际贸易和资金流动。这些流动描述了两国之间独特的货币供求状况,并且这些流动也影响了两国之间均衡汇率的变动。一段时期内均衡套算汇率的变动会受到本章前面提到的一些同类型的力量的影响,这些力量影响了两种货币的供求状况,如下例所示。

举 例

假定瑞士和英国的利率相似,但是今天瑞士的利率上升了,而英国的利率保持不变。如果英国投资者希望从瑞士的高利率中获利,这就反映了英国对瑞士法郎需求的增加。假定可以兑换为英镑的瑞士法郎的供给不变,英国对瑞士法郎的需求将引起瑞士法郎对英镑的升值。

在某一特定时期内,套算汇率的变动可以用该时期的套算汇率变动百分比来衡量,就像之前计算任何货币对美元的汇率变动一样。即使没有交叉汇率报价,你也可以计算一段时间内套算汇率的百分比变化,如下例所示:

> **举例**
>
> 一年前,你注意到1英镑的价值为1.54美元,而1瑞士法郎的价值为0.78美元。今天,1英镑的价值是1.60美元,而1瑞士法郎的价值是0.80美元。通过这些信息,你可以计算过去一年英镑对瑞士法郎的变化:
>
> 一年前英镑的套算汇率 = 1.54/0.78 = 1.97 [1英镑 = 1.97法郎]
>
> 英镑当日的套算汇率 = 1.60/0.80 = 2 [1英镑 = 2法郎]
>
> 英镑套算汇率变动百分比 = (2.0 − 1.97)/1.97 = 0.0152
>
> 因此,去年英镑对法郎贬值了1.52%。

当任一货币价值对美元发生变化时,套算汇率都会发生变化。这些关系如图表4.9所示。图表4.9显示了英镑对美元的变动和瑞士法郎对美元的变动情况,图表4.9显示了套算汇率(英镑对瑞士法郎)。注意以下关系:

- 如果英镑和法郎相对于美元的变动率相同,那么套算汇率没有变化。(查看图表4.9中第1年到第2年的变动情况)
- 如果英镑对美元的升值幅度大于瑞士法郎对美元的升值幅度,那么英镑对瑞士法郎就会升值。(参见图表4.9中第2年至第3年的变动情况)。
- 如果英镑对美元的升值幅度小于瑞士法郎对美元的升值幅度,那么英镑对瑞士法郎

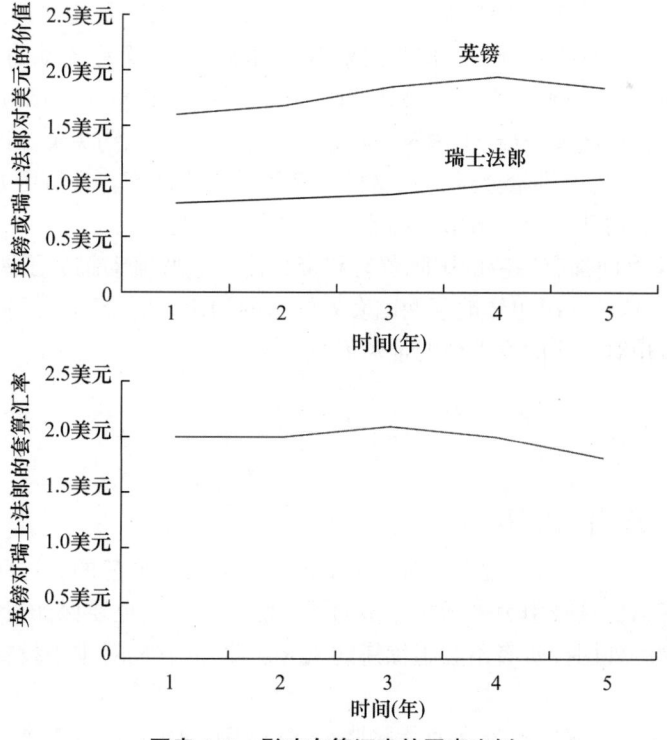

图表4.9 影响套算汇率的因素实例

就会贬值。(参见图表 4.9 中第 3 年至第 4 年的变动情况)。
- 如果英镑对美元贬值,而瑞士法郎对美元升值,那么英镑对瑞士法郎就会贬值。(参见图表 4.9 中的第 4 年至第 5 年的变动情况)。

时间(年)	英镑价值(美元)	瑞士法郎价值(美元)	英镑年变化率	法郎年变化率	英镑对瑞士法郎套算汇率
1	1.60000	0.80000	—	—	1.60/0.80 = 2.0
2	1.68000	0.84000	5%	5%	1.68/0.84 = 2.0
3	1.84800	0.88200	10%	5%	1.848/0.882 = 2.095
4	1.94040	0.97020	5%	10%	1.9404/0.9702 = 2.0
5	1.84338	1.01871	−5%	5%	1.84338/1.01871 = 1.81

小结

- 汇率变动一般是用特定时期(如 1 个月或 1 年期间)货币币值变动百分比来衡量的,跨国公司在有以外币标价的现金流量时总会密切监测汇率波动。
- 在任何时候两种货币间的均衡汇率都是由该货币的供求状况决定的。一种货币需求或供给的变化都将影响均衡汇率。
- 通过影响货币供求状况而影响汇率波动的重要经济因素是相对通货膨胀率、相对利率和相对收入水平以及政府管制。当这些因素引起国际贸易或金融流动的变化时,它们就会影响货币供求,进而影响均衡汇率。如果某外国的利率升高(相对于美国利率),可能会有更多美国资金流入来购买该国证券(美国对该货币需求增加),该国购买美国证券的资金流出会减少(用来兑换美元的货币供给会减少),这样对该货币均衡汇率有升值压力。我们必须同时考虑所有相关因素来估计一种货币币值可能发生的变化情况。
- 每一对国家之间都有独特的国际贸易和资金流。这些流动描述了两国货币独一无二的需求和供给状况,这一状况也影响了两国套算汇率的均衡。两个非美元货币之间的汇率变动可以由每种货币相对美元的变动情况推断而来。

正方反方

如何让不断疲软的货币保持稳定?

正方:一些拉丁美洲国家的货币相对于坚挺的美元而言是贬值的。这些国家的政府通过提高利率使本国货币更具吸引力来增加更多的资本流入。它们也要保证银行存款安全,使得在银行有大量存款的外国投资者不必担忧违约风险。此外,它们对本国投资者实施资本限制以阻止资本外流。

反方:一些拉丁美洲国家有着高通货膨胀率,这鼓励本国企业和消费者从美国购买替代产品。因此,这些国家能够通过降低通货膨胀率来减缓本国货币贬值的压力。为了降低通货膨胀率,这些国家可能需要暂时性地降低经济增长。这些国家为吸引外国投资,不应提高利率,因为投资者担心存在货币持续贬值的威胁将会导致巨额的资本流出,这些国家就仍然不能吸引到资金。

孰是孰非? 运用互联网了解该话题的更多内容。你支持哪种观点?对这个问题发表你的见解。

自测题 >>>>

(答案见书后的附录 A)

1. 简要说明各种经济因素怎样影响日元相对于美元价值的均衡汇率。
2. 美国和 A 国因为最近利率差异发生变化对 A 国货币币值产生了重大影响。然而,美国和 B 国间利率差异发生同样的变化却对货币 B 没有影响。请解释为什么利率差异的变化效应不同。
3. 巧银公司(Smart Banking Corp.)可以借入年利率为 6% 的 500 万美元。它可以把该笔资金用于购买加元,年利率为 9%,期限为 6 天。1 加元值 0.95 美元,并预计 6 天后值 0.94 美元。根据已知条件,巧银公司应该借入美元投资购买加元吗?美元损益会是多少?

应用思考题 >>>>

1. **贬值百分比**。假定英镑即期汇率是 1.73 美元。1 年后预计即期汇率将为 1.66 美元。那么贬值百分比是多少?
2. **通货膨胀率对汇率的影响**。假定美国通货膨胀率相对于加拿大通货膨胀率更高。其他情况都相同时,这会如何影响:(a) 美国对加元的需求;(b) 可供出售的加元供给;(c) 加元的均衡汇率?
3. **利率对汇率的影响**。假定美国利率相对于英国利率降低。其他条件都相同时,这会如何影响:(a) 美国对英镑的需求;(b) 可供出售的英镑供给;(c) 英镑的均衡汇率?
4. **收入对汇率的影响**。假定美国收入水平比加拿大收入水平上升幅度大得多。其他条件都相同时,这会如何影响:(a) 美国对加元的需求;(b) 可供出售的加元供给;(c) 加元的均衡汇率?
5. **贸易限制对汇率的影响**。假定日本政府放松了对日本公司进口的限制。其他条件都相同时,这会如何影响:(a) 美国对日元的需求;(b) 可供出售的日元供给;(c) 日元的均衡汇率?
6. **实际利率的影响**。两国的实际利率和货币汇率之间的预期关系是什么?
7. **投机对汇率的影响**。请解释为什么一个受人尊敬的经济学家对未来利率的公开预测会影响现在的美元币值。为什么一些著名经济学家的某些预测对现在的美元币值没有影响?
8. **影响汇率的因素**。影响欧元对美元币值的因素是什么?
9. **汇率的相互作用**。假定在加拿大、美国和日本之间有大幅的资本流动。如果加拿大的利率下降到低于美国利率的水平,而预期通货膨胀率保持不变,那么这会怎样影响加元对美元的币值?加拿大利率的下降又会怎样影响加元对日元的币值?

10. **贸易逆差对汇率的影响**。每个月都要公布美国的贸易逆差数据。外汇交易人员经常会对该公布数据做出反应,甚至想在公布逆差前来预测这些数据。

   a. 你认为公布贸易逆差数据为什么有时会对外汇交易产生影响?

   b. 在有些时间里,外汇交易者根本不理会公布的贸易逆差数据,即使这些逆差数据金额巨大。试解释他们对此无动于衷的原因。

11. **汇率的协动性**。解释为什么英镑对美元的币值并不总是与欧元对美元的币值同步波动?

12. **影响汇率的因素**。在某些时期,巴西的通货膨胀率非常高。解释一下为什么这会给巴西货币带来压力。

13. **国民收入的影响**。分析人员一般会把一种货币升值归结为预期经济状况会趋好。然而,本章认为当其他因素不变时,增加国民收入会增加进口因而会使本币贬值。事实上,其他因素不可能保持不变。经济增长加速可能会影响哪些其他因素,从而使本币有升值压力?

14. **影响汇率的因素**。如果亚洲国家经历了经济衰退(而且通货膨胀率和利率也降低),它们的币值(相对于美元)将会受到怎样的影响?

15. **危机的影响**。为什么你认为国家的大多数危机会导致本国货币突然疲软?是否因为贸易或资本流动?

16. 你如何看待美国疲软的经济状况会影响资本流动?如果资本流动受到影响,这会如何影响美元的价值(保持其他因素不变)?

难题:

17. **汇率影响的计量**。塔河欧公司(Tarheel Co.)准备测算美国和墨西哥实际利率的变化将会如何影响美元币值。

   a. 试描述一种用来实现此目的的回归模型。并解释回归系数的预期符号。

   b. 如果塔河欧公司认为在特定历史时期存在的配额可能影响汇率,怎样在回归模型中考虑这种配额因素?

18. **汇率影响因素**。墨西哥一般比美国有更高的通货膨胀率和利率。并且墨西哥通货膨胀率和利率也比工业化国家更不稳定。在美国看来,墨西哥比索价值通常比工业化国家货币币值更为易变。墨西哥比索年复一年地贬值,而且贬值幅度差异巨大。墨西哥比索也比工业化国家的货币有更大的买卖价差。

   a. 找出墨西哥比索价值不断下跌的最明显的经济原因。

   b. 高利率一般会使该租赁货币走强,因为这鼓励外国投资者更多地购入该国证券,从而导致人们用其他货币兑换该国的高利率货币。然而,墨西哥比索价值在大多数年份都对美元贬值,即使墨西哥利率通常要比美国利率高得多。这样看来,好像墨西哥的高利率并不能给墨西哥证券带来巨额美国投资,你认为美国投资者为什么不想利用墨西哥的高利率?

   c. 你认为墨西哥比索买卖价差为什么比工业化国家货币的买卖差价更高?这又会对在墨西哥有巨额业务的公司产生怎样的影响?

19. **对汇率的累积影响**。假定美国对 K 国有巨额的政府及公司证券投资。另外，K 国居民也在美国有巨额投资。每年这两国间大约有 100 亿美元的投资交易。每年总贸易额大约为 800 万美元。这种情况预计在未来不会改变。

你们公司对 K 国有出口业务，你作为国际资金经理，要求你预测 K 国货币对美元的价值变动。请解释在其他条件相同时，下面的情况会怎样影响该货币币值的变动。然后，综合所有的影响，对该货币对美元币值的变动情况做出总预测。

a. 美国通货膨胀率突然大幅上升，而 K 国通货膨胀率依然保持在低位。
b. 美国利率大幅上升，而 K 国利率依然很低。两国的投资者都愿意投资高利率证券。
c. 美国收入水平大幅上升，而 K 国收入水平依然保持不变。
d. 预计美国会对从 K 国进口的产品课以很低的关税。
e. 综合所有预计的影响进行综合预测。

20. **投机**。蓝精灵银行（Blue Demon Bank）预计墨西哥比索对美元的即期汇率将在 10 天内从 0.15 美元贬值到 0.14 美元。并且银行同业拆借利率如下：

币种	借出利率	借入利率
美元	8.0%	8.3%
墨西哥比索	8.5%	8.7%

假定蓝精灵银行拥有在同业拆借市场上借入 1 000 万美元或 7 000 万墨西哥比索的能力，这取决于它想要借哪一种货币。

a. 蓝精灵银行怎样利用它的这种预期来赚钱而又不需要动用存款？请预计它可以从该策略中获得多少利润。

b. 蓝精灵银行除预计墨西哥比索将在 30 天内从目前即期汇率 0.15 美元升值到 0.17 美元外，其他条件同上题，这时该银行又应怎样利用这种预期来赚钱，当然也不需动用存款？并请预计该银行从该策略中可获利多少。

21. **投机**。钻石银行（Diamond Bank）预测，在 60 天内新加坡元对美元将从 0.43 美元贬值到 0.42 美元。银行间的借贷利率如下：

币种	借出利率	借入利率
美元	7.0%	7.2%
新加坡元	22.0%	24.0%

钻石银行考虑在银行同业拆借市场借入 1 000 万新加坡元，然后投资于美元，期限为 60 天。试估计该策略能够获得的收益（或损失）。钻石银行是否应该继续执行该策略？

22. **影响汇率风险的相对重要因素**。假定美国与柯兰多国（Krendo）之间的资本流动水平可以忽略不计（接近于 0），并将持续不计。美国与柯兰多国之间的贸易数额相当大，但没有资本流动。高通货膨胀率和高利率将如何影响柯兰多国的币值？请解释。

23. **对欧元潜在波动的评估**。你居住在美国，并计划下一年在德国做一年的投资。由于投资是以欧元计价的,你想预测一年期欧元对美元的币值变动。你预测在下一年德国的通货膨胀率是1%,而其他欧洲国家的通货膨胀率则是8%,美国的年度通货膨胀率是2%。你认为影响汇率的主要因素是通货膨胀率。根据本问题提供的信息,欧元在下一年是升值、贬值还是与美元保持在同一水平?请解释。

24. **影响汇率因素的权衡**。假定美国与宙斯国(Zeus)之间的资本流动水平可以忽略不计(接近于0),并将持续不计。美国与宙斯国之间的贸易数额相当大。美国对宙斯国的主要进口是从宙斯国生产的服装,而宙斯国对美国的主要进口是仅能在美国生产的电脑芯片,宙斯国的很多制造商需要这些芯片。突然,美国政府决定对进口服装征收20%的关税。首先,宙斯国政府立即对电脑芯片的进口征收20%的关税作为报复;其次,宙斯国政府立即对购买美国证券的宙斯国投资者所获得的利息收益征收60%的税;最后,宙斯国中央银行提升本国利率,使其高于美国的利率。基于上述政府行为,你认为宙斯国的货币(称为zee)对美元将是升值还是贬值?请解释。

25. **因素如何影响汇率**。卢塔国(Luta)和美国有较大的资本流。该国和美国一直没有贸易往来,未来也不会有贸易往来。该国利率是6%,和美国一样。通货膨胀率是5%,也和美国一样。你预期卢塔的通货膨胀率在下年将会升为8%,而美国的通货膨胀率依然保持在5%;你预期卢塔的利率在下年将会升到9%,但是美国的利率依然保持6%。你认为卢塔的货币相对美元会升值、贬值还是保持不变?请简要解释。

26. **对预期汇率投机**。克鲁尼克公司(Kurnick Co.)预期英镑兑换美元价格在一年内将会从1.70美元降至1.68美元。公司没有资金投资但是它可以借款投资。某银行同意向公司借出1年期的100万美元或100万英镑。公司借入的1年期美元利率是6%,英镑利率是5%。它可以投资无风险美元存款,1年期利率为5%,或者投资无风险英镑存款,1年期利率为4%。如果克鲁尼克公司实施了一个利用预期英镑贬值的战略,那么请分析公司的预期利润或损失(美元)。

27. **评估汇率变动的波动性**。假定你想评估波兰货币兹罗提对美元价格的每月波动是否比别的货币对美元价格的每月波动更大。兹罗提对美元汇率在5月1日是0.4602美元,在6月1日是0.4709美元,在7月1日是0.4888美元,在8月1日是0.4406美元,在9月1日是0.4260美元。用Excel表或者其他的试算表,计算兹罗提每月汇率变化的标准离差。

28. **经济对汇率的影响**。假定美国和欧洲的通货膨胀率是0,并将继续保持为0。美国利率目前等于欧洲利率。假定美国的经济增长也与欧洲相似。假定国际资本流动大于国际贸易流动。今天,有新闻给出明确信号表明欧洲的经济在未来将走向疲软,而美国保持不变。请解释基于这个信息欧元的价值今天为什么会发生变动,将如何(向什么方向)变动?

29. **套算汇率的变动**。去年,1美元等于7瑞典克朗,1波兰兹罗提等于0.4美元。今天,1美元等于8瑞典克朗,1波兰兹罗提等于0.44美元。去年1年波兰兹罗提与瑞典克朗之间的套算汇率(即用1兹罗提可以购买多少克朗)变动百分比是多少?

30. **衡量汇率**。以下给出了日本日元和英国英镑过去5年每年年初的汇率。你公司想通过评价货币的风险以确定哪种货币的波动性更大。请估计每种货币变动的波动性。

时间(年)	日元(美元)	英镑(美元)
1	0.008	1.47
2	0.011	1.46
3	0.008	1.51
4	0.010	1.54
5	0.012	1.52

31. **经济对汇率的影响**。昆兰国(Quinland)和美国有较大的资本流。该国和美国一直没有贸易往来,将来也不会有。它的利率是6%,与美国相同。你预期昆兰国的通货膨胀率在来年将会为1%,而美国将为9%。你预期昆兰国的利率在明年将会为2%,美国的利率将升至10%。昆兰国的货币随市场力量而调整。你认为昆兰国的货币相对美元会升值、贬值还是保持不变?

32. **经济对汇率的影响**。扎尔斯国(Zars)和美国有较大的资本流。该国和美国一直没有贸易往来,将来也不会有。它的利率是6%,与美国相同。通货膨胀率是5%,也和美国一样。你预期扎尔斯国的通货膨胀率在明年将会升至8%,而美国仍然保持为5%。你预期扎尔斯国的利率在明年将会升至9%,但是美国的利率仍然保持为6%。扎尔斯国的货币随市场力量而调整,并且不受中央银行的直接干预。你认为扎尔斯国的货币相对美元会升值、贬值还是保持不变?

33. **经济对汇率的影响**。维佐国(Vezot)和美国之间有大量资本流动,因为该国对投资资金流动没有任何限制。维佐国的通货膨胀率大幅上升,而美国的通货膨胀率保持不变。维佐国的利率大幅上涨,而美国利率保持不变。维佐国的收入水平大幅增加,这将增加国内产品的消费,而美国收入水平保持不变。维佐国和美国之间的国际贸易往来很少。维佐国可以很容易地从边境国家获得所有的进口产品。今天,美国对从维佐国进口产品的美国进口商征收很高的税。维佐国没有对来自美国的进口实施限制。维佐国的货币可以自由浮动。根据上面的信息,你认为维佐国的货币对美元会升值、贬值还是保持不变?简要解释。

34. **外汇交易**。假设尼兰国(Needland)与美国有稳定且可预测的国际贸易往来。由于政府在偿还它所欠当地银行债务时可能遇到问题,并且新闻对尼兰国的该事件进行了报道。尼兰国货币(nee)的价值通常在一天内下跌,但在几天后又会回升,货币每天的价值波动很大。简要解释哪些类型的交易可能会造成货币 nee 在外汇市场上发生供求变化。

35. **权衡汇率的影响因素**。新西兰元上月的即期汇率为0.6美元。新西兰与美国之间存在巨额国际贸易,但两国之间的金融(投资)交易可以忽略不计。假设在去年发生了以下情况。首先,新西兰的利率上升,但美国的利率却有所下降。其次,新西兰的通货膨胀率有所上升,但美国的通货膨胀率却有所下降。最后,新西兰中央银行以少量美元购买少量新西兰元来干预外汇市场。根据这些提供的信息,新西兰元今年将如何变化?

批判性思考题 ▶▶▶▶

解决一次货币危机。

使用网络在线搜索术语,例如"货币危机",回顾最近一年外国的货币危机。总结货币危机的细节,撰写一篇短文,就您所在的国家是否应该对本国货币实行固定汇率制度,以防止货币危机发生发表意见。

布雷泽公司案例:对远期汇率波动的评价

本·霍尔特是布雷泽公司的首席财务官,向泰国出口"Speedos"轮滑鞋的体系目前运行良好并令他满意。一家名为娱乐产品的零售商是布雷泽公司在泰国的主要客户,该客户承诺在随后三年以泰铢计价的固定价格,每年购买固定数量的"Speedos"轮滑鞋。而且,布雷泽公司在生产轮滑鞋时,也在使用泰国供应商供应的零件。但是,霍尔特也担心近期亚洲的发展。虽然来自各国的外国投资者利用泰国的高利率,对泰国的投资很大。但是,由于泰国的经济疲软,很多外国投资者对泰国失去了信心,并撤回了资金。

针对这些进展,霍尔特有两个主要顾虑。其一,他想知道泰国经济的变化将如何影响泰铢的价值和布雷泽公司的价值。更确切地说,他想知道对泰铢的影响是否可能影响到布雷泽公司,即使是泰国的主要客户已经对布雷泽公司给出了3年的承诺。

其二,霍尔特认为布雷泽公司可以对泰铢预期的波动进行投机,但是他不清楚完成这些的流程。你是布雷泽公司的财务分析师,为了便于霍尔特理解汇率投机,他要求你提供两种情形的详细说明。第一种情形是,泰铢的汇率在30天内从目前的0.022美元变化到0.020美元。第二种情形是,泰铢的汇率在30天内从目前的0.022美元变化到0.025美元。

根据霍尔特的需要,他提出并需要你回答的问题列示如下:

1. 如何度量货币价值变动百分比?假定泰铢的价值从0.022美元变为0.026美元,通过数据演示你的答案。

2. 决定货币价值的基本因素是什么?在均衡汇率处,这些因素的关系是什么?

3. 相对高的泰国通货膨胀率和利率怎样影响泰铢的价值?(假定美国通货膨胀率和利率保持不变。)

4. 从泰国撤回资金说明投资者对泰铢失去信心,这将如何影响泰铢的价值?由于泰国主要客户的承诺,布雷泽公司是否受到币值变动的影响?

5. 假定泰国的中央银行为防止币值在未来发生变动而阻止投资者从泰国撤回资金。如何运用利率来实现这个目标?

6. 为了对30天内泰铢价值预期变动进行投机,建立电子数据表,说明布雷泽公司可以采取的步骤,并演示每个情景下的投机收益(美元)。使用本·霍尔特的两个顾虑来说明可能存在的投机。假定布雷泽公司能够借入1 000万美元或等值的泰铢。而且,假定下列的短期利率(年度利率)对布雷泽公司是适用的。

币种	借出利率	借入利率
美元	8.10%	8.20%
泰铢	14.80%	15.40%

小企业困境:体育用品出口公司对影响英镑价值因素的评估

由于体育用品出口公司(一家美国公司)每月都收到英镑并且要将英镑兑换成美元,它需要密切监测英镑币值在未来的变化。吉姆·洛根是体育用品出口公司的所有者,他预计英国通货膨胀率将大幅上升,而美国通货膨胀率依然很低。他也预计两国利率将上升差不多的幅度。

1. 根据吉姆的预期,请预测英镑对美元将升值还是贬值?
2. 根据吉姆的预期,体育用品出口公司受到的英镑币值在未来变动的影响将是有利的还是不利的?

互联网/Excel 练习

利用互联网查找各种货币的汇率趋势。

1. 确定近期每个月各种货币的汇率是如何变动的。大部分货币(英镑除外)只以美元为单位报价。总的来说,在最近 3 个月,大部分货币对美元是走强还是走弱了?提出一个或更多的原因来解释近期该货币相对于美元的币值波动。
2. 亚洲货币对美元的波动是否是同方向的?拉丁美洲货币对美元的波动是否是同方向的?请解释。

真实案例在线文章

在网上寻找一篇最近的文章,这篇文章应是国际财务管理的实际应用,或是现实世界中特定跨国公司的案例,该案例能够诠释本章所述的某一个或者多个概念的行为。

如果你的班级有在线平台,教授可以要求你将总结放在在线平台上,这样,其他学生也能看到这篇文章。如果你的班级是面授课堂,教授可以要求你在课堂上汇报你的文章。教授也可以给某个学生布置任务,让学生完成本章作业,或者要求学生自愿完成某些作业。

对于本章所用到的在线文章和现实世界的案例,考虑搜索以下术语,并且将本年度作为搜索关键词以保证在线文章是最近的:

1. 外汇市场;
2. 汇率的变动;
3. 货币投机;
4. 通货膨胀率对汇率的影响;
5. 利率对汇率的影响;
6. 均衡汇率;
7. 套算汇率的变动。

第 5 章
货币衍生品

货币衍生品是一种合约,其价格衍生于货币的潜在价值。一些个人和金融公司利用货币衍生品对未来汇率变动进行投机。跨国公司通常利用货币衍生品对汇率风险套期保值。跨国公司的经理必须了解如何使用这些货币衍生品实现公司目标。

> **本章目标**
>
> - 远期合约;
> - 货币期货合约;
> - 货币买入期权合约;
> - 货币卖出期权合约。

5.1 远期市场

远期市场促进了货币远期合约的交易。远期合约是公司和金融机构(例如商业银行)之间以特定的汇率(称为**远期汇率**(forward rate))交易一定数量货币的合约。当跨国公司预期未来将需要或收到某一外币时,它们能够建立远期合约来以锁定的汇率购买或出售该外币。实际上,跨国公司大多运用一些远期合约。一些跨国公司有着价值超过 1 亿美元的未平仓远期合约来对各种头寸进行保值。

远期合约适合大型公司,因为远期交易的价值通常为 100 万美元或更多。顾客或小企业一般不使用远期合约。如果银行对一家公司不是很了解或不是很信任,银行可能要求该公司开设一个账户来确保履行债务。这项存款被称为补偿性余额,而且不计息。

尽管可以运用其他期限,但是大多数的远期合约是 30 天、60 天、90 天、180 天和 360 天期的。然而跨国公司可以根据具体的需求定制远期合约。如果跨国公司希望通过一份远期合约，在 53 天内将美元兑换成 120 万欧元，那么金融机构可以满足这种需求。某一特定货币的远期汇率将随着远期合约期限的长短(天数)而不同。

5.1.1 跨国公司如何运用远期合约

跨国公司可以运用远期合约对进口套期保值。它们能够以锁定的汇率获得为采购进口货物而需要的货币。

〖举例〗

特兹公司(Turz Inc.)是一家位于芝加哥的跨国公司,将在 90 天后需要 100 万新加坡元购买新加坡进口货物。它可以 0.5 美元的即期汇率立即兑换到新加坡元。在这个即期汇率下,公司需要 50 万美元(100 万×0.5)。它现在没有资金兑换新加坡元。它可以等待 90 天,然后以那时的汇率将美元兑换为新加坡元,但是,特兹公司并不知道那时的即期汇率是多少。如果汇率在 90 天后上涨到 0.6 美元,特兹公司则需要 60 万美元(100 万×0.6),多付的 10 万美元是由新加坡元升值所致。

为了避免汇率风险,特兹公司可以锁定 90 天后支付新加坡元的汇率,而不用立即将美元兑换为新加坡元。为此,特兹公司可以和银行订立一个 90 天期的远期合约来购买 100 万新加坡元。

在某些情况下,远期合约锁定汇率的能力也能带来机会成本。

〖举例〗

设想在上面的例子中,特兹公司以 0.5 美元的汇率订立了一个 90 天期、购买 100 万新加坡元的合约。如果 90 天后新加坡元的即期汇率是 0.47 美元,那么相对于没有远期合约,特兹公司将多支付 3 万美元。

公司也可以使用远期合约来锁定出售外币时的汇率。这种策略可以用来对那些可能贬值的货币进行套期保值。

〖举例〗

司凯龙公司(Scanlon Inc.)位于美国弗吉尼亚州,向法国企业出口产品,并将在 4 个月后收到 40 万欧元的款项。公司通过出售欧元远期合约来锁定收到的美元金额。也就是说,现在司凯龙公司能够与银行订立以特定远期汇率出售 40 万欧元的远期合约。假定欧元 4 个月的远期汇率是 1.1 美元。4 个月后,司凯龙公司可以把 40 万欧元兑换为 44 万美元(40 万×1.1)。

5.1.2 远期汇率的银行报价

正如许多大银行在外汇市场上充当现货交易的中介一样,这些大银行也充当着远期交易的中介。这些大银行接受跨国公司的订单,在未来以特定的(远期)汇率购买一定数量的货币。它们也接受跨国公司的订单,在未来以特定的(远期)汇率出售一定数量的货币。

买入/卖出差价。 类似即期汇率,远期汇率也有买入/卖出差价。例如,银行可能与一家企业订立合约,同意在90天后以0.51美元的汇率向企业出售新加坡元。这代表卖方开价。同时,该企业可能商定在90天后从其他企业以0.505美元的汇率购买(买入)新加坡元。

差价可以用百分比来衡量,就像第3章的即期汇率一样。在上述段落中,买入/卖出差价即90天远期汇率的买卖价差:

90天新加坡元远期汇率的买入/卖出差价百分比 = (0.510 − 0.505)/0.510 = 0.98%

对于在更远的未来有义务的远期合约,这种货币的差价会更大。例如,1年期远期汇率的买入/卖出差价通常高于90天的买入/卖出差价,而3年期远期汇率的买入/卖出差价又通常高于1年期的买入/卖出差价。短期远期合约市场具有更强的流动性,这意味着对于一个给定的短期远期合约来说,银行更容易建立对冲头寸。例如,银行可通过满足90天期的新加坡元远期购买请求,同时满足90天期的相同数量的新加坡元出售请求,来抵消风险。然而,倘若银行满足5年期新加坡元远期购买请求,它不太可能找到拟出售相同数量新加坡元的跨国公司。相对于1年期的远期合约,银行对5年期远期合约的买入/卖出差价报价更高,还因为5年期远期合约会使银行更易受到新加坡元升值风险的影响。

发展中国家(或地区)的货币远期汇率买价与卖价的差异较大,例如智利、墨西哥、泰国。因为这些市场的远期合约相对较少,银行也较少有机会能够撮合有意愿的买方和卖方。在报出远期合约时,流动性的匮乏使得银行扩大了买入/卖出差价。这些国家(或地区)的合约有效期通常较短。

5.1.3 远期汇率的升水或贴水

在一个特定时间的远期汇率(F)与即期汇率(S)的差异是由升水来衡量的:

$$F = S(1 + p)$$

其中,p 表示远期升水,或远期汇率超过即期汇率的百分比。

> **举例**
>
> 如果欧元的即期汇率是1.40美元,它的1年期远期汇率有2%的远期升水,那么1年期远期汇率为:
>
> $$F = S(1 + p)$$
> $$= 1.40 \times (1 + 0.02)$$
> $$= 1.428(美元)$$

给定在一个特定时间的远期汇率(F)和即期汇率(S)报价,重新调整上面的等式可以得到远期升水 p:

$$F = S(1 + p)$$
$$F/S = (1 + p)$$
$$F/S - 1 = p$$

举例

如果欧元的 1 年期远期汇率是 1.428 美元,即期汇率是 1.40 美元,那么欧元的远期升水是:

$$F/S - 1 = p$$
$$1.428/1.40 - 1 = p$$
$$1.02 - 1 = 0.02 \text{ 或 } 2\%$$

当远期汇率低于现行的即期汇率时,远期升水是负的,远期汇率表现为贴水。

举例

如果欧元的 1 年期远期汇率是 1.35 美元,欧元的即期汇率是 1.40 美元,那么欧元的远期升水是:

$$F/S - 1 = p$$
$$1.35/1.40 - 1 = p$$
$$0.9643 - 1 = -0.0357 \text{ 或 } -3.57\%$$

因为 p 是负值,所以远期汇率相当于贴水。

举例

假设英镑在不同到期日的远期汇率如图表 5.1 的第二列中所示。根据每一个远期汇率,可以得到按年计算的远期贴水,如图表 5.1 所示。在某些情形下,企业可能更愿意不按年来计算升水或贴水。既然这样,公式中就不再含有表示每年期间数的分数了。

图表 5.1 远期汇率的升水或贴水

英镑汇率类型	英镑价值(美元)	到期时间	远期汇率的升水或贴水
即期汇率	1.681		
30 天期汇率	1.680	30 天	$\dfrac{1.680 - 1.681}{1.681} \times \dfrac{360}{30} = -0.71\%$
90 天期汇率	1.677	90 天	$\dfrac{1.677 - 1.681}{1.681} \times \dfrac{360}{90} = -0.95\%$
180 天期汇率	1.672	180 天	$\dfrac{1.672 - 1.681}{1.681} \times \dfrac{360}{180} = -1.07\%$

定价。 由于外国和美国之间存在利率差异,远期利率通常不同于任何给定货币的即期汇率。假定一种货币的即期汇率和远期汇率是相同的并且外币利率高于美国货币利率,那么美国投机者可以通过以下步骤获得比美国储蓄存款回报更高的外国储蓄存款回报:(1)以即期汇率购买外币;(2)以诱人的外国利率投出这笔资金;(3)同时卖出外国货币远期合约,到期日与储蓄存款到期日相同。这些行为将对外汇即期汇率形成一个向上的压力,并对远期汇率形成一个向下的压力,导致远期利率低于即期汇率(显示为贴水)。当外币利率优势更加明显时,外汇远期汇率的下降会更加明显。这一关系将在第 7 章中详细讨论。

5.1.4 远期汇率的波动

如果远期汇率升水保持不变,远期汇率将完全随着对应的即期汇率的波动而波动。例如,如果从一个月前到今天,欧元即期汇率上升了 4%,为了保持同等升水状态,同期的远期汇率也将上升 4%。现实中,远期升水受到两国间利率差异的影响(在第 7 章将进行解释),而且随着时间的推移而变化。大部分货币远期汇率的波动是由货币即期汇率的波动引起的。

5.1.5 远期合约的平仓

在某些情况下,跨国公司可能希望在平仓之前产生远期合约。

举例

绿海湾公司(Green Bay Inc.)在 3 月 10 日雇用加拿大建筑公司扩建办公室,并同意在 9 月 10 日支付 20 万加元。绿海湾公司以每加元 0.70 美元的汇率订立了一份 6 个月期的远期合约来购买 20 万加元,在 6 个月后用这笔加元支付给加拿大建筑公司。4 月 10 日,建筑公司告知绿海湾公司不能如期完成工作。因此,绿海湾公司通过订立一份在 9 月 10 日出售 20 万加元的远期合约来平仓。但是,加元的即期汇率比上个月下降了,现在 9 月 10 日远期合约的价格是每加元 0.66 美元。现在绿海湾公司持有一份在 9 月 10 日出售 20 万加元的远期合约,用来平仓 9 月 10 日购买 20 万加元的远期合约。结果卖出的远期汇率比买入的远期汇率低 0.04 美元,导致公司发生 8 000 美元(200 000 × 0.04)的损失。

在上面的例子中,如果绿海湾公司和之前订立买入远期合约的银行继续订立卖出远期合约,那么就能很容易把最初的远期合约平仓。银行将对这项服务收取费用,这反映了买入远期合约时的远期汇率与平仓时的远期汇率的不同。因此,跨国公司不能无视其承诺,否则将必须支付为平仓最初的远期合约而产生的费用。

5.1.6 远期合约在掉期交易中的运用

掉期交易(swap transaction)涉及现货交易和与之对应的最终要转为现货交易的远期合约。很多远期合约的订立是基于这个目的。

> **举例**
>
> 苏豪公司(Soho Inc.)需要100万智利比索(Chilean pesos,智利货币名)投资到它的智利子公司来生产附加产品。它希望子公司1年后能偿还这些比索。苏豪公司为锁定1年后比索对美元的汇率,使用1年期的远期合约。苏豪公司与银行订立合约,要求满足下列掉期交易。
>
> 1. 今天:银行从苏豪公司的美国账户提取美元,在现货市场将美元兑换为100万比索,然后把这些比索转到子公司账户。
>
> 2. 1年后:银行从子公司账户提取100万比索,按照今天的远期汇率将比索兑换为美元,然后把这些美元转到苏豪公司的美国账户。

由于苏豪公司锁定了比索对美元的汇率,使得交易免于汇率波动的风险。如果不进行掉期交易,1年期的远期汇率是贴水的,那么1年后苏豪公司得到的美元金额将少于现在投资到子公司的美元金额。为了避免1年后收到美元金额的不确定性,苏豪公司可能愿意进行掉期交易。

5.1.7 无本金交割远期合约

一种新型的远期合约被称为**无本金交割远期合约**(NDF),它经常被运用到新兴市场的货币中。类似常规的远期合约,无本金交割远期合约代表着有关特定数额的特定货币、特定汇率和未来特定结算日期的合约。无本金交割远期合约并不会导致未来日期发生实际货币交易。也就是说,不存在实际交割。相反地,合约的一方根据未来日期的汇率付费给另外一方。

> **举例**
>
> 杰克逊公司(Jackson Inc.)是一家位于美国怀俄明州的跨国公司。在4月1日时,它确定将在7月1日需要1亿智利比索来采购原料。它能够和一家当地银行按照下面的方式订立一份无本金交割的远期合约。该合约将详细列示货币(智利比索)、结算日(从现在起90天后)和所谓的参考汇率,参考汇率是用来确定在结算日为市场标价的汇率。具体而言,无本金交割远期合约包含下列信息:
> - 买入1亿智利比索。
> - 结算日:7月1日。
> - 参考指标:由智利中央银行报价的90天期的智利比索结算汇率(对美元)。
>
> 假定智利比索(参考指标)现在价格是0.0020美元,因此在合约日,头寸的美元金额是20万。在结算日(7月1日),参考指标的价格被确定后,双方为结算合约支付款项。例如,如果在7月1日智利比索升值到0.0023美元,无本金交割远期合约确定的头寸金额是23万美元(0.0023 × 100 000 000)。由于杰克逊公司合约的头寸价值比合约订立时高出3万美元,杰克逊公司将从银行收到3万美元的付款。

> 假设杰克逊公司需要1亿智利比索购买进口货物。由于从4月1日到7月1日智利比索的现货汇率上升,杰克逊公司要比4月1日多支付3万美元的货款。但是,由于无本金交割远期合约的存在,杰克逊公司同时将从银行收到3万美元的付款。因此,无本金交割远期合约对汇率进行了套期保值。
>
> 如果智利比索不是升值,而是贬值到0.0018美元,杰克逊公司在结算日远期合约中的头寸是18万美元($100\,000\,000 \times 0.0018$),这比合约订立的价值少2万美元。但是,智利比索现货汇率的下跌,意味着杰克逊公司要比4月1日少付2万美元的货款。因此,在这个例子中也出现了平仓。

尽管无本金交割远期合约不涉及交割内容,但是正如例子表明的,它能有效地规避跨国公司未来的外币支付风险。

由于无本金交割远期合约能指定双方支付的货币是美元还是其他货币,企业甚至可以使用无本金交割远期合约对已有的不能兑换的外币头寸套期保值。考虑到有些跨国公司将收到某外币款项,但这种外币不能兑换成美元。尽管跨国公司可以使用该货币在当地采购,但是它仍然希望在收到款项之前规避币值下降的风险。该公司可以在无本金交割远期合约中卖出头寸,使用该货币的结算汇率作为结算日的参考指标。如果该货币对美元贬值,那么公司将收到远期合约订立时的头寸美元价值与结算日的头寸美元价值的差异。因此,通过无本金交割远期合约,企业可以用收到的美元款项来抵消其涉及期间的货币贬值。

5.2 货币期货市场

货币期货合约是将指定标准数量的某种货币在某一给定的交割日进行交易的合约。因此,在责任条款上,货币期货合约与远期合约相似,但是在交易方式上与远期合约不同。跨国公司经常用此来对外币头寸套期保值。另外,那些希望利用预期汇率波动获利的投机者也会交易货币期货合约。货币期货合约的买方锁定了在未来某一时点支付外币的汇率。货币期货合约的卖方锁定了将外币兑换为本国货币的汇率。在美国,购买货币期货合约的目的是锁定为获取指定数量的某种外币而所需支付的美元数额,出售货币期货合约的目的是锁定将外币兑换成美元时收到的美元数额。

5.2.1 合约条款

货币期货主要在芝加哥商品交易所(Chicago Mechandise Exchange,CME)——CME集团的一部分,进行交易。在CME可以对20种货币期货进行交易。每种货币的期货合约明确了标准数量单位(参看图表5.2)。标准化的合约使得每份合约可以更加频繁地进行交易,并且提高了流动性。对一些货币而言,CME能够提供电子化微型(E-mini)期货合约,电子化微型期货合约的标准数量单位是典型标准化合约的一半。CME 也提供套算汇率(两个非美元货币之间)的期货合约。

图表 5.2 在芝加哥商品交易所交易的货币期货合约

币种	每份合约金额
澳元	100 000
巴西雷亚尔	100 000
英镑	62 500
加元	100 000
人民币(元)	1 000 000
捷克克朗	4 000 000
欧元	125 000
匈牙利福林	30 000 000
印度卢比	5 000 000
以色列新谢克尔	1 000 000
日元	12 500 000
韩国韩元	125 000 000
墨西哥比索	500 000
新西兰元	100 000
挪威克朗	2 000 000
波兰兹罗提	500 000
俄罗斯卢布	2 500 000
南非兰特	500 000
瑞典克朗	2 000 000
瑞士法郎	125 000

典型的货币期货合约以美元表示的币值为基础,但是,期货合约也适用于一些套算汇率,例如澳元和加元之间的汇率。因此,预期澳元对加元有大幅波动的投机者可以利用预期来进行期货头寸交易。另外,有着加元风险的澳大利亚企业或有着澳元风险的加拿大企业可以使用这种类型的期货合约来套期保值。

货币期货合约通常的交割日是 3 月、6 月、9 月和 12 月的第三个星期三。也有柜台交易的货币期货市场,在这个市场上许多金融中介促进了有确定结算日的货币期货合约的交易。

5.2.2 期货交易

企业或个人通过向提供服务的经纪商打电话,对货币期货合约下订单。买入或卖出特定货币和特定结算日的货币期货合约的订单是先向经纪商传达的,然后再向 CME 传达。

例如,在某一时点,一些美国公司以墨西哥比索购买在 12 月结算的期货合约,对它未来的应付账款进行套期保值。同时,其他美国公司正卖出在12月结算的期货合约,对自己未来的应收账款进行套期保值。

给CME的绝大部分期货合约订单都由Globex系统进行。Globex是一个电子交易系统,为每个标准合约匹配买入和卖出的订单。Globex系统从周一到周五每天开放23个小时左右(上午4:15至上午5:00)。

> **举例**
>
> 假定在2月10日,金额为6.25万英镑的期货合约在3月份结算价格是每英镑1.50美元。货币期货合约的买方将在3月份的结算日收到6.25万英镑,并支付9.375万美元(6.25×1.50)。该合约的卖方有义务以每英镑1.50美元的价格售出6.25万英镑,因此将在结算日收到9.375万美元,并且要减去支付给经纪人的佣金。

货币期货合约交易平台。 电子交易平台促进了货币期货的交易。当在处理所需的交易时,这些平台起到了经纪人的作用。该平台对货币期货的报价基于卖出价(在特定结算日能够买入某种货币的价格)和买入价(在特定结算日能够卖出某种货币的价格)。平台的使用者以买入价和卖出价的差额来承担费用。

5.2.3 货币期货合约的信用风险

每一个货币期货合约都代表了客户和交易清算机构的一个协议,即使交易所并不真正持有头寸。举例来说,假定你给经纪人打电话请求购买一份在3月结算的英镑期货合约,同时,另一个和你不相关的人给经纪人打电话请求出售一份类似的期货合约。这时没有哪一方需要担心对方的信用风险。交易所交易清算机构将提供担保并承担风险,确保你将获得欠你的货币期货头寸。

为了尽可能减少这种担保带来的风险,CME规定了保证金要求(margin requirement)来规避合约价值波动的风险,换句话说,参与者在获取头寸时必须在他们各自的经纪公司有一笔存款。初始的每份货币期货合约保证金要求一般是1000到2000美元。然而,如果期货合约价值下跌,那么买方可能被要求增加初始保证金,这种初始保证金被称为维持保证金(maintenance margin)。

5.2.4 货币期货合约与远期合约的比较

允许客户锁定未来某一时点买入或卖出某一货币的汇率是货币期货合约和远期合约的相似之处。货币期货合约和远期合约也存在差异,具体概括在图表5.3中。货币期货合约是在交易所的电子交易平台交易的,而每一份远期合约则需要在企业和银行之间通过电话网络进行协商。远期合约是根据企业需求而订立的,货币期货合约则是标准化的合约。

图表5.3 远期合约和货币期货合约的比较

项目	远期合约	货币期货合约
合约大小	根据个人需要	标准化
交割日	根据个人需要	标准化
参与者	银行、经纪人和跨国公司，不鼓励公众投机	银行、经纪人和跨国公司，鼓励有资格的公众投机
保证金	无,但要求有补偿性的银行存款余额或信贷额度	要求小额保证金
交割操作	由银行、经纪人随机处理，无独立的清算机构职能	由交易所清算机构处理，根据市价进行每日清算
市场位置	电话网络	带有 Globex 系统的中央交易大厅
规范约束	自我约束	商品期货交易委员会、全美期货联合会
清算方法	大多数为实物交割，有一些按成本对销	大多数是对销，极少数为实物交割
交易成本	由银行的买入或卖出差价确定	协商而定的经纪人费用

资料来源:CME.

已经与大银行建立关系的公司倾向于使用远期合约,而不是货币期货合约。因为远期合约能够根据未来买入或卖出的货币精确数额和精确的远期日期来订立。相反,没有和大银行建立关系或偏好小额交易的小企业和个人更倾向于使用货币期货合约。由于协议更具个性化特点,远期合约并不总是要求保证金。若银行了解它正在处理的跨国公司,并相信该跨国公司会履行其义务,那么银行可能不要求保证金。

货币期货定价。货币期货价格通常与结算日确定的某种货币的远期汇率相近。潜在的套汇行为强化了上述关系——在存在显著差异的情况下会发生套汇行为。

举例

假定英镑的货币期货价是 1.5 美元,一个类似期限的远期合约的汇率是 1.48 美元。这时公司可能会在购买远期合约的同时出售货币期货合约。如果这两种合约的结算日恰好能相匹配,那么公司就可在每一个交易单位中稳获 0.02 美元的利润。公司这种做法将对货币期货价格形成一个向下的压力。因此某一给定货币和结算日的期货合约和远期合约应该有相同的交易价格,否则就存在获取稳定利润的可能(假定没有交易成本)。

5.2.5 跨国公司如何运用货币期货合约

拥有外币头寸的公司可能会考虑买入或卖出货币期货合约来抵消这种头寸。

买入期货合约对偿付套期保值。拥有一种期货合约将会锁定公司购买某种货币的未来价格。

> **举例**
>
> 假定罗切斯特公司(Rochester Co.)订购了一批加拿大商品,在对方发货后需要向加拿大出口商支付 500 000 加元。这样,罗切斯特公司可能就要在现在买入加元期货合约,该合约将锁定在未来的结算日购买加元的价格。通过持有期货合约,该公司不用再担心加元即期汇率的变化。

卖出期货合约对收款套期保值。 卖出期货合约可以锁定公司卖出货币的价格。

> **举例**
>
> 卡拉公司(Karla Co.)因出口而收到某一货币,当该货币非公司所需时(卡拉公司是应进口商的要求而接受了该种货币),公司会卖出期货合约。通过卖出期货合约,卡拉公司可以锁定它在结算日收到货币的出售价格。如果卡拉公司认为该货币将对本国货币贬值,那么该行为就是恰当的。

一家公司用期货合约对货币头寸投保或套期保值的方式将在第 11 章详细说明。

平仓期货头寸。 如果一个买入货币期货合约的公司在结算日前决定不再持有这样一个期货头寸,那么它可以通过卖出一个同样的期货合约来平仓。平仓期货头寸带给公司的损益取决于买入和卖出该期货的价格。

期货合约的价格不仅随着即期汇率的波动而变化,而且也随着结算日即期汇率预期的波动而变化。如果一种货币的即期汇率在一个月内大幅上升,那么期货价格也可能会有等量上升。在这种情况下,买入期货合约并随后卖出将是有利可图的。相反地,即期汇率的下降也将会引起货币期货合约价格的下降,这意味着,买入期货合约并随后将它卖出会导致亏损。当期货合约的购买者在这种情况下还不去平仓时,来自该头寸的损失将会增加。

> **举例**
>
> 1 月 10 日,塔科马公司(Tacoma Co.)在向澳大利亚供应商订购原料时,预期在 3 月份将需要澳元。因此,塔科马公司买入了在 3 月份(3 月 19 日)结算的 10 万澳元的期货合约。1 月 10 日,期货合约的价格是每澳元 0.53 美元。2 月 15 日,因为生产水平的下降,塔科马公司不再需要订购原料了。因此,该公司也不再需要 3 月份的澳元。它卖出在 3 月份结算的澳元期货合约,以抵消在 1 月份买入的合约。此时,期货合约的价格是每澳元 0.50 美元。在 3 月 19 日(结算日),塔科马公司已经对冲了期货合约的头寸。但是,买入期货合约时的价格高于卖出同样合约的价格,因此塔科马公司从期货头寸中遭受到了损失。塔科马公司的交易总结如图表 5.4 所示。通过时间轴从左边到右边,回顾了这次交易的过程。本例中没有考虑保证金要求。

图表 5.4　平仓期货头寸

1月10日	2月15日	3月19日（结算日）
第一步:买入合约 0.53 美元/澳元 ×100 000 澳元 ＝53 000 美元(结算日)	第二步:卖出合约 0.50 美元/澳元 ×100 000 澳元 ＝50 000 美元(结算日)	第三步:合约结算 －53 000 美元（合约1） ＋50 000 美元（合约2） ＝－3 000 美元（亏损）

期货合约的卖出者可以买入一个与结算日相同的货币期货合约平仓头寸,但大多数货币期货合约都是在结算日前平仓的。

5.2.6　货币期货投机

投机者有时会购买货币期货合约,他们只是希望利用对货币期货价格变化的预期来赚钱。

假设投机者预期英镑会升值,他们可能会购买一个期货合约,锁定在指定的结算日购买英镑的价格。到了结算日,他们可能会以期货合约约定的汇率购买英镑然后再以即期汇率出售这些英镑,如果根据他们的预期英镑在这时已经升值,那么他们将会从这种策略中获利。

举例

假定在4月4日,一份期货合约确定了50万墨西哥比索在6月份结算的价格是每墨西哥比索0.09美元。在4月4日,预计墨西哥比索将会下跌的投机者卖出墨西哥比索的期货合约。假定在6月17日(结算日),墨西哥比索的即期汇率是0.08美元。交易如图表5.5所示(不考虑投机者存入的保证金)。远期头寸收益是0.5万美元,这代表了根据期货合约卖出墨西哥比索而收到的美元数额(4.5万美元)与在即期市场买入墨西哥比索而支付美元数额(4万美元)的差额。

当然,预期经常是不正确的。这是因为根据不同的预期,在任何一个时点,都有一些投机者想购买期货合约,而另一些投机者想出售该期货合约。

货币期货市场效率。如果货币期货市场是有效的,那么在任何一时点的货币期货价格都反映了所有可获得的信息。也就是说,它应当代表了在结算日对各个货币即期汇率的无偏估计。因此,在货币期货合约中持续不断运用某一特殊策略而获取的头寸不应导致超额收益。一些头寸可能会产生收益,而另一些则会产生亏损,但是在整体来看,收益和亏损会相互抵消。研究发现,有些年期货价格总是超过结算日对应的价格;而在另外一些年份里,期货价格则总是低于结算日对应的价格。这表明货币期货市场可能是无效的,但因为这些不受预期的模式很少能在发生前被提前观测到,这意味着很难在货币期货投机中自始至终地获取超额收益。

图表 5.5　卖出货币期货获得收益的原因

4月4日		6月17日（结算日）
第一步：卖出合约 0.09 美元/比索 ×500 000 比索 =45 000 美元(结算日)	第二步：买入比索（即期） 0.08 美元/比索 ×500 000 比索 支付 40 000 美元	第三步：以 45 000 美元卖出比索，履行期货合约

5.3　货币期权市场

货币期权为在特定日期以特定价格买入或卖出货币提供了权利。它们适用于很多货币，包括澳元、英镑、巴西雷亚尔、加元、欧元、日元、墨西哥比索、新西兰元、俄罗斯卢布、南非兰特和瑞士法郎。

5.3.1　货币期权交易所

1982 年后期阿姆斯特丹、蒙特利尔及费城交易所首先允许交易标准化的外币期权。从那时起，芝加哥商品交易所和芝加哥期货交易所（Chicago Board of Trade，CBOT）都提供了期权交易。货币期权通过芝加哥商品交易所的 Globex 系统进行交易。因此，货币期权实际上是全天候交易的。

2007 年 7 月，芝加哥商品交易所和芝加哥期货交易所合并为芝加哥商品交易所集团（CME Group），在国际市场上为衍生品服务。芝加哥商品交易所和芝加哥期货交易所的交易大厅合并为在芝加哥期货交易所的一个单独交易大厅。此外芝加哥商品交易所和芝加哥期货交易所的产品也合并为一个电子平台，从而减少了运营费用和维护费用。此外，芝加哥商品交易所集团制订了在国际市场上对新衍生品持续创新的计划，并且由芝加哥商品交易所集团的单独电子平台执行。美国的期权交易所受到包括美国证券交易委员会和商品期货交易委员会在内的几家机构的监管。可以在支付佣金的条件下通过经纪人买卖期权，每份交易的佣金通常是 30 美元到 60 美元不等，但当交易涉及多份合约时，每份合约的佣金会低得多。经纪人会要求在合约有效期内保持一定的保证金。当客户期权头寸前景不妙时会被要求增加保证金。这有利于防范当客户不履行义务时可能带来的损失。

5.3.2　柜台交易市场

除在证券交易所进行货币期权交易外，投资者还可以在一些由商业银行和经纪公司提供的柜台交易市场进行货币期权交易。与在证券交易所交易的货币期权不同，柜台交易市场上的货币期权是根据各公司的特殊需要订立的。因为这些期权不是标准化的,在合约中就必须指明所有的条件。交易数量、成交价、到期日等都可以根据客户需要而定。既然货币期权是非标准化的,其流动性较低、买入/卖出差价较大。

金融机构提供的货币期权最小金额通常是 500 万美元。因为这些交易是直接和金融机构进行的,没有交易所参与,因而也就没有信用担保。这样协议的安全性也就取决于交易各方自身的安全性。因此,金融机构可能会要求买卖货币期权的个人或公司提供担保。货币期权可分为**买入期权**(calls)和**卖出期权**(puts),下面我们对此予以讨论。

5.4 货币买入期权

货币买入期权(currency call option)授予人们在某一指定期限以特定价格购买某一货币的权利。期权拥有者被允许购买该货币的价格叫**行权价**(exercise price)或**清算价**(strike price),并且对每份期权有一个按月计算的到期期限。

当一个人希望在未来对某一货币锁定一个最大的支付价格以支付某笔款项时,那么购买买入期权是合适的。如果到期时该货币即期汇率高于清算价格,那么买入期权持有者可能就会行使该权利,以清算价格购买该货币,因为该清算价格比当期汇率更便宜。该策略有些类似于期货合约购买者所使用的策略,但是期货合约的义务必须履行,而货币期权合约不是。期权持有者可以选择让期权在到期日失效而不去行权。不行使买入期权的持有者将失去最初支付的期权费用,但最多也只失去该期权费用。

货币买入期权的买方要支付期权费用,期权费用反映了期权的价格。货币买入期权的卖方会收到买方支付的期权费用。作为回报,卖方有义务按照货币买入期权约定的权利来顺应买方。

货币期权报价可以从金融网站上获得,例如 CME 集团的网站。尽管货币期权通常在指定月份的月中到期,但也还是有一些在某月的月末到期的货币期权被记作 EOM。有一些期权以"欧洲方式"列示,这是指期权只能在到期日行权。

若当前汇率高于清算汇率,则货币买入期权就是实值期权。若当前汇率等于清算汇率,则货币买入期权就是等值期权。若当前汇率低于清算汇率,则货币买入期权就是虚值期权。对一个给定的货币和到期日而言,实值买入期权的费用将会高于等值买入期权和虚值买入期权的费用。

5.4.1 影响买入期权费用的因素

买入期权费用表示有权以特定价格买入标的物货币的成本。对使用买入期权套期保值的跨国公司而言,该费用反映了跨国公司保险或保护的成本。

买入期权费(用变量 C 表示)主要受三个因素影响:

$$C = f(S - X, T, \sigma)$$
$$+\ +\ +$$

其中，$S-X$ 表示即期汇率(S)与行权价或清算价(X)的差异；T 表示到期时间；σ 表示货币的波动性，由币值变动的标准差度量。买入期权费和这些因素的关系概括如下：

1. 即期价相对于清算价的水平。即期汇率相对于清算价越高，期权费也越高。这是因为以相当低的汇率买入该货币比卖出该货币有更高的可能性。通过比较清算价不同而特定货币和到期日相同的期权费可以证实这种关系。

2. 距离到期日的时间。通常假设即期汇率有更大可能会上升并超过清算价，只要它有足够长的时间。6月份的清算日就会使4月份的即期价再有2个月时间变动超出清算价。这也就解释了对一个给定清算价的6月份期权费为什么会高于4月份的期权费。通过比较有不同到期日，而给定的货币和清算价格相同的期权费就可以证实这种关系。

3. 货币的潜在不稳定性。一种货币的价格越是不稳定，即期汇率超出清算汇率的可能性也就越大。因此，更稳定的货币将会有更低的买入期权价。比如，加元是一种比大多数其他货币都更稳定的货币。如果所有其他因素都类似，那么加元买入期权费将比其他外币买入期权费更便宜。

货币的不稳定性随着时间的推移也会发生变化，这也会影响货币的期权费用。当信贷危机在2008年秋天加剧时，投机者迅速将资金在货币之间转移。其结果是外汇市场的波动性更大，并引起对未来波动性的担忧。结果，期权费又增加了。

5.4.2　跨国公司如何运用货币买入期权

当跨国公司拥有未平仓的外币头寸时，公司有时可能会用货币买入期权对这些头寸进行风险套期保值。

运用买入期权对应付款套期保值。跨国公司能够利用货币买入期权对未来支付风险套期保值。

> **举例**
>
> 西雅图的派克公司(Pike Co.)订购了澳大利亚生产的商品。在对方发货时，它需要向澳大利亚出口商支付澳元。澳元的买入期权将锁定派克美国公司用美元兑换澳元的最高汇率。这种根据买入期权合约约定清算价格的货币兑换，可以在到期日前任何时间行权。从本质上说，买入期权合约指定了派克公司购买这些澳元所必须支付的最高买价。然而，如果澳元价格总是低于清算价，当派克公司需要支付进口货款时，那么可能会以市场即期汇率购买澳元而让买入期权自动失效。

在一些情况下，期权可能比期货或远期合约更合适。英特尔公司(Intel Corp.)运用期权对其半导体存货订单风险进行套期保值。如果订单被取消，那么公司将拥有使期权自动失效的灵活性。而对于远期合约，即使订单被取消了，公司仍然有责任履行其义务。

运用买入期权对项目投标套期保值。美国的跨国公司在投标外国项目时，可以利用买入期权来锁定潜在的美元费用。

> **举例**
>
> 凯利公司（Kelly Co.）是位于劳德达尔堡（Fort Lauderdale）的跨国公司，并已经对加拿大政府发起的一个项目进行了投标。如果中标，那么该公司将大概需要500 000加元购买加拿大材料和劳务。然而，直到3个月后该公司才能知晓投标是否成功。这种情况下，它可能会购买3个月到期的买入期权。10份买入期权合约将会对全部潜在风险进行套期保值。如果该投标被接受，那么凯利公司可以用这些期权购买所需的加元。如果加元在三个月内贬值，那么凯利公司可能将会使期权自动失效。
>
> 假定加元清算价是0.7美元并且买入期权费用是每单位0.02美元。凯利公司将支付每份期权1 000美元期权费用（因为每份加元期权有50 000单位），或支付10 000美元购入10份期权合约。利用该期权，购买500 000加元所必需的最大金额是350 000美元（由0.7×500 000计算得出）。如果加元即期汇率在购买加元时低于清算价，那么所需的美元金额将会更少。
>
> 如果加元即期汇率在期权到期前超过了清算价，即使该项目的投标被拒绝，那么货币买入期权也会被行权（在即期市场上卖出加元）。行使期权的收益可能会部分甚至全部抵消掉购买期权支付的费用。

运用买入期权对投标目标套期保值。 企业也可以使用买入期权对可能的收购套期保值。

> **举例**
>
> 莫里森公司（Morrison Co.）正试图收购一家法国企业，并用欧元提交了标价。莫里森公司购买了欧元买入期权，因为它要用欧元购买法国公司的股份。在收购发生时，买入期权会对美国公司欧元的升值进行套期保值。如果收购没有发生并且即期汇率低于清算价，那么莫里森公司将会让该买入期权自动失效。如果收购并未发生，但是即期汇率超过了清算价，那么莫里森公司可能将行使该期权并在即期市场卖掉该外币。或者，莫里森公司可能会出售它现在持有的买入期权。无论哪一种操作都可能会抵消为购买该期权而支付的部分或全部费用。

5.4.3 利用货币买入期权投机

因为本书主要关注国际财务管理，因此介绍公司如何使用货币期权比介绍如何利用货币期权进行投机的方法更重要。用货币期权套期保值的方法将在第11章详细讲述。在此介绍投机交易是为了提供一些关于货币期权市场更多的背景知识。

一些人可能会利用他们对于某种货币未来币值变动的预期在货币期权市场进行投机。投机者预计某种外币将升值，可能就会购买该外币的买入期权。一旦该货币即期汇率升值，投机者就会以清算价购入该货币，行使他们的期权，然后再以市场即期汇率卖掉该货币。

就像货币期货一样，相对每一个货币买入期权的买方，也一定会有一个卖方。买入期权的卖方(有时叫**写单者**(writer))有义务在规定到期日前的这段期限里以指定价(清算价)卖掉一种指定货币。投机者有时可能想卖掉某种预计将来会贬值的货币的买入期权。货币买入期权被行权的唯一理由是即期汇率高于清算价格。这样,货币买入期权的卖方在有人购买该期权时将获得期权费用;如果该期权不被行权,那么卖方将持有全部的期权费用。当期权看来很可能被行权时,仍然会有期权的卖方。不过由于这些期权在将来某一时点被行权的风险较高,因而这些期权出售时将被要求有更高的期权费用。

交易货币买入期权的投机者的净利润是基于货币卖出价与支付货币的行权价加上支付买入期权费用的比较而来的。

举例

假定吉姆(Jim)是一个投机者,他买入1份英镑买入期权,清算价格是1.4美元,在12月结算。当前英镑即期价格大约是1.39美元。吉姆对该买入期权每货币单位支付期权费用0.012美元。假定无经纪费。恰在结算日前,英镑即期汇率达到1.41美元。这时,吉姆行使买入期权,并立即以即期汇率把英镑卖给一家银行。为了计算吉姆的损益,首先计算他出售该货币的收入。然后从收入中减去行使该期权时英镑购买价,并减去购买期权的费用。计算方法如下。假定1份期权合约指定为31 250个货币单位。

	每单位(美元)	每份合约(美元)
英镑售出价	1.410	44 063 (1.41×31 250 单位)
− 英镑买入价	−1.400	−43 750 (1.40×31 250 单位)
− 买入期权费用	−0.012	−375 (0.012×31 250 单位)
= 净利润	−0.002	−62 (−0.002×31 250 单位)

假定琳达(Linda)是吉姆所购买入期权的卖方。也假定琳达是在当该期权被行权时,她必须以1.4美元的清算价提供英镑时,才会购买英镑。根据本例中的信息,琳达出售该买入期权所获净利润计算如下:

	每单位(美元)	每份合约(美元)
英镑售出价	1.400	43 750 (1.40×31 250 单位)
− 英镑买入价	−1.410	−44 063 (1.41×31 250 单位)
+ 收到的期权费用	+0.012	+375 (0.012×31 250 单位)
= 净利润	0.002	62 (0.002×31 250 单位)

在下面的例子中，我们假定如下信息：
- 加元买入期权费用为每货币单位 0.01 美元；
- 清算价为 0.70 美元；
- 一份期权合约的金额为 50 000 加元。

一个已经购买这份买入期权合约的投机者决定在到期日前行使该期权，此时即期汇率达到 0.74 美元，并且投机者立即在即期市场卖掉了这些加元。根据这些信息，投机者所获净利润计算如下：

	每单位(美元)	每份合同(美元)
加元售出价	0.74	37 000 (0.74×50 000 单位)
−加元买入价	−0.70	−35 000 (0.70×50 000 单位)
−买入期权费用	−0.01	−500 (0.01×50 000 单位)
=净利润	0.03	1 500 (0.03×50 000 单位)

然而，如果该买入期权的卖方直到行使该期权时才能收到加元，那么该买入期权的卖方所获净利润如下：

	每单位(美元)	每份合同(美元)
加元售出价	0.70	35 000 (0.70×50 000 单位)
−加元买入价	−0.74	−37 000 (0.74×50 000 单位)
+收到的期权费用	+0.01	+500 (0.01×50 000 单位)
=净利润	−0.03	−1 500 (−0.03×50 000 单位)

当忽略经纪费时，货币买入期权买方的收益将是卖方的损失。货币买入期权买方的费用代表了卖方的收入，而买方的收入代表了卖方的费用。然而，因为期权的买卖双方都想平仓头寸，除非双方同时建立和平仓头寸，否则这里所描述的关系并不存在。

一个货币期权的拥有者可能在清算日前不实施该期权而只是将该期权卖给其他人。这位拥有者仍然可能获取利润，因为期权费用会随时变化，并且这种变化反映了实施该期权的营利性及可获得的潜在利润。

投机的盈亏平衡点。 买入期权的买方在出售该货币的收入等于购买该货币支付的价款（清算价）和期权费用时，他就实现了盈亏平衡。换句话说，不论一份合同涉及的数量有多大，只要出售货币时的即期汇率等于清算价加上期权费用，买方就将实现盈亏平衡。

举例

在前例中,清算价是 0.70 美元,期权费用是 0.01 美元,这样,买方为了实现盈亏平衡,行使该期权时的即期汇率必须达到 0.71 美元(0.70 + 0.01)。当然,如果投机者认为即期汇率不会在期权到期日前超过盈亏平衡点,那么他们可能不会买入该期权。对于一个需要决定是否购入一份货币买入期权的投机者来说,计算盈亏平衡点是有益的。

买入期权买方的或有曲线。 买入期权买方的或有曲线对比了在不同汇率情景下获得买入期权需要支付的价格与收到的潜在报酬。

举例

假定获得了英镑买入期权,清算价为 1.5 美元,买入期权费为 0.02 美元。假定投机者计划在结算日行使该期权(如果此时是合适的话),并立即在即期市场出售得到的英镑。在这种情况下,可借助绘制**或有曲线**(contingency graph)来计算单位货币的损益(参看图表 5.6 上方的曲线)。注意如果未来即期汇率是 1.5 美元或更少,单位货币净收益是 −0.02 美元(忽略交易成本),当不实施该期权时,该数额代表了购入期权单位货币所支付的期权费用损失。在即期汇率为 1.51 美元时,实施该期权单位货币将赚取 0.01 美元,但是考虑到需支付 0.02 美元的期权费用,净收益将是 −0.01 美元。

即期汇率为 1.52 美元时,行使该期权,单位货币将赚取 0.02 美元,这刚好抵消掉单位货币 0.02 美元的期权费用。此即盈亏平衡点,在高于此点的任何汇率行使该期权所获收益都将足以抵消所付期权费用,并为行权者带来正的净收益。本例中,投机者的最大损失是支付的期权费用。

买入期权卖方的或有曲线。 买入期权卖方的或有曲线对比了在不同汇率情景下售出买入期权收到的期权费用与来自买入期权买方的潜在报酬。

举例

图表 5.6 中下方的曲线是前例中售出买入期权的投机者绘制的或有曲线。假定行使该期权时(忽略交易成本)卖方会在即期市场购入英镑,当未来即期汇率低于 1.5 美元时,卖方净收益将是每单位 0.02 美元的期权费用(因为此时不会行使期权)。如果未来即期汇率是 1.51 美元,那么卖方将会因该期权交易每单位损失 0.01 美元(在即期市场支付 1.51 美元购入英镑,并以 1.5 美元卖出英镑来履行对方行使期权的请求)。然而该损失将足以由每单位 0.02 美元的期权费用所抵消,并产生每单位 0.01 美元的净收益。

盈亏平衡点是 1.52 美元,买入期权卖方的净收益在未来即期汇率高于该点时都将是负值。注意在本例中这种买入期权买卖双方的或有曲线是彼此的镜像反映。

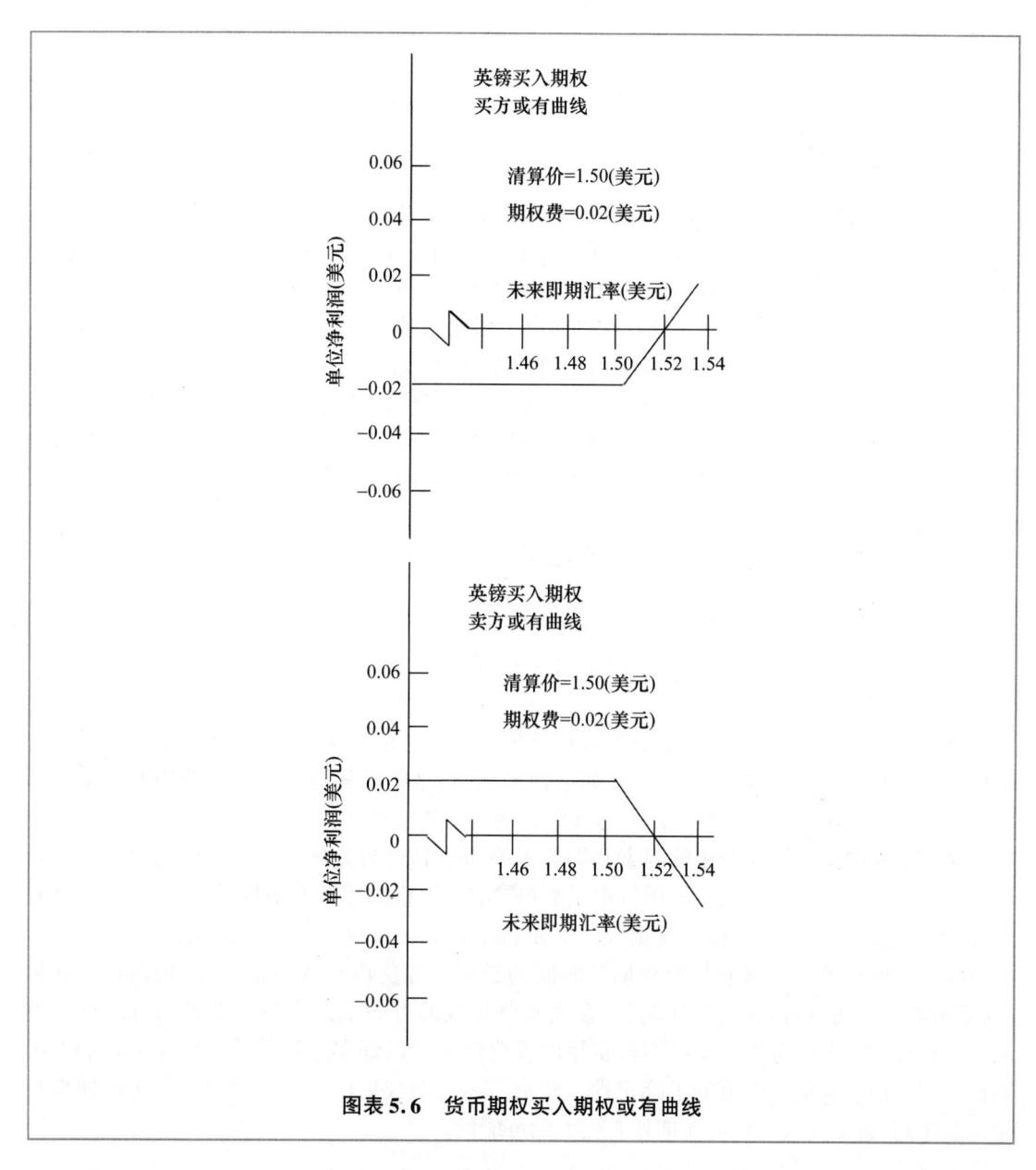

图表 5.6　货币期权买入期权或有曲线

跨国公司的投机。 一些金融机构可能对用货币期权还是其他货币衍生品去投机期货汇率的变动有分歧。然而,大部分跨国公司会用货币衍生品来套期保值而不是投机。跨国公司应该用股东和债权人的资金不断追求成为某一特殊产品或服务的市场领先者,这才是其目标;如果跨国公司是用资金去投机货币衍生品,则是不负责任的。跨国公司的董事会应该保证公司的运营朝着这一目标前进。

5.5 货币卖出期权

货币卖出期权(currency put option)的拥有者有权以特定价(清算价)在特定期限内卖出一种货币。像货币买入期权一样,卖出期权的拥有者并非必须行使该期权。因此,卖出期权拥有者的最大可能损失是为购买该期权合约支付的价款(期权费用)。

货币卖出期权的费用反映了该期权的价格。货币卖出期权的卖家收到买方(拥有者)支付的价格。作为回报,卖方有义务满足买方在这个货币卖出期权上的相应权利。

若当前汇率低于清算价,则货币卖出期权就是实值期权;若当前汇率等于清算价,则货币卖出期权就是等值期权;若当前汇率大于清算价,则货币卖出期权就是虚值期权。一个给定货币和到期日的实值期权将比等值期权和虚值期权要求有更高的期权费用。

5.5.1 影响货币卖出期权费用的因素

卖出期权费用(用变量 P 表示)主要受三个因素影响:

$$P = f(S - X, T, \sigma)$$
$$\quad\quad - \quad + \quad +$$

其中, $S - X$ 表示即期汇率(S)与清算价或行权价(X)的差异; T 表示到期时间; σ 表示货币的不稳定性,由币值变动的标准差度量。如前面描述的,这些因素与卖出期权费用的关系也影响着买入期权费用。卖出期权费用和这些因素的关系概括如下。

第一个影响卖出期权费用的因素是即期汇率与清算价的差异。一种货币的即期汇率与相关清算价的关系对卖出期权费用有重要影响。清算价格的即期汇率越低,卖出期权将越有价值,因为此时实施卖出期权收益更大。请注意相对于买入期权,这种关系刚好相反。第二个影响卖出期权费用的因素是距到期日时间的长短。像货币买入期权一样,到期日时间越长,卖出期权费用也将越高,时间越长,在实施该期权的有效期限内货币变动的可能性就越大。通过评估一个给定货币卖出期权费用的报价情况可以证实这种关系。第三个影响卖出期权费用的因素是货币币值的不稳定性。像货币买入期权一样,不稳定性越大,卖出期权费用也将越高,这也反映了行使该期权有更大的可能性。

5.5.2 跨国公司如何利用货币卖出期权

拥有未平仓外币头寸的跨国公司在一些情况下可能会用货币卖出期权规避头寸风险。

> **举例**
>
> 假定德卢斯公司(Duluth Co.)出口产品到加拿大并对该产品以加元计价开发票(应加拿大进口商请求)。德卢斯公司可能会关心它收到的加元是否将会贬值。为了使公司免受加元可能贬值的影响,德卢斯公司可能会购买加元卖出期权,这使该公司可以用指定的清算价出售加元。本质上来说,该公司将在确定时限内锁定把加元兑换成美元的最小汇率。然而,如果加元在该段时期升值,那么公司可能会让该期权自动失效并以市场即期汇率出售收到的加元。

在一个特定的时间,有些卖出期权是极度虚值期权,即现行汇率远远高于行权价。由于这些期权的行权价很低,以至于它们不太可能被行权,所以这些期权价格很低(有着更低的期权费用)。同时,其他卖出期权的行权价通常高于现行的汇率,因此更可能被行权,所以,这些期权价格更高。

> **举例**
>
> 当使用卖出期权对从欧洲汇入美国的收入进行套期保值时,思科(Cisco)系统公司会权衡其交易。卖出期权能生成低价的套期保值,但是该期权只有在货币即期汇率大幅下跌时才被行权。或者,思科系统能生成以更诱人的汇率行权的套期保值,但是思科系统必须付出更高的期权费用。如果思科系统使用卖出期权的目的仅是在货币严重贬值时避免巨大亏损,则它将愿意使用非高价的卖出期权(低行权价、低期权费用)。但是,如果思科系统的目标是保证货币能够以更诱人的汇率来交易,则它将使用更高价的卖出期权(高行权价、高期权费用)。通过选择行权价的货币期权和满足其目标的期权费用,思科系统和其他跨国公司能够增加它们的价值。

5.5.3 利用货币卖出期权投机

一些个人可能会根据他们对某一货币币值的变动预期而利用货币卖出期权进行投机。例如,投机者预计英镑将贬值,他们就会购入英镑卖出期权,这使他们可以按指定清算价出售英镑。如果英镑的即期汇率的确像预期的那样贬值,那么投机者可能就会以即期汇率购入英镑,通过按清算价出售这些英镑而行使卖出期权。

投机者可能也希望通过出售货币卖出期权而获利。这些期权的卖方将有义务从实施卖出期权的拥有者那里以清算价购入指定货币。投机者认为货币将升值(或至少不会贬值),他们可能也会出售货币卖出期权。如果该货币在整个期限内都升值,那么该期权将不会实施。这对卖出期权的卖方来说将是理想状态,因为出售期权时他们收到了期权费用却不用承担成本。

投机者从交易某种货币的卖出期权而获取的净利润是基于该货币能被售出的行权价与该货币购买价加上购买该卖出期权所支付的期权费用的比较而来的。

> **举例**
> 一份英镑卖出期权投机的资料如下：
> - 英镑卖出期权的期权费用为单位货币 0.04 美元；
> - 清算价为 1.4 美元；
> - 一份期权合约相当于 31 250 英镑。

一旦购入该卖出期权的投机者决定在到期日前当英镑即期汇率为 1.3 美元时行使该期权，投机者那时将在即期市场购入英镑。根据所给资料，该卖出期权买方的净利润计算如下：

	每单位（美元）	每份合约（美元）
英镑售出价	1.40	43 750（1.40×31 250 单位）
−英镑买入价	−1.30	−40 625（1.30×31 250 单位）
−期权费用	−0.04	−1 250（0.04×31 250 单位）
=净利润	0.06	1 875（0.06×31 250 单位）

假定卖出期权的卖方在该期权行权后立即将收到的英镑卖掉，该卖出期权卖方的净利润计算如下：

	每单位（美元）	每份合约（美元）
英镑售出价	1.30	40 625（1.30×31 250 单位）
−英镑买入价	−1.40	−43 750（1.40×31 250 单位）
+期权费用	+0.04	+1 250（0.04×31 250 单位）
=净利润	−0.06	−1 875（−0.06×31 250 单位）

该卖出期权的卖方可能直到英镑即期汇率上升时才会出售英镑（在他不得不以每英镑 1.4 美元的价格购买英镑以后），然而无人能确保英镑会扭转颓势开始升值。在英镑的即期汇率持续下跌情况下，如果不立即卖掉英镑，那么英镑卖方的净损失将会更大。

卖出期权拥有者所获的收益就是该期权卖方的损失（反之亦然）。在没有经纪人费用存在并且期权买卖双方同时平仓头寸时，这种关系就的确存在。然而货币期权经纪人费用是存在的，并且在大小上与货币期货合约费用类似。

卖出期权的买方或有曲线。卖出期权的买方或有曲线对比了在不同汇率情景下卖出期权所支付的费用与收到的报酬。

图表 5.7 的上方曲线说明了当行权价是 1.5 美元，期权费用为每单位 0.03 美元时，英镑卖出期权买方的净收益。如果未来即期汇率超过 1.5 美元，期权拥有者就不会行使该期权。在未来即期汇率为 1.48 美元时，期权拥有者将行使该卖出期权。然而，考虑到每单位 0.03 美元的期权费用，每单位将有净损失 0.01 美元。在本例中的盈亏平衡点为 1.47 美

元,因为此时未来即期汇率将因为行使该期权而获得每单位0.03美元的收入,刚好抵消0.03美元的期权费用。在未来即期汇率低于1.47美元时,卖出期权的买方将获得正的净利润。

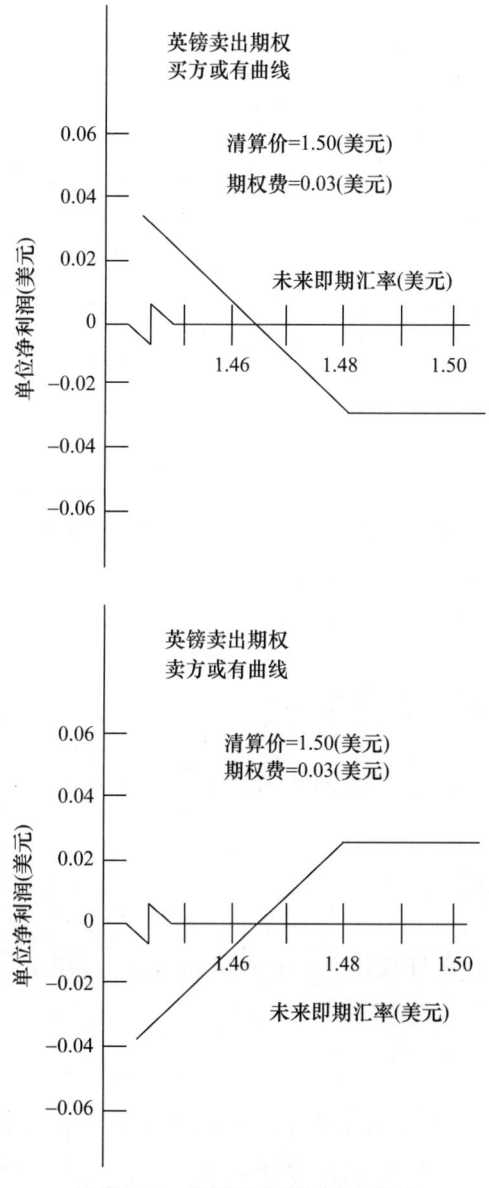

图表5.7 货币卖出期权或有曲线

卖出期权的卖方或有曲线。 卖出期权的卖方或有曲线对比了在不同汇率情景下,售出该期权收到的费用与来自卖出期权买方的可能报酬如图表5.7下方的曲线。它反映了卖出期权卖方或有曲线。

有许多原因可用来解释为什么期权买方净收益并不总是等于期权卖方的净损失。买方可能用买入期权为某外币套期保值而并非投机。这时,买方可能不会根据计算净损益的情况确定应持有的期权头寸,该期权仅用来起保护作用。另外,持有某货币头寸的买入期权卖方可能不需要在行使该期权时购入该货币。为了向要求行使该期权的人支付货币,他们只能把拥有的货币头寸变现。

利用卖出和买入期权联合投机。 对币值不稳定的货币来说,一个投机策略就是购买**同价对敲期权**或**跨式期权**(straddle options),即以相同的清算价购入买入和卖出期权。这样看起来有些多此一举,因为当预计货币贬值时拥有卖出期权是有利的,而当预计货币升值时拥有买入期权是有利的。然而,货币先贬值(此时行使卖出期权)然后掉头升值(此时行使买入期权可以获利)的可能性也是存在的。

而且,人们可能预计该货币将受到当前经济事件的重大影响,但又不能确知货币到底会受到何种影响。通过购买买入和卖出期权,该货币币值无论朝哪一个方向发生大的变动,投机者都将获利。虽然购入两种期权,仅行使一种,但其收益将抵消成本。

货币期权市场效率。 如果货币期权市场是有效的,在某一时点的货币期权费用就能正确反映所有的有效信息。在这些情况下,当投机者在这个市场上投机时,他们很难持续得到异常利润。研究发现,在控制了交易成本后,货币期权市场是很有效的。尽管一些交易策略在特定时期能够产生异常利润,如果在其他时期实施该策略,则会产生巨额亏损。所以,很难了解哪种策略在未来时期能够产生异常利润。

5.6 货币期权的其他形式

除上述货币期权外,还有一些其他形式的货币期权,可以用来满足跨国公司或投机者的特别偏好。

5.6.1 条件货币期权

货币期权构成中可以有**条件费用**(conditional premium),意思是期权费用的支付是以相关期间内货币价值的实际变动为条件的。

> **举例**
>
> 詹森公司(Jensen Co.)是一家美国跨国公司,需要卖出在60天后收到的英镑。它可以协商一份传统的英镑卖出期权,其清算价是1.70美元,期权费用是每单位货币0.02美元。
>
> 或者,它可以与商业银行协商一份条件货币期权,其清算价是1.70美元,所谓的触发价是1.74美元。如果在到期日英镑的价格低于清算价,那么詹森公司将行使期权,收到价是每英镑1.70美元,而且不再支付期权费用。

> 如果英镑的价格在清算价(1.70美元)和触发价(1.74美元)之间,期权则不会被行使,詹森公司也不必支付期权费用。如果英镑价格超过了触发价(1.74美元),那么詹森公司将支付每单位0.04美元的期权费用。值得注意的是,这个期权费用可能高于基本货币卖出期权的期权费用。由于詹森公司在即期市场将收到大量的由英镑兑换的美元,詹森公司可能不太关注这个情况。
>
> 詹森公司必须确定条件货币期权的潜在优点(在某些条件下避免支付期权费用)是否超过潜在的缺点(支付的期权费用高于传统的英镑卖出期权费用)。图表5.8列示了条件货币期权潜在的优点和缺点。在汇率小于或等于触发价(1.74美元)时,条件货币期权使得詹森公司支付的期权费用将大于基本货币期权的费用。相反,在汇率大于触发价,条件货币期权的费用(每单位0.04美元)大于基本货币期权的费用(每单位0.02美元)时,条件货币期权使得詹森公司支付较少的期权费用。

基本货币期权与条件货币期权的选择是根据相关期间对货币汇率的预期而来的。在上个例子中,如果詹森公司确信英镑币值不会超过1.74美元,它会更倾向于选择条件货币期权。

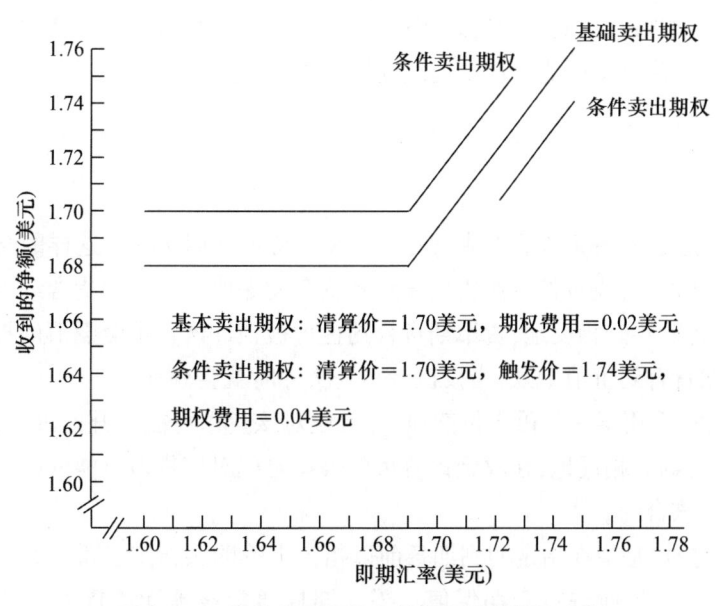

图表5.8 条件货币期权和基本货币期权的比较

条件货币期权也适用于那些近期需要买入外币的美国公司。

> **举例**
>
> 可以明确,英镑的条件买入期权的清算价是1.70美元、触发价是1.67美元。如果英镑价格持续高于买入期权的触发价,则不用支付买入期权的期权费用。但是,如果英镑价格下滑到低于触发价,则需要支付大额期权费用(如每单位0.04美元)。如果在到期日前,只要达到触发价,一些条件货币期权就需要期权费用。而只有在实际到期日那天,当汇率超过了触发价时,另外一些条件货币期权才需要期权费用。

企业也可以使用各种期权组合。例如,一家企业可以购买货币买入期权来规避支付风险,并通过售出一份同种货币的卖出期权来筹集买入期权的资金。

5.6.2 欧洲式货币期权

迄今为止讨论的货币期权都是美国式货币期权(简称"美式期权")。在外汇市场上也可以利用欧洲式货币期权(简称"欧式期权")投机与套期保值。除欧式期权最终必须在清算日实施外,欧式期权与美式期权类似。这样一来,欧式期权灵活性不足。然而在一些情况下这并无影响,例如,购入期权对未来外币现金流量进行套期保值的公司无论如何都不愿意在到期日前实施期权。如果欧式期权和美式期权可在同样的到期日获得,并且欧式期权购买的期权费用相对较低,一些公司可能更喜欢用欧式期权进行套期保值。

小结

- 远期合约指定了标准数量的某一货币在某一特定日期交易。这样的合约可以被企业购买来对支付套期保值,或者被企业售出来对收款套期保值。货币期货合约可能被预计该货币会升值的投机者购买。相反地,货币期货合约也可被预计该货币会贬值的投机者出售。如果该货币贬值,期货合约价值下跌,当投机者平仓头寸时就会获利。

- 若一家公司采用某一货币支付款项,并希望对该货币可能的升值进行套期保值,它会购买该货币期货合约。相反地,在收到该货币的公司希望对该货币可能的贬值进行套期保值时,它就可能出售该合约。

- 买入期权授权是指在指定的到期日前以指定汇率购买指定货币。跨国公司利用买入期权来对未来的应付款项进行套期保值。买入期权通常被预计该货币会升值的投机者所购买。

- 卖出期权授权是指在指定日前以指定汇率出售指定货币。跨国公司利用卖出期权对未来的应收款项进行套期保值。卖出期权通常会被预计该货币贬值的投机者购买。

正方反方

投机者应该使用货币期货还是期权?

正方:投机者应该使用货币期货,因为能够避免大额的期权费用。就投机者而言,他们必须对他们的预期有信心。如果他们对其预期有足够的信心,他们就应该对其预期下注,而不用支付大额的期权费用来为可能的误判套期保值。如果他们对预期没有信心,他们根本就不应投机。

反方:投机者应使用货币期权来映衬他们的信心度。例如,如果他们对某一货币大幅升值很有信心,但是又想进行有限的投资,他们可以买入极度虚值期权。这些期权的行权价很高,但期权费用很低,因此只需较少投资。他们也可以买入行权价很低、期权费用很高的期权,这种情况下,如果货币升值,那么将很可能产生一个较高的回报。投机有风险。投机者必须认识到他们的预期可能是错误的。当期权需要期权费用时,该费用可以限定潜在的向下风险。期权使得投机者能够选择他们愿意承受的向下风险的程度。

孰是孰非? 运用互联网了解该话题的更多内容。你支持哪种观点?对这个问题发表你的见解。

自测题

(答案见书后的附录 A)

1. 现有加元买入期权,清算价为 0.6 美元,由一位投机者以每单位 0.06 美元的期权费用购买。假定该期权合同有 50 000 单位。如果在行使该期权时,加元的即期汇率为 0.65 美元,投机者每单位的净利润是多少?一份合约的净利润是多少?投机者在实施该期权时,实现盈亏平衡的即期汇率应为多少?该期权卖方每单位净利润是多少?

2. 现有澳元卖出期权清算价是 0.80 美元,由一位投机者以 0.02 美元的期权费用购买。如果在到期日澳元即期汇率是 0.74 美元,那么投机者在这一天应该行使该期权还是任其失效?若行使该期权,投机者每单位可获净利润是多少?该卖出期权卖方每单位净利润又是多少?

3. 长期的货币期权被日益广泛地用于汇率风险的套期保值,你认为某些公司为什么决定用其他方法而不是购买长期货币期权来套期保值?

4. 新西兰元的即期汇率是 0.7 美元。1 年后到期的买入期权行权价是 0.71 美元,期权费用是 0.02 美元。同样行权价的卖出期权的期权费用是 0.03 美元。你预期 1 年后新西兰元的即期汇率会上涨到 0.75 美元。

a. 今天,贾罗德(Jarrod)购买了 1 年后到期的新西兰元买入期权。请估计 1 年后贾罗德的每单位利润或亏损(假定期权在到期日行权或者不行权)。

b. 今天,劳里(Laurie)卖出了 1 年后到期的新西兰元卖出期权。请估计 1 年后劳里的每单位利润或亏损(假定期权在到期日行权或者不行权)。

5. 你经常对欧元期权投机头寸。一个月之前,欧元的即期汇率是1.49美元,一个月的远期汇率是1.5美元。当时,你以相应价格卖出了欧元的买入期权,期权费用是0.02美元。如果可行,今天就是行权日。
   a. 如果欧元的即期汇率是1.55美元,计算你期权头寸每单位利润或亏损。
   b. 假定今天欧元的即期汇率是1.48美元,计算你期权头寸每单位利润或亏损。

应用思考题

1. **远期合约与期货合约**。比较远期合约和期货合约。
2. **货币期货的使用**。
   a. 货币期货是如何被公司使用的?
   b. 货币期货是如何被投机者使用的?
3. **货币期权**。区分货币买入期权和货币卖出期权。
4. **远期升水**。墨西哥比索90天期的远期汇率是0.102美元,即期汇率是0.10美元。请计算墨西哥比索是贴水还是升水?
5. **远期合约的影响**。远期合约是如何产生反效果的?
6. **利用货币期权套期保值**。一家美国公司什么时候应考虑购买欧元买入期权来套期保值?公司什么时候应考虑购买欧元卖出期权来套期保值?
7. **利用货币期权投机**。投机者什么时候应购买澳元的买入期权?投机者什么时候应购买澳元的卖出期权?
8. **货币买入期权费用**。列出影响货币买入期权费用的因素,并简要解释每个因素的关系。你认为欧元的等值期权费用是高于还是低于墨西哥比索的等值期权费用(假定每种期权的到期日和其代表的美元总额是一样的)?
9. **货币卖出期权费用**。列出影响货币卖出期权费用的因素,并简要解释每个因素的关系。
10. **利用货币买入期权投机**。兰迪(Randy)以每单位0.02美元的期权费用购入英镑买入期权。清算价是1.45美元,行使该期权时英镑即期汇率是1.46美元。假定一份英镑期权有31 250个单位。兰迪在该期权上赚取的净利润有多少?
11. **利用货币卖出期权投机**。艾丽丝(Alice)以每单位0.04美元的期权费用购入了英镑卖出期权。清算价是1.80美元,行使该期权时英镑即期汇率是1.59美元。假定一份英镑期权有31 250个单位。艾丽丝在该期权上赚取的净利润有多少?
12. **出售货币买入期权**。迈克(Mike)以每单位0.01美元的期权费用出售一份加元买入期权,清算价是0.76美元,行使该期权时的即期汇率是0.82美元。假定该投机者直到行使期权时才能获得加元,并假定一份加元期权有50 000个单位。买入该期权卖方的净利润是多少?
13. **售出货币卖出期权**。布雷恩(Brain)以每单位0.03美元的价格出售了一份加元卖出期权。清算价是0.75美元,行使该期权时的即期汇率是0.72美元。假定布雷恩立即把行使期权收到的加元卖掉。也假定一份加元期权有 50 000 个单位。布雷恩卖出该期权的净利润是多少？

14. **远期合约与货币期权合约**。一家美国公司利用货币期权而不是远期合约对欧元进行套期保值，这样做的优点和缺点是什么？解释为什么跨国公司可以使用远期合约来对已实施的交易进行套期保值，使用货币期权对预期而未实施的合同进行套期保值？为什么远期合约对已实施的交易是有优势的，而货币期权对预期的交易是有优势的？

15. **利用货币期货投机**。假定欧元的即期汇率是循环变化的。你将如何通过欧元期货合约来利用这种趋势赚钱？你将怎样测算这样的策略是否在前几期有利可图？

16. **利用货币衍生品套期保值**。假定下表中第一列所列示的是一家和外国没有交易的美国公司所进行的交易。请对下表中你认为可用来对各项交易进行套期保值的方法打"×"。

	远期合约		期货合约		期权合约	
	远期购买	远期出售	买入期货	卖出期货	购买买入期权	购买卖出期权
a. 乔治城公司计划购买以日元标价的日本商品						
b. 哈佛公司将向日本出售以日元标价的商品						
c. 耶鲁公司在澳大利亚设有子公司，该公司将向美国母公司汇回资金						
d. 布朗公司需要偿付以加元标价的借款						
e. 普林斯顿公司可能会在不远的将来购买一家日本公司（但是该交易可能还未达成）						

17. **货币期货价格的波动**。假定 11 月 1 日英镑的即期汇率是 1.58 美元，并且 12 月期货合约价是 1.59 美元。假定英镑在 11 月发生贬值，到 11 月 30 日时单位英镑值 1.51 美元：

   a. 你认为在 11 月期货价格将发生什么变化？为什么？

   b. 如果你已经知道这种情况会出现，你将在 11 月 1 日购买还是出售一份 12 月的英镑期货合约，请解释。

18. **利用货币期货投机**。假定在 1 月份，3 月份的墨西哥比索期货合约每单位 0.09 美元。再假定有一份同一清算日的远期合约，结算价为每墨西哥比索 0.092 美元。假定交易成本为 0，投机者将可能如何利用这些条件赚钱？这种投机活动将会怎样影响远期合约和期货合约价格的差异？

19. **利用货币买入期权投机**。LSU 公司以投机为目的购买了加元买入期权。如果实施这些期权，LSU 公司将立即在即期市场卖掉加元。每份期权都是以每单位 0.03 美元的期权费用购入，清算价为 0.75 美元。LSU 公司计划直至到期日才考虑是否实施期权，当然，它只有在行使该期权是有利可图时才会行权。在下表中，根据到期日可能出现的加元即期汇率，填入 LSU 公司每单位所能赚取的净利润（或亏损）。

到期日加元可能出现的即期汇率(美元)	该汇率发生时 LSU 公司每单位的净利润(亏损)
0.76	
0.78	
0.80	
0.82	
0.85	
0.87	

20. **利用货币卖出期权投机**。奥博公司(Auburn Co.)以投机为目的购入加元卖出期权。每份期权以每单位 0.02 美元的期权费用购入,清算价是每单位 0.86 美元。奥博公司仅在行使该期权(如果行使该期权有利)前才会购入加元。它计划直到到期日才考虑是否行使期权。在下表中根据到期日可能会出现的加元即期汇率,填入奥博公司每单位所能赚取的净利润(或亏损)。

到期日加元可能出现的即期汇率(美元)	该汇率发生时奥博公司每单位的净利润(亏损)
0.76	
0.79	
0.84	
0.87	
0.89	
0.91	

21. **利用货币买入期权投机**。博玛公司(Bama Corp.)以投机为目的出售了英镑买入期权。期权费用是每单位 0.06 美元,清算价是每单位 1.58 美元。博玛公司行使期权时(如果决定实施该期权),为了履行义务将会购入英镑。在下表中,当该买入期权的买方考虑行使期权时,根据表中所列即期汇率计算并填入博玛公司赚取的净利润(亏损)。

买入期权的买方考虑行使期权时可能出现的即期汇率(美元)	该即期汇率发生时博玛公司的净利润(亏损)
1.53	
1.55	
1.57	
1.60	
1.62	
1.64	
1.68	

22. **利用货币卖出期权投机**。布道格公司(Bulldog Inc.)以每单位 0.01 美元的期权费用出售了澳元卖出期权,清算价是每单位 0.76 美元。该公司预计有效期内澳元可能出现的价值如下表所示,如果表中汇率发生则会行使该卖出期权。计算布道格公司每单位的净利润(或亏损)。

澳元可能出现的价值(美元)	该值出现时布道格公司净利润(亏损)
0.72	
0.73	
0.74	
0.75	
0.76	

23. **利用货币衍生品套期保值**。一家美国职业橄榄球队准备在第二年到英国进行一场表演赛。假定所有费用都由英国政府支付,该球队将收到一张100万英镑的支票。该队预计到安排的比赛日那时英镑将会大幅度贬值。另外,全美橄榄球联盟还必须对参加表演赛进行批准,批准(否决)将要花费3个月时间。该队应怎样对该资金套期保值?套期保值前,等待3个月来看该表演赛是否会被批准可能会使该队失去哪些机会?

批判性思考题

货币期权的定价。回顾有关货币期权如何定价的逻辑。考虑一位投机者,计划在期权费用最低时购入货币期权(币种不限);同时他计划在期权费用最高时卖出货币期权(币种不限)。而另一位投机者利用在期权费用相对较低时(与这类期权的历史期权费用相比),选择买入澳大利亚元买入期权的策略。她也计划在期权费用较高时卖出澳大利亚元买入期权。写一篇短文,描述你对这些策略是否可能成功的看法。

布雷泽公司案例:利用货币衍生品工具

布雷泽公司在交货日期前两个月需要订购存货。它正在考虑是否接受一份来自日本供应商的订单,该订单要求在交货时支付1250万日元。布雷泽公司有两个选择:
- 购买两份买入期权合约(因为每份期权合约代表625万日元);
- 购买一份期货合约(代表1250万日元)。

日元的期货价格在过去显现出即期汇率有轻微下跌的趋势。公司可能会提前利用货币期权对两个月后要支付的日元进行套期保值。布雷泽公司更想对日元支付款的头寸套期保值,因为日元在过去的不稳定性,使得公司不愿保持头寸。如果有一天日元更加稳定,那么公司将不再套期保值。

本·霍尔特是布雷泽公司的首席财务官,他更喜欢有弹性的货币期权而不喜欢远期合约或期货合约,因为如果日元发生贬值,霍尔特就能够让期权到期失效。只要在行使期权时,期权费用不超过每单位价格的1.6%,霍尔特就能使用高于现有的即期汇率5%的清算价来保证布雷泽公司将以比现有即期汇率不多出5%的价格在订货后的两个月付款。

通常,如果行使日元期权,该期权需要的期权费用大约是总交易额的1.5%。例如,近期日元的即期汇率是0.0072美元,公司以清算价0.00756美元购买了一份买入期权,该期权清算价超出现有即期汇率的5%。如果行使该期权,期权费用就是0.0001134美元,它是要支付的日元价格的1.5%。

近期的事件造成日元的期货价格更加不确定,尽管它没有影响到日元的即期汇率、远期或期货汇率。日元的即期汇率仍是0.0072美元,但是清算价是0.00756的美元买入期权,其期权费用现在是0.0001512美元。

另一个选择是从现在起两个月到期的买入期权,它的期权费用是0.0001134美元(这个费用在事件发生前就已存在了),但是它的清算价是0.00792美元。

下面的表概括了布雷泽公司可利用的期权和期货信息。

	事件前	事件后
即期汇率(美元)	0.0072	0.0072	0.0072
期权信息		
行权价(美元)	0.00756	0.00792
行权价(超出即期价的百分比)	5%	10%
单位日元的期权费用(美元)	0.0001512	0.0001134
期权费用(行权价的百分比)	2.0%	1.5%
期权费用总额(美元)	1 890.00	1 417.50
行使期权时日元支付额(不含期权费用)	94 500	99 000
期货合约信息		
期货价格(美元)		0.006912

作为布雷泽公司的分析师,请对如何进行套期保值提供见解。可以利用电子数据表来帮助你分析问题4至6。

1. 如果布雷泽公司使用买入期权对日元支付套期保值,它是否应该使用清算价为0.00756美元的买入期权,或者应该使用清算价为0.00792美元的买入期权?描述这种权衡。

2. 布雷泽公司是否应该允许对日元头寸不套期保值?描述这种权衡。

3. 假定投机者试图利用在订货期和交货期之间对2个月日元波动的预期来投机,即现在购买或出售日元期货,并以期货即期汇率购买或出售日元。已知这个信息,基于订货期的日元即期汇率,对交货期的汇率预期是多少?(你的答案应当含有数字)

4. 假定对日元期货即期汇率的预期,公司与市场保持一致。已知这个预期,倘若公司仅仅基于成本来进行决策(例如,期权、期货合约、不套期保值),那么它的最优选择是什么?

5. 根据实际发生的成本,你在问题4中做出的有关最优套期保值策略,是不是成本最低的策略?为什么?

6. 现在假定你已经知道过去的日元标准差大约是0.0005美元。基于你的估计,你预计期货即期汇率不大可能超出交货日的预期即期汇率2个标准差。也假定期货价格会保持在现在的水平0.006912美元。基于对期货即期汇率的预期,布雷泽公司的最优套期保值策略是什么?

小企业困境：体育用品出口公司对货币期货与期权的应用

体育用品出口公司每月会收到英镑作为它出口橄榄球的收入。该公司预计英镑将对美元贬值。

1. 体育用品出口公司怎样利用货币期货合约对汇率风险套期保值？利用货币期货合约是否存在一些局限性，使体育用品出口公司不能锁定特定汇率，以卖掉在未来每个月预计收到的英镑？
2. 体育用品出口公司怎样利用货币期权合约对汇率风险套期保值？
3. 利用货币期权合约是否会存在一些局限性，使体育用品出口公司不能锁定特定汇率，以卖掉它在未来每个月预计收到的英镑？
4. 吉姆·洛根是体育用品出口公司的所有者，他担心英镑在下一个月会出现大幅贬值，但他也相信某些情况下英镑也可能会发生大幅升值。吉姆应该用货币期货还是货币期权为汇率风险套期保值？选择这种套期保值方法有无缺点？

互联网/Excel 练习

相关网站提供了有关货币期货和期权的信息。

1. 通过互联网回顾货币期货合约的主要价格。今天的期货价格（接近结算日的合约）通常是否反映了当天前期货价格的上涨或下跌？今天是否有能够解释期货价格变动的新闻？
2. 货币期货价格（接近结算日的合约）的变动是否是同方向的？请解释。
3. 如果你购买了接近结算日的英镑期货合约，那么期货价格是多少？倘若一份合约代表6.25万英镑，在结算日你将需要多少美元才能履行该合约？

真实案例在线文章

在网上寻找一篇最近的文章，这篇文章应是国际财务管理的实际应用，或是现实世界中特定跨国公司的案例，该案例能够诠释本章所述的某一个或者多个概念的行为。

如果你的班级有在线平台，教授可以要求你将总结放在在线平台上，这样，其他学生也能看到这篇文章。如果你的班级是面授课堂，教授可以要求你在课堂上汇报你的文章。教授也可以给某个学生布置任务，让学生完成本章作业，或者要求学生自愿完成某些作业。

对于本章所用到的在线文章和现实世界的案例，考虑搜索以下术语，并且将本年度作为搜索关键词以保证在线文章是最近的：

1. 公司和远期合约；
2. 股份有限公司和远期合约；
3. 公司和货币期货；
4. 股份有限公司和货币期货；

5. 公司和货币期权；
6. 股份有限公司和货币期权；
7. 远期市场；
8. 货币期货市场；
9. 货币期权市场；
10. 货币衍生品。

第1篇综合题
国际财务环境

梅塞公司(Mesa Co.)专门生产小巧艳丽的相框,并从美国出口到英国。梅塞公司在出口时以英镑计价开发票,当它收到英镑时会把英镑换成美元。英国对这些相框的需求量和英国经济状况正相关。假定英国的通货膨胀率和利率与美国相似。梅塞公司相信尽管资本流动会因利率差异而得到调节,但美英间的贸易给美国形成的贸易赤字将会由于两国物价的变动而有所变动。梅塞公司相信英镑价值对不断变化的国际资本流动非常敏感,并且对不断变化的国际贸易流动适度敏感。下面是梅塞公司考虑的因素:
- 英国通货膨胀率预计会下降,而美国通货膨胀率预计会上升。
- 英国利率预计会下降,而美国利率预计会上升。

思考题

1. 解释国际贸易流动是如何对通货膨胀率的变化做相应调整的(假定汇率不变),解释国际资本流动是如何对利率的变化做相应调整的(假定汇率不变)。

2. 根据所给信息,梅塞公司会预计英镑在未来贬值还是升值?请解释。

3. 梅塞公司相信国际资本流动会根据利率差异的变动而变动。请说明在本例中是否有可能利率差异发生变化而国际资本流动未发生显著变化?请解释。

4. 根据思考题2的答案,请说明预计的汇率变动会怎样影响梅塞公司的现金流量?请解释。

5. 根据思考题4的答案,请说明梅塞公司应考虑对汇率风险套期保值吗?如果应该,它将怎样用远期合约、期货合约和货币期权来进行套期保值?

第 2 篇

汇率行为

第 2 篇(第 6 章至第 8 章)的重点是有关汇率的一些重要关系。第 6 章解释了政府如何影响汇率变动,以及这种变动又怎样影响经济情况。第 7 章解释了外国货币之间的关系,也解释了任意两个国家的利率差异将如何影响远期汇率。第 8 章讨论了通货膨胀率影响汇率和利率变动的重要理论。

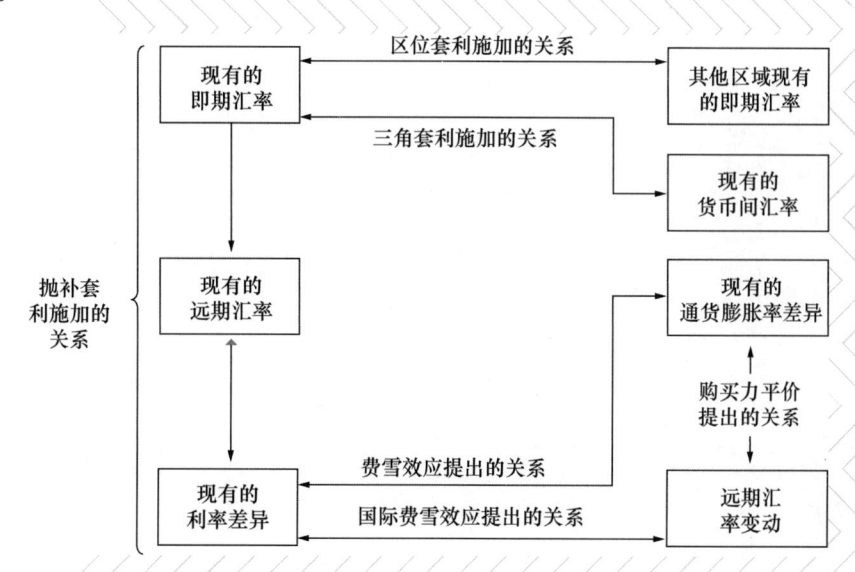

```
                    区位套利施加的关系
    ┌─────────────┐ ←──────────────── ┌─────────────┐
    │   现有的    │                     │ 其他区域现有 │
    │  即期汇率   │                     │  的即期汇率 │
    └─────────────┘                     └─────────────┘
           │         三角套利施加的关系
           │         ────────────────→ ┌─────────────┐
           │                             │   现有的    │
           ↓                             │  货币间汇率 │
                                         └─────────────┘
 抛补套    ┌─────────────┐               ┌─────────────┐
 利施加的  │   现有的    │               │   现有的    │
 关系     │  远期汇率   │ ────────────→ │ 通货膨胀率差异│
          └─────────────┘               └─────────────┘
           ↑                                    ↑
           │                                    │ 购买力平价
           │                                    │ 提出的关系
           │     费雪效应提出的关系              │
          ┌─────────────┐ ←──────────── ┌─────────────┐
          │   现有的    │                │  远期汇    │
          │  利率差异   │                │  率变动    │
          └─────────────┘ ────────────→ └─────────────┘
                国际费雪效应提出的关系
```

第6章
政府对汇率的影响

正如在第4章所解释的那样,政府的政策会影响汇率。有些政府政策的出台就是为了影响汇率;有些政策的出台是为了影响经济状况,但也会间接地影响汇率。跨国公司的绩效会受到汇率的影响,因此财务经理了解政策将如何影响汇率就至关重要。

> **本章目标**
>
> - 描述各国政府所运用的汇率制度;
> - 描述单一欧洲货币的发展和内涵;
> - 解释政府如何利用直接干预影响汇率;
> - 解释政府如何通过间接干预影响汇率。

6.1 汇率体系

汇率制度可根据汇率受政府控制的程度进行分类,通常可分为以下几类:
- 固定汇率制;
- 自由浮动汇率制;
- 管理浮动汇率制;
- 钉住汇率制。

下面分别就每一种汇率制度进行讨论。

6.1.1 固定汇率制

在**固定汇率制**(fixed exchange rate system)下,汇率或保持固定不变,或只允许在很小的范围内波动。为了保持币值在很小的范围内波动,固定汇率制要求中央银行实施更多的干预。总之,为了防止币值发生变动,中央银行必须消除货币供求关系中的任何不平衡影响。有些情况下,中央银行可能会重新设置固定汇率。也就是说,政府会**下调**(devalue)或者说降低本国货币对其他货币的币值。中央银行在固定汇率制下降低币值的行为被称为**汇率下调**(devaluation),而贬值(depreciation)是指对市场状况做出反应后币值的下降。因此除了在固定汇率制下,通常用贬值描述币值下降。

在固定汇率制下,中央银行可**上调**(revalue)或者提高本币相对于其他货币的价值,**汇率上调**(revaluation)反映了中央银行对汇率的向上调整,而升值(appreciation)是指对市场状况做出反应后币值的上升。因此除了在固定汇率制下,通常用升值描述币值上升。

布雷顿森林协议(1944—1971)。根据各国代表在布雷顿森林会议上达成的协议,从1944年到1971年,大部分国家的汇率制度是固定汇率制。由于该协议被称为**布雷顿森林协议**,且从1944年一直持续到1971年,所以这段时期有时也被称为布雷顿森林时代。在此期间,每种货币都按金本位标价。比如,美元的标价被固定在1/35盎司黄金上。由于所有货币都按黄金固定标价,每种货币与另一种其他货币的价值都是固定的。政府则可在外汇市场上进行干预,以保证汇率的浮动不超过原定比率上下各1%。

史密森协议(1971—1973)。在布雷顿森林时代,美国经常发生贸易逆差,这可能意味着美元过于坚挺,因为从外国购买商品时需要的美元超过了外国对以美元标价商品的需求。到了1971年,出现了一些对货币价值进行调整以恢复不同国家间国际收支平衡的呼声。1971年12月,在各国代表出席的会议上,达成了**史密森协议**,呼吁美元对其他货币贬值约8%。另外,币值波动范围也扩大到协议最初确定汇率的±2.25%。然而,国际收支的不平衡仍然在持续发生,到1973年2月,美元再一次贬值。到1973年3月,大部分国家的政府不再试图维持其本币价值在史密森协议所确定的范围内波动。

固定汇率制的优点。固定汇率制对一个国家而言有以下优点。第一,进口商和出口商可以进行国际贸易而不必考虑本国货币与外国货币之间的汇率变动。任何以外币作为支付手段的公司都不会受到货币贬值的影响;任何将来会获得外币的公司也不会受到货币升值的影响。第二,公司可以从事境外直接投资,而不必考虑外国货币的汇率变动。公司可以把以外币表示的收益转换为本国货币而不用考虑该外币将来可能变得疲软。因此,跨国公司的管理将会变得更加容易。第三,投资者可以直接在外国投资基金且不用担心外币疲软。任何一个国家都需要资金来支持其经济增长。能够吸引大量资金的国家通常有较低的利率,从而可以刺激经济增长。

固定汇率制的缺点。固定汇率制的第一个缺点是,仍然存在政府会改变某种货币币值的风险。虽然跨国企业并未面临汇率的持续波动,但它面临着中央银行下调或者上调其货币汇率的可能性。一些中央银行可能会持续干预汇率从而维持货币价值,在中央银行没有资源或能力来持续稳定货币价值时,就会引起人们的担忧。

第二个缺点是,如果汇率是固定的并且预期保持固定,机构投资者则会将资金投向利率最高的国家。结果,利率较低国家的政府就会加强资本流动限制,以阻止本国资金流向利率较高的国家。

第三个缺点是,固定汇率制可能会使每一个国家和它的跨国企业更易受到其他国家经济状况的影响。

> **举例**
>
> 　　假设世界上只有两个国家:美国和英国。假设两国实行固定汇率制,且这两个国家相互之间的贸易非常频繁。如果美国比英国遭受了更严重的通货膨胀,美国的消费者将会在英国购买更多的商品,而英国的消费者则会减少从美国进口商品(因为美国物价更高)的消费。这样就会导致美国的生产量下降,失业增加。相对于英国所能生产的商品而言,对英国商品的过度需求也有可能导致英国产生高通货膨胀率。因此,美国的高通货膨胀率能够导致英国产生高通货膨胀率。在20世纪60年代中后期,美国经受了相对较高的通货膨胀率。人们指责它把通货膨胀也"出口"到了一些欧洲国家。
>
> 　　同样地,美国的高失业率也会导致美国的消费者收入减少并减少对英国商品的购买,因此,英国的生产量将会下降,同时失业将会增加。在这种情况下,美国也许确实把失业"出口"到了英国。

6.1.2　自由浮动汇率制

在**自由浮动汇率制**(freely floating exchange rate system)下,汇率是由市场力量决定的,而不受各国政府干预。这种制度与固定汇率制完全相反,固定汇率制允许汇率在有限范围内变动,而自由浮动汇率制允许汇率自由浮动。自由浮动汇率在一个连续的基准上进行调整以适应货币的供需状况。

自由浮动汇率制的优点。自由浮动汇率制的第一个优点是可以使本国免受其他国家通货膨胀的影响。

> **举例**
>
> 　　继续考虑先前的只有两个国家的例子,但现在是自由浮动汇率制,汇率不受任何政府干预。如果美国遭受了高通货膨胀率,那么美国对英国商品需求的增加会给英镑带来升值的压力;美国遭受高通货膨胀率的后果是英国对美国商品需求的减少,这会导致可出售英镑的供应量减少(换成了美元),引起英镑升值的压力。由于这些市场因素的影响,英镑将升值(在固定汇率制下不允许英镑升值)。英镑升值会导致英国的商品对美国消费者而言变得更贵,即使英国的生产商不提高物价。较高的物价仅仅是由于英镑升值导致的,这就要求必须用比以前更多的美元才能购买到同样数量的英镑。
>
> 　　在英国,按英镑标价的商品的实际价格很可能没有发生变化。即使美国物价上升,由于英镑能兑换更多的美元,英国消费者也能够继续购买美国的商品(因为英镑对美元升值了)。

自由浮动汇率制的第二个优点是可以使本国免受其他国家失业问题的影响。

> **举例**
>
> 　　在浮动汇率制下，美国对英国商品需求的下降将导致美国对英镑需求的减少。这种需求上的转变能引发英镑对美元的贬值(在固定汇率制下不允许英镑贬值)。英镑贬值对美国消费者而言会使英国商品变得更便宜，并抵消由于美国收入水平下降而引起的对英国商品需求的减少。和通货膨胀率一样，在浮动汇率制下，失业率的突然变化对外国的影响会比固定汇率制下对外国的影响更小。

这些例子表明，在自由浮动汇率制下，一个国家发生的问题并不一定具有传染性。汇率的调整作为一种保护手段，可以避免经济问题"出口"到其他国家。

自由浮动汇率制的第三个优点是每个政府可以自由实施一些政策而不用考虑对汇率的影响。

自由浮动汇率制的缺点。在前面的例子中，英国由于实行自由浮动汇率制，不太会受美国所出现问题的影响。尽管自由浮动汇率制对于保护一个国家(英国)是有优势的，但对于一个一开始就有经济问题的国家来说，它可能也会是一个劣势。

> **举例**
>
> 　　如果美国遭受通货膨胀，美元就会疲软，而如前所述英国则不会发生通货膨胀。然而，从美国的角度看，疲软的美元会导致进口产品价格升高。这样美国的材料和供应品的价格就会上升，反过来会提高美国产成品的价格。另外，较高的外币价格(从美国的角度看)可能促使美国消费者购买美国国内产品。美国生产商认为因美元疲软，外国竞争者的竞争力会被削弱，因此它们能更加轻易地提高产品价格，而不用害怕失去客户。

类似地，自由浮动汇率制也会对高失业率的国家产生负面影响。

> **举例**
>
> 　　如果美国失业率上升，那么美国的进口需求将会减少，这会促使美元升值，美元坚挺将刺激美国消费者购买外国商品而不是美国商品，因为外国商品便宜了。但这种反应在高失业率期间实际上对美国是不利的。

前面的例子说明一个国家的经济问题会因自由浮动汇率制而变得更加复杂。在这种制度下，跨国公司就需要致力于对汇率波动进行计量和风险管理。

6.1.3　管理浮动汇率制

管理浮动汇率制(managed float exchange rate system)允许货币价值每日波动，但是政府可以进行周期性干预,以达到特定目的。中央银行可以进行干预从而达到维持货币价值在界限内波动(这可以不必向公众披露),或试图影响当地经济状况。管理浮动汇率制与自由浮动汇率制不同,前者的目的在于政府能够(而且有时的确)进行干预,以防止汇率在某一个方向发生剧烈波动,或达到其他经济状况。政府用来控制汇率变动的各种干预手段在本章后面会进行讨论。有时候,各国(包括巴西、丹麦、俄罗斯和韩国)中央银行,会强加一个货币币值的浮动区间以限制汇率变动,然而,当它们发现并不能将币值维持在这个区间时,因此只好改变或取消浮动区间。

管理浮动汇率制的国家。 尽管各自的中央银行可能进行周期性干预,但大部分发达国家(例如美国、英国、澳大利亚和日本)允许货币汇率浮动。图表6.1列示了一些允许其货币汇率浮动的国家。尽管这些国家的政府可能进行周期性干预,但干预的程度和频率在各国之间差异巨大。美国和加拿大很少在外汇市场进行直接干预。然而,它们仍然会实施一些政府政策,这些政策会对货币价值有特殊影响。

图表6.1 管理浮动汇率制的国家(尽管政府干预可能会定期发生)

国家或地区	货币	国家或地区	货币
阿富汗	阿富汗尼	墨西哥	墨西哥元
阿根廷	阿根廷比索	挪威	挪威克朗
澳大利亚	澳大利亚元	巴拉圭	瓜拉尼
玻利维亚	玻利维亚诺	秘鲁	新索尔
巴西	雷亚尔	波兰	兹罗提
加拿大	加元	罗马尼亚	列伊
智利	智利比索	俄罗斯	卢布
丹麦	丹麦克朗	新加坡	新加坡元
欧共体成员	欧元	南非	兰特
匈牙利	匈牙利福林	韩国	韩元
印度	印度卢比	瑞典	瑞典克朗
印度尼西亚	印度尼西亚卢比	瑞士	瑞士法郎
以色列	新谢克尔	中国台湾	新台币
牙买加	牙买加元	泰国	泰铢
日本	日元	英国	英镑

对管理浮动汇率制的批评。 一些批评者认为管理浮动汇率制允许政府以某种有益于本国而有损于别国的方式控制汇率。比如,一国政府可以通过使本国货币贬值以刺激其不景气的经济。因为本币疲软可吸引外国的需求,所以这种政策可增加对本国产品的总需求,而减少对其他国家产品的需求。尽管这种批评是有道理的,但采用固定汇率制也有同样的问题,因为政府有权下调其货币汇率。

6.1.4 钉住汇率制

有些国家采用**钉住汇率**(pegged exchange rate),即本国货币币值钉住某一外国货币或某一记账单位。当本国币值固定于某一钉住的外国货币(或记账单位)时,它就会随着该外币与其他货币的币值波动而波动。

一些政府使其货币币值钉住一个稳定的货币,例如美元,因为这会使其货币币值稳定。第一,这会使其货币对美元的汇率固定;第二,其货币对非美元货币的变动将会和美元对这些货币的变动保持一致。因为美元比大多数的货币稳定,钉住美元也会使该货币比大多数货币稳定。当不确定的经济或政治环境使得本国货币波动较大时,政府可能会实施一个钉住汇率。

钉住汇率制的局限。虽然因为汇率预期稳定能够使实行钉住汇率制度的国家吸引到外国投资,但是糟糕的政治和经济状况也会使公司和投资者怀疑钉住汇率能否持续。例如,如果一个国家突然发生经济衰退,一些公司和投资者就可能会撤回投资从而使得这个国家遭受资本外流,因为这些公司或投资者相信在其他国家有更好的投资机会。这些活动导致本币与美元或其他货币进行兑换时处于劣势,从而带来本国货币贬值的压力。中央银行需要干预外汇市场(正如解释的那样,是短期性地)以抵消贬值压力,但可能无法再维持钉住汇率。如果钉住汇率失败而汇率改由市场决定,本国货币币值可能会发生暴跌。

如果外国投资者担心钉住汇率会失败,它们会很快地卖掉它们在该国的投资并转换为投资者的本国货币。这些活动会导致该国货币产生更大的贬值压力。甚至本国投资者都开始担心钉住汇率失败而考虑卖掉自己在本国的投资并且转换为美元或者其他货币。本国投资者可以在钉住汇率失败之前把它们持有的本国货币转换为美元并在美国投资,并且一直保有这些在美国的投资直到钉住汇率失败、本国货币贬值为止。然后它们可以卖掉在美国的投资,再将所得的美元以一个较高的汇率转换为本国货币。这些在一开始就把本国货币转换为美元的行为会对本国货币造成更大的贬值压力。

正因为这些原因,一个国家在经历一些大的政治和经济问题时很难保持钉住汇率。虽然一个具有稳定汇率的国家能吸引外国投资,但如果投资者担心钉住汇率失败,它们会把其资金转移到其他国家。因此,钉住汇率制最终会增加一个国家经济的不稳定性。下面会给出一些钉住汇率制的例子。

欧洲的蛇形浮动制度(Europe's Snake Arrangement)(1972—1979)。该制度是由一些欧洲国家于1972年4月建立的,其目标是将它们各自的汇率维持在规定的限度内。这种制度被称为**蛇形浮动**。蛇形浮动很难维持,而且市场的压力也导致一些货币汇率在规定的限度之外波动。结果,当有些成员国退出蛇形浮动制度后,其他货币之间的汇率则需被重新规定。

欧洲货币体系(1979—1992)。鉴于蛇形浮动一直存在问题,欧洲货币体系(European Monetary System, EMS)于1979年3月出台。在欧洲货币体系的安排下,成员国间的汇率需要保持在一定的限度内,而且也与欧洲货币单位(European Currency Unit, ECU)相联系。欧洲货币单位是成员国间的加权平均汇率,每一国所占权数是按成员国相对的国民生产总值以及在欧洲内的贸易活动分配的。这些成员国的货币被允许按最初确定的面值以不超过2.25%(有些货币可达到6%)的幅度波动。

联系欧洲各国货币币值与欧洲货币单位的方法,就是所谓的**汇率机制**(ERM)。参与国政府在外汇市场进行干预以保持汇率机制所建立的汇率界限。

欧洲货币体系要求参与国利率相似,两种货币之间的利率不允许偏差太多,以免货币流向高利率国家。1992年德国政府为了避免过度消费和通货膨胀,提高了利率。其他的欧洲国家为了刺激经济以降低失业率,而计划降低利率。然而,它们的利率受德国利率的影响较大,最终没有达到增强经济的目标,最后导致一些国家撤出欧洲货币体系。欧洲国家认识到只有一直使用钉住汇率才有效,这给1999年出现的单一欧洲货币制度(欧元)提供了一个良好的开端。

墨西哥的钉住汇率制(1994)。 1994年,墨西哥中央银行采取钉住汇率制度,将墨西哥比索与美元挂钩,但是也允许墨西哥比索对美元的汇率在一定区间内浮动。墨西哥央行通过频繁的干预加强了墨西哥比索与美元的挂钩。墨西哥在1994年经历了大规模的贸易赤字,这可能是由于墨西哥比索被高估,从而导致墨西哥公司和消费者购买过多的进口商品。

许多墨西哥的投资者意识到墨西哥比索是被人为地维持在这样高的一个水平上,因此它们通过将资金投向美国从而对墨西哥比索的潜在贬值进行投机。一旦墨西哥比索疲软,它们就会将它们在美国的投资变现并以较高的汇率把美元兑换为墨西哥比索。

1994年12月,墨西哥比索贬值的压力已经很大了。1994年12月20日,墨西哥央行将墨西哥比索汇率下调了13%,墨西哥股市价格随即暴跌,因为许多外国投资者预计墨西哥比索会进一步贬值而卖掉它们持有的股份,从墨西哥撤回了资金。到了同年12月22日,墨西哥央行宣布允许墨西哥比索自由浮动,墨西哥比索又进一步贬值了15%。这就是所谓的"墨西哥比索危机"(Mexican peso crisis)的开始。为了鼓励外国投资者不要撤回在墨西哥债券市场上的投资,墨西哥央行提高了利率,但是更高的利率增加了墨西哥公司和消费者的借款成本,从而减缓了经济增长。

墨西哥的财政问题导致投资者对以墨西哥比索计价的证券失去了信心,所以它们将这些投资变现并将资金转移到其他国家。它们的行为对墨西哥比索造成了额外的贬值压力。

1994年12月20日之后的四个月,墨西哥比索对美元的价值下降超过了50%。如果墨西哥比索在1994年整年都自由浮动,也许墨西哥比索的危机就不会发生,因为市场会将墨西哥比索价值调整至自然水平。危机表明央行的干预不一定能压制住市场力量。因此这次危机可以作为让货币自由浮动的有力论据。

20世纪90年代末的亚洲钉住汇率。 在20世纪90年代末,许多亚洲国家例如印度尼西亚、马来西亚、泰国,都将其货币钉住美元。当这些国家的经济强硬时,钉住汇率较为有利,因为这样可以减少大型美国机构投资者投资亚洲的顾虑。美国机构投资者投资了亚洲公司股权,并购买亚洲公司和政府发行的债务证券。结果,一些亚洲国家严重依赖国际投资来支持其增长。

当亚洲经济释放疲软信号时,机构投资者开始撤回资金,这导致在外汇交易市场中,卖出用以交换美元的亚洲货币供给大量增加。在钉住汇率盛行时,用以兑换美元的货币供给比美国对这种货币的需求更多。为了维持钉住汇率,一些亚洲国家不得不提高利率,试图从美国投资者那里吸引更多的资金,这又会增加美国对资金的需求。

然而,更高的利率增加了在亚洲国家本地借款公司的债务成本,这会阻碍公司的扩张,并进一步削弱经济。而且,该战略在吸引更多的美国资金方面并不成功,因为美国投资者担心钉住汇率会破裂。因此,这些国家的央行不能抵消亚洲货币兑换美元的兑换量,钉住汇率制也就无法维持。在1998年许多亚洲货币都贬值了20%,甚至更多。

由于亚洲货币价值急剧下降,一些亚洲政府为其赤字进行融资,用美元结算债务,这就需要用更多的货币来偿付债务,这又引起了更多的问题。这些情况导致了所谓的亚洲危机,这最终也导致了许多政府被国际货币基金组织(IMF)和其他发达国家逐出。中国相对其他亚洲国家受到的不利影响较小,因为它并没有严重依赖外国投资来支持本国发展,中国没有经历像其他亚洲国家那样突然被撤回资金的情况。

中国钉住汇率制(1996—2005)。 从1996年到2005年,中国的货币以大约0.12(1美元等于8.28元人民币)的比例钉住美元。在这段时期内,人民币对其他非美元货币币值的每日波动幅度和美元相同。由于钉住美元,因此即使在美国对中国的贸易逆差超过了每年1 000亿美元的时候,人民币币值还维持在相同的水平。

自2005年以来,中国允许人民币汇率波动,但仍然保持在一定范围之内。中国人民银行每天早上设定人民币汇率(被称为"固定值"),随后允许汇率变动2%,以作为当天对涉及人民币买卖的市场交易的反应。中国人民银行每天上午设定汇率时考虑的一个因素是前一天的收盘价。通过这种方式,中国人民银行考虑了市场条件如何影响人民币的价值。

委内瑞拉的钉住汇率制度。 历史上,委内瑞拉政府习惯将其货币(玻利瓦尔)与美元挂钩,尽管存在周期性的贬值。2010年1月,政府制定了一套系统,设置了玻利瓦尔的官方汇率,以便当地企业可以购买诸如药品和当地无法生产的特定健康产品等重要进口商品。此外,委内瑞拉还为那些希望在非必需进口商品上兑换美元的当地公司设定了不太优惠的钉住汇率。然而,在不那么有利的汇率下,一些本地公司仍然愿意把玻利瓦尔兑换成美元,因为高通货膨胀率会导致一些在委内瑞拉本地生产的非必需品的产品比进口产品更加昂贵。

委内瑞拉的汇率是与美元挂钩的,但钉住美元的汇率被定期修正,以使玻利瓦尔对美元和其他货币发生贬值。由于贬值的玻利瓦尔使委内瑞拉的消费者在消费外国产品时需要付出更高的成本,这应该能增加对当地产品的消费,并阻碍进口外国产品。此外,玻利瓦尔的价值剧烈下降,应该会使委内瑞拉的产品对外国公司而言价格更低,从而增加委内瑞拉产品的外国需求。这样,玻利瓦尔贬值可以改善委内瑞拉经济并减少失业。此外,因为委内瑞拉是一个重要的石油出口国,而且这些出口以美元计价,所以当玻利瓦尔发生贬值时,委内瑞拉政府获得了大量的换算为玻利瓦尔的石油收入。货币贬值的一个缺点是,它允许委内瑞拉的一些公司提高当地产品的价格,而不用担心客户流向外国公司。因此,近年来,委内瑞拉的通货膨胀率大幅上升,降低了当地居民的购买力。

用于钉住货币币值的联系汇率。 联系汇率(currency board)是一个将本国货币币值与其他特定货币币值相挂钩的系统。联系汇率要求该国必须保有其挂钩的所有货币的外汇储备。大量的外汇储备也会增加一个国家央行保持其钉住货币的能力。

> **举例**
>
> 自1983年以来中国香港地区将它的货币(港元)与美元挂钩(7.8港元=1美元),流通中的每一港元都有美元储备作为支持。经济环境的变化引起了港元在美国外汇市场上供给与需求的周期性不平衡。因此,香港金融管理局必须在外汇市场上进行干预性交易以消除不平衡。因为港元和美元之间的固定汇率非常稳定,因此不用考虑任何汇率风险,两个地区的企业都非常希望与对方进行交易。

只有当投资者相信联系汇率能够维持的时候,联系汇率才有效。如果投资者相信市场力量会阻碍政府维持汇率水平,它们会将资金转移到货币更坚挺的其他国家。当外国投资者从一个国家撤回它们的资金并兑换为其他货币时,这会对该国货币造成更大的贬值压力。如果货币的供给持续大于需求,那么政府会强制贬值其货币。

> **举例**
>
> 1991年,阿根廷建立了联系汇率制度以使阿根廷比索钉住美元。1992年,阿根廷遭受了严重的经济问题,政府无力偿还其债务。外国和本国投资者都开始将资金转移到其他国家,因为它们害怕投资得不到较高的回报。它们要求将阿根廷比索兑换为其他货币,例如美元,因此导致在外汇市场上用于交易的阿根廷比索供给过量。政府无力维持1阿根廷比索=1美元的汇率,因为在这个汇率水平上,用于交易的阿根廷比索供给超过了需求。1992年3月,政府将阿根廷比索汇率下调至1阿根廷比索=0.71美元(1.4阿根廷比索=1美元)。但即使是在这个汇率水平上用于交易的阿根廷比索供给依然超过了需求,因此阿根廷政府决定让阿根廷比索的币值随着市场情况浮动而不是由政府规定阿根廷比索的币值。

如果预计联系汇率在较长的一段时间内都会存在,那么这样就会减少该国货币疲软的焦虑,因此会鼓励投资者保持在该国的投资。当然,联系汇率也只有在政府能够使投资者相信汇率会维持不变时才值得考虑。

钉住货币对利率变动的影响。 一个实行联系汇率制度的国家并不能完全控制自己的利率,因为它的利率必须根据其所钉住货币的利率进行调整。

> **举例**
>
> 回想我们提到的例子：港元是钉住美元的。如果中国香港地区降低利率以刺激其经济增长，那么中国香港地区的利率将会低于美国的利率。投资于香港地区的投资者会将港元兑换为美元并且投资于美国，因为美国的利率更高。因为港元钉住美元，所以投资者可以在投资期结束的时候将投资兑换回港元而不用考虑汇率风险，因为汇率是固定的。
>
> 如果美国提高了利率，香港地区也会被迫提高自身利率（在与美国的证券风险相近的证券上）。否则，香港地区的投资者就会把资金投向美国以获得更高的收益。

当一个国家建立了联系汇率制度时，即使不能完全控制自己的利率，它的利率也会比没有建立联系汇率时更加稳定。本国货币利率会随着它所钉住的货币的利率而变动。利率可能包含了这样的风险溢价——既可以反映违约风险又可以反映联系汇率可能终止的风险。

钉住货币的汇率风险。 一个已经钉住某种货币的货币就不可能钉住其他的货币了。如果钉住了美元，那么该货币对其他货币的币值就会强制性地随着美元对其他货币币值的变动而变动。

> **举例**
>
> 从1991年到2002年，阿根廷比索钉住美元。在南美洲，美元通常比巴西雷亚尔以及其他货币坚挺，因此，阿根廷比索也比其他货币坚挺。但是许多阿根廷的出口商受到了阿根廷比索坚挺的不利影响，因为对于进口商来说，阿根廷的商品变得更贵了。现在阿根廷的联系汇率制度已经取消了，阿根廷比索不再随着美元对其他货币的变动而变动。

钉住汇率分类。 图表 6.2 列示了实行钉住汇率制的国家，大多数货币都是与美元或者欧元建立钉住关系。

图表 6.2　实行钉住汇率制的国家及钉住的货币

国家或地区	本币名称	钉住对象
巴哈马群岛	巴哈马元	美元
巴巴多斯	巴巴多斯元	美元
百慕大	百慕大币	美元
文莱	文莱元	新加坡元
保加利亚	保加利亚列弗	欧元
丹麦	丹麦克朗	欧元
中国香港	港元	美元
沙特阿拉伯	沙特里亚尔	美元
阿拉伯联合酋长国	迪拉姆	美元
委内瑞拉	玻利瓦尔	美元

6.1.5 美元化

美元化(dollarization)是指以美元代替本国货币。这超越了联系汇率制度,因为美元化强制性地以美元代替本国货币。虽然美元化和联系汇率都是为了将本国货币币值钉住,但是联系汇率并没有以美元来代替本国货币。一旦决定采用以美元代替本国货币,就不容易再倒退回去,因为该国已经不再有本国货币了。

> **举例**
>
> 从1990年到2000年,厄瓜多尔的货币(the sucre,苏克雷)对美元贬值了大约97%。货币疲软导致不稳定的贸易环境,以及高通货膨胀率和反复波动的汇率。在2000年,为了稳定贸易和经济环境,厄瓜多尔决定以美元代替苏克雷作为本国货币。到了2000年11月,厄瓜多尔的通货膨胀率已经降低了,经济也开始增长了。因此,这表明美元化也有有利的效果。

6.1.6 货币黑市

当一国政府设定固定汇率,并对居民实施限制,要求他们在兑换货币时使用官方汇率,这可能会引发外汇市场的"黑市"(black market)。"黑市"这个词指的是一个地下(非法)网络,它绕过了经济中的正规(合法)网络。在一些国家,黑市可能在一定程度上会被政府容忍,尽管该市场的活动可能有意规避政府的正式规定。外汇黑市可以让居民从事外汇交易,而这些交易可能不会得到政府的官方批准。

在委内瑞拉,黑市使得居民能够将玻利瓦尔兑换成美元。例如,一些居民可能想要美元,这样他们就可以购买美国的非医疗产品,这些产品比当地生产的产品便宜很多。政府不鼓励居民购买非必需的外国产品,因此居民转向黑市以获取美元。尽管玻利瓦尔的黑市汇率低于官方汇率,但居民们愿意在黑市上兑换美元,因为他们想要的以美元计价的商品价格要比以玻利瓦尔计价的商品价格便宜得多。

要想让黑市发挥作用,不仅需要那些想要兑换当地货币的居民,还需要那些能够提供兑换所需货币的居民。例如在委内瑞拉,黑市的作用是,一些因出口或其他交易而获得美元的居民愿意与那些想要美元的居民兑换货币。一些有美元的居民可以参加,因为在黑市上,他们可以得到比在政府官方汇率下更多的玻利瓦尔。尽管黑市汇率对当地出售货币(如玻利瓦尔)的居民来说并不有利,但对于那些拥有其他居民非常想购买的货币(如美元)的居民来说,是非常有利的。

当当地居民担心即将发生货币危机时,外汇黑市就变得尤其活跃,因为它可以使居民在当地货币被政治或经济状况进一步削弱前,将一些资金转移出国(并将其转换成不同的货币)。即使黑市汇率不像那些试图出售本国货币的政府汇率那样优惠,但许多居民仍然愿意接受黑市汇率,因为他们担心随着时间的推移,本国货币会贬值。这样的担心会导致本国货币被大量抛售,以换取美元或其他货币,从而导致更为严重的货币危机。

一些批评人士可能会辩称,如果政府不对当地居民实施外汇限制,那么政府的管制行为将会变得更好,黑市将没有存在的意义。然而,在当地正在经历不利的政治或经济状况时,如果当地政府不对现有的交易进行限制,那么当地居民可能会合法地将大部分资金转移到其他国家。

6.2 单一欧洲货币计划

1992年,马斯特里赫特条约(Maastricht Treaty,简称"马约")呼吁实行单一欧洲货币。1999年1月,欧元取代了欧洲11国的国家货币(2002年,在所有交易中正式实施以欧元作为单一货币),自此多了8个国家使用欧元。将欧元作为本币的国家有:奥地利、塞浦路斯、比利时、爱沙尼亚、芬兰、法国、德国、希腊、爱尔兰、意大利、拉脱维亚、立陶宛、卢森堡、马耳他、荷兰、葡萄牙、斯洛伐克、斯洛文尼亚、西班牙。参与的国家建立了欧元区,它们创造了全世界大约20%的GDP,总产值超过美国。

丹麦、挪威、瑞典、瑞士和英国继续使用本国货币。一些来自东欧的欧盟国家(包括保加利亚、克罗地亚、捷克共和国、匈牙利、波兰和罗马尼亚),如果它们满足了具体的经济目标,包括财政预算赤字的最大限制,就具备了加入欧元区的条件。

一些东欧国家(如拉脱维亚和立陶宛)在它们还未正式采用欧元作为本国货币时,采用了将其货币与欧元的钉住制度。当它们的本币与欧元一起相对于其他货币变动时,它们能够估计经济将如何受影响。

6.2.1 欧元区的货币政策

欧元旨在使所有成员国使用相同的货币政策。坐落在法兰克福的**欧洲中央银行**(ECB)负责为所有参与(欧元)的欧洲国家制定货币政策。它的目标是控制参与国家的通货膨胀率和稳定(在一定的合理范围内)欧元对主要货币的币值。因此,ECB的目标是稳定价格和稳定货币,这和世界上其他个体国家的中央银行目标相一致,不同之处在于ECB关注一组国家而不是单个国家。相比于各个国家拥有各自的货币政策,拥有相同货币政策的一系列国家可以达到更好的经济稳定性。

然而,单一的欧洲货币政策阻止了任何欧洲国家试图用独特的政策来解决本国的经济问题。欧元区在特定时期使用的一种特定的货币政策,虽然可能会改善一些欧元区国家的状况,但对另一些欧元区国家则会产生不利影响。例如,旨在降低利率、刺激经济增长的欧元区政策,可能有利于一个经济疲弱的欧元区国家,但可能会导致另一个欧元区国家的通货膨胀率上升,而这个国家本已拥有强劲的经济,且接近充分就业。

6.2.2 对欧元区企业的影响

因为欧元区使用单一的货币,如今欧洲各国之间的产品价格更具有可比性,因此,企业可以很容易决定从哪里以最低成本获得商品。另外,使用同一货币使得企业可以在欧元区从事贸易活动时不用考虑转换成本。使用同一货币也促使来自不同国家的企业进行长期的商业贸易,因为它们不再面临汇率变动的风险。

在竞争方面,欧洲的企业将面临更大的压力,因为它们需要与整个成员国内同一行业的企业进行比较,而不仅仅是本国内企业。此外,因为使用了相同的货币,它们的业绩(以收入或利润衡量)也更容易和其他企业相比较。

6.2.3 对欧元区金融流的影响

单一欧洲货币将促使参加的欧洲国家的利率与政府债券的无风险利率相接近。各国利率之间的任何差异都将促使这些欧洲国家的投资者把资金投向利率最高的货币,这会使得这些国家之间的无风险利率重新调整。虽然如此,两个到期日相同的政府债券之间的利率还是会有差异的,因为它们之间的信用风险不同。

只要该债券用欧元计价,欧元区投资者就可以在这些国家从事政府债券和企业债券的投资而不用考虑汇率风险。即使都以相同货币计价,欧元区债券的投资收益也会不同,因为有些发行人的信用风险可能较高。

欧洲各国的股票价格现在也更具可比性了,因为它们都是用同一种货币计价的。投资者现在可以在这些国家之间进行股票投资而不用考虑汇率风险,因此跨国投资比以前更多了。

6.2.4 欧元区国家危机对其他欧元区国家的影响

欧元区国家不仅实行同样的货币政策,而且被鼓励开展更多业务,因为它们都使用欧元作为本国货币(不受汇率风险影响)。因此,一些欧元区国家会将有利因素带到其他欧元区国家。然而,同样的道理也表明,一些欧元区国家也可能把不利因素传递到其他欧元区国家。此外,欧元区的安排可能会让每一个欧元区国家的政府(法律上或政治上的)承诺帮助那些遭遇经济危机的欧元区国家。尽管这一安排可能对需要帮助的欧元区国家有利,但对提供援助资金的欧元区国家来说可能代价高昂。

举例

2002年在一开始欧元作为货币出现时,希腊就是有资格加入欧元区的欧洲国家之一。2010年,希腊经历了疲弱的经济状况。此外,当时的政府承认希腊在过去8年的年度预算赤字被政府严重低估。因此,政府没有能力从债权人手中获得新的贷款。它的债务评级随即被评级机构大幅下调,并且政府一度为其债务支付了大约11%的利息(而其他欧元区国家的政府利率为4%)。它的巨额预算赤字部分是由政府慷慨的公共部门工资和养老金造成的,这导致了大量的政府资金外流,此外无效的税收制度限制了政府的资金流入。

为了应对希腊的债务危机,其他欧元区国家的政府和银行在2010年提供了1 100亿欧元的救助贷款。为了获得贷款,希腊同意满足所谓的紧缩条件,比如削减公共部门的工资和养老金并增加税收。然而,即使在获得贷款之后,希腊政府的花费仍比税收更多,而且在2012年,它还提出需要另一笔救助。欧元区各国政府和其他债权人提供了约1 300亿欧元的新贷款,并再次要求希腊实施具体的财政紧缩性措施,以纠正其过度支出。

尽管几个欧元区国家向希腊发放贷款旨在稳定希腊的经济,但这也增加了这些国家对希腊债务危机的风险。如果希腊政府拖欠欧元区政府债务或大银行的债务,那么那些提供大量贷款的政府或银行可能会遭遇债务危机。债务危机与银行危机密切相关,因为银行的业绩依赖于借款人偿还的贷款。欧元区的许多银行不仅因为希腊的债务危机而陷入财务困境,还因为住房部门贷款违约造成了巨额损失。这导致了欧元区债务危机(也被称为欧元区银行业危机)。

到2015年,希腊的公共债务总额已增至约3 200亿欧元,其中大部分贷款来自欧元区的政府和银行。根据提供给希腊的贷款总额估计,受希腊债务危机影响最大的三个国家是德国(570亿欧元)、法国(430亿欧元)、意大利(380亿欧元)。然而,考虑到国家所提供的贷款占每年的经济产出的比例,马耳他、斯洛文尼亚和西班牙是受影响最大的国家。

2015年7月,希腊政府表示,它无法满足现有的贷款还款计划,并要求其他欧元区国家的政府提供总计约530亿欧元的额外贷款。这些国家的政府已经在很大程度上暴露于希腊危机之下,因为之前它们向希腊提供的贷款可能无法偿还。各国政府认识到,只有在获得更多贷款的情况下,希腊才有能力解决危机。除此之外,它们还认识到,它们要想收回之前借给希腊的资金,唯一的办法就是再向希腊提供额外的贷款。

然而,这些政府可能担心希腊不会恰当地使用这些新资金来解决债务危机,因为在过去提供贷款时,希腊未能满足实施的所有紧缩措施。因此,一些欧元区的政府可能已经把向希腊提供的新贷款视为在坏钱(未偿还的前贷款)之后扔出的好钱(新贷款)。因此,尽管许多政府可能会支持希腊获得更多贷款,但它们可能更倾向于不提供新的贷款。一些欧元区的政府可能会辩称,过去它们已经向希腊提供了大量资金;而另一些政府可能认为,它们无力提供更多的贷款。每一个欧元区国家的公民都可以提出,他们的政府和地方银行应该优先考虑解决本国的金融问题,而不是解决其他国家的问题。

欧元区银行业危机的影响。 在希腊债务危机期间,葡萄牙和西班牙也经历了银行业危机(主要原因是大规模的贷款损失),而意大利和爱尔兰则因其潜在危机而受到高度关注。尽管每个国家的银行业危机都是独一无二的,但我们可以从欧元区的债务危机中汲取一些共同的教训。

第一,欧元区的银行业是一体化的,因为许多银行相互依赖并提供资金。因此,一家银行的财务问题很容易扩散,影响到欧元区其他银行。

第二,欧元区的银行经常参与财团,这意味着多家银行共同为某个政府组织或跨国公司提供数额庞大的贷款。这将导致一旦借款人无法及时偿还贷款,欧元区的许多银行就会受到影响。因此,如果任何一个欧元区国家经历了疲软的经济状况,从而降低了其所属公司偿还贷款的能力,那么整个欧元区的银行都可能会受到影响。

第三,鉴于这些潜在的传染效应,任何一个欧元区国家的不利消息都可能引发人们的担忧,即这些问题将蔓延至其他成员国。这些担忧往往会增加在欧元区交易证券的风险。作为回应,世界各地的投资者可能不会继续在欧元区进行投资(购买股票、债券和其他证券)。结果是欧元区的证券价格下跌,加剧了金融市场的恐慌。

第四,欧元区各国政府没有自己的货币政策,因此当它们遇到严重的财政问题时,必须依靠财政政策(如增加税收和降低税收)来解决。尽管这种财政政策在短期内可以刺激一国的经济,但它会导致更大的政府预算赤字,并可能引发人们对政府未来无法偿还债务的担忧。此时,通常作为欧元区国家政府债权人的大型金融机构,可能不再愿意提供信贷。

第五,欧元区各国政府严重依赖欧元区银行的信贷,发行由银行购买的债券。由于银行是各国政府的主要债权人,银行业绩的高低取决于政府是否偿还债务。

欧洲央行在解决危机时所扮演的角色。 尽管欧洲央行最初被认为是货币政策的制定者,但近年来,央行的作用已经被扩大,包括为正在经历金融危机的欧元区国家提供信贷。然而,在提供信贷时,欧洲央行面临着一个两难境地。欧洲央行可能会向一个预算赤字过高的国家提供信贷,无论预算如何,这些国家都可以获得优惠的信贷。出于这个原因,当向一个国家提供信贷时,欧洲央行实施了旨在帮助解决该国预算赤字问题的限制性措施。特别是在提供贷款之前,欧洲央行可能要求借款国政府通过实施诸如提高税率和减少政府支出等紧缩性措施来改善预算赤字。

欧洲央行根据与借款国达成的紧缩性条件提供信贷时,可能会减少对政府债务违约的担忧,并增加政府解决经济问题的可能性。欧洲央行的行为也减少了围绕在欧元区的不确定性,从而鼓励世界各地的投资者继续在该地区投资。然而,紧缩性政策可能会进一步损害一国经济;减少政府支出通常会削弱经济,提高税收会减少可支配收入。一国政府不愿接受欧洲央行的紧缩性政策,这会引发人们的担忧,即该国政府将会对现有的所有贷款发生违约,并在整个欧元区引发传染效应。人们还可能担心该国政府将退出欧元区,并可能引发其他国家效仿。因此,金融市场参与者可能预期欧元区会出现更多的不确定性,并避免进行以欧元计价的投资。

由于欧洲央行所面临的两难处境,它做出的任何决定都有可能会引起争议。有批评者指出欧洲央行不应强加紧缩性政策,这样经历债务危机的国家不仅可以接受贷款,而且可以提出适当的经济刺激政策。其他批评人士认为,欧洲央行的作用应该仅限于"货币政策",而不应提供信贷。尽管大多数央行面临着同样的两难境地,但欧洲央行的情况更为特殊,因为它涉及许多国家,这些国家的经济状况各不相同。因此,一个特定的政策可能会帮助一些欧元区的国家,但同时也会牺牲其他一些国家的利益。

6.2.5 国家放弃欧元的影响

如果一个国家的政府面临危机，无法在欧元区获得足够的资金，它可能会试图放弃欧元作为本国货币。由于希腊无法在2010—2015年间偿还贷款，人们认为希腊可能会放弃欧元。然而，其他欧元区国家也会经历危机，这可能会让它们考虑放弃欧元。

一个正在经历贸易赤字问题或经济疲软的欧元区国家，并不能直接控制其货币的价值，因为有许多其他国家参与了欧元的经济活动。如果这个国家有自己的货币，那么它可能将货币汇率设置得足够低，以至于其货币（及它的出口）对潜在的进口商来说变得便宜，这将有助于刺激经济。然而，疲软的本国货币并不是一种完美的治疗方法，因为这会导致更高的通货膨胀率（正如本章后面所解释的那样）。此外，如果这个国家计划偿还债务，而且它的债务以不同的货币计价，那么用弱势货币偿还债务将会使债务变得更加昂贵。

放弃使用欧元的欧元区国家将不再受制于欧洲央行实施的货币政策。为了影响本国的利率，该国央行可能会制定自己的货币政策。然而，抛弃欧元的国家可能正经历危机，而在这样的国家，典型的无风险市场利率可能会非常高，因为投资者们往往会把资金从这些发生危机的国家移出。此外，对于借款人来说，信用风险溢价也很高，因为借款人很可能会拖欠债务。除了这些经济影响，一个放弃欧元的国家也将面临政治影响。如果该国拖欠债务，它未来可能无法从任何欧元区国家获得融资。

抛弃欧元对欧元区的影响。 一个国家决定放弃欧元可能引起人们担忧，即其他国家可能纷纷效仿。如果欧元区以外的跨国公司和大型机构投资者担心许多国家最终会放弃欧元，它们会因欧元可能崩溃而不愿再投资于欧元区。此外，它们可能担心，当收益转化为本国货币时，欧元区现有的投资可能表现不佳。这种担忧会导致在欧元走向疲软之前，投资者在欧元区出售它们的资产。在这种情况下，即使是本地投资者，也可能在欧元区出售它们的资产，并将它们的资金兑换为更安全的货币。因此，因担忧以欧元计价资产的未来价值会下跌，这可能导致欧元从现在开始走弱。

总体来说，保持本国货币持续稳定的国家会更容易吸引跨国公司和大型机构的投资。在欧元诞生之时，因大量参与欧元区投资的投资者减少了对货币不稳定性的担忧，外国投资得以增加。然而，因为在欧元区有大量的外国投资，所以对欧元的任何担忧都可能导致更多资金流出欧洲。

此外，在欧元区出售资产可能导致资产的价值被降低（除了汇率效应）。对这种情况可能引发的担忧，甚至会导致总部位于欧元区的跨国公司和大型机构的投资者出售它们所持有的资产，将以欧元计价的资产转移至一个货币更为稳健的国家。这些行为将对在欧元区的资产价值造成下行压力。

6.3 直接干预

一个国家的央行可能实行货币政策(控制货币供应量的增长),以维持经济增长和低通货膨胀率。央行还可能干预外汇市场,以控制其货币价值。美联储(Fed)是美国的央行,它试图影响美元对其他货币的价值。日本央行是日本的中央银行,它试图影响日本货币(日元)对其他货币的价值。欧洲央行是欧元区所有国家的中央银行,它尝试影响欧元对其他货币的价值。

6.3.1 直接干预的原因

对于本国货币在多大程度上受控制或管制,各国央行之间存在很大差异。如果一个国家实行固定汇率制,央行将会频繁干预货币以确保该货币的供需能够维持其固定汇率。大多数国家允许本国货币发生波动,其央行管制汇率一般有三个理由:
- 稳定汇率波动;
- 确定隐含汇率波动的边界;
- 对暂时的汇率波动做出反应。

稳定汇率波动。 如果央行注意到本国经济将会受到本国货币币值剧烈波动的影响,它就会设法稳定汇率。这些行为会维持经济周期,减小波动。稳定币值波动可以消除能够引起币值大幅下跌的金融市场的恐慌情绪和投机活动,因此可以通过降低汇率的不确定性而增加国际贸易。

确定隐含汇率波动的边界。 有些央行设法在非官方的范围内维持其本币汇率,或确定隐含汇率波动的范围。经济分析家们通常预测币值将不会降低到基准币值之下或不会上升到基准币值之上,因为央行可以进行干预。实际上,美联储经常定期进行干预以逆转美元的向上或向下波动势头。

对暂时的汇率波动做出反应。 有些情况下,央行可能会实施干预以使币值脱离暂时性的波动。事实上,美联储干预政策的目标是抗击无序的市场。

> **举例**
> 石油价格可能上升的新闻会导致预期未来日元价值下跌,因为日本会把日元兑换成美元便于从石油输出国购买石油。外汇市场的投机者很可能根据这一下跌预期把日元兑换成美元。中央银行因此要进行干预以抵消这种市场交易造成的日元币值下跌的压力。

有些研究发现政府干预不能对汇率走势产生持久的影响。相反地,在大部分情况下,干预可以被市场力量所抵消。但是,在一个国家正经历政治和经济不稳定时,汇率的波动在没有直接干预时可能会更剧烈。

6.3.2 直接干预的过程

一个国家的央行可以通过影响其货币需求或供应市场的外汇交易来进行直接干预。尽管美联储不经常干预货币供需,但它可以直接通过将储的美元兑换成其他的一种或多种外币来进行干预。例如,如果美联储想要提高英镑对美元的价值,它可以与作为外国中介机构的金融机构进行交易,用美元兑换英镑。美联储可以执行几笔小的交易,每笔交易的金额大约为1 000万美元,或者可以用一个金融机构的大订单来完成单笔大交易。

图表6.3展示了直接干预对英镑币值的影响。美联储的交易记录表明,外汇市场上对英镑的需求增加了,这体现在左图中英镑的需求曲线向外移动。从左边的图中可以看到因英镑需求的增加使得英镑具有更高的等效价值(equilibrium value)。

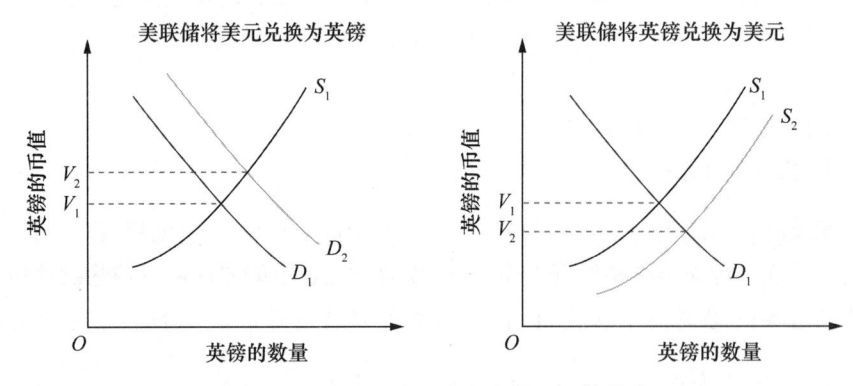

图表 6.3　在外汇市场央行直接干预的效应

除了美元,美联储还保留了一些其他货币的储备,例如英镑。如果美联储想要削弱英镑对美元的价值(或加强美元),它就可以在外汇市场上用英镑兑换美元。这些交易代表了外汇市场上待售的英镑供应量的增加,体现在图表6.3的右图中就是英镑的供给曲线向外移动。从右边的图表中可以看到,因英镑需求的减少会导致英镑具有更低的等效价值。

对外汇储备的依赖。 各国央行普遍持有美元作为外汇,如果它们想在外汇市场用其货币交换美元提高本国货币价值,它们就可以进行直接干预。各国央行也持有本国货币作为储备,这样就可以交换美元或其他货币,以备它们想在外汇市场削弱本国货币价值。

央行直接干预行为的效果取决于它可以使用的外汇储备。例如,中国人民银行拥有充足的外汇储备。因此,它使用的直接干预手段比许多亚洲国家的央行更为有效。如果央行的外汇储备较少,它对货币币值施加的压力也较小,在这种情况下,市场的力量很可能压倒它的行为。

在2012年的前6个月,印度卢比对美元的价值下降了20%。在这期间,印度储备银行(印度央行)将数十亿美元兑换为卢比以应对贬值。然而,印度央行的直接干预作用并不十分有效,因为市场力量超过了直接干预的力量。印度央行持有的外汇储备远少于中国央行,并且在印度投资的资金持有者似乎预期到了直接干预无法阻止卢比贬值,因此,它们清算自己在印度的投资,并将卢比兑换为美元撤资,而这比印度央行的行动更有效。

干预的频率。 随着外汇活动的增加,央行的干预越来越难以奏效。一天的外汇交易额已经超过了央行所有外汇储备的总和,因此,直接干预的次数也下降了。例如,1989 年,美联储对外汇的干预天数达到了 97 天。此后,美联储对外汇的干预没有超过 20 天。

协调干预。 当央行之间齐心合作时,直接干预通常更为有效。比如,如果央行认为以美元计价的欧元市场价值过高,它们可以联合干预外汇市场,即在外汇市场用所有储备的欧元购买美元。然而,协调干预需要各参与央行均同意某一种特定货币价值需要调整时才能实施。假定一些央行认为欧元价值太高,但是欧洲央行不赞同。在这种情况下,这些央行在考虑直接干预前不得不在外汇市场找出它们与欧洲央行的差异。

非冲销干预与冲销干预。 当美联储干预外汇市场而没有调整其货币供应时,它实际上是在进行**非冲销干预**(nonsterilized intervention)。比如,如果美联储在外汇市场上以美元兑换外国货币,试图提升外币价值(打压美元)时,美元供应就会增加。

如果美联储干预外汇市场,同时在国债市场执行抵消性的行为,它就采用的是**冲销干预**(sterilized intervention)。结果是美元供应不变。

举例

若美联储希望提升外币价值(打压美元)而不影响美元供应,它可以(1) 用美元兑换外币;(2) 出售一些持有的国债换美元。最终的结果是投资者持有的国债增加,银行的外币余额减少。

非冲销干预与冲销干预之间的区别如图表 6.4 所示。在图的顶部,美联储试图使加元走强;而在图的底部,美联储则试图使加元走软。在每一种情况下,左边的图都显示了非冲销干预;而右边的图都说明了冲销干预需要用出售国债换取美元,以冲销兑换其他货币时付出的美元。也就是说,外汇市场上的冲销干预和非冲销干预都需兑换同样的货币,只是冲销干预需要进一步采取措施以不改变美元供应量。

6.3.3 作为政策工具的直接干预

央行可能会设法影响其本国货币的币值,在有些情况下采用打压货币价值,在有些情况下则采用提升货币价值。实际上,汇率已变成了一个工具,就像税收和货币供应一样,利用这些工具政府便能够实现其想要达到的经济目标。

本币疲软对经济的影响。 央行实施直接干预,使本币疲软,以增加外国对本国产品的需求。例如,美元疲软可以刺激美国的出口以及美国的就业。另外,也能减少美国的进口。图表 6.5 上半部分描述了美联储为了刺激经济增长如何通过直接干预影响货币价值。

本币疲软会减少本国失业,也会引发高通货膨胀率。美元疲软导致美国从外国进口产品的价格变高,同时给在本土销售产品的国内企业创造有利的竞争优势。当来自外国企业

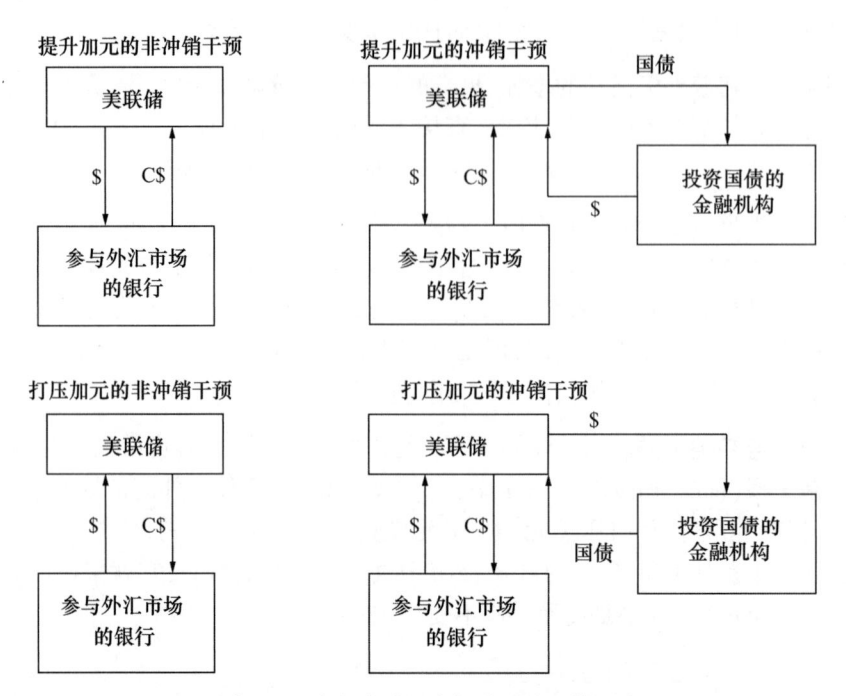

图表 6.4　央行在外汇市场干预外汇的形式

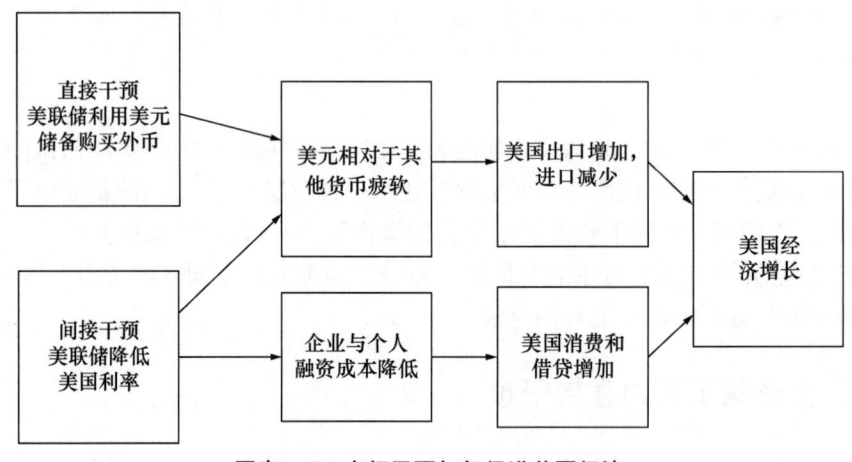

图表 6.5　央行干预如何促进美国经济

的竞争减少时,美国的企业可能会提高产品的价格,从而造成更高的通货膨胀率。

本币坚挺对经济的影响。 央行也可能通过实施直接干预,使本币走强以降低通货膨胀率。本币坚挺能刺激本国消费者和公司购买其他国家的产品。这种情况激化了外国厂商之间的竞争,促使国内生产商限制产品价格升高。因此,在其他条件不变时,如果本币坚挺,一国的整体通货膨胀率会降低。图表 6.6 的上半部分揭示了美联储如何运用直接干预影响美元价值从而降低通货膨胀率。

本币坚挺有可能降低通货膨胀率,但又有可能引起失业,因为本币坚挺,外国产品的价格更加便宜。理想的本币币值取决于该国的经济前景以及制定政策的官方机构。币值的走强或走弱仅仅是影响一国经济状况的许多因素之一。

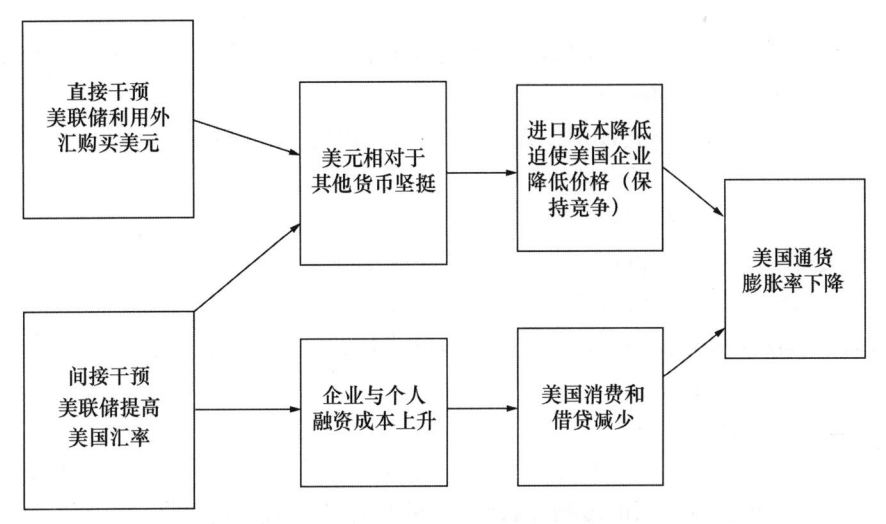

图表 6.6　央行干预如何降低通货膨胀率

6.3.4　利用直接干预进行投机

在外汇市场中一些投机者总是试图掌握美联储的干预将何时发生以及干预的程度,以便从直接干预结果中谋利。

对力挺货币直接干预的投机。 如果投机者预期央行将试图力挺某种货币,并相信这种干预能达到预期效果,它们就会做多这种货币。此时,它们能够以较低价格购买此货币,该价格比央行干预措施生效后的销售价格低得多。

对削弱货币直接干预的投机。 反之,如果投机者预期央行将试图削弱某种货币,并相信这种干预能达到预期效果,它们就会做空这种货币,即借入该货币然后兑换为其他货币。然后,在央行干预后,它们再做相反的交易。这些投机策略的明显风险是它们对央行的干预或者直接干预的作用的预期可能是错误的。

央行努力隐瞒战略。 通常,美联储无须通知就可直接实施干预。然而,与美联储交易的大银行的交易员常常会向其他市场交易者透露信息。另外,当美联储直接与大商业银行交易时,市场也会获知美联储正在干预货币市场。为了隐瞒美联储的战略,美联储可能假装对出售美元感兴趣,但实际上却在购买美元,或相反。它通过打电话给商业银行以了解买卖双方的出价,询问外汇行情,这样银行就不能确定美联储是在考虑购买还是出售这些外汇。

6.4 间接干预

美联储能通过影响决定美元币值的因素间接地影响美元币值。回想我们提到的货币的即期汇率变动受到下列因素的影响：

$$e = f(\Delta INF, \Delta INT, \Delta INC, \Delta GC, \Delta EXP)$$

这里：

e = 即期汇率的变动百分比；

ΔINF = 美国通货膨胀率和外国通货膨胀率之差的变化；

ΔINT = 美国利率和外国利率之差的变化；

ΔINC = 美国收入水平和外国收入水平之差的变化；

ΔGC = 政府控制的变化；

ΔEXP = 汇率预期的变化。

央行可以通过影响所有的这些变量，让这些变量轮流影响汇率。这些变量和直接干预相比能对即期汇率造成较为持久的影响，因此央行可能通过影响这些变量来进行间接干预。虽然央行可以影响所有的变量，但是当使用间接干预的时候它还是侧重利率和政府控制。

6.4.1 政府对利率的控制

各国中央银行提高或降低利率会对货币价值产生间接影响。

举例

当美联储降低美元利率时，投资者会将资金转移至高利率国家从而获利，这些活动引起了对其他货币需求的增加，同时其他货币对美元产生升值的压力。

相反，美联储提高利率将引起投资者将资金从其他国家转移至利率更高的美国（尤其当美国的预期通货膨胀率很低时）。从而造成外汇市场上外币供给的增加，对其他货币造成贬值的压力。

一个国家面临危机时，为了防止资金流出本国，央行通常会提高本国的利率。

举例

俄罗斯经济的发展吸引了外国投资者的大量资金。然而，当俄罗斯经济变得疲软时，外汇市场上出现了大批外国投资者用卢布兑换其他货币的现象，这样它们可以将资金转移到其他国家。俄罗斯央行可通过提高利率来提高外国投资者证券投资的收益率，这样它们会将资金留在俄罗斯。但是，如果投资者依然撤离在俄罗斯的资金，那么它们必须在卢布贬值之前卖掉卢布，投资者的活动会引起卢布发生大幅贬值。

以上例子反映了许多国家过去经历货币危机的情形,包括许多东南亚以及拉丁美洲国家。许多发展中国家,例如阿根廷和俄罗斯都经历过多次货币危机。2014 年,由于经济和政治问题,俄罗斯卢布的价值相对其他一些货币下降超过了 50%。俄罗斯央行在外汇市场购买卢布和卖出其他货币的直接干预也未能奏效。

俄罗斯央行也试图进行间接干预,大幅提高利率以鼓励当地投资者在俄罗斯货币证券市场进行投资。然而,许多投资者还是将卢布兑换为其他更加稳定的货币,这又加剧了卢布的贬值。

在大多数情形下,央行的间接干预在危机时不仅没有成功地阻止资金撤离,还提高了该国企业的融资成本。这就减少了企业在该国借款和消费的金额,导致经济的进一步疲软。在许多例子中,货币危机很难避免,除非潜在的问题(例如政治不稳定)得以解决。但是,央行一般不是引起政治问题的原因,所以央行也很难对此有所控制。

6.4.2 政府使用外汇管制

一些政府尝试使用外汇管制(例如限制货币的兑换)作为一种非直接干预手段来维持货币的汇率。

干预警告。一些央行可能会发出声明它们将考虑进行干预警告。如此声明意在警告那些期望从做多的货币中获利的投资者。这个干预警告可能会阻止投机,甚至可能会促使一些投机者解除(或者清算)它们在该货币的现有头寸。这种情况会导致外汇市场出现大量的该货币供给,从而导致该货币疲软。因此,央行可以通过干预警告有效地实现(降低本币价值的)目标,而不需要实际的干预活动。

小结

- 汇率体系分为固定汇率制、自由浮动汇率制、管理浮动汇率制及钉住汇率制。在固定汇率制下,汇率或者保持不变,或者仅允许在较小范围内波动。在自由浮动汇率制下,汇率价值由市场确定,而不受干预。在管理浮动汇率制下,汇率不受波动范围限制,但政府要进行干预。在钉住汇率制下,币值钉住某一外国货币或记账单位,并随所钉住的其他货币(或记账单位)的波动而波动。

- 许多欧洲国家将欧元当作本币,单一货币制度允许企业在不需要考虑交易成本和汇率变动的情况下在欧元区进行国际贸易。然而,成员国不能完全控制该国的货币政策,因为整个欧元区采用同样的货币政策。另外,加入欧元区之后,当欧元区的某个国家发生危机时,其他国家可能反应更大。

- 政府可通过在外汇市场购买或出售货币来进行直接干预,这会影响货币的供需状况,从而影响货币的均衡价值。当政府在外汇市场购买一种货币时,就会对该货币均衡价值产生向上的压力;当政府在外汇市场抛售一种货币时,则会对该货币均衡价值产生向下的压力。

- 政府可通过影响均衡汇率的经济要素实施间接干预。间接干预的一种通常做法是提高利率以吸引更多的国际资本,这可能导致本币升值,但间接干预并不一直有效。

正方反方

中国应该改变其货币的币值吗?

正方:美国的政客们频繁建议中国令人民币对美元升值,即使中国允许人民币自由浮动(有边界)。美国的政客们宣称人民币币值过低是导致美国对中国产出大量贸易赤字的原因。这个问题定期地被提出,不论是在人民币钉住美元时期还是在浮动时期。一些批评家认为汇率可以作为贸易保护的一种手段。意思是一个国家可以通过将货币币值人为地维持在一个较低的水平上,以阻止出口和鼓励进口。

反方:中国可能会反驳说中国对美国产生的大量贸易顺差应归咎于两国的价格差异。中国可能会认为美国产生的贸易赤字部分归咎于美国的高价格,而高价格对于满足美国公司的经理和其他雇员的过度补偿来说是必要的。美国的高价格导致公司和消费者从中国购买商品。即使人民币升值,也并不意味着美国公司和消费者会购买美国产品。他们也许会从采购中国产品转移到采购印度尼西亚或者其他低薪水国家的产品,而不是购买美国产品。因此,潜在的困境并不在于中国,而在于所有比美国生产成本低的国家。

孰是孰非? 运用互联网了解该话题的更多内容。你支持哪种观点?对这个问题发表你的见解。

自测题

(答案见书后的附录 A)

1. 解释为什么在日元与美元之间建立一个汇率以保持汇率固定实质上是不可能的。
2. 假设美联储认为应当使美元与墨西哥比索的比价走软,解释如何利用直接干预或间接干预使美元对比索的比价走软?假定美国未来的通货膨胀率很低,并且与美联储的行为无关。
3. 简要说明为什么美联储可能设法使美元走软。
4. 假设 Sluban 的货币(slu)钉住美元,同时让汇率保持不变。Sluban 与欧元区、美国有频繁的交易活动,交易的所有商品非常容易生产,每个国家的商品需求对价格都非常敏感,因为消费者可以自由地购买到价格相对便宜的产品。假设在一年之后,欧元相对于美元会发生贬值。
   a. 欧元汇率变动对 Sluban 出口到欧元区的商品数量会产生什么样的影响?请解释。
   b. 欧元汇率变动对 Sluban 出口到美国的商品数量会产生什么样的影响?请解释。

应用思考题

1. **汇率系统**。比较和对比固定汇率制、自由浮动汇率制和管理浮动汇率制。与固定汇率制相比,自由浮动汇率制的优点和缺点是什么?

2. **对欧元的干预**。假定比利时(使用欧元作为本国货币的欧洲国家之一)希望本国货币对美元贬值。它能够使用央行的干预来达到这个目标吗?解释为什么。

3. **直接干预**。央行如何使用直接干预来改变货币的币值?解释为什么央行希望稳定本国货币的汇率波动。

4. **间接干预**。央行如何使用间接干预来改变货币的币值?

5. **干预效应**。假定人们担心美国经济会发生衰退,美联储将如何干预美元以阻止衰退?美国的出口商对该政策的反应是什么(赞成还是反对)?美国的进口商呢?

6. **货币对经济的影响**。其他条件一样的情况下,货币疲软对本国经济的影响是什么?其他条件一样的情况下,货币坚挺对本国经济的影响是什么?

7. **反馈效应**。解释货币币值的改变对通货膨胀的反馈效应。

8. **间接干预**。为什么美联储的间接干预对一些货币的影响比对另一些货币的影响大?为什么央行间接干预的影响比直接干预的影响大?

9. **货币钉住美元的影响**。港元的币值钉住美元。解释下面的交易模式如何受到日元对美元升值的影响:中国香港对日本的出口、中国香港对美国的出口。

10. **干预对债券价格的影响**。美国的债券价格经常和美国的通货膨胀率呈负相关。如果美联储计划使用干预来使美元疲软,债券的价格会受到什么影响?

11. **欧洲的直接干预**。如果欧洲的大部分国家都经历了衰退,欧洲央行会采取什么样的直接干预政策来刺激经济增长?

12. **冲销干预**。解释冲销干预和非冲销干预之间的区别。

13. **间接干预的影响**。假定智利政府降低了它的利率。根据这条消息,许多拉丁美洲国家的货币对智利比索的币值预期会大幅改变。

    a. 解释为什么其他拉丁美洲国家的货币会受到智利利率下降的影响。

    b. 其他拉丁美洲国家的央行会如何调整它们的利率?这些国家的货币面对央行的干预会作出何等反应?

    c. 一个美国公司向拉丁美洲的公司出口产品,会受到何种央行干预的影响?(假定出口是以拉丁美洲各国的货币计价的。)

14. **自由浮动汇率制**。亚洲国家应该让它们的汇率自由浮动吗?让它们的货币自由浮动的优点是什么?缺点是什么?

15. **间接干预**。在亚洲金融危机期间,一些亚洲国家的央行提高了利率以阻止本国货币走弱。然而,货币还是变得疲软了。提供你的观点来解释为什么央行的间接干预没有发挥作用。

批判性思考题

货币危机的原因和作用。 选择一种货币，使用该货币的国家去年经历了危机，在网上搜索"货币危机"。写篇小短文来描述货币危机的潜在原因。解释货币疲软如何影响一国经济状况。货币疲软引起国家危机的原因是否明显？还是一国的经济危机导致了货币疲软？这个国家的中央银行尝试采用直接干预来解决危机了吗？如果是，成功解决了吗？

布雷泽公司案例：评估干预对汇率的影响

布雷泽公司是美国的一家轮滑鞋制造商，其大部分的收入和费用都是在美国发生的。然而，布雷泽公司最近开始出口轮滑鞋到泰国。布雷泽公司与一家泰国的进口商——娱乐产品公司（Entertainment Products Inc.）签订了一个3年期的协议。按照这个协议，娱乐产品公司每年向布雷泽公司以固定的价格（每双4 594泰铢）购买180 000双"Speedos"轮滑鞋（布雷泽公司的主要产品）。基于质量和成本的考虑，布雷泽公司也从泰国的出口商那里进口橡胶和塑料部件。这些部件的成本大约是每双2 871泰铢。布雷泽和泰国的出口商并没有签订合同性的协议。因此，从泰国进口的橡胶和塑料部件的成本不仅和汇率有关，还和泰国的经济状况（例如通货膨胀率）相关。

在布雷泽公司开始从事这些进出口交易的不久之后，亚洲遭遇了经济衰退。在泰国的外国投资者由于担心泰铢会发生贬值开始撤回投资，导致销售需要的泰铢供应过剩。由此对泰铢产生了贬值压力，于是泰国政府试图稳定泰铢的汇率。为了维持泰铢的币值，泰国政府对外汇市场进行了干预。具体来说，它将自己的泰铢储备在其他央行换为美元（这里泰国央行使用的是外汇掉期交易——译者注），然后用自己的美元储备在外汇市场上购买泰铢。但是，这样做要求泰国在未来的某时需要将美元兑换为泰铢以抵消之前的兑换。不幸的是，泰国政府的干预失败了，市场力量压过了政府干预。因此，泰国政府停止了干预，泰铢对美元的币值在3个月内大幅下降。

当泰国政府停止对外汇市场干预的时候，本·霍尔特——布雷泽的首席财务官，十分关心泰铢的币值会不会无限期地降低。由于布雷泽的大部分净流入都来自泰铢，泰铢的贬值会十分严重地影响公司的边际利润。更进一步来说，布雷泽公司进入泰国扩张市场的原因之一是为了安抚股东。在上一年的年度股东大会中，股东们要求高层采取行动来提高企业的低边际利润。进入泰国扩张是霍尔特的建议，现在他开始担心自己会被炒鱿鱼了。由于这些原因，霍尔特觉得自己应该高度关注亚洲金融危机和它对布雷泽公司的影响。霍尔特觉得一个必须考虑的因素是政府的干预及对布雷泽公司的影响。具体来说，他想知道在这样的环境下与娱乐产品公司签订的固定协议是不是一个好主意。还有一个问题是泰国政府之前采用掉期合约进行平仓（即必须在其他央行再用美元换回泰铢——译者注）会对布雷泽公司造成什么影响。假设你是布雷泽公司的财务分析师，为了明白这些问题和多了解一些政府干预的过程，霍尔特向你提出了下列一系列的问题，因为他认为你了解国际财务管理。

1. 泰国政府的干预是直接干预还是间接干预？解释原因。
2. 泰国政府的干预是冲销干预还是非冲销干预？这两种干预之间的区别又是什么？你认为哪种干预更能有效地提高泰铢的币值？为什么？（提示：想想美国对利率进行非冲销干预的效果。）
3. 如果泰铢是钉住美元的，这种情况会如何影响美国的通货膨胀率水平？你认为该影响对像布雷泽这样在包含约定的贸易协议下运作的公司影响大，还是对其他公司的影响大？像布雷泽这样的公司会如何受到固定汇率的影响？
4. 泰国的通货膨胀率与现在泰国使用的浮动汇率制度密切相关，因而目前对泰国的通货膨胀率的一些潜在的不利影响是什么？你认为布雷泽公司会加剧这些不利影响吗？像布雷泽这样的公司会如何受到浮动汇率制度的影响？
5. 掉期合约的平仓会对泰铢的币值产生什么样的影响？又会如何影响布雷泽公司？

小企业困境：体育用品出口公司对中央银行干预的评价

吉姆·洛根是体育用品出口公司的所有者，时刻关注着英镑的币值，因为他的公司向英国出口橄榄球，收回英镑。他近来了解到英格兰银行（英国的中央银行）很可能在市场上抛售英镑来直接干预英镑币值。

1. 预测一下基于以上信息，英镑是会升值还是贬值。
2. 体育用品出口公司的业绩将如何受英格兰银行在外汇市场抛售英镑的影响（假设不对汇率风险进行套期保值）。

互联网/Excel 练习

日本银行（日本的中央银行）的网站提供了有关其任务和政策行为的信息。它的网址是 www.boj.or.jp/en。

1. 用这个网站来评价日本银行的目标框架并总结日本银行的任务。这些任务是如何与外汇市场干预相关的？
2. 评价一下最近的日本银行官员的会议记录。总结至少一个可能或者实际与干预日元币值相关的近期会议。
3. 为什么日本银行的外汇干预政策与美国政府和美国的跨国公司相关？

真实案例在线文章

在网上寻找一篇最近的文章，这篇文章应是国际财务管理的实际应用，或是现实世界中特定跨国公司的案例，该案例能够诠释本章所述的某一个或者多个概念的行为。

如果你的班级有在线平台，教授可以要求你将总结放在在线平台上，这样，其他学生也能看到这篇文章。如果你的班级是面授课堂，教授可以要求你在课堂上汇报你的文章。教授也可以给某个学生布置任务,让学生完成本章作业,或者要求学生自愿完成某些作业。

对于本章所用到的在线文章和现实世界的案例,考虑搜索以下术语,并且将本年度作为搜索关键词以保证在线文章是最近的:

1. 钉住汇率;
2. 美联储干预;
3. 欧洲央行干预;
4. 央行干预;
5. 美元的影响;
6. 欧元的影响;
7. 央行与货币波动;
8. 央行与货币疲软;
9. 央行与货币坚挺。

第 7 章
国际套利与利率平价

如果外汇市场存在差异,即货币的报价与该货币应该具有不同的市场价格,某种市场力量就会对汇率进行调整。这种重新调整是套利的结果。套利可以被宽泛地定义为通过报价中的差异获取无风险利润。在许多情况下,这种策略不涉及风险,也不需要捆绑资金。

本章讨论的套利类型适用于外汇和国际货币市场,通常有三种形式:
- 区位套利;
- 三角套利;
- 抛补套利。

下面将依次讨论。

> **本章目标**
> - 解释区位套利的条件以及随之而来的重新调整;
> - 解释三角套利的条件以及随之而来的重新调整;
> - 解释抛补套利的条件以及随之而来的重新调整;
> - 解释利率平价的概念;
> - 解释随着时间和到期日的变化,远期汇率升水的变化。

7.1 区位套利

提供外汇服务的商业银行会对货币标明同样的汇率,所以可能不会找到更有利的汇率。如果某种货币在不同银行的供需状况发生了变化,货币在不同银行就会有不同的汇率,市场力量会迫使汇率进行重新调整。

当地区之间的汇率不同时,外汇市场的参与者就可以从这种差异中获利。具体来说,它们可以使用**区位套利**(locational arbitrage),即从一个标价较低的地点购买货币并且立刻在另一个标价较高的地点卖掉货币的过程。

> **举例**
>
> Akron 银行和 Zyn 银行在外汇市场上提供买卖货币业务。假定没有买入/卖出差价。Akron 银行标明的英镑汇率是 1.60 美元,而 Zyn 银行标明的英镑汇率是 1.61 美元。你可以通过在 Akron 银行以每英镑 1.60 美元的价格购买英镑而后在 Zyn 银行以每英镑 1.61 美元的价格卖出英镑来进行区位套利活动。只要没有买入/卖出差价且完成这种套利策略没有其他费用,你的收益就是每英镑 0.01 美元。这种收益是无风险的,因为你知道你买进的英镑以多少钱可以卖出去。而且在这个例子中,资金并没有被占用很长时间。

区位套利通常由某些银行或者其他外汇市场的参与者进行,它们的电脑通常可以一直监测其他银行的标价。如果其他银行注意到 Akron 银行和 Zyn 银行之间存在报价差异,它们会立即进行区位套利以获得无风险收益。

但在现实交易中,银行有货币买入/卖出差价,差价的存在使银行能够从外汇服务中获取利润。下例将解释这种差价。

> **举例**
>
> 在图表 7.1 中,两家银行将有关英镑的信息调整为包括买入/卖出差价。该图表中的信息显示你不再能从区位套利中获利。如果你在 Akron 银行以 1.61 美元购买英镑(以银行的卖出价),在 Zyn 银行以 1.61 美元卖英镑(以银行的买入价),那么你仅仅不盈不亏。这个例子说明,区位套利并不总是有利可图的。你要想从区位套利中获利,一家银行的买入价必须高于另一家银行的卖出价。

图表 7.1　区位套利示例中的货币报价

	Akron 银行		Zyn 银行	
	买入价	卖出价	买入价	卖出价
英镑报价(美元)	1.60	1.61	1.61	1.62

7.1.1　从区位套利中获取的收益

你从区位套利中获得的收益取决于两个因素:你从汇率差异中获利时使用的资金数量和汇率差异的大小。

举例

考察一下图表7.2中关于两家银行的新西兰元(NZ$)报价信息。你可以以0.640美元的卖出价从North银行购买新西兰元,然后将新西兰元以0.645美元的买入价卖给South银行。这代表区位套利中的一次"来回交易"。如果你开始有10 000美元,在完成一次来回交易后,你最终有多少美元?将最初的10 000美元在North银行换成15 625新西兰元(每新西兰元可兑换0.640美元),然后将15 625新西兰元以每新西兰元对0.645美元的汇率卖出,总共为10 078美元。因此,你从区位套利中获利78美元。

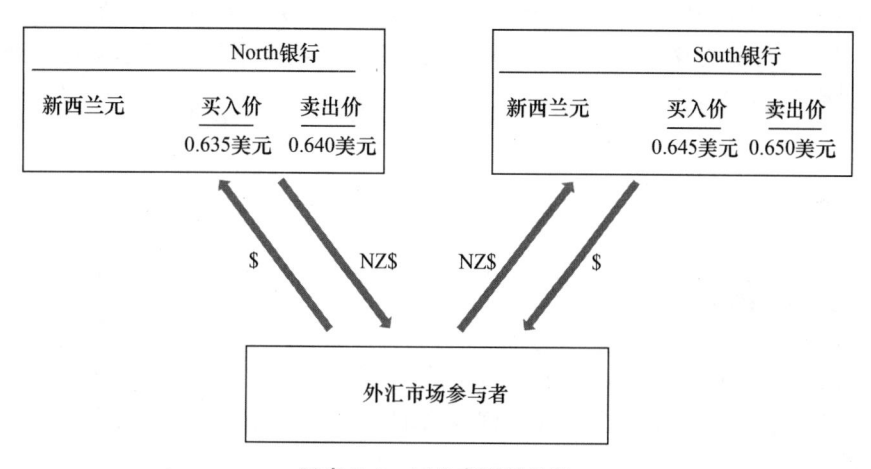

	North银行			South银行	
新西兰元	买入价	卖出价	新西兰元	买入价	卖出价
	0.635美元	0.640美元		0.645美元	0.650美元

图表7.2 区位套利的总结

第一步:用美元在North银行以0.640美元的价格购买新西兰元。
第二步:把从North银行购买的新西兰元卖给South银行以换取美元。

与10 000美元的投资相比,你的获利听起来没有多少,但是你并未占用资金。你的来回交易可能在几秒钟内通过网络进行。而且,如果你用于交易的资金更多,那么你会得到更大的收益。最后,你可以重复交易,直到North银行的卖出价不再低于South银行的买入价。

举这个例子不是让你相信你可以通过业余的区位套利支付你的学费。像前面提到的那样,外汇交易商可以从电脑终端比较银行的报价,这会马上向交易商发出利用区位套利机会的信号。

7.1.2 由区位套利导致的重新调整

报价会对你以及其他外汇市场投资者使用的区位套利策略做出反应。

举例

在之前的例子中,由于North银行对新西兰元的需求量很大(因为套利活动),那里很快出现新西兰元短缺。由于短缺,North银行会提高新西兰元的卖出价。South银行出现新西兰元供过于求(由卖新西兰元换美元引起的)现象会使 South 银行降低其买入价。随着货币价格的调整,区位套利的收益会减少。一旦 North 银行的卖出价不再低于 South 银行的买入价,区位套利便不再发生。从区位套利发生到价格调整可能只是几秒或几分钟的事。

区位套利的概念是重要的,因为它解释了为什么不同地点银行之间的报价很少有较大的差异。这不仅适用于同一街道的银行或同一城市的银行,而且广泛地适用于世界上的所有银行。现今所有银行都能通过电信技术持续地与外汇市场联系。因此,银行可以保证它们的报价和其他银行的报价相同。一旦有报价差异出现,它们也能立刻发现并从中获利。因此,现有的技术使得银行之间的报价更加一致,并且减少了不同地区外汇报价发生重大差异的可能性。

7.2 三角套利

套算汇率(cross exchange rates)表示两种货币之间的关系,每种货币均非另一种货币的基准货币。在美国,"套算汇率"这个术语用来表示两种非美元货币之间的关系。

举例

如果 1 英镑(£)的价值为 1.60 美元,而 1 加元(C$)的价值为 0.80 美元,用加元表示的英镑的价值应为:
$$用加元表示的英镑的价值 = 1.60/0.80 = 2.0(加元)$$
用英镑表示的加元的价值可以通过套算汇率公式确定:
$$用英镑表示的加元的价值 = 0.80/1.60 = 0.50(英镑)$$
注意用英镑表示的加元的价值是用加元表示的英镑价值的倒数。

7.2.1 从三角套利中获利

假定所标的套算汇率与合适的套算汇率(由前面公式确定的)不同,就可以从汇率差异中获利。具体来说,你可以使用**三角套利**(triangular arbitrage),即一种在即期市场利用两种货币套算汇率的差异来获利的货币交易。

> **举 例**
>
> 假定银行标明的英镑(£)的价值为 1.60 美元,马来西亚林吉特(Malaysian ringgit,MYR)的价值为 0.20 美元,套算汇率为£1 = MYR8.10,你的任务是用以美元表示的英镑币值和以美元表示的林吉特币值来计算英镑与林吉特之间应有的套算汇率。使用前面讨论的套算公式说明 1 英镑的价值应为 8.0 林吉特。
>
> 当所标的套算汇率为£1 = MYR8.10 时,银行兑换 1 英镑花费的林吉特多了,而且 1 英镑要求支付的林吉特也多了。根据这种信息,你可以进行三角套利,即用美元购买英镑,把英镑换成林吉特,然后将林吉特换成美元。如果你有 10 000 美元,那么实施三角套利战略后有多少美元呢?图表 7.3 所列示的几个步骤将帮助我们解决这个问题:
>
> **图表 7.3　三角套利的例子**
>
> 1. 首先确定从美元得到的英镑的数量:根据银行标明的每英镑为 1.60 美元,$10 000 = £6 250。
> 2. 其次确定英镑兑换成多少林吉特:根据银行标明的每英镑为 8.10 林吉特,£6 250 = MYR50 625。
> 3. 最后确定林吉特可以兑换成多少美元:根据银行的报价,其中 1 林吉特为 0.20 美元(5 林吉特相当于 1 美元),三角套利后结果为 10 125 美元,比开始时多出 125 美元。

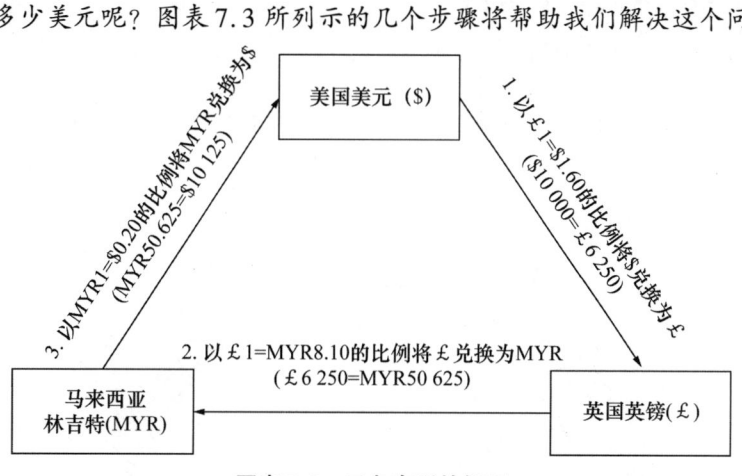

与区位套利相似,三角套利也不占用资金。而且,这种战略是无风险的,因为买卖货币的价格是确定的。

考虑买卖价差。之前的例子比较简单,因为它并未考虑交易成本。实际上,每种货币都有买入价和卖出价,这意味着交易成本会减少甚至消除三角套利的获利。接下来的例子描述了买入价和卖出价会如何影响从三角套利中获利。

举例

使用图表7.4中标明的报价,你可以以某个数字开始(例如,$10 000),然后估计实施这种战略后得到美元数量再来决定采用三角套利是否可行。图表7.4与上面例子的唯一区别就是现在考虑了买入/卖出差价。

图表7.4 三角套利的货币报价

	买入报价	卖出报价
以美元表示的英镑币值(美元)	1.60	1.61
以美元表示的马来西亚林吉特币值(美元)	0.200	0.201
以马来西亚林吉特表示的英镑币值(林吉特)	8.10	8.20

在上面的例子中,三角套利战略讨论的是先用美元兑换英镑,然后用英镑兑换林吉特,最后用林吉特兑换美元。这种战略采用了图表7.4标明的买卖汇率报价。图表7.5给出了这些步骤的总结。

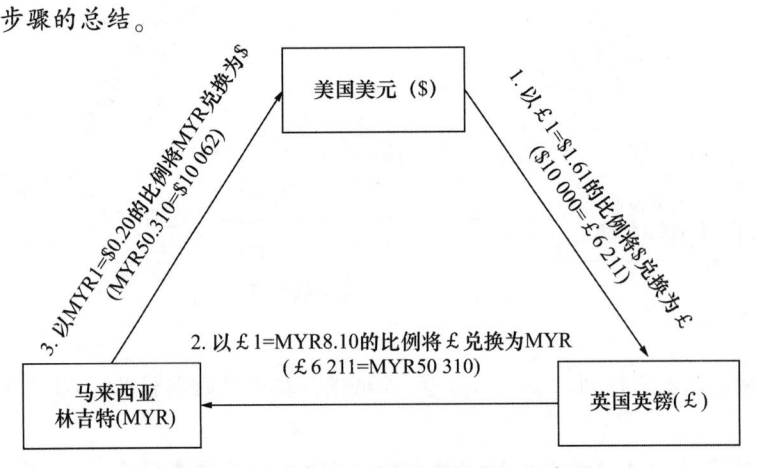

图表7.5 考虑买入/卖出差价的三角套利

第一步:你将10 000美元兑换成6 211英镑(根据银行的卖出价1英镑为1.61美元)。

第二步:然后把6 211英镑兑换成50 310林吉特(根据银行的买入价1英镑为8.10林吉特)。

第三步:接着再把50 310林吉特兑换成10 062美元(根据银行的买入价1林吉特为0.20美元)。

利润为62美元。由于使用了买卖报价,利润比前例中的低。若在此例中买入/卖出差价更大,则采用三角套利可能会变得无利可图。

7.2.2 由三角套利导致的重新调整

图表7.6的第二栏总结了由三角套利活动引起的重新调整。这种重新调整会很快地发生以阻止投机者继续从三角套利中得到好处。在这里假定的汇率差异几乎不可能在一家银行内产生；较可能的三角套利的例子是由三个独立银行发生的三笔交易产生的。

图表7.6 三角套利的影响

活动	影响
1. 参与者用美元购买英镑	银行提高了英镑的美元卖出价
2. 参与者用英镑购买林吉特	银行降低了英镑的林吉特买入价，这意味着每英镑可以兑换的林吉特数量减少了
3. 参与者用林吉特购买美元	银行降低了林吉特的美元买入价

如果知道三种汇率中的任何两个，第三种汇率就可以确定下来。当实际套算汇率与理论套算汇率不同时，货币汇率是不均衡的。三角套利会迫使汇率回到均衡状态。

与区位套利相似，很少有人能够通过三角套利获取收益，因为外汇交易商可以利用电脑技术，很容易瞬间发现套算汇率之间的差异。在这里讨论的要点是：由于存在三角套利，套算汇率可以准确地进行调整。如果不是这样的话，三角套利就会发生，直到汇率调整到准确的位置为止。

7.3 抛补套利

未来特定日期的货币远期汇率是由合约的需求（远期购买）和供给（远期销售）的相互作用决定的。很多货币的远期汇率都能够在相关网站上查到。提供外汇服务的金融机构会制定远期汇率，但是这些汇率是受市场力量（需求和供给状况）驱动的。在一些情况下，远期汇率会被标价在允许投资者进行套利的水平上，这些套利行为会影响某种特定货币的远期购买或远期销售的数量，进而又会影响远期汇率的均衡。接下来会描述该套利活动对远期汇率的影响。

7.3.1 抛补套利的步骤

抛补套利（covered interest arbitrage，即无汇率风险的利率套利，国内一般翻译为抛补套利——译者注）是通过两国之间的利率差异来获利并以远期合约来抵消汇率风险的行为。抛补套利的内涵可以从两个部分来清楚解释："利率套利"（interest arbitrage）指通过两国的利率差异来获利；"无汇率风险"（covered）指的是消除了汇率波动的风险。

> **举例**
>
> 假定你想利用英国较高的利率赚钱并拥有一笔可以在90天内进行使用的资金。利率是确定的,只是将来把英镑兑换成美元的汇率是不确定的。你可以利用英镑远期合约以保证将来用英镑兑换美元的汇率。
>
> 假定以下信息:
>
> - 你有800 000美元可用于投资。
> - 目前英镑的即期汇率为1.60美元。
> - 90天英镑的远期汇率为1.60美元。
> - 美国90天的利率为2%。
> - 英国90天的利率为4%。
>
> 根据这些信息,你应该采取如下行动:
>
> 1. 在第一天,把800 000美元兑换成500 000英镑,并把500 000英镑存入英国银行。
> 2. 在第一天,售出一份金额为520 000英镑的90天的远期合约。因为等存款到期时,你将有520 000英镑(包括利息)。
> 3. 在90天后存款到期时,你可以通过将520 000英镑售出并得到832 000美元(基于远期合约的汇率是每英镑1.60美元)来执行远期合约义务。
>
> 图表7.7描述了该抛补套利。其结果是3个月内获得4%的收益,比美国存款利率高2个百分点。另外,这笔外国存款的收益在第一天就可以知道了,因为在你存款时,你确切地知道你可以从90天的投资中获得多少美元。
>
> **总结**
> 初始投资=800 000美元
> 90天期应收金额=832 000美元
> 90天期收益率=4%
>
> **图表7.7 抛补套利的例子**

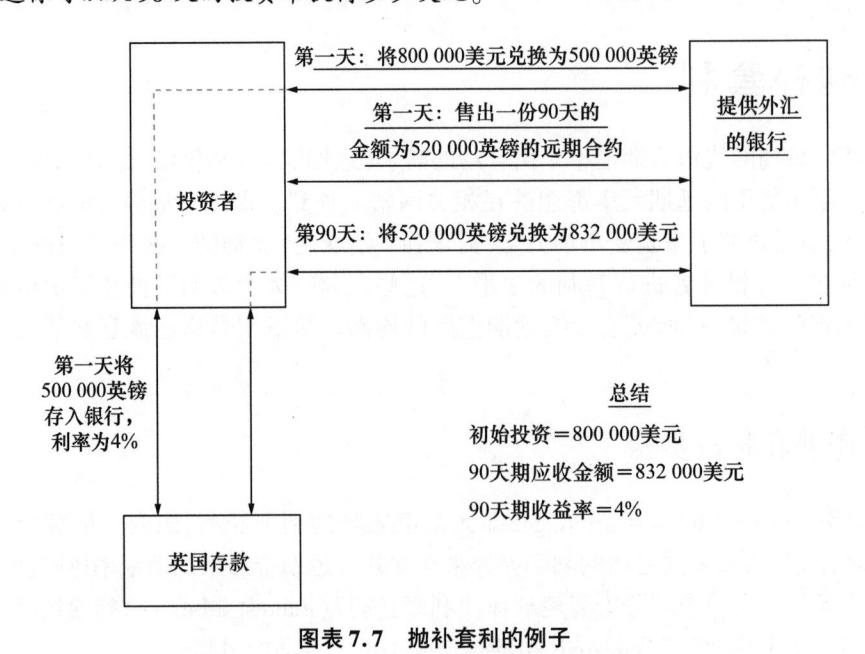

如前所述,区位套利和三角套利不占用资金,利润是在瞬间取得的。对抛补套利交易而言,资金要占用一段时间(我们的例子中是 90 天)。如果收益率为 2% 或 2% 以下,那么这不是一种有价值的战略。因为你从国内存款中可获得 2% 的收益率。"套利"这个词在这里表明你可以保证你的资金收益率会超过国内的收益率。

抛补套利有时被解读为,进行套利所用的资金是在本地借入的(投资者不动用自有资金)。然而不论投资者是在本地借入资金还是利用其自有资金,抛补套利都会对远期汇率造成同样的影响。

7.3.2 由抛补套利导致的重新调整

像其他形式的套利一样,由抛补套利产生的市场力量也会引起市场调整。许多投资者通过抛补套利的第二步(卖出英镑远期合约)获利,这会对 90 天远期汇率造成下行的压力。一旦远期汇率和即期汇率之间的差异与利率差异优势相等,抛补套利就不再是可行的了。由于在此例中英国利率比美国利率高 2 个百分点,一旦远期汇率比即期汇率低 2 个百分点以上,套利就不再可行。在这种情况下,美国的投资者就会以低于其买入成本 2 个百分点的价格卖出英镑,用来抵消英国额外的 2 个百分点的利息优势。

重新调整的时机。 直到许多投资者实施抛补套利,远期汇率才可能重新发生调整。该调整不会减少抛补套利投资者的利润,这些投资者在投资的同时通过签订远期合同以锁定投资的利润,出售英镑的远期合同给远期汇率造成下降的压力,最初它们的活动可能会使远期合同价值下降较小幅度,例如 1%。在这些条件下,美国的投资者依然可以从抛补套利中获利,因为 1% 的折扣仅仅抵消了利率优势 2% 的一半。然而,利润并不会像开始一样多,抛补套利应一直持续到远期汇率下降 2%,正好抵消利率优势的 2%。尽管调整活动需要几个套利回合才能完成,但是调整活动将会在几分钟之内发生,因为一些机构投资者有专门的电脑程序,能够在发现远期汇率的套利机会时自动进行大笔交易。这样大额的交易可以在短时间内将远期汇率调整到平衡点,抛补套利将不再可行。

远期汇率的调整 以上例子中,只有远期汇率受到抛补套利的影响。也有可能是需求的增加给即期汇率造成上升的压力(由上例中的步骤 1 导致)。如果即期汇率上升,远期汇率没必要下降到 2% 来消除 2% 利率差异。远期汇率缺乏流动性,它对因抛补套利引起的供求变化是非常敏感的,为了完成调整,远期汇率会做出更多或者所有必要的调整。

举例

假定由于抛补套利,英镑的 90 天远期汇率下降到 1.5692 美元(在 1 英镑兑 1.6 美元的即期汇率上有约 2% 的折扣)。远期汇率调整之后,考虑用 800 000 美元(和之前例子的数目一样)来进行抛补套利,其结果如下。

1. 把 800 000 美元兑换成英镑：
$$800\,000/1.6 = 500\,000(英镑)$$
2. 以 4% 的利率计算 90 天内积累的英镑：
$$500\,000 \times 1.04 = 520\,000(英镑)$$
3. 在 90 天后把英镑重新兑换成美元（以 1.5692 美元的远期汇率）：
$$520\,000 \times 1.5692 = 815\,984(美元)$$
4. 确定抛补套利的收益率：
$$(815\,984 - 800\,000)/800\,000 = 0.02 \text{ 或 } 2\%$$

这个例子说明，远期利率已经下降到抵消 2% 利率优势的水平，使得通过抛补套利获利不再可行。在这种情况下，抛补套利不再能够获得比美国投资者在国内投资更多的收益。

7.3.3 考虑价差的套利例子

再给出一个考虑了买卖价差和存款贷款利率之差的例子。

举例

下表给出了汇率和 1 年期利率。

	买入价（美元）	卖出价（美元）
即期欧元汇率	1.12	1.13
1 年期远期欧元汇率	1.12	1.13
	存款利率	贷款利率
美元利率	6.0%	9.0%
欧元利率	6.5%	9.5%

现在假设你有 100 000 美元可以用于 1 年时间的投资，你能从抛补套利中获利吗？

注意到欧元的即期和远期汇率的报价是一样的，而欧元的存款利率比美元的存款利率高 0.5%，所以看起来抛补套利是可行的。然而，美国的投资者必须以卖出价在现货市场上购买欧元，而通过 1 年期的远期合约卖出欧元时必须使用买入价。

1. 将 100 000 美元兑换成欧元（以卖出价）：100 000/1.13 = 88 496（欧元）
2. 将欧元以 6.5% 的利率存入银行 1 年后可以得到的欧元：88 496 × 1.065 = 94 248（欧元）

> 3. 以远期汇率将欧元卖出换取美元(以买入价)：94 248×1.12＝105 558(美元)
> 4. 抛补套利的收益率：(105 558－100 000)/100 000＝0.055 58 或 5.558%
>
> 收益率比你将资金投在美国所获得的收益率低，因此，抛补套利是不可行的。

7.3.4 非美国投资者的抛补套利

在目前的例子中，抛补套利的投资者均是美国本土投资者。这些例子可以很容易地应用于其他国家的投资者。

> **举例**
>
> 假设美国1年期利率为5%，日本1年期利率为4%，日元的即期汇率为0.01美元，1年远期汇率为0.01美元。日本投资者可通过以下抛补套利获利：以即期汇率将日元兑换成美元，然后把资金投资于美国，同时卖出美元(购买日元)远期合约。因以相同的价格买入和卖出美元，此策略可以赚取5%的回报，优于直接投资于日本市场。
>
> 当日本投资者参与抛补套利时，日元远期合约的高需求给1年期的远期汇率造成了上升的压力。一旦1年期远期汇率的溢价超过1%，抛补套利便不可行，因为多花1%的价钱购买远期合约会抵消美国1%的利率优势。

只要两个国家的货币之间存在即期汇率、远期汇率以及无风险利率的关系，抛补套利的概念就可以应用。日本的投资者在法国实行90天的抛补套利，可在即期汇率市场上将日元兑换为欧元，以欧元投资90天的无风险证券且用90天的远期合约套期保值。

7.3.5 不同套利方式的比较

图表7.8提供了一个三种套利方法的比较。区位套利的威胁保证了不同地点银行的汇率报价是相似的。三角套利的威胁保证了套算汇率是合适的。抛补套利则保证了远期汇率是合适的。任何差异都会引发套利，最终套利又会消除差异。因此，套利使得外汇市场更加有序。

套利如何降低交易成本。许多跨国公司每年的贸易额都在1亿美元以上。由于外汇市场是场外交易市场，没有一个单独的连续透明的外汇报价集合，因此，如果跨国公司付出的货币超过它们需要的货币，就会面临大量的交易成本。然而，套利活动限制了货币之间的差异程度。区位套利限制了不同地区之间即期汇率的差异，而抛补套利则保证远期汇率的报价合理。因此使得跨国公司可以避免高昂的交易成本。

区位套利：从不同地区的汇率差异中获利

```
┌─────────────────┐         ┌─────────────────┐
│ 美国银行的英镑报价 │ ←────→ │ 英国银行的英镑报价 │
│   （以美元计）   │         │   （以美元计）   │
└─────────────────┘         └─────────────────┘
```

三角套利：从套算汇率差异中获利

```
        ┌─────────────┐
        │  英镑报价   │
        │ （以欧元计） │
        └─────────────┘
           ╱        ╲
          ╱          ╲
┌─────────────┐  ┌─────────────┐
│  英镑报价   │  │  欧元报价   │
│ （以美元计） │  │ （以美元计） │
└─────────────┘  └─────────────┘
```

抛补套利：从远期汇率和利率之差的差异中获利

```
┌─────────────────┐         ┌─────────────────┐
│  英镑远期报价   │ ←────→ │  美国和英国     │
│   （以美元计）   │         │   的利率差异    │
└─────────────────┘         └─────────────────┘
```

图表 7.8　套利方法的比较

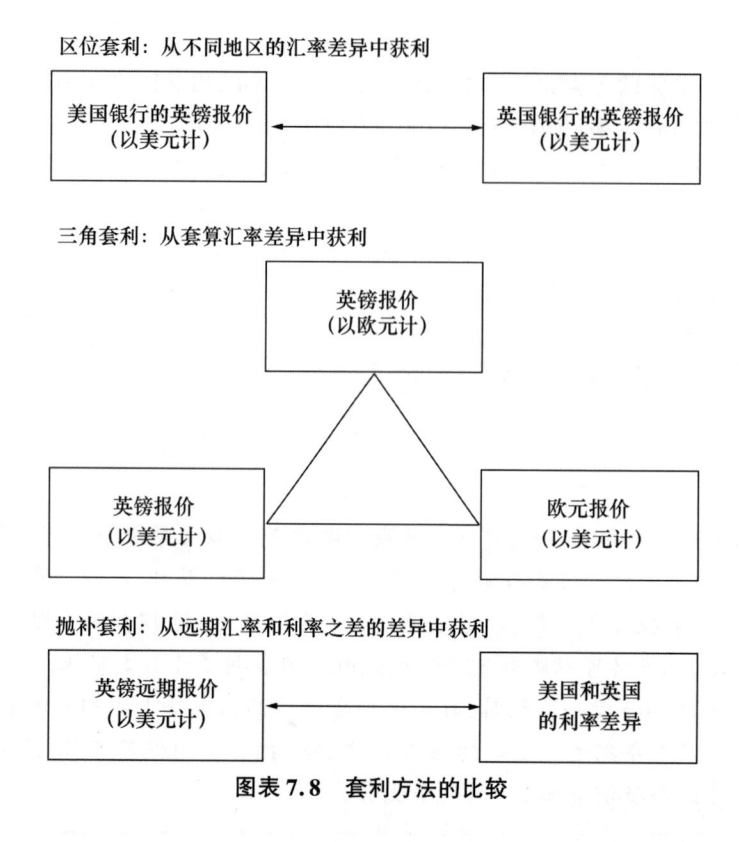

7.4　利率平价理论

当市场力量使利率和汇率进行了调整而使得抛补套利不再可行时,这时候的均衡状态叫**利率平价**(interest rate parity,IRP)。在这种均衡中,远期汇率与即期汇率的差异足以抵消利率差异。在上面的例子中,美国投资者从对外投资中得到较高的利率,但由于投资者对每单位外币支付的本币(以即期汇率)比将来出售该远期外币时(以远期汇率)每单位得到的本币多,这使利息收益被抵消。回顾一下,远期汇率低于即期汇率意味着远期汇率贴水。

7.4.1　利率平价的推导

一种外币的远期汇率升水(或贴水)与利率之间的关系可根据利率平价通过下列方式确定下来。假如一美国投资者要进行抛补套利,在已知下列信息时,美国投资者从抛补套利中得到的收益可以计算出来：

- 最初投资的本币的价值(A_h)（在我们的例子中为美元）；
- 购买外币时美元的即期汇率(S)；
- 外国存款的利率(i_f)；
- 外币兑换美元时的远期汇率(F)。

这种策略在存款到期时收到的本币的数目(A_n)为：

$$A_n = (A_h/S)(1+i_f)F$$

因为 F 是 S 乘以 1 与远期升水(P)之和,我们可以把这个等式重新写成:

$$A_n = (A_h/S)(1+i_f)[S(1+P)]$$
$$= A_h(1+i_f)(1+P)$$

投资的收益率(R)如下:

$$R = \frac{A_n - A_h}{A_h} = \frac{[A_h(1+i_f)(1+P)] - A_h}{A_h}$$
$$= (1+i_f)(1+P) - 1$$

如果存在利率平价的话,抛补套利的收益率(R)就应等于本国的利率,于是设定:

$$R = i_h$$

将计算 R 的公式代入上式,我们得到:

$$(1+i_f)(1+P) - 1 = i_h$$

通过移项,我们得到在利率平价下的外币远期升水:

$$(1+i_f)(1+P) - 1 = i_h$$
$$(1+i_f)(1+P) = 1 + i_h$$
$$1 + P = \frac{1+i_h}{1+i_f}$$
$$P = \frac{1+i_h}{1+i_f} - 1$$

因此,只要给定两种相关利率,就可以求出在利率平价下的远期汇率。如果实际的远期汇率和计算出的远期汇率不同,就存在抛补套利的机会。

7.4.2 远期汇率升水的确定

使用上文提到的内容,在利率平价的条件下我们可以根据利率差异算出远期汇率的升水(或贴水)。

举例

假定墨西哥比索 6 个月的利率为 6%,而美元 6 个月的利率为 5%。从美国投资者的角度看,美元是本币。根据利率平价,墨西哥比索对美元的远期汇率升水应为:

$$P = \frac{1+0.05}{1+0.06} - 1 = -0.0094 \text{ 或 } -0.94\%(\text{非年化百分比})$$

因此,6 个月墨西哥比索远期合约的远期贴水应为 0.94%。这意味着美国投资者 6 个月后出售墨西哥比索时所获收入(按照远期合约汇率销售)比当前按照即期汇率购买墨西哥比索时支付的价格少 0.94%。贴水会抵消墨西哥比索的利率优势。如果墨西哥比索的即期汇率为 0.10 美元,那么 0.94% 的远期贴水意味着 6 个月的远期汇率如下:

$$F = S(1+P)$$
$$= 0.10(1-0.0094)$$
$$= 0.09906(\text{美元})$$

利率差异的影响　根据利率平价,远期升水(贴水)与利率差之间的关系可以通过下列近似的简化形式表示:

$$P = \frac{F - S}{S} \approx i_h - i_f$$

其中:
P = 远期升水(或贴水);
F = 美元远期汇率;
S = 美元即期汇率;
i_h = 本国利率;
i_f = 外国利率。

当利率差异较小时,这种近似的形式提供了一种合理的估计。这个等式中的变量不是年度的。在上面的例子中,美国(本国)利率低于外国利率,所以远期汇率为贴水(远期汇率低于即期汇率)。外国利率超过本国利率的幅度越大,利率平价公式中确定的外币的远期汇率贴水也越大。

如果外国利率低于本国利率,利率平价关系就表明远期汇率为升水。

含义。 正如前面解释的那样,如果远期升水等于利率差异,则抛补套利不可行。

> **举例**
>
> 利用上面墨西哥比索的即期汇率、6个月远期汇率以及墨西哥的利率来确定美国投资者从抛补套利中得到的收益。假定投资者开始有1 000 000美元可用于投资。
>
> 第一步:第一天,美国投资者以每墨西哥比索0.10美元把1 000 000美元兑换成墨西哥比索为
>
> $$1\,000\,000/0.10 = 10\,000\,000(比索)$$
>
> 第二步:在第一天美国投资者卖掉6个月的墨西哥比索的远期合约。所要卖掉的远期合约的金额为6个月累积的金额为
>
> $$10\,000\,000 \times (1 + 6\%) = 10\,600\,000(比索)$$
>
> 第三步:在6个月后,美国投资者把存入的墨西哥比索同累计的利息取出来,共计10 600 000墨西哥比索。投资者按照6个月前签订的远期合约把墨西哥比索换成美元。远期汇率是0.099 06美元,所以兑换后收到的美元为
>
> $$10\,600\,000 \times 0.099\,06 = 1\,050\,036(美元)$$
>
> 在这个例子中,抛补套利活动得到的收益率约为5%。0.94%的远期贴水使收益率稍稍偏离5%。因此,在这个例子中,利用抛补套利得到的收益率只相当于美国投资者国内投资得到的收益率。这证明了当利率平价存在时,抛补套利无利可图。

利率平价并不表示不同国家的投资者将会获取相同的收益,相反,利率平价反映了特定投资者在国内与国外进行无风险有息证券投资的比较。如果存在利率平价,投资者就不能通过抛补套利在外国市场获得比本国投资更多的收益。

7.4.3 利率平价的图表分析

可以通过图表来比较利率差异和远期升水(或贴水)。图表7.9中的斜线代表了所有满足利率平价的点。

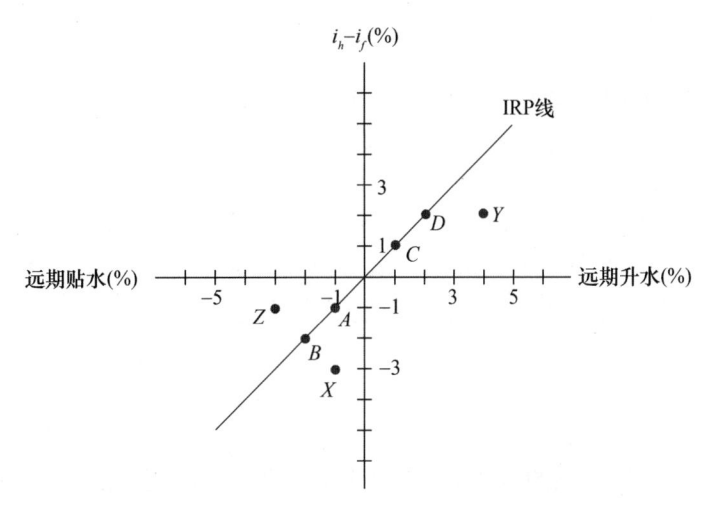

图表7.9 利率平价理论的图表解释

代表贴水的点。对于所有外国利率超过本国利率的情形,远期汇率应当贴水且贴水额大致等于利率差异。如果外国利率(i_f)超出本国利率(i_h)1个百分点($i_h - i_f = -1\%$),那么远期汇率应当贴水1%(图上的A点表示)。如果外国利率超出本国利率2个百分点,那么远期汇率应当贴水2%(用图上的B点表示),等等。

代表升水的点。对于所有外国利率低于本国利率的情形,远期汇率应当升水且升水额大致等于利率差异。例如,如果本国利率高于外国利率1个百分点($i_h - i_f = 1\%$),那么远期汇率应当升水1%,用C点表示。如果本国利率高于外国利率2个百分点($i_h - i_f = 2\%$),那么远期汇率应当升水2%,用D点表示,等等。

只要在相同条件下进行比较,不论你是否把利率折算成1年的,都可以使用图表7.9。也就是说,如果你把利率换算成1年的来确定利率差价,那么你也应该把远期升水或贴水换算成1年的。

代表利率平价的点。图表7.9斜线上的任何一点都代表利率平价。该斜线被称为**利率平价线**(interest rate parity line)。沿着利率平价线上的点,抛补套利是不可行的。

个人或公司可以在任何时候通过比较远期汇率升水或贴水和利率差价来检查利率平价是否成立。从美国的角度看,日本的利率通常会低于美国利率,因此,日元的远期汇率通常为升水,在此用图表7.9中C点、D点或斜线上高于D点的点来表示。相反,英国的利率通常要比美国高,英镑的远期汇率为贴水,用图表7.9中A点或B点表示。

B点代表的利率比本国利率高2个百分点,如果本国是美国,这意味着外国投资者在其国家投资无风险证券将比美国本土投资者多赚取2%的利润。当利率平价存在时,即使通过抛补套利在外国市场投资利率更高的证券,因为远期汇率下降了2%,所得回报也与在美国投资相同。

D 点代表的利率比本国利率低2个百分点,如果本国是美国,这意味着外国投资者在其国家投资无风险证券比美国本土投资者少赚取2%的利润。当利率平价存在时,即使通过抛补套利在外国市场进行投资,因用美元兑换本币时必须多付出2%的费用,所得回报与在美国投资没有差别。

利率平价线下方的点。 假设3个月的外币存款年利率为10%,而本国的年利率为7%,即利率价差 $i_h - i_f = -3\%$。假定外币的年远期贴水为1%,图表7.9上的 X 点表示利率差价与远期贴水的综合信息。由于 X 点不在利率平价线上,我们认为抛补套利对有些投资者有利。投资者从外国存款中额外得到3个百分点的优势被1%的远期贴水抵消了一部分。

假定外币的年利率为5%,本币的年利率为7%,利率差价为 $i_h - i_f = 2\%$。然而,假定外币的远期升水为4%(图表7.9上 Y 点),因此,较高的远期升水大大弥补了投资者从外国低利率投资中所遭受的损失。

如果当前的利率和远期汇率情形是由 X 点或者 Y 点表示的,那么本国投资者可以从事抛补套利。通过投资外国货币,他们可以获得比本国利率更高的收益(在考虑外国利率和远期升水或贴水之后)。这种类型的活动会对外国货币的即期利率造成向上压力,对外国货币的远期汇率造成向下压力,直到抛补套利不再可行。

利率平价线上方的点。 现在看利率平价线的左边有一个 Z 点。这表示外国利率高出本国利率1%,而远期汇率为贴水3%。这一点像利率平价线左边的所有点一样,表示投资者对外投资得到的收益比国内低。收益较低的原因可能是(1)同美国利率相比,外国利率的优势被远期汇率贴水抵消了(反映在 Z 点上),或者是(2)本国利率超出外国利率的部分抵消了远期汇率升水。

然而,从这些点来看,外国投资者会认为抛补套利是可行的。考虑一下英国的投资者,其本国利率比美国高1个百分点,远期汇率(同美元)为贴水3%(用 Z 点表示),英国投资者把外币卖出后兑换为美元,投资于用美元标价的证券,签订远期合约购买远期英镑。尽管他们在美国投资少赚1%,但他们可以以比卖价低3%的汇率购买本币。这种活动会对英镑的即期汇率产生一种向下的压力,而对英镑的远期汇率产生一种向上的压力,直到抛补套利不再可行。

7.4.4　怎样检验利率平价是否存在?

投资者或公司可以把各种货币的所有的可行点标在图表7.9上来确定抛补套利是否有利可图。这些点的位置表明抛补套利是否可行。对于利率平价线右边的点,本国的投资者应考虑采用抛补套利,因为收益率超过了本国利率(i_h)。当然,当投资者和公司利用这种机会时,这些点趋向于向利率平价线移动。抛补套利会继续存在直到利率平价关系成立。

7.4.5 利率平价存在吗?

为了准确确定利率平价是否存在,有必要比较同一时间的远期汇率(或贴水)和利率报价。如果远期汇率和利率报价不是同步的,那么结果在某种程度上是不准确的。但由于数据获取方面的限制,我们很难得到反映同一时间的报价。

许多研究对利率平价进行了不同时期的实证检验。远期汇率升水与利率差异之间的关系支持了利率平价。尽管现实与利率平价确实有偏离,但不足以使抛补套利可行。正如我们所详细讨论的那样。

7.4.6 估计利率平价时考虑的因素

即使利率平价不成立,考虑到对外投资的交易成本、政治风险和税收差异等特点,抛补套利仍有可能不值得进行。

交易成本。 如果投资者考虑了交易成本,反映实际利率差异和远期汇率升水的点就必须离利率平价线更远一些,才能使得抛补套利有利可图。图表 7.10 说明了考虑交易成本后抛补套利的潜在可行区域,即 45°利率平价线周围的深色阴影区域。对于不在利率平价线上但在这个区域内的点,抛补套利无利可图(因为超额收益被成本抵消了)。对于这一区域右面(或下面)的点,居住在本国的投资者可以通过抛补套利获利。对于这个区域左面(或上面)的点,外国投资者可以通过抛补套利获利。

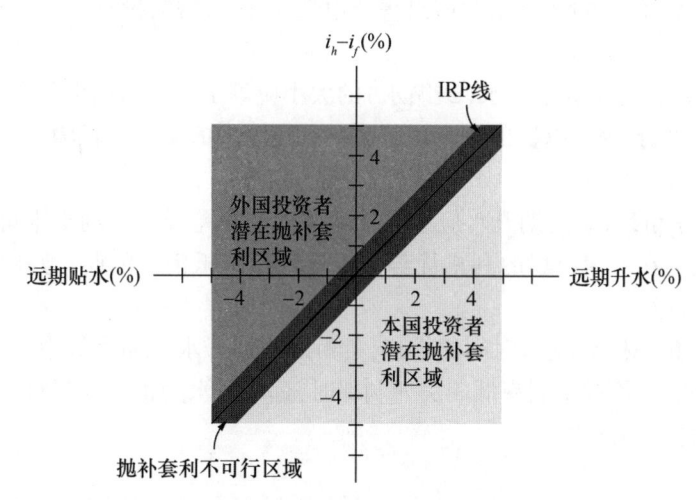

图表 7.10 考虑交易成本后抛补套利的潜在可行区域

政治风险。 即使在考虑交易成本后抛补套利可行,把资金投资于海外仍然要面临政治风险。虽然远期合约锁定了外国资金重新兑换成本币的汇率,但不能保证外国政府是否允许重新兑换资金。外国的危机会使其政府限制将本国货币兑换为其他货币。在这种情况下,在政府取消这些限制前,投资者不能使用这些资金。

投资者也要承受较小的对外投资(比如外国短期国库券)违约风险,因为它们不能保证在违约时外国政府能归还全部本息。考虑到外国国库券可能存在违约的风险,因此和从事抛补套利并获得仅仅高一点的收益相比,它们也许会接受本国较低利率的国库券。

税收差异。由于各国税法不同,投资者在其他国家进行存款时必须了解该国的现行税法。当投资者所在的国家与进行投资的国家税率不同时,可能会发生在考虑税前收益时抛补套利可能可行,而在考虑税后收益时则抛补套利不一定可行的情况。

小结

- 如果各家银行外汇报价不同,就会发生区位套利。区位套利的活动会使银行的外汇报价重新调整,最终区位套利不再可行。
- 三角套利与套算汇率有关。两种货币的套算汇率通过用第三国货币表示的这两种货币的价值来确定。如果两种货币的实际套算汇率不同于应该存在的汇率,那么三角套利是可行的。三角套利活动使套算汇率重新调整,直到三角套利不再可行。
- 抛补套利是建立在远期汇率升水与利率差异的关系基础之上的。一种货币的远期汇率升水和贴水的规模大约相当于两国利率之间的差异。一般来说,如果外国的利率高于美国的利率,那么外币的远期汇率会呈现贴水。
- 如果远期升水在很大程度上背离利率差价,则抛补套利是可行的。在这种套利下,以外币进行的短期投资的风险用将来远期出售外币来弥补。这样,投资者不会承受外币价值波动的风险。
- 利率平价理论表明远期升水(或贴水)的大小应等于两国的利率差异。当利率平价存在时,抛补套利不可行,因为外国的利率优势会被远期汇率的贴水所抵消。因此,抛补套利带来的收益不会高于国内投资。
- 根据利率平价理论,远期升水应该等于两国的利率差异。当利率平价存在时,抛补套利是不可行的,因为在外国市场的利率优势会被远期贴水抵消。因此,抛补套利不会赚取高于在本国投资的收益。
- 从美国的角度来看,随着时间的推移,货币的远期升水会随该货币利率和美元利率的变化而变化。因此,当该货币利率低于美元利率时,远期升水为正;当该货币利率高于美元利率时,远期升水为负(即贴水)。

正方反方

套利活动使得外汇市场更不稳定吗?

正方:是的。当一个外汇市场的参与者打算以比其他参与者都更高的价格出售某种货币时,大金融机构拥有的技术可以让它们立即发现该情形。当远期汇率没有合适地反映利率差异的时候,它们也能发现该情形。它们使用套利来从这些情形中获利,这导致了大量外汇交易。在一些情况下,它们的套利包括持有大量货币头寸然后在几分钟之内将这些货币头寸转换出去。货币的大量买进和卖出会导致货币价格的剧烈调整,可能会导致外汇市场的反复无常。所以,应当建立规则来强迫金融机构持有货币头寸至少 1 个月。这样会使外汇市场更加稳定。

反方: 不会。当金融机构从事套利活动时,它们对货币价格造成的压力会消除任何价格差异。如果套利没有发生,价格差异就会变得更大。因此,在外汇市场,个人和公司在交易货币时都会花很长时间在寻找最佳汇率上。市场会变得更加混乱,同一地区(或者不同地区)不同银行之间的价格会有重大差异。如果差异大到一定程度,个人和公司会从事套利活动。银行进行的套利活动会使得外汇市场更加合理,保证任何情况下的外汇报价都符合市场要求。

孰是孰非? 运用互联网了解该话题的更多内容。你支持哪种观点?对这个问题发表你的见解。

自测题 ▶▶▶▶ ▶

(答案见书后的附录 A)

1. 假定今天存在下列即期汇率:

$$£1 = \$1.50$$
$$C\$ = \$0.75$$
$$£1 = C\$2$$

假定没有交易成本,根据这些汇率,三角套利可以获利吗?请解释说明。

2. 假定有下列信息:

$$即期汇率为£1 = \$1.60$$
$$180 \text{ 天远期汇率为}£1 = \$1.56$$
$$180 \text{ 天英国利率} = 4\%$$
$$180 \text{ 天美国利率} = 3\%$$

根据这些信息,假设美国投资者用的是自有资金,美国投资者的抛补套利可行吗?请解释说明。

3. 利用上一个问题的信息,利率平价存在吗?请解释说明。
4. 概括地解释一下各种形式的套利会怎样消除货币价格的差异。
5. 假定英镑 1 年远期汇率呈现贴水。假定利率平价继续存在,解释如果英国 1 年期利率涨了 3 个百分点,而美国 1 年期利率涨了 2 个百分点,英镑 1 年期远期贴水的贴水额会发生什么变化。

应用思考题 ▶▶▶▶ ▶

1. **区位套利**。解释区位套利的概念及其必要条件。
2. **区位套利**。假定有下列信息:

	BEAL 银行	YARDLEY 银行
新西兰元的买入价(美元)	0.401	0.398
新西兰元的卖出价(美元)	0.404	0.400

已知这些信息后,区位套利可行吗?如果可行,解释一下区位套利的步骤。如果有 1 000 000 美元可使用,计算套利所得。影响区位套利的市场阻力是什么?

3. **三角套利**。解释三角套利的概念以及其必要条件。
4. **三角套利**。假定某银行有下列信息:

	报价
加元兑换成美元的价值(美元)	0.90
新西兰元兑换成美元的价值(美元)	0.30
加元兑换成新西兰元的价值(新西兰元)	3.02

给定这些信息后,三角套利是可行的吗?如果是,请解释一下套利活动步骤并计算如果你投入了 1 000 000 美元,那么你将会从这个策略中获得多少收益。影响三角套利活动的市场阻力是什么?

5. **抛补套利**。解释一下抛补套利的概念以及它的必要条件。
6. **抛补套利**。假定有下列信息:

加元的即期汇率	=0.80 美元
加元 90 天的远期汇率	=0.79 美元
加拿大 90 天的利率	=4%
美国 90 天的利率	=2.5%

已知这些信息后,假定投资者投资了 1 000 000 美元,美国投资者可以从抛补套利获得的收益是多少?影响抛补套利的市场阻力是什么?

7. **抛补套利**。假定有下列信息:

墨西哥比索的即期汇率	=0.100 美元
180 天墨西哥比索的远期汇率	=0.098 美元
墨西哥 180 天的利率	=6%
美国 180 天的利率	=5%

在已知这些信息后,对墨西哥投资者来说,抛补套利是有利可图吗?解释你的答案。

8. **"9·11"事件的影响**。2001 年 9 月 11 日,恐怖分子袭击了美国,导致投资者产生美国经济疲软的预期。解释这样的预期会如何影响美国利率并进而影响多种货币的远期汇率升水(或贴水)。

9. **利率平价**。解释利率平价的概念,说明它可能存在的合理性。

10. **通货膨胀率对远期汇率的影响**。为什么你认为高通货膨胀率的国家会有远期贴水？

11. **双边的抛补套利**。假定现在美国1年期利率为10%，而加拿大1年期利率为11%。而且假定利率平价存在。加元的远期汇率是升水还是贴水？如果美国投资者从事抛补套利活动，它们的收益是多少？如果加拿大投资者从事抛补套利活动，它们的收益是多少？

12. **利率平价**。当法国欧元的利率低于美国利率时，美国投资者为什么会考虑在法国从事抛补套利活动？

13. **利率平价**。假设投资者投资美国或英国1年期国库券，假定交易成本为0且无税收。

    a. 如果存在利率平价，美国投资者实行抛补套利的回报与美国投资者投资于美国短期国库券的回报一样。这种说法是对的还是错的？如果是错的，请纠正这种说法。

    b. 如果利率平价存在，利用套利的英国投资者得到的收益同英国投资者投资于短期国库券的收益一样。这种说法是对的还是错的？如果是错的，请纠正这种说法。

14. **远期升水的改变**。假定日元的远期汇率为升水6%，而且存在利率平价。为了保持利率平价，如果美国利率降低，升水会怎样改变？为什么我们期望升水会改变？

15. **远期升水的改变**。假定欧元上个月的远期汇率升水额比现在的高。这意味着现在美国利率和欧洲利率之差与上个月相比发生何种变化？

16. **利率平价**。如果利率平价规定的关系在任何时间段都不存在，而一般来说又的确存在，那么美国公司不应该考虑抛补套利。你对这种说法同意还是不同意？请解释。

17. **双边的抛补套利**。新西兰1年期利率为6%，而美国1年期利率为10%，新西兰元的即期汇率为0.50美元，新西兰元的远期汇率为0.54美元，对美国投资者来说抛补套利可行吗？对新西兰投资者而言，抛补套利可行吗？解释为什么在上述条件下抛补套利可行或不可行。

18. **抛补套利的局限**。假定美国1年期利率为11%，马来西亚40%，美国银行愿意一年之后以13%的折扣购买马来西亚的货币。抛补套利值得考虑吗？在这种情况下你有理由不从事抛补套利交易吗？（不考虑税收影响。）

19. **双边的抛补套利**。假定现在美国年利率为8%，德国为9%。当前欧元1年期远期汇呈现2%的贴水。

    a. 利率平价存在吗？
    b. 美国公司通过在德国投资使用抛补套利可以获利吗？
    c. 美国公司在德国的子公司通过在美国投资使用抛补套利可以获利吗？

20. **抛补套利**。南非兰特1年期远期汇率升水2%。美国1年期利率比南非高3%。根据这些信息，如果存在利率平价，抛补套利对于美国投资者来说是否可行？

21. **计算远期汇率**。假定美国的年利率为4%，法国为6%。

    a. 依照利率平价，欧元的远期升水或者贴水为多少？
    b. 如果欧元即期汇率为1.10美元，那么欧元1年期远期汇率为多少？

22. **双边的抛补套利**。现有下列信息：

你有500 000美元可以用于投资；

摩洛哥道拉姆（dirham，该国货币）的即期汇率为0.110美元；

摩洛哥道拉姆的 60 天远期汇率为 0.108 美元；

美国的 60 天利率为 1%；

摩洛哥的 60 天利率为 2%。

a. 从事抛补套利的美国投资者的收益是多少？在这个例子里，抛补套利对投资者有用吗？

b. 在这个例子里抛补套利对摩洛哥投资者来说可行吗？

批判性思考题

国际信贷危机以来利率平价的影响。自 2008 年（国际信贷危机出现）到 2014 年，美国政府将利率控制在非常低的水平。假设在这期间存在利率平价，写一篇短文论证美国在这段时间的利率情况会对澳元远期汇率产生怎样的影响。

布雷泽公司案例：对潜在套利机会的评估

回想我们以前提到的布雷泽公司，选择了泰国作为其主要产品"Speedos"的主要出口市场。布雷泽公司在泰国的主要客户——娱乐产品公司，承诺在接下来的 3 年里以固定的价格（以泰铢表示）每年购买 180 000 双"Speedos"。布雷泽公司也从泰国进口一些制造"Speedos"所需要的橡胶和塑料部件。

最近，泰国经济低速增长并发生政治动荡。由于政治动荡，投资者对泰铢失去了信心，因此他们从泰国撤回了资金。这导致泰国外汇市场上用于交易的泰铢供应过剩，对泰铢币值造成了贬值的压力。由于投资者持续从泰国撤回资金，泰铢的币值也在持续恶化。由于布雷泽公司从对泰国的出口中获得正的现金流，泰铢币值的恶化对公司造成了不利的影响。

本·霍尔特——布雷泽公司的首席财务官，希望布雷泽公司的银行对即期和远期汇率的报价是合理的，因为如果报价是合理的，就不会发生套利。如果报价不合理，就可能会发生套利。在这种情况下，霍尔特希望布雷泽公司能通过套利从外汇市场的错误定价中获利。虽然布雷泽公司并不是套利者，但是霍尔特希望套利能抵消泰铢贬值所造成的不利影响，否则这些不利影响会严重影响公司的边际利润。

本·霍尔特列出了三个可能获利的套利机会并且想知道哪个最有利。因此，他向身为布雷泽财务分析员的你进行咨询，要求你对他所列出的套利机会进行分析，使得霍尔特可以快速评估套利机会的获利能力。

1. 第一个套利机会和区位套利相关。霍尔特从以下两家泰国银行获得了即期汇率报价：Minzu 银行和 Sobat 银行，都位于曼谷。下表列示了每家银行泰铢的买入和卖出报价：

	Minzu 银行	Sobat 银行
买入价（美元）	0.0224	0.0228
卖出价（美元）	0.0227	0.0229

考虑一下外汇报价是否合理。如果不合理,计算在汇率调整前,如果从布雷泽公司的支票账户中取出 100 000 美元的资金来从事套利活动会得到多少收益。

2. 除上个问题提到的泰铢的买入和卖出价外,Minzu 银行还提供了美元和日元的报价:

	买入报价	卖出报价
用美元表示的日元币值(美元)	0.0085	0.0086
用日元表示的泰铢币值(泰铢)	2.69	2.70

考虑一下泰铢和日元之间的套算汇率是否合理。如果不合理,计算在汇率调整前,如果从布雷泽公司的支票账户中取出 100 000 美元的资金来从事套利活动会得到多少收益。

3. 本·霍尔特获得了许多泰铢远期合约报价来计算抛补套利是否可行。90 天的泰铢远期合约报价为 0.0225 美元。泰铢的即期汇率为 0.0227 美元。美国 90 天利率为 2%,而泰国 90 天利率为 3.75%(这些都不是年利率)。霍尔特有些担心抛补套利的风险,因为不同于区位套利和三角套利,抛补套利需要占用资金。因此他决定估算从套利中能获得的美元利润并将其与美国 90 天存款所得相比较。

计算远期汇率的定价是否合理。如果不合理,计算如果从布雷泽公司的支票账户中取出 100 000美元的资金来从事套利活动会得到多少收益。用该收益减去在美国货币市场上的投资收益来计算超额利润。

4. 为什么套利机会在被发现后很快就会消失了?为了证实你的答案,假定包含立即购买和远期销售泰铢的抛补套利是可行的。讨论泰铢的即期和远期汇率会如何调整,直到抛补套利不再可行。什么是所谓的均衡状态?

小企业困境:体育用品出口公司对现行即期汇率和远期汇率的估计 》》》

当体育用品出口公司向英国出口橄榄球时,它收到的是以英镑计价的支票。上个月出口商品的支票(用英镑计价)刚刚收到。吉姆·洛根(体育用品出口公司的所有者)通常会把支票存入当地的银行,要求银行把支票以当时的即期汇率兑成英镑(假定他没有用远期合约的方式对他的付款进行套期保值)。当地银行为许多需要买卖多种交易货币的企业客户提供外汇服务。然而,吉姆决定在把货款兑换成美元前检查一下其他银行即期汇率的报价。

1. 你认为吉姆能找到一家银行为他提供比当地银行更优惠的即期汇率吗?请解释。

2. 你认为为吉姆办理业务的银行如果是全城唯一一家提供外汇业务的银行,它会提供更合理的英镑即期汇率吗?请解释。

3. 吉姆考虑利用远期合约对下个月英镑的预期应收款进行套期保值。当地银行标明的即期汇率为 1.65 美元,而 1 个月远期汇率为 1.6435 美元。在吉姆决定出售 1 个月英镑远期合约以前,他想在已知当时即期汇率的情况下,确保远期汇率是合理的。美国 1 个月短期国库券的收益率为 1%(不是 1 年的),而英国 1 个月国库券的收益率为 1.4%,你认为即期汇率为 1.65 美元时,1 个月远期汇率是合理的吗?

互联网/Excel 练习

利用互联网查找并计算加元和日元之间的套算汇率。注意到英镑的币值（以美元计）和日元的币值（以美元计）都被披露了。基于这些币值，加元和日元的套算汇率是你所预计的汇率吗？请解释。

真实案例在线文章

在网上寻找一篇最近的文章，这篇文章应是国际财务管理的实际应用，或是现实世界中特定跨国公司的案例，该案例能够诠释本章所述的某一个或者多个概念的行为。

如果你的班级有在线平台，教授可以要求你将总结放在在线平台上，这样，其他学生也能看到这篇文章。如果你的班级是面授课堂，教授可以要求你在课堂上汇报你的文章。教授也可以给某个学生布置任务，让学生完成本章作业，或者要求学生自愿完成某些作业。

对于本章所用到的在线文章和现实世界的案例，考虑搜索以下术语，并且将本年度作为搜索关键词以保证在线文章是最近的：

1. 外汇和套利；
2. 外汇和买入/卖出差价；
3. 抛补套利；
4. 货币套利；
5. 利率平价；
6. 远期合约与套利；
7. 非完全市场与利率平价；
8. 交易成本与利率平价；
9. 远期合约与利率平价；
10. 远期升水与交易成本。

第8章
通货膨胀、利率与汇率的关系

通货膨胀和利率对汇率有很大的影响(见第4章),因而会对跨国公司的价值产生影响。跨国公司的财务经理必须明白通货膨胀和利率会如何影响汇率,以便预测跨国公司会如何受到影响。

本章目标

- 解释购买力平价(PPP)理论,以及它对汇率变化的影响;
- 解释国际费雪效应(IFE)理论,以及它对汇率变化的影响。

8.1 购买力平价理论

第4章讨论了相对通货膨胀率对汇率预期的影响。回忆一下,当一个国家的通货膨胀率上升时,由于出口减少(因为价格上涨),因而对其货币的需求减少。另外,该国的消费者和公司会增加进口。这两种力量都对高通货膨胀率国家的货币币值产生一种向下的压力。由于各国通货膨胀率不同,所以国际贸易模式和汇率都会进行相应的调整。国际金融最普遍、最具有争议的理论就是**购买力平价**(PPP)理论,其核心是有关通货膨胀率与汇率之间的关系。该理论为第4章相对高的通货膨胀水平如何对一国币值造成贬值压力提供了理论基础,且具体描述了货币贬值的程度。

8.1.1 购买力平价理论的解释

有两种最流行的购买力平价理论形式,每种形式都有自己的含义。

绝对购买力平价。 绝对购买力平价(absolute form of PPP)建立在如下的假设上：没有国际壁垒，且当价格下降时消费者会增加他们的需求。该形式表示在采用同样货币计算时，两个不同国家的同类产品价格应该是相同的。如果采用同样货币计算的价格存在差异时，那么需求会变化，所以价格最终应统一。

> **举例**
>
> 同样的产品由美国和英国生产，当采用共同货币计算价格时，如果英国的价格较低，在英国对该种产品的需求就会增加，而在美国的需求就会下降。两种力量会使采用共同货币计算的价格趋于一致。

在现实中，运费、关税和配额的存在可能会阻碍绝对购买力平价。如果在这个例子中运输成本很高，对产品的需求可能不会以上面的形式发生变化。因此，价格的差异会继续存在。

相对购买力平价。 相对购买力平价(relative form of PPP)考虑了市场可能的不完美性，如运费、关税和配额。这种形式承认由于存在市场的不完美性，在采用共同货币来计算价格时，不同国家的同类产品价格并不一定一样。但是它认为只要运费和贸易壁垒不变，在采用共同货币计算价格时，各产品价格的变化率应相似。

> **举例**
>
> 假定美国和英国之间的贸易十分频繁并且开始时两国的通货膨胀率均为0。目前美国的通货膨胀率为9%，而英国的通货膨胀率为5%。在这种情形下，购买力平价理论认为英国英镑应当升值大约4%(约等于通货膨胀率之差)。因此，两国的汇率应当调整至足以抵消通货膨胀率之间差异的水平。鉴于英国的通货膨胀率为5%且英镑升值约4%，美国消费者相比于最初两国通货膨胀率都为0时，现在购买英国的产品要多支付9%的价格。汇率应调整至能抵消两国通货膨胀率差异的水平，这样对消费者而言，在两个国家购买同一种产品的价格是相似的。

8.1.2 相对购买力平价理论的基本原理

相对购买力平价理论的基本原理说明，无论是从本国购买还是从外国进口商品，为了使相对购买力保持一致，汇率的调整非常必要。如果购买力不同，消费者就会转而购买便宜的产品，直到购买力相同。

> **举例**
>
> 考虑这样的情形：由于通货膨胀率的差异，英镑币值上升了但仅升值1%。在这种情况下，对美国的消费者来说，英国商品的价格只上涨了6%(约等于5%的通货膨胀率加上1%的英镑升值)，这低于美国商品价格上涨9%。因此，我们认为美国消费者会继续消费英国商品。购买力平价表明美国消费者会增加对英国商品的需求直到英镑升值约4%。英镑低于4%的升值意味着对美国消费者来说，英国价格比美国价格更低。

从英国消费者的角度来看,美国商品的价格一开始就比英国商品贵4%。英国消费者会继续减少对美国商品的进口,直到英镑升值使得美国商品不再比英国商品贵为止。对英国消费者来说,净效应让美国商品价格上涨约为5%(由于英镑升值4%,9%的通货膨胀率减去英镑升值而给英国消费者节省的4%得到5%)。

8.1.3 购买力平价的推导

假定本国的物价指数(以 h 表示)和外国的物价指数(f)是相同的。现在假定随着时间的推移,本国的通货膨胀率为 I_h,外国的通货膨胀率为 I_f。由于存在通货膨胀,消费者本国的物价指数(P_h)成为:

$$P_h(1 + I_h)$$

外国的物价指数(P_f)也因那个国家的通货膨胀率而发生了变化:

$$P_f(1 + I_f)$$

如果 $I_h > I_f$,而且两国货币的汇率不变,那么对外国商品的购买力会大于对本国商品的购买力。在这种情况下,购买力平价不存在。如果 $I_h < I_f$,而且两国货币的汇率不变,那么对本国商品的购买力会大于对外国商品的购买力。在这种情况下,购买力平价也不存在。

购买力平价理论表明汇率不会保持不变,而是会调整以维持购买力平价。如果发生通货膨胀,而且外国货币的汇率改变,从本国消费者的角度看,外国物价指数为:

$$P_f(1 + I_f)(1 + e_f)$$

e_f 表示外币价值的变化百分比。根据购买力平价理论,外币价值的变化百分比(e_f)应该发生改变以保持两国新物价指数的平价。在购买力平价情况下,我们设定外国新物价指数等于本国新物价指数公式为:

$$P_f(1 + I_f)(1 + e_f) = P_h(1 + I_h)$$

我们得到:

$$(1 + e_f) = \frac{p_h(1 + I_h)}{p_f(1 + I_f)}$$

$$e_f = \frac{p_h(1 + I_h)}{p_f(1 + I_f)} - 1$$

因为 $P_h = P_f$(由于开始假定两国的物价指数是相等的),抵消后,得到:

$$e_f = \frac{1 + I_h}{1 + I_f} - 1$$

这个公式反映了根据购买力平价,相对通货膨胀率和汇率之间的关系。注意,如果 $I_h > I_f$,则 e_f 应该为正的。这意味着当本国通货膨胀率超过外国通货膨胀率时,外币会升值。相反,如果 $I_h < I_f$,那么 e_f 就应该是负的。这意味着当外国通货膨胀率超过本国通货膨胀率时,外币会贬值。

8.1.4 使用购买力平价来估计汇率的影响

相对购买力平价可用来估计汇率会使国家之间的通货膨胀率差异产生怎样的改变。

> **举例**
>
> 假定开始时汇率处于均衡状态。然后本国的通货膨胀率为 5%，外国为 3%。根据购买力平价理论，外币会进行如下调整：
>
> $$e_f = \frac{1 + I_h}{1 + I_f} - 1$$
>
> $$= \frac{1 + 0.05}{1 + 0.03} - 1$$
>
> $$= 0.0194 \text{ 或 } 1.94\%$$
>
> 因此，由于本国通货膨胀率高于外国，外币将升值 1.94%。

如果汇率的确会发生变化，那么从本国消费者角度看，外国的物价指数与本国一样高。外国相对较低的通货膨胀水平导致外币升值（根据购买力平价理论），这会抬高外国的物价指数。从本国的角度看，在考虑汇率影响时，两国的物价指数都上涨 5%。因此，对外国商品的购买力与对本国商品的购买力相同。

> **举例**
>
> 本例检验了外国通货膨胀率高于本国通货膨胀率时的情形。再次假设汇率在开始时处于均衡之中。然后，本国发生了 4% 的通货膨胀，外国发生了 7% 的通货膨胀。根据购买力平价，外币应进行如下调整：
>
> $$e_f = \frac{(1 + I_h)}{(1 + I_f)} - 1$$
>
> $$= \frac{1 + 0.04}{1 + 0.07} - 1$$
>
> $$= -0.028 \text{ 或 } -2.8\%$$
>
> 因此，根据这个例子，由于外国的通货膨胀率高于本国，外币将贬值 2.8%。外国相对较高的通货膨胀率使其货币发生贬值（根据购买力平价理论），但从本国消费者角度看，外币的贬值将对外国的物价产生向下的压力。在考虑汇率影响时，两国的价格都上涨 4%。因此，由于汇率调整，购买力平价仍然存在。

图表 8.1 描述了购买力平价理论。根据此理论，国际贸易的原理是利用通货膨胀差异影响汇率，这意味着当两国之间有大量国际贸易时，购买力平价更适用。如果两国几乎无国际贸易，那么通货膨胀差异对两国贸易的影响甚微，汇率不会发生变化。

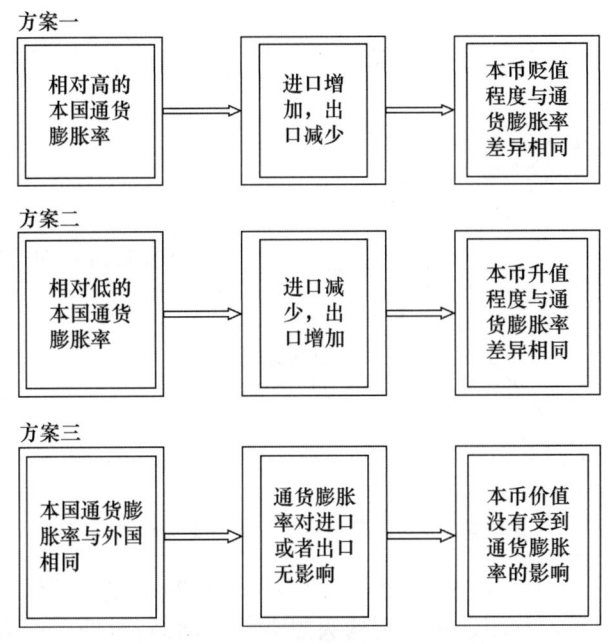

```
方案一
┌─────────┐     ┌─────────┐     ┌─────────┐
│相对高的 │     │进口增加，│     │本币贬值 │
│本国通货 │────▶│出口减少 │────▶│程度与通 │
│膨胀率   │     │         │     │货膨胀率 │
│         │     │         │     │差异相同 │
└─────────┘     └─────────┘     └─────────┘

方案二
┌─────────┐     ┌─────────┐     ┌─────────┐
│相对低的 │     │进口减   │     │本币升值 │
│本国通货 │────▶│少，出口 │────▶│程度与通 │
│膨胀率   │     │增加     │     │货膨胀率 │
│         │     │         │     │差异相同 │
└─────────┘     └─────────┘     └─────────┘

方案三
┌─────────┐     ┌─────────┐     ┌─────────┐
│本国通货 │     │通货膨胀 │     │本币价值 │
│膨胀率与 │     │率对进口 │     │没有受到 │
│外国相同 │────▶│或者出口 │────▶│通货膨胀 │
│         │     │无影响   │     │率的影响 │
└─────────┘     └─────────┘     └─────────┘
```

图表8.1　购买力平价理论的总结

简化的购买力平价关系。 根据购买力平价理论，一个更简单但不太精确的关系是：

$$e_f \approx I_h - I_f$$

也就是说，汇率变化百分比约等于两国通货膨胀率差异。这种简化公式只适合于通货膨胀率差异较小或者 I_f 接近0的情况。

8.1.5　购买力平价的图表分析

利用购买力平价理论，我们能够估计通货膨胀率对汇率产生的潜在影响。图表8.2是购买力平价和购买力差别的图示。图上的点表明在本国与外国通货膨胀率差异为 X% 时，由于通货膨胀率的差异，外币会调整 X%。

购买力平价线。 把所有的购买力平价点连接起来形成的斜线被称为**购买力平价线**（purchasing power parity line）。A点表示美国（这里被认为是本国）和英国通货膨胀率分别为9%和5%，所以 $I_h - I_f = 4\%$。回顾一下，正如A点所示，这会引起英镑预期升值4%。B点说明美国和英国的通货膨胀率分别为1%和6%，所以 $I_h - I_f = -5\%$。这会引起英镑预期贬值5%，正如B点所示。根据购买力平价理论，如果汇率的确会对通货膨胀率差异作出反应，这些点会在购买力平价线上或靠近购买力平价线。

购买力差异。 不在购买力平价线上的点代表存在购买力差异。如果汇率不像购买力平价理论表明的那样发生变化，那么两国的购买力是不同的。

图表8.2中C点表示本国通货膨胀率超出外国通货膨胀率4%，但是，由于这种通货膨胀率差异而导致的外币升值仅为1%。结果，购买力存在差别。本国消费者对外国商品的购买

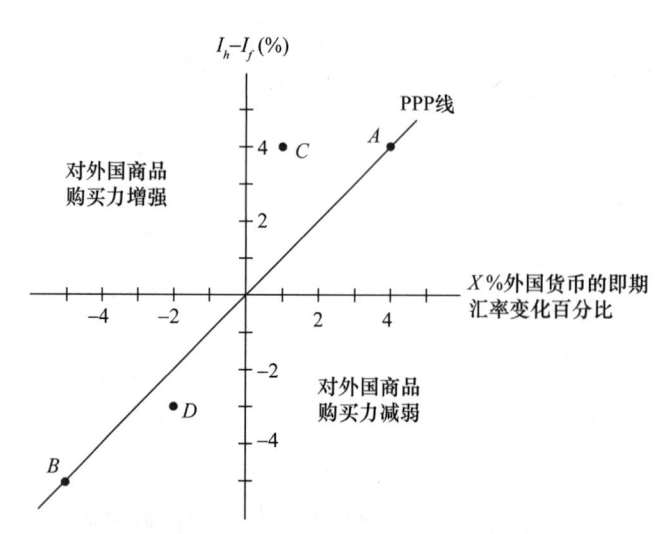

图表 8.2　购买力平价和购买力差别的示例

力大于对本国商品的购买力。购买力平价理论表明这种购买力差别只在短期内存在。一段时间之后,由于本国消费者利用这种差别购买更多外国商品,对外币价值形成的向上的压力会使 C 点移向购买力平价线。购买力平价线左边或上边的点表示对外国商品的购买力超过了对本国商品的购买力。

图表 8.2 中 D 点表示本国通货膨胀率比外国通货膨胀率低 3%,但是外币只贬值了 2%。又一次出现了购买力差别。这次外国商品的购买力低于本国商品的购买力。购买力平价理论表明,在这个例子中外币应该贬值 3% 以便完全抵消 3% 的通货膨胀率差异。由于外币没有疲软到这种程度,本国消费者不再继续购买外国商品,这使外币疲软到购买力平价理论预计的水平。此时,D 点会移向购买力平价线,购买力平价线右边或下面的所有点表示对本国商品的购买力大于对外国商品的购买力。

8.1.6　检验购买力平价理论

购买力平价理论不仅解释了两国的通货膨胀率会如何影响汇率,而且提供了用来预测汇率的信息。

对购买力平价的简单测试。 测试 PPP 的一种方法就是选择两个国家(比如美国与外国),在几个时期内比较通货膨胀率差异与外币价值的变化百分比。我们可以把代表每一特定时期通货膨胀率差异和汇率变化百分比的点都标在类似于图表 8.2 中。然后确定这些点是否很像图表 8.2 所示的购买力平价线。如果这些点大大偏离购买力平价线,那么外币的变化百分比就不像购买力平价理论表明的那样受到通货膨胀率差异的影响。

从美国的角度看,图表 8.3 列示了 PPP 测试应用于四种不同的货币(每一幅图代表一种外币)。纵轴表示美国与外国年通货膨胀率的差异,横轴表示外币汇率的年变化百分比(与美元的比价)。图上的每一点代表 1982—2014 年中的一年。

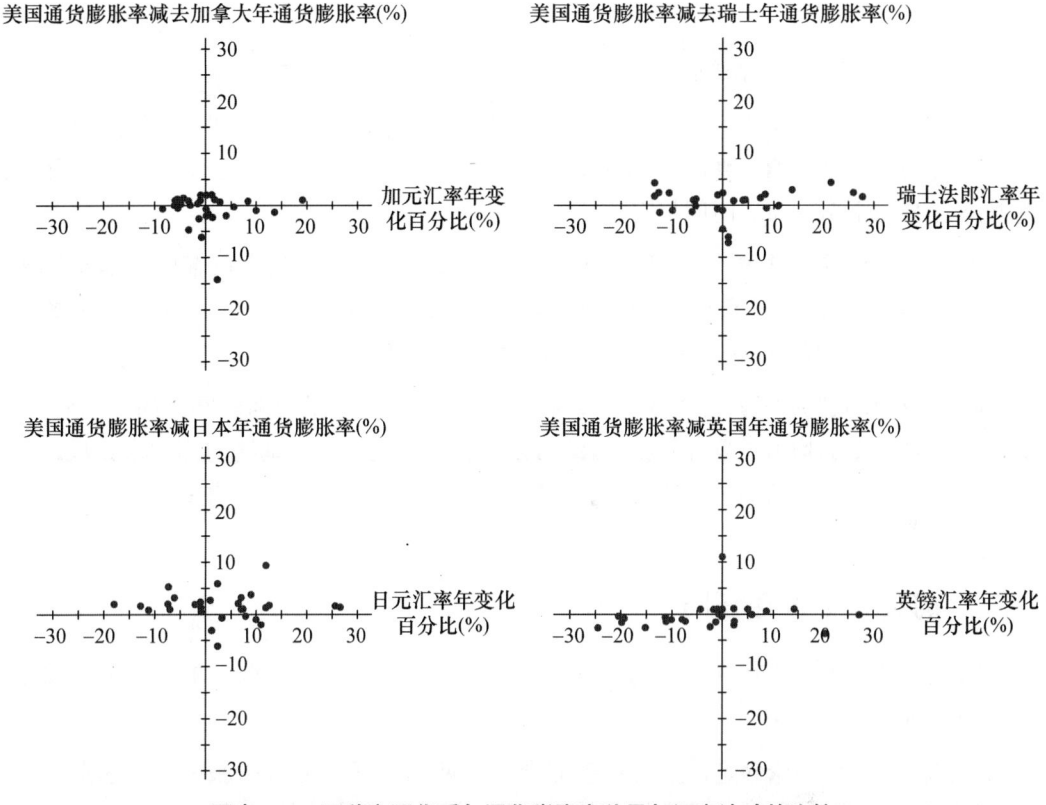

图表 8.3　四种主要货币年通货膨胀率差异与汇率波动的比较

尽管每幅图的结果都不同,但也可以得出一些适合所有图的总体性评论。汇率变化百分比比通货膨胀率差异的波动幅度更大。在这四幅图中,美国与外国的通货膨胀率差异很小,但每种货币相对于美元的汇率变动百分比有时很大。因此,汇率变动比购买力平价理论预期的变化幅度大很多。发达国家的大部分货币都是如此。在有些年份中,即使通货膨胀率比美国高,该货币还升值了。图表 8.3 的结果表明:随着时间的推移,通货膨胀率差异与汇率波动的真实关系与购买力平价理论不一致。

购买力平价的统计检验。 通过利用对历史汇率和通货膨胀率差异进行回归分析,可以建立一种简化的对购买力平价的统计检验。为了说明这一点,我们把注意力集中在某一种汇率上。外币价值的季度变化百分比(e_f)应根据季度初存在的通货膨胀率差异进行回归分析,如下所示:

$$e_f = a_0 + a_1\left[\frac{(1 + I_{U.S.})}{(1 + I_f)} - 1\right] + \mu$$

其中 a_0 为常量,a_1 为斜率系数,μ 表示误差。对季度资料进行回归分析确定回归系数。假设 a_0 和 a_1 的值分别为 0 和 1.0,这些系数表示在通货膨胀率差异特定时,一般而言可以抵消汇率变化的百分比。每一种回归系数的 t 检验需要比较假定价值,而且除以系数的标准误差,如下所示:

当 $a_0 = 0$ 时

$$t = \frac{a_0 - 0}{a_0 \text{ 的标准误差}}$$

当 $a_1 = 1$ 时

$$t = \frac{a_1 - 1}{a_1 \text{ 的标准误差}}$$

然后,用 t 分布表来找到关键的 t 值。如果两次检验都表明系数与预计的结果不同,通货膨胀率差异与汇率之间的关系就与 PPP 理论表明的不同。应该指出的是,计算时所使用的通货膨胀率差异与汇率的滞后时间仍有争议。

购买力平价检验的结果。 PPP 检验是否存在已有大量研究。研究已证明高通货膨胀水平会引起货币疲软,也找到了大量偏离购买力平价的证据,在长时间内购买力平价偏离并不明显,但一直存在。因此,利用 PPP 推导长期汇率有明显的缺陷。

购买力平价测试的局限。 PPP 理论检验的一个局限性是结果会随着基期的不同而不同。所选择的基期会影响均衡位置,因为对后续时期的估计都是通过与基期的比较来完成的。如果基期外币疲软不是由高通货膨胀水平引起的,那么后续时期货币的价值会高于购买力平价预测的价值。

8.1.7　购买力平价存在吗

购买力平价并不总是存在是因为存在一些干扰因素和缺少贸易商品的替代品。接下来会解释这些原因。

干扰因素。 PPP 理论假定汇率的变动完全是由两国之间的通货膨胀率差异引起的。然而,回想起第 4 章提到的,货币即期汇率的变化是由下列因素影响的:

$$e = f(\Delta INF, \Delta INT, \Delta INC, \Delta GC, \Delta EXP)$$

这里:

e = 即期汇率变动的百分比;

ΔINF = 美国通货膨胀率和外国通货膨胀率之差的变动;

ΔINT = 美国利率和外国利率之差的变动;

ΔINC = 美国收入水平和外国收入水平之差的变动;

ΔGC = 政府管制的变动;

ΔEXP = 汇率预期的变动。

由于汇率变动不完全是由 ΔINF 单独决定的,因此通货膨胀率差异和汇率波动之间的关系并不像 PPP 理论表明的那样简单。

> **举例**
> 假定瑞士的通货膨胀率比美国的高 3 个百分点。根据这条信息,按照 PPP 理论,瑞士法郎应对美元贬值 3%。但是如果瑞士政府对美国的出口商品强加贸易壁垒,瑞士消费者和公司不能对通货膨胀率差异做出反应而调整支出。因此,汇率不会依据购买力平价理论进行调整。

贸易商品无替代品。 购买力平价理论背后的依据是：一旦一个国家的价格较高，另一个国家就不会继续进口其商品而转向在国内购买替代进口。这种转变反过来会影响汇率。但是，如果国内没有替代商品，消费者就会继续购买进口商品。

> **举例**
>
> 假设美国消费者购买瑞士珠宝通常是因为他们相信瑞士生产的珠宝质量比美国生产的珠宝好。假设珠宝是美国从瑞士进口的主要产品。同样假设瑞士的通货膨胀率比美国高3个百分点（如前例），PPP理论将得到消费者转而选择购买美国珠宝的结论（在美国他们的购买力相对上升，在瑞士的购买力相对下降）。但如果消费者看重的是瑞士珠宝的质量，他们可能不会将美国珠宝看成合理的替代品，尽管他们在瑞士的购买力下降了，他们仍会选择购买瑞士珠宝，这样瑞士市场的供需关系就不会像PPP理论那样变动。

8.2　国际费雪效应

根据PPP理论，汇率反映了同一时期不同国家实际通货膨胀率的不同。但因为实际通货膨胀率在期间结束后才能被计算出，就不能用PPP理论预测汇率未来的变动。**国际费雪效应**（International Fisher Effect，IFE）理论说明了两国名义利率差异与汇率变动之间的关系。国际费雪效应理论解释了：（1）如何用国家的名义利率推导出其预期的通货膨胀率；（2）两国间不同的通货膨胀率预示着其汇率会有何种变化。这两部分内容将反过来指导身处低利率国家的投资者如何利用其他国家较高的利率获利。

8.2.1　推导一国的预期通货膨胀率

20世纪30年代，经济学家欧文·费雪（Irving Fisher）提出了一套理论（现在被称为费雪效应）说明了名义利率和预期通货膨胀率之间的关系。费雪效应的基础是国内潜在的储户要求获得比通货膨胀率更高的利息。这是因为储户只有在储蓄增长速度比他们未来想要购买的商品物价增长更快时才愿意将钱存进银行。存款的名义利率代表了本地储户所能得到的回报，为了吸引储户，名义利率必须高于预期通货膨胀率，这意味着实际收益率应该为正：

实际收益率 =（名义利率 - 预期通货膨胀率）> 0

通过移项，名义利率可以通过以下公式推导：

名义利率 = 实际收益率 + 预期通货膨胀率

如果美国储户要求的实际收益率为2%，储户预期通货膨胀率为1%，则金融机构需要提供名义利率为3%的存款条件来吸引储户，推导过程如下：

名义利率 = 实际收益率 + 预期通货膨胀率 = 2% + 1% = 3%

假设实际收益率不变，则预期通货膨胀率随时间发生变化时，金融机构提供给储户的名义利率也要随之改变。如果预期通货膨胀率从1%变为3%，那么金融机构应该提供的名义利率为：

$$名义利率 = 实际收益率 + 预期通货膨胀率 = 2\% + 3\% = 5\%$$

我们无法直接得到一个国家由全体公民参与预测的通货膨胀率，因为那需要得知所有公民的想法，但我们可以通过移项算出一个国家的预期收益率：

$$预期通货膨胀率 = 名义利率 - 实际收益率$$

所以 A、B 两国的预期通货膨胀率差异为：

$$预期通货膨胀率差异 = E(INF_A) - E(INF_B)$$
$$= (i_A - Real_A) - (i_B - Real_B)$$

假设两国储户要求的实际利率相同，即 $Real_A = Real_B$，则预期通货膨胀率差异为：

$$预期通货膨胀率差异 = i_A - i_B$$

这个公式非常强大，因为它表明如果储户在两国间所要求的实际利率相同，则预期通货膨胀率差异可以简单地从两国的名义利率差推导得出。

> **举 例**
>
> 假设加拿大和美国实际收益率均为 2%，且加拿大和美国 1 年期名义利率分别为 13% 和 8%。根据费雪效应，加拿大预期通货膨胀率为 13% - 2% = 11%，美国为 8% - 2% = 6%。因此，两国预期通货膨胀率差异为 11% - 6% = 5%。从而发现预期通货膨胀率差异等于名义利率差异(13% - 8% = 5%)。

8.2.2 预测汇率波动

当我们通过名义利率推导出预期通货膨胀率(利用费雪效应)后，就可以根据 PPP 理论估计通货膨胀率差异如何影响汇率。

> **举 例**
>
> 回想上一个案例，加拿大和美国的预期通货膨胀率分别为 11% 和 6%，因加拿大预期通货膨胀率高出 5%，购买力平价理论得出加元相对于美元应贬值 5%。如果加元贬值 5%，那么试图从加拿大的高利率中获益的美国投资者，在将加元兑换回美元时就会承受 5% 的损失，贬值水平将正好抵消利率优势。当它们从加拿大储蓄中能获得的预期收益率为 8% 时，这与它们在美国进行 1 年期的储蓄所得回报相同，所以美国的投资者不能从加拿大投资中获利。

8.2.3 国际费雪效应的启示

如果存在国际费雪效应，那么一个国家在拥有高利率的同时，将拥有高预期通货膨胀率(根据费雪效应)，而相对高的通货膨胀率通常会引起货币贬值(根据 PPP 理论)。货币贬值的幅度将会与名义利率的差异相同,这表明货币贬值将会抵消高利率国家的储蓄投资优势。所以当美国的名义利率较低时,美国的跨国公司和投资者不能通过在其他高利率国家增加存款来获益。

国际费雪效应对外国投资者的影响。 对那些试图从美国相对高的利率中获利的外国投资者(他们本国的名义利率较低)来说,启示是相似的。

> **举 例**
>
> 美国的1年期名义利率为8%,而日本的1年期名义利率为5%。每个国家的实际利率为2%。因此美国的通货膨胀率预计为6%,而日本的通货膨胀率预计为3%。根据费雪效应,美国下一年的预期通货膨胀率为6%(名义利率8% – 实际收益率2%),日本下一年的预期通货膨胀率为3%(名义利率5% – 实际收益率2%)。因此两国的预期通货膨胀率差异为3%。注意到两国的通货膨胀率差异再一次与名义利率差异相等。
>
> 根据PPP理论,日元预计会升值3%(通货膨胀率之差)。如果下一年汇率依照预期改变,那些试图从美国相对高的利率中获利的日本投资者在年末将美元兑换成日元时,获得的日元会比当初为获取美元而支付的日元少3%,这抵消了将存款存入美国和存入日本时3%的利率差异。在美国存款的预期收益率是5%,与日本1年期的存款收益率相近,因此日本投资者投资美国储蓄的收益并不比在国内的好。

国际费雪效应对两种非美元货币的影响。 国际费雪效应可以应用于任何允许汇率浮动的国家,甚至是两个使用非美元货币的国家。

> **举 例**
>
> 假设加拿大和日本的名义利率分别为13%和5%。假设每个国家预期的实际收益率为2%。加拿大和日本的预期通货膨胀率差异为8%。根据PPP理论,通货膨胀率差异会导致加元相对于日元贬值8%。因此,即使日本投资者在加拿大投资可以赚取额外8%的利息,但在本期末将加元兑换回日元时,收到的价值也会下降8%,这会抵消加拿大与日本之间8%的利率差异。根据该条件,日本投资者在加拿大投资可以获得5%的回报,与在日本的投资回报相等。于是,日本的投资者将不会从加拿大存款中获得更高的回报。

使用另一种假定实际利率的影响。 在上述例子中,两国的实际利率都被假定为2%。如果将两国的实际利率都假定为1%,它们的预期通货膨胀率仍然保持不变,结论也不会发生改变。只要被比较的两个国家实际利率相同,其预期通货膨胀率差异就可以简单地由其名义利率推导出来,不能获得更多投资收益率的结论也不会改变。

抵消效应不完美的影响。 在每个时期,汇率都不会完全按照国际费雪效应对通货膨胀率的差异进行反馈。因此,有些时候汇率的变动不能完全抵消利率带来的优势,这就给了低利率国家投资者通过在高利率国家进行投资获取收益的机会。在另一些时候,汇率的变动可能会超额抵消利率优势,在这种情况下,低利率国家投资者如果对高利率国家进行投资反而会遭受损失。但国际费雪效应理论表明,从一个较长时间来看,汇率变动会与通货膨胀率差异的平均值相互抵消,使低利率国家投资者不能通过向高利率国家进行投资来获取收益。

图表 8.4 总结了上述的三种投资情景。注意两国名义利率差异(第二列)与预期通货膨胀率差异(第三列)相等,这正好是高利率国家货币应贬值的幅度(第四列)。更高的利率伴随着更高的通货膨胀率,导致该国货币发生更高的贬值。图表 8.4 给出了根据国际费雪效应,汇率(第四列)将如何变动以抵消高利率(第二列)带来的优势,所以投资者在外国所能获得的预期收益率(第五列)不会比它们在本国所能获取的收益率(第六列)更高。

图表 8.4 国际费雪效应在三种不同投资情景下的应用总结

例子中假设的初始信息		
国家	1 年期名义利率	投资者要求的实际利率
加拿大	13%	2%
美国	8%	2%
日本	5%	2%

国际费雪效应(IFE)的应用				
组合	外国存款与本国存款的名义利率差异	拟投资国与本国预期通货膨胀率差异(基于费雪效应)	预期通货膨胀率差异驱动的预期汇率变动(根据购买力平价理论)	在外国投资所能获取的预期收益率	在本国投资所能获取的收益率
美国投资者在加拿大银行存款	13% − 8% = 5%	11% − 6% = 5%	−5%	13% − 5% = 8%	8%
日本投资者在美国银行存款	8% − 5% = 3%	6% − 3% = 3%	−3%	8% − 3% = 5%	5%
日本投资者在加拿大银行存款	13% − 5% = 8%	11% − 3% = 8%	−8%	13% − 8% = 5%	5%

8.2.4 国际费雪效应的推导

按照国际费雪效应理论,两国的利率差价与预期汇率变化的准确关系可以用如下方法推导:投资于本国货币市场证券(如短期银行存款)的投资者的实际收益率只是这些证券提供的利率。然而,投资于外国货币市场证券的投资者的实际收益率不仅取决于外国利率(i_f),还取决于表示证券价值的外币的价值变化百分比(e_f)。外国银行存款(或任何货币市场证券)实际的或"有效的"(按照汇率调整的)收益率公式是:

$$r = (1 + i_f)(1 + e_f) - 1$$

根据国际费雪效应,外国货币市场的平均预期收益率应当等于本国货币市场投资的利率:

$$E(r) = i_h$$

其中 r 为外国存款的实际收益率，i_h 为本国存款的利率。我们可以确保两国的投资产生同样收益的外币波动的幅度相同。在上一个确定 r 的公式中，使 r 与 i_h 相等：

$$r = i_h$$
$$(1 + i_f)(1 + e_f) - 1 = i_h$$

现在解出 e_f：

$$(1 + i_f)(1 + e_f) = 1 + i_h$$
$$1 + e_f = \frac{1 + i_h}{1 + i_f}$$
$$e_f = \frac{1 + i_h}{1 + i_f} - 1$$

正如在此所证明的，国际费雪效应理论认为当 $i_h > i_f$ 时，e_f 将是正的，因为相对低的外国利率反映相对低的外国通货膨胀率预期。也就是说，当外国利率低于本国利率时，外币将升值。这种升值会增加本国投资者的对外收益，使外国证券的收益与本国证券相同。相反，当 $i_f > i_h$ 时，e_f 将会是负的。也就是说，当外国利率高于本国利率时，外币会贬值。从本国投资者的角度来看这种贬值会减少外国证券的收益，使外国证券的收益不会高于本国证券的收益。

基于国际费雪效应推导数值的例子。 给定两种利率，e_f 的值可以从之前的公式中算出并用于预测汇率。

> **举例**
>
> 假定 1 年期本国银行担保存款的利率为 11%，1 年期外国银行担保存款的利率为 12%。从本国投资者的角度看，为了使两种投资的实际收益一样，外币价值在投资期间内会以下列百分比形式发生改变：
>
> $$e_f = \frac{(1 + i_h)}{(1 + i_f)} - 1$$
> $$= \frac{(1 + 0.11)}{(1 + 0.12)} - 1$$
> $$= -0.0089 \text{ 或 } -0.89\%$$
>
> 这意味着表示外国存款价值的外币需要贬值 0.89%，为的是从本国投资者的角度看外国存款的实际收益率为 11%。贬值使外国投资的收益等于本国投资的收益。

图表 8.5 概括了国际费雪效应的原理，与图表 8.1 总结的购买力平价类似。尤其是，国际费雪效应表明通货膨胀差异影响汇率是国际贸易发生的原因。这意味着国际费雪效应更适合于两国之间存在国际贸易的情况，如果两国之间几乎无贸易活动，通货膨胀率差异对两国贸易没有较大的影响，汇率便不会对利率差异做出反应。所以尽管两国之间有较大的利率差异（是存在较大预期通货膨胀率差异的信号），但对贸易的影响是微不足道的。在此情况

下,投资者更希望在外国投资高利率证券,尽管该国货币因为诸多因素而疲软。

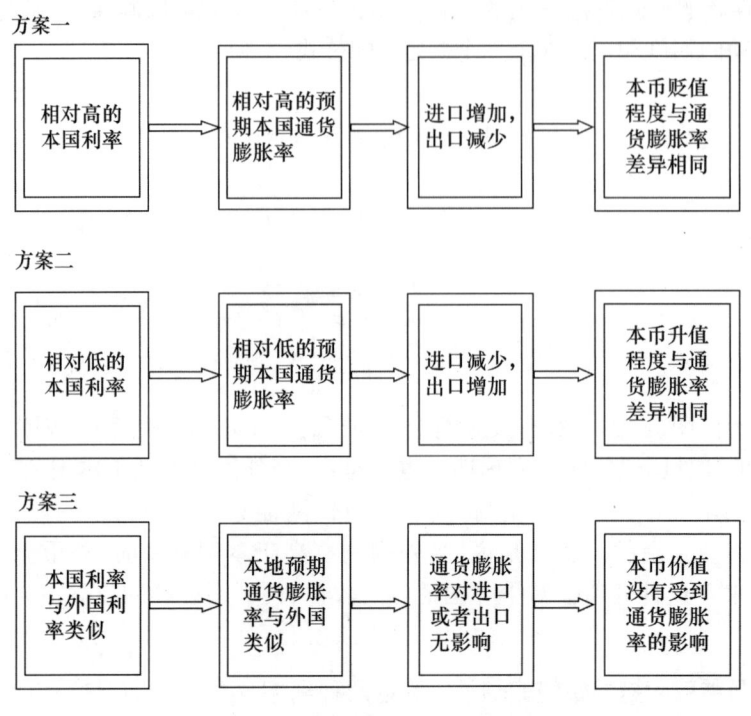

方案一

相对高的本国利率 → 相对高的预期本国通货膨胀率 → 进口增加,出口减少 → 本币贬值程度与通货膨胀率差异相同

方案二

相对低的本国利率 → 相对低的预期本国通货膨胀率 → 进口减少,出口增加 → 本币升值程度与通货膨胀率差异相同

方案三

本国利率与外国利率类似 → 本地预期通货膨胀率与外国类似 → 通货膨胀率对进口或者出口无影响 → 本币价值没有受到通货膨胀率的影响

图表 8.5 国际费雪效应的原理

简化的关系。 一种更简化但不太精确的国际费雪效应的关系是:

$$e_f \approx i_h - i_f$$

也就是说,在投资期内汇率变化百分比等于两国的利率之差。只有当利率之差较小时,这种近似关系才是合理的。

8.2.5　国际费雪效应的图表分析

图表 8.6 给出了符合国际费雪效应理论的各点。如 E 点反映外国利率高于本国利率 3 个百分点,但是外币贬值 3% 抵消了它的利率优势。因此,在外国存款的投资者得到的收益和本国一样。F 点表示本国利率高于外国利率 2 个百分点。如果本国的投资者在外国进行存款,它们只能接受较低的利率。然而,国际费雪效应理论表明货币将升值 2% 来抵消利率的劣势。

图表 8.6 的 F 点也从外国投资者的角度证实了国际费雪效应。F 点的本国利率对外国投资者具有吸引力。然而,国际费雪效应理论表明外币将升值 2%,从外国投资者角度看,这意味着表示投资工具价值的货币将贬值来抵消利率优势。

国际费雪效应线上的点。 图表 8.6 上国际费雪效应线(International Fisher Effect Line)上的所有点反映了为了抵消利率差异而进行的调整。这意味着不论投资者投资于本国还是外

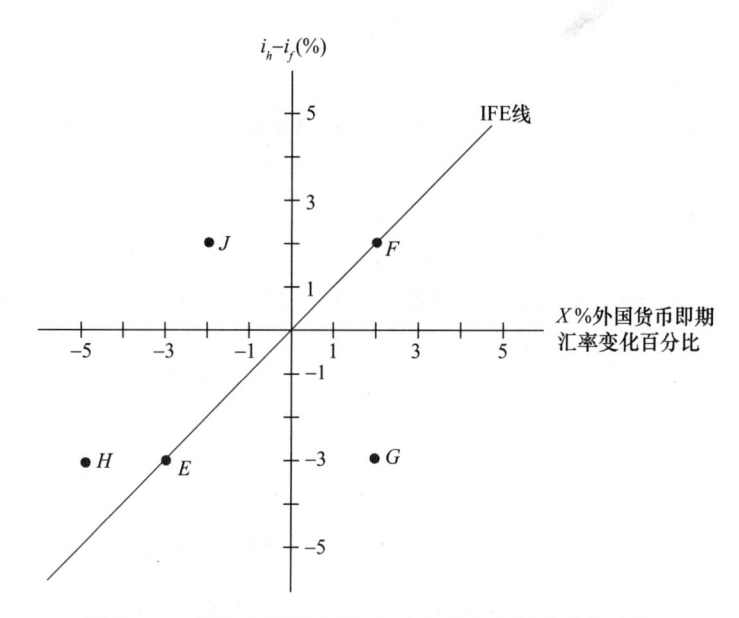

图表 8.6　国际费雪效应线(汇率变化完全抵消利率差价)

国,最终会得到同样的收益(如果对汇率波动进行调整的话)。

国际费雪效应线下方的点。 国际费雪效应线下方的某些点表示投资于外国存款得到的收益较高。例如,图表 8.6 中 G 点表示外国利率比本国利率高 3 个百分点。另外,外币升值 2%。较高外国利率与外币升值共同作用会使外国收益高于本国收益。如果把实际数据汇聚并标注出来,那么绝大部分点在国际费雪效应线的下方,这表明本国的投资者会不断增加外国银行存款以增加投资收益。这种结果是对国际费雪效应理论的一种否定。

国际费雪效应线上方的点。 国际费雪效应线上方的某些点表示外国的存款得到的收益较高。例如,H 点表示外国利率比国内利率高 3 个百分点。H 点也表明外币的汇率贬值 5%,抵消了它的利率优势。

另一个例子,J 点表示本国投资者投资于外国存款时会因为两种原因受阻:第一,外国利率比本国利率低;第二,在持有外国存款期间外币贬值。如果收集了实际数据并把它们在图表中描绘出来的话,绝大多数的点会落在国际费雪效应线的上方,这表明同本国投资相比,本国投资者从外国投资中得到的收益较低。这种结果也是对国际费雪效应理论的一种否定。

8.2.6　国际费雪效应的检验

如果把利率和汇率变动的实际点在图表 8.6 中标出(每一点代表一段时期),我们就可以确定这些点是分布在国际费雪效应线的下方(表示外国投资得到的收益较高),还是分布在上方(表示外国投资得到的收益较低),或均衡分散在两边(表示在某些时期外国投资得到的收益较高而在另外一些时期外国投资得到的收益较低)。如果预期外国货币市场证券(如银行存款)的收益率与国内货币市场证券的收益率一样,那么美国公司将更愿意投资本国货币市场证券,这些公司会预先知道投资于本国货币市场证券的回报,而投资外国货币市场证券由于受到即期汇率波动的影响,收益是不确定的。

国际费雪效应的统计检验。通过对历史汇率和名义利率之差进行回归分析,可以建立一种对国际费雪效应更简化的统计检验:

$$e_f = a_0 + a_1\left(\frac{1 + i_{US}}{1 + i_f} - 1\right) + \mu$$

其中 a_0 是常量, a_1 是斜率系数, μ 是误差。用回归分析来确定回归系数。a_0 和 a_1 的假设价值分别为 0 和 1.0。

就像 PPP 的检验一样,在这里要求对每一个回归系数的 t 检验比较假设价值,然后除以系数的标准误差,如下所示:

当 $a_0 = 0$ 时的检验 　　　　　　　　　当 $a_1 = 1$ 时的检验

$$t = \frac{a_0 - 0}{a_0 \text{的标准误差}} \qquad\qquad t = \frac{a_1 - 1}{a_1 \text{的标准误差}}$$

接下来,用 t 分布表来找到关键的 t 值。如果两次检验中的任何一次发现系数与假设值不相同,就可以否定国际费雪效应理论。

8.2.7　国际费雪效应的局限性

国际费雪效应受到许多限制导致其不能长期存在。回想国际费雪效应(1)如何用一国的名义利率来推导预期的通货膨胀率;(2)两国的通货膨胀率差异如何预示了汇率的变动。两个要素都存在局限性,以下对局限性进行解释。

推导预期通货膨胀率的局限性。从名义利率推导一个国家的预期通货膨胀率并不总能得到正确的结论。如果你比较各国各时期实际通货膨胀率和预期通货膨胀率(由名义利率推导),你就会发现误差是普遍存在的。如果一个国家的名义利率不能很好地预测时期内的通货膨胀水平,国家间名义利率的差值就不能作为预测汇率变动的指标,即使汇率变动与购买力平价理论所示的结果一致。这是因为当初始条件本身错误时,整个估算就是错误的。

购买力平价的局限性。国际费雪效应具有局限性,因为它依赖的购买力平价理论(通货膨胀率和汇率间的关系)本身就容易出错。在现实中,一个国家除通货膨胀率外的其他特征也会影响到汇率(例如收入水平和政府管控)。所以即使由名义利率推导出的预期通货膨胀率(根据费雪效应)正确地反映了一个国家在这一时期的通货膨胀率,仅仅依靠通货膨胀率预测汇率也很难得出正确的结论。

8.2.8　国际费雪效应与现实

第 4 章介绍了高利率国家是如何吸引更多的资本流从而使本币坚挺,但国际费雪效应与此观点有冲突。第 6 章介绍了中央银行如何有意识地提高利率来吸引资金从而使本币坚挺,然而国际费雪效应与此不一致。事实上,只在某些情况下高利率才能引起货币坚挺,这与第4章和第6章的内容相符,但与国际费雪效应相违背。许多跨国企业通常投资于可以赚取较高利率的发达国家的证券,因为它们可能相信除了预期高通货膨胀率,还有其他因素会引起外币市场证券的高利率,或者通货膨胀率的影响不能抵消投资周期内的利率优势。

国际费雪效应是否具有现实意义取决于涉及的国家以及估算的期间。当跨国公司和投资者考虑在名义利率较高国家进行投资时,国际费雪效应理论是非常有意义的。不发达国家通常会出现高水平的通货膨胀率,货币随着时间发生大幅贬值。货币贬值会超过利率优势,导致美国投资者遭受投资损失。在发达国家投资者也会遭遇投资损失,但因通货膨胀率造成货币贬值的可能性要小得多。

8.2.9 利率平价理论、购买力平价理论和国际费雪效应理论的比较

对三种相关的国际金融理论进行比较是有用的:(1) 利率平价(IRP)理论(在第7章已讨论过);(2) 购买力平价(PPP)理论;(3) 国际费雪效应(IFE)理论。图表8.7总结了每一种理论的主要内容。尽管这三种理论都与汇率的确定有关,但包含的意义不同。利率平价理论重点讨论为什么远期汇率与即期汇率不同以及在一个特定时点存在的差价大小。相反,购买力平价理论和国际费雪效应理论重点讨论一种货币的即期汇率会怎样随着时间而改变。购买力平价理论表明即期汇率按照通货膨胀率差异而改变,而国际费雪效应理论则表明它会按照两国之间名义利率的差异(也即预计的通货膨胀率差异)而改变。国际费雪效应理论是以当前两国的名义利率差异为基础,去衡量预期的通货膨胀率差异,然后用购买力平价理论去预计两国的汇率将如何随着通货膨胀率的差异而发生变化。

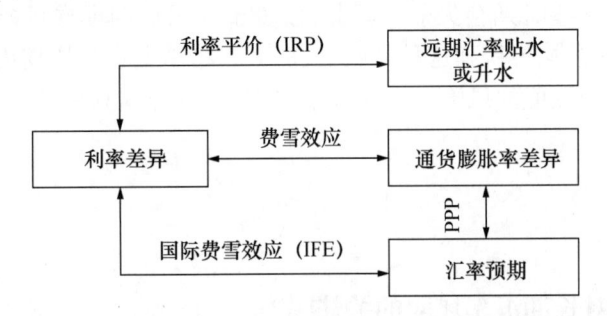

图表 8.7 利率平价、购买力平价和国际费雪效应理论的比较

可以通过将这些理论应用到某些国家得到一些结论。高通货膨胀率的国家倾向于有高利率(由于费雪效应)。随着时间的推移,它们的货币会变得疲软(由于购买力平价和国际费雪效应),同时货币的远期汇率通常会呈现大额贴水(由于利率平价)。

认同购买力平价的财务经理会发现,汇率变动不是在任何时期都与两国通货膨胀率差异保持一致。然而,为了更好地预测汇率波动,仍然需要借助通货膨胀率差异。认同国际费雪效应的财务经理发现,汇率变动不是在任何时期都与两国利率差异保持一致。但是为了更好地预测汇率波动,依然需要借助利率差异。

图表8.8 利率平价、购买力平价和国际费雪效应的理论概括

理论	理论的主要变量	理论概括
利率平价(IRP)	远期汇率升水(或贴水)、利率差异	一种货币与另一种货币的远期汇率利用两国之间利率差价决定是否升水(或贴水)。结果:抛补套利提供的收益不会比本国高
购买力平价(PPP)	即期汇率变化百分比、通货膨胀率差异	一种货币与另一种货币的即期汇率随着两国通货膨胀率的差异而改变。结果:消费者对本国商品的购买力类似于对从外国进口的商品的购买力
国际费雪效应(IFE)	即期汇率变化百分比、名义利率差异	一种货币与另一种货币的即期汇率会随着两国的利率差价(也即预期的通货膨胀率差异)而改变。结果:从本国投资者的角度看,未消除汇率风险的外国货币市场证券的收益一般来说不会高于国内货币市场证券的收益

小结

购买力平价(PPP)理论表明了两国的相对通货膨胀率与汇率之间的具体关系。大体上讲,购买力平价理论认为均衡汇率会按照两国通货膨胀率差异进行同样幅度的调整。尽管现实世界里有大大偏离该理论的证据,购买力平价理论仍提供了为何高通货膨胀率的国家汇率会走低的理论基础。

国际费雪效应(IFE)理论表明了两国的相对名义利率与汇率之间的明确关系。它表明定期投资于外国计息证券的投资者得到的收益一般来说同国内投资得到的一样多。这意味着通常具有高利率的一国货币会通过贬值来抵消外国投资得到的利率优势。然而,有证据证明国际费雪效应理论在一些时期会失效。因此,投资于外国短期证券可能得到的收益高于本国。但同时,如果一家公司想得到这种高收益,那么它将承受在投资期内外国证券的标价货币对投资者的本国货币贬值的风险。在这种情况下,尽管外国利率较高,但外国证券比本国证券的收益低。

正方反方

购买力平价消除了对长期汇率风险的关注吗?

正方:是的。研究表明从长期来看,汇率波动和通货膨胀率差异相关。基于购买力平价理论,高通货膨胀率国家的货币会对美元发生贬值。在该国的子公司会因为通货膨胀率而得到额外的通货膨胀收益,这些收益在子公司将盈余汇给母公司时会抵消汇率影响。如果一个公司关注长期业绩,那么购买力平价带来的偏离会随着时间的推移而抵消。在一些年份里,汇率影响会超过通货膨胀率影响;而在另一些年份里,通货膨胀率影响会超过汇率影响。

反方:没有。即使通货膨胀率和汇率影响之间的关系是一致的,这也不能保证它们对公司的影响会相互抵消。在高通货膨胀率国家的子公司并不一定能够调整其价格水平以适应当地不断增长的贸易成本,影响会随着不同跨国公司的状况而不同。即使子公司能够提高产

品价格,使产品价格和增加的成本相匹配,这里也存在对购买力平价的短期背离。投资于跨国公司证券的投资者可能会关心对购买力平价的短期背离,因为他们并不一定会长期持有这些证券。因此,投资者会偏好那些能够减少短期和长期业绩不一致的公司证券。

孰是孰非? 运用互联网了解该话题的更多内容。你支持哪种观点?对这个问题发表你的见解。

自测题

(答案见书后的附录 A)

1. 一个需要日本电脑部件的美国进口商对这些部件用日元付款。由于购买力平价可能造成抵消效应,但进口商并不关心日本产品的价格可能会上涨(产品用日元计价)。解释这意味着什么。

2. 利用第一个问题的信息,解释为什么对日本产品的美国进口商应当关心将来的付款问题。

3. 如果东欧国家面临着高通货膨胀率而同时美国面临着低通货膨胀率,用购买力平价解释这些东欧国家的货币价值会受到怎样的影响。

4. 假定加元的即期汇率为 0.85 美元,加拿大与美国的通货膨胀率当前是相同的。然后假定加拿大的通货膨胀率为 4%,而美国为 3%。根据购买力平价,按照通货膨胀率变化进行调整后,加元的新币值会是多少?(你可以利用近似公式来回答这个问题。)

5. 假定澳大利亚元的即期汇率是 0.90 美元,而澳大利亚与美国 1 年期利率最初为 6%。然后假定澳大利亚 1 年期的利率上涨了 5 个百分点,而美国 1 年期的利率仍然没有变化。利用这些信息和国际费雪效应理论,预测 1 年后的即期汇率。

6. 在上一个问题中,澳大利亚的利率从 6% 涨到 11%。根据国际费雪效应,回答造成这种变化的主要因素是什么。根据国际费雪效应解释引起澳大利亚利率变化的因素。如果美国投资者相信国际费雪效应,他们会利用澳大利亚较高的利率赚钱吗?请解释说明。

应用思考题

1. **购买力平价**。解释购买力平价理论,根据这种理论,请预测高通货膨胀率国家的货币币值。

2. **购买力平价的基本原理**。解释购买力平价理论的基本原理。

3. **购买力平价的检验**。解释如何确定购买力平价是否存在。描述一些在检验购买力平价是否存在时的局限性。

4. **购买力平价的检验**。在任何年份中,美国和其他工业化国家的通货膨胀率差异一般是几个百分点。但是,在很多年份中,相应货币的年汇率波动在 10% 或 10% 以上。这种信息对购买力平价而言意味着什么?

5. **购买力平价的局限性**。解释为什么购买力平价不成立。

6. **国际费雪效应的启示**。解释国际费雪效应。国际费雪效应存在的理论基础是什么？对有多余现金并持续投资于外国短期国库券的公司来说，国际费雪效应意味着什么？解释为什么国际费雪效应不成立。

7. **国际费雪效应的启示**。假定美国利率通常高于外国利率。根据国际费雪效应，美元未来会坚挺还是会疲软？如果美国投资者相信国际费雪效应，它们会在外国证券上投资吗？会在美国证券上投资吗？

8. **平价理论的比较**。请说出利率平价（上一章讨论的）、购买力平价和国际费雪效应的异同点。

9. **实际利率**。国际费雪效应的一个假设是所有国家的所有投资者要求得到相同的实际利率。这意味着什么？

10. **解释通货膨胀率预期**。如果美国和加拿大的投资者要求得到同样的实际收益，而加拿大的名义利率比美国高2个百分点，这对美国和加拿大的通货膨胀率预期意味着什么？这些通货膨胀率预期对将来的汇率意味着什么？

11. **将购买力平价应用于欧元**。假定许多以欧元为本币的欧洲国家面临比美国更高的通货膨胀率，但同时另外两个以欧元为本币的欧洲国家面临比美国更低的通货膨胀率。依照购买力平价理论，欧元对美元的汇率会受到什么影响？

12. **货币疲软的根源**。有些拉美国家，如巴西和委内瑞拉，它们的货币对大部分其他货币贬值。本章的哪些概念解释了这种现象？为什么即使预计到了这些货币会对美元贬值，也并非所有的美国跨国公司都会使用远期合约来对其未来将从拉美国家汇回的资金进行套期保值？

13. **购买力平价**。日本的通货膨胀率一般低于美国，这对日元的价值会产生什么样的影响？为什么这种预期的关系一般不会一直存在？

14. **国际费雪效应**。假定墨西哥的名义利率为48%，而美国1年期无违约风险的国库券利率为8%。国际费雪效应对两国预期通货膨胀率差异意味着什么？利用这种信息和购买力平价理论，解释投资于墨西哥的美国投资者的预期名义收益。

15. **国际费雪效应**。国际费雪效应不会阻止投资者利用外国较高的利率吗？为什么投资者甚至在没有其他海外业务时也会继续在海外进行投资？

16. **通货膨胀率的变化**。假定人们预期巴西的通货膨胀率会大幅上涨。这会如何影响巴西的名义利率和货币的币值？如果国际费雪效应成立，巴西较高的通货膨胀率会怎样影响投资于巴西的美国投资者的名义收益？请解释。

17. **购买力平价和国际费雪效应的比较**。如果国际费雪效应不成立，那么购买力平价理论怎样才可能成立？

18. **估计由于购买力平价而造成的贬值**。假定英镑的即期汇率为1.73美元，如果英国的通货膨胀率为7%，而美国的通货膨胀率为2%，按照购买力平价理论，应该怎样对英镑的即期汇率进行调整？

19. **基于国际费雪效应来预测远期汇率**。假定新加坡元的即期汇率为0.70美元，美国1年期利率为11%而新加坡为7%。根据国际费雪效应，1年后新加坡元的即期汇率是多少？

是什么力量导致即期汇率按照国际费雪效应来改变？

20. **计算未来即期汇率的预测**。假定今天可以得到下列信息：

	美国	墨西哥
投资者所要求的实际利率	2%	2%
名义利率	11%	15%
即期汇率	—	0.20 美元
1年期远期汇率	—	0.19 美元

a. 利用远期汇率来预测墨西哥比索明年的价值变化百分比。
b. 利用预期通货膨胀率差异来预测墨西哥比索明年的价值变化百分比。
c. 利用即期汇率来预测墨西哥比索明年的价值变化百分比。

21. **俄罗斯通货膨胀的影响**。俄罗斯通常有较高的通货膨胀率。
a. 解释为什么俄罗斯的高通货膨胀率对货币卢布的币值造成了严重的向下压力。
b. 在某些时期，俄罗斯的政府会干预外汇市场并对国际贸易出台一些限制。为什么这些行为妨碍了购买力平价理论？
c. 对于美国进口商来说，俄罗斯的高通货膨胀率和卢布贬值的影响会相互抵消吗？这些条件会如何影响进口俄罗斯商品的美国进口商？

22. **将国际费雪效应应用于巴西**。巴西的名义利率通常高于美国，但一些大型投资机构即使在没有违约风险的情况下，仍不愿意在巴西货币市场进行投资。用国际费雪效应解释为什么巴西的货币市场对美国投资者而言不是好的投资对象？

23. **将国际费雪效应应用于欧元**。假定许多欧洲国家的货币都转变为欧元，依照国际费雪效应，解释什么因素会导致欧元对美元的币值发生改变？

批判性思考题 ▶▶▶▶

整合利率平价和购买力平价理论。假设存在利率平价，你有一笔以阿根廷比索计价的应付款。你注意到过去一段时间银行所使用的阿根廷比索远期汇率会随时间推移而降低。写一篇短文解释阿根廷比索远期汇率贴水的原因。贴水是否意味着远期汇率被低估（银行应使用更高的远期利率）？你认为应当在阿根廷比索表现出更明显的贴水时对应付账款进行套期保值吗？

布雷泽公司案例：对购买力平价的评估 ▶▶▶▶

布雷泽公司是一家美国的轮滑鞋制造商，最近正同时在泰国进行进口和出口贸易。因为泰国经济的增长和缺少泰国本土及美国的轮滑鞋制造商的竞争，公司选择泰国作为其主要产品"Speedos"的出口市场。根据已经签订的合约，布雷泽公司每年销售 180 000 双 "Speedos"

给一家泰国的零售商——娱乐产品公司。合约约定了以泰铢表示商品价格,期限为3年。布雷泽公司从泰国得到的收益大概占其总收入的10%。

基于成本和质量的考虑,布雷泽公司也已经决定从泰国进口一些制造轮滑鞋所需的塑料和橡胶部件。具体来说,最近一系列事件导致泰国经济疲软使得布雷泽公司可以以相对低的成本进口这些部件。然而,布雷泽公司并没有签订长期的合约来进口这些部件,且在购买这些部件时直接以现行市价(以泰铢表示)支付。最近,布雷泽公司在泰国的销售成本大约占其总成本的4%。

布雷泽公司虽然现在在泰国没有扩张计划,但将来也许会在泰国建立一个子公司。此外,即使布雷泽公司不会在泰国设立子公司,它也会在接下来的几年内持续在泰国从事进出口贸易。基于这些考虑,布雷泽公司的管理层十分关心最近在泰国及周边国家发生的一系列事件,因为这些事件既会影响到现在的业绩,也会影响到将来的计划。

本·霍尔特——布雷泽公司的首席财务官,特别关心泰国的通货膨胀水平。布雷泽公司和娱乐产品公司签订的出口合约,能够保证在给定的年份中获得的最少利润水平,但却阻碍了布雷泽公司根据泰国的通货膨胀水平来调整价格。霍尔特回想为什么布雷泽公司要签这样一个出口合同。因为当时在签合约的时候,泰国的经济发展十分迅速,强有力的消费水平导致了泰国的高通货膨胀率和高利率。自然,布雷泽公司会偏好于签订这样的合约,使每双"Speedos"的价格会依据泰国的通货膨胀水平而调整。然而,为了利用泰国的增长机会,当娱乐产品公司坚持要采用固定价格水平时,布雷泽公司也接受了合约。现在,泰铢可以自由浮动,霍尔特希望知道泰国相对高的通货膨胀率会如何影响泰铢和美元之间的汇率,进而影响布雷泽公司在泰国的收益。

霍尔特也十分关心布雷泽公司在泰国的销售成本。由于部件采购没有采用固定价格合约并且使用泰铢计算,布雷泽公司遭受了橡胶和塑料的价格上涨。霍尔特想知道由于泰铢现在是自由浮动的,高通货膨胀率会如何影响泰铢和美元之间的汇率,以及如何影响布雷泽公司在泰国的销售成本。

当霍尔特开始考虑泰国将来的经济状况和它对布雷泽公司的影响时,他发现需要你的帮助。霍尔特含糊地知道一点购买力平价的概念,并且想知道该理论对布雷泽公司来说意味着什么。此外,泰国相对高的利率会吸引投资,并对泰铢造成升值的压力。

出于这些考虑,霍尔特想获得一些通货膨胀率对布雷泽公司影响的看法。霍尔特向你询问下列问题:

1. 两国之间的相对通货膨胀率水平和汇率之间的关系是什么?给定泰铢是自由浮动的,这个关系会对布雷泽公司在泰国的收益和成本产生怎样的影响?这个关系对布雷泽公司的净影响是什么?

2. 什么因素阻止了短期内购买力平价的发生?如果两个国家之间签订贸易合同时,承诺在一个具体的时期内购买或销售固定数量的产品,这样的情形下,你期望购买力平价能更好地存在吗?为什么?

3. 依照购买力平价,你如何协调泰国的高利率和泰铢对美元汇率的预期变化?

4. 给定布雷泽公司在泰国的未来计划,公司应该考虑购买力平价吗？为什么？

5. 购买力平价在一些国家可能存在会产生更好的效应。泰铢自由浮动已经超过10年了,你认为布雷泽公司可以从在泰国是否存在购买力平价中得到什么领悟？提供一些理由来解释为什么购买力平价关系在此不成立。

小企业困境：体育用品出口公司对国际费雪效应的评价

每个月,体育用品出口公司都会收到出口给英国、用英镑计价的足球的付款。吉姆·洛根是体育用品公司的所有者,每个月决定下个月是否利用远期合约对应收款进行套期保值。然而,他不清楚这种套期保值是否值得。他认为如果国际费雪效应成立,英镑价值改变的幅度(平均来说)会反映两国利率的差价。由于远期升水反映了同样的利率差价,套期保值的结果一般来说与不套期保值的结果一样。

1. 吉姆对国际费雪效应理论的解释是正确的吗？

2. 如果你处于吉姆的位置,你会花时间确定是否对每个月的应收款进行套期保值吗？或者你认为(一般来说)套期保值和不套期保值的结果是一样的吗？

互联网/Excel 练习

1. 通过互联网,查看澳大利亚元、日元和英镑现行的1年期利率。假定这些国家的实际利率为2%,根据这些国家的名义利率来计算下一年这些国家的预期通货膨胀率是多少(依照费雪效应)？

2. 用购买力平价理论来考虑这些货币和美元相比的通货膨胀率幅度,这些货币对美元的币值在下一年的预期变化百分比大约是多少？

真实案例在线文章

在网上寻找一篇最近的文章,这篇文章应是国际财务管理的实际应用,或是现实世界中特定跨国公司的案例,该案例能够诠释本章所述的某一个或者多个概念的行为。

如果你的班级有在线平台,教授可以要求你将总结放在在线平台上,这样,其他学生也能看到这篇文章。如果你的班级是面授课堂,教授可以要求你在课堂上汇报你的文章。教授也可以给某个学生布置任务,让学生完成本章作业,或者要求学生自愿完成某些作业。

对于本章所用到的在线文章和现实世界的案例,考虑搜索以下术语,并且将本年度作为搜索关键词以保证在线文章是最近的：

1. 购买力平价；
2. 美国与购买力平价；

3. 欧元与购买力平价；
4. 通货膨胀与汇率；
5. 通货膨胀与货币效应；
6. 通货膨胀压力与汇率；
7. 国际费雪效应；
8. 利率差异与货币效应；
9. 利率差异与汇率；
10. 国际利率差异与预期通货膨胀率。

第 2 篇综合题
汇率行为

思考题

1. 作为一个大公司外汇部的雇员,你已掌握了如下信息:

   年　　初

英镑即期汇率	£1 = \$1.596
澳元(A\$)即期汇率	A\$1 = \$0.70
套算汇率	£1 = A\$2.28
澳元 1 年期远期汇率	A\$1 = \$0.71
英镑 1 年期远期汇率	£1 = \$1.58004
1 年期美国利率	8.00%
1 年期英国利率	9.09%
1 年期澳大利亚利率	7.00%

   确定三角套利是否可行。如果可以,如何做才能获利?

2. 利用思考题 1 所给的资料,确定抛补套利是否可行。如果可以,如何做才能获利?

3. 根据思考题 1 所给的年初资料,运用国际费雪效应(IFE)理论预测英镑币值每年的变动百分比。

4. 假设在年初,英镑币值是均衡的。英国的通货膨胀率是 6%,而美国的通货膨胀率为 4%。由于通货膨胀率存在差异,到年末英镑币值已经发生变动。运用以上信息及思考题 1 的资料,确定英镑币值在年内会如何变动。

5. 假设由于中央银行的干预,本年内英镑将会贬值。解释能对英镑币值下跌进行哪些类型的直接干预。

期中自测题

期中回顾

我们已经学习了有关宏观和市场相关概念的章节,这里提供一些上述章节要点的简短总结。第1章解释了财务经理的角色,他们关注跨国公司的价值最大化和该目标会如何受到代理问题的影响。跨国公司会使用多种激励手段来保证经理们为股东的利益服务而不是为自己的利益服务。第1章也解释了为什么跨国公司的价值是公司未来现金流量的现值,以及美国跨国公司的价值是如何受到外国现金流影响的。当收到的外国货币升值或者流出的外国货币贬值时,跨国公司的美元现金流量(就是它的价值)就会上升。跨国公司的价值也受到资本成本的影响,而资本成本又受到资本结构和所从事的项目风险的影响。跨国公司的价值依赖于跨国公司的经营环境和公司的管理层决策。

第2章关注全球环境下的国际业务,强调国际贸易流动和资本流动。国际贸易流动对各国产品的相对价格十分敏感;而国际资本流动则受到投资的潜在回报的影响。它们对每个国家的经济状况以及在这些国家经营的跨国公司都有着重大影响。一个国家的贸易净流入会在该国产生更多的工作机会;而资本净流入则会增加该国公司或政府机构可用于金融项目的资金数量。

第3章介绍了国际货币、债券和股票市场并解释了它们会如何促进跨国公司的经营。本章也解释了外汇市场如何促进国际业务。第4章解释了当一个国家和美国相比,通货膨胀率相对较低而利率相对较高时(如果期望的通货膨胀率较低),货币的直接汇率(以美元表示的价值)会如何上升。第5章介绍了货币衍生品,并解释了跨国公司或个人如何利用这些衍生品从汇率的期望波动中获利。

第6章描述了中央银行在外汇市场的角色和它们如何利用直接干预来影响汇率波动。中央银行可以通过使用本国外汇储备中的美元或者其他货币在外汇市场上购买本国货币来使本国货币升值,也可以通过使用本国货币在外汇市场上购买美元来使本国货币贬值。或者,中央银行也可以通过影响利率来进行间接干预,不过这种方式会影响与其他国家相关的本国货币市场证券的吸引力。这些行为会影响用于交易的本国货币供给,或影响在外汇市场上对本国货币的需求进而影响汇率。

第 7 章解释了套利如何导致平价和更加有序的外汇市场报价情形。具体来说,区位套利保证了不同地区之间的汇率报价相似;三角套利保证了套算汇率的合理定价;抛补套利保证了即期和远期汇率之间的关系能够反映利率平价,即远期汇率升水反映了利率差异。第 8 章关注通货膨胀和利率对汇率波动的影响。购买力平价表明一个国家的货币将会贬值以抵消其通货膨胀率超过美国的部分(或者如果该国的通货膨胀率低于美国则是升值)。国际费雪效应表明如果名义利率差异反映了通货膨胀率差异(各个国家的实际利率相同),按照购买力平价理论,汇率也会随之波动。也就是说,一个国家的货币将会发生贬值以抵消通货膨胀率超过美国的部分(或者如果该国的通货膨胀率低于美国则是升值)。

期中自测

这个中期测试可以让你检查自己对关键概念的理解程度。第 1 章到第 8 章是宏观和市场导向的,而第 9 章到第 18 章则是微观导向的。在我们开始学习第 9 章到第 18 章的微观概念之前,这是一个很好的机会来评估你对这些宏观和市场概念的理解。

这个测试并不能取代每个章节末的自测题,因为前者并不包含所有的概念,只是打算让你测试自己对这些关键概念的大体看法。为了模拟考试环境,请在答题过程中不要使用你的书和笔记。请在答题结束后再参照答案以便对你的测试给出评分。如果你的答案错了,那么请重新阅读相关知识点并重新进行回答。

这个测试并不一定和你课程的要求一致。

1. 跨国公司的现金流量和它的价值会受到预期汇率波动的影响(在第 1 章中已经解释过)。撒诺玛公司(Sanoma Co.)是一家美国的跨国公司,计划评估一下公司的价值会如何受到预期汇率波动的影响。给定撒诺玛公司的业务和它对汇率的预期值,请填写下面的表格。

在每个季度,撒诺玛公司的主要商业业务是:	在业务中使用的货币	今年这些货币对美币值的预期波动	货币的预期波动会如何影响撒诺玛公司今年的现金净流量(进而影响其价值)
a. 从加拿大进口原料	加元	贬值	
b. 出口产品到德国	欧元	升值	
c. 从阿根廷的子公司收到汇入的收益	阿根廷比索	升值	
d. 收到澳大利亚的现金账户的利息	澳大利亚元	贬值	
e. 偿还日本银行的贷款	日元	贬值	

2. 美国每年的对外贸易赤字数额都很大(在第 2 章中已经解释过)。你认为疲软的美元会减少对外贸易赤字吗?为你的答案提供一个令人信服的解释。

3. 美国公司采取的外包政策对美国经济来说是有利的吗？衡量利弊，给出你的结论。

4. a. 1美元现在的价值为0.8欧元。欧元的直接汇率是多少？

b. 欧元的直接汇率和上个月相比上升了，这意味着自上个月以来，欧元的间接汇率是如何波动的？

c.《华尔街日报》上澳大利亚元报价为0.50美元，同时澳大利亚元的1年期远期汇率为0.51美元。远期汇率升水吗？如果用远期汇率预测1年后澳大利亚元的币值，那么期望的汇率升值(或者贬值)是多少？

5. 假定波兰的货币兹罗提币值为0.32美元。1美元价值0.7欧元。1美元可以兑换8墨西哥比索。去年1美元价值2.9波兰兹罗提，而1墨西哥比索的币值为0.10美元。

a. 向墨西哥出口的美国出口商是否偏好使用墨西哥比索作为支付手段？它们会受到墨西哥比索自去年以来币值变动的影响吗？

b. 从波兰进口的美国进口商是否偏好使用波兰兹罗提来支付进口货物？它们会受到波兰兹罗提自去年以来币值变动的影响吗？

c. 自去年以来墨西哥比索和波兰兹罗提之间的套算汇率变化的百分比是多少？一家向波兰出口货物以波兰兹罗提计价的墨西哥公司会如何受到套算汇率变动的影响？

6. 解释下列情况预期会如何影响墨西哥比索的币值。

情况	对墨西哥比索汇率的预期影响
a. 墨西哥突然遭受高通货膨胀率	
b. 墨西哥的利率上升，同时通货膨胀率预期保持低水平	
c. 墨西哥央行通过用墨西哥比索购买美元来干预外汇市场	
d. 墨西哥对从美国进口的商品实行配额限制	

7. 假设1年前，你卖出一份100 000欧元的1年期看跌期权。你收到的每单位看跌期权的期权价格为0.05美元。行权价格为1.22美元。假定1年前，欧元的即期汇率为1.20美元。1年前，欧元的1年期远期汇率贴水额为2%，同时1年期的欧元期货价格和欧元的1年期远期汇率相同。从1年前到现在，欧元对美元贬值了4%。现在看跌期权将会被行权(假定对于购买者来说行权是可行的)。

a. 计算你将会从看跌期权中得到的收益或者损失的美元数额。

b. 1年前，丽塔卖出了一份100 000欧元的1年期期货。计算她收益或损失的美元数额。

8. 假定美联储决定降低欧元对美元的币值。它会如何使用间接干预来达到目标？这种类型的干预可能存在什么影响？

9. 假定利率平价存在。美国的1年期名义利率为7%，同时澳大利亚1年期名义利率为11%。澳大利亚元的即期汇率为0.60美元。现在，你购买了一份1 000万澳大利亚元的1年期远期合约。1年后你需要多少美元来履行合约？

10. 你在银行得到如下报价：

你可以用14墨西哥比索来购买1欧元。

银行会用13墨西哥比索来购买你的1欧元。

你可以用0.9欧元来购买1美元。

银行会用0.8欧元来购买你的1美元。

你可以用10墨西哥比索来购买1美元。

银行会用9墨西哥比索来购买你的1美元。

假定你有1 000美元。你能够用三角套利来获利吗？如果是，请说明你将会采取的行动步骤和你将会得到的收益。如果你不能从三角套利中获利，请解释为什么。

11. 今日墨西哥比索的即期汇率为0.10美元。假定购买力平价存在。美国今年的通货膨胀率预期为7%，而同时墨西哥今年的通货膨胀率预期为3%。卡罗莱纳公司(Carolina Co.)计划从墨西哥进口产品并且在1年后需要2 000万墨西哥比索。计算1年后卡罗莱纳公司预期要为这些墨西哥比索支付多少美元。

12. 田纳西公司(Tennessee Co.)以400 000新加坡元的价格购买进口商品，并且需要在90天后支付货款给进口商。它会使用90天的远期合约来对支付进行套期保值。假定利率平价一直存在。今天上午，新加坡元的即期汇率为0.50美元。中午，美联储降低了美国利率。新加坡的利率则保持不变。今天新加坡元的即期汇率仍然维持在0.50美元。但美联储的行为立即增加了接下来的3个月内新加坡元币值的不确定性。

a. 如果田纳西公司今天下午签订了90天的远期合约，它的美元现金净流出会比它在今天上午签订90天的远期合约时更多、更少还是一样多？简要解释。

b. 假定田纳西公司使用货币期权而不是远期合约来进行套期保值。如果田纳西公司今天下午购买了新加坡元的看涨货币期权，它的美元现金净流出会比它在今天上午签订新加坡元的看涨货币期权时更多、更少还是一样多？简要解释。

c. 假定今天上午美国和新加坡的利率是一样的。同时假定国际费雪效应存在。如果田纳西公司今天上午购买了看涨货币期权来对其支出进行套期保值，它的美元现金净流出会比它在今天上午签订远期合约时更多、更少还是一样多？简要解释。

13. 今天，1美元可以兑换3新西兰元或者1.6加元。新西兰的1年期存款利率为7%，美国为6%，加拿大为5%。美国和新西兰以及美国和加拿大之间存在利率平价。美国和新西兰之间存在国际费雪效应。你预计今年年底加元的币值为0.61美元。

凯伦(美国)在新西兰投资1年期定期存单并卖出新西兰元的1年期远期合约来对她的存款进行套期保值。

马西娅(住在新西兰)在美国投资1年期定期存单并卖出美元的1年期远期合约来对她的存款进行套期保值。

威廉(住在加拿大)在美国投资1年期定期存单，但没有对他的存款进行套期保值。

詹姆斯(美国)在新西兰投资1年期定期存单，但没有对他的存款进行套期保值。

基于这些信息，预计谁会从投资中得到的收益最高？如果你认为有好几个人都会得到最高收益，请列出他们的名字并简要解释。

14. 假定英国的利率为8%，美国的利率为5%。

a. 按照第4章的理论(一个国家的高利率会吸引资本流向该国)和按照第8章的国际费雪效应理论，请解释英镑的未来币值会如何变化。

b. 依照这里提供的信息，比较第 8 章的国际费雪效应理论和利率平价理论有何不同。

期中自测答案

1. a. 增加。
   b. 增加。
   c. 增加。
   d. 减少。
   e. 增加。

2. 有观点认为疲软的美元会使得外国企业从美国进口产品更加便宜，这导致了对美国出口产品的需求增加。除此之外，疲软的美元不鼓励美国企业进口外国产品，因为那样成本更高。这些因素都会导致贸易赤字的减少。

然而，疲软的美元也许不会减少贸易赤字，因为美元并不能同时对所有国家的货币疲软。外国公司会比较美国产品和其他国家相类似产品的价格。即使美元疲软了，一些劳动力价格更低的国家的产品对于美国或者其他国家消费者来说还是更便宜。

3. 外包会对美国经济有利，因为它使得美国公司以更低的成本生产它们的产品，进而增加它们的利润（这样就增加了这些公司的美国所有者的收入）。这样也使得美国消费者以更低的成本购买到产品和服务。

然而，外包也减少了美国的就业机会，这样也减少了那些工作被外包的人的收入。对美国经济的影响需基于这两种力量的对比。每一方都有论据支持。影响也会因地点的不同而不同。例如，在美国那些薪水高的城市，公司通常会提供可以通过电话或电子方式进行服务，这些工作和其他工作相比更容易被外包。

4. a. 1 欧元 = 1.25 美元。
   b. 自上个月以来欧元的间接汇率将会下降。
   c. 远期升水额为 2%。如果用远期汇率来预测，下一年的预期升值幅度为 (0.51 − 0.50)/0.50 = 2%，和远期升水一样。

5. a. 墨西哥比索今天的汇率为 0.125 美元。由于墨西哥比索升值了，美国的出口商受到了有利的影响。
   b. 波兰兹罗提去年的汇率为 0.345 美元。由于波兰兹罗提贬值了，美国的进口商受到了有利的影响。
   c. 去年，墨西哥比索和波兰兹罗提的套算汇率 = 0.10/0.345 = 0.2898。今天，墨西哥比索和波兰兹罗提的套算汇率 = 0.125/0.32 = 0.391。变化的百分比为 (0.391 − 0.2898)/0.2898 = 34.92%。

6. a. 贬值。
   b. 升值。
   c. 贬值。

d. 升值。

7. a. 即期汇率从 1.20 美元贬值到 1.152 美元。你收到的每单位期权价格为 0.05 美元。看跌期权的购买者行使了期权,因此你以 1.22 美元的价格购买了欧元并在即期市场上以 1.152 美元的价格将它们卖出。你从每单位看跌期权上得到的收益为 $(1.152 - 1.22) + 0.05 = -0.018$(美元)。总收益 $= -0.018 \times 100\,000 = -1\,800$(美元)。

b. 1 年前的远期汇率为:

$1.20 \times (1 - 0.02) = 1.176$(美元)。所以远期汇率为 1.176 美元。每单位的收益为 $1.176 - 1.152 = 0.024$(美元)。总收益 $= 0.024 \times 100\,000 = 2\,400$(美元)。

8. 美联储决定用提高美国利率的方式来进行间接干预,这样美国会吸引更多的资本流入,这会给美元造成升值的压力。然而,更高的利率对于一些公司来说会导致借款成本太高,因此可能会减缓经济增长。

9. $1.07/1.11 - 1 = -3.60\%$。所以 1 年期远期汇率为 $0.60 \times [1 + (-0.036)] = 0.5784$(美元)。你需要 $10\,000\,000 \times 0.5784 = 5\,784\,000$(美元)。

10. 是的,你可以获利,只要将美元兑换为欧元,将欧元兑换为墨西哥比索,然后再将墨西哥比索兑换回美元。首先根据所得到的信息列出下列报价:

	买入价	卖出价
欧元(以美元计)	1.11	1.25
墨西哥比索(以美元计)	0.10	0.11
欧元(以比索计)	13	14

用 1 000 美元来购买欧元:$1\,000/1.25 = 800$(欧元)。
将 800 欧元用于购买墨西哥比索:$800 \times 13 = 10\,400$(墨西哥比索)。
将 10 400 墨西哥比索兑换为美元:$10\,400 \times 0.10 = 1\,040$(美元)。
所以每 1 000 美元的投资收益为 40 美元。
另一个战略是一开始的时候购买墨西哥比索。
用 1 000 美元来购买墨西哥比索:$1\,000/0.11 = 9\,090.9$(墨西哥比索)。
将 9 090.9 比索用于购买欧元:$9\,090.9/14 = 649.35$(欧元)。
将 649.35 欧元兑换成美元:$649.35 \times 1.11 = 720.78$(美元)。
这个策略会导致损失。

11. $1.07/1.03 - 1 = 3.8835\%$。所以预期的未来即期汇率为 0.1038835(美元)。卡罗莱纳公司一共需要支付 $0.1038835 \times 20\,000\,000 = 2\,077\,670$(美元)。

12. a. 更少,因为贴水额会更大或者远期升水会较少。

b. 更多,由于不确定性的增大,期权价格将会上升。

c. 更多,因为在这个例子中期权有期权价格(即权利金——译者注)而远期汇率没有,同时预期的未来即期汇率不会比今天的远期汇率更高。期权是货币期权,所以行权价格和预计的即期汇率一样,但是你还要支付期权的权利金。

13. 每个人的预期回报如下：

凯伦获得的回报率为6%。由于利率平价，她获得的回报率和在本国获得的回报率相同。

马西娅获得的回报率为7%。由于利率平价，她获得的回报率和在本国获得的回报率相同。

威廉获得的回报率为8.6%。如果他今天以 C$1 = $0.625 的价格兑换，1年后，C$1 = $0.61。所以如果威廉一开始投入了1 000加元，兑换为625美元。1年后他将有662.50美元。他将其兑换回加元会得到1 086加元。

詹姆斯获得的回报率为8.6%。由于国际费雪效应，通常汇率变动能抵消利率差异。

14. a. 国际费雪效应理论并不同意第4章谈到的高利率会导致货币升值这一观点（保持其他因素不变，例如通货膨胀率不变）。国际费雪效应的说法是资本不会流向高利率国家，因为高利率反映了高通货膨胀率，这意味这该国的货币很快会疲软。

如果你相信高利率反映了高通货膨胀率，那么国际费雪效应对你有意义。然而，在许多情况下（例如本例中），高利率也可能是由于其他因素而不是通货膨胀率引起的（可能是由于英国的经济坚挺导致许多公司都在借款），如果是这样，就没有理由相信货币将来会贬值。所以，此时国际费雪效应没什么意义。

关键在于你可以看到两种不同的理论，这能够帮助你理解为什么高利率在一些情况下会导致货币贬值而在另一些情况下会导致货币升值。

b. 如果美国的投资者打算从高利率中获利而同时不进行套期保值，它们将不知道自己能获得多少回报。尽管如此，如果它们相信国际费雪效应的存在，这意味着英国的利率比美国高3个百分点，也反映了英国预期的通货膨胀率比美国高3个百分点。这意味着英镑币值变动的最佳估计是贬值3%（国际费雪效应基于购买力平价），且美国投资者的回报率的最佳估计是5%，和国内的一样。结果可能会更好，也可能会更坏，但平均来说，在英国得到的回报不会比在美国得到的回报高。

国际费雪效应关注这样的情形：你打算预测货币的波动并且知道利率的差异。

利率平价使用利率差异来计算远期汇率。如果你使用国际费雪效应来计算1年后的未来即期汇率的最佳估计值，那么1年期远期汇率会与预计的未来即期汇率完全相等。如果你投资并且使用远期汇率来进行套期保值，那么你会精确地知道收益是多少。如果你投资但没有使用套期保值，国际费雪效应就会告诉你收益的预期值，但仅仅是一种估计值。实际结果可能会在估计值的上下20%的范围内或者远远偏离估计值。

第 3 篇

汇率风险管理

本篇(第 9 章到第 12 章)介绍汇率风险管理在企业风险管理中的各种作用。第 9 章描述汇率预测所使用的各种方法,并说明如何评价预测效果。第 10 章说明如何计量汇率波动。面对预测的未来汇率和汇率变动,跨国公司要决定是否对风险进行套期保值。第 11 章和第 12 章说明如何对风险头寸套期保值。

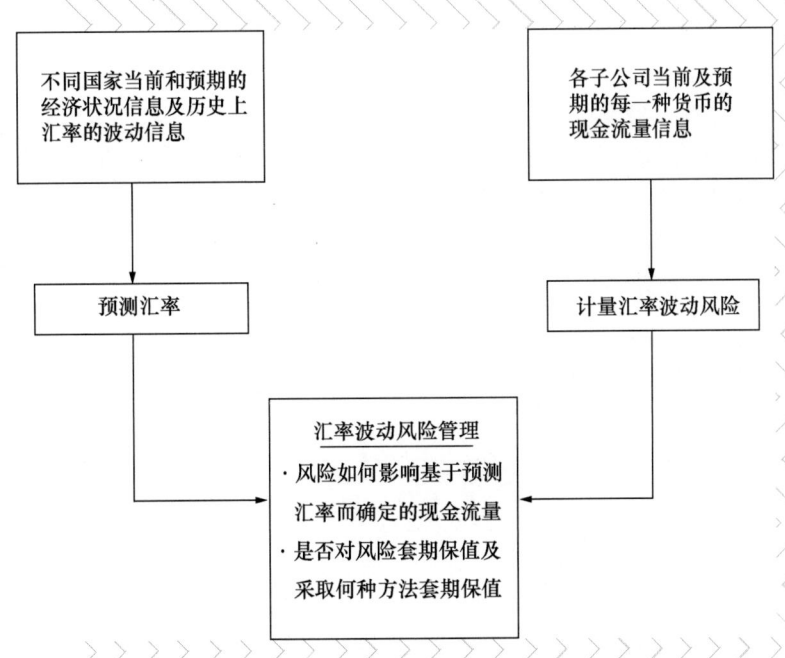

```
┌─────────────────┐                    ┌─────────────────┐
│ 不同国家当前和预期的 │                    │ 各子公司当前及预  │
│ 经济状况信息及历史上 │                    │ 期的每一种货币的  │
│ 汇率的波动信息    │                    │ 现金流量信息     │
└────────┬────────┘                    └────────┬────────┘
         │                                      │
         ▼                                      ▼
    ┌─────────┐                           ┌───────────────┐
    │ 预测汇率 │                           │ 计量汇率波动风险 │
    └────┬────┘                           └───────┬───────┘
         │                                        │
         │        ┌──────────────────────┐        │
         │        │   汇率波动风险管理     │        │
         └───────▶│ · 风险如何影响基于预测 │◀───────┘
                  │   汇率而确定的现金流量 │
                  │ · 是否对风险套期保值及 │
                  │   采取何种方法套期保值 │
                  └──────────────────────┘
```

第 9 章
汇率预测

跨国公司的营业收入和成本都会受到汇率预期的影响。因此,预测汇率波动可以影响跨国公司的管理决策。

> **本章目标**
>
> - 解释企业为什么要预测汇率;
> - 描述通用的汇率预测方法;
> - 解释怎样评价预测效果;
> - 解释如何解决预测过程中的不确定性。

9.1 企业为什么要预测汇率

汇率预测对企业实行以下决策是必要的:

套期保值决策。跨国公司常常面临是否对未来外币的应付项目和应收项目进行套期保值的决策问题。企业是否采用套期保值取决于企业对外币价值的预测。

> **举例**
>
> 美国拉尔多公司(Laredo Co.)计划 90 天后支付从墨西哥进口服装的款项。如果预测 90 天后墨西哥比索的价值远低于 90 天的远期汇率,那么该企业就可能决定不采用套期保值。因此,汇率预测能够帮助企业进行决策以增加其现金流量。

短期融资决策。企业有时在短期内会有大量的闲置资金,这时便可以进行大额的外币储蓄。理想的储蓄币种应当具有以下特点:(1) 利率高;(2) 投资期间货币坚挺。

> **举例**
>
> 美国拉菲特公司(Lafayette Co.)持有闲置现金并考虑将其存入一家英国银行。假设截至储蓄期末,英镑对美元升值,那么在储蓄到期取出英镑兑换成美元时会由于英镑升值而收到较多的美元。因此,决定用美元还是英镑进行短期投资时,应考虑英镑的汇率预测值。

资本预算决策。在确定进行对外投资计划时,跨国公司通常需要考虑该计划的定期货币兑换需求。只有将所有的预期现金流量折算为母公司本国货币,资本预算分析才算完成。

> **举例**
>
> 伊万斯威勒公司(Evansville Co.)考虑是否应该在泰国设立子公司。泰国子公司的收益需要定期换算成美元以汇回美国母公司。资本预算过程中,需要估计母公司未来的美元现金流。未来现金流量预测值依赖于预期泰铢对美元的汇率。准确的货币币值预测会改善现金流量的估计值,从而提高跨国公司的决策能力。

收益评价。跨国公司在决策是否应将子公司收益进行对外再投资或者上交母公司时,必须考虑汇率预测的影响。如果外币预期会发生剧烈贬值,则母公司会在外币贬值之前让其子公司加速向母公司上交收益。

汇率预测在预测跨国公司收益时也会发挥作用。在报告跨国公司的收益时,子公司的收益要合并折算为代表母公司所在国的货币。

长期融资决策。发行债券获得长期资金的跨国企业可考虑发行外币债券。同短期融资一样,企业更愿看到借入的币种会对销售时收到的币种贬值。要估算发行外币债券的成本,则有必要进行汇率预测。

大多数的汇率预测被应用于那些汇率持续波动的货币,本章主要关注这类货币。但也有一些汇率预测可以被应用于钉住汇率的货币。跨国公司认识到,当期的钉住汇率并不是预测汇率的好工具,因为将来政府可能会下调汇率。

跨国公司预测汇率的动机可以总结为如图表9.1所示的几种类型。对跨国公司汇率预测动机,按是否通过影响公司现金流或资本成本以增加企业价值而进行分类。至此,准确预测汇率的必要性已经十分明确,接下来解释汇率预测的具体方法。

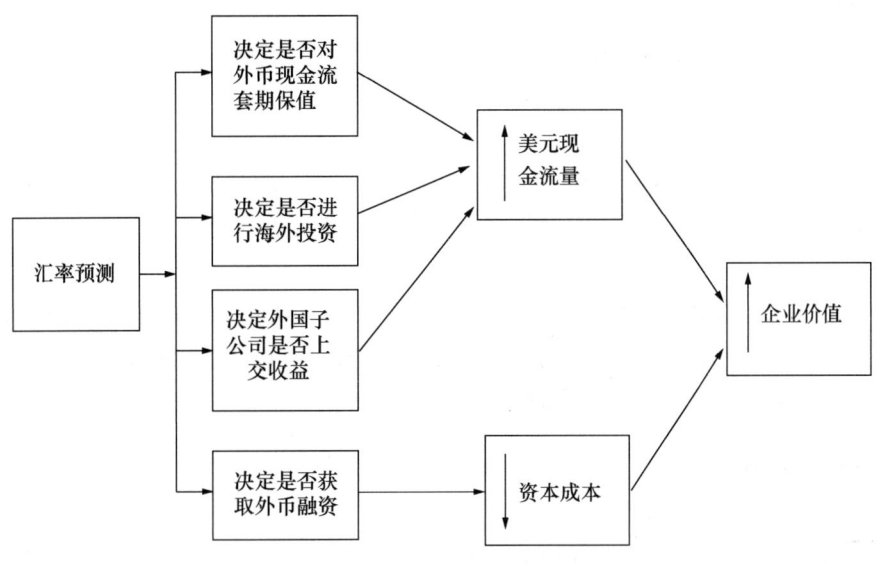

图表 9.1 跨国公司汇率预测的动机

9.2 预测汇率的方法

预测汇率的方法很多,大体分为四组:(1) 技术预测法;(2) 基本预测法;(3) 市场预测法;(4) 混合预测法。

9.2.1 技术预测法

技术预测法(technical forecasting)是指利用历史汇率数据来预测未来汇率。某种货币一段时间内的连续日汇率可能存在同方向的升降变化,这表明其预期可能继续朝该方向变化。或者,因一定的技术因素使得某种货币的历史变化趋势将发生改变,因此,预期汇率的变动方向将发生变化。

> **举例**
> 明天堪萨斯公司(Kansan Co.)需要 1 000 万墨西哥比索支付所购货物的货款。今天,墨西哥比索对美元的汇率升值 3%。基于对历史数据的时间序列分析,堪萨斯公司已经确定如果墨西哥比索当天升值超过 1%,第二天将会贬值其增值率的 60%。基于该预测,堪萨斯公司决定明天进行支付,而不是今天,从而从预期贬值的墨西哥比索中获利。

外汇市场投机者有时将技术因素作为主要的预测方法,尤其是在进行短期投资时。

技术预测法的局限性。从跨国公司角度看,技术预测法有局限性。该方法主要着眼于近期,不利于公司制定远期政策。由于汇率变动模式在短期内更具有可预见性,大多数技术预测法应用于非常短的期间(通常只有1天)。而且由于汇率变动模式在长期内的预测(例如1个季度、1年或者5年)结果缺乏一定的可靠性,技术预测法在预测远期汇率时的适用性也较低。

因此,技术预测模型在某个期间内发挥作用,但不一定会在另一个期间内发挥作用。除非汇率变动的历史趋势能够被识别,否则探索货币汇率的历史变动对预测未来汇率也没有发挥作用。

如果外汇市场是**弱式有效的**(weak form efficient),那么历史和现时汇率信息对预测汇率变动就不是很有效,因为今日汇率已经反映了这一信息。换句话说,技术预测法在预测较近的未来汇率时不能提高今日汇率的预测准确性。

9.2.2 基本预测法

基本预测法(fundamental forecasting)是指根据经济变量(例如通货膨胀率、收入水平、利率)与汇率间的基本关系进行预测。

用购买力平价理论进行基本预测。回想一下,购买力平价理论指出了两国之间通货膨胀率差异与汇率间的基本关系。简言之,购买力平价理论指通货膨胀率相对较高的国家的货币将贬值,其贬值额反映两国的通货膨胀差异。依照购买力平价理论,某期外币价值的变化率(e_f)应反映该期本国通货膨胀率(I_h)与同期外国通货膨胀率(I_f)之间的差异。

举例

基于购买力平价理论,德雷克公司(Drake Co.)相信澳大利亚元将根据美国和澳大利亚之间通货膨胀率差异进行变动。德雷克公司信赖政府的报告,假设美国下一年的通货膨胀率为1%,而澳大利亚为6%。依据购买力平价理论,澳大利亚元汇率变化如下:

$$e_f = \frac{1 + I_{U.S.}}{1 + I_f} - 1$$
$$= \frac{1.01}{1.06} - 1$$
$$\approx -4.7\%$$

这种对澳大利亚元变化率的预测可应用于用当前澳大利亚元的即期汇率来预测1年后的即期汇率。例如,若澳大利亚元的即期汇率(S_t)为0.5美元,则1年后澳大利亚元的即期汇率($E(S_{t+1})$)大约为0.4765美元,计算过程如下:

$$E(S_{t+1}) = S_t(1 + e_f)$$
$$= 0.50[1 + (-0.047)]$$
$$= 0.4765(美元)$$

具有滞后影响的基本预测。 基本预测法有时必须考虑滞后(延迟)的影响,即早期变量的变化影响未来的汇率变动。例如,当通货膨胀率差异对汇率产生滞后影响时,可以用前期的通货膨胀率差异来预测未来一段时期内汇率的变动百分比。这种滞后效应背后的逻辑是,国际贸易的调整是对通货膨胀率差异滞后一个季度的反应,而汇率则是对贸易调整的反应。

> **举例**
>
> 阿尔康公司(Alcorn Co.)希望预测下一个季度英镑对美元汇率的变动百分比(英镑升值或贬值率)。公司认为英镑的波动只取决于上一个季度美国通货膨胀率与英国通胀率之差,用 INF_{t-1} 这个变量表示。
>
> 阿尔康公司必须先确定 INF 与英镑价值的季度变动百分比之间的历史关系,这是一项非常适合采用回归分析的任务。对于之前英镑的价值和 INF,阿尔康公司获得了一组代表过去50个季度的历史数据。然后应用下面的回归模型,因变量为汇率的季度变动百分比(e),它依赖于自变量 INF_{t-1} 的变动情况:
>
> $$e = b_0 + b_1 INF_{t-1} + \mu_t$$
>
> b_0 是一个常数,b_1 是计量汇率的季度变动百分比(e)对 INF_{t-1} 的敏感度,μ_t 是误差项。
>
> 阿尔康公司使用的回归模型明确了自变量和因变量之间的滞后关系,因为每个季度的汇率变动受上一个季度通货膨胀率差异的影响。当应用数据时,模型会生成回归系数(b_0 和 b_1)的值。回归系数 b_1 预计为正,因为 e_f 应该朝着和 INF_{t-1} 相同的方向变动。也就是说,当美国通货膨胀率相对于英国通货膨胀率上升时,英镑有升值的压力。
>
> 假设阿尔康公司在应用回归分析时产生了以下系数估计值:$b_0 = 0.00$,$b_1 = 0.9$。$b_1 = 0.9$ 表明当 INF_{t-1} 变化1个百分点(前一个季度的通货膨胀率差异)时,预计英镑汇率会向同一个方向变化 0.9%。
>
> INF_{t-1} 和 e 之间的历史关系已经由回归分析确定,阿尔康公司可以预测下一个季度英镑的汇率变动。由于模型中的自变量对 e 有滞后的影响,阿尔康公司可以将估计的回归系数 b_1 应用到上一个季度的自变量的实际值,从而得到下一个季度英镑汇率的预测值。假设 INF_{t-1}(通货膨胀率之差)为3%。利用这些信息和估计的回归系数,阿尔康公司对 e 的预测值是:
>
> $$\begin{aligned} e_f &= b_0 + b_1 INF_{t-1} \\ &= 0.00 + 0.9 \times 3\% \\ &= 0.00 + 2.7\% \\ &= 2.7\% \end{aligned}$$

基本预测的同步影响。 在前面例子中,假定模型中的自变量对英镑汇率有滞后影响。这允许在预测英镑价值的模型中使用自变量的实际值。然而,一些自变量可能会对汇率产生同步影响。由于这些变量的值在跨国公司想要预测汇率时是未知的,因此必须先对这些自变量进行预测。

> **举 例**
>
> 与前例中的阿尔康公司一样,美世公司(Mercer Co.)也希望预测英镑的价值。公司也认为,英镑汇率的季度变动百分比(以 e_f 表示)主要受美国和英国通货膨胀率之间差异的影响,但它认为这种关系是同步的,而不是滞后的。因此,采用以下回归模型:
>
> $$e_f = b_0 + b_1 \text{INF}_t + \mu_t$$
>
> 该模型与前一个模型的唯一区别是 INF 使用下标 t,反映了 INF 与英镑之间的同步关系。
>
> 假设美世公司应用程序生成以下系数估计:$b_0 = 0.00, b_1 = 0.7$。$b_1 = 0.7$ 表明当 INF_t 变化 1 个百分点(同一个季度的通货膨胀率差异)时,预计英镑汇率以相同方向变化 0.7%。
>
> 既然 INF_t 和 e 之间的历史关系已经通过回归分析确定,美世公司就可以预测英镑下一个季度的汇率走势了。然而,由于模型中自变量对英镑汇率有同步影响,美世公司将估计的回归系数 b_1 应用于估计下一个季度的 INF 预测值,以预测下一个季度英镑的变动百分比。假设美世公司预测 INF_t(通货膨胀率之差)将是 2%。利用这些信息和估计的回归系数,美世公司对英镑的变动百分比预测是:
>
> $$\begin{aligned} e &= b_0 + b_1 \text{INF}_t \\ &= 0.00 + 0.7 \times 2\% \\ &= 0.00 + 1.4\% \\ &= 1.4\% \end{aligned}$$

用综合模型预测。前例简要描述了如何应用基本分析进行预测。一个更复杂的模型可能包括更多因素,但是应用是相似的。一个较大的时间序列数据库可以保证模型发现关系的可靠性。

回顾第 4 章的内容,货币即期汇率的变动会受到以下因素的影响:

$$e = f(\Delta\text{INF}, \Delta\text{INT}, \Delta\text{INC}, \Delta\text{GC}, \Delta\text{EXP})$$

这里:

e_f = 即期汇率的变动百分比;

ΔINF = 美国和外国通货膨胀率差异的变动;

ΔINT = 美国和外国利率差异的变动;

ΔINC = 美国和外国收入水平差异的变动;

ΔGC = 政府管制的变动;

ΔEXP = 对未来汇率预期的变动。

依据这些变量的现值及其对货币币值的历史影响,企业就可以进行汇率预测了。

汇率预测也可能仅仅根据人们对一国经济变量影响汇率程度的主观评估进行预测。从统计学角度看,预测建立在这些因素对汇率的量化影响上。

基本预测法的局限性。

尽管基本预测法考虑到了影响因素与币值间的基本关系,但存在以下四个局限性:

1. 某些因素对币值影响的确切时间难以确定。对汇率的影响可能在两个、三个或四个季度后才会完全产生。回归预测模型应进行相应的调整。

2. 如前文所言,一些影响因素会对汇率产生即时影响。因此,只有取得这些因素的预测值,并把它们纳入基本预测模型中才会有用。对这些因素的预测应确定在一个期间内,此期间应与预测汇率需要的期间保持一致。在这种情况下,汇率预测的准确性在一定程度上依赖于对这些影响因素预测的准确性。即使企业确切了解影响因素的变动会影响汇率,但如果不能准确预测影响因素的数值,它们对汇率的预测也可能是不准确的。

3. 在基本预测过程中,有可能存在需考虑但难以量化的因素。例如,如果澳大利亚一家大型出口企业突遇罢工,导致商品短缺,这会减少美国消费者所能得到的澳大利亚商品,从而减少美国对澳大利亚元的需求。这种情形会给澳大利亚元的价值产生下降的压力,但却通常不被考虑进预测模型中。

4. 在一定时间内,回归预测得出的系数值不一定是不变的。如果一个国家实施一个新的贸易壁垒(或者取消现有的贸易壁垒),那么通货膨胀率差异对贸易的冲击会发生改变。

我们讨论基本预测法局限性的目的,在于强调即使最精密复杂的预测方法也不是总能提供准确的预测。进行汇率预测的跨国公司在实施企业政策时要考虑存在误差的可能性。

9.2.3 市场预测法

从市场指标中获取汇率预测值的过程被称为**市场预测法**(market-based forecasting)。市场预测法的依据通常是即期汇率或远期汇率。

即期汇率的应用。 今天的即期汇率可以用来预测未来某天的即期汇率。为了说明即期汇率为何可用于市场预测,假设在接下来的两天,外汇市场上许多参与者(包括投机者)预期英镑会对美元升值。这种期望会使投机者用美元买进英镑以期待英镑升值,而购买英镑会使英镑价值立即上升。一旦汇率达到了某一点,即期汇率等于预测的这两天的汇率时,投机者将不再购买英镑,因为它们的货币不再会被低估。但是,投机贸易促使汇率达到了两天前的市场预期。相反,若预期英镑贬值,则投机者将抛售英镑,在以后英镑价值较低时再买回。此种行为会迫使英镑立刻贬值。因此,英镑现值能反映不久将来英镑的期望值。当即期汇率被用来预测远期汇率时,假设预测期间内预期币值变动百分比为0:

$$E(e_f) = 0$$

跨国公司虽然知道币值不会保持不变,但是当期的即期汇率是将来某个时期即期汇率的最佳估计值。

远期汇率的应用。 未来某天的远期汇率也可以用来预测未来某天的即期汇率。也就是说,30天远期汇率可以用来预测30天后的即期汇率,90天远期汇率可以用来预测90天后的即期汇率,等等。远期汇率可以用以下公式表示:

$$F = S(1+p)$$

这里 p 表示远期升水,也即表示远期汇率超过即期汇率的百分比,因此也可以将其视为汇率的预期变化率:

$$E(e_f) = p$$
$$= (F/S) - 1 [通过重新整理公式得到]$$

举例

如果澳大利亚元1年期远期汇率为0.63美元,即期汇率为0.6美元,则预期澳大利亚元的变化率为:

$$E(e) = p$$
$$= (F/S) - 1$$
$$= 0.63/0.60 - 1$$
$$= 0.05 \text{ 或 } 5\%$$

远期汇率的基本原理。 如果外汇市场是**半强式有效的**(semistrong-form efficient),那么不仅历史和当前的信息,而且所有相关的公开信息都反映在今天的汇率中。如果今天的汇率充分反映了汇率变动的任何历史趋势,但不反映有关预期利率变动的其他公开信息,那么外汇市场的效率是弱式有效的,而不是半强式有效的。许多研究都检验了外汇市场的有效市场假说。多数研究表明,外汇市场是弱式有效的或半强式有效的,这说明市场远期汇率应该是未来即期汇率的合理指标。然而,也有一些证据表明,某些货币在某些时期效率低下。

如果远期汇率相对于未来的即期汇率被持续高估或低估,那么投机者可利用远期汇率或期货合约的价差来获利。也就是说,当它们认为远期汇率被低估时,它们会买进远期合约然后在期末时将收到的货币以当时的即期汇率卖掉。或者如果它们相信远期汇率被高估,它们会在远期合约履约前卖掉远期合约,以市场即期汇率买进该货币。

举例

假设投机者普遍预期30天后英镑的即期汇率为1.45美元,而当前远期汇率为1.40美元。投机者可以以1.40美元的价格购买30天后的英镑,然后30天后以即期汇率抛出。当投机者当日执行了该策略,大量买入30天远期英镑会引起30天远期汇率上升。一旦远期汇率达到1.45美元(30天之后的预期即期汇率),远期市场上就不会有投机活动。因此,远期汇率反映了市场普遍预期的未来即期汇率变动。从此种意义上讲,远期汇率可用于市场预测,它反映了市场对到期时(本例中为30天后)即期汇率的预期。

虽然本章重点介绍汇率预测,而不是投机,但是,是投机会推动远期汇率的水平接近对未来即期汇率的普遍预期。若公司确信远期汇率是未来即期汇率的可靠指标,那么只要监测这一公开报出的远期汇率就可进行汇率预测。发达国家的财经类网站通常发布货币的短期(例如30天或者90天)远期利率,用来进行短期预测。

用远期汇率进行长期预测。 长期汇率可以利用远期汇率进行预测。

> **举例**
>
> 假设现在欧元的即期利率为 1.00 美元,而 5 年期远期利率为 1.06 美元。这一远期利率可以被视为对欧元 5 年后即期汇率的预测,即欧元在未来的 5 年内升值 6%。
>
> 远期汇率一般适合于 2—5 年甚至更长期间的预测,但因成交量有限,买卖价差很大。尽管这种利率在财经网站上少见,然而各国的无风险金融工具的挂牌利率可以被用来确定利率平价条件下的远期汇率。

> **举例**
>
> 假定美国 5 年期年利率为 10%,而英国 5 年期年利率为 13%。两国 5 年投资的复利回报如下:
>
> | 国家 | 5 年复利回报率 |
> | --- | --- |
> | 美国 | $(1.10)^5 - 1 = 61\%$ |
> | 英国 | $(1.13)^5 - 1 = 84\%$ |
>
> 这样一来,英镑 5 年期远期汇率升水(或贴水)为:
>
> $$p = \frac{1 + i_{U.S.}}{1 + i_{U.K.}} - 1$$
>
> $$= \frac{1.61}{1.84} - 1$$
>
> $$= -0.125 \text{ 或 } -12.5\%$$
>
> 因此,如果将英镑 5 年期远期汇率作为预测工具,那么英镑的即期汇率在 5 年内预期贬值 12.5%。

一些新兴市场国家(例如拉美国家等)很少发行长期固定利率债券,因此,可能无法获得长期利率,也无法通过远期汇率进行长期预测。

同其他汇率预测方法一样,远期汇率在预测短期的汇率时比长期汇率更加准确。期间越长,实际汇率与预期汇率偏离越大。

国际费雪效应对远期汇率预测的启示。 依据国际费雪效应,如果一种货币具有比美元高的利率报价(名义利率),则该货币会对美元贬值,因为较高的利率表明该国可能发生较高水平的通货膨胀率。由于远期汇率反映了两个国家的利率差异(也即预期通货膨胀率差异),因此,在高通货膨胀率国家,它能够比即期汇率提供更准确的汇率预测。

> **举例**
>
> 阿尔夫斯公司(Alves Co.)是一家在巴西经营的美国企业。该企业希望能够预测1年后巴西雷亚尔的汇率,它考虑用即期汇率或远期汇率进行预测。巴西雷亚尔的即期汇率为0.40美元。巴西的1年期利率为20%,美国为5%。根据利率平价理论,为了反映两国之间的利率差异,雷亚尔的1年期远期汇率为0.35美元。阿尔夫斯公司认为未来雷亚尔汇率将会受到巴西与美国通货膨胀率差异的影响。同时,它认为巴西和美国的真实利率都是3%。这表明下一年预期巴西的通货膨胀率为17%,美国为2%。远期汇率贬值是基于两国的利率差异,这种利率差异又与通货膨胀率差异相关。
>
> 相反地,采用即期利率作为预测基础,1年后的汇率会等于今天的即期利率。由于远期汇率预测间接反映了预期通货膨胀率的差异,因此阿尔夫斯公司相信远期汇率能够比即期利率提供更为准确的汇率预测。

如果跨国公司不相信国际费雪效应,那么它们将不认为相比于即期汇率,远期汇率是一个更好的预测工具。既相信巴西高利率不代表高预期通货膨胀,又认为即使有通货膨胀,其对巴西雷亚尔也不会产生负面影响。在这种情况下,之前通过远期汇率预测的例子是错误的。

当某个国家的利率接近于美元利率,远期利率升水或贴水将会趋近于零,这意味着远期利率和即期利率会提供相近的预测结果。

9.2.4 混合预测法

由于还未发现哪种预测法总是优于其他预测方法,一些跨国公司会综合运用汇率预测方法。这一方法被称为**混合预测法**(mixed forecasting),即运用不同预测方法得出某一外币价值的不同预测值。预测时,给不同的方法分配不同的权重,使总权重为100%,给予更可靠的方法较高的权重。如此一来,跨国公司的实际预测值便成了各种预测值的加权平均值。

> **举例**
>
> 大学城公司(College Station Inc.)计划在墨西哥扩张其业务,因此,需要对墨西哥比索的价值进行预测。通过各种预测方法获得的结果如图表9.2所示。通过观察发现,在本例中,墨西哥比索价值的变化方向取决于所采用的预测方法。基本预测法预期墨西哥比索将会升值,而技术预测法和市场预测法则预期墨西哥比索将会贬值。值得注意的是,尽管技术预测法和市场预测法都是基于同样因素(利率)的预测,但其结果仍存在显著差异。

图表 9.2　采用不同预测方法对墨西哥比索的预测结果

预测技术	考虑因素	背景	预测结果
技术预测法	近期墨西哥比索的波动	过去几周墨西哥比索的价值跌破底线	墨西哥比索将继续贬值
基本预测法	经济增长、通货膨胀率、利率	墨西哥的利率较高,但通货膨胀率较低	由于美国投资者利用高利率在墨西哥证券市场进行投资,墨西哥比索将升值
市场预测法	即期汇率、远期汇率	由于墨西哥较高的利率,墨西哥比索的远期汇率呈现显著下降	基于远期汇率,也即对未来即期汇率的预测,墨西哥比索将贬值

一些跨国公司在某个时期认为只有技术预测法和市场预测法是有用的,而在另一个期间认为只有基本预测法是有用的。预测方法的选择根据特定时期的货币变化而变化。比如,企业可能认为市场预测法能够为英镑提供最佳预测,但基本预测法却能够为新西兰元提供最佳预测,而技术预测法则更适用于墨西哥比索。

其他预测资源的应用考虑。由于预测汇率可能会有相当大的误差,跨国公司可以通过外部来源(如提供预测服务的银行或证券公司)的预测来进行补充。一些预测机构专门从事技术预测,而另一些机构专门从事基本预测。这些机构可以提供范围广泛的预测,从一个月到十年不等。

预测机构不能保证比跨国公司预测结果更准确。一些跨国公司可能更喜欢外部来源的预测,因为一些管理者在进行内部预测时可能会故意偏向于为特定的扩展计划提供更多的支持。

跨国公司所考虑的任何预测都应该得到管理者的一致认可。否则,一个经理可能会根据预测的货币升值进行决策,而另一个经理可能会根据预测的货币贬值来进行决策。基于这个原因,预测通常应该由一个中央部门来实现,而不是由一个专注于某一特定产品销售的部门来实现。

9.3　评估预测效果

无论采取何种方法或者哪家预测机构进行汇率预测,企业都应该认识到汇率预测难以达到完美的结果。为了评估预测技术的准确性,跨国公司通常会评估过去的预测误差。

9.3.1　预测误差的计量

进行汇率预测的跨国公司必须在一段期间内监测其效果,以确定预测程序是否令人满意,而要做到这一点就需要计量预测误差。计量预测误差的方法很多,这里我们只讨论一种较为流行的计量方法,定义如下:

$$\text{绝对预测误差占实际值的百分比} = \frac{|\text{预测值} - \text{实际值}|}{\text{实际值}}$$

误差计算采用绝对值(如分子),避免了计算平均预测误差时,不同误差可能相互抵消。例如,第一期的预测误差是0.05,第二期的预测误差是-0.05,如果不用绝对值,两期的平均误差是零。这是一种误导,原因是两期的预测都不准确。绝对值避免了这一扭曲与混乱。

比较不同外币预测技术的效果时,可检验预测值和实际值之间差异的相对大小。

> **举例**
>
> 看一看下列的新汉普舍尔公司(New Hampshire Co.)在一个期间的预测值及实际值:
>
> | 币种 | 预测值(美元) | 实际值(美元) |
> | --- | --- | --- |
> | 英国英镑 | 1.35 | 1.50 |
> | 墨西哥比索 | 0.12 | 0.10 |
>
> 在此例中,英镑预测值与实际值差0.15美元,墨西哥比索差0.02美元,这并不意味着对墨西哥比索的预测更准确。用实际值百分比来衡量时,英镑的预测误差为:
>
> $$\frac{|1.35-1.50|}{1.50}=\frac{0.15}{1.50}=0.10 \text{ 或 } 10\%$$
>
> 与此形成对比,墨西哥比索的预测误差为:
>
> $$\frac{|0.12-0.10|}{0.10}=\frac{0.02}{0.10}=0.20 \text{ 或 } 20\%$$
>
> 这样来看,对墨西哥比索的预测值不太精确。

9.3.2 预测误差的时间跨度

某种货币的潜在预测误差取决于预测的时间跨度。明天欧元即期汇率的预测误差通常较小,因为明天的即期汇率与今天的偏离较小。然而,欧元的月即期汇率预测更难,因为时间越长,经济条件变化越多,导致欧元价值偏离即期汇率越大。预测年即期汇率更难,如果预测期间为10年,那么通常会出现很大误差。

9.3.3 不同时期的预测误差

某种货币价值的预测误差根据时期的不同而不同。当某个时期国家正经历经济和政治问题时,货币价值不稳定且很难预测。误差大小随着时间变化而变化,因为在货币价值不稳定的期间,误差更大。

9.3.4 不同货币的预测误差

预测货币价值的能力可能因货币不同而不同。从美国的角度看,不易受误差影响的货币是更稳定的货币。举一个极端的例子,对于一种准确钉住美元的货币,其即期汇率将是未来即期汇率的完美预测,预测误差是零。中国央行将人民币维持在一个狭窄的范围内,所以人民币相当稳定,并且预测误差应该较小。相反,波动较大的货币(如澳大利亚元、巴西雷亚尔、新西兰元)的预测误差较大。有些货币,包括加拿大元和日元通常表现出适度的波动(即使没有中央银行的干预),因此只有适度的误差。

图表9.3比较了几种选定货币在一段时间内的波动率绝对预测误差(汇率变动的标准差)。对每种货币的月度预测都是使用该货币当前的即期汇率作为未来1个月的预测。该图表展示了人民币和新加坡元等波动性较小的货币,其预测误差通常较低,而澳大利亚元、巴西雷亚尔和新西兰元等波动性较大货币的预测误差则较高。总部位于美国的跨国公司财务经理尤其应该关注这些更不稳定的货币,因为它们会受到更大的预测误差的影响。因此,经理们可能希望对冲这种风险,详见下一章。

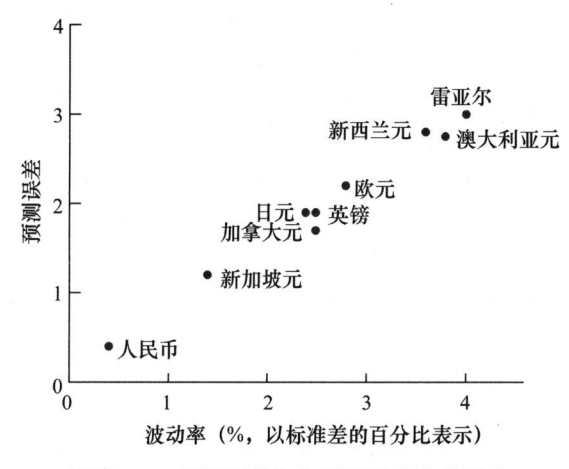

图表9.3 预测误差如何受到波动率的影响

9.3.5 比较各种预测技术的预测误差

跨国公司在预测特定货币的汇率时,可以比较两个或更多的技术的预计误差,从而决定未来使用哪种技术。

> **举例**
>
> 假设埃克斯威公司(Xavier Co.)需从波兰进口商品,采用基本预测法对波兰货币兹罗提的价值进行预测。假设该公司也用其他预测模型对各期间进行第二次预测。使用被称为模型1(基本预测法)和模型2的方法对兹罗提的预测值进行预测,预测值分别列示在图表9.4中的(2)栏和(3)栏,相应地,兹罗提的实际值在(4)栏。
>
> 模型1和模型2的绝对预测误差分别列示在(5)栏和(6)栏。注意模型1在8个期间中有6个期间的预测值优于模型2。模型1的平均绝对预测误差为0.04美元,这意味着模型1的预测值距平均值0.04美元。虽然模型1并不完全准确,但它比模型2准确,后者的平均绝对预测误差为0.07美元。总之,模型1的(平均)预测值更接近实际值。

图表 9.4 预测方法的比较

单位:美元

(1) 期间	(2) 模型1预测兹罗提价值	(3) 模型2预测兹罗提价值	(4) 兹罗提的实际值	(5) 模型1的绝对预测误差	(6) 模型2的绝对预测误差	(7) = (5) - (6) 绝对预测误差差异（模型1减模型2）
1	0.20	0.24	0.16	0.04	0.08	-0.04
2	0.18	0.20	0.14	0.04	0.06	-0.02
3	0.24	0.20	0.16	0.08	0.04	0.04
4	0.26	0.20	0.22	0.04	0.02	0.02
5	0.30	0.18	0.28	0.02	0.10	-0.08
6	0.22	0.32	0.26	0.04	0.06	-0.02
7	0.16	0.20	0.14	0.02	0.06	-0.04
8	0.14	0.24	0.10	0.04	0.14	-0.10
				总和 = 0.32 平均值 = 0.04	总和 = 0.56 平均值 = 0.07	总和 = -0.24 平均值 = -0.03

对想比较所有预测方法效果的跨国公司而言,应评价尽可能多的期间。我们所举的例子里仅有 8 个期间,但足以说明如何比较预测效果。如果该跨国公司有众多的期间可用于评价,那么便可以统计检验预测误差的显著差别。

9.3.6 预测误差的图表评价

跨国公司可能想要评估它们的预测是否有误差(持续低估或高估),因为这样它们可以纠正偏差以提高预测的准确性。当预测误差为预测值减去实际值时,负误差表示低估,而正误差表示高估。预测误差可以通过使用一个图表来检验,该图表比较了不同时期的预测值和实际值。

举例

特纳克公司(Tunek Co.)是一家美国跨国公司,常常从泽丹岛(Zedan)进口产品,也就以泽丹岛货币(Zed)计价。因为 Zed 相对美元的价值波动很大,特纳克公司担心如果 Zed 突然升值,它从泽丹岛进口产品的费用会突然增加。在过去 8 个季度里,特纳克公司雇了一名顾问,提前 3 个月预测 Zed 对美元的即期汇率。预测值和汇率的实际值列示于图表 9.5。特纳克公司的评价列示于图表 9.6,与图表 9.5 的预测值和实际值相对应。

图表 9.6 中的 45 度线表示完美预测。如果在某几个时期内,实际值正好等于预测值,则所有的点都应该位于 45 度线上。正因为如此,该线被称为**完美预测线**(perfect forecast line)。8 期的各点距离 45 度线距离越近,预测效果越好。每点同 45 度线的垂直距离就是预测误差。例如,某点比 45 度线高出 0.04 美元,其含义是该期实际即期汇率比预测汇率高出 0.04 美元。

图表 9.5　特纳克公司预测效果的评价

单位:美元

期间	期末 Zed 价值的预测值	期末 Zed 价值的实际值
1	0.20	0.16
2	0.18	0.14
3	0.24	0.16
4	0.26	0.22
5	0.30	0.28
6	0.22	0.26
7	0.16	0.14
8	0.14	0.10

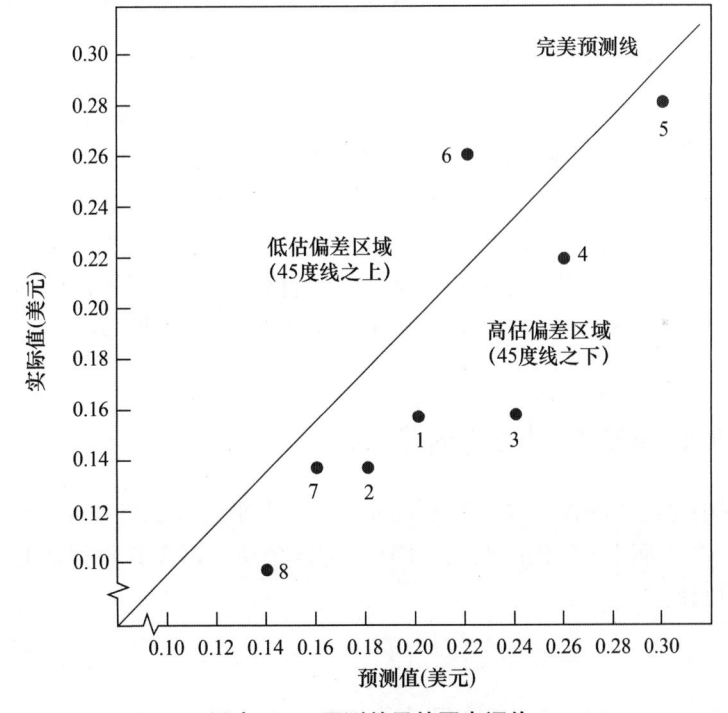

图表 9.6　预测效果的图表评价

45 度线以上的点反映被低估的情况,45 度线以下的点反映被高估的情况。如果预测值点平均分散在 45 度线的两边,那么预测可以被认为是无偏差(unbiased)的,原因是它们不是一贯高于或低于实际值。因为图表 9.6 中大部分的点都低于完美预测线,预测值高估了 3 个月后的实际即期汇率。如果特纳克公司一直雇用该顾问进行预测,且认为类似的预测误差在未来还将持续,公司可能会考虑调整未来的预测,以纠正可能的偏差。

9.3.7 预测误差的统计检验

如果预测是有偏差的,则意味着存在系统预测误差,需校正提高预测的准确性。一种检验预测误差的方法是将下列回归模型应用于历史数据:

$$S_t = a_0 + a_1 \text{FORCAST}_{t-1} + \mu_t$$

这里,

$S_t = t$ 时的即期汇率;
$\text{FORCAST}_{t-1} = t-1$ 时的预计汇率;
$\mu_t = $ 误差;
$a_0 = $ 截距;
$a_1 = $ 回归系数。

若预计汇率无误差,截距应等于零,回归系数 a_1 应等于 1.0,a_1 的 t 检验是:

$$t = \frac{a_1 - 1}{a_1 \text{的标准差}}$$

如果 $a_0 = 0$,a_1 大大低于 1.0 的话,这就意味着预计汇率相比即期汇率被系统性地高估了。例如,若 $a_0 = 0$,$a_1 = 0.9$,那么未来即期汇率大概是预计汇率的 90%。

相反,若 $a_0 = 0$,a_1 远远大于 1.0,这就说明远期汇率相比即期汇率被系统性地低估了。例如,如果 $a_0 = 0$,$a_1 = 1.1$,那么未来即期汇率大概是预计汇率的 1.1 倍。

当查出误差并预期它在未来总是存在时,以后的预测就应考虑查出的误差。以 $a_1 = 1.1$ 为例,预测未来即期汇率可结合这一信息,用 1.1 乘以预计的即期汇率即可得出未来即期汇率的预测值。

9.3.8 随着时间推移预测误差的变化

从历史数据中检测预测误差要比确定这种偏差在未来会持续多久容易得多,因为一种货币的预测误差往往会随时间变化而变化。因此,跨国公司在试图修正预测时必须谨慎,以反映历史数据中的偏差。

> **举例**
>
> 考虑使用欧元即期汇率预测 1 个月后的欧元价值。2012 年 8 月至 2014 年 4 月期间,欧元对美元持续升值;因此,1 个月的预测通常低估了未来 1 个月的即期汇率。然而,从 2014 年 4 月到 2015 年 4 月,欧元对美元持续贬值,因此 1 个月的预测通常会在 1 个月后高估欧元的价值。
>
> 即使用 1 个月的欧元远期利率(而不是目前的即期利率)来提前 1 个月预计即期利率,预测的偏差也会是类似的,因为 1 个月远期利率通常接近于当前的即期利率。

如果跨国公司在存在偏差的最初几个月就检测到预测误差,那么它可以从对误差的修正中获益。然而,如果它在欧元趋势逆转之际发现了预测误差,那么它试图纠正这种误差的尝试可能会导致更明显的预测错误。

小结

- 跨国公司需要预测汇率以进行决策。这些决策包括对应付项目和应收项目进行套期保值、短期融资、资本预算和长期融资等。
- 最常用的汇率预测方法有:(1) 技术预测法;(2) 基本预测法;(3) 市场预测法;(4) 混合预测法。每种方法都有其局限性,预测的效果也不同。然而,由于汇率随时间波动而波动,因此很难进行准确预测。
- 评价预测方法时,可将外币的实际价值同依据预测方法所预测的价值进行比较。比较应是多期间的,目的是得出有意义的结论。

正方反方

跨国公司应该采用哪种汇率预测方法?

正方:使用即期汇率进行预测。当美国的跨国公司进行财务预算时,必须准确估计母公司将会收到的外币现金流。由于不能准确预测未来的币值,因此,跨国公司应该采用即期汇率进行预算。经济环境的变化很难预测,所以当经济环境不变的,即期汇率是对未来汇率的最好估计。

反方:使用远期汇率进行预测。许多货币的即期汇率不能作为未来即期汇率的准确预测或无偏估计。发展中国家的货币通常会随时间贬值,这些国家常常会有高的通货膨胀率。如果采用即期汇率进行预测,从这些国家收到的美元现金流将会被严重高估。某国的预计通货膨胀率可以用名义利率表示。高名义利率通常意味着高通货膨胀率。基于利率平价理论,这些国家的货币将会面临明显的贬值压力。由于远期汇率会受到名义利率差异的影响,因此能够反映不同国家之间的通货膨胀率差异,也能够更准确地预测未来汇率,尤其是对高通货膨胀水平的国家的货币。

孰是孰非? 运用互联网了解该话题的更多内容。你支持哪种观点?对这个问题发表你的见解。

自测题

(答案见书后的附录 A)

1. 假设未来 4 年美国的年收益率为 7%,而墨西哥的年利率为 20%。要求计算墨西哥比索 4 年期远期汇率升水或贴水,其可用于预测未来 4 年墨西哥比索变化百分比。

2. 考虑以下信息：

币种	90天远期汇率(美元)	90天后的即期汇率(美元)
加元	0.80	0.82
日元	0.012	0.011

假设用远期汇率来预测未来即期汇率，要求确认对加元还是对日元的预测更准确（依据绝对预测误差占实际值的百分比来判断）。

3. 假设在某一给定时点墨西哥比索的远期汇率和即期汇率通常一样，又假设墨西哥比索在过去3年内一直大幅贬值。该期间的远期汇率会有偏差吗？如果有，通常墨西哥比索（用美元表示）未来的即期汇率是被高估还是被低估？请解释。

4. 一名预测家曾言，在英格兰银行(英国中央银行)宣布将提高利率后的两周里，英镑似乎在升值。若此种说法是真实的，那么这对弱式有效或半强式有效市场意味着什么？

5. 假设墨西哥利率比美国利率高得多，又假设利率平价理论成立，那么你在用墨西哥比索的远期汇率来预测墨西哥比索的未来即期汇率时，是期望墨西哥比索升值还是贬值？请说明。

6. 沃德公司正考虑在委内瑞拉投资一个项目。若当地货币（玻利瓦尔）对美元升值，则该项目将是非常盈利的。如果玻利瓦尔对美元贬值，那么项目将会带来亏损。该公司预测玻利瓦尔将会升值，而玻利瓦尔在过去价值变动很大。你作为沃德公司的经理，对该项目满意吗？请说明。

应用思考题

1. **汇率预测的动机**。解释公司预测汇率的动机。

2. **技术预测法**。解释汇率预测中的技术预测法。运用技术预测法进行汇率预测的局限性有哪些？

3. **基本预测法**。说明汇率预测中的基本预测法。运用基本预测法进行汇率预测的局限性有哪些？

4. **市场预测法**。说明汇率预测中的市场预测法。市场预测法的基本原理是什么？如果在一段时间内，欧元对美元大幅升值，那么市场预测法会高估还是低估这段时间的实际汇率？请解释。

5. **混合预测法**。说明汇率预测中的混合预测法。

6. **检查预测误差**。说明如何评价汇率预测的效果。说明如何发现汇率预测中的误差。

7. **衡量预测准确性**。你被聘为顾问来评价某企业的预测能力。该企业对下表两种不同币种进行预测，想知道对哪种货币的预测更准确。有关信息如下：

单位：美元

期间	日元预测值	实际日元价值	英镑预测值	实际英镑价值
1	0.0050	0.0051	1.50	1.51
2	0.0048	0.0052	1.53	1.50
3	0.0053	0.0052	1.55	1.58
4	0.0055	0.0056	1.49	1.52

8. **基本预测法的局限性**。沙瑞克斯公司（Syracuse Corp.）认为未来实际利率走向会影响汇率，并将回归预测用于历史数据来评价二者之间的关系。该公司用回归预测产生的系数和预测的实际利率来预测未来汇率。试说明此种方法的至少三个局限性。

9. **预测的一致性**。列克星敦公司（Lexington Co.）是一家美国的跨国公司，它在世界大多数国家都有子公司。每个子公司负责预测当地货币对美元的汇率。试评述这一政策。列克星敦公司如何保证不同子公司的预测保持一致。

10. **利用远期汇率进行预测**。假设美国4年期存款年利率为9%，新加坡4年期存款年利率为6%，假设利率平价在4年内存在，新加坡元的即期汇率为0.60美元。如果用远期汇率来预测汇率，4年后新加坡元的即期汇率是多少？包含的4年内的贬值率或升值率是多少？

11. **外汇市场的有效性**。假设外汇市场是弱式有效的，这是否意味着可使用技术预测法对欧元市场投机？若跨国公司认为外汇市场是强式有效的，为什么对未来汇率进行预测时不仅仅使用今天的挂牌汇率作为未来汇率的预测值？毕竟今天的挂牌汇率已经反映所有相关的信息。

12. **预测误差**。香槟-乌巴纳公司（Champain-Urbana Corp.）的汇率预测负责人曾指出："汇率预测最关键的任务不是得出未来汇率的估计值，而是评价预测误差的程度"。此话的含义是什么？

13. **预测之前采用固定汇率货币政策的货币汇率**。假设在一些东欧国家最初允许货币汇率随美元波动，利用基本预测法对预测这些货币的未来汇率有用吗？试说明。

14. **预测误差**。罗丝公司（Royce Co.）是一家有1年期加元和英镑应收款的美国企业，英镑应收款是确定的，而估计收到的加元有正负2%的误差。两项应收款的美元价值是相似的，且顾客没有违约的机会。罗丝公司的财务主管认为英镑应收款产生的美元现金流量比加元应收款产生的美元现金流量具有更大的不确定性。试解释此话的合理性。

15. **欧元汇率的预测**。库伯公司（Cooper Inc.）是一家美国的跨国公司，定期购买欧元支付德国进口商品。公司通过评价美国和德国的贸易方式和通货膨胀率，对欧元汇率进行基本预测。你认为公司该如何提高基本预测法的准确性？

16. **远期汇率预测**。假定你获取了墨西哥比索1年期远期汇率的报价，又假如墨西哥的年利率为40%，而美国的年利率为7%，下一年墨西哥比索贬值12%。你认为用远期汇率高估了1年后的即期汇率吗？请说明。

17. **基于PPP理论的预测与基于远期汇率的预测**。假设你认为新加坡元的汇率变动可以用购买力平价理论来解释。新加坡的当期名义利率为18%，美国为3%。预期新加坡的通货膨胀率为4%,美国为1%。假设利率平价理论成立。新加坡元的即期利率为0.63美元。你认为根据1年期的远期汇率预测1年后的即期汇率会低估、高估,还是无偏估计?请解释。

18. **无偏远期汇率**。假设远期汇率是未来几年日元汇率的无偏估计,但并非准确预测。基于以上信息,你认为瑞丰公司(Raven Co.)是否应该采用卖出日元远期合约的方式对预期的日元利润进行保值?这样做有什么好处?在什么情况下这种方法是无效的?

批判性思考题

预测发展中国家的货币汇率。总部位于美国的跨国公司在发展中国家有业务,在规避汇率风险方面存在困难。它们对未来汇率的预测有很大的误差,因为这些国家的货币往往非常不稳定,可能在1年内贬值20%或更多。写一篇简短的文章,说明持有这些货币应收账款的跨国公司如何利用汇率预测来为可能出现的弱势货币情况做准备,这样它们就可以评估自己是否有足够的美元现金流入来支付债务。

布雷泽公司案例:汇率预测

回顾上一章的案例,布雷泽公司是美国的轮滑鞋制造商,同时向泰国进口和出口商品。本·霍尔特是布雷泽公司的首席财务官,你是该公司的财务分析师,你们二人都对布雷泽目前在泰国的经营绩效比较满意。娱乐产品公司是一家泰国体育用品分销商,承诺每年购买布雷泽公司一定数量的"Speedos"产品,合约将在3年后到期。布雷泽公司还从泰国进口一些生产零部件。布雷泽公司的进口和出口商品都以泰铢标价。布雷泽公司约10%的收入和4%的销售成本都发生在泰国。

目前,布雷泽在泰国的业务只包含该项进出口业务。然而,霍尔特考虑未来能够在泰国利用其他方式增加其在美国的业务量。例如,霍尔特计划在泰国设立子公司以增加在泰国的市场份额。此外,通过在泰国设立子公司,布雷泽公司将可以进入泰国的货币和资本市场。布雷泽公司可以要求它的子公司将剩余资金进行投资,以满足其在泰国市场的短期资金需求。另外,部分子公司的融资可以从泰国的投资银行中获得。

基于布雷泽既有的合约和未来的计划,霍尔特考虑公司在泰国近期的发展以及对未来发展的潜在影响。目前,泰国的经济环境不容乐观。泰铢的币值波动性很强,外国投资者对泰铢失去了信心,导致大量资本外逃。这些因素导致泰铢持续贬值。

当泰国经济高速发展时,很少有分析家预期到泰国经济发展速度的回落。因此,即使布雷泽公司在泰国开展业务,霍尔特也从未对泰国的经济状况进行过预测。然而,现在霍尔特的态度发生了转变。泰国持续低迷的经济形势会对布雷泽产品的需求带来影响。娱乐产品公司也可能不再续约。

由于布雷泽公司的净现金流量是以泰铢标价的,泰铢的持续贬值对布雷泽公司有负面影响,这意味着公司收到的美元将会减少。因此,公司考虑对它的泰铢现金收入进行套期保值。

基于上述考虑,霍尔特决定重新评估预测泰铢汇率的重要性。他的主要目标是预测下一个季度的泰铢汇率。次要目标是确定哪一种汇率预测方法能提供更加准确的预测。为了完成该项任务,霍尔特希望你作为公司的财务分析师,帮助预测下一个季度的泰铢汇率。

霍尔特对预测方法有所了解,他已经收集了相关的经济数据并帮助你进行了初步分析。例如,他已经对过去多个季度的汇率进行了时间序列分析,还利用该分析预测了下一个季度的泰铢汇率。技术预测法显示下一个季度泰铢将贬值6%,汇率将会从0.023美元降至0.02162美元。他还利用基本预测法中的历史通货膨胀率和利率数据进行了汇率预测。然而,基本预测法对汇率的预测,取决于下一个季度泰国的利率,因此涉及概率分布。基于通货膨胀率和利率的历史数据,发现泰铢贬值2%的概率为30%,贬值5%的概率为15%,贬值10%的概率为55%。

霍尔特要求你回答下列问题:

1. 考虑布雷泽公司经营现状和未来的经营计划,预测泰铢对美元的汇率会给公司带来哪些好处?

2. 哪一种汇率预测方法(技术预测法、基本预测法、市场预测法)在预测泰铢汇率时最简单,为什么?

3. 布雷泽公司考虑使用即期汇率或者可行的远期汇率来预测泰铢的未来汇率。可用的远期汇率目前面临大额贴水。你认为即期汇率和远期汇率哪一个能够提供更好的市场预测,为什么?

4. 现在泰铢90天的远期汇率为0.021美元。利用远期汇率和市场预测法,预测下个季度泰铢的币值将会发生多大变动?根据该预测,90天后泰铢的币值是多少?

5. 假设过去几周,技术预测法比市场预测法更准确。这意味着泰铢汇率的市场效率如何?你认为这是否意味着未来技术预测法将会一直优于其他预测方法?为什么?

6. 利用基本预测法进行预测,下个季度泰铢的币值将会发生多大的变动?利用该预测,泰铢的币值将是多少?如果泰铢90天后的汇率为0.022美元,哪一种预测方法最准确?(以绝对预测误差占实际值的百分比为依据,回答最后一个问题)

7. 你认为问题6中最准确的预测方法会不会一直都是最准确的?为什么?

小企业困境:体育用品出口公司的汇率预测

体育用品出口公司每月把英镑兑换为美元。当前英镑的即期汇率约为1.65美元,但未来英镑价值有极大的不确定性。吉姆·洛根是体育用品出口公司的所有者,他预期英国通货膨胀率在未来将会大幅上升。在前些年,英国通货膨胀率很高,结果英镑贬值。当前英国利率比美国略高,英镑在过去几个月内有小幅攀升。吉姆想预测未来20个月各月的英镑价值。

1. 请说明吉姆如何用技术预测法来预测英镑的未来价值。依据上述信息,你认为技术预测法的结果会预计英镑在未来升值还是贬值?

2. 请说明吉姆如何用基本预测法来预测英镑的未来价值。依据以上信息,你认为基本预测法的结果会预计英镑在未来升值还是贬值?

3. 请说明吉姆怎样用市场预测法来预测英镑的未来价值。你认为市场预测法的结果会预计英镑升值、贬值还是没有变化？

4. 是不是所有预测方法的预测结果都一样？在本例中，你更愿意使用哪一种预测方法？

互联网/Excel 练习

1. 利用互联网获得期货合约的历史报价，并获得日元和英镑期货合约的最近价格。然后获取期货合约报价当天日元和英镑的汇率。日元的期货价格高于还是低于其即期汇率？该期货价格预示日元升值还是贬值？针对英镑，同样回答这两个问题。

2. 利用互联网获取加拿大元在过去7年每年年初的直接汇率，将该信息输入电子表格。重复该过程获取欧元的直接汇率。假设你利用即期汇率来预测1年后的汇率，计算加拿大元每年的预测误差（即绝对预测误差占实际值的百分比）。然后计算所有年度每年预测误差的平均值。针对欧元数据，重复上述过程。一般而言，哪一种货币的预测误差较低？你是否预测到该结果？请解释。

真实案例在线文章

在网上寻找一篇最近的文章，这篇文章应是国际财务管理的实际应用，或是现实世界中特定跨国公司的案例，该案例能够诠释本章所述的某一个或者多个概念的行为。

如果你的班级有在线平台，教授可以要求你将总结放在在线平台上，这样，其他学生也能看到这篇文章。如果你的班级是面授课堂，教授可以要求你在课堂上汇报你的文章。教授也可以给某个学生布置任务，让学生完成本章作业，或者要求学生自愿完成某些作业。

对于本章所用到的在线文章和现实世界的案例，考虑搜索以下术语，并且将本年度作为搜索关键词以保证在线文章是最近的：

1. 预测与汇率；
2. 货币与预测；
3. 公司与汇率预测；
4. 公司与货币预测；
5. 预期货币波动；
6. 预测准确性与汇率；
7. 汇率与预测误差；
8. 货币与预测误差；
9. 远期汇率与预测；
10. 货币与预测服务。

第 10 章
汇率波动风险的计量

跨国公司的财务经理必须了解如何衡量公司面临的汇率风险,以决定是否以及如何保护公司免受汇率风险的影响。这样,才能降低公司对汇率变动的敏感度。

> **本章目标**
>
> - 讨论汇率风险的相关性;
> - 说明如何计量交易风险;
> - 说明如何计量经济风险;
> - 说明如何计量折算风险。

10.1 汇率风险的相关性

由于汇率变动会影响跨国公司的现金流,因而也会影响跨国公司的业绩和价值。当一家跨国公司面临汇率风险,其现金流(以及其业绩和价值)也会受到汇率变动的不利影响。因此,能够降低汇率风险的跨国公司可能能够稳定其收益和现金流。这既可以降低跨国公司股票价值下降的风险,也可以提高跨国公司偿还长期债务的能力,从而降低破产的可能性,并允许跨国公司以更低的成本借入资金。

有人认为,在某些假设下,跨国公司的汇率风险敞口并不重要。然而,每一个解释为什么汇率风险与跨国公司无关的观点(如图表 10.1 第一栏中简要描述的那样),都有一个解释为什么汇率风险与跨国公司有关的观点与之对应(如图表 10.1 第二栏所述)。总的来说,那些认为汇率风险与跨国公司无关的假设是不现实的。因此,汇率风险相关性的观点显然具有优势。

图表 10.1　汇率风险与跨国公司相关吗

认为汇率风险与跨国公司无关	认为汇率风险与跨国公司有关
一家跨国公司的现金流是由多种货币带来的,如果一种货币变动带来的不利影响会被另一种货币抵消,那么跨国公司不会受到汇率变动的影响	汇率变动的影响不会被抵消,因为各种货币对美元的汇率变动在一段时间内表现为同一方向。因此,一家跨国公司无法忽略汇率变动风险,即使其现金流是由多种货币带来的
如果利益相关者(例如股东或债权人)对几家有相关利益的跨国公司进行了分散风险组合,那么一些跨国公司汇率的不利影响可以被其他跨国公司的有利影响抵消,其风险组合价值可能会被消除。如果这些利益相关者可以消除汇率对组合的影响,那么跨国公司无须担心汇率风险	许多跨国公司都受到了汇率变动相似的影响,所以利益相关者很难创造一个多样化的投资组合,以消除汇率变动的风险。因为利益相关者难以通过多样化的投资组合避免汇率变动带给组合的风险,因此跨国公司应该关注汇率风险
投资跨国公司的投资者可以对其汇率风险进行套期。如果它们相信美国跨国公司会因外币对美元疲软而受到影响,它们就会购买外币衍生头寸,从而当外币对美元疲软时增加价值。因此,当投资者可以自行对其投资的汇率风险进行套期时,跨国公司不用担心汇率风险	投资者对投资的每家跨国公司的外汇变动风险并没有完整的信息,所以它们无法对各个投资的汇率风险进行套期。跨国公司对汇率风险拥有更多的信息,也有更多的风险管理经验。因此,投资者应该可以从跨国公司管理其汇率风险中获益

此外,跨国公司向投资者披露的财务报告也充分证明了汇率风险的相关性。许多跨国公司的财务报告(特别是年度报告)承认,它们的现金流受到汇率变动的不利影响。这里提供的例子有:

　　总的来说,我们是美元以外货币的净接受者。因此,汇率的变化,特别是美元的升值,将对我们的收入和其他以美元表示的经营结果产生负面影响。　　——来自脸书

　　由于我们在世界许多国家生产和销售产品,当货币汇率变动时,我们的收入和费用都会受到影响。　　——来自宝洁公司

　　外汇汇率波动加剧……可能会对我们的经营成果和财务状况产生不利影响。
　　——来自百事公司

10.2　交易风险

以外币结算的交易合同是导致一些跨国公司面临汇率风险的重要原因。而这些涉及外币的交易合同价值将会受到汇率波动的影响。这被称为**交易风险**(transaction exposure)。一家美国跨国公司对交易风险的担忧是,未来在国际交易中,在支付某种货币时,该货币可能会

升值,而在获得某种货币时,该货币可能会贬值。因此,跨国公司在不久的将来需要接受在国际交易中货币的汇率变动可能对跨国公司的美元现金流产生不利影响。

由于许多国际交易合同发生在不久的将来(比如在下个季度),跨国公司在评估交易风险时自然会把重点放在近期。因此,下面关于交易风险的讨论主要集中在短期(下个季度),大多数交易合同都会在此期间发生。如果跨国公司希望在更短的时间范围(比如 1 个月)或更长的时间范围(比如 1 年)中评估交易风险,那么这里描述的评估交易风险的过程仍然可以被应用。

举 例

海鹰公司(Seahawk Co.)是一家美国公司,希望评估下个季度的交易风险。它只有一笔国际交易尚未完成。该公司刚刚收到来自西班牙的订单,将在一个季度(90 天)内收到 100 万欧元。尽管目前欧元的即期汇率为 1.35 美元,但海鹰公司担心的是,当该公司在季度末将 100 万欧元兑换成美元时,那时的即期汇率会是多少。

图表 10.2 显示了以当时可能存在的各种汇率兑换 100 万欧元时,海鹰公司将获得的美元金额。如果 1 欧元在本季度末升值到 1.50 美元,那么海鹰公司将以 100 万欧元的价格获得 150 万美元。然而,如果 1 欧元在本季度末贬值到 1.20 美元,那么海鹰公司在兑换 100 万欧元时只获得 120 万美元。图表 10.2 说明了海鹰公司会受到交易风险的影响,因为它将获得的美元现金流是不确定的,这取决于国际交易完成后的未来汇率。围绕未来汇率的不确定性越大,海鹰公司的交易风险就越大。

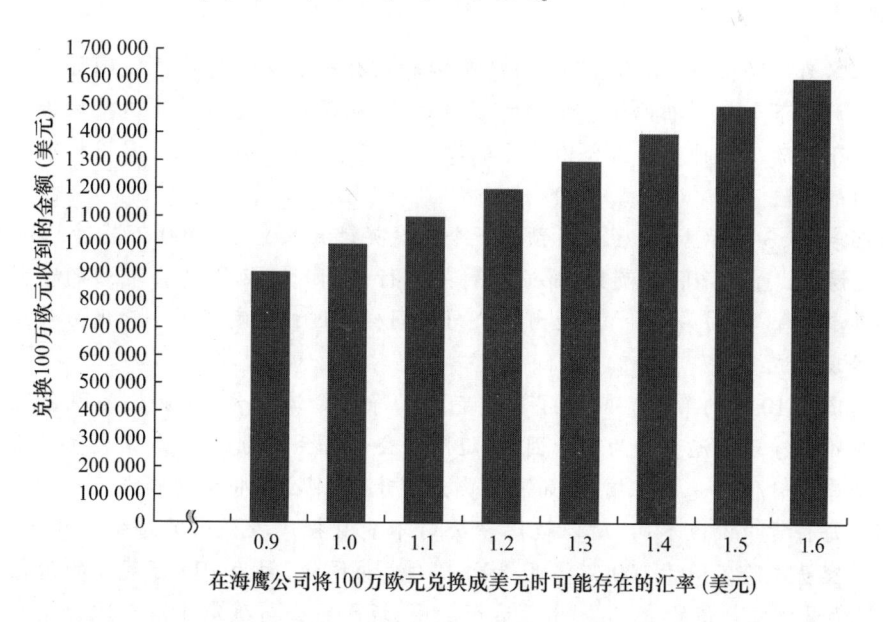

图表 10.2 以付款时可能存在的汇率计算因出口收到的美元金额(交易价值为 100 万欧元)

> 既然海鹰公司已经评估了其交易风险，它就可以决定是否对冲这种风险。如果海鹰公司相信1欧元将在一个季度内升值至1.50美元，则可以选择不进行对冲，因为它将从欧元升值中受益。相反，如果它认为1欧元将在一个季度内贬值至1.20美元，它就可能会考虑对冲其交易风险。下一章将介绍对冲风险常用的技术。

对于大多数跨国公司来说，交易风险的评估并不像上文示例中的那样简单。典型的跨国公司产品一般有多个订单，在本季度末将会收到欧元；该公司还可能会多次购买商品，将在本季度末欠下欧元。使跨国公司对其风险评估复杂化的因素是，典型的跨国公司在下个季度将进行不止一种货币的国际交易。因此，跨国公司应该（1）估计下个季度每种货币的预期净现金流，然后（2）评估下个季度作为投资组合的所有货币的风险敞口。第一步将在下面的举例中说明，第二步将在下面的小节中进行讨论。

10.2.1 估计净现金流量带来的交易风险

为了衡量下个季度的交易风险，跨国公司应该识别出本季度将发生的所有外币交易，并根据这些交易是现金流入还是现金流出对其进行分类。因为一个特定的货币现金流出必然在季度末部分抵消本季度收到的现金流入，跨国公司的交易风险只关注现金流"净额"，以特定货币的现金流入减去现金流出来进行衡量。

> **举例**
> 一家名为迈阿密公司（Miami Co.）的美国跨国公司以4种货币开展国际业务。公司希望能够计量下个季度每种货币面临的汇率风险，从而决定是否对冲这些风险。公司应该估计出下个季度每种货币折合为美元的净现金流量，这样公司就可以用标准计量对冲每种货币的风险。
>
> 如图表10.3所示，迈阿密公司预期下个季度英镑流入量为1700万英镑（第（2）列第1行），英镑流出量为700万英镑（第（3）列第1行）。因此，迈阿密公司预期净现金流是1000万英镑（第（4）列第1行）。迈阿密公司用同样的过程确定了下个季度另外三种货币各自的净现金流量。
>
> 注意图表10.3的第（4）列，除了瑞典克朗的净现金流量为负（反映为现金流出），其他三种货币的净现金流量均为正。因此，迈阿密公司将会因为英镑、加拿大元和墨西哥比索在下个季度升值而受益。相反，如果瑞典克朗升值，则公司将遭受损失。
>
> 因为每种货币价值不同，所以迈阿密公司不能直接比较公司的每种外币风险。100万英镑的交易风险不同于100万墨西哥比索的交易风险，因为100万英镑的价值大约是100万墨西哥比索价值的15倍。出于这个原因，迈阿密公司确定了以美元计量每种外币的风险（图表10.3的第（6）列），是用每个季度净流入或净流出（如图表10.3的第（4）列）乘以每季末预期的即期汇率（图表10.3的第（5）列）。

图表 10.3 迈阿密公司合并净现金流量

(1) 货币	(2) 总流入量	(3) 总流出量	(4) 净流入或净流出	(5) 每季末预期汇率	(6) 以美元计量的净流入或流出
英镑	£17 000 000	£7 000 000	+£10 000 000	$1.50	+$15 000 000
加拿大元	C$12 000 000	C$2 000 000	+C$10 000 000	$0.80	+$8 000 000
瑞典克朗	SK20 000 000	SK120 000 000	−SK100 000 000	$0.15	−$15 000 000
墨西哥比索	MXP90 000 000	MXP10 000 000	+MXP80 000 000	$0.10	+$8 000 000

因为迈阿密公司下个季度有 1 000 万英镑的净现金流（图表 10.3 的第 (4) 列第 1 行），并且假定迈阿密公司预期英镑的即期汇率在季末时将是 1.5 美元（第 (5) 列第 1 行），英镑转换为美元的价值是 10 000 000 英镑 × 1.50 美元/英镑 = 15 000 000 美元（第 (6) 列第 1 行）。以加拿大元计价的交易风险若以美元计量也有类似的估计过程。因为迈阿密公司在下个季度有 1 000 万加拿大元的净流入（第 (4) 列第 2 行），并且预期加拿大元在季末的即期汇率是 0.8 美元（第 (5) 列第 2 行），那么这个风险用美元计量就是 10 000 000 加拿大元 × 0.80 美元/加拿大元 = 8 000 000 美元（第 (6) 列第 2 行）。

瑞典克朗和墨西哥比索的风险也以此方式换算为美元。从图表 10.3 的第 (6) 列可以看出，墨西哥比索和加拿大元以美元计量的风险比另外两种货币小。然而，这并不意味着迈阿密公司不太会受到这两种风险的影响，稍后将进行解释。

10.2.2 跨国公司组合的交易风险

在估计了即将到来的一段期间（例如下个季度）每种货币的净现金流后，跨国公司可以评估其货币组合的交易风险。货币组合的交易风险代表了组合价值的不确定程度，这是由组合内货币汇率的不确定变动引起的。如果一个货币组合面临更大的不确定性，那么下个季度其价值将明显下降。

跨国公司关注其货币组合的不确定性，正如个人投资者关注其投资组合的不确定性。个人投资者可以使用投资组合理论来评估其投资组合的不确定性，跨国公司也可以使用投资组合理论来评估其货币投资组合的不确定性，从而评估其交易风险敞口。具体来说，跨国公司必须考虑每种货币的波动性（其价值随时间变化的程度）和货币间的相关性。

考虑一家美国跨国公司，该公司将在下个季度产生货币 X 和货币 Y 的净现金流入。公司预计将货币 X 转换为 10 万美元，将货币 Y 转换为 10 万美元。因此，在季度末，它将拥有这两种货币的投资组合，即为 20 万美元，每种货币占投资组合价值的一半。跨国公司可能面临交易风险，因为在季度末货币 X 和货币 Y 转换为美元的汇率具有不确定性。每一种货币对美元都有可能走软。因此，到本季度末，跨国公司的投资组合价值可能低于预期的 20 万美元。

如果这两种货币组合的美元价值在过去几个季度一直非常稳定(低波动性),那么在下个季度末将这两种货币转换为美元时,组合价值大幅下跌的风险将很小。相反,如果两种货币组合的美元价值在过去几个季度一直波动性很大,那么在下个季度末将两种货币转换为美元时,组合价值大幅下跌的风险将很大。在后一种情况下,跨国公司投资组合的交易风险相对较高。

过去几个季度,跨国公司的两种货币投资组合的波动性可以用标准差(用 σ_p 表示)测量,如下所示:

$$\sigma_p = \sqrt{W_X^2\sigma_X^2 + W_Y^2\sigma_Y^2 + 2W_XW_Y\sigma_X\sigma_Y\text{CORR}_{XY}}$$

这里,W_X 表示货币 X 占组合总价值的百分比;

W_Y 表示货币 Y 占组合总价值的百分比;

σ_X 表示货币 X 季度变化百分比的标准差;

σ_Y 表示货币 Y 季度变化百分比的标准差;

CORR_{XY} 表示货币 X 和货币 Y 季度变化率之间的相关系数。

该方程表明,跨国公司货币投资组合的波动性与每种货币的波动性正相关,也与货币间的相关性正相关。因此,当两种货币非常不稳定,且两种货币对美元的走势高度相关时,跨国公司这两种货币的投资组合就会面临更高的交易风险。

一家跨国公司在未来一个季度的国际交易中使用两种以上的货币,交易风险可以通过过去几个季度相关货币的外汇投资组合的波动性来评估。包含两种以上货币的投资组合的波动性更难估计,但组合的波动性也与每一种货币的波动性以及投资组合中每一对货币之间的相关性正相关。货币波动和相关性可以用来评估跨国公司货币投资组合的交易风险。

货币波动性的计量。标准差可以衡量每种货币的变动程度(或波动)。要估计一种货币对美元走势的波动性,第一步是利用互联网等来源,获得过去几个季度该货币对美元的季度汇率。将季度汇率下载到电子表格中。

第二步是推导出货币汇率从一个季度到下一个季度的变化百分比(如果你对不同的时间范围感兴趣,可以使用不同的时期,而不是一个季度)。然后计算季度变化百分比的标准差。Excel 等电子表格可以轻松计算货币价值的变化百分比和标准差。

在任何给定时期,某些货币的汇率波动要比其他货币大得多。新兴国家货币的汇率变动往往比发达国家的货币变动更为明显。因此,如果跨国公司只持有一种货币的大量净头寸,且如果这种货币是发展中国家而不是发达国家的货币,那么公司一般更容易遭受因汇率变动而造成的重大损失。

任何货币的波动性(以标准差衡量)取决于用来衡量汇率变动的时间范围。一般来说,时间越长,货币的汇率变动就越不稳定。因此,货币的季度汇率变动通常比日汇率变动更不稳定(具有更高的标准差),该货币的年度汇率变动比季度汇率变动更不稳定。

随时间变化的货币波动性。货币的波动性通常不会随时间保持不变。也就是说,如果你衡量今年欧元对美元汇率的季度变动的标准差,不会等于明年欧元对美元汇率的季度变动的标准差。然而,跨国公司至少可以尝试比较近期各货币的波动水平,以预测哪些货币在未来的波动水平相对较高或较低。从美国的角度看,加元的波动性虽然会随着时间的推移而变化,但通常小于其他货币的波动性。巴西雷亚尔的波动性随着时间推移而变化,但其波动性却始终高于发达国家货币的波动性。在全球金融危机期间(比如 2008—2009 年的信贷危机),大多数货币的汇率变动往往更加剧烈。

评估波动性如何影响交易风险。一旦跨国公司估算出每种货币的波动性,它就能确定货币在未来一段时间的潜在变动是否值得担忧。

举例

回想一下,迈阿密公司正在评估其交易风险。公司认识到,加元对美元的汇率变动往往没有其他三种货币的汇率变动那么明显。此外,公司认识到墨西哥比索对美元的汇率变动往往比其他三种货币的汇率变动更为明显。迈阿密公司的初步结论是,下个季度每种货币的潜在汇率变动足以对公司的美元现金流产生重大不利影响。在迈阿密公司能够得出最终结论之前,公司需要考虑这些货币汇率变动之间的相关性。这部分内容将在下一节中描述。

货币相关关系的计量。货币波动性之间的相关关系可以通过它们的相关系数来衡量。相关系数反映了两种货币波动性的关联程度。一种极端情形是完全正相关,即相关系数为 1。相关系数也可以为负,这说明两种货币汇率的变动是相反的。

为了估计两种货币对美元的相关系数,下载各季度这两种货币对美元汇率的电子表格,获得每种货币从一个季度到下一个季度的汇率变化率。如前所述,如果你对不同时间范围感兴趣,可以使用不同于一个季度的其他周期。Excel 等电子表格可以轻松计算相关系数。您可以将此过程应用于许多货币,然后估计每一对货币的相关系数。从美国的角度看,汇率相关性通常是正向的。这意味着这些货币对美元的走势趋于一致(尽管并非总是如此)。例如,欧元和欧元区以外的其他欧洲国家的货币对美元的季度走势是高度正相关的(这两种货币之间的相关系数通常为 0.80 或更高)。

加拿大元对美元的季度走势通常与欧洲货币对美元的季度走势正相关,但相关性没有任何一对欧洲货币对美元的相关性高。日元对美元的季度走势通常也与欧洲货币对美元的季度走势正相关,但相关性没有任何一对欧洲货币对美元的相关性高。

给定的两种货币之间的相关系数可以随评估的时间范围而变化。一般来说,当使用每日时间范围来衡量货币价值随时间变化的百分比时,相关系数比使用季度时间范围时要低。这表明,尽管货币对美元的汇率在某一天可能会更加独立,但在较长的季度时间范围内,它们往往会在某种程度上同步波动。大多数跨国公司更关注较长的时间跨度,因为它们更关心未来几个月或几个季度的外汇风险,而不是未来几天。

将货币相关性应用于净现金流。货币相关性对特定跨国公司的影响取决于其现金流特征。如果一家跨国公司在下个季度的净现金流为正,且以各种高度相关的货币计价,那么该公司在该季度的交易风险可能会更高。如果这些货币的价值朝着相同的方向并以相似的程度变动,那么它们在该季度都可能对美元贬值,而不会产生任何抵消效应。

然而,许多跨国公司的一种或多种货币的净现金流头寸为负(即它们的现金流出超过了现金流入)。如果跨国公司的负净现金流量货币与正净现金流量货币高度相关,公司的交易风险就会降低。虽然货币贬值对正的净现金流有不利的影响(现金流入将转化为更少的美元),但它将有利地影响负的净现金流,因为跨国公司用更少的美元就可以获得这些货币。相反,货币升值会对跨国公司的负净现金流产生不利影响(获得这些货币需要更多的美元),但会对跨国公司的正净现金流产生有利影响(现金流入将转换为更多的美元)。

举例

从图表10.3中可以看出,迈阿密公司预计本季度末将有相当于1 500万美元的英镑净现金流入,相当于1 500万美元的瑞典克朗净现金流出。这些货币与美元高度正相关。因此,一种可能的情况是,这两种货币下个季度都将对美元升值,迈阿密公司将受到瑞典克朗的不利影响,但受到英镑的有利影响。另一种情况是,这两种货币下个季度都对美元贬值,迈阿密公司将受到英镑的不利影响,但受到瑞典克朗的有利影响。因此,虽然迈阿密公司不知道这两种情况中的哪一种会发生,但它已经确定,任何一种情况都会产生抵消效应。

考虑到这些抵消效应,迈阿密公司并不担心下个季度对英镑或瑞典克朗的交易风险。不过,公司对自己在加拿大元和墨西哥比索上的风险多少有些担心。因此,正如本章后面所述,公司决定进行一些额外的分析,以确定这两种货币的交易风险。

图表10.4提供了一些在某些特定场景下关于跨国公司在下一个时期(例如下个季度)交易风险的见解。

图表10.4 现金流量和相关性对跨国公司汇率风险的影响

跨国公司预期现金流量	货币相关性	跨国公司的汇率风险
两种货币等量净流入	高度相关	高
两种货币等量净流入	低度正相关	中等
两种货币等量净流入	负相关	低
一种货币净流入和另一种货币等量净流出	高度相关	低
一种货币净流入和另一种货币等量净流出	低度正相关	中等
一种货币净流入和另一种货币等量净流出	负相关	高

货币相关性随着时间的推移而变化。 由于货币相关性会随着时间的推移而变化,以前的相关性并不是未来相关性的完美预测。然而,一些普通的关系往往会随着时间的推移而保持

下去。例如,英镑、欧元和其他欧洲货币相对于美元的季度走势在大多数 1 年、2 年或 3 年的时间段内都具有高度的相关性。因此,跨国公司可以很有信心地预测,高相关性将在未来持续存在。如果公司在一种欧洲货币上有资金流入,而在另一种欧洲货币上有大约相同价值的资金流出,那么公司可能不会那么担心自己的汇率风险,因为汇率的影响可能会被抵消。

10.2.3 基于风险价值衡量交易风险

评估风险的一种相关方法是风险价值(VaR)方法,它可以估计面对汇率变动影响时货币头寸价值的最大可能损失。

举例

回想一下,之前的例子中,迈阿密公司曾试图评估下个季度的交易风险,并确定英镑和瑞典克朗的风险可以被抵消。因此,公司只需要关注加拿大元和墨西哥比索计价的净现金流的风险。

假设迈阿密公司目前只需要担心它在加拿大元净现金流上的交易风险。它可以使用 VaR 方法估计最大期望损失。假设迈阿密公司估计过去 40 个季度加拿大元汇率的季度变化百分比的标准差为 4%。如果这些季度的变化百分比是正态分布,那么最大的四分之一损失是由概率分布的下界(左尾)决定的。根据 95% 的置信度,这个下界距离加拿大元的预期变化百分比约为 1.65 倍标准差。假设迈阿密公司预期下个季度加拿大元对美元将贬值 1%。根据这一预测,以及 4% 的标准差估计值,迈阿密公司下个季度以加拿大元计算的交易风险敞口所造成的最大预期损失为:

$$一季度内的最大损失 = E(e_t) - (1.65 \times \sigma_{cs})$$
$$= -1\% - (1.65 \times 4\%)$$
$$= -0.01 - 0.066$$
$$= -0.076 \text{ 或 } -7.6\%$$

回想一下,迈阿密公司下个季度的净现金流头寸价值为 800 万美元。因此,加拿大元的价值下降 7.6%,在未来季度会导致迈阿密公司的加拿大元头寸亏损 8 000 000 美元 × -0.076 = -608 000 美元。

现在假设迈阿密公司只关心墨西哥比索潜在贬值所造成的一个季度的最大损失。假设迈阿密公司相信墨西哥比索下个季度汇率的预期变动百分比为 -1%,而它估计过去 40 个季度墨西哥比索汇率变动的标准差为 6%。基于这些假设,迈阿密公司下个季度因墨西哥比索交易风险导致的最大预期亏损为:

$$一季度内的最大损失 = E(e_t) - (1.65 \times \sigma_{MXP})$$
$$= -1\% - (1.65 \times 6\%)$$
$$= -0.109 \text{ 或 } -10.9\%$$

回想一下，迈阿密公司以墨西哥比索计价的净现金流估计为 800 万美元。因此，如果墨西哥比索在下个季度贬值 10.9%，那么墨西哥比索的价值就会损失 8 000 000 美元 × −10.9% = −872 000 美元。

影响单日最大损失的因素。 下个季度货币的最大预期损失取决于三个因素。第一，下个季度货币汇率的预期变动百分比。如果货币价值的预期变动百分比变化比上一个例子中假设的 −1% 更加明显，那么最大预期损失将更大。

第二，当其他因素保持不变时，更高的置信水平（如 99% 而不是 95%）将导致更大的最大预期损失。

第三，下个季度的最大预期损失取决于上一个季度货币汇率变动的标准差。请注意，墨西哥比索的最大预期损失比加元更明显。这是由于过去墨西哥比索的季度汇率波动较大（标准差较大），这使得迈阿密公司相信墨西哥比索在下个季度的贬值幅度可能大于加元。

由于 VaR 方法为迈阿密公司提供了对最大预期损失的具体估计，因此它提供了额外的信息，以补充迈阿密公司对下个季度交易风险的评估。如果迈阿密公司对任何一种货币在未来一个季度可能出现的最大损失而感到不安，它就可以对冲相关头寸。

然而，如果迈阿密公司不对冲这两种货币的净现金流的话，迈阿密公司也应该使用 VaR 来评估投资组合（加元和墨西哥比索）的最大损失。

将 VaR 应用于投资组合的交易风险。 因为跨国公司通常接触的货币不止一种，它们可能希望将 VaR 方法应用于一种货币投资组合。在考虑多种货币时，可以使用软件包进行计算。下面给出一个将 VaR 应用于两种货币的组合的例子。

举例

回想一下，迈阿密公司对下个季度加元现金流和墨西哥比索现金流的交易敞口感到担忧。在本季度末以加元计算的净现金流的美元价值是 800 万美元，以墨西哥比索计算的净现金流的美元价值也是 800 万美元。因此，迈阿密公司的外汇投资组合中加元和墨西哥比索的加权比例分别为 50% 和 50%。迈阿密公司希望确定两种货币组合的最大预期损失（基于 95% 的置信水平）。回想一下之前的例子，迈阿密公司估计加元和墨西哥比索汇率的季度变化百分比的标准差分别为 4% 和 6%。还假设迈阿密公司估计这两种货币的相关系数为 0.20。回想一下，投资组合的标准差估计为：

$$\sigma_P = \sqrt{w_{cs}^2 \sigma_{cs}^2 + w_{MXP}^2 \sigma_{MXP}^2 + 2w_{cs}w_{MXP}\sigma_{cs}\sigma_{MXP}\text{CORR}}$$

这里，W_{cs} 表示加元占组合总价值的百分比；

W_{MXP} 表述墨西哥比索占组合总价值的百分比；

σ_{CS} 表示加元汇率季度变化百分比的标准差；

σ_{MXP} 表示墨西哥比索汇率季度变化百分比的标准差；

> CORR 表示加元和墨西哥比索汇率季度变化率之间的相关系数。
>
> 基于以上假设，
>
> $$\sigma_P = \sqrt{0.25 \times 0.0016 + 0.25 \times 0.0036 + 2 \times 0.50 \times 0.50 \times 0.04 \times 0.06 \times 0.20}$$
> $$= \sqrt{0.0004 + 0.0009 + 0.0024}$$
> $$= 0.0392$$
>
> 如果每种货币的季度变化百分比是正态分布，那么投资组合的季度变化百分比也应该是正态分布。货币组合一季度的最大损失由概率分布的下界（左尾）决定。该下界基于95%的置信水平，距离货币组合的预期变化百分比约为1.65个标准差。假设货币投资组合的预期变化百分比为-1%，则预期一季度的最大损失是：
>
> $$\text{货币投资组合一季度最大损失} = E(e_t) - (1.65 \times \sigma_P)$$
> $$= -1\% - (1.65 \times 3.92\%)$$
> $$\approx -0.0747 \text{ 或 } -7.47\%$$
>
> 请注意，投资组合的一季度最大损失远小于墨西哥比索本身的最大损失，这可以归因于墨西哥比索走势与加元走势之间的低相关性（多样化效应）。换句话说，由于两种货币的走势并不完全一致，因此两种货币不太可能同时出现最大损失。
>
> 考虑到个别货币头寸和投资组合的最大损失，迈阿密公司可能决定以加元、墨西哥比索的交易风险敞口对冲交易风险，但既可能不对其中的任何一种货币进行对冲，也可能不同时对两种货币对冲。一个跨国公司是否对冲和如何对冲的决定将在下一章讨论。

利用电子表格来估算 VaR。 使用 Excel 之类的软件，通过以下几步会使投资组合的 VaR 计算更加便捷：

（1）收集与货币相关的所有汇率以及相关数据，并将每种汇率填入对应的表格列中；

（2）计算每列每一期（从某一天到第二天）的汇率变化百分比；

（3）估计每列每一期汇率变化百分比的标准差；

（4）在不同的货币所属列中，计算其货币组合的加权周期价值变化百分比，即如果货币组合是平均分配的情况（50%对50%），那么其价值变化百分比将等于50%乘以一种货币价值变化百分比，加上50%乘以另一种货币价值变化百分比；

（5）计算投资组合加权汇率变化百分比的标准差。

一旦得出了货币组合的价值变动标准差，我们就可以利用前述的方法估计其 VaR。

VaR 方法的局限性。 VaR 方法假设汇率波动服从正态分布。如果汇率波动的实际分布不符合正态分布，估计的最大损失就可能有误。此外，VaR 方法依赖于对汇率变动的波动性（标准差）的估计。如果汇率波动以前的变动性小于未来的变动性，采用 VaR 方法就会低估可能的最大损失。

10.3 经济风险

汇率波动对企业未来现金流量现值的影响程度被称为汇率带来的**经济风险**(economic exposure,有时也被称"运营风险"),这是比交易风险更宽泛的概念。交易风险是经济风险的一部分。交易风险关注汇率变动对跨国公司国际业务合同的影响。跨国公司的现金流受交易风险影响(如前所述),但经济风险还包括汇率变动影响现金流的变动。

> **举例**
> 英特尔公司是一家总部在美国的跨国公司。它的大部分芯片出口是以美元标价的,以此避免交易风险。如果欧元对美元贬值,英特尔公司的欧洲进口商则需要支付更多的欧元,为此它们可能决定购买欧洲生产商的产品。这样,英特尔公司用美元为出口芯片定价可以避免交易风险,但欧元疲软可能导致现金流减少。因此,依然面临经济风险。

即使是一家没有国际业务的美国公司也可能面临经济风险。如果外国竞争者计价的货币对美元贬值,一些客户可能会增加外国竞争者产品的需求。因此,对美国公司产品的需求将减少,美国公司的净现金流入也将减少。

虽然跨国公司在评估交易风险时使用的是短期视角,但在评估经济风险时,它们更倾向于使用长期视角。例如,总部位于美国的跨国公司可能会对其经济风险进行评估,以确定随着时间的推移,当外国货币对美元升值时,它们的美元现金流总体上会受到何种影响。这种评估将使它们能够考虑各种可能的战略,以减少经济风险,如第12章所述。

10.3.1 外币贬值的经济风险

图表10.5总结了美国公司现金流入和流出受汇率变动的影响。这个图表被简化了,因为它聚焦于单一的外币,而许多公司都有多种外币。然而,这个图表的目的仅仅是提供一种外国货币的汇率变动与特定业务活动产生的现金流之间的一般关系。

图表10.5的第二列显示了外币贬值对美国公司现金流入和流出的影响。如果外国货币贬值,那么一家美国公司在美国的销售额预计会下降,因为该公司将面临越来越多的外国竞争者。也就是说,如果外币贬值,那么当地客户将能够以较低的价格获得外国替代产品。以美元计价的出口企业的现金流入也可能因外币贬值而减少,因为当外国进口商需要更多本国货币来购买这些产品时,它们对产品的需求可能会减少。如果外币贬值,那么以外币计价的公司出口的现金流入在兑换美元时将减少。如果外币走弱,那么美国公司从外国投资中获得的任何利息或股息在折算成美元时也将减少。

图表 10.5　汇率波动的经济风险

影响美国公司美元现金流入的交易	外币贬值对美国公司美元现金流的影响	外币升值对美国公司美元现金流的影响
本国销售（相对于在本国市场上的外国竞争者而言）	减少	增加
以美元计价的出口	减少	增加
以外币计价的出口	减少	增加
对外投资的利息或股息收入	减少	增加
影响公司美元现金流出的交易		
公司以美元计价进口的物资	无变化	无变化
以外币计价进口的物资	减少	增加
所欠外债的利息	减少	增加

至于这家美国公司的现金流出，以美元计价的进口物资成本不会受到汇率变动的直接影响。但是，如果进口物资是以外币计价的，外币贬值，成本就会降低。此外，如果外币贬值，那么美国公司支付外币融资的利息将减少。

总体而言，外币的贬值会导致美元现金流入和流出的减少。对这家美国公司净现金流的影响取决于现金流入或流出哪个对外币贬值更为敏感。例如，如果美国公司从事出口业务，但在当地获得材料并借入资金，其现金流入会比现金流出产生更大幅度地减少，导致其净现金流减少。相反，如果这家美国公司专注于本土销售（并且限制外国竞争），并在海外获得材料和借款，其现金流出将会减少。总体而言，该公司的净现金流将因外币贬值而增加。

10.3.2　外币升值的经济风险

图表 10.5 的第三列显示了外币升值对美国公司现金流入和流出的影响。如果外币升值，那么美国公司现金流入或流出受到的影响与外币贬值的影响相反。由于外国竞争的减少，这家美国公司在当地的销售额应该会增加，因为以外币计价的商品价格在美国消费者看来会很高。这家美国公司以美元计价的出口产品在外国进口商看来会很便宜，从而增加外国对这些产品的需求。甚至以外币计价的出口也会增加现金流入，因为外汇流入将转化为更大数额的美元。此外，对外投资的利息或股息将转换为更多的美元。

以美元计价的进口商品造成的现金流出量不会直接受到汇率变动的影响。以外币计价的进口物资费用将随着外币的升值而增加。用外币融资所支付的利息也将增加。

一般来说，外币升值会导致美国公司现金流入和流出的增加。如果该公司专注于出口，在当地获得商品和借贷资金，那么它可能会从外币升值中获益。对于卡特彼勒（Caterpillar）、福特（Ford）和杜邦（DuPont）来说，在外汇对美元升值期间就是如此。相反，一家专注于本土销售的美国公司，几乎没有外国竞争，在获得外国商品（以外币计价）时很可能会受到外国货币升值的负面影响。

10.3.3 经济风险的计量

上述讨论表明,跨国公司应能够确定它们的现金流入或流出总体上将如何受到汇率变动的影响。然而,跨国公司通常会对经济风险敞口进行更全面的评估。它们更希望确切地知道,在下一个时期可能出现的具体汇率情景,它们的净现金流将受到怎样的影响。

一种方法是建立一个电子表格,显示跨国公司现金流入或流出的主要来源。然后根据最可能出现的汇率情景,来估计未来一段时间(比如下个季度)的现金流。接着根据可能发生的其他汇率情景,再次估计下一段时间内的现金流,进行敏感性分析。尽管跨国公司不确定未来一段时间的汇率走势,但敏感性分析将显示估计的净现金流对其他情况的敏感性。不论汇率如何变化,估计的净现金流量都非常相似,这意味着该公司下个季度的净现金流量可能对汇率变动不敏感。因此,公司可能会得出这样的结论:公司的经济风险很低,不需要实施减少风险敞口的战略。但如果公司的敏感性分析显示净现金流对其他情况非常敏感,这意味着风险敞口较高。在这种情况下,为减少风险敞口,公司将考虑采取可能的战略,这将在第 12 章论述。

下面的例子说明了跨国公司如何用敏感性分析来评估经济风险水平。这个例子很简单,因为跨国公司只持有一种外币,而且只关注下一个季度。实际上,跨国公司更愿意评估一个季度以上的经济风险敞口。然而,就该公司在本季度的运营和预期现金流的代表性而言,本季度的评估可能会对该公司在较长时间内的经济风险敞口提供有用的见解。

举例

麦迪逊公司(Madison Co.)是一家美国公司。这家总部位于美国的跨国公司从加拿大购买了大部分原材料,并有一小部分销售收入来自对加拿大的出口。公司的美国销售额以美元计价,而加拿大销售额以加元(C$)计价。图表 10.6 是按国家列示公司的现金流量季度估计数。麦迪逊公司希望评估它的经济风险,即总现金流对汇率变动的风险。

假设麦迪逊公司预计,在这段时间内,加元有 3 种可能的汇率:0.75 美元、0.80 美元、0.85 美元。这些场景分别在图表 10.7 的第 2 列、第 3 列和第 4 列中进行了分析。第(1)行在各种情况下都是不变的,因为该公司对美国企业的销售不受汇率变动的影响。在第(2)行中,对加拿大企业的美元销售额估计是通过将估计的加拿大销售额转换为美元来确定的。第(3)行是第(1)行和第(2)行以美元计价的销售额的加总。

第(4)行在各种情况下都是不变的,因为美国的材料成本不受汇率变动的影响。第(5)行,在加拿大购买材料的估计美元成本是通过将加拿大材料的估计成本换算成美元来确定的。第(6)行是第(4)行和第(5)行以美元计价的原材料成本和营业费用之和。

第(7)行是常数,因为美国的营业费用不受汇率变动的影响。第(8)行也是常数,因为美国债务的利息费用不受汇率变动的影响。在第(9)行,对加拿大债务估计美元利息费用是通过将估计的加拿大利息费用转换成美元来确定的。第(10)行是第(8)行和第(9)行以美元计价的利息费用的总和。

现在可以评估汇率对麦迪逊公司的收入和成本的影响了。图表10.7说明了在加拿大的销售额和加拿大材料成本将如何随加元的走强而增加。因为麦迪逊公司在加拿大的材料成本风险(2亿加元)远高于其在加拿大的销售风险(400万加元),强势的加元对公司现金流的整体影响是负面的。当加元走强时,支付利息所需的美元总额也会增加。一般来说,麦迪逊公司将受到加元走强的不利影响。加元走弱将对公司产生有利的影响,因为总销售额的下降将被原材料成本和利息费用支出的下降所抵消。

该示例基于一段时间的跨度。一家公司如果能在未来几段时间内对销售额、支出和汇率做出预测,就能评估其未来的经济风险。

图表 10.6　麦迪逊公司预测收入与费用(来自美国业务和加拿大业务)

单位:100万

	美国业务(美元)	加拿大业务(美元)
销售收入	320	4
原材料成本	50	200
营业费用	60	—
利息费用	3	10
现金流量	207	-206

图表 10.7　汇率变动对现金流的可能影响

单位:100万

	汇率情形		
	C$1 = $0.75	C$1 = $0.80	C$1 = $0.85
销售收入:			
(1) 美国	$320.00	$320.00	$320.00
(2) 加拿大	C$4 = $3.00	C$4 = $3.20	C$4 = $3.40
(3) 合计	$323.00	$323.20	$323.40
原材料成本和营业费用:			
(4) 美国	$50.00	$50.00	$50.00
(5) 加拿大	C$200 = $150.00	C$200 = $160.00	C$200 = $170.00
(6) 原材料成本合计	$200.00	$210.00	$220.00
(7) 营业费用	$60.00	$60.00	$60.00
利息费用:			
(8) 美国利息费用	$3	$3	$3
(9) 加拿大利息费用	C$10 = $7.50	C$10 = $8	C$10 = $8.50
(10) 合计利息费用	$10.50	$11.00	$11.50
税前美元现金流	$52.50	$42.20	$31.90

应用回归分析计量经济风险。 公司可以通过统计分析补充电子报表,为汇率变动引起的经济风险提供更多的视角。具体来说,是通过回归分析对历史的现金流量和汇率数据进行分析,公式如下:

$$\mathrm{PCF}_t = a_0 + a_1 e_t + \mu_t$$

其中,

PCF_t = 在第 t 期以企业本国货币计量的考虑通货膨胀后的现金流变化百分比;

e_t = 第 t 期货币汇率变化百分比;

μ_t = 随机误差;

a_0 = 截距;

a_1 = 斜率系数。

由回归分析得出的回归系数 a_1 表示 PCF_t 对 e_t 的敏感度。如果系数为正且数字较大,则说明货币币值的增加对企业现金流有利。如果系数为负且数字较大,则说明货币币值变化和企业现金流关系相反。如果企业预期不对经营结构进行重大调整,那么可以预计回归分析得出的敏感度在未来也是相同的。

该回归模型可加以修正以处理更复杂的情况。若跨国公司受到多种货币的影响,则可计量 PCF_t 对货币指数(或组合)的敏感度。

对单一货币的分析也可以拓展为跨期分析。企业现金流对币值变动的敏感度在不同的期间可能不同。当汇率变动时,敏感度的变化体现为模型中回归系数的变化。

一些跨国公司可能更愿意以股价代表企业的价值,而后确认股价如何随货币币值变动而变化。回归分析也适用于此种情况,在此模型中,以股价变化的百分比取代 PCF_t。一些公司也可以进行类似的分析,评估汇率对利润、出口或总销售收入的影响。

10.4 折算风险

跨国公司通过合并它的所有子公司的财务报表编制财务报表。子公司财务报表通常以当地货币进行计量。为了合并财务报表,每个子公司的财务报表都需要折算为母公司的货币。然而,汇率会随时间而变动,子公司财务报表的折算会受到汇率波动的影响。跨国公司合并财务报表所面临的汇率波动风险被称为**折算风险**(translation exposure)。特别是子公司的盈余在合并利润表的过程中,折算为母公司的报表货币时,易受到汇率变动的影响。

为了折算盈余,跨国公司应采用财务会计准则委员会(Financial Accounting Standard Board,FASB)制定的准则。FASB 第 52 号(FASB-52)对于折算方法进行了详细说明。

10.4.1 决定折算风险的因素

一些跨国公司面临比其他公司更大的折算风险。公司面临的折算风险取决于:

(1) 外国经营的子公司比例;
(2) 外国子公司所在地;

（3）使用的会计方法。

外国经营的子公司比例。 跨国公司外国子公司业务所占的比例越大，既定财务报表的折算风险也越大。

> **举例**
>
> 卢卡斯公司（Locus Co.）和泽斯公司（Zeuss Co.）营业收入的30%均来自外国，但是，卢卡斯公司的国际业务全部为出口业务，而泽斯公司的境外收入则全部来自其大型的墨西哥子公司。卢卡斯公司不会面临折算风险（尽管它仍然面临经济风险），而泽斯公司则会面临较大的折算风险。

外国子公司所在地。 子公司的所在地也会在一定程度上影响折算风险，因每个子公司的财务报表通常以所在国的货币计量。

> **举例**
>
> 泽斯公司（Zeuss Co.）和卡顿公司（Canton Co.）各拥有一家大型外国子公司，子公司收入占总收入的30%。然而，由于泽斯公司的子公司位于墨西哥，且墨西哥比索有严重的贬值趋势，因此泽斯公司会面临更大的折算风险。相反，卡顿公司的子公司位于加拿大，而加元对美元的汇率一直保持稳定。

使用的会计方法。 在合并财务报表数据时，折算所使用的会计方法会极大地影响跨国公司的折算风险。FASB-52对美国跨国公司编制合并报表的方法做出了重要规定，例如：

（1）经济实体的功能货币是经营所处主要经济环境的货币；

（2）把外国实体资产和负债从功能货币折算为报告货币时应该采用报告日的现时汇率；

（3）把外国实体的收入、费用、利得和损失从功能货币折算为报告货币时应该采用相应期间的加权平均汇率；

（4）因外币价值变动形成的折算利得或损失不计入本期净利润中，而报告为股东权益的第二要素，此法则不适用位于高通货膨胀国家的外国实体；

（5）因外汇交易而实现的收入利得和损失计入本期净收益中，不过也有些例外情况。

依据FASB-52，合并利润对功能货币的加权平均汇率是敏感的。

> **举例**
>
> 普罗维登斯公司（Providence. Inc）是总部在美国的跨国公司。它在英国的子公司第一年赚得10 000 000英镑，第二年也赚得10 000 000英镑。当这些利润和其他子公司的利润合并时，应按当年的加权平均汇率折算。假设第一年的加权平均汇率为1.70美元，第二年的为1.50美元，各报告期折算为美元的收益如下：

报告期	英国子公司的当地收益(英镑)	报告期英镑的加权平均汇率(美元)	折算后的英国子公司的美元收益(美元)
第一年	10 000 000	1.70	17 000 000
第二年	10 000 000	1.50	15 000 000

注意,即使每年以英镑表示的利润是一样的,但是第二年英国子公司折算后的美元收益减少了200万美元。差异是由英镑加权平均汇率造成的。利润下降并不是英国子公司的错,而是走弱的英镑使第二年的利润减少(用美元计量时)。这样的影响类似于子公司的盈余被用于在英国进行再投资。

折算风险可以解释为什么美国跨国公司的盈余会随时间而产生巨大的波动。这是因为在合并报表时,子公司的盈余可能由于外币走强而陡增,也有可能由于美元走强而锐减。例如,史丹利百得(Stanley Black & Decker)、可口可乐(Coca Cola)还有许多跨国公司在合并利润时对汇率非常敏感,因为这些公司三分之一以上的资产和销售收入在海外。在一些季度,跨国公司报告收益的变化中,超过一半是由折算风险引起的。当外国子公司在跨国公司总收益中所占的比例相对较高时,以及当这些子公司使用的当地货币在本季度内变动较大时,合并收益受到的潜在影响尤其明显。

10.4.2 折算风险对股票价格的影响

很多投资者倾向于用盈余来判断一个跨国公司的价值,比如利用以前的盈余来预期未来现金流或者用行业股票的市盈率来预期每股年度盈余。由于跨国公司的折算风险会影响合并收益,因此也会影响公司价值。

举例

利用上面普罗维登斯公司(Providence. Inc)的例子。该公司合并收益后(以美元计价)第一年的收益为1 700万美元,第二年则由于英镑贬值,收益仅为1 500万美元。普罗维登斯公司有1 000万流通股。假设该公司的所有盈余来自其子公司(美国母公司无收益),并且假设公司的股价通常接近于行业平均市盈率乘以当前每股收益。目前,公司在第一年和第二年行业股票的市盈率都为20。

给定了这些条件,折算风险对每股盈余和股价的影响见图表10.8。在第一年,每股盈余为1.70美元,所以其股价为每股34美元(1.7×20=34)。而在第二年,合并后每股盈余仅为1.50美元,所以其股价仅为每股30美元。因此,由于英镑下跌后股价合并报表每股收益将减少。这样的结果,并没有考虑子公司的收益是交回美国,还是在英国进行重新投资。

图表 10.8 折算风险对跨国公司股票价格的影响

年度	合并报表盈余（美元）	每股收益（EPS）以合并盈余除以 1 000 万流通股（美元）	行业股票市盈率（P/E）	普罗维登斯公司的股票价格（基于行业股票市盈率×每股收益）（美元）
1	17 000 000	1.70	20	1.70×20=34
2	15 000 000	1.50	20	1.50×20=30

补充折算影响的标志。汇率的变动情况可能预示着未来几年预期现金流的变动情况。这种变动可能会影响股价。

举例

上一个例子中，英镑在第二年走弱。只要英镑疲软，普罗维登斯的英国子公司就有可能保留其全部收益（而不是汇给母公司）。然而，无法保证英镑的价值会恢复到以前的高位；事实上，英镑甚至可能进一步走弱。当英镑现金流转换为美元时，当前疲软的汇率可以作为对英镑未来即期汇率的合理猜测。因此，股票分析师可能预计，普罗维登斯在未来几年从英国子公司获得的美元现金流将会减少。这一预期补充了较弱的综合收益报告，并进一步证明普罗维登斯的股价将会下跌。

正如不利的折算效果会减少合并收益，并会降低跨国公司的股价；有利的折算效果会增加合并收益，并推高股价。具体来说，如果英镑在下一个时期对美元升值，将对普罗维登斯公司的合并收益产生有利的影响。此外，当英镑现金流转换为美元时，当前强劲的汇率可以作为对英镑未来即期汇率的合理估计。因此，股票分析师可能预计，在未来几年，普罗维登斯将从英国子公司获得更多的美元现金流。这一预期是对较高的合并收益报告进行的补充，并进一步证明，普罗维登斯的股价将会上涨。

折算效果对管理报酬的影响。由于跨国公司的股票可能会受到折算效应的影响，而且管理报酬往往与跨国公司的股票价格挂钩，因此，管理报酬会受到折算效应的影响。一位总部位于美国的跨国公司经理，在某一特定季度获得的薪酬可能高于他所在行业其他跨国公司的经理。原因很简单，就是外国子公司位于本季度本币对美元升值的国家。类似地，一些总部位于美国的跨国公司的经理可能会得到较低的薪酬，因为外国子公司的货币对美元贬值，从而降低了盈利和股价表现。

小结

- 汇率变动可以影响跨国公司的现金流，从而影响绩效和价值。风险较低的跨国公司以较低的融资成本取得资金。因为汇率变动会使跨国公司遭遇变化无常的现金流，所以汇率风险影响融资成本。因此，跨国公司需要不断地计算面临的汇率风险（如本章所述），以确定是否以及如何对汇率风险套期保值（在接下来两章讲解）。

- 交易风险指跨国公司在未来交易合同中受汇率波动影响的风险。跨国公司通过计算各种不同货币未来的应付项目和应收项目的头寸以及这些货币的变动水平和相关性来计量交易风险。依据这些信息，跨国公司便可评估收入和成本如何随不同的汇率值变动。
- 经济风险指跨国公司的现金流量（间接或直接）受汇率波动影响的风险。跨国公司可通过确定各外币风险对现金流量的影响程度来计量经济风险。
- 折算风险指跨国公司合并财务报表面临的汇率波动风险。要计量折算风险，跨国公司需要预测各外币收益，通过确定每种货币对母公司货币可能存在的汇率波动来明确对合并收益产生影响。

正方反方

投资者应该关注跨国公司的折算风险吗？

正方：不应该。跨国公司现金流量的现值取决于母公司收到的现金。除非现金流量受到影响，否则汇率对财务报表的任何影响都不重要。跨国公司应该更加关注与评价现金流量受汇率波动的影响，而不是财务报表受汇率波动的影响。价值与现金流有关，而投资者应该关注价值。

反方：应该。投资者不具备充分的信息来预测公司的现金流。它们通常以利润为基础，如果利润失真，投资者对现金流的估计就会失真。如果由于汇率波动影响报告利润而低估现金流，那么公司价值也会被低估。即使未来市场认识到利润失真，公司的价值得以纠正，在那时一些投资者也已经抛售了它们的股票。投资者应当关注跨国公司的折算风险。它们应该意识到，相比折算风险比较小的跨国公司，那些面临较大折算风险的跨国公司的利润更可能因折算风险而失真。

孰是孰非？ 运用互联网了解该话题的更多内容。你支持哪种观点？对这个问题发表你的见解。

自测题

（答案见书后的附录 A）

1. 既然股东能通过分散投资分散单个企业的汇率风险，企业为什么还要关心汇率风险呢？

2. 巴德利公司（Bardley Inc.）考虑每月从加拿大（以加元标价）或墨西哥（以比索标价）进口一次物品。两国提供物品的质量相同。一旦企业与供应商签约，则必须最少连续三年从该供应商处进货。按当前汇率企业所支付的美元（包括运费）金额一样。该企业没有其他汇率波动风险。考虑到企业更愿意有较低的汇率风险，请说明应从哪个国家进口。

3. 假设你的美国企业目前按月向墨西哥出口商品，出口商品以比索标价。一旦收到材料,便很快用于在美国生产产品,然后出口。当前没有其他汇率风险。你可以从加拿大(以加元标价),从墨西哥(以比索标价),或从美国(以美元标价)国内购买材料,三者的质量和预期成本相同。如果你愿意采用最小的汇率风险,你会选择从三者之中的哪一个国家购买材料?

4. 运用上一个问题中的信息,考虑对墨西哥的出口以美元标价以及购买美国材料的建议。这一建议会消除汇率风险吗?

5. 假设美元预期在未来几年内对欧元走强。请说明这会对子公司在欧洲的美国跨国公司的合并收益产生怎样的影响。

应用思考题

1. **交易风险和经济风险**。比较交易风险和经济风险。计量交易风险时,跨国公司为什么只考虑各货币的"净"现金流量?

2. **计量交易风险**。你的雇主是一家大型跨国公司,要求你计量该公司面临的交易风险。该公司预计下一年的现金流量如下:丹麦克朗的现金流入是 50 000 000 丹麦克朗,现金流出是 40 000 000 丹麦克朗;英国英镑的现金流入是 2 000 000 英镑,现金流出是 1 000 000 英镑。丹麦克朗的即期汇率是 0.15 丹麦克朗/美元,英镑的即期汇率是 1.50 英镑/美元。假设丹麦克朗的币值变动和英镑的币值变动高度相关,请判断该公司的交易风险是高还是低,并用数据证明你的答案。

3. **影响交易风险的因素**。影响公司特定货币交易风险程度的因素有哪些?说明每个因素降低交易风险的相应特征。

4. **货币相关性**。卡帕斯基公司(Kopetsky Co.)拥有几国货币的应收项目净额,而且这几种货币币值的波动性高度相关。请问这对公司总体的交易风险有什么影响?货币相关性随时间的变化总是很稳定吗?根据你的答案说明用相关性的历史数据作为未来指标是否可行。

5. **货币对现金流的影响**。本国货币升值对公司的现金流入有何影响?本国货币贬值对公司的现金流出又有何影响?

6. **交易风险**。费彻公司(Fischer Inc.)从佛罗里达州向欧洲出口商品,并从本国获得原料供应和资金。欧元升值可能会对净现金流量产生什么样的影响?为什么?

7. **本国公司的汇率风险**。为什么纯粹本国公司的现金流量也有汇率波动风险?

8. **计量经济风险**。若孟菲斯公司(Memphis Co.)聘请你为顾问,计量公司的汇率波动经济风险,请具体说明你会如何完成这一任务。

9. **影响公司折算风险的因素**。影响企业折算风险程度的因素有哪些?请说明各因素如何影响折算风险。

10. **折算风险**。假设在某时期内美元对欧元贬值。这会如何影响拥有欧洲子公司的美国跨国公司的报告收益?假设在某时期内美元对其他外币升值,这会如何影响拥有全球子公司的美国跨国公司的报告收益?

11. **交易风险**。艾格公司(Aggie Co.)是一家化学品制造商,其商品主要出口欧洲,主要的竞争来自其他的美国出口商。这些企业都以美元对商品进行标价。如果欧元走强或走弱,艾格公司的交易风险会受到很大影响吗？如果欧元在未来几年时间内持续走弱,你认为全球化学品市场将会发生什么变化？

12. **经济风险**。朗豪公司（Longhorn Co.）是一家医疗设备制造商。其收入主要来自美国。其费用支出的一半为菲律宾比索（用来购买原材料）。朗豪公司的竞争者主要来自没有国际业务的美国公司。如果比索升值,朗豪公司会受到什么影响？

13. **经济风险**。拉伯克公司（Lubbock Co.）是一家家具制造商,没有国际业务。其主要的竞争者是从巴西进口家具然后批发给销售商的企业。如果巴西的货币（雷亚尔）升值,拉伯克公司会受到什么影响？

14. **经济风险**。苏诺公司（Sooner Co.）是一家美国批发商。该公司进口高质量皮箱并将进口皮箱批发给全美的销售商。其主要的竞争者也开展同样业务。这些公司都没有对汇率波动的风险进行规避。如果苏诺公司进行风险规避,其市场份额就会变得不稳定,请解释原因。

15. **PPP 理论和经济风险**。布尔德公司（Boulder Inc.）向欧洲出口椅子（以美元计价）,同当地欧洲公司竞争。如果存在购买力平价,为什么布尔德公司不会从坚挺的欧元中受益？

16. **衡量经济风险的变动**。丰田汽车公司（Toyota Motor Corp.）要计量出口对日元汇率（对美元）的敏感度。请说明如何使用回归分析完成这一工作。如果丰田汽车公司主要向美国出口,请确认所期望的回归系数是正还是负。如果丰田汽车公司在美国设有分厂,汇率变量的回归系数会发生怎样的变化？

17. **汇率对收益的影响**。希普莱公司（Cieplak Inc.）是一家美国的跨国公司,已将其业务扩展至亚洲。美国母公司向亚洲出口商品,并以亚洲国家的货币标价。该公司在马来西亚建立了大型子公司,同样面对亚洲市场。请给出至少两条与汇率风险有关的原因,解释在 1997 年发生亚洲经济危机时导致希普莱公司利润减少。

批判性思考题

对汇率风险的管理风险。许多美国跨国公司的经理听到过这样的说法,即跨国公司的货币波动风险在某些时期会对现金流和收益产生不利影响,在其他时期则会对现金流和收益产生有利影响,而这些影响从长远来看会相互抵消。然而,基金经理本季度或本年度的薪酬（包括奖金）是基于报告收益计算的。由于收益受到汇率变动的影响,他们的薪酬也受到汇率变动的影响。写一篇关于跨国公司如何修改奖金结构使奖金不受汇率变动影响的短文。或者,提供支持保留原有奖金结构的论据。

布雷泽公司案例：评估汇率风险

布雷泽公司向泰国出口轮滑鞋,并从泰国进口生产所需的一些原材料。根据既定合约,布雷泽公司在泰国的主要客户承诺每年以每双 4 594 泰铢的价格购买 18 万双轮滑鞋。布雷泽公司从不同的泰国供应商处进口原材料,每双轮滑鞋的成本约为 2 871 泰铢,具体价格取决于市场价格。布雷泽公司每年从泰国进口的原材料足够生产 7.2 万双轮滑鞋。从泰国进口原材料是因为泰国的橡胶和塑料材料价格不高,且质量较好。

过去,布雷泽公司曾与日本供应商开展业务。尽管布雷泽公司认为日本原材料的质量不如泰国,但当价格足够低时,布雷泽公司仍然会不定期地从日本进口原料。现在,本·霍尔特——布雷泽公司的首席财务官,考虑提高从日本进口的频率。他希望能够通过利用日元与泰铢的高相关性降低公司面临的泰铢汇率风险。由于布雷泽公司现有泰铢净现金流入和日元的净现金流出,如果这两种货币高度相关,公司的净交易风险就会降低。如果公司决定从日本进口,将进口足够生产 1 700 双轮滑鞋的原材料,那么每双成本约为 7 440 日元。

霍尔特也在考虑向其他国家扩张。尽管他希望最终能够建立海外子公司或者收购现有的公司,但他目前的首要目标是增加公司的海外销量。实施该计划的原因在于布雷泽公司进口和出口业务的利润率超过了 25%,而本国销售的利润率还不到 15%。因此,他认为,海外扩张对布雷泽公司是有利的。

尽管布雷泽公司现有的进出口业务有利可图,本·霍尔特还试图将业务关系扩张至世界其他区域。原因之一在于泰国的轮滑鞋制造商已经在美国设立子公司。此外,泰国制造商已经开始以美国市场为目标进行网上促销。由于泰国公司的竞争,布雷泽公司并不确定其泰国的主要客户是否还会每年购买确定数量的轮滑鞋。现有的合约 3 年后就要到期。还有一个决定在非亚洲国家开展业务的原因是最近泰铢大幅贬值,这在一定程度上影响了布雷泽公司的利润。向币值稳定的国家出口商品将会增加布雷泽公司的利润。

未来两年,布雷泽公司还将继续向泰国出口商品,公司还将向乔格斯(Jogs)公司——一家英国零售商出口商品。通过前期协商,乔格斯公司将以每双 80 英镑的价格每年购买 20 万双布雷泽公司的主要产品"Speedos"。

霍尔特意识到扩张将增加布雷泽公司面临的汇率波动风险,但是他认为扩张能够带来利润的增加。他对不同种类的套期保值方法有所了解,但是,霍尔特希望你,作为公司的财务分析师,帮助他评估扩张将如何影响公司的财务状况。在众多因素中,霍尔特意识到最近泰国的经济问题已经影响到了泰国和其他亚洲国家。由于亚洲国家货币(例如日元)和泰铢的相关性不是很高,也不是很稳定,最近的经济问题会增加大多数亚洲国家货币的相关性。相比之下,英镑和亚洲国家货币的相关性较低。

为了帮助你进行分析,霍尔特提供了如下信息:

货币种类	预计汇率(美元)	可能的汇率范围(美元)
英镑	1.50	1.47—1.53
日元	0.0083	0.0019—0.0087
泰铢	0.024	0.020—0.028

霍尔特希望你能够回答以下问题:
1. 布雷泽公司面临什么风险(例如,交易风险、经济风险或者折算风险)?
2. 利用电子表格,总结布雷泽公司的合并净现金流,并且计算下一年布雷泽公司净现金流入和流出的范围。假设布雷泽公司与乔格斯公司签约。

3. 如果布雷泽公司不与英国公司签约，继续向泰国出口，从泰国和日本进口，你认为日元和泰铢相关性的增加会增加还是降低布雷泽公司的交易风险？

4. 你认为布雷泽公司是否应该从日本进口原材料以降低其面临的长期净交易风险？为什么？

5. 假设布雷泽公司与乔格斯公司签约，这将会如何影响布雷泽公司的总体交易风险？

6. 泰国的轮滑鞋公司已经开始进入美国市场，你认为泰铢贬值会如何影响布雷泽公司的美国销售收入？你认为泰铢贬值又会怎样影响布雷泽公司向泰国的出口和从泰国与日本的进口？

小企业困境：评估体育用品出口公司的汇率风险

目前体育用品出口公司愿意对它每月向英国的出口以英镑计价。尽管其所有的应收项目以英镑标价，但没有英镑或其他货币的应付项目。吉姆·洛根是体育用品出口公司的所有者，他想计算公司的汇率风险。

1. 你认为该公司的汇率风险是交易风险、经济风险还是折算风险？

2. 吉姆·洛根考虑改变计价政策，要求进口商必须支付美元，这样便不必担心每月将英镑兑换成美元。若实施该政策，那么会消除体育用品出口公司的交易风险吗？会消除该公司的经济风险吗？请说明。

3. 若吉姆决定实施上一问题中所提到的政策，英镑升值会对体育用品出口公司产生什么样的影响？英镑贬值呢？如果吉姆沿用原先以英镑计价的政策，对体育用品出口公司的这些影响是一样的吗？

互联网/Excel 练习

1. 通过互联网获得过去 7 年年初加元和欧元的直接汇率。

a. 假设过去 7 年，每年年初你都会收到加拿大子公司上交的 200 万加元利润。将该数目乘以每年年初的加元汇率，计算每年收到的美元金额。计算每年收到的美元现金变动百分比。计算变动百分比的标准差，这反映了随着时间变化，加拿大子公司上交美元利润的变动程度。

b. 现在假设每年年初你都会收到德国子公司上交的 100 万欧元利润。重复上题所要求的计算过程，评价随着时间变化，德国子公司上交美元现金的变动程度。加拿大子公司和德国子公司谁上交的美元收入的变动程度更大？

c. 现在合并考虑加拿大子公司和德国子公司上交的美元现金流。也就是将两家子公司每年上交的美元现金流相加。重复上题所要求的计算过程，评价随时间变化两家子公司一起上交的美元现金的变动程度。比较该结果与单独考虑德国子公司时的结果。将业务分散在两个国家带来的现金收入是否比单独在德国开展业务更加稳定？请解释。

d. 比较上题中两家子公司组合的结果与单独考虑加拿大子公司时的结果。将业务分散在两个国家带来的现金收入是否比单独在加拿大开展业务更加稳定？请解释。

2. 通过互联网浏览一家跨国公司的年度报告。查找报告中是否有关于跨国公司交易风险、经济风险或者折算风险的描述。根据报告中的内容汇总公司面临的风险。

真实案例在线文章

在网上寻找一篇最近的文章，这篇文章应是国际财务管理的实际应用，或是现实世界中特定跨国公司的案例，该案例能够诠释本章所述的某一个或者多个概念的行为。

如果你的班级有在线平台，教授可以要求你将总结放在在线平台上，这样，其他学生也能看到这篇文章。如果你的班级是面授课堂，教授可以要求你在课堂上汇报你的文章。教授也可以给某个学生布置任务，让学生完成本章作业，或者要求学生自愿完成某些作业。

对于本章所用到的在线文章和现实世界的案例，考虑搜索以下术语，并且将本年度作为搜索关键词以保证在线文章是最近的：

1. 公司和汇率影响；
2. 股份有限公司和汇率影响；
3. 公司和货币影响；
4. 股份有限公司和货币影响；
5. 货币影响带来的风险；
6. 汇率风险；
7. 汇率的波动性；
8. 货币的波动性；
9. （跨国公司名字）和汇率影响；
10. （跨国公司名字）和货币风险。

第 11 章
交易风险的管理

交易风险存在于跨国公司签订的远期合约中,远期合约使跨国公司在未来某一时刻支付或收到一定金额的外币。应付项目可能因为美元汇率的变化在一个月内轻易上升超过 10%,而美元应收账款则可能在一个月内轻易下降 10%。在这种情况下销售产品会完全没有利润空间。因此,跨国公司应该考虑对冲远期合约中的汇率变化风险。通过对交易风险进行管理,企业管理者可能提高跨国公司在未来的现金流,或者至少减少未来现金流的不确定性,从而提高企业的价值。

> **本章目标**
>
> - 描述通用的交易风险套期保值方法;
> - 比较通用的应付项目交易风险套期保值方法;
> - 比较通用的应收项目交易风险套期保值方法;
> - 描述套期保值的局限性;
> - 提出在套期保值方法不可取时降低汇率风险的其他方法。

11.1 规避交易风险的政策

跨国公司的套期保值策略部分取决于公司管理层对风险的厌恶程度。因此,跨国公司可能选择对冲绝大部分的风险,也可能选择性地对冲一部分风险。

11.1.1 对大部分风险进行规避

一些跨国公司规避了绝大部分风险,因此,汇率变化并不十分影响公司价值。而规避了绝大部分风险的跨国公司并不总能让公司受益。事实上，有一些公司仅仅为了避免汇率可能发生的巨变而对风险进行套期保值，其结果甚至比不进行对冲风险的结果还差。对大部分风险进行套期保值的公司可以更准确地预测未来的现金流量（当然仅限于本国货币），从而使这些公司可以对其所需的融资金额进行更好的规划。

11.1.2　选择性规避

很多跨国公司会单独考虑每一种交易，并从中选择一些进行风险规避。除了一些特殊情况，在多国从事多元化经营的跨国公司可能不会对其头寸进行套期保值。它们认为多元化头寸会降低汇率变动对任何一期现金流的实际影响。

一些跨国公司像史丹利百得（Stanley Black & Decker）、霍尼韦尔（Honeywell）和默克（Merck）公司会对冲它们的交易风险，当它们确信对冲交易风险会提高期望现金流。下面从年报选出的陈述证明了选择性套期保值策略的存在：

> 我们不会对冲全部的汇率风险，但我们可能选择性地对冲一些外币。
> ——康菲国际石油有限公司

> 我们会具体问题具体分析来决定是否对某一笔业务进行套期保值。我们会考虑风险头寸的金额、期限、市场的波动性以及经济趋势。
> ——杜邦公司

> 我们有选择地规避那些由外币波动所带来的、与经营活动相关的潜在影响。
> ——通用磨坊公司

当一个跨国公司考虑对自己的交易进行套期保值时，第一，公司必须识别交易风险，就像前面章节讨论的那样。第二，必须考虑用各种技术去对冲交易风险，这样公司可以决定采用哪种技术，以及是否去对冲其交易风险。下述内容将具体说明跨国公司如何针对具体交易风险选定最优的套期保值方法，并决定是否对该交易风险进行套期保值。

11.2　对应付项目的交易风险套期保值

跨国公司若决定对部分或全部应付项目进行套期保值，以避免外币升值的影响，可选择下列套期保值方法：
- 远期合约或期货合约套期保值；
- 货币市场套期保值；
- 货币期权套期保值。

跨国公司在决定使用哪种方法以前，通常会比较每一种套期保值方法所预计的现金流量。由于每一种方法的相对优势会随时间发生变化，恰当的套期保值方法也会随之变化。下面我们按顺序探讨这些套期保值方法并提供例子。

11.2.1 采用期货合约或远期合约对应付项目套期保值

期货合约套期保值与远期合约套期保值允许跨国公司锁定其购买某国货币的确定汇率，从而帮助公司规避以该货币计价的各种应付项目的外汇风险。远期合约由企业与特定的金融机构例如商业银行签署，因此能够为企业量身定做以满足企业不同的具体需求。远期合约明确规定：

- 企业需要支付的货币；
- 企业将要收到的货币；
- 企业收到货币的金额；
- 跨国公司进行货币兑换的汇率（远期汇率）；
- 货币兑换的日期。

举例

科曼公司（Coleman Co.）是一家美国跨国公司。该公司1年后需要100 000欧元。公司可以通过远期合约在1年后购买欧元。1年期远期汇率为1.20美元，这一汇率与期货合约的汇率相同。如果科曼公司购买1年期远期合约，那么其1年后支付的美元金额为：

$$美元金额 = 应付额 \times 远期汇率$$
$$= 100\ 000 \times 1.20$$
$$= 120\ 000（美元）$$

如果采用期货合约而非远期合约，其过程是一致的。通常，期货合约汇率与远期合约汇率相似，其主要区别在于期货合约是标准化的，可以在外汇市场上购买，而远期合约是跨国公司与商业银行协商的结果。

大型跨国公司通常采用远期合约进行套期保值。例如，杜邦公司和默克公司经常会有3亿到5亿美元的远期合约，以抵补交易风险。

11.2.2 采用货币市场对应付项目套期保值

货币市场套期保值（money market hedge）指用货币市场头寸抵补未来应付款或应收款头寸。如果企业拥有闲置现金，则可以进行简单的货币市场套期保值。但是很多跨国公司宁可采用对冲应付项目也不使用现金余额。货币市场套期保值同样适用于这种情形，但要求两种货币市场头寸满足：(1) 借入本国货币资金；(2) 短期投资于外汇。

> **举 例**
>
> 上例中科曼公司1年后需要100 000欧元。如果其拥有现金,那么公司可以将美元兑换为欧元,并将其进行1年期储蓄。假设1年期存款利率为5%,则公司需要存入欧元的金额为:
>
> $$应付项目套期保值的储蓄额 = \frac{100\,000}{1+0.05} = 95\,238(欧元)$$
>
> 假设欧元的即期汇率为1.18美元,则需要的美元金额为:
>
> $$美元储蓄额 = 95\,238 \times 1.18 = 112\,381(美元)$$
>
> 假设科曼公司的贷款利率为8%,其可以通过借款进行储蓄,则1年后,公司需要偿还的本息共计:
>
> $$偿还金额 = 112\,381 \times (1+0.08) = 121\,371(美元)$$

货币市场套期保值与远期合约套期保值。 跨国公司应该实施远期合约套期保值还是货币市场套期保值以抵补未来应付款?由于两种方法的结果都可以提前确定,因此,企业应该选择能导致更少现金流出的方案。如果利率平价理论成立,且交易成本不存在,那么货币市场套期保值产生的结果同远期合约套期保值的结果一样。这是因为远期汇率的远期升水体现了两种货币间的利率差异。用远期买入期权对未来应付款套期保值等同于以本国利率举债而以外国利率投资。

11.2.3 采用货币买入期权对应付项目套期保值

货币买入期权提供在一定时间内按行权价格(strike price 或者 exercise price)购买一定数量的某种货币的权利。然而,不像期货合约或远期合约,货币买入期权持有者不负以行权价购买货币的义务。跨国公司有权让期权到期,并在应付款项到期时以现有即期汇率获得货币。然而,公司必须评估货币期权对冲的优势是否超过为此支付的价格(期权费)。关于货币期权的细节在第5章中已有介绍。下面的讨论说明了如何在对冲中使用货币期权。

应用或有曲线图分析。 采用买入期权进行套期保值时,流出的美元金额在购买期权时并不能够确定。只有当应付项目到期,且彼时的即期汇率知晓时才能确定。该项美元流出既包括购买货币支付的价格,也包括买入期权的期权费用。如果应付项目到期时的货币即期汇率低于行权汇率,则跨国公司可以选择让该期权失效,而以当前即期汇率购买外币。如果外币即期汇率等于或高于行权汇率,跨国公司可以执行期权,购买外币。

跨国公司可以通过绘制或有曲线图来确定当应付款到期时在不同汇率情况下通过买入期权进行套期保值的现金流出。

> **举 例**
>
> 前例中,科曼公司希望对其1年期的100 000欧元应付项目进行套期保值。公司可以购买100 000欧元的买入期权。假设买入期权的行权价为1.20美元,期权费为每单位0.03美元,到期日为从现在开始的一年后。科曼公司可以为该买入期权绘制或有曲线图,如图表11.1所示。横轴代表应付项目到期时欧元可能的即期汇率,纵轴表示每种可能汇率情况下公司的美元现金流出。
>
> **图表11.1 采用买入期权对应付项目进行套期保值的或有曲线**
>
> 只要即期汇率低于行权价1.20美元,科曼公司就不会执行该期权,此时的成本就等于购买期权时的即期汇率与期权费之和。例如,如果应付项目到期时的即期汇率为1.16美元,科曼公司将按照该汇率进行支付,并支付0.03美元的期权费。如果即期汇率高于或等于行权价1.20美元,科曼公司会执行该期权,则此时的成本就等于执行汇率与期权费之和。因此,只要即期汇率高于执行汇率,科曼公司的成本就是1.23美元。

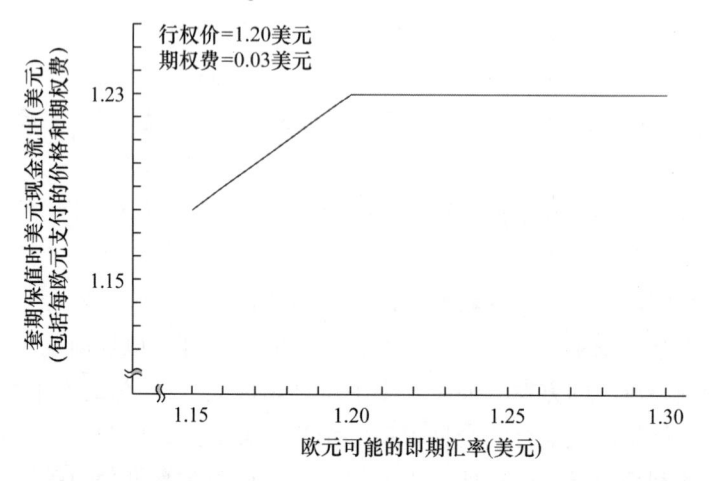

图表11.1描述了采用买入期权对应付项目进行套期保值的优缺点。优点在于,买入期权提供了有效的套期保值效果,并且当即期汇率低于执行汇率时,买入期权允许跨国公司使期权失效。当然,买入期权的显著缺点在于公司必须支付相应的期权费。

比较采用买入期权进行套期保值和采用远期合约进行套期保值,回顾之前所举例子,科曼公司可以购买远期合约的约定汇率为1.20美元,即无论应付项目到期时的即期汇率是多少,科曼公司的成本都为1.20美元。这是因为远期合约(不像买入期权)具有不可撤销的执行权。这可以从图表11.1中看出,水平的直线从汇率1.20美元处开始,并在以后的可能汇率情况下一直维持该水平。总之,如果当应付项目到期时即期汇率相对较高,则远期合约进行套期保值的成本低于货币买入期权;如果当应付项目到期时即期汇率相对较低时,则远期合约进行套期保值的成本高于货币买入期权。

应用货币预测分析。 跨国公司在应付款到期时,可以自己进行货币币值预测,从而能够更准确地估计采用货币期权套期保值的成本。

举例

回顾前例,科曼公司希望对其 1 年期的 100 000 欧元应付项目进行套期保值。公司可以购买 100 000 欧元的买入期权。假设买入期权的行权价为 1.20 美元,期权费为每单位 0.03 美元,1 年后到期。假设科曼公司对 1 年后即期汇率的预测如下:
- 1.16 美元(20% 的概率);
- 1.22 美元(70% 的概率);
- 1.24 美元(10% 的概率)。

每一种汇率情形下的套期保值成本如图表 11.2 所示。该图表第(1)列、第(2)列简单地列出了待分析的汇率情形,第(3)列是该期权每单位的期权费。无论应付款到期时的即期汇率是多少,期权费总是一样的。第(4)列为每种情形下每欧元应付款支付的金额,假设企业持有买入期权。若情形 1 出现,科曼公司会让买入期权失效,以 1.16 美元的汇率在即期市场中购买欧元。

图表 11.2 应用货币买入期权对欧元应付款套期保值

单位:美元

(1) 情形	(2) 应付款到期日即期汇率	(3) 每份买入期权所付期权费	(4) 拥有买入期权时每单位所付金额	(5)=(4)+(3) 持有买入期权时每单位所付总金额(包括期权费)	(6) 持有期权时取得 100 000 欧元支付的美元金额
1	1.16	0.03	1.16	1.19	119 000
2	1.22	0.03	1.20	1.23	123 000
3	1.24	0.03	1.20	1.23	123 000

如果情形 2 或情形 3 出现,科曼公司将会履行买入期权,以每单位 1.20 美元的汇率购买欧元并用欧元支付应付款。第(5)列是第(3)列与第(4)列之和,等于每份期权所付的金额,包括支付的期权费。第(6)列是依据套期保值的 100 000 欧元将第(5)列兑换成美元的成本总额。

考虑不同的买入期权。企业可以选择不同种类的买入期权,对于给定的货币种类和到期日,这些买入期权具有不同的行权价格和期权费用。跨国公司需要在较低的行权价格和较高的期权费用之间做出权衡。或者,跨国公司可以选择较低的期权费用但支付较高的行权价格。公司需要分析最适合对冲特定应付款头寸的买入期权(如上例所述),以便与其他对冲技术进行比较。

11.2.4 对应付项目进行套期保值方法的比较

用于对应付项目进行套期保值的方法比较如图表 11.3 所示。该图表同时给出了科曼公司采用不同方法进行套期保值所需的成本。注意采用远期合约和货币市场进行套期保值时,其成本可以确定;而采用货币买入期权时,由于未来即期汇率存在不确定性,因此可能导致不同的结果。

图表 11.3 科曼公司各种套期保值方法比较

远期合约套期保值
购买欧元 1 年期的远期合约。
$$1\text{ 年后所需的美元} = \text{欧元应付额} \times \text{欧元远期汇率}$$
$$= 100\,000 \times 1.20$$
$$= 120\,000(\text{美元})$$

货币市场套期保值
贷款美元,兑换为欧元,投资欧元,1 年后偿还美元债务。
$$\text{需要投资的欧元金额} = 100\,000/(1+0.05)$$
$$= 95\,238(\text{欧元})$$
$$\text{兑换该金额欧元所需美元金额} = 95\,238 \times 1.18$$
$$= 112\,381(\text{美元})$$
$$1\text{ 年后需要偿还的美元本息之和} = 112\,381 \times (1+0.08)$$
$$= 121\,371(\text{美元})$$

货币买入期权
购买货币买入期权(以下计算过程假设买入期权在欧元所需日履行,行权价 = 1.20 美元,期权费 = 0.03 美元)。

可能的即期汇率(美元)	每单位期权所付期权费(美元)	是否履行期权	持有买入期权时每单位所付总金额(包括期权费)(美元)	取得100 000欧元支付的美元金额(美元)	概率
1.16	0.03	否	1.19	119 000	20%
1.22	0.03	是	1.23	123 000	70%
1.24	0.03	是	1.23	123 000	10%

对应付项目进行套期保值的最优化技术。 跨国公司可以通过如下步骤选择合适的方法对应付项目进行套期保值。第一,由于期货合约和远期合约非常相似,跨国公司只需要考虑更倾向于哪一种方法即可。第二,当对远期合约(或期货合约)和货币市场进行比较时,由于每种方法的成本都能被可靠确定,因此跨国公司可以很容易确定其选择的方法。之后,跨国公司可以对货币买入期权进行衡量。第三,货币买入期权的预计现金流分布可以通过各种汇率的可能概率和各种汇率可能性之下的期望值来确定。

举 例

科曼公司需要对100 000欧元的应付项目进行套期保值。科曼公司可以对不同方法的成本进行比较以确定最适合的套期保值方法。图表11.4给出了不同套期保值方法成本的比较。对于科曼公司来说,采用远期合约比采用货币市场套期保值成本更低,因此前者更为适合。

货币买入期权的成本是通过概率分布来表示的,因为其依赖于应付项目到期日的即期汇率。如果采用货币买入期权,其期望成本为:
$$\text{期望成本} = (119\,000 \times 20\%) + (123\,000 \times 80\%)$$
$$= 122\,200(\text{美元})$$

未来即期汇率为 1.22 美元(70% 的概率)与未来即期汇率为 1.24 美元(10% 的概率)的结果合并计算,这是因为这两种情况下成本相等。采用货币买入期权进行套期保值的期望成本大于远期合约的成本。

当比较货币买入期权与远期合约的成本时,货币买入期权成本小于远期合约成本的可能性为 20%。在 80% 的情况下,货币买入期权的成本大于远期合约的成本。总体来说,远期合约是最适合的方法。

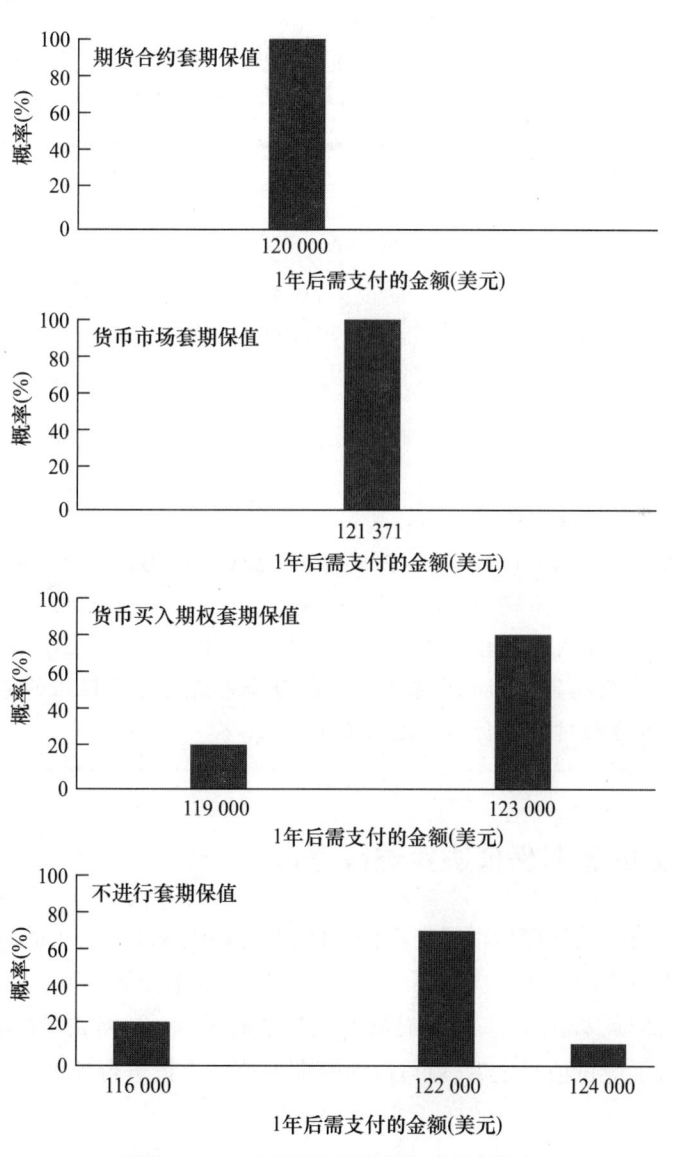

图表 11.4 对应付款套期保值方法的比较

对应付项目进行套期保值的最优方法可能会随着时间的变化而改变，这是由于时间不同，远期汇率、利率、买入期权的期权费用以及对未来即期汇率的预测都有可能发生变化。

最优套期保值与不进行套期保值。即使一家跨国公司明确知晓其未来的应付金额，在某些情况下，仍可能决定不进行套期保值。当不进行套期保值时，公司需要确定其应付项目成本的概率分布，下面将进行解释。

举例

科曼公司已经确定采用远期合约进行套期保值是最有效的方法，现在公司希望将采用远期合约进行套期保值的结果与不进行套期保值的结果进行比较。

基于对1年后欧元汇率的预测，科曼公司预计不进行套期保值的成本如下：

1年后可能的欧元汇率 （美元）	不进行套期保值的美元支出（美元） =100 000欧元×可能的即期汇率	概率
1.16	116 000	20%
1.22	122 000	70%
1.24	124 000	10%

不进行套期保值时成本的概率分布如图表11.4最后一幅图所示。可以将它与其他图示进行比较。

不进行套期保值时的期望成本为：

应付项目的期望成本 = (116 000×20%) + (122 000×70%) + (124 000×10%)
　　　　　　　　　= 121 000（美元）

这一期望成本比采用远期合约进行套期保值多1 000美元。此外，概率分布表明，在80%的情况下，不进行套期保值的成本大于用远期合约进行套期保值的成本。因此，科曼公司决定采用远期合约对其应付项目进行套期保值。

11.2.5　对过去的套期保值决策进行评估

跨国公司可以通过估计**应付项目套期保值的实际成本**（real cost of hedging payables）来对以往的套期保值决策进行评价。应付项目套期保值实际成本计算如下：

套期保值的实际成本 RCH_p = 对应付款套期保值的成本 − 不对应付款套期保值的成本

跨国公司支付了应付项目之后，就可以对套期保值的决策进行评价。

> **举例**
>
> 回顾前例科曼公司决定采用远期合约对应付项目进行套期保值,这会带来 120 000 美元的成本。假设到期当天,科曼公司支付其应付项目(在套期保值的 1 年之后),欧元的即期汇率为 1.18 美元。注意该即期汇率不同于科曼公司之前预计的任何一种汇率。这种情况很常见,因为即使预测汇率的概率分布,预测即期汇率也是很困难的。如果科曼公司不进行套期保值,其支付的成本为 118 000 美元。因此,科曼公司的套期保值实际成本为:
>
> RCH_P = 对应付款套期保值的成本 − 不对应付款套期保值的成本
> = 120 000 − 118 000
> = 2 000(美元)
>
> 在本例中,科曼公司进行套期保值的成本比不进行套期保值成本高 2 000 美元。然而,科曼公司并不必为其套期保值的决策而失望。因为该决策帮助公司明确了它需要多少美元支付应付项目并且隔离了欧元变动带来的风险。

11.3 规避应收项目的交易风险

跨国公司可能决定对其以外币标价的应收项目全额或部分进行套期保值,以规避由外币贬值带来的损失。跨国公司可以采取与应付项目相同的套期保值方法来对应收项目进行套期保值。

11.3.1 采用期货合约或远期合约对应收项目套期保值

远期合约和期货合约允许公司在约定日以锁定的汇率卖出一定金额的特定货币,以对以外币计价的应收款套期保值。

> **举例**
>
> 威娜公司(Viner Co.)是一家美国的跨国公司。该公司 6 个月后将会收到 20 万瑞士法郎。公司可以购买远期合约并在 6 个月后卖出 20 万瑞士法郎。6 个月的远期汇率为 0.71 美元,与货币期货合约的汇率相同。如果威娜公司卖出 6 个月的远期合约,可以预计 6 个月后收到的美元金额为:
>
> 美元现金流入 = 应收项目金额 × 远期汇率
> = 200 000 × 0.71
> = 142 000(美元)

如果采用期货合约而非远期合约,其过程是一致的。通常,期货合约汇率与远期汇率相近。其主要区别在于期货合约是标准化的，可以在外汇市场上购买，而远期合约是跨国公司与商业银行协商的结果。

11.3.2 采用货币市场对应收项目进行套期保值

采用货币市场对应收项目进行套期保值是指借入应收项目币种的货币，并在未来以收到的应收货币偿还债务。

> **举例**
>
> 回顾上例，威娜公司6个月后将会收到20万瑞士法郎。假设公司可以从银行贷款瑞士法郎，利率为3%，期限为6个月。则应该借入的瑞士法郎金额为：
>
> $$借入金额 = 200\,000/(1 + 0.03)$$
> $$= 194\,175(瑞士法郎)$$
>
> 如果威娜公司从银行借入194 175瑞士法郎，则在6个月后公司欠银行200 000瑞士法郎。公司可以用其应收项目偿还借款。公司目前借入的瑞士法郎可以兑换为美元以支持公司的日常运营。

> **举例**
>
> 如果公司不需要任何资金支持其日常运营，它可以选择将瑞士法郎兑换为美元。假设当期的汇率为0.70美元，当威娜公司将瑞士法郎兑换为美元时，其可以收到的金额为：
>
> $$借款兑换的美元金额 = 194\,175 \times 0.70 = 135\,922(美元)$$
>
> 该金额可以被公司投资于货币市场。假设威娜公司在6个月期限内的利率为2%，则6个月后，投资将会增值为：
>
> $$135\,922 \times 1.02 = 138\,640(美元)$$
>
> 因此，如果威娜公司采用货币市场进行套期保值，则6个月后公司的应收项目将价值138 640美元。

11.3.3 采用货币卖出期权对应收项目套期保值

卖出期权允许跨国公司在一定期间内，按约定的价格（行权价格）卖出一定数量的某种货币。跨国公司可以使用卖出期权为未来外币应收项目套期保值，这样当公司将应收项目转换成本国货币时，能够锁定这笔款项的最小金额。与远期合约和期货合约不同的是，卖出期权的持有者不一定要以约定价卖出外币。如果企业收到外币时的即期汇率高于期权行权价，企业便以即期汇率售出收到的外币，让卖出期权失效。当然，企业还应该考虑其必须支付的卖出期权费。

应用或有曲线图分析。 采用卖出期权进行套期保值的成本在购买期权时并不能确定。

只有当应收项目到期且届时的即期汇率知晓时成本才能确定。预计的未来现金收入是指卖出应收项目获得的收入减去卖出期权的期权费。如果应收项目到期时的即期汇率低于执行汇率,则跨国公司可以执行期权,以执行汇率在外汇市场上卖出外币。如果外币即期汇率等于或高于执行汇率,则跨国公司可以选择让该期权失效,而以当前即期汇率卖出外币。

跨国公司可以通过绘制或有曲线图来确定在不同汇率情况下通过卖出期权进行套期保值获得的现金流入。

举例

前例中,威娜公司希望对其6个月到期的20万瑞士法郎应收项目进行套期保值。公司可以购买20万瑞士法郎的卖出期权,规避应收项目的风险。假设卖出期权的行权价为0.70美元,期权费为每单位0.02美元,到期日为6个月后。威娜公司可以为该卖出期权绘制或有曲线图,如图表11.5所示。横轴代表瑞士法郎到期时可能的即期汇率,纵轴表示每种可能的汇率下公司将收到的现金。

只要即期汇率低于或等于执行价0.70美元,威娜公司就会执行该期权,并以汇率0.70美元卖出瑞士法郎。扣除每单位0.02美元的期权费,威娜公司卖出瑞士法郎的实际汇率为0.68美元。如果即期汇率高于执行价0.70美元,威娜公司就会选择让期权失效,并以当期的即期汇率卖出瑞士法郎。例如,如果应收项目到期时的即期汇率为0.75美元,威娜公司就会以该汇率卖出瑞士法郎,减去0.02美元期权费后,每单位现金收入为0.73美元。

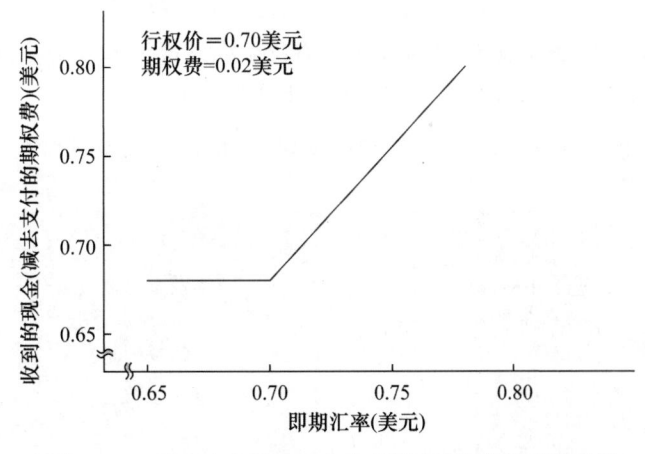

图表11.5 采用卖出期权对应收项目套期保值的或有曲线

图表11.5描述了采用卖出期权对应收项目进行套期保值的优缺点。优点在于,卖出期权提供了有效的套期保值效果,并且当即期汇率高于行权汇率时,跨国公司可以选择使期权失效。但是,卖出期权的显著缺点在于公司必须支付相应的期权费。

回顾前例中威娜公司可以以0.71美元的汇率卖出瑞士法郎远期合约,即无论应收项目到期时的即期汇率是多少,威娜公司都以 0.71 美元的汇率卖出所收瑞士法郎。这也可以在图表 11.5 的图示中体现出来,即水平线从纵坐标为 0.71 美元的点开始并且在所有可能的汇率下一直保持水平。总之,如果收到瑞士法郎时即期利率相对较低,则通过远期合约进行套期保值的现金收入大于货币卖出期权。

应用货币预测分析。 跨国公司在利用货币卖出期权套期保值并估算收到的现金流时,可以自己进行货币币值预测,因此能够更准确地估计采用货币卖出期权的现金收入。

> **举例**
>
> 回顾前例,威娜公司购买瑞士法郎的卖出期权。假设卖出期权的行权价为 0.72 美元,期权费为每单位 0.02 美元。假设威娜公司对未来 6 个月瑞士法郎即期汇率的预测如下:
> - 0.71 美元(30% 的概率);
> - 0.74 美元(40% 的概率);
> - 0.76 美元(30% 的概率)。
>
> 每种汇率情形下的套期保值现金收入如图表 11.6 所示。该图表第(2)列列出了威娜公司预测的 6 个月后可能出现的即期汇率。第(3)列是为每份期权所付的期权费。无论到期时的即期汇率是多少,期权费都是一样的。第(4)列为假设企业持有卖出期权,每种情形下每单位应收项目可以收回的金额。若未来即期汇率为 0.71 美元,如情形 1 所示,则威娜公司会履行期权,以 0.72 美元的汇率在即期市场卖出瑞士法郎。如果 6 个月后即期汇率大于 0.72 美元(情形 2 或情形 3 出现),则威娜公司会选择不履行期权,而以即期汇率卖出瑞士法郎。第(5)列列出了每单位所收的现金金额,是第(3)列与第(4)列之差,等于每单位所收金额减去所支付的期权费。第(6)列给出了未来将收到的美元金额,该金额为每单位所收现金金额与总单位(20 万瑞士法郎)的乘积。
>
> **图表 11.6　应用货币卖出期权对瑞士法郎应收项目套期保值**
>
> 单位:美元
>
> | (1) 情形 | (2) 应收款到期日即期汇率 | (3) 每份买入期权所付期权费 | (4) 持有卖出期权时每单位所收金额 | (5)=(4)−(3) 持有卖出期权时每单位所收总金额(包括期权费) | (6) 持有期权时收到 20 万瑞士法郎兑换的美元 |
> |---|---|---|---|---|---|
> | 1 | 0.71 | 0.02 | 0.72 | 0.70 | 140 000 |
> | 2 | 0.74 | 0.02 | 0.74 | 0.72 | 144 000 |
> | 3 | 0.76 | 0.02 | 0.73 | 0.74 | 148 000 |
>
> 注:行权价格为 0.72 美元,期权费为每单位 0.02 美元。

考虑不同的卖出期权。 企业可以选择不同种类的卖出期权。对于给定的货币种类和到期日,这些卖出期权具有不同的行权价格和期权费。跨国公司需要在较低的行权价格和较高的期权费之间进行权衡。或者,跨国公司可以选择采用较低的期权费但是支付较高的行权价格。公司应该分析最适合的对应特定应收款头寸的期权(如上例所述),以便与其他套期保值技术进行比较。

11.3.4 对应收项目进行套期保值的方法比较

用于对应收项目进行套期保值的方法总结如图表 11.7 所示。图表 11.7 同时给出了威娜公司(如前例所述)采用不同方法进行套期保值所收到的现金收入。

图表 11.7 威娜公司各种套期保值方法比较

远期合约套期保值
卖出瑞士法郎 6 个月期的远期合约
  6 个月后收到的美元 = 瑞士法郎应收金额 × 瑞士法郎远期汇率
         = 200 000 × 0.71 = 142 000(美元)

货币市场套期保值
借入瑞士法郎,兑换为美元,投资美元,6 个月后偿还瑞士法郎债务。
  需要借入的瑞士法郎金额 = 200 000/(1 + 0.03) = 194 175(瑞士法郎)
  兑换该金额瑞士法郎所得的美元金额 = 194 175 × 0.70 = 135 922(美元)
  6 个月后所得美元本息之和 = 135 922 × (1 + 0.02) = 138 640(美元)

货币卖出期权
购买货币卖出期权(以下计算过程假设卖出期权在瑞士法郎收到日履行,行权价 = 0.72 美元,期权费 = 0.02 美元)。

可能的即期汇率(美元)	每份卖出期权所付期权费(美元)	是否履行期权	持有卖出期权时每单位所付总金额(包括期权费)(美元)	收到 20 万瑞士法郎时兑换美元金额(美元)	概率
0.71	0.02	是	0.70	140 000	30%
0.74	0.02	否	0.72	144 000	40%
0.76	0.02	否	0.74	148 000	30%

对应收项目进行套期保值的最优方法。对应收项目进行套期保值的最优方法可能会随着时间的变化而改变,这是由于随时间不同,远期汇率、货币市场上的贷款利率、卖出期权的期权费都有可能发生变化。对未来某项具体的应收项目头寸最优的套期保值方法可以通过比较采用不同方法收到的现金收入而确定。正如对应付项目套期保值,跨国公司会优先考虑选择远期合约或期货合约。该例中,公司选择远期合约。在决定采用远期合约还是货币市场时,由于采用这两种方法所能获得的现金收入能够可靠确定,因此,跨国公司可以很容易做出决定。

完成比较后,跨国公司可以评价采用货币卖出期权的现金流。采用货币卖出期权进行套期保值的现金收入取决于应收项目到期时的即期汇率,该数额可以通过概率分布来表示。对货币卖出期权现金收入的概率分布可以通过估计不同汇率水平下的收入期望值而确定。

> **举例**
>
> 威娜公司通过比较采用不同方法对20万瑞士法郎的应收项目进行套期保值的结果来确定最优的套期保值方法。基于之前威娜公司的案例,图表11.8用图示的方法对每种方法收到的现金流进行了总结。该例中,远期合约能够比货币市场带来更多的现金收入,因此,远期合约是更优的方法。
>
> 通过图表11.7可以看出,货币卖出期权能确定应收项目到期时,收到的现金取决于那时的即期汇率。如果采用货币卖出期权,则未来现金收入的期望值为:
>
> 现金收入期望值 = (140 000 × 30%) + (144 000 × 40%) + (148 000 × 30%)
> = 144 000(美元)
>
> 采用货币卖出期权进行套期保值的期望现金收入大于采用远期合约进行套期保值收到的现金收入。
>
> 如图表11.8所示,比较采用货币卖出期权进行套期保值的期望现金收入与采用远期合约进行套期保值收到的现金收入时,货币卖出期权现金收入小于远期合约现金收入的可能性为30%。在70%的情况下,货币卖出期权的现金收入大于远期合约的现金收入。于是,威娜公司认为货币卖出期权是最优的套期保值方法。

最优套期保值与不进行套期保值。 一家跨国公司即使明确知晓其未来的应收项目收入,仍可能决定不进行套期保值。当不进行套期保值时,公司需要确定其应收项目收入的概率分布,计算过程如下:

> **举例**
>
> 威娜公司已经确定货币卖出期权是对应收项目最优的套期保值方法。现在威娜公司希望对采用货币卖出期权的结果与不进行套期保值的结果进行比较。
>
> 基于对6个月后瑞士法郎到期汇率的预测,威娜公司预计不进行套期保值时的现金收入如下:
>
> | 1年后可能的瑞士法郎即期汇率
(美元) | 不进行套期保值的美元收入(美元)
(= 200 000 × 可能的即期汇率) | 概率 |
> |---|---|---|
> | 0.71 | 142 000 | 30% |
> | 0.74 | 148 000 | 40% |
> | 0.76 | 152 000 | 30% |
>
> 不进行套期保值时的现金收入期望值为:
>
> 应收项目的期望值 = (142 000 × 30%) + (148 000 × 40%) + (152 000 × 30%)
> = 147 400(美元)

图表 11.8　对应收项目套期保值方法的比较

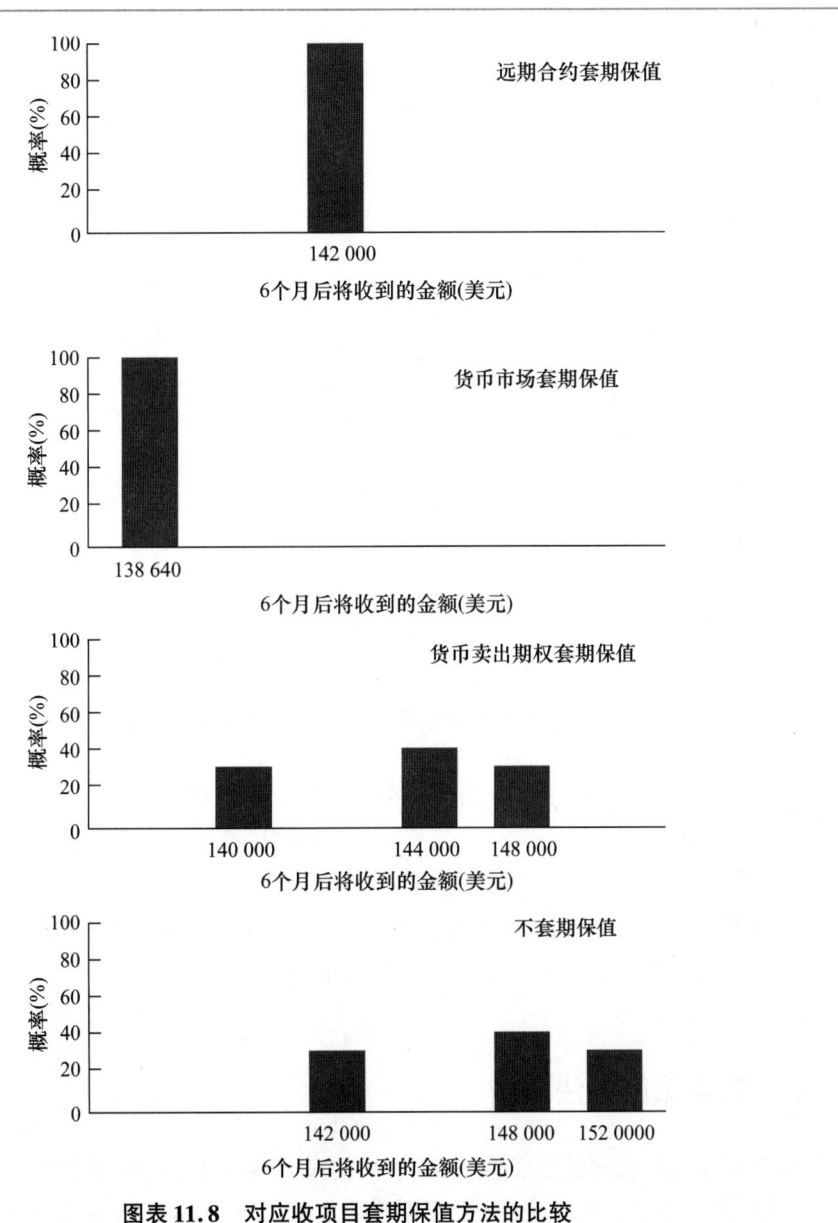

　　将这一期望的现金流入与采用货币卖出期权套期保值而获得现金流入(144 000 美元)进行比较,威娜公司决定不再进行套期保值。在本例中,威娜公司不进行套期保值的动机在于它希望能从未来 6 个月瑞士法郎对美元的升值中获益,但同时,威娜公司也面临着瑞士法郎贬值的风险。

大多数跨国公司将对未来的应收项目进行套期保值,除非公司非常确信不套期保值的预期现金流入将高于套期保值的现金流入。

11.3.5 评价套期保值决策

当跨国公司收到应收项目之后,就可以对是否进行套期保值的决策进行评价。

举例

回顾前例威娜公司决定不对其应收项目进行套期保值,假设6个月后,威娜公司收到应收项目时,瑞士法郎的即期汇率为0.75美元/瑞士法郎。注意该即期汇率不同于威娜公司之前预计的任何一种可能汇率。由于威娜公司未进行套期保值,其收到的现金收入为:

$$收到的现金 = 瑞士法郎即期汇率 \times 200\,000$$
$$= 0.75 \times 200\,000$$
$$= 150\,000(美元)$$

现在考虑如果威娜公司选择货币卖出期权进行套期保值,其结果会怎样。当收到应收项目时,即期利率为0.75美元,威娜公司不会履行期权。因此,公司会在货币市场上以0.75美元的汇率卖出其所收到的瑞士法郎,还要减去每单位0.02美元的期权费。最终,威娜公司收到的现金收入为:

$$收到的现金 = 0.73 \times 200\,000$$
$$= 146\,000(美元)$$

在本例中,威娜公司不进行套期保值的收入比进行套期保值多4 000美元。该差异是威娜公司支付的期权费。虽然在本例中威娜公司不进行套期保值获益更多,但其应该意识到公司面临的汇率风险。

11.3.6 套期保值方法总结

每种套期保值方法都汇总于图表11.9中。使用期货合约、远期合约或货币市场套期保值时,企业可估计用于未来的资金(以本国货币标价),包括未来的应付款或在兑换外币应收款后将会收到的资金,其结果是确定的。这样一来,企业便可比较成本或收入,确认哪种套期保值方法更合适。然而,与货币期权套期保值相关的现金流量难以确定,因为购买应付款的成本和应收款产生的收入不能预先知道。因此,企业需要预测基于可能的汇率结果确定进行套期保值产生的现金流。企业必须支付期权费,但是由于期权并不强制履行义务,所以具有一定的灵活性。

图表 11.9　交易风险套期保值方法汇总

套期保值方法	对应付款套期保值	对应收款套期保值
1. 期货合约	买入代表该货币及相关应付款金额的一份或多份货币期货合约	卖出代表该货币及相关应收款金额的一份或多份货币期货合约
2. 远期合约	商议远期合约以买入用于抵补应付款的外币数量	商议远期合约以卖出因应收款而收到的外币数量
3. 货币市场	借入本国货币,兑换成应付款的标价货币;用这些资金投资支付应付款	借入应收款的标价货币兑换成本国货币进行投资,然后以应收款的现金流入偿还贷款
4. 货币卖出期权	买入代表该货币及与应付款相关数量的货币买入期权	买入代表该货币及应收款相关数量的货币卖出期权

11.4　套期保值的局限性

尽管本章所讲的套期保值方法很有效,但仍然存在一定的局限性。

11.4.1　对不确定支付金额套期保值的局限性

一些跨国公司外币交易中的产品交易数量是不确定的,因此会产生不确定金额的外币支出或收入。因此,跨国公司对大于其实际所需的外币金额进行套期保值,反而可能为企业带来不利的影响。

举例

前面提到的应收项目套期保值一例中,假设威娜公司6个月后会收到20万瑞士法郎。如果应收项目金额实际远低于该金额,企业用货币市场对20万瑞士法郎套期保值,但应收项目金额仅为12万瑞士法郎,那么它将不得不在现汇市场买入8万瑞士法郎以筹集偿贷所需的20万瑞士法郎。如果瑞士法郎在6个月内升值,那么企业将需要大量的美元以取得8万瑞士法郎。

上例说明了**超额套期保值**(overhedging,指保值货币金额大于实际交易金额)如何损害企业利益。避免超额套期保值的方法是仅仅对未来交易中已知的最小金额套期保值。在我们的例子中,若未来应收项目可能仅为12万瑞士法郎,企业可以对这个金额套期保值。然而,在这种情况下,企业也许没有完全对头寸套期保值。若实际交易金额为20万瑞士法郎,正如预期的一样,企业只对一部分头寸套期保值,需要在现汇市场里卖出多余的8万瑞士法郎。

或者,威娜公司可以考虑采用货币市场对已知的最小金额套期保值,而采用卖出期权对可能增加的金额进行套期保值。采用这种方法,如果实际金额超过最小金额,也同样可以进行套期保值。如果实际金额不超过最小金额,企业就可以选择不履行期权,或者履行期权,将多出来的瑞士法郎在即期市场上进行兑换。

这一困境对企业来说是很常见的,因为期末收到外币的确切金额不确定,尤其是对那些主要从事出口的企业。从此例中可以得出,大多数跨国公司显然不能对所有的交易套期保值。但是,通过对部分交易套期保值,这些跨国公司也能降低现金流量对汇率波动的敏感度。

11.4.2 重复短期套期保值的局限性

从长期来看,持续对未来即将发生的重复交易进行套期保值,其有效性存在一定的局限。

> **举例**
>
> 温斯洛普公司(Winthrop Co.)是一家美国进口商,专门从事日本音响进口业务,每年进口一次,进口量很大,然后出售给遍布全国的零售商店。假设当前日元汇率为0.005美元,每台音响的价值为60 000日元即300美元;又假设日元远期汇率通常升水2%。图表11.10说明进口商支付的美元/日元汇率。伴随即期汇率的变化,远期汇率常以同样的幅度变化。这样,即期汇率1年上升10%,远期汇率也会上升大约相同的百分比,进口商需为每年进口音响多付10%(假如日本出口商不改变日元标价)。在日元坚挺周期内,虽然就本例来讲运用1年期远期合约比不套期保值好,但仍会导致价款日后上升,该进口商每年都需多付成本。这说明重复运用短期套期保值方法并不能使企业完全规避汇率风险。

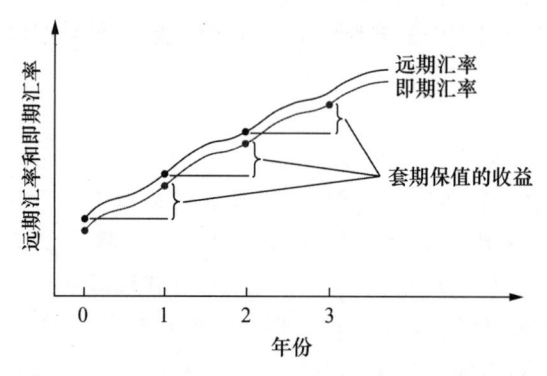

图表 11.10 当外币升值时对应付项目重复套期保值

套期保值方法若能被应用于更长的期间,将能有效地使企业在长期中规避汇率风险。比如,音响进口商可在时点0为以后几年每年年末运抵的音响套期保值。这里每个套期保值的远期汇率依据现时即期汇率,如图表11.11所示。在日元坚挺的周期内,这种策略会节省一大笔钱。

然而,此策略的不足之处是未来要套期保值的日元数量更不确定,因为货物运送量取决于那时的经济状况和其他因素。如果出现经济萧条,则进口商可能减少订购音响的数量,但是进口商收到的日元金额受远期合约的限制。若音响制造商破产或停止供货,则温斯洛普进口商仍旧有义务买入日元,尽管没有实际进口音响。

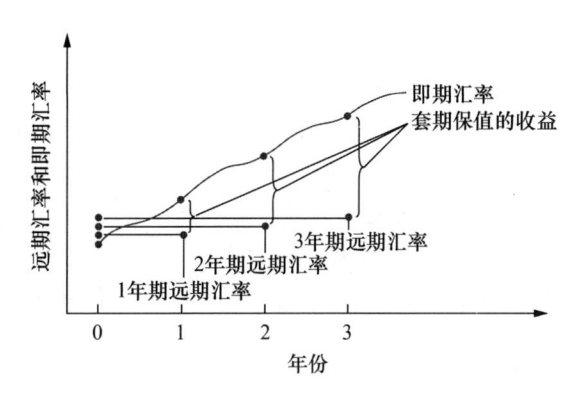

图表11.11　当外币升值时对应付项目进行长期套期保值

长期套期保值作为解决办法。 尽管长期套期保值有局限性，一些跨国公司（如宝洁、迪士尼）仍将其作为克服反复使用短期套期保值局限性的方法。这些公司通常使用长期远期合约来对冲长期交易风险。一些银行为一些常见交易的货币提供长达5年到10年的远期合约。由于银行不得不相信公司将履行远期合同中规定的长期义务，因此它们只考虑信誉最好的银行客户。重复短期套期保值的另一种替代方案是平行贷款（parallel loan，或"背靠背贷款"）。这种贷款涉及双方之间的货币互换，承诺在未来某个日期以特定汇率重新兑换货币。这种长期套期保值技术涉及两种货币互换：一种是在贷款合同开始时进行的；另一种是在指定的未来日期进行的。因而会计人员把平行贷款视为贷款，记录在财务报表中。具体内容将在第16章中进行讲解。

虽然这里讨论的方法通常比重复的短期套期保值更可取，但如果长期交易风险低于预期，可能会导致跨国公司过度套期保值。因此，当跨国公司与客户公司签订长期合同从而使长期交易风险固定时，这些解决方案是最有效的。

11.5　其他减少汇率风险的套期保值方法

当完美的套期保值方法不可行（或太昂贵）时，企业应至少考虑以下方法来降低交易风险，这些方法包括：
- 提前与延后支付；
- 交叉套期保值；
- 货币分散化。

下面我们依次讨论这三种方法。

11.5.1　提前与延后支付

提前与延后支付策略指对要求支付的时间进行调整，以反映对未来货币波动的预期。

> **举例**
>
> 科瓦利斯公司（Corvalis Co.）是一家美国跨国公司，该公司的子公司遍布世界各地。这里重点介绍该公司在英国的一家子公司，它从匈牙利的一家子公司购买一些物料。假设这些物料以匈牙利货币（福林）计价。那么，如果在英国的子公司预期英镑不久后将对福林贬值，它可在英镑贬值之前加速支付。这一策略被称为提前支付（leading）。
>
> 如果英国的子公司预计英镑不久后将对福林升值，那么，该子公司可把付款时间推迟到英镑升值以后。这样，该子公司便可以以较少的英镑取得付款所需的福林。这一策略被称为延后支付（lagging）。

通用电气以及其他有名的跨国公司通常在允许提前及延后支付的国家采用该种策略。一些国家的政府限制提前与延后支付策略的时间长短，目的是防止扰乱流入或流出该国的资金。因此，跨国公司在运用提前或延后支付策略前，一定要了解其从事业务的国家政府的限制政策。

11.5.2 交叉套期保值

交叉套期保值（cross-hedging）是一种当货币不能套期保值时，通用的降低交易风险的方法。

> **举例**
>
> 格里利公司（Greeley Co.）是一家美国公司，有90天后的应付账款，以兹罗提（波兰货币）标价，但因为担心兹罗提对美元升值，公司希望对这一头寸套期保值。如果远期合约和其他套期保值方法对该货币都是不可行的，那么公司可考虑交叉套期保值。
>
> 这时，公司需首先找出一种可套期保值且与兹罗提高度相关的货币。该公司发现近期欧元与兹罗提的变动方向一致，因此决定订立欧元的90天远期合约。如果兹罗提与欧元的币值波动一直对美元高度相关（即两种货币对美元以同一方向和同一程度波动），那么这两种货币间的汇率应在一段时间内是稳定的。通过购买欧元的90天远期合约，该美国公司就可以以欧元兑换兹罗提以完成支付。

这种套期保值的方法有时也被称为**替代性套期保值**（proxy hedgy），这是因为保值的头寸是跨国公司面临风险的货币的一种替代性货币。这一策略的有效性取决于两种货币的正相关程度。正相关度越高，交叉套期保值策略就越有效。

11.5.3 货币分散化

降低交易风险的第三个方法是**货币分散化**（currency diversification），这能够减少单一货币币值波动对跨国公司价值的潜在影响。一些跨国公司，比如可口可乐、百事可乐等公司，宣称其汇率波动风险被大大降低，因为它们的业务分散于许多国家。

若公司收到的外币不是高度相关的,那么未来以外币形式流入的美元收入会更稳定,原因是较低的正相关性或负相关性可以降低所有外币收入的美元总价值的波动。如果外币彼此相关性很高,分散货币将不能有效地降低风险;如果所有货币都高度相关,那么若其中一种货币大幅贬值,其他货币也会同样贬值。

小结

- 跨国公司可以选择对冲其大部分交易风险,或者选择性地对冲交易风险。一些跨国公司对冲了大部分交易风险,以便更准确地预测未来的现金流入或流出,并就所需资金做出更好的决策。许多跨国公司使用选择性对冲,即分别考虑每一种交易类型。
- 为了对应付项目进行套期保值,可以购买外汇期货合约或远期合约。或者,可以使用货币市场套期保值策略,此时,跨国公司借入本国货币并将本国货币转换成未来所需的外币。跨国公司也可以购买外币的买入期权。
- 为了对应收项目进行套期保值,可以出售外汇期货合约或远期合约。或者,可以使用货币市场套期保值策略。在这种情况下,跨国公司借入要接收的外币并将资金转换为本国货币;贷款将用应收款偿还。跨国公司还可以购买外汇看跌期权。货币期权套期保值相对于其他套期保值技术具有优势,因为期权不需要行权。然而,购买货币期权必须支付期权费,因此该方法提供的灵活性是有代价的。
- 套期保值的一个局限是,如果一笔交易的实际付款低于预期付款,跨国公司就会过度对冲,并部分受到汇率变动的影响。为了解决该局限性,跨国公司仅对冲交易中可能出现的最低支付金额,如果交易涉及的支付金额超过了最低支付金额,那么公司将部分受到汇率变动的影响。

套期保值的另一个局限是,短期套期保值只有在它被应用时才有效。对于这种局限性,一个潜在的解决方案是跨国公司使用长期套期保值,而不是重复短期套期保值。如果跨国公司能够确信其交易风险敞口将持续到遥远的未来,那么这种选择将更加有效。

- 当套期保值方法如远期合约或货币期权不适用时,仍旧有一些降低交易风险的方法,比如提前与延后支付、交叉套期保值和货币分散化。

正方反方

跨国公司是否应该冒超额套期保值的风险?

正方:是的。跨国公司会面临一些没有先兆的、"不可预期"的交易。它们应该基于过去期间每种货币的净现金流预测当期净现金流,这些现金流中包含由于不可预期的交易而产生的部分。虽然不可能每天对该数值进行预测,但每月进行预测是可行的。例如,如果某跨国公司每月都拥有300万至400万菲律宾比索的净现金流,公司可以预测在未来每月将收到至少300万比索,除非条件发生改变。因此,该公司可以通过卖出该金额的比索远期合约或购买卖出期权对该300万比索进行套期保值。虽然对超过300万比索的净现金流不进行套期保值,但至少跨国公司能够对最小金额的期望现金流进行套期保值。

反方:不应该。跨国公司不应该对不可预期的交易进行套期保值。即使跨国公司对某种货币的净现金流进行超额套期保值,它们仍然面临外汇风险。如果跨国公司因为远期合约卖出了比净现金流更多的货币,它们会受到货币价值增加带来的不利影响。跨国公司进行套期保值的最初动机是保护自己不受货币贬值的影响,但是超额套期保值会导致风险的改变。超额套期保值并不能够帮助企业规避外汇风险,它只是改变了企业面临的风险。

孰是孰非? 运用互联网了解该话题的更多内容。你支持哪种观点?对这个问题发表你的见解。

自测题

(答案见书后的附录 A)

1. 蒙特克莱尔公司(Montclair Co.)是一家美国公司,它打算运用货币市场套期保值法为 1 年后的 3 000 000 澳元应付款进行套期保值。美元利率为 7%,而澳元利率为 12%,澳元即期汇率为 0.85 美元,1 年期远期汇率为 0.81 美元。计算如果运用货币市场套期保值,1 年后所需的美元金额。

2. 根据上一问题的资料,蒙特克莱尔公司是用货币市场套期保值好还是用远期套期保值好?

3. 根据第一个问题的资料,说明蒙特克莱尔公司运用货币期权套期保值和货币市场套期保值相比有什么优势。货币期权套期保值的可能存在的劣势是什么?

4. 萨尼贝尔公司(Sanibel Co.)每月都购买英国商品(以英镑标价)。该公司每月月初都预签 1 个月的远期合约以对应付款套期保值。假设英镑在以后 5 年内连续升值,那么,萨尼贝尔公司会受到影响吗?请说明。

5. 根据问题 4 中的资料,萨尼贝尔公司应如何更有效地避免英镑长期走强所造成的影响?

6. 霍普金斯公司(Hopkins Co.)3 个月后会收到 2 000 000 瑞士法郎。它认为 3 个月的远期汇率即是未来汇率的准确预测。3 个月瑞士法郎远期汇率为 0.68 美元。现有卖出期权的执行价格为 0.69 美元,期权费为每单位 0.03 美元。请说明霍普金斯公司应选择卖出期权套期保值还是选择不套期保值?

应用思考题

1. **一般套期保值**。比较本章关于套期保值和前几章关于风险计量的相关内容。

2. **采用货币市场对应收项目套期保值**。假设史蒂文斯·波特公司(Stevens Point Co.)90 天后应收项目净额为 100 000 新加坡元,新加坡元即期汇率为 0.5 美元,90 天新加坡元利率为 2%。请详细说明该美国公司如何运用货币市场套期保值。

3. **采用货币市场对应付项目套期保值**。假设佛蒙特公司(Vermont Co.)180 天后应付

200 000 墨西哥比索,墨西哥比索的 180 天利率为 7%,即期汇率为 0.10 美元,请详细说明该美国公司如何运用货币市场套期保值。

4. **净交易风险**。为什么跨国公司要在套期保值前确定净交易风险?

5. **采用期货合约套期保值**。说明美国公司如何用期货合约为应收欧元净额套期保值。说明美国公司如何用期货合约为应付日元净额套期保值。

6. **采用远期合约套期保值**。说明美国公司如何运用远期合约为马来西亚林吉特应收款净额套期保值。说明美国公司如何用远期合约对加元应付款净额套期保值。

7. **对应付项目套期保值的实际成本**。假定洛拉斯公司(Loras Co.)180 天后需要 100 000 新西兰元。它正在决定是否对这一头寸套期保值,得出以下关于新西兰元汇率的概率分布:

180 天后新西兰元的美元价值(汇率)	概率
0.40	5%
0.45	10%
0.48	30%
0.50	30%
0.53	20%
0.55	5%

新西兰元 180 天远期汇率为 0.52 美元,瑞士法郎即期汇率为 0.49 美元。设计一张表对套期保值方法进行可行性分析,即计算套期保值成本与不套期保值成本的差异。该公司套期保值成本比不套期保值成本更高的概率是多少?确定套期保值所增加成本的期望值。

8. **套期保值的收益**。若进行套期保值比不套期保值成本更高,那么,为什么公司有时还要考虑套期保值?

9. **对应付项目套期保值的实际成本**。假设萨福克公司(Suffolk Co.)签订了 90 天远期合约购买 200 000 英镑,90 天远期汇率为 1.40 美元,将购买的英镑用于购买英国原材料。在远期合约履行日,英镑即期汇率为 1.44 美元。美国公司对应付款套期保值的实际成本是多少?

10. **远期合约套期保值**。凯拉公司(Kayla Co.)从墨西哥进口商品,公司将在 90 天后支付货款。利率平价理论成立。墨西哥的利率水平非常高,这反映了墨西哥的高预期通货膨胀率。凯拉公司预计比索将在未来 90 天后贬值。因此,公司计划采用 90 天的远期合约对其应付金额套期保值。为什么凯拉公司认为如果进行套期保值,那么所支付的美元金额会比不进行套期保值要少?

11. **对应付款套期保值的决策**。相关资料如下:

90 天美国利率	4%
90 天马来西亚利率	3%
90 天马来西亚林吉特远期汇率(美元)	0.400
马来西亚林吉特即期汇率(美元)	0.404

假设美国圣芭芭拉(Santa Barbara)公司 90 天后需要 300 000 林吉特。该公司希望对此应

付款头寸套期保值。是用远期套期保值还是用货币市场套期保值更有利？用每种套期保值的估计成本说明你的答案。

12. **对应收款套期保值的决策**。相关资料如下：

180 天美国利率	8%
180 天英国利率	9%
180 天英镑远期汇率(美元)	1.50
英镑即期汇率(美元)	1.48

假设美国河边公司(Riverside Co.)180 天后会收到 400 000 英镑，那么该公司是用远期套期保值好还是用货币市场套期保值好？用每种套期保值的估计收入说明你的答案。

13. **货币期权**。说明运用货币期权对净应付款套期保值与对净应收款套期保值的关系，即何时应购进卖出期权，何时应购进买入期权。克里夫兰公司(Cleveland Inc.)为什么偏好用货币期权而非远期合约对净应付款或净应收款套期保值？与远期合约相比，货币期权套期保值有什么缺点？

14. **货币期权**。布鲁克林公司(Brooklyn Co.)在考虑使用两种方法对欧元净应付款套期保值时，能否确定货币期权比远期合约套期保值的成本更高还是更低？为什么？

15. **长期套期保值**。公司如何对长期货币头寸套期保值？请具体说明各种方法。

16. **提前与延后支付**。佐那公司(Zona Co.)的子公司在什么情况下会考虑运用提前支付策略来降低交易风险？在什么情况下会运用延后支付策略降低交易风险？

17. **交叉套期**。请说明跨国公司怎样运用交叉套期保值降低交易风险。

18. **货币分散化**。请说明跨国公司怎样运用货币分散化降低交易风险。

19. **采用货币卖出期权套期保值**。作为图森公司(Tucson Co.,一家向新西兰出口的美国公司)的财务主管，你必须决定怎样为 90 天后的 250 000 新西兰元应收款套期保值。你可运用货币卖出期权，其期权费为每单位 0.03 美元，行权价格为每新西兰元 0.49 美元。预测 90 天后新西兰元即期汇率如下：

90 天后新西兰元的即期汇率(美元)	概率
0.44	30%
0.40	50%
0.38	20%

请给出用货币期权套期保值时，在 90 天后所收到美元金额的概率分布。

20. **远期合约套期保值**。在澳元持续走强的期间，俄尔冈公司(Oregon Co.)每 90 天一次对澳元的应付款套期保值的实际成本为正、为负还是总体约等于 0？如果远期汇率是未来即期汇率的无偏预测值，这说明了什么？请解释。

21. **利率平价理论对套期保值的启示**。若存在利率平价，对欧元应付款进行远期套期保值同货币市场套期保值相比，是更有利、同样有利，还是较不利？请予以说明。

22. **套期保值的实际成本**。在日元持续走强的期间，蒙大拿公司(Montana Co.)对日元应付款套期保值的实际成本为正、为负还是总体约等于0？请予以说明。

23. **对应付账款进行远期合约和货币期权套期保值**。如果你是从墨西哥进口商品的美国进口商，你认为今天的比索远期汇率是对未来即期汇率的一个非常准确的估计，你认为墨西哥比索看涨期权会比远期合约更合适吗？请予以说明。

24. **对应收账款进行远期合约和货币期权套期保值**。你是向英国出口的出口商，你认为今天英镑的远期汇率大大低估了未来的即期汇率。公司要求你以某种方式对英镑应收款套期保值。远期合约套期保值还是看跌期权套期保值更合适？请予以说明。

25. **远期合约套期保值**。请说明一家马来西亚公司如何运用远期市场为定期购买的以美元标价的美国商品套期保值。请说明一家法国公司如何运用远期市场为定期销售的以美元标价的美国商品套期保值。请说明一家英国公司如何运用远期市场为定期购买的以日元标价的日本商品套期保值。

26. **持续套期保值**。康奈尔公司（Cornell Co.）每月一次从荷兰供应商那里购买以欧元标价的计算机芯片。为了对汇率风险套期保值，该美国公司在下个订单到达之前，提前3个月签订3个月期的远期合约。换言之，康奈尔公司总能对以后3个月每月发运的货物套期保值。因为康奈尔公司一贯以此方式套期保值，所以它不在乎汇率波动。请说明康奈尔公司是否摆脱了汇率波动风险。

27. **采用货币期权对应付项目套期保值**。玛里布公司（Malibu Inc.）是美国一家公司，从英国进口商品。该公司计划运用买入期权对90天后的100 000英镑应付款套期保值。现有3个买入期权，到期日均为90天后。在下表中填入每种可能情形下每种买入期权所需支付的美元应付款（包括期权费）的金额。

单位：美元

情形	90天后英镑即期汇率	行权价格=1.74；期权费=0.06	行权价格=1.76；期权费=0.05	行权价格=1.79；期权费=0.03
1	1.65			
2	1.70			
3	1.75			
4	1.80			
5	1.85			

请说明如果每种情形发生的概率相同，应选择哪一种货币期权。

28. **远期合约套期保值**。新泽西州的维德克（Wedco）技术公司向欧洲出口塑料产品，出口产品以美元标价。泰勒玛特克斯（Telematics）公司，一家佛罗里达州的国际贸易公司，向英国和其他国家出口计算机网络系统，产品以英镑标价。泰勒玛特克斯公司决定采用远期合约等套期保值方法对其风险进行规避。

   a. 维德克技术公司向欧洲出口商品时，以美元标价是否能避免经济风险？请解释。

   b. 请解释为什么泰勒玛特克斯公司的利润会受到英镑币值波动的影响。为什么有时该公司选择不进行套期保值？

29. **长期套期保值的困境**。圣路易斯公司（St. Louis Inc.）主要开展出口业务，出口商品以比索标价，并且每月都会收到比索收入。该公司预计未来比索会走弱。圣路易斯公司意识到按月套期保值的局限性，它同样意识到可以通过以美元标价商品来减少交易风险，但仍然会面临经济风险。长期套期保值方法有局限性，且公司并不确定未来会收到多少比索。所以即使采用长期套期保值方法，仍存在困难。该公司如何能够切实减少长期交易风险？

30. **长期套期保值**。奥比斯波公司（Obisbo Inc.）在日本开展大量业务，公司会定期收到由日本子公司上交的日元现金。该公司在未来20年内都选择提前一年对上交利润进行套期保值会有什么局限性？现在就对未来20年每年的上交利润进行套期保值会有什么局限性？

31. **危机中的套期保值行为**。请描述亚洲金融危机会如何影响一家向亚洲国家出口商品（以美元标价）的美国公司的现金流。公司如何能够继续出口但不受货币波动的影响？

布雷泽公司案例：管理交易风险

布雷泽公司最近决定拓展它的国际业务，向英国零售商乔格斯（Jogs）公司出口商品。乔格斯公司承诺以每双80美元的价格每年购买20万双"Speedos"轮滑鞋。该合同为期2年，期满后可能重新订立合同。

此外，布雷泽公司继续向泰国出口商品。其主要客户是一家名叫娱乐产品公司的零售商。该公司承诺以每双4 594泰铢的固定价格每年进口18万双"Speedos"。该合同为期3年，到期后可能重新订立合同。

布雷泽公司的销售成本以泰铢标价。公司每年从泰国进口可以制造7.2万双鞋的原材料。这些进口以泰铢标价，价格取决于橡胶和塑料的市场价格。

按照这两项出口合同，布雷泽公司每季度向乔格斯和娱乐产品公司销售5万双和4.5万双鞋。货款在1月、4月、7月和10月的第一天支付。年度的订货量在季度之间进行分配以避免零售商存货过多。为避免同样的问题，布雷泽公司每季度从泰国进口足够生产1.8万双鞋的原材料。尽管支付系统要求在货物送出后60天内支付货款，布雷泽公司为了维持与供货商的关系，通常在每个季度的第一天支付货款。布雷泽公司认为提早支付货款是有利的，因为供应商的其他客户都是按时支付货款。

由于布雷泽公司对国际业务不甚熟悉，身为布雷泽公司首席财务官的本·霍尔特担心汇率波动可能对公司业绩带来潜在影响。霍尔特本人对各种套期保值的方法仅有所了解，但不能确定哪种方法更合适。霍尔特希望了解更多关于远期合约、货币市场以及货币期权等套期保值方法。因此，他要求你作为公司的财务分析师，帮助他为布雷泽公司寻找最优的套期保值方法。不幸的是，泰国市场没有货币期权，但是有英镑的买入和卖出期权（每份期权面值31 250英镑）。

霍尔特已经收集了如下关于泰国和英国的信息：

	泰国	英国
现时即期汇率(美元)	0.0230	1.50
90天远期汇率(美元)	0.0215	1.49
卖出期权费(美元)	不可行	0.020
卖出期权行权价(美元)	不可行	1.47
买入期权费(美元)	不可行	0.015
买入期权行权价(美元)	不可行	1.48
90天借款利率(非年化利率)	4%	2%
90天贷出利率(非年化利率)	3.5%	1.8%

此外,霍尔特还告诉你,美国本土90天借款和贷出利率分别为2.3%和2.1%。他还提供了如下关于90天后英镑和泰铢即期汇率的概率分布:

概率	90天后的英镑即期汇率(美元)	90天后的泰铢即期汇率(美元)
5%	1.45	0.0200
20%	1.47	0.0213
30%	1.48	0.0217
25%	1.49	0.0220
15%	1.50	0.0230
5%	1.52	0.0235

布雷泽下一次从泰国进行的采购和销售将在一个季度后进行。如果布雷泽公司决定套期保值,霍尔特希望对全部金额套期保值,尽管可能存在超额套期保值的风险。目前,霍尔特预计从泰国进口的原材料金额约为每双3 000泰铢。霍尔特要求你回答以下问题:

1. 利用电子表格,比较可能的对泰铢套期保值的方法,包括不进行套期保值。你认为布雷泽公司是否应该对泰铢套期保值?如果应该,哪种方法最合适?

2. 利用电子表格,比较可能的对英镑套期保值的方法,包括不进行套期保值。你认为布雷泽公司是否应该对英镑套期保值?如果应该,哪种方法最合适?

3. 总体来说,你认为对以外币标价的现金流入和现金流出,哪个更容易套期保值?为什么?

4. 你在问题2中所比较的,对90天后即将收到的英镑进行套期保值的方法中,是否需要超额套期保值?根据布雷泽公司的出口合同,你认为利用货币市场套期保值是否需要超额套期保值?

5. 布雷泽公司能否通过改变泰国原材料的进口时间减少交易风险?这种改变的代价是什么?

6. 布雷泽公司能否通过改变对泰国供应商的支付惯例减少交易风险?这种改变的代价是什么?

7. 鉴于布雷泽公司的出口合同,有没有一种长期的套期保值方法可以使布雷泽公司受益?仅针对本问题,假设布雷泽公司所有的成本都发生在美国。

小企业困境:体育用品出口公司的套期保值决策

吉姆·洛根是体育用品出口公司的所有者。因出口产品,公司在 1 个月后会收到约 10 000 英镑的货款。吉姆很关心风险,因为他预期有两种可能性:(1) 下个月英镑会贬值 3%;(2) 下个月英镑会升值 2%。第一种情形发生的概率为 70%;第二种情形发生的概率为 30%。

吉姆注意到当前英镑的即期汇率为 1.65 美元,1 个月远期汇率约为 1.645 美元。同时,吉姆可在证券公司的柜台买入卖出期权,其行权价为 1.645 美元,期权费为每单位 0.025 美元,1 个月后到期。

1. 若该公司对 1 个月后将收到的应收款不实行套期保值,请计算两种汇率情形下收到的美元金额。
2. 若该公司用卖出期权对 1 个月后将收到的应收款套期保值,请计算两种汇率情形下收到的美元金额。
3. 若该公司用远期合约对 1 个月后将收到的应收款套期保值,请计算两种汇率情形下收到的美元金额。
4. 总结基于不实行套期保值策略、卖出期权策略和远期合约套期策略的美元收入。根据提供的信息选择你倾向的策略。

真实案例在线文章

在网上寻找一篇最近的文章,这篇文章应是国际财务管理的实际应用,或是现实世界中特定跨国公司的案例,该案例能够诠释本章所述的某一个或者多个概念的行为。

如果你的班级有在线平台,教授可以要求你将总结放在在线平台上,这样,其他学生也能看到这篇文章。如果你的班级是面授课堂,教授可以要求你在课堂上汇报你的文章。教授也可以给某个学生布置任务,让学生完成本章作业,或者要求学生自愿完成某些作业。

对于本章所用到的在线文章和现实世界的案例,考虑搜索以下术语,并且将本年度作为搜索关键词以保证在线文章是最近的:

1. 公司和套期保值;
2. 股份有限公司和套期保值;
3. 套期保值和货币;
4. 套期保值和汇率;
5. 远期合约和套期保值;
6. 货币期货和套期保值;
7. 货币市场和套期保值;
8. 货币期权和套期保值;
9. (跨国公司名称)和远期合约;
10. 公司和套期保值策略。

第 12 章
经济风险与折算风险的管理

上一章我们讲述了跨国公司管理国际交易中的汇率风险(交易风险)的方法。然而,即使预期的国际交易被套期保值,跨国公司的现金流仍旧会对汇率波动(经济风险)敏感,进而,跨国公司的合并财务报表仍旧面临汇率波动的风险(折算风险)。通过管理经济风险和折算风险,财务经理们能够借此增加跨国公司的价值。

一般而言,对经济风险或折算风险进行有效套期保值要比对交易风险套期保值更难。其中的原因将在本章进行解释。

本章目标

- 说明跨国公司如何对经济风险套期保值;
- 说明跨国公司如何对折算风险套期保值。

12.1 管理经济风险

对美国公司而言,交易风险仅表示将净外币流入兑换成美元或购买外币时的汇率风险。经济风险则指汇率波动对公司未来现金流产生的影响。

因此,虽然跨国公司对交易风险的管理可能集中于单个交易,但对经济风险的管理必须考虑对现金流有影响的所有业务。此外,跨国公司对交易风险的管理通常集中在下一个期间(例如下一个季度或下一年),而对经济风险的管理则集中在未来很长一段时间。因此,跨国公司对交易风险敞口的管理可能被视为一种重复的短期策略(关注下一个时期发生的交易),而对经济风险的管理通常被视为一种长期策略。

图表12.1总结了跨国公司通过对汇率变动风险进行管理以增加价值的方法。通过恰当地管理长期风险，公司能够稳定现金流量并降低融资成本，进而降低资本成本。从长远来看，还可以稳定盈利，从而降低风险以及降低资本成本。

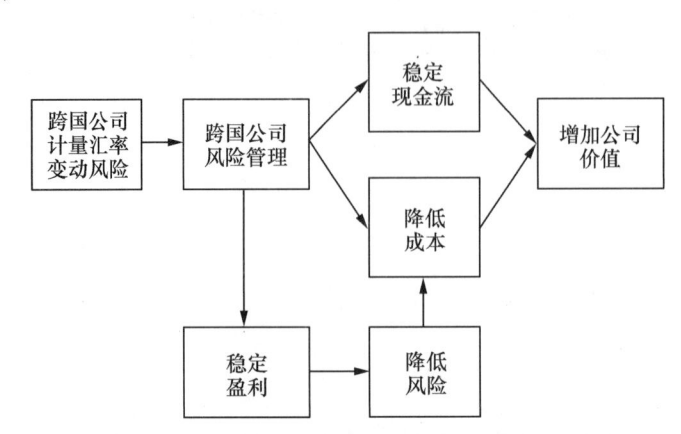

图表12.1　通过管理汇率变动风险增加跨国公司价值

12.1.1　评估经济风险

跨国公司必须先确定公司如何受到汇率变动的影响，然后才能对经济风险进行管理。具体来说，公司应该先确定现金流在未来可能受到的各种汇率情形的影响。然后，公司可以决定是否以及如何改变业务运营，以使现金流对未来可能出现的汇率情形不那么敏感。

举例

为了说明如何管理经济风险，让我们再回头看一下第10章所讨论的麦迪逊公司。该公司为了确定费用和收入（和现金流）利用各种可能出现的汇率值来评估经济风险。图表12.2重新提供了图表10.7中的财务信息。根据三种可能出现的汇率情形，图表12.2反映了下个季度的预期收入、支出和现金流。通过评估预期现金流量如何随可能的汇率情形变化而变化，麦迪逊公司可以评估现金流量是如何受到汇率变动影响的。因为麦迪逊公司下个季度的预期收入和支出是一个典型季度的代表，所以它可以使用图表12.2中的信息来评估长期的经济风险（现金流对汇率变动的风险）。

图表12.2显示麦迪逊公司在美国的销售收入（第（1）行）对汇率情形不敏感。加拿大销售收入（第（2）行）预计为400万加元，但从这些销售收入中获得的美元金额将取决于每一列中显示的汇率情形。在美国购买原材料的成本（第（4）行）假定为5 000万美元，对汇率变动不敏感。在加拿大购买原材料的成本（第（5）行）假定为2亿加元。营业费用（第（7）行）假定为6 000万美元，对汇率情况不敏感。欠美国银行的利息（第（8）行）对汇率变动不敏感，但加拿大现有贷款所需要支付的利息金额（第（9）行）随汇率的不同情形而发生变化。

图表 12.2 显示麦迪逊公司能够评估它的税前现金流如何受到三种可能的汇率情形的影响。从图表 12.2 中可以看出,强势加元(1 加元 =0.85 美元)增加了麦迪逊公司从加拿大销售中获得的现金流入。然而,这也增加了麦迪逊公司在购买加拿大原材料和支付加拿大银行贷款利息时的现金流出。当加元走强时,现金流出(由于支出增加)高于现金流入(由于收入增加)。因此,麦迪逊公司的净现金流受到加元走强的不利影响。由于图表 12.2 所示的财务信息显示了麦迪逊公司的典型季度情况,因此这表明,如果未来任何一个季度中加元坚挺(对美元升值),麦迪逊公司的现金流就可能会受到不利影响。

图表 12.2　汇率变动对收益的初始影响:麦迪逊公司

单位:100 万

	汇率情形 C$1 = $0.75	汇率情形 C$1 = $0.80	汇率情形 C$1 = $0.85
销售收入:			
(1) 美国	$320.00	$320.00	$320.00
(2) 加拿大	C$4 = $3.00	C$4 = $3.20	C$4 = $3.40
(3) 合计	$323.20	$323.00	$323.40
原材料成本和营业费用:			
(4) 美国原材料成本	$50.00	$50.00	$50.00
(5) 加拿大原材料成本	C$200 = $150.00	C$200 = $160.00	C$200 = $170.00
(6) 原材料成本合计	$200.00	$210.00	$220.00
(7) 营业费用	$60.00	$60.00	$60.00
利息费用:			
(8) 美国利息费用	$3	$3	$3
(9) 加拿大利息费用	C$10 = $7.50	C$10 = $8	C$10 = $8.50
(10) 合计利息费用	$10.50	$11	$11.50
税前现金流	$52.50	$42.20	$31.90

12.1.2　重组以降低经济风险

当跨国公司注意到,随着时间的推移,公司的现金流将以某种一致的方式受到特定汇率情形的不利影响时,公司可能会试图重组业务,以减少它们的经济风险敞口。这种结构调整包括改变收入或费用的来源,以配合外币的现金流入和流出。这种重组不仅是一个季度的暂时变化,而且是为了减少跨国公司现金流在更长时间内对汇率变动的影响而在几个季度内进行的。

> **举例**
>
> 　　回顾前例,麦迪逊公司在一个季度的加元流出量大于流入量,因此麦迪逊公司可通过增加对加拿大的销售量以寻求平衡。它认为多增加 200 万美元的广告投入(营业费用的一部分),便可实现销售收入增加 2 000 万加元。增加的销售收入需额外增加 1 000 万美元的原材料开支,用于从美国供应商那里购买原材料。另外,它还打算减少对加拿大供应商的依赖,增加对美国供应商的订货。这一策略预期会减少来自加拿大供应商的 1 亿加元成本,而增加来自美国供应商的 8 000 万美元成本(不包括对加拿大市场销售增加的 1 000 万美元)。除此之外,它计划增加在美国的借款,归还现有的加拿大银行贷款。这会导致对美国银行的利息费用增加 400 万美元,对加拿大银行的欠债减少 500 万加元。这些决策对季度现金流量表的预期影响见图表 12.3。对于每一种汇率情形而言,初始预测值在左边一栏,修正后的预测值(由建议策略得出)在右边一栏。
>
> 　　第一,请注意麦迪逊公司进军加拿大市场的计划(见第(3)行)使总体销售收入增加;第二,美国原材料成本比以前高出 9 000 万美元,原因是为增加加拿大销售而增加了 1 000 万美元的成本,以及由加拿大供应商转向美国供应商所增加的 8 000 万美元(见第(4)行)。由于供应商改变,加拿大原材料成本从 2 亿加元下降到 1 亿加元(见第(5)行)。修正后的经营费用 6200 万美元包括为打入加拿大市场所增加的 200 万广告费用。利息费用也被修正,因为来自美国银行的贷款增加,而来自加拿大银行的贷款减少(见第(8)行和第(9)行)。
>
> 　　如果麦迪逊增加了它的加拿大美元流入并减少了它的加拿大美元流出,那么它的季度收入和支出将会以类似方式受到加拿大元变动的影响。从图表 12.3 第(11)行可以看出,如果麦迪逊公司重组其业务而不是保留原有的业务结构,那么它的季度现金流在三种汇率情形下更接近。因此,如果公司进行重组而不是保持原有的业务结构,它的现金流不太容易受到加元波动的影响。图表 12.4 说明了麦迪逊公司的现金流对三种汇率情形的敏感性(来自图表 12.3)。图表 12.4 中如果出现一条完美的水平线,则该水平线反映了一种极端情况,即无论汇率情况如何,预期的季度现金流将完全相同。建议的业务结构线不是完全水平的,但比表示原始业务结构的线更水平一些。麦迪逊公司的现金流在建议的业务结构下对汇率变动的敏感性明显降低。
>
> 　　图表 12.3 和图表 12.4 只关注单个季度的财务信息,以说明重组如何降低汇率风险。然而,重组不仅是为了减少一个季度的经济风险敞口,而且是为了减少长期的风险敞口。如果麦迪逊公司决定按照这个提议重组其业务,公司将维持新的业务结构,以使净现金流在未来几个季度内不太容易受到每季度汇率变动的影响。如果情况发生变化,那么麦迪逊公司可以随着时间的推移对业务进行额外修改。

　　可以通过创建类似于图表 12.3 的电子表格,来确定现金流(不考虑税收影响)对多个汇率情形(这些情形是建立在建议的业务结构之上的)的敏感性。此外,跨国公司可以修改电子表格中的预期收入或支出,反映各种可能的业务重组方案,以便确定最能减少经济风险的业务结构类型。

图表 12.3 两种经营结构下可能的汇率变动对收益的影响

单位:100 万

	汇率情形:C$1 = $0.75 初始业务结构		汇率情形:C$1 = $0.75 计划业务结构		汇率情形:C$1 = $0.80 初始业务结构		汇率情形:C$1 = $0.80 计划业务结构		汇率情形:C$1 = $0.85 初始业务结构		汇率情形:C$1 = $0.85 计划业务结构	
销售收入:												
(1) 美国		$320.00		$320.00		$320.00		$320.00		$320.00		$320.00
(2) 加拿大	C$4 =	$3.00	C$20 =	$15.00	C$4 =	$3.20	C$20 =	$16.00	C$4 =	$3.40	C$20 =	$17.00
(3) 合计		$323.00		$335.00		$323.20		$336.00		$323.40		$337.00
原材料成本和营业费用:												
(4) 美国		$50.00		$140.00		$50.00		$140.00		$50.00		$140.00
(5) 加拿大	C$200 =	$150.00	C$100 =	$75.00	C$200 =	$160.00	C$100 =	$80.00	C$200 =	$170.00	C$100 =	$85.00
(6) 原材料成本合计		$200.00		$215.00		$210.00		$220.00		$220.00		$225.00
(7) 营业费用		$60.00		$62.00		$60.00		$62.00		$60.00		$62.00
利息费用:												
(8) 美国		$3		$7		$3		$7		$3		$7
(9) 加拿大	C$10 =	$7.50	C$5 =	$3.75	C$10 =	$8.00	C$5 =	$4	C$10 =	$8.50	C$5 =	$4.25
(10) 合计		$10.50		$10.75		$11.00		$11		$11.50		$11.25
(11) 税前美元现金流		$52.50		$47.25		$42.2		$43		$31.90		$38.75

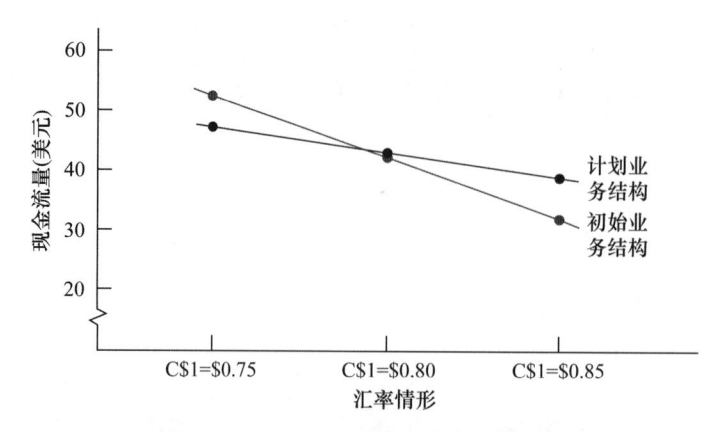

图表12.4 初始和计划业务结构的经济风险

如何重组取决于经济风险的形式。 企业重组可以降低汇率风险对经济的影响方式,这取决于风险的形式。对麦迪逊公司来说,加元的未来支出比未来收入更敏感。因此,麦迪逊公司减少经济风险的解决方案是增加收入的敏感性,并减少支出对加元可能汇率情形的敏感性。然而,那些收入比支出对汇率更敏感的跨国公司,会通过降低对汇率敏感的收入水平或提高对汇率敏感的支出水平来降低它的经济风险。

图表12.5 总结了一些比较常见的平衡外汇流入和流出的方法。任何可以减少外汇流入与流出差异的业务重组,都可以在未来几个季度持续降低该公司对货币波动的经济风险。

图表12.5 业务重组如何平衡外币波动对现金流入和流出的影响

业务类型	当外币对现金流入有更大影响时,所建议的行动	当外币对现金流出有更大影响时,所建议的行动
以外币进行的销售	以本币定价外国销售	增加外国销售
依赖外国原材料	增加外国原材料订购	减少外国原材料订购
债务结构中部分是外币债务	债务重组以增加外币偿债	债务重组以减少外币偿债

12.1.3 旨在减少经济风险的重组的局限性

旨在减少经济风险的某些形式的重组可能对跨国公司产生不利影响。虽然跨国公司可能希望减少它们在汇率变动方面的经济风险,但它们的决定应侧重于使其价值最大化。许多跨国公司希望扩大它们的国际业务以提高公司的价值,这个决定增加了它们的经济风险。它们可以通过减少海外销售来减少经济风险,但这也会减少其现金流。一个理想的解决方案是采用某种重组形式来维持它们现有的业务,同时随着时间推移减少每一种外币的现金流入和流出之间的错配。

当跨国公司有大量的外币现金流入和本币现金流出时,它们可能会考虑将一些生产设施转移到外国。这种形式的重组似乎是一个很好的解决方案,因为这会造成外币现金流出,以抵消部分外币现金流入。然而，将一些生产设施转移到外国可能会阻碍跨国公司充分利用规模经济（如果所有生产都可以集中在一个设施内）。此外，将生产转移到外国也可能需要在本国裁员，这可能导致员工抗议，并损害跨国公司的声誉。

某些形式的结构调整，如转移生产设施，可能需要大量的时间和精力。此外，这些形式的重组不能轻易逆转。因此，跨国公司在决定以这种方式重组业务之前，必须对潜在的利益有信心。

12.2 案例：对经济风险套期保值

事实上，大多数跨国公司并不能像上例中麦迪逊公司那样轻易减少公司面临的经济风险。首先，跨国公司的经济风险可能并不是显而易见的。对一家跨国公司利润表的分析并不一定能够发现其所面临的经济风险。跨国公司可能包含不同的业务单元，每一个业务单元都有独特的成本与收入结构。

尽管跨国公司大多会考虑到汇率对业绩和企业价值的影响，但是如果它们能够认识到风险的来源，就能够更有效地对经济风险进行套期保值。然而，即使跨国公司能够认识到风险的来源，它们也不一定能够完美地规避风险。没有一本教科书能够提供完美的解决方案，但是将不同的方法进行组合能将风险降低到可容忍的水平，如下例所述。这个例子比之前麦迪逊公司的例子更复杂，但是也更贴合大多数跨国公司的实际。

12.2.1 赛威公司的经济风险

赛威公司（Savor Co.）是一家美国公司，主要关注与欧元相关的经济风险，因为它为欧元区的客户提供服务。公司希望明确确定它的外汇风险的来源，从而决定如何对风险进行套期保值。赛威公司在欧洲设立了三个业务单元，由于每个业务单元都开展很多种类的业务，所以并不确定每个业务单元是否面临相同的风险。赛威公司希望对经济风险套期保值，但首先必须确定是否面临风险以及风险的来源。

用于检验经济风险的过程。 由于公司面临的欧元经济风险的具体性质并不明确，因此赛威公司试图评估过去 9 个季度欧元币值波动与每个业务单元现金流之间的关系。公司可能希望使用更多的数据，但 9 个季度的数据已经足够。欧元的现金流和币值波动如图表 12.6 所示。赛威公司利用回归分析（如前一章所述）确定随着时间的变化，总现金流的季度变化百分比（PCF，第（5）列）是否与欧元币值的季度变化百分比（PCF，第（6）列）相关：

$$PCF_t = a_0 + a_1(PCE_t) + \mu_t$$

也就是说，赛威公司的总现金流变化百分比（图表 12.6 的第（5）列）是因变量，而欧元币值的变化百分比（第（6）列）是自变量。回归分析给出了常数项的值，即 a_0 以及斜率 a_1。斜率代表 PCF 对欧元币值波动的敏感程度。当将上述回归模型应用于赛威公司的总现金流时（请自行分析以进行练习），斜率系数为正且具有统计学意义，这意味着总现金流的变化百分比与欧元币值的变化百分比正相关。也就是说,欧元贬值(PCE 为负)会减少赛威公司的总现金流(导致 PCF 为负)。

图表 12.6　评估赛威公司的现金流和欧元币值的波动

(1) 季度	(2) 业务单元 A 现金流的变化(%)	(3) 业务单元 B 现金流的变化(%)	(4) 业务单元 C 现金流的变化(%)	(5) 总现金流 的变化(%)	(6) 欧元币值 的变化(%)
1	−3	2	1	0	2
2	0	1	3	4	5
3	6	−6	−1	−1	−3
4	−1	1	−1	−1	0
5	−4	0	−1	−5	−2
6	−1	−2	−2	−5	−5
7	1	−3	3	1	4
8	−3	2	1	0	2
9	4	−1	0	3	−4

R^2 统计量为 0.31,说明赛威公司总现金流变动的 31% 可以用欧元币值的变动来解释。目前的证据说明赛威公司确实面临汇率波动的风险,但是并没有确定风险的来源。

评估每个业务单元的风险。 赛威公司想确定每个业务单元会如何受到欧元变动的影响,然后考虑如何减少风险。赛威公司用回归分析模型来分析每个业务单元的现金流。首先,根据业务单元 A 现金流的季度变化百分比(图表 12.6 第(2)列)评估了业务单元 A 的风险。这里现金流的季度变化百分比是因变量,欧元币值的季度变化百分比(第(6)列)是自变量。其次,根据第(3)列的因变量确定了业务单元 B 的风险,在这里仍用到了第(6)列的自变量。最后,用第(6)列的自变量和第(4)列的因变量评估业务单元 C 的风险。结果如下所示(请自己练习回归分析):

业务单元	回归系数
A	不显著
B	不显著
C	系数 =0.45,统计显著(R^2 =0.80)

结果显示,业务单元 A 和业务单元 B 的现金流并不面临经济风险。但是,业务单元 C 面临经济风险。根据 R^2 统计量,业务单元 C 的现金流中大约 80% 可以用欧元币值随时间的变动来解释,这表明其现金流和汇率变动之间有着非常密切的关系。业务单元 C 的回归系数表明,欧元每贬值 1%,业务单元 C 的现金流估计会减少 0.45%。

确认子公司风险的来源。 既然赛威公司已经确定了其中一个业务单元是风险来源,它试图理解统计结果背后的原因。业务单元 C 的主要业务是为欧洲游客提供美国旅游服务。它以美元收费,因此当欧元贬值时,欧洲游客对旅游的需求会下降,因为这需要更多的欧元来支付这项服务。虽然赛威公司对该类型的风险不是很意外,但它对业务单元 C 和其产生的欧元价值之间的相关程度很意外。因为赛威公司的分析表明,其他两个业务单元不受经济风险的影响,因此赛威公司可以专注于减少业务单元 C 的风险,解释如下。

12.2.2 对经济风险套期保值的可能战略

既然赛威公司已经确定业务单元 C 是经济风险的来源,它希望制定一个策略来减少风险。赛威公司考虑重组业务,以便在欧元贬值时从中获益,以抵消欧元贬值对业务单元 C 现金流的不利影响。

定价政策。赛威公司考虑在欧元贬值时对欧洲游客降低价格,以便吸引更多的欧洲游客。然而,它不认为这种策略会减少风险,因为当欧元贬值时,C 的现金流仍然很低(由于价格下降)。

采用远期合约套期保值。赛威公司可以让业务单元 C 在远期合约到期时,提前卖出欧元,然后在现货市场买入欧元。如果欧元贬值,这种远期合约将带来收益,可以对冲欧元贬值时对赛威公司业务的不利影响。然而,这里所描述的远期合约的使用只会在合约期间对冲。它不会成为赛威公司抵御经济风险的长期对冲工具,而经济风险可能会无限期持续下去。

从外国供应商采购原材料。一些跨国公司通过在海外(而不是在国内)购买原材料来减少外币贬值带来的风险,因为当外币贬值时,原材料的成本应该会下降。然而,赛威公司销售的是服务而不是产品,它不需要为业务获取原材料。

外国资本融资。假设赛威公司的业务单元 C 需要为业务融资,而欧元的利率与美元利率相差不大。在这种情况下,业务单元 C 可以通过以欧元而非美元的贷款为部分业务融资,从而部分对冲经济风险。业务单元 C 可以将贷款收益转换成美元,然后用这些美元来支持业务。业务单元 C 需要定期以欧元偿还贷款。如果欧元贬值,那么该单元将需要更少的美元来偿还贷款。这种有利影响可以部分抵消欧元贬值对该单元收入的不利影响。如果欧元升值,那么该业务单元将需要更多的美元来偿还贷款,但欧元升值对收入的有利影响将抵消这种不利影响。

这种套期保值策略只有在赛威公司需要一些债务融资时才有意义。此外,只有当用欧元融资的预期成本不高于用美元融资的成本时,赛威公司才会考虑采用这种套期保值策略。

调整其他单元的经营。即使业务单元 C 决定以欧元为其运营融资,这种策略可能也只能部分抵消对欧元贬值的风险。最高管理层可能会建议业务单元 A 和业务单元 B 也以欧元而非美元获得融资,这样跨国公司的整体经济风险就会在更大程度上被降低。

然而,业务单元 A 和业务单元 B 的财务经理不一定愿意用欧元为它们的运营提供资金。注意这些业务单元不受经济风险的影响。通过同意以欧元融资,业务单元 A 和业务单元 B 可能会受到欧元走势的影响,尽管赛威公司的整体经济风险可能会减少。如果它们用欧元融资,欧元升值,融资成本就会上升。因此,通过帮助抵消业务单元 C 的风险,业务单元 A 和业务单元 B 可能会表现不佳,因此,它们各自的管理人员可能会得到较低的报酬。

如果赛威公司中不隶属于任何子公司的高层经理能够将套期保值方案的影响从业务单元经理的薪酬公式中剔除,那么解决方案仍然是可行的。也就是说,最高管理层可以指示业务单元 A 和业务单元 B 以欧元借入资金,但不考虑欧元对融资成本的影响以进行业绩评估,奖励这些子公司的经理。这样,部门经理就会更愿意采取这种增加自身经济风险敞口、减少赛威公司总体风险的策略。

12.3 对固定资产套期保值

到目前为止,焦点始终集中在经济风险如何影响企业的现金流上。然而,汇率变动的影响不仅仅局限于期间性的现金流量。如果跨国公司在海外拥有固定资产,例如建筑物或者机器设备,收回最终处置这些资产的美元金额也会受到汇率风险的影响。

> **举例**
>
> 万格公司(Wagner Co.)是一家美国公司,在俄罗斯开展为期 6 年的项目。6 年前,公司花费 5 亿卢布从俄罗斯政府手中购买了一台制造设备。在投资时,卢布的汇率为 0.16 美元,因此万格公司需要 8 000 万美元购买该设备。俄罗斯政府承诺,项目完成后,将以 5 亿卢布的价格回购该设备。但是到那时,卢布的汇率仅为 0.034 美元,所以万格公司仅仅能够收回 1 700 万(5 亿×0.034)美元。虽然设备的卢布价格在买入和卖出时是一样的,但是设备的美元卖出价比买入价少了 79%。

可通过出售远期合约来对售出固定资产进行套期保值,但在新兴市场,远期合约可能不能使用。对卖出固定资产风险的套期保值可以通过同时构造一项与卖出时期望价值相匹配的负债项目来实现。也就是说,卖出固定资产产生的外币现金流入可以用来偿还以该货币计价的一项负债。

> **举例**
>
> 在前例中,万格公司可以通过向当地银行借入卢布,作为购买设备的投资。由于不存在贷款利率,因此,本息合计的偿还金额就等于卖出该设备时设定的卖出价格。这样,万格公司可以贷款 5 亿卢布,6 年后偿还清本息。

对售出固定资产进行套期保值的局限性在于跨国公司并不一定知道:(1) 什么时候卖出资产;(2) 卖出资产的价格(当地货币)。因此,没有办法构造一项在时间和金额上完全匹配的负债。然而,这些局限性并不应该成为不进行套期保值的借口。

> **举例**
>
> 即使俄罗斯政府不保证回购价格,万格公司也可以根据可能的最早卖出时间和最低卖出价格构造一项负债项目。如果卖出时间晚于预计时间,那么公司可以考虑延长贷款期限以配合销售日期。这样公司依然能够依靠贷款来支持公司运营,直到设备售出。通过贷款偿还来配比最低卖出价格,如果该固定资产的卖出价格高于最低卖出价格,风险就不能完全规避。然而,至少万格公司已经通过相同币种的负债项目部分抵消了该风险。

12.4 管理折算风险

回想一下第10章,当总部设在美国的跨国公司报告它的总体财务状况时,它必须将每个外国子公司的财务报表与母公司的财务报表合并,这样整个跨国公司只有一个合并资产负债表和一个合并损益表。由于汇率随时间变化,子公司的财务报表在转换成不同货币时受到汇率变动的影响。即使这种转换风险不会影响现金流,许多跨国公司也会对此感到担忧,因为折算风险会降低跨国公司的综合收益,从而导致股价下跌。

> **举例**
>
> 哥伦布公司(Columbus Co.)是一家美国跨国公司,在英国拥有一家子公司。子公司的收入和利润几乎占集团的一半。在过去三个季度里,英镑贬值,由于在将英国子公司的收益折算为美元时汇率较低,这使得报告的英国子公司的利润水平下降,而合并利润下降导致公司的股价下跌。虽然公司业绩不佳仅仅源于对子公司收益的折算影响,但高层管理人员和董事会受到指责。此外,员工薪酬也与合并利润相关,因此,员工薪酬也减少了。最终,哥伦布公司决定对未来的折算风险进行套期保值。

12.4.1 用远期合约对折算风险套期保值

跨国公司可以使用远期合约或期货合约来对折算风险进行套期保值。具体来说,可以将外国子公司获得的收益作为远期货币出售。通过此方式,跨国公司创造了货币的现金流出,以抵消以该货币获得的收益。

> **举例**
>
> 哥伦布公司在英国有一家子公司。虽然还没有预见到未来利润的交易风险(因为英镑将留在英国),但是哥伦布公司很容易受到折算风险的影响。子公司预测明年盈利将为2 000万英镑。为了对冲折算风险,哥伦布公司可以通过出售2 000万英镑的1年远期合约对预期收益实现远期套期保值。假设当时的远期利率为1.60美元,与即期利率相同。在年底时,哥伦布公司可以按即期汇率购买2 000万英镑并履行合约义务出售2 000万英镑。假设远期汇率是1.60美元,与即期汇率相同。到年末时,哥伦布公司以即期汇率买入2 000万英镑并通过出售远期合约来履行业务。如果英镑在1年后贬值,那么哥伦布公司就可以在年末时购买英镑,以一个比出售价格(每英镑1.60美元)更低的价格履行远期合约。因此,哥伦布公司将从远期套期保值中获得收益,从而抵消折算损失。
>
> 如果英镑贬值,该子公司全年的加权平均汇率为1.50美元,则其折算利润如下:
>
> 折算利润 = 子公司利润 × 加权平均汇率
> = 2 000 × 1.50
> = 3 000(万美元)
>
> 如果当年汇率没有下降,折算利润应该为3 200万英镑(2 000×1.60)。因此,汇率波动导致报告利润减少200万英镑。
>
> 然而,由于即期汇率下降,公司从远期合约中获得收益。如果我们假设年末的即期汇率为1.50美元,则远期合约的收益为:
>
> 远期合约收益 = (卖出远期合约所得额) − (履行远期合约支付的金额)
> = (2 000 × 1.60) − (2 000 × 1.50)
> = 3 200 − 3 000
> = 200(万美元)

在现实世界中,完全抵消折算风险是很难做到的。但是,当加权平均汇率大幅下降时,同一期间的即期汇率也会大幅下跌。结果,折算风险的负面影响越大,远期合约的收益额越大。因此,远期合约能够有效地对部分折算风险进行套期保值。

12.4.2 对折算风险套期保值的局限性

对折算风险套期保值有以下四个局限性:

收益预测值不准确。第一个局限性是子公司对年末收益的预测值存在不确定性。在上例中,预计子公司收益为2 000万英镑。但如果实际收益要高得多,并且如果英镑在当年大幅贬值,折算损失可能会超过远期合约策略产生的收益。

某些货币没有远期合约。第二个局限性是并不是所有的货币都有远期合约。因此,在小国家有子公司的跨国公司可能得不到它们所需的这些国家货币的远期合约。

会计信息的扭曲。第三个局限性是远期汇率的利得或损失反映了远期汇率和将来即期汇率之间的差异,而折算利得或损失体现的是利润产生期间的平均汇率。另外,折算损失不能抵税,而用于对折算风险套期保值的远期合约的利得需纳税。

交易风险增加。第四个也是最大的局限性在于,用远期合约或货币市场套期保值,可能会增加跨国公司的交易风险。例如,子公司货币在会计年度升值就会产生折算利得。如果跨国公司在年初实施套期保值策略,那么产生的交易损失将在一定程度上被折算利得抵消。一些跨国公司可能对这样的抵消效果并不安心。这种折算利得只不过是"纸上利得",即由于子公司货币升值,所报告的美元收益值较高。然而,如果子公司将收益再投资,那么货币升值并不能给母公司带来更多的收益。跨国公司母公司的净现金流量并没有受到影响。相反,套期保值策略产生的损失是真实的损失,也即母公司的净现金流量会因此而减少。在本例中,跨国公司降低了折算风险却增加了交易风险。

小结

- 管理经济风险可以采取平衡收入和费用对汇率波动敏感度的方法。然而,要做到这一点,公司必须先确认汇率波动如何影响收入和费用。对于一些公司,收入更易受汇率影响,这些公司最担心的是本国货币会对外币升值,因为对收入的不利影响将大于对费用的有利影响。相反,费用比收入对汇率更敏感的公司,它们最担心的是本国货币会对外币贬值。公司降低经济风险时,本国货币向相反的方向变化不仅仅降低了不利影响,而且降低了有利影响。

- 卖出对子公司收益计价的外币远期可降低折算风险。如果外币对本币贬值,则对合并损益表的不利影响会被外币远期卖出的利得抵消;如果外币在期间内升值,则远期卖出的损失会被对报告的合并收益的有利影响抵消。然而,许多跨国公司对抵消"现金损失"的"纸上利得"并不满意。

正方反方

跨国公司可以通过沟通减少折算风险的影响吗?

正方:是的。投资者们通常用利润来预测跨国公司未来的现金流。投资者们并不一定能够认识到跨国公司的折算风险如何影响对未来现金流的估计。因此,跨国公司可以对年度报告做出解释,说明当期利润如何受到折算利得和损失的影响。如果投资者拥有这些信息,它们就不会对由于折算带来的利润变化而反应过度。

反方:不能。投资者只关注公司的财务数据底线,不关心对折算风险的任何解释。此外,它们认为折算风险会被规避。如果外国子公司的利润减少是由弱势货币导致的,且货币一直处于弱势地位,则利润也会一直维持在较低水平。

孰是孰非? 运用互联网了解该话题的更多内容。你支持哪种观点?对这个问题发表你的见解。

自测题
（答案见书后的附录A）

1. 塞勒姆公司（Salem Co.）买入美国化学品，将其加工为药品后出口给加拿大医院。由于塞勒姆公司的药品以加元标价，所以该公司非常担心加元对美元长期贬值。虽然公司定期用短期远期合约套期保值，但这并不能使公司免受加元持续贬值的影响。塞勒姆公司怎样才能抵消出口所带来的风险？

2. 用问题1的资料，说明抵消出口汇率风险的劣势。

3. 科斯特公司（Coastal Co.）是一家美国公司，在英国拥有子公司。该公司预计本年英镑会贬值。解释科斯特公司的折算风险。该公司应如何对折算风险套期保值？

4. 埃弗哈特公司（Everhart Co.）在欧洲子公司的折算风险相当大。埃弗哈特公司的财务主管表示，这种折算影响无关紧要，因为欧洲子公司产生的收益并没有汇给美国母公司，而是直接在欧洲进行再投资。不过，公司财务副总裁很担心折算风险，因为股价高度依赖于合并收益，而合并收益又依赖于折算收益时的汇率。谁是正确的？

5. 林肯郡公司（Lincolnshire Co.）在墨西哥生产的产品80%出口到拉美国家。卡拉发（Kalafa Co.）公司生产的产品全部在美国销售，但该公司在西班牙有一家子公司能创造该公司20%的收益。比较这两家美国公司的折算风险。

应用思考题

1. **降低经济风险**。巴尔的摩公司（Baltimore Inc.）是一家美国跨国公司，其10%的原材料来自欧洲制造商，60%的收入来自对欧洲的出口，出口产品以欧元标价。请说明巴尔的摩公司如何能尽量减少汇率波动带来的经济风险。

2. **降低经济风险**。UVA公司是一家美国跨国公司，其40%的原材料来自泰国。该公司也从泰国银行借款，兑换成美元后用于在美经营。它目前约有10%的收入来自泰国的客户，对泰国销售以泰铢标价。请说明UVA公司怎样才能降低汇率波动带来的经济风险。

3. **降低经济风险**。奥尔巴尼公司（Albany Co.）是一家美国跨国公司，与澳大利亚政府签有大额合同。合同将延续数年，销售额占奥尔巴尼公司业务的一大半以上。澳大利亚政府以澳元付款。公司约10%的经营费用以澳元支付，其他费用以美元支付。请说明奥尔巴尼公司如何降低汇率波动的经济风险。

4. **降低经济风险的权衡**。跨国公司重组业务时，可能降低了经济风险，但有时却丧失了规模经济。请说明这一点。

5. **汇率对利润的影响**。请说明当外币贬值时，美国跨国公司的合并收益会受到怎样的影响。

6. **对折算风险套期保值**。请说明公司如何能对折算风险套期保值。

7. **对折算风险套期保值的局限性**。巴图内克公司（Bartunek Co.）是一家美国的跨国公司,拥有欧洲子公司,希望对折算风险套期保值。请给出对折算风险进行套期保值的局限性。

8. **对折算风险的有效套期保值**。是信誉良好的跨国公司还是普通的跨国公司更能有效地对一定水平的折算风险套期保值？为什么？

9. **比较经济风险的程度**。卡尔顿公司(Carlton Co.)和派尔默公司(Palmer Co.)都是美国跨国公司。它们在墨西哥拥有子公司,向拉美客户销售医用物品(生产于美国)。两家子公司都以成本价买入产品,而后加价90%出售。子公司的其他经营费用很低。卡尔顿公司在美国有一个研发中心,重点是提高医用科技。派尔默公司在墨西哥有类似的研发中心。两家子公司的母公司每年都给各自的子公司的研发中心发放补助。请说明哪一家公司的经济风险较高？

10. **比较折算风险的程度**。尼尔森公司(Nelson Co.)是一家美国公司,每年对新加坡的出口销售额约为8亿新元。它的主要竞争对手是梅兹(Mez)公司,该公司也是一家美国公司,它在新加坡的子公司每年创造8亿新加坡元的销售收入。子公司的收益全部用于再投资以支持其运营。依据以上资料,请说明哪一家公司面临的折算风险更高。

批判性思考题 ▶▶▶▶ ▷

创造现金流出以匹配同一货币的现金流入。考虑跨国公司在美国生产产品并向发展中国家出口产品。如果跨国公司在它们出口产品的国家开展业务,可能会使汇率风险降低。这种重组将使费用转移到发展中国家,而这些费用可以用同样货币赚取的收入来支付。写一篇短文,解释这种解决方案的现实局限性,这有助于解释为什么一些跨国公司不使用这种策略。

布雷泽公司案例:评估经济风险 ▶▶▶▶ ▷

布雷泽公司已经开始对泰国出口商品以弥补它在美国本土销售收入的减少。此外,布雷泽公司最近也开始向英国的零售商出口商品。公司生产商品所需要的零部件(例如橡胶和塑料)供应商位于美国和泰国。基于成本和质量的考虑,布雷泽公司决定采用泰国供应商提供的原材料。布雷泽公司所有的进出口项目都以外币标价。例如,布雷泽公司向泰国进口商支付泰铢。

决定向泰国出口的原因是泰国已经成为世界上经济增长速度最快的国家之一。此外,布雷泽公司发现一家泰国进口企业愿意每年购买18万双布雷泽公司生产的"Speedos",该产品是世界上质量最好的轮滑鞋之一。该合同自去年开始生效,并将持续两年时间,两年后双方将重新订立合同。按照合同,布雷泽公司将其产品定价为每双4 594泰铢(按照即期汇率,约合100美元),而不是平时的120美元一双。尽管该价格相当于在正常价格的基础上大打折扣,但布雷泽公司仍然有利可图。其他亚洲国家的进口商不愿意签订类似合同,这是公司决定向泰国出口的决定因素。尽管布雷泽公司的首席财务官本·霍尔特认为亚洲的运动商品市场在未来有很大的成长潜力,公司也已经开始向英国零售商乔格斯公司出口商品。乔格斯公司承诺以每双80美元的价格每年购买20万双"Speedos"。

下一年,布雷泽公司计划从泰国进口足够生产 8 万双 "Speedos" 的橡胶和塑料,每双的成本约为 3 000 泰铢。

你作为布雷泽公司的财务分析师,对霍尔特指出,最近亚洲发生的事件严重影响了亚洲国家,包括泰国的经济环境。例如,你认为消费者对于休闲消费品(如轮滑鞋)的支出已经大幅缩减。因此两年后泰国进口商可能不会续约。此外,你担心泰国现在的经济状况可能导致泰铢的大幅贬值,这也将会给布雷泽公司带来负面影响。

尽管最近形势不好,霍尔特仍然保持乐观的态度,他认为随着近期事件影响的消退,南亚国家仍具有很大的增长潜力。因此,霍尔特坚信当现有合同到期后,泰国进口商会续约 3 年。在你看来,霍尔特并没有考虑到影响布雷泽公司的所有直接和间接因素。此外,你担心即使泰国进口商继续续约 3 年,霍尔特也忽视了布雷泽公司在泰国的发展困境。事实上,你认为由于泰国的高通货膨胀水平,续约将给布雷泽公司带来负面的影响。

由于霍尔特对你的想法很感兴趣,并希望评估布雷泽公司在泰国的经济风险,他希望你能够对下一年泰铢币值对收益影响而产生的经济风险进行分析。你已经收集到如下信息:

- 布雷泽公司预测在美国本土以正常价格销售 52 万双,以每双 4 594 泰铢的价格向泰国出口 18 万双,以每双 80 英镑的价格向英国出口 20 万双。
- 8 万双产品的成本在泰国发生,其余产品的成本都在美国本土发生,每双的成本约为 70 美元。
- 固定成本为 200 万美元,可变经营费用约占美国销售收入的 11%。所有的固定成本和可变经营费用都发生在美国。
- 假设最近亚洲发生的事件大大增加了亚洲货币的不稳定性,这使得预测泰铢币值变得更加困难。泰铢的即期汇率为 0.22 美元,英镑的即期汇率为 1.50 美元。你已经预测了下一年三种可能的汇率,并且给出了基于每种情形下的货币期望价值。

情境	泰铢平均价值受到的影响	泰铢平均价值(美元)	英镑平均价值(美元)
1	不变	0.2200	1.530
2	贬值 5%	0.0209	1.485
3	贬值 10%	0.0198	1.500

- 布雷泽公司现有的资本结构中不包括债务资本。但是,如果公司在泰国设立子公司,可以选择在泰国借款。

霍尔特希望你能够回答下列问题:

1. 如果泰国进口商续约 3 年,泰国的高通货膨胀水平会给布雷泽公司带来怎样的不利影响?

2. 霍尔特认为泰国进口商在两年之后会续约。你认为他的观点是否正确?为什么?同样,假设泰国的经济恢复到近期事件之前的高增长水平。在这样的假设下,泰国进口商在两年之后续约的可能性有多大?

3. 对于泰铢和英镑的三种可能汇率,利用电子表格预测下一年的估计现金流量。简要评述布雷泽公司的经济风险水平。忽略可能的税收影响。

4. 在假设泰铢和英镑完全相关的条件下,重复问题 3 的计算过程。也就是说,如果泰铢贬值 5%,则英镑也会贬值 5%。在这样的假设下,布雷泽公司是否会面临更大的经济风险?为什么?

5. 基于你对之前三个问题的答案,布雷泽公司应该采取哪种措施减少在泰国的经济风险?

小企业困境:对体育用品出口公司汇率波动的经济风险套期保值 》》》

吉姆·洛根是体育用品出口公司的所有者,他对汇率风险比较关心。即使对每个月的交易套期保值,他仍旧意识到英镑长期贬值会对他的公司有严重影响。他认为一定要继续专注于在英国市场销售橄榄球。然而,他打算考虑采用以下方法降低经济风险。目前,他从当地制造商那里购得原材料,制成橄榄球,然后出口。他一直将自己的停车场作为生产场地,而且将继续这样做以减少经营费用。

1. 为了降低经济风险,吉姆可以怎样调整经营?如此调整的缺点可能是什么?

2. 吉姆的企业不断壮大,请你提供对经济风险长期套期保值的解决办法。这一解决办法的缺点是什么?

互联网/Excel 练习 》》》

1. 选择浏览一家跨国公司的年报。许多跨国公司在其网站上公布公司年报,查找与跨国公司经济风险或折算风险相关的信息。年报中是否披露公司对经济风险或折算风险套期保值?如果有,公司采用什么方法进行套期保值?

2. 利用互联网获得 IBM 公司(或其他跨国公司)的股票历史价格信息,获得至少过去 20 个季度的数据。获取 IBM 公司 20 个季度的股价,并将该数据输入电子表格中,然后计算 IBM 公司股价季度变动的百分比。

利用互联网获得与股价信息相匹配的加元和欧元的直接汇率信息。以 IBM 公司股价的季度变动百分比为因变量,加元币值的季度变动百分比为自变量进行回归分析。

回归结果是否显示 IBM 公司股价受加元币值变动的影响?如果是,两者之间的关系如何?关系是否显著?(查看 R^2 统计量)。基于该关系,你认为 IBM 公司是否应该对加元币值变动产生的经济风险套期保值?

3. 选择欧元重复上述过程。回归结果是否显示 IBM 公司股价受欧元币值变动的影响?如果是,两者之间的关系如何?关系是否显著?(查看 R^2 统计量)。基于该关系,你认为 IBM 公司是否应该对欧元币值变动产生的经济风险套期保值?

真实案例在线文章

在网上寻找一篇最近的文章,这篇文章应是国际财务管理的实际应用,或是现实世界中特定跨国公司的案例,该案例能够诠释本章所述的某一个或者多个概念的行为。

如果你的班级有在线平台,教授可以要求你将总结放在在线平台上,这样,其他学生也能看到这篇文章。如果你的班级是面授课堂,教授可以要求你在课堂上汇报你的文章。教授也可以给某个学生布置任务,让学生完成本章作业,或者要求学生自愿完成某些作业。

对于本章所用到的在线文章和现实世界的案例,考虑搜索以下术语,并且将本年度作为搜索关键词以保证在线文章是最近的:

1. 套期保值和(跨国公司名);
2. 套期保值和汇率影响;
3. 套期保值和货币影响;
4. 风险和汇率;
5. 风险和货币;
6. 套期保值和折算风险;
7. 套期保值和折算影响;
8. 远期合约和折算;
9. 折算风险的管理;
10. 减少折算风险。

第3篇综合题
汇率风险管理

福格尔(Vogl)公司是一家美国公司,正在编制下个年度的财务计划。公司在国外没有子公司,但它的销售收入一半以上来自出口。该公司下一年度的出口待收的外币现金流入和进口物料待付的现金流出如下:

货币	总流入	总流出
加元(C$)	C$32 000 000	C$32 000 000
新西兰元(NZ$)	NZ$5 000 000	NZ$1 000 000
墨西哥比索(MXP)	MXP 11 000 000	MXP 10 000
新加坡元(S$)	S$4 000 000	S$8 000 000

当前即期汇率和1年期远期汇率为:

货币	即期汇率(美元)	1年期远期汇率(美元)
C$	0.90	0.93
NZ$	0.60	0.59
MXP	0.18	0.15
S$	0.65	0.64

思考题:

1. 根据以上资料,计算每一种外币的净风险,以美元表示。

2. 假设当前即期汇率可用作1年后未来即期汇率的预测值,预期新西兰元、墨西哥比索和新加坡元下一年对美元的走势相似,加元波动同其他货币波动无关。由于汇率难以预测,预测的每种货币兑换的美元净流量可能不准确。你认为外汇变动会出现一些抵消性汇率效应吗?请解释。

3. 根据加元预测值和加元远期汇率,你预期美元现金流量(来自对加元净现金流量套期保值)会增加或减少多少。你会对加元头寸套期保值吗?

4. 假设下一年加元净流入量为 20 000 000 加元到 40 000 000 加元。请说明对 30 000 000 加元净流入量套期保值的风险。福格尔公司应该如何避免这一风险？该风险策略有何缺点？

5. 福格尔公司意识到短期套期保值策略仅对某一年的风险套期保值，不能使公司免受加元汇率长期走向的影响。公司曾考虑在加拿大设立子公司，将商品从美国发往加拿大的子公司，然后由子公司分发，所收到的购货款将由加拿大子公司在加拿大进行再投资。这样，福格尔公司每年就不必将加元兑换为美元。请说明福格尔公司运用这一策略能否消除所面对的汇率风险。

第 4 篇

长期资产与长期负债的管理

第 4 篇(第 13 章到第 16 章)讨论跨国公司的长期资产与长期负债管理。第 13 章描述了跨国公司在考虑跨国项目时需要掌握的信息。第 14 章说明了跨国公司如何在国际层面上参与特殊的资本预算、企业的控制与重组。第 15 章解释了会影响跨国公司新项目融资成本的资本结构决策。第 16 章描述了跨国公司的长期融资决策。总体上,第 13—14 章确定了影响跨国公司国际投资现金流的因素。而第 15—16 章重点关注跨国公司进行国际投资时的融资成本。

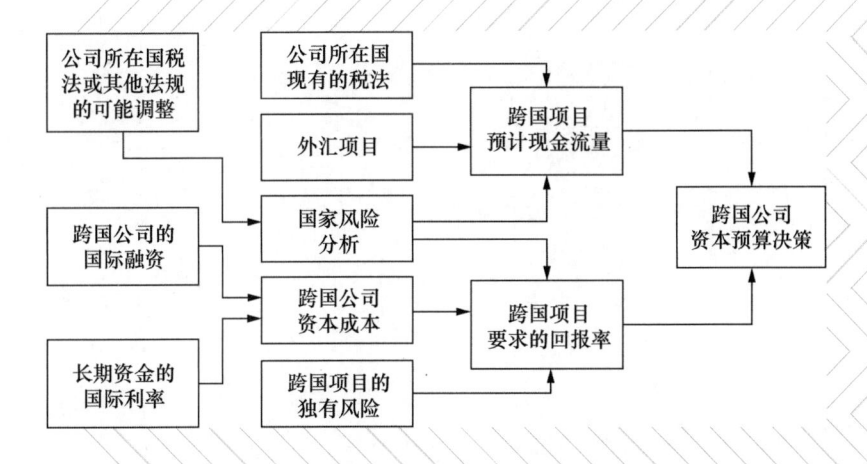

第 13 章
跨国资本预算

跨国公司用资本预算的方法来评估国际项目,这种预算方法就是把国际项目的收益和成本进行比较后决定对项目的取舍。具体来说,跨国公司通过比较项目预计现金流量的现值与项目所需的初始支出来决定一个国际项目是否可行。这种国际项目的评价与国内项目的评价类似。然而,跨国资本预算往往处于特别的环境之下,这种环境会影响未来的现金流量和现金流量的折现率,这一切都使得国际资本预算比国内资本预算更复杂。

鉴于跨国公司每年花费超过 1 亿美元在国际项目上,因此跨国资本预算发挥着关键的作用。国际项目是不可逆转的,它们也不可能轻易以合理价格卖给其他公司。财务经理必须懂得如何用资本预算评价国际项目,以最大化跨国公司的价值。本章简要概括了资本预算过程和如何识别需要的信息类型。

> **本章目标**
>
> - 比较跨国母公司、子公司间资本预算分析的差别;
> - 说明怎样用跨国资本预算来决定是否应该实施一项国际项目;
> - 阐述在特殊情况下如何运用跨国资本预算,例如替代汇率的情形或考虑子公司筹资的情形;
> - 解释如何对国际项目的风险进行评估。

13.1 子公司和母公司的视角

跨国资本预算通常应站在母公司的角度进行。一些项目可能对子公司来说是可行的,但是对母公司而言并不可行,原因在于流向子公司的税后净现金流量和流向母公司的税后净现金流量有很大差异。这种母公司与子公司之间的现金流量差异源于几个因素,在此,我们对其中几个因素予以讨论。

13.1.1 税收差异

如果来自该项目的收益有一天被汇回母公司,那么跨国公司就需要考虑母公司所在国对该收益的课税情况。如果母公司所在国政府对汇回的收益课以高税,那么从子公司角度来看,该项目可能是可行的,但从母公司的角度来看该项目是不可行的。

13.1.2 汇出收益限制

东道国政府可能对子公司汇出的收益施加限制。假定潜在投资项目所在国家政府规定,子公司收益的一定百分比必须留在该国。因为母公司可能永远也得不到这笔留在被投资国的资金,所以在这些国家投资项目对母公司可能没有什么吸引力,但是该项目对子公司却可能很有吸引力。

13.1.3 汇率变动

子公司将收益汇回母公司时,母公司收到的本国货币金额会受到当前汇率的影响。因此,当子公司所在国货币预期持续疲软时,对子公司而言可行的项目有可能对母公司而言不可行。

13.1.4 识别母公司视角的因素小结

图表13.1列示了从子公司赚取收益到母公司收到汇回资金的全过程。图表显示了子公司的现金流在被母公司收到时是如何减少的。子公司的部分收益首先以公司所得税的形式付给所在国政府。然后,部分收益由子公司留存(因子公司希望留存的收益或者因所在国政府规定所需要留存的收益),其余部分被汇回母公司。被汇回母公司的资金可能要向所在国政府缴纳预提税,然后再将其余部分兑换成母公司所在国货币(以当时市场汇率兑换)并汇回母公司。

由于图表13.1中涉及的几个不同因素冲减了子公司的收益,子公司实际汇回母公司的现金流量可能仅仅是其所获收益的一小部分。在母公司看来,一个项目的可行性不取决于子公司的现金流量,而取决于母公司最终所能收到的现金流量。

确定一个项目是否会增加公司价值,从母公司角度来考虑是合适的。由于母公司的股东是公司的所有者,所以公司所做的决策应满足股东的要求。每一个项目,无论是外国还是国内的,最终都应该为母公司带来足够多的现金流量,进而增加股东财富。在分析中应该考虑母公司任何费用的变动。母公司会因为监督新的外国子公司或编制合并财务报表发生额外费用。任何会对母公司产生正的净现值的项目都会增加股东财富。

```
        ┌──────────┐
        │ 子公司创造 │
        │  的现金流  │
        └─────┬────┘
              │         ┌──────────┐
              ├────────▶│支付给所在国│
              │         │政府的所得税│
              ▼         └──────────┘
        ┌──────────┐
        │子公司税后 │
        │  的现金流 │
        └─────┬────┘
              │         ┌──────────┐
              ├────────▶│ 子公司的  │
              │         │ 留存收益  │
              ▼         └──────────┘
        ┌──────────┐
        │子公司汇回 │
        │  的现金流 │
        └─────┬────┘
              │         ┌──────────┐
              ├────────▶│向所在国政府│
              │         │ 缴纳的预提税│
              ▼         └──────────┘
        ┌──────────┐
        │子公司汇回 │
        │的税后现金流│
        └─────┬────┘
              ▼
        ( 兑换成母公司 )
        ( 所在国货币  )
              │
         流入母公司
          的现金流
              ▼
           ┌─────┐
           │母公司│
           └─────┘
```

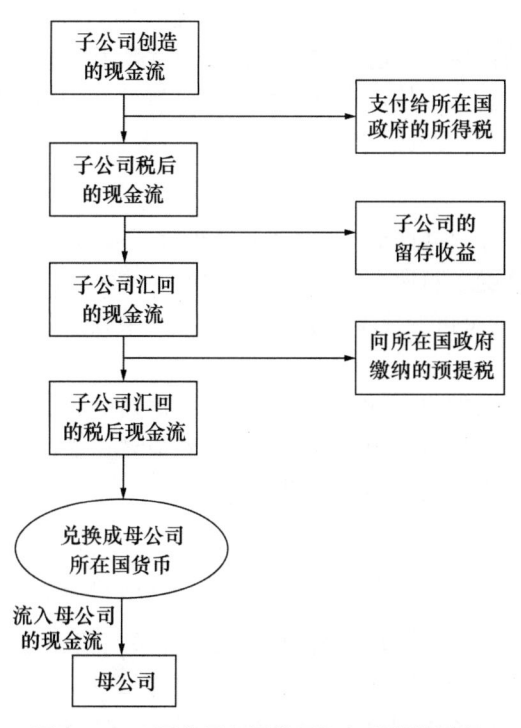

图表 13.1　子公司向母公司汇入利润的过程

以母公司的角度来看,有一个例外情况便是当母公司并不全资拥有外国子公司时,即当外国项目只有部分是用母公司和子公司的留存收益来作为融资来源时。在这种情况下,经理应该做出增加母公司与子公司双方全部股东利益的决策。

尽管这种情况会偶尔发生,但是跨国公司的大多数外国子公司都是被母公司全资拥有的。本书中的例子都隐含了这样的假设:子公司是被母公司全资拥有的(除非另有说明),因此应关注母公司的立场。

13.2　跨国公司资本预算变量输入

所有值得跨国公司考虑的长期项目均需要资本预算。项目可能小至扩充子公司一个部门,大到设立一个新的子公司。无论跨国公司进行何种长期投资,它通常都会要求预测影响该项目初始投资和后续现金流的财务指标的特征。以下分别对相关特征给予详细说明。

初始投资。 母公司对一个项目的初始投资构成了支持该项目的主要资金来源。一个项目的初始投资资金可能不仅包括启动该项目所必需的资金,还有一些其他资金,如支持该项目运营的运营资本等。这些资金被用来购买原材料、支付工资及其他费用,直至该项目产生收入。因为现金流入量并不总是足够弥补所需要的现金流出量,因此运营资本在整个项目寿命期内都是必需的。

价格和消费者需求。 公司可以通过和市场上竞争产品的价格相比较来预计本公司产品可能的销售价格。未来的价格很可能受项目所在国通货膨胀率的影响。但是，由于未来的通货膨胀率是不确知的，因此，为了估计产品价格，公司就必须对未来的通货膨胀率进行预测。

估计现金流量时，对消费者的需求进行准确预测是很有价值的。对未来需求的预测受不确定的经济状况的影响。

成本。 公司也可通过比较当前成本要素(如每小时工资率、原材料成本)的方法来预计变动成本。这类成本通常会随项目所在国通货膨胀率的变动而变动。因此，即使每单位可变成本可以精确预测，所预测的总可变成本(每单位可变成本乘以总产量)也可能因为产品需求预测不精准而不准确。

固定成本不受消费需求的影响，所以可直接估计，比如租赁费。在确定预测期间后，固定成本可能比变动成本更容易预测。但是从开始预测到最终真正发生固定成本的期间里，固定成本对被投资国通货膨胀率的变动却是很敏感的。

税法。 影响外国子公司产生的收益或者汇回母公司收益的税法在各国间是有差异的。因为税后现金流量对完整的资本预算分析是必要的，所以必须考虑税收影响。

资金转移。 跨国公司资金汇回母公司的政策与项目的收入相关，因为政策影响外国项目每期汇回母公司的现金流量的预测。有些情况下，所在国政府会阻止子公司将收益汇回母公司。如果母公司意识到了这些限制，在预计现金净流量时它也会考虑这些限制的影响。

汇率。 任何国际项目在该项目的存续期内都会受到汇率变动的影响，并且这种汇率变动通常难以预测。虽然存在套期保值的方法，但外币现金流量依然存在很大不确定性。

残值(清算价值)。 大多数项目的税后残值取决于几个因素，包括项目成功与否以及所在国政府对该项目的态度。有些项目因寿命期不确定导致难以评估，而寿命期确定的项目在到期时将被清算，这就使得资本预算分析相对易于执行。跨国公司并不能完全决定一个项目的寿命期。有些情况下，政治事件可能迫使一些项目的清算比计划要提前。这些政治事件发生的可能性在不同国家是不一样的。

必要报酬率。 一旦预测出拟执行项目的相关现金流量，就要以该项目的必要报酬率作为折现率进行折现。跨国公司首先预测其资本成本，然后根据项目的特有风险估计出项目的必要报酬率。如果项目风险高于跨国公司其他业务的风险，该项目的必要报酬率也应高于跨国公司的资本成本。跨国公司决定资本成本的方法在第 15 章讨论。

跨国资本预算的挑战是准确预测这些用以估计现金流量的财务变量，如果将垃圾(不精确的预测)输入资本预算系统，电脑所计算出的分析结果也将是垃圾，其结果可能会使跨国公司错误地投资于一个项目，从而使公司遭受数百万美元的损失。因此，跨国公司需要确定用来评估项目的信息资料的精确程度。

13.3 跨国资本预算案例

这部分举例说明跨国资本预算是如何执行的。案例假设资本预算分析能够简化,随后引入额外需要考虑的因素,以强调这种分析的潜在复杂性。

13.3.1 案例背景

斯巴达公司(Spartan, Inc.)正考虑在新加坡设立一家子公司,在当地制造和销售网球拍。斯巴达公司的财务经理要求生产、市场和财务部门为资本预算分析提供相关信息。此外,斯巴达公司的高级管理人员会见了新加坡的政府官员讨论拟设立的子公司。项目预计4年后终结,所有相关信息如下:

1. 初始投资。该项目预计需要 2 000 万新加坡元,包括支持运营资本的资金。假定即期汇率为每新加坡元兑换 0.5 美元。母公司初始投资为 2 000 × 0.5 = 1 000(万美元)。

2. 价格和需求。对今后 4 年中的每一年预计的价格和需求列示如下:

	年度1	年度2	年度3	年度4
单价(新加坡元)	350	350	360	380
新加坡的需求(件)	60 000	60 000	100 000	100 000

3. 成本。单位变动成本(原材料、人工等)预测如下:

	年度1	年度2	年度3	年度4
单位变动成本(新加坡元)	200	200	250	260

办公楼租赁费为每年 100 万新加坡元。预计其他费用为每年 100 万新加坡元。

4. 税法。新加坡政府允许斯巴达公司的子公司对固定资产和设备以每年最多 200 万新加坡元的折旧额计提折旧,子公司以此最大值对固定资产进行折旧。

新加坡政府征收 20% 的所得税,并对子公司汇回母公司的资金征收 10% 的预提税。

美国政府允许对在新加坡支付的税款予以抵免,所以汇回母公司的收益在美国不被课税。

5. 汇回的资金。子公司预计在每年年底将所有现金流入量汇回母公司。新加坡政府承诺不会对汇回母公司的现金流量予以限制,但如前文所说,会对所有汇回资金课以 10% 的预提税。

6. 汇率。新加坡元的即期汇率为 0.5 美元。斯巴达公司对于将来各期的预期都用该汇率。

7. 残值。新加坡政府将在 4 年后支付 1 200 万新加坡元以获得子公司的所有权。假定处置子公司时,不征收资本利得税。

8. 必要报酬率。斯巴达公司对该项目要求15%的回报率。

13.3.2 案例分析

只有当预期未来现金流量(包括残值)的现值大于母公司的初始投资时,斯巴达公司才会投资该项目。

决定斯巴达公司是否建立该子公司的资本预算分析列示于图表13.2(阅读时请对应表格)。首先,利用需求量和价格的预测来预计子公司赚取的总收入(第1—3行)。然后,把子公司发生的所有费用加总预计总费用(第4—9行)。接着,计算税前收益(第10行),这要通过从总收入(第3行)中减去总费用(第9行)来获得。最后,从税前收益中减去所在国政府税费(第11行)就可以确定子公司的税后收益(第12行)。

图表13.2 资本预算分析:斯巴达公司

		年度0	年度1	年度2	年度3	年度4
1	需求(件)		60 000	60 000	100 000	100 000
2	单价(新加坡元)		350	350	360	380
3	总收入 = (1) × (2)(新加坡元)		21 000 000	21 000 000	36 000 000	38 000 000
4	单位变动成本(新加坡元)		200	200	250	260
5	总变动成本 = (1) × (4)(新加坡元)		12 000 000	12 000 000	25 000 000	26 000 000
6	年租赁费(新加坡元)		1 000 000	1 000 000	1 000 000	1 000 000
7	其他年固定费用(新加坡元)		1 000 000	1 000 000	1 000 000	1 000 000
8	非现金支出(折旧)(新加坡元)		2 000 000	2 000 000	2 000 000	2 000 000
9	总费用 = (5) + (6) + (7) + (8)(新加坡元)		16 000 000	16 000 000	29 000 000	30 000 000
10	子公司税前收益 = (3) - (9)(新加坡元)		5 000 000	5 000 000	7 000 000	8 000 000
11	所在国政府税费(20%)(新加坡元)		1 000 000	1 000 000	1 400 000	1 600 000
12	子公司税后收益 = (10) - (11)(新加坡元)		4 000 000	4 000 000	5 600 000	6 400 000
13	子公司净现金流 = (12) + (8)(新加坡元)		6 000 000	6 000 000	7 600 000	8 400 000
14	子公司汇回的收益(全部净现金流)(新加坡元)		6 000 000	6 000 000	7 600 000	8 400 000
15	汇回资金的预提税(10%)(新加坡元)		600 000	600 000	760 000	840 000

(续表)

		年度 0	年度 1	年度 2	年度 3	年度 4
16	预提税后汇回的收益 = (14)－(15)(新加坡元)		5 400 000	5 400 000	6 840 000	7 560 000
17	残值(新加坡元)					12 000 000
18	汇率(美元)		0.5	0.5	0.5	0.5
19	母公司获得的净现金流 = [(16)+(17)]×(18)(美元)		2 700 000	2 700 000	3 420 000	9 780 000
20	母公司获得的净现金流现值(15%折现率)(美元)		2 347 826	2 041 588	2 248 706	5 591 747
21	母公司初始投资(美元)	10 000 000				
22	累计净现值(美元)		－7 652 174	－5 610 586	－3 361 880	2 229 867

用子公司税后收益加上折旧来计算子公司的净现金流量(第 13 行)。第 14 行是汇回的现金流量。所有这些资金都被汇回母公司，所以第 14 行和第 13 行金额相同。由于母公司提供了包括营运资本在内的初始投资，所以子公司把全部净现金流量汇回母公司。汇回母公司的资金(第 14 行)要缴纳 10% 的预提税(第 15 行)，这样税后实际汇回的金额就成了第 16 行的值。该项目的残值列示于第 17 行。汇回资金必须以当时汇率(第 18 行)兑换成美元。母公司从子公司收到的现金流量(以美元表示)列示于第 19 行。从子公司定期收到的资金无须缴纳美国公司所得税，这是因为假定在新加坡缴纳税款将用于抵减应缴给美国政府的税款。

净现值(NPV)的计算。 项目净现值是指流入母公司的未来净现金流量的现值减去母公司的项目初始投资的差额，计算公式如下：

$$\mathrm{NPV} = -\mathrm{IO} + \sum_{t=1}^{n} \frac{\mathrm{CF}_t}{(1+k)^t} + \frac{\mathrm{SV}_n}{(1+k)^n}$$

其中：IO = 初始支出(投资)；

CF_t = 第 t 期的现金流入量；

SV_n = 残值；

k = 该项目的必要报酬率；

n = 该项目的寿命期(年)。

将每期净现金流(第 19 行)用必要报酬率(15%)折现来计算每期净现金流量的现值(第 20 行)，最后，累计净现值(第 22 行)通过加总各期现金流量折现值减去初始投资(第 21 行)来获得。例如，在第二年年末累计净现值是 －5 610 586 美元。这是通过加总第一年的 2 347 826 美元和第二年的 2 041 588 美元，再减去初始投资的 10 000 000 美元获得的。每期期末的累计净现值能衡量将收到的现金流折现，初始投资额收回了多少，因此可以估计收回全部投资的期数。有些项目所有期的累计净现值均为负，这表明初始投资不可能被完全收回。

第 22 行的关键金额在最后一期获得，因为其反映了该项目的净现值。在本例中，最后一期期末的累计净现值是 2 229 867 美元。因为净现值是正数，此时如果 15% 的折现率已经完全考虑了该项目的风险程度，那么该跨国公司可以接受该项目。然而如果这种分析没有考虑风险,那么最终决策可能还是放弃该项目。下面我们简单讨论跨国公司在进行资本预算时考虑风险的方法。

13.4 应考虑的其他因素

斯巴达公司的案例忽略了影响资本预算分析的一系列其他因素,例如:
- 汇率波动;
- 通货膨胀率;
- 融资安排;
- 冻结资金;
- 不确定的残值;
- 项目对于现有现金流量的影响;
- 东道国的优惠;
- 实物期权。

下面就这些因素进行讨论。

13.4.1 汇率波动

回想前例中斯巴达公司运用新加坡元的即期汇率(0.5美元)作为对未来期间的汇率预测。公司意识到汇率将随时间而变动,但不知道新加坡元在未来会升值还是贬值。尽管准确预测汇率的难度显而易见,但是跨国资本预算分析对于汇率变动至少要考虑到其他的情形,比如乐观的或者悲观的情形。从母公司视角来看,新加坡元的升值是有利的,因为子公司的新加坡元收入在未来汇回母公司时可以被兑换成更多的美元。相反,贬值是不利的,因为子公司的新加坡元收入在未来汇回母公司时仅能兑换到更少的美元。

图表13.3展示了疲软的新加坡元和强势的新加坡元两种情形。表的上端是源于图表13.2中第16—17行的子公司预期税后新加坡元现金流量(包括残值)。其余几行数据均来自原始案例(图表13.2)。这些新加坡元兑换成美元的总量取决于它们在不同转换日的汇率。新加坡元的数量乘以期望汇率就是母公司收到美元的预期数量。

从图表13.3可以看到母公司收到的现金流量在不同情形下是不同的。强势的新加坡元相比于疲软的新加坡元,会给母公司带来更高的美元现金流。图表13.4表现了基于汇率预期的净现值预测。预期的净现值在新加坡元疲软情形下为负,而在稳定的或者强势的新加坡元情形下为正(原始案例以及图表13.2便描述了稳定新加坡元的情况)。因此,项目真正的可行性依赖于在项目寿命期内这三种情形的概率分布。如果新加坡元贬值的概率较高,项目就不会被接受。

图表 13.3　不同汇率情形下的分析：斯巴达公司

		年度 0	年度 1	年度 2	年度 3	年度 4
	预提税后汇回的收益(包括残值)(新加坡元)		5 400 000	5 400 000	6 840 000	19 560 000
	强势情形					
18	汇率(美元)		0.54	0.57	0.61	0.65
19	母公司收到的现金流(美元)		2 916 000	3 078 000	4 172 400	12 714 000
20	现金流现值(15%)(美元)		2 535 652	2 327 410	2 743 421	7 269 271
21	母公司初始投资(美元)	10 000 000				
22	累计净现值(美元)		-7 464 348	-5 136 938	-2 393 517	4 875 754
	疲软情形					
18	汇率(美元)		0.47	0.45	0.40	0.37
19	母公司收到的现金流(美元)		2 538 000	2 430 000	2 736 000	7 237 200
20	现金流现值(15%)(美元)		2 206 957	1 837 429	1 798 964	4 137 893
21	母公司初始投资(美元)	10 000 000				
22	累计净现值(美元)		-7 793 043	-5 955 614	-4 156 650	-18 757

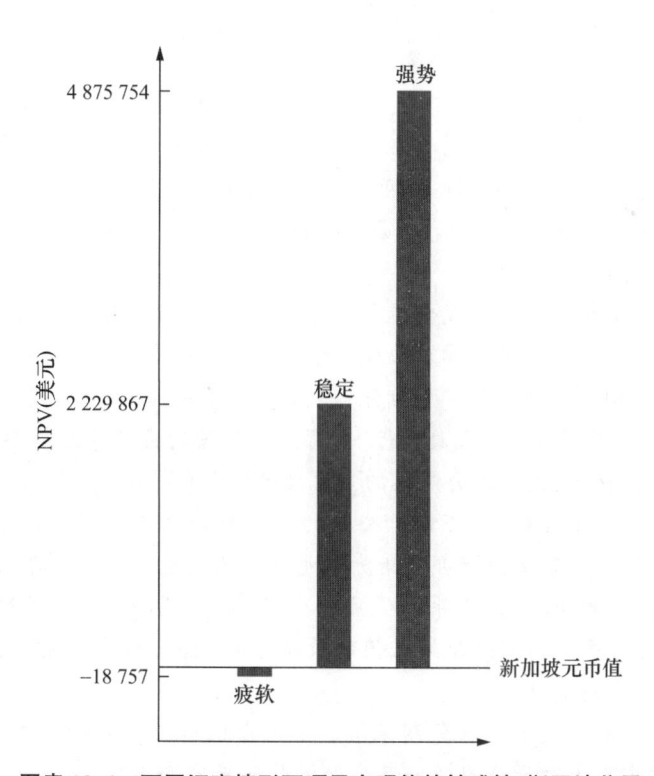

图表 13.4　不同汇率情形下项目净现值的敏感性：斯巴达公司

钉住母公司所在国的汇率。 一些美国跨国公司会考虑一些将当地货币与美元挂钩国家的项目。它们在进行资本预算分析时假定汇率不变。尽管如此,当地货币在未来某个时点仍可能贬值,从而对母公司收到的现金流量产生重要影响。因此,跨国公司会预估在可能发生贬值的情形下的项目净现值。如果该情形下项目依然是可行的,跨国公司就会更加乐于投资该项目。

对冲汇率。 有些跨国公司可能对项目的预期现金流进行套期保值。以下案例描述了如果跨国公司计划对项目预期现金流量的一部分进行套期保值,那么资本预算分析是如何变化的。

举例

重新考虑先前的斯巴达公司的案例。斯巴达公司认为未来4年新加坡元的汇率为0.5美元。然而,假设斯巴达公司因新加坡元存在不确定性,对预计现金流量进行套期保值。具体来说,假定每年套期保值金额为4 000 000新加坡元,相当于预期每年子公司的利润和汇回母公司的最小值。其他的现金流量(超过4 000 000新加坡元的部分)不采取套期保值措施。

由于套期保值的现金流量转换为美元的汇率与非套期保值的不同,所以应当将两者区分开来。假设新加坡元当前的远期汇率为0.48美元,略低于预期未来即期汇率。但是斯巴达公司更愿意每年通过远期合约对4 000 000新加坡元现金流量进行套期保值,因为这样可以降低汇率风险。

图表13.5展示了本例的资本预算分析与图表13.2中的分析不同。新案例对前16行数据没有影响,所以图表13.5的顶行从图表13.2的第16行开始。新案例的资本预算步骤和图表13.2表示的相似,但需要在转换为母公司美元现金流量之前,将子公司汇回的总资金(第16行)分为两部分,即套期保值现金流量(第16a行)和非套期保值现金流量(第16b行)。非套期保值现金流量(第16b行)是子公司汇回的总资金(第16行)减去套期保值现金流量(第16a行)。

母公司收到的套期保值美元现金流量(第19a行)通过套期保值新加坡元现金流量(第16a行)与新加坡元的远期汇率(第18行)的乘积获得。母公司收到的非套期保值美元现金流量(第19b行)通过将非套期保值现金流量(第16b行)与残值(第17行)的和乘以新加坡元的预期即期汇率(第18b行)获得。因残值的存在导致第19b行第4年的非套期保值现金流量相对较大。母公司总的美元现金流量(第19c行)是汇回母公司的套期保值美元现金流量(第19a行)和汇回母公司的非套期保值美元现金流量(第19b行)的和。在本案例中,因对冲策略使得部分新加坡元转换为美元时采用远期汇率,但远期汇率低于原始案例中使用的即期汇率,导致项目的净现值低于图表13.2的结果。然而,斯巴达公司可能仍然会考虑采用部分套期保值的策略,因为公司可能希望降低该项目未来产生现金流时面临的不确定性。

在这个案例中,对残值未采取套期保值。如果斯巴达公司明确知道将于何时处置子公司,它一定会考虑至少对子公司的一部分处置收入采取套期保值。

新案例的折现率没有发生变化。然而,斯巴达公司很可能会因为套期保值降低了母公司收到未来现金流的不确定性,从而在这个案例中使用一个比原始案例略微低一点的折现率。如果是这样,本案例的净现值就有可能比之前案例的高。

图表 13.5　对部分预期现金流量套期保值情形下的资本预算分析：斯巴达公司

		年度 1	年度 2	年度 3	年度 4
16	预提税后汇回的收益(新加坡元)	5 400 000	5 400 000	6 840 000	7 560 000
16a	套期保值汇回的收益(新加坡元)	4 000 000	4 000 000	4 000 000	4 000 000
16b	非套期保值汇回的收益 = (16) − (16a)(新加坡元)	1 400 000	1 400 000	2 840 000	3 560 000
17	残值(新加坡元)				12 000 000
18a	新加坡元远期汇率(美元)	0.48	0.48	0.48	0.48
18b	新加坡元即期汇率(美元)	0.50	0.50	0.50	0.50
19a	汇回母公司的套期保值现金流量 = (16a)×(18a)(美元)	1 920 000	1 920 000	1 920 000	1 920 000
19b	汇回母公司的非套期保值现金流量 =[(16b)+(17)]+(18b)(美元)	700 000	700 000	1 420 000	7 780 000
19c	汇回母公司的总现金流量 = (19a)+(19b)(美元)	2 620 000	2 620 000	3 340 000	9 700 000
20	母公司现金流量的净现值(15%的折现率)(美元)	2 278 261	1 981 096	2 196 104	5 546 006
21	母公司初始投资(美元)	10 000 000			
22	累计净现值(美元)	−7 721 739	−5 740 643	−3 544 539	2 001 467

对冲假设主要是为了说明当跨国公司对国际项目汇回收入的一部分采取套期保值时,资本预算分析将如何修正。在本章的其他案例中并不采用类似假设。相反,原始案例可以用来解释跨国资本预算中其他因素的影响。

13.4.2　通货膨胀

资本预算分析应充分考虑通货膨胀的影响,因为单位变动成本和产品价格都会随着时间的推移而提高。在一些国家,通货膨胀每年都有较大变化,从而对项目的净现金流产生重大影响。在一个通货膨胀较高且变化较大的国家,子公司不可能准确预见每年的通货膨胀。不准确的通货膨胀预测会导致不准确的净现金流预测。

尽管通货膨胀的波动会对成本和收入产生相同方向的影响,变化的幅度却是非常不同的。当项目部分进口零部件并在当期销售产成品时,更是如此。在这种状况下,当地市场的通货膨胀率有可能对收入产生更大的影响。

从母公司角度来看,通货膨胀和汇率变动会对子公司的现金流量产生抵消作用。在高通货膨胀的国家,汇率随着时间会走弱。因此,即使子公司的收入因通货膨胀而上升了,但当地的货币会贬值(从第 8 章所述的购买力平价理论得出),收益在被兑换成母公司所在国货币时也会贬值。然而跨国公司不能假定东道国汇率变动的影响完全被通货膨胀的影响抵消。

13.4.3 融资安排

许多外国项目的部分资金是由外国子公司提供的。为了表明这种外国融资能够影响项目的可行性,考虑以下对斯巴达公司案例进行的修改。

子公司融资。 假设将前例中租赁办公室的条件修改为由子公司借入1 000万新加坡元购买办公室。假设子公司为该笔借款每年支付100万新加坡元的利息,并在第4年年末,即项目结束时偿还本金。因为新加坡政府允许该项目每年最多以200万新加坡元进行折旧,子公司的折旧率保持不变。假设子公司在第4年年末预期以税后1 000万新加坡元的价格出售办公室。

国内的资本预算分析在衡量现金流时不考虑债务偿还,因为所有的融资成本在折现率中都有考虑。然而,为了正确估计最终汇回并转换为母公司货币的现金流量,有必要在国际资本预算中考虑债务偿还。当子公司用部分收入支付贷款利息时,如果支付的外国利息费用没有被考虑,这最终会高估汇回母公司的现金流。鉴于假设的修改,对资本预算的分析必须做出如下修订:

(1) 既然子公司借入资金购买了办公室,每年100万新加坡元的租金支出就不需要了。然而,子公司每年因为债务需要支付100万新加坡元的利息。因此,每年的现金流出对子公司而言是一样的。

(2) 子公司必须在第4年年末支付借款本金1 000万新加坡元。但是,因为子公司预期会从出售用借款购买的办公室中收到1 000万新加坡元,它可以用销售所得偿还本金。

因为在考虑办公室之前,子公司已经提足了新加坡政府允许的最高折旧额,年度折旧费不能增加。在该例中,当子公司获得资金购买办公室时,母公司最终收到的现金和原例中(租用办公室)收到的现金相当。因此子公司融资情况下的净现值与原例中的净现值相同。假如数字不被抵消的话,可以重复资本预算分析,从母公司的视角来检查现金流是否高于原例。

母公司融资。 考虑另外一种安排,不是子公司用借入的资金租赁或者购买办公室,而是母公司用自有资金购买办公室。因此,它的初始投资为1 500万美元,包括前例中的1 000万美元以及额外的500万美元,这样就可以获得1 000万新加坡元购买办公室了。假设母公司可以在4年结束之后卖出办公室并获得1 000万新加坡元的税后收入,同时也假设每一期间的汇率预测是0.5美元。

如果是母公司而不是子公司购买了办公室,那么对资本预算分析必须做出图表13.6中的修订:

(1) 子公司不用偿付任何借款,因为母公司购买了办公室。既然购买了办公室,租金的支付就不需要了。

(2) 母公司初始投资为1 500万美元,而不是1 000万美元。

(3) 母公司收到的残值为2 200万新加坡元,而不是1 200万新加坡元,因为假设办公室在第4年年末销售所得为税后1 000万新加坡元。出售办公室的1 000万新加坡元,加上出售子公司的1 200万新加坡元为母公司收到的残值。

图表13.6中修改融资安排直接影响的数字用横线标出。其他数字也会被间接影响。例如,子公司的税后收益由于不偿付债务或者租金而增加。在此种融资安排下,项目的净现值为正,但小于原有安排下的净现值。鉴于其较低的净现值,此种安排就不如原有的安排。也就是说,子公司用借入资金租赁或者购买办公室更可行。

图表13.6　斯巴达母公司对项目进行融资的分析(子公司无须租入办公室或者借款)

		年度0	年度1	年度2	年度3	年度4
1	需求(件)		60 000	60 000	100 000	100 000
2	单价(新加坡元)		350	350	360	380
3	总收入=(1)×(2)(新加坡元)		21 000 000	21 000 000	36 000 000	38 000 000
4	单位变动成本(新加坡元)		200	200	250	260
5	总变动成本=(1)×(4)(新加坡元)		12 000 000	12 000 000	25 000 000	26 000 000
6	年租金(新加坡元)		[0]	[0]	[0]	[0]
7	其他年固定费用(新加坡元)		1 000 000	1 000 000	1 000 000	1 000 000
8	非现金支出(折旧)(新加坡元)		2 000 000	2 000 000	2 000 000	2 000 000
9	总费用=(5)+(6)+(7)+(8)(新加坡元)		15 000 000	15 000 000	28 000 000	29 000 000
10	子公司税前收益=(3)-(9)(新加坡元)		6 000 000	6 000 000	8 000 000	9 000 000
11	所在国政府税收(20%)(新加坡元)		1 200 000	1 200 000	1 600 000	1 800 000
12	子公司税后收益=(10)-(11)(新加坡元)		4 800 000	4 800 000	6 400 000	7 200 000
13	子公司净现金流=(12)+(8)(新加坡元)		6 800 000	6 800 000	8 400 000	9 200 000
14	子公司汇回的收益(新加坡元)		6 800 000	6 800 000	8 400 000	9 200 000
15	预提税(10%)(新加坡元)		680 000	680 000	840 000	920 000
16	预提税后汇回的收益(14)-(15)(新加坡元)		6 120 000	6 120 000	7 560 000	8 280 000
17	残值(新加坡元)					[22 000 000]
18	汇率(美元)		0.50	0.50	0.50	0.50
19	母公司收到现金流(美元)		3 060 000	3 060 000	3 780 000	15 140 000
20	母公司现金流现值(15%折现率)(美元)		2 660 870	2 313 800	2 485 411	8 656 344
21	母公司初始投资(美元)	[15 000 000]				
22	累计净现值(美元)		-12 339 130	-10 025 330	-7 539 919	1 116 425

母、子公司融资的比较。 子公司融资比母公司融资更为可行的一个原因是,子公司的债

务融资成本要低于母公司为子公司提供资金要求的必要回报率。如果当地的借款利息较高的话,当地融资就不具有吸引力了。

总体而言,修订的例子说明母公司增加投资提高了汇率风险,原因如下:第一,既然母公司提供了完全的融资,就不再需要子公司融资了。从而,子公司在新加坡就不用支付利息,每年可以汇回更多的现金。第二,如果母公司拥有办公室并且在4年之后可以出售办公室,那么汇回母公司的残值也就更高。鉴于对更大数额的新加坡元支付需要转换为美元,最终母公司收到的现金流对汇率波动将更为敏感。

当子公司为购买办公室筹资时,会在新加坡产生一定融资费用。从本质上讲,子公司会将部分费用转化为与获得的收入一致的货币,减少了最终需要转化为美元汇回母公司的资金,并因此减少了汇率风险。

其他子公司的留存收益融资。一些外国项目完全由现有一家或者多家跨国公司在外国子公司的留存收益提供融资。这一类型的筹资因为母公司不进行初始投资,所以不太常见。母公司可以通过将子公司在项目中的投资视为机会成本,来评价此类投资安排的可行性,因为这些资金可以被汇回母公司而不是投资于外国项目。因此,从母公司视角而言,初始投资等于当资金被汇回而不是投资于项目时,母公司从子公司收到的资金额。该新项目相关的现金流区别于子公司其他现有业务的现金流。如果新项目的净现值为正,那么意味着子公司应该将资金投资于新项目,而非将其汇回母公司。

13.4.4　冻结资金

在一些情况下,东道国会限制子公司汇回母公司的资金。一些国家要求子公司产生的收益应该在当地再投资至少3年才能汇回母公司所在国内。类似的限制会影响是接受还是拒绝项目的决策。

> **举 例**
>
> 再考虑斯巴达公司的例子。假设所有的资金在子公司被出售后才能汇回。因此,子公司必须再投资直到那个时点。如果再投资的回报率低于必要回报率,那么资金的限制会对项目不利。
>
> 假设子公司使用资金购买可流通的证券,预期税后年回报率为5%。图表13.7显示了当斯巴达公司现金流量受限时,对原有斯巴达公司现金流分析(参见图表13.2)的影响。图表13.7和图表13.6的关键差异在于新加入了第14a行来表示子公司在第4年年末能够将资金汇回母公司前,如何将资产进行再投资。这影响了第14a行以下各行的很多数字。预提税(第15行)只有当资金被汇回的时候,即第4年年末才适用。原始案例中的汇率预测(第18行)在本例中被使用,关键的汇率预测值是4年之后的预测值,因为此时所有的资金将会被汇回母公司。图表13.7显示了在考虑资金冻结情况下的项目净现值(第22行)依然为正,但显著小于原始案例中的净现值。

图表 13.7　资金冻结情况下的资本预算：斯巴达公司

	年度 0	年度 1	年度 2	年度 3	年度 4
14. 子公司汇回的收益（新加坡元）		6 000 000	6 000 000	7 600 000	8 400 000
14a. 再投资后汇回的收益（新加坡元）					7 980 000
					6 615 000
					6 945 750
					29 940 750
15. 预提税（10%）(新加坡元)					2 994 075
16. 预提税后汇回的收益（新加坡元）					26 946 675
17. 残值（新加坡元）					12 000 000
18. 汇率（美元）					0.50
19. 母公司现金流 = [(16) + (17)] × (18)（美元）					17 473 338
20. 母公司现金流现值（15%折现率）(美元)					11 133 944
21. 母公司初始投资（美元）	10 000 000				
22. 累计净现值（美元）		−10 000 000	−10 000 000	−10 000 000	1 133 944

除此之外，存在资金冻结的项目可行性会受到未来 4 年汇率预测的高度影响，因为所有的现金流在未来都会汇回母公司。斯巴达公司并不会基于图表 13.7 的分析而急于做出最终的决定，因为图表 13.7 中做了简易的假设，并将现在新加坡元的即期汇率（0.5 美元）作为 4 年之后远期汇率的精确预测值。事实上，如果新加坡元在未来 4 年中每年贬值 3%，4 年之后的即期汇率大致是 0.44 美元。即使图表 13.7 中其他预测都是正确的，如果 4 年之后的汇率是 0.44 美元而不是 0.5 美元，该项目将会有负的净现值（你可以通过将第 18 行中年度 4 的 0.5 美元汇率替换为 0.44 美元，并重新计算净现值来核对）。

如果外国子公司有未偿还的借款，那么通过偿还本地借款能更好地利用冻结的资金。例如，在第 1 年年末 600 万新加坡元可以用来减少未偿还的余额，而不是投资于可流通的证券，在此处假设银行允许提前偿还贷款。

在跨国资本预算中，一个跨国公司也有可能会面临其他值得考虑的情形，比如东道国的政治状况以及政府强加的限制。

13.4.5　不确定的残值

跨国公司的项目残值对于项目的净现值有着显著的影响。当残值不确定时，跨国公司可以为残值设定不同的结果并依据这些结果重估项目的净现值。公司甚至会估计保本的残值（保本终值），即必要的残值使得项目的净现值为0。如果真实的残值等于或者大于保本残值，则项目可行。保本残值（SV_n）可以由以下方法获得：设置净现值为0，并变形资本预算等式：

$$NPV = -IO + \sum_{t=1}^{n} \frac{CF_t}{(1+k)^t} + \frac{SV_n}{(1+k)^n}$$

$$0 = -IO + \sum_{t=1}^{n} \frac{CF_t}{(1+k)^t} + \frac{SV_n}{(1+k)^n}$$

$$IO - \sum_{t=1}^{n} \frac{CF_t}{(1+k)^t} = \frac{SV_n}{(1+k)^n}$$

$$\left[IO - \sum_{t=1}^{n} \frac{CF_t}{(1+k)^t}\right](1+k)^n = SV_n$$

举例

重新考虑斯巴达公司的例子，假设公司不能保证在4年结束后项目的价格。项目的保本残值可以依下列步骤确定：(1) 估计未来现金流量的现值（不考虑残值）；(2) 从初始投资中减去折现后的现金流；(3) 乘以时间差异$(1+k)^n$。使用图表13.2中的现金流量信息，现金流量的现值计算如下：

母公司现金流量现值

$$= \frac{2\,700\,000}{1.15^1} + \frac{2\,700\,000}{1.15^2} + \frac{3\,420\,000}{1.15^3} + \frac{3\,780\,000}{1.15^4}$$

$$= 2\,347\,826 + 2\,041\,588 + 2\,248\,706 + 2\,161\,227$$

$$= 8\,799\,347(美元)$$

已知现金流量现值及估计的初始投资，保本残值计算如下：

$$SV_n = \left[IO - \sum \frac{CF_t}{(1+k)^t}\right](1+k)^n$$

$$= (10\,000\,000 - 8\,799\,347) \times 1.15^4$$

$$= 2\,099\,950(美元)$$

鉴于图表13.2中斯巴达公司的其他信息，只有当残值估计至少为2 099 950美元时，项目才可以被接受（假定项目需要的折现率为15%）。

13.4.6 项目对现有现金流量的影响

目前为止，我们的例子均假设项目对现有的现金流量没有影响。然而，在现实世界中，影响通常是存在的。

> **举例**
>
> 重新考虑斯巴达公司的例子,假设:(1) 斯巴达公司向新加坡出口在美国制造的网球拍;(2) 斯巴达公司向新加坡出口的业务预期在未来4年内每年产生净现金流100万美元;(3) 斯巴达公司仍然会考虑在新加坡设立子公司,因为它认为在新加坡的生产成本比在美国低。然而,一旦决定在新加坡建立子公司,将不再需要向新加坡出口网球拍了,出口业务随之将会被取消。先前原始案例中预测的来自子公司的现金流(图表13.2)在图表13.8中进行了修正。图表13.2中的前18行没有受到影响,图表13.8从表13.2的第19行开始。然而图表13.8中添加了第19a行用来解释如果在新加坡建立子公司,那么出口业务带来的现金流将会消失。图表13.8中的第19b行被添加用来表示建立子公司之后,在减去因为建立子公司从而消失的现金流后的项目预计现金流。值得注意的是,第22行中项目有着负的净现值,这表示项目应该被拒绝。这个案例描述了当一个项目在对跨国公司当前业务没有影响时可能产生正的净现值(如图表13.2所示),而当跨国公司当前业务的现金流减少时可能产生负的净现值。
>
> **图表13.8 现有现金流受到影响时的资本预算:斯巴达公司**
>
> 单位:美元
>
> | | | 年度0 | 年度1 | 年度2 | 年度3 | 年度4 |
> |---|---|---|---|---|---|---|
> | 19 | 忽略对当前现金流影响的母公司现金流 | | 2 700 000 | 2 700 000 | 3 420 000 | 9 780 000 |
> | 19a | 项目对当前现金流的影响 | | -1 000 000 | -1 000 000 | -1 000 000 | -1 000 000 |
> | 19b | 考虑对当前现金流影响的母公司现金流 = (19)-(19a) | | 1 700 000 | 1 700 000 | 2 420 000 | 8 780 000 |
> | 20 | 母公司现金流现值(15%折现率) | | 1 478 261 | 1 285 444 | 1 591 189 | 5 019 994 |
> | 21 | 初始投资 | 10 000 000 | | | | |
> | 22 | 累计净现值 | | -8 521 739 | -7 236 295 | -5 645 106 | -625 112 |

一些外国项目可能对当前现金流量产生有利影响。例如,一个计算机组件生产商建立外国子公司来组装计算机,这可能会让子公司从母公司订购组件。在这种案例中,外国子公司可能不仅通过汇回因为组装电脑销售给客户获得销售额而产生的现金流给母公司,使母公司获得来自外国子公司的现金流,也会通过从母公司购买计算机组件的方式增加母公司的现金流。

13.4.7 东道国政府的优惠

跨国公司拟建的项目可能对东道国经济状况产生积极的影响,从而会得到当地政府的鼓励。任何从政府获得的优惠在资本预算分析时都必须考虑。例如,低息贷款及降低的税率都会增加期间现金流量。如果政府对子公司的初始设立进行补贴,跨国公司的初始投资就会减少。

13.4.8 实物期权

实物期权是与特定实物资产,比如机器或厂房有关的期权。一些资本预算项目包含实物期权,因为它们给予企业获取或者减少某项实物资产的机会。既然这些机会能够产生现金流,它们就会提高项目的价值。

> **举例**
>
> 重新考虑斯巴达公司的例子,假设新加坡政府承诺,若斯巴达公司在新加坡建立子公司生产网球拍,它就可以在未来某个时点以折扣价购买政府建筑物。该承诺并不直接影响现在评估项目的现金流,但是它隐含了一个斯巴达公司在未来可能执行的看涨期权。在一些情况下,实物期权非常有价值,可以鼓励跨国公司接受一个如果不含该期权就会被拒绝的项目。

与项目相关的实物期权的价值主要受两个因素影响:(1)行使实物期权的可能性;(2)行使实物期权获得的净现值。在前例中,斯巴达公司的实物期权受以下因素影响:(1)斯巴达利用该机会从政府折价购买建筑物的可能性;(2)该机会产生的净现值。

13.5 调整项目评估的风险因素

如果跨国公司拟建项目的预计现金流存在不确定性,它需要考虑进行风险调整。三种方法常常被用来调整风险评估:
- 风险调整贴现率;
- 敏感性分析;
- 模拟。

下面对每种方法分别进行解释与说明。

13.5.1 风险调整贴现率

在其他因素相同的情况下,项目预计现金流的不确定性越大,适用于现金流的贴现率就越大。风险调整贴现率这一方法虽然容易使用,但其随意性也受到批评。对于一些特定的、有一定差异预期现金流的项目,一些经理可能比另一些经理使用更高的贴现率,从而,同样的项目可能对一些经理而言可行,而被另一些经理所拒绝。

除此之外,在所有期间对贴现率进行相同程度的调整不能反映不同期间不确定性程度的差异。如果预计现金流在不同期间的不确定性程度不同,那么现金流的风险调整也应该不同。考虑一个政治形势日趋不稳定的国家,资金冻结、资产没收及其他负面事件可能随时增加。因此,较远的未来汇回母公司的现金流与较近的未来现金流相比更具有不确定性。每期应使用与风险相适应的不同贴现率。即使如此,调整也是主观的,不能准确地反映风险。

尽管存在主观性,风险调整贴现率仍是一种被广泛应用的技术,或许是因为它比较容易调整。除此之外,没有其他的备选技术能够完美地调整风险,尽管在某些状况下,其他技术(接下来讨论)能够更好地反映风险。

13.5.2 敏感性分析

一旦跨国公司估计出了项目的净现值,它可能会考虑对于输入变量的其他估计。

> **举例**
>
> 回忆对前述例子中斯巴达公司估计网球拍的需求量,在前两年为60 000件,在后两年为100 000件。如果需求在4年中都为60 000件,那么净现值如何变化?或者在4年中都为100 000件时,那么净现值怎样变化?使用"如果……怎样?"构建情形的方法被称为敏感性分析,目的是了解净现值对于输入变量变化的敏感性。任何输入变量的估计都可以被修改用以估计净现值。如果净现值在这些修改中持续为正,那么说明跨国公司对该项目比较满意。如果在很多情况下,净现值为负,接受或者拒绝该项目的决策就会变得更加困难。

敏感性分析(sensitivity analysis)比简单的点估计要更为有效,因为它充分考虑了各种可能的情形并对项目进行重估。

利用电子表格。通过使用 Excel 之类的电子表格,跨国公司的财务经理可以快速地在项目各项可能预测的基础上生成新的净现值预测。电子制表软件使跨国资本预算敏感性分析时更加简便。为了直观表示,图表13.9将图表13.2(斯巴达公司对是否在新加坡建立子公司的评估)转换为电子表格形式,并显示每一个被用来预测项目净现值的变量是如何被确定的。

	A列	B列	C列	D列	E列	F列
		年度0	年度1	年度2	年度3	年度4
1	需求		输入	输入	输入	输入
2	单价		输入	输入	输入	输入
3	总收入		C1×C2	D1×D2	E1×E2	F1×F2
4	单位变动成本		输入	输入	输入	输入
5	总变动成本		C1×C4	D1×D4	E1×E4	F1×F4
6	年租赁费	输入:年度租赁费	B6	B6	B6	B6
7	其他固定费用	输入:其他年度固定费用	B7	B7	B7	B7

图表13.9 将图表13.2转换为电子表格

(续表)

	A 列	B 列 年度 0	C 列 年度 1	D 列 年度 2	E 列 年度 3	F 列 年度 4
8	非现金支出(折旧)	输入：年度折旧费用	B8	B8	B8	B8
9	总费用		C5 + C6 + C7 + C8	D5 + D6 + D7 + D8	E5 + E6 + E7 + E8	F5 + F6 + F7 + F8
10	子公司税前收益		C3 − C9	D3 − D9	E3 − E9	F3 − F9
11	所在国政府税费	输入：所在国政府税率	B11 × C10	B11 × D10	B11 × E10	B11 × F10
12	子公司税后收益		C10 − C11	D10 − D11	E10 − E11	F10 − F11
13	子公司净现金流		C8 + C12	D8 + D12	E8 + E12	F8 + F12
14	子公司汇回的收益	输入：汇回资金的比例	B14 × C13	B14 × D13	B14 × E13	B14 × F13
15	汇回资金的预提税	输入：预提税率	B15 × C14	B15 × D14	B15 × E14	B15 × F14
16	预提税后汇回的收益		C14 − C15	D14 − D15	E14 − E15	F14 − F15
17	残值					输入
18	汇率		输入	输入	输入	输入
19	母公司获得的现金流		C16 × C18	D16 × D18	E16 × E18	(F16 + F17) × F18
20	母公司现金流现值	输入：(1 + 折现率 k)	C19/B20	D19/B20^2	E19/C20^3	F19/C20^4
21	母公司期初投资	输入：期初投资				
22	累计净现值		C20 − B21	(C20 + D20) − B21	(C20 + D20 + E20) − B21	(C20 + D20 + E20 + F20) − B21

注：字母加数字表示电子表格中特定的单元格，列用字母表示，行用数字表示。

图表 13.9 分为从 A 列到 F 列，标示于表格的最上方；同时分为 22 行，标示于表格的左侧。Excel 表格中利用代表列的字母以及代表行的数字，可以定位特定的单元格。比如，单元格 B7 代表第二列（B 列）和第七行，而 C2 代表第三列（C 列）和第二行。

表格中的部分变量（如第一行的需求和第二行的单价）需要依据例中最初预测的数据进行输入。对于这些变量，在表格 13.9 各个单元格中显示的是"输入"。其他的变量是根据表格中一些特定单元格进行计算而确定的；在阅读下文对于表格中各变量是如何确定的描述时，请参照图表 13.9。

需求（第 1 行）和单价（第 2 行）需要数据输入。任何一年的总收入（第 3 行）可以通过当年的第 1 行和第 2 行相乘得到。单位变动成本（第 4 行）需要数据输入，任何一年的总变动成本(第 5 行)可以通过将需求(第 1 行)和单位变动成本(第 4 行)相乘得到。

年租赁费(第 6 行)列示于 B6 单元格,并且假定各年的租赁费不会变动,因此 B6 单元格中输入的数据代表第六行中各年的租赁费。其他固定费用(第 7 行)列示于 B7 单元格中,并且假定各年的固定费用不会发生变动,因此 B7 单元格中输入的数据代表第 7 行中各年的其他年度固定费用。

折旧费用(第 8 行)列示于 B8 单元格,并且假定各年该费用不会发生变动,因此 B8 单元格中输入的数据代表第 8 行中各年的年度折旧费。任何一年的总费用(第 9 行)都是通过将当年第 5 行到第 8 行数据加总得到的。

子公司各年的税前收益(第 10 行)是用当年总收入(第 3 行)减去总费用(第 9 行)得到。子公司当年支付的所在国政府税费(第 11 行)是通过将所在国政府税费(B11)乘以当年子公司税前收益(第 10 行)得到的。一年中子公司的净现金流(第 13 行)通过将税后收益(第 12 行)加上折旧费用(第 8 行)得到的。

子公司汇回母公司的收益(第 14 行)通过将汇回资金的比例(B14)与当年的净现金流(第 13 行)相乘得到。子公司当年支付给所在国政府的预提税(第 15 行)可以通过将预提税率(B15)与当年预计汇回收益(第 14 行)相乘得到。支付了预提税之后汇回的收益(第 16 行)是通过将预计汇回收益(第 14 行)减去支付的预提税额(第 15 行)得到。4 年结束时的残值(第 17 行)需要将数据输入 F17 单元格中。

每年新加坡元的汇率(第 18 行)需要手动输入。每年母公司预计收到的现金流(第 19 行)可以通过将支付预提税之后的汇回收益(第 16 行)乘以当年新加坡元的税率(第 18 行)计算得到。预计现金流必须包含最后一年的项目残值(F17)乘以结束时的汇率(F18)的值。

每年母公司现金流的现值(第 20 行)可以通过将当年母公司获得的现金流(第 19 行)折现至现在而获得。先在 B20 单元格中输入(1 + k)的值,随后在第 20 行各单元格中输入计算公式来预测当年母公司现金流的现值。因此,第一年的现金流现值(C20)等于第一年的现金流(C19)除以 B20 单元格(折现率,1 + k)的一次方;第二年的现金流现值(D20)等于第二年的现金流(D19)除以 B20 单元格(折现率,1 + k)的平方。每年的幂次方都会发生变化,以反映出净现金流折现至现在需要的年份数。某年的累计净现值(第 22 行)是将各年现金流累计加至当年,并且减去期初投资(B21 中的输入值)。

电子表格的好处是跨国公司可以看到当某一特定变量发生变化时,净现值会如何变动。首先,公司可能会考虑变量的不同输入值,如需求(第 1 行),或者是单价(第 2 行)。

其次,跨国公司可能会考虑其他可能的税率,比如所在国政府的税率(B11)或者预提税率(B15),这使得跨国公司可以确定如果税率发生变动,那么净现值会受到何种影响。

最后,跨国公司可以分析如果采用更高的折现率(B20),净现值预计会如何变动。一旦电子表格中初始数据和各个单元格计算语句输入完成,财务经理可以在不到一分钟之内修改他们在各个需要输入数据的单元格中的初始预测,而表格会立刻根据预测的变动重新计算这一项目的净现值。电子表格的使用可以使企业洞悉部分输入变量发生改变后,该项目的净现值是否还能持续为正,此类信息可以提高跨国公司对于所计划的项目可行性的信心。

13.5.3 模拟

很多任务中都可以使用**模拟**（simulation），包括生成基于一系列对于一个或多个变量可能值估计的净现值的概率分布。模拟通常是在计算机软件的辅助下进行的。

> **举例**
>
> 重新考虑斯巴达公司的例子。假设公司估计汇率每年贬值3%—7%（在该区间内所有值的概率相等）。与点估计不同的是，模拟会考虑每年年末新加坡元汇率的可能区间，并且为4年中的每一年随机选择一个新加坡元贬值水平的可能值，然后基于该随机选择过程，计算项目的净现值。
>
> 上述描述的仅仅是一次迭代，接下来重复这个过程：新加坡元每年的贬值水平被再次随机选择（在前述假设的范围内），并且计算项目的净现值。模拟过程可以多次进行，比如100次迭代。这就意味着新加坡元的汇率在4年期间内被创设了100种情形。
>
> 每一次迭代是一个不同的情形，计算每种情形下项目的净现值。因此，模拟生成了一个项目净现值的分布。使用模拟的最大优点是跨国公司可以考察项目净现值可能的分布区间。从上述信息中，公司可以看到项目净现值为正或高于特定水平的概率。汇率的不确定性就越大，净现值的不确定性越大。在其他因素相同的情况下，如果以容易波动的货币从事交易，就会面临更高的风险。

现实中，许多对资本预算必要的输入变量在未来都是不确定的，可以为有不确定未来值的变量设立概率分布。最终的结果就是项目净现值的分布。模拟技术并不局限于某一个净现值的预测，而是给出可能发生结果的概率分布。一些电子表格（如Excel）能够根据对一些特定变量的各种可能估计来提供一系列净现值的预测。当应用模拟时，项目的资本成本可以被用作贴现率。项目成功的概率可以以净现值大于零的概率分布面积来衡量。该面积代表未来现金流的现值大于初始投资的概率。跨国公司同样可以通过衡量净现值小于零的面积来估计项目失败的概率。

计算机程序可以在极短时间内进行100次迭代并输出结果。模拟程序的使用者必须提供影响项目净现值的输入变量的概率分布。对任何模型而言，输出结果的准确性取决于输入变量的准确性。

小结 ▶▶▶

- 跨国资本预算可能得出不同的结果，产生不同的结论，这取决于是从跨国公司母公司的角度还是从子公司的角度出发。当母公司决定是否要实施一个国际项目时，它应该从自己的角度进行决策。

- 跨国资本预算需要输入一些数据，以便于帮助估算初始投资、各期现金流量、残值以及该项目的必要报酬率等。一旦这些因素被估算出来，那么该国际项目的净现值就可以计算出来，如同国内项目投资的计算一样。

- 估算国际项目的现金流往往比较困难。汇率是使该国际项目产生不确定性的一个来源，因为它能够影响到母公司最终收到的现金流。另外，影响母公司最终收到的现金流的国际因素还包括融资安排（母公司融资或者子公司融资）、所在国政府可能冻结资金及优惠政策等。

- 国际项目的风险可以通过估计项目在汇率或者其他不确定因素的不同情况下的净现值来进行分析。常用方法包括敏感性分析或者模拟。

正方反方

跨国公司是否应该使用远期汇率估计外国项目的美元现金流？

正方：应该。跨国公司的母公司应该使用当它收到外币净现金流时的远期汇率。远期汇率是由市场决定的，是对未来有用的预计。

反方：不应该。跨国公司应该使用自己预测的收到外币现金流时的汇率。如果未来期间的远期汇率高于跨国公司预期的即期汇率，该项目就可以被接受。

孰是孰非？使用互联网学习关于该话题的更多知识。你支持哪种观点？提出你自己的见解。

自测题

（答案见书后的附录 A）

1. 马歇尔公司（Marshall, Inc.）的两位经理正在评估一个拟建在牙买加的项目。两位经理都认可并使用了由其他雇员提供的该项目所能产生的预计收益来评估该项目。两位经理就每年汇回的资金比例、项目的寿命期及所采用的年贴现率达成一致。他们也都站在母公司的立场上评估了该项目。但是，一位经理断定该项目有很大的净现值；而另一位经理却认为该项目的净现值为负数。请解释存在这种差异的可能原因。

2. 提议在爱尔兰建立配售中心时，如果我们把对爱尔兰经济会稳定的预测修正成爱尔兰经济会衰退，请指出在跨国资本预算分析中有哪些因素会对这种变化敏感？

3. 新奥尔良出口公司（New Orleans Exporting Co.）专门生产小型计算机元器件并出口墨西哥。它准备扩充业务，在墨西哥建一座工厂生产元器件并在当地出售。这个工厂的建立将会削减从新奥尔良运往墨西哥的产品数量。该公司断定，若考虑汇率和税收影响，则将在当地所获现金以适当折现率折合成美元后，在墨西哥赚取的现金流量将产生正净现值。在估算该项目净现值时，还有哪些重要因素需要考虑？

4. 解释以下两种情况将怎样影响一家印度尼西亚子公司残值的现值：（1）外国子公司风险增大；（2）预计印度尼西亚货币（印尼盾）对美元贬值。

5. 威尔米特公司（Wilmette Co.）和奈尔斯公司（Niles Co.）（两家都是美国公司）都在评估对同一家泰国公司的兼并，而且已经获得该公司未来现金流量的估计值（以泰国货币——

泰铢计量)。威尔米特公司将用它在美国的留存收益兼并该公司。奈尔斯公司将主要通过从泰国银行借款(以泰铢计)为兼并筹资。两家公司都没有其他泰国业务。泰铢未来汇率的变动会对哪家公司的美元现金流产生更大的影响(假定该泰国公司被兼并)?

6. 复习本章讨论过的斯巴达公司的资本预算分析案例。请找出在估算一个外国项目净现值时(以美国母公司的视角),哪个变量对净现值的影响有最大的不确定性?

应用思考题

1. **跨国公司母公司视角**。对子公司项目做资本预算分析时,为什么应该从母公司角度来进行? 在做跨国资本预算时,还要另外再考虑哪些因素(这些因素对于纯粹的国内项目通常是不相关的)?

2. **考虑风险**。在资本预算分析中,使用汇率点估计有什么不足之处?

列出在跨国资本预算中调整风险的各种方法。描述各种方法的优缺点。

解释在跨国资本预算中如何使用模拟。这种方法能做哪些其他风险调整方法所不能做的事?

3. **现金流的不确定性**。试用本章讨论过的资本预算框架解释当一家美国公司拟议在匈牙利建设一个项目时,会有哪些不确定性因素来影响该项目。与在一个更发达的欧洲国家建设类似项目相比,在匈牙利建设该项目的预计净现值在哪些方面相对会更不确定?

4. **考虑风险**。你的雇员评估 X 项目会有 120 万美元的净现值。他们在给你的报告中称没有考虑风险,但是因为该项目净现值很大,即使考虑风险,调整后的净现值也很可能还是正数,所以应该接受该项目。你有最终决定接受还是拒绝该项目的权力,你会如何决定?

5. **汇率对净现值的影响**。

a. 假定一家美国的跨国公司今天要在德国建设一个项目,请概括描述一下欧元升值可能会对该项目的价值有何影响(从母公司角度来谈)。每年汇回的收益占总收益的百分比会影响该项目的价值变化吗?

b. 假设欧元贬值,重新回答该问题。

6. **融资对于净现值的影响**。解释融资决策怎样影响净现值对汇率预测值的敏感性。

7. **项目必要投资回报的变动**。宾夕法尼亚州的伍德森公司(Woodsen, Inc.)考虑在希腊建立一家大型子公司。作为对希腊危机的反应,公司预期从并购中获得的现金流和收入将小幅下降。尽管如此,公司还是决定撤回并购要约,因为它对项目的必要回报率提高了,导致产生负的净现值。解释为什么必要回报率会提高?

8. **评价外国项目**。哈斯基工业(Huskie Industries)公司是一家美国的跨国公司,它正在考虑兼并一家小型法国制造公司,该公司仅在法国境内销售产品。哈斯基公司目前在法国没有其他业务,也没有欧元收入。如果预计将来欧元可能升值也可能贬值,请问在哪种情况下,提出兼并该公司将会更加可行? 请解释。

9. **迪士尼法国主题公园的相关现金流**。当华特·迪士尼(Walt Disney)考虑在法国建立主题公园时,仅有与该公园有关的预计收入和支出信息足以用来评估该项目的可行性吗? 还有没有其他一些相关的现金流量需要在评估中予以考虑?

10. 资本预算逻辑。雅典公司(Athens, Inc.)在英国建立了一家子公司,这家子公司与在美国的业务相独立。这家子公司的业绩远远好于事先预期。因此,一家英国公司与雅典公司商讨兼并这家子公司的可能性。雅典公司的财务经理认为该子公司经营良好,不同意出售。请评价这种做法。

11. 资本预算逻辑。乐高公司(Lehigh Co.)在瑞士建立了一家子公司,经营结果是未能达到子公司建立前预测的现金流量。乐高公司预计未来现金流量依然低于开始的预测。因此,乐高公司决定通知几个欲兼并该子公司的公司商讨出售子公司的问题。乐高公司收到了一些报价,但即便最高的出价实际上都很低。然而乐高公司还是接受了报价。它的解释是,任何现金流入不能补偿期初支出的项目都应被出售。请对此观点予以评论。

12. 外国收益的再投资对净现值的影响。旗杆公司(Flagstaff Corp.)是一家美国公司并在墨西哥设有子公司。子公司决定在今后10年内把所有收益投资于墨西哥政府债券,因为这些债券利率很高。10年后,它将把所有累积的收益汇回美国。请问此法的缺陷是什么(假设该债券没有违约风险或利率风险)?

13. 资本预算实例。布劳尔公司(Brower, Inc.)考虑在加纳建立工厂。建设成本为90亿加纳塞地(Cedi Ghanian)。工厂计划运行3年。在3年期间,期望的现金流入分别为30亿塞地、30亿塞地和20亿塞地。运营现金流将在一年后投入,在每年年底收回。在第3年年末,布劳尔公司期望以50亿塞地出售工厂。布劳尔公司的必要回报率为17%。即期汇率为8 700塞地:1美元,预期塞地每年贬值5%。

  a. 计算该项目的净现值。布劳尔公司是否应该接受该项目?

  b. 假如在未来的3年中,塞地的汇率以8 700塞地:1美元的价格保持不变,你的答案会如何变化?布劳尔公司还应该建立该工厂吗?

14. 融资对于净现值的影响。文图拉公司(Ventura Corp.)是一家美国跨国公司。它考虑在日本设立子公司。它很有信心认为日元在未来会对美元升值。子公司每年仅需保留足够的收入来弥补费用开支,而把其余收入全部汇回母公司。考虑到这种汇率效应,母公司是为子公司提供权益融资还是让子公司通过日本当地银行筹资会让文图拉公司收益更大?请解释。

15. 考虑风险变动。圣莫尼卡公司(Santa Monica Co.)是一家美国的跨国公司,它正考虑在德国建立一家消费品事业部,该项目将从德国银行融资。它已经在8月份完成了资本预算分析。到了11月份,德国的政府领导层稳定了,政治环境有所改善。作为对此的反应,该公司把预计现金流量向上调整了20%,但没有调整该项目所用的折现率。政治环境变化会影响折现率吗?

16. 净现值估计。假定有一个叫LDC的欠发达国家鼓励外国直接投资以降低其失业率,该国目前失业率高达15%。再假定有几个跨国公司可能会考虑在LDC直接投资。该国通货膨胀率在最近几年平均为4%。制造业每小时工资约为5美元。派德蒙特公司(Piedmont Co.)预计了在LDC设立项目的现金流量,并做了资本预算分析。它假定第一年工资为每小时5美元,并认定今后10年每年工资会有4%的增长。该项目生产的元器件出口到美国总部用来生产计算机。你认为派德蒙特公司将会高估还是低估该项目的净现值？为什么？（假定LDC的货币与美元挂钩并持续如此。）

17. **百事可乐的巴西项目**。百事可乐公司最近决定投资3亿美元在巴西扩展业务。巴西有1.5亿人口，巴西消费者对软饮料的需求不断增长，因此消费潜力巨大。然而，目前巴西对软饮料的消费量仍然仅仅是美国的1/5。百事可乐公司初期的支出被用来购买三个工厂和一个销售网络，该销售网络拥有大约1 000辆卡车，将百事可乐的产品配送到巴西各零售店。在巴西扩展业务预计会使百事可乐产品更容易到达巴西消费者手中。

a. 假定百事可乐在巴西的投资全部是美元，请说明该项目带来的汇率风险。请解释如果百事可乐公司通过从巴西银行贷款筹到了大笔投资资金，那么这对母公司初期投资的规模和汇率风险会有怎样的影响？

b. 当百事可乐公司预计在巴西的项目能带来未来现金流量时，它可能会考虑哪些因素？

c. 当百事可乐公司计算在巴西的项目的必要报酬率时，它可能会考虑哪些因素？

d. 请描述在美国母公司看来影响未来现金流量的不确定性因素有哪些。

e. 百事可乐母公司负责评估在巴西的扩展业务。然而百事可乐已经在巴西有了一些经营业务。当用资本预算分析来评估项目是否可行时，应从美国公司的角度还是从巴西子公司的角度出发？请解释。

18. **亚洲危机的影响**。假设福特汉姆公司（Fordham Co.）在评价一个在泰国的项目（以美元融资）。项目产生的所有现金流在泰国再投资数年。试解释1997年的亚洲危机如何影响项目的期望现金流及必要报酬率。如果现金流被汇回母公司，试解释亚洲危机如何影响期望的现金流。

19. **税收对净现值的影响**。当考虑在几个可能国家之一实施项目时，应该考虑哪些税收特征？

20. **资本预算分析**。在韩国的一个项目需要20亿韩元的初始投资。项目预期在两年的运营期间为子公司分别产生30亿和40亿韩元的净现金流。项目无残值。韩元的即期汇率为1美元：1 100韩元，并且预计韩元在未来两年内的汇率维持不变。

a. 如果要求回报率为13%，项目的净现值为多少？

b. 重复这个问题，假设韩元的汇率在2年后为1美元：1 200韩元。进一步假设资金被冻结，并且公司只有在2年后才能将资金汇回美国。这会如何影响项目的净现值？

21. **考虑汇率风险**。卡森公司（Carson Co.）正在考虑在中国香港投资一个10年期项目，港元与美元挂钩。卡森公司使用敏感性分析考虑汇率变动情形。为什么卡森公司使用这种方法而不是紧盯汇率来做每年的汇率预测？

22. **基于资本预算的决策**。马拉松公司（Marathon, Inc.）正在考虑一个与比利时政府的1年期项目。其欧元收入是可保证的。咨询师认为欧元汇率变动的百分比在95%的置信区间内服从正态分布，其变动百分比预期在0—6%之间。马拉松公司使用此信息构建了三种情形：0、3%和6%。计算出每种情形下的净现值及净现值的均值。净现值在3%及6%的情形下为正，在0情形下为负数。公司经理层拒绝了该项目，因为他们认为公司不应该接受净现值有1/3的可能性为负的项目。你同意经理层的解释吗？试解释之。

23. **估计外国项目的现金流**。假设耐克公司决定在巴西建立一家制鞋厂。初始投资的一半来自母公司的权益融资;另一半则来自巴西当地的借款资金。假设耐克从自身角度衡量,请问该项目能否为母公司提供足够的回报以保证初始投资的收回?为什么估计的现金流会不同于耐克在新罕布什尔州的鞋厂?为什么初始投资会不同?试解释耐克如何执行跨国资本预算以实现它的目标。

批判性思考题 》》》

税法对跨国公司总部地点选择的影响。美国税法会鼓励美国企业为了减轻税负,考虑将其母公司转移至其他国家。写一篇短论文,表明你对这一现象的观点。美国跨国企业应不计后果地转移其母公司吗?美国政府是否应该降低公司所得税税率?无论你提出了什么样的解决办法,请同时说明该方法可能产生的负面影响。

布雷泽公司案例:公司在泰国的投资决策 》》》

本·霍尔特是布雷泽公司的首席财务官,他相信泰国轮滑鞋市场的增长潜力,因此决定在泰国进行投资。布雷泽公司准备在曼谷建立一家子公司,包括一家生产"Speedos"——布雷泽生产的高质量轮滑鞋的制造工厂。霍尔特认为泰国在10年后的经济状况是积极的,届时他预计会出售子公司。

布雷泽公司遵守与乔格斯公司——一家英国分销商的合同,继续向英国出口。除此之外,它继续在美国销售。在与娱乐产品公司——一家泰国分销商的合同中,布雷泽公司承诺向该分销商以每双4 594泰铢的固定价格销售18万双"Speedos"轮滑鞋。一旦企业开始运营,合同会再持续一年,然后重新签订合同。因此,在泰国运营的第一年,在现有合同条件下,无论是否运营,布雷泽公司将向娱乐产品公司出售18万双轮滑鞋。如果在泰国建立工厂,在合同的最后一年,布雷泽公司可以在该工厂生产10.8万双"Speedos"轮滑鞋。因此,新的子公司必须从美国进口7.2万双轮滑鞋以履行它与娱乐产品公司的合同。在泰国生产的10.8万双鞋,每双将节约变动成本300泰铢。

娱乐产品公司已经宣称它愿意在相同条件下再续约3年。但是,因为最近在运输方面遇到了困难,只有当布雷泽公司在泰国有事业部时,它才愿意续约。此外,如果布雷泽公司在泰国有子公司,只要布雷泽公司在泰国运营,娱乐产品公司就会和它保持续约关系。如果续约成功,那么布雷泽预计在开始两年内每年向不同的分销商销售共30万双鞋,包括销售给娱乐产品公司的18万双鞋。此后,预计每年销售40万双(包括销售给娱乐产品公司的18万双)。如果合同不能延续,则布雷泽公司每年仅向娱乐产品公司销售5 000双,但价格不固定。因此,当续约不成功时,布雷泽公司预计在刚开始的两年内每年销量为12.5万双,此后每年销量为22.5万双。若不在与娱乐产品公司的合同范围内销售,则每双价格为5 000泰铢,因为娱乐产品公司要求用低价以补偿它因从布雷泽公司购买产品而不能售出的风险。

霍尔特希望分析在泰国设立子公司的财务可行性。作为布雷泽的财务分析师,你被赋予分析拟建项目的任务。因为泰国未来的经济状况高度不确定,霍尔特要求你做一些敏感性分析。幸运的是,他提供了执行财务预算分析的大部分信息。这些信息如下:

- 建筑物和设备需花费 5.5 亿泰铢。
- 价值 3 亿泰铢的机器和设备采用直线折旧。因此,在 10 年的期限内,每年折旧费用为 3 000 万泰铢。
- 下一年制造"Speedos"轮滑鞋的变动成本为每双 3 500 泰铢。
- 下一年布雷泽的固定运营费用(比如管理人员工资)为 2 500 万泰铢。
- 泰铢的即期汇率为 0.023 美元。布雷泽公司预计泰铢在未来 10 年内每年贬值 2%。
- 泰国政府征收 25% 的所得税,并对任何由子公司汇回母公司的资金征收 10% 的预提税。汇回美国的收益不会被课税。
- 10 年之后,布雷泽预计出售在泰国的子公司。销售价款在缴纳资本利得税后预计为 6.5 亿泰铢。
- 泰国的通货膨胀率为每年 12%。除非价格依照合同锁定,否则收入、变动成本和固定成本都会上升,并预计和通货膨胀率保持相同的变动比率。

布雷泽继续运营出口和进口业务,这些业务的回报率为 20%。布雷泽要求的回报率为 25%,以保证该项目盈利。所有泰国公司产生的多余的资金都汇回国内,来支持美国业务的发展。

霍尔特希望你回答下列问题:

1. 现有合同条件下,在泰国销售的 18 万双轮滑鞋相关的收入和成本应该在资本预算中予以考虑,以决定布雷泽是否应该在泰国设立子公司吗?应该考虑来源于续签销售合同的收入吗?为什么?
2. 假设布雷泽与娱乐产品公司续签了合同,使用电子表格进行该项目的资本预算分析。在这些条件下,布雷泽应该建立该子公司吗?
3. 假设布雷泽与娱乐产品公司未续签合同,使用电子表格进行该项目的资本预算分析。在这些条件下,布雷泽应该建立该子公司吗?布雷泽应该与娱乐产品公司续签合同吗?
4. 因为泰国未来经济存在不确定性,霍尔特希望知道在你认为最可行的备选方案中残值的重要性。
5. 泰铢未来的价值高度不确定。在最坏的情况下,泰铢每年贬值 5%。修改你的电子表格,计算该情形如何影响布雷泽在泰国设立子公司的决策(使用你在问题 2 和问题 3 中认为最乐观的情况回答这个问题)。

小企业困境:体育用品出口公司的跨国资本预算

吉姆·洛根是体育用品出口公司的所有者,他对在英国经营的成功很满意。他开办企业之初是生产橄榄球并出口到英国的。在橄榄球在英国没有像在美国那样受欢迎的情况下,他的公司控制了英国市场。吉姆正在考虑在墨西哥开办同样的业务。他将在美国生产橄榄球,并出口到墨西哥体育用品分销商手中,由这些分销商将橄榄球卖到零售店。分销商可能会要求每月以墨西哥比索支付货款。吉姆将需要在美国雇一个全职雇员来负责生产。他也需要租一个仓库。

1. 描述与文中所给条件相关的、在决定该项目是否可行时必要的资本预算分析步骤。
2. 解释为什么会存在与该项目现金流相关的不确定性。

互联网/Excel 练习

假设你在 7 年前的 1 月在葡萄牙投资了一个项目。在项目开始时,你可以选择 7 年期的美元或欧元借款。如果你借入美元,那么你每年的偿债额是 250 万美元(包括本金)。如果你借入欧元,那么你每年的偿债额为 200 万欧元(包括本金)。项目每年产生的收入为 500 万欧元。

1. 如果你通过借入美元为项目融资,使用电子表格计算项目在过去的 7 年中每年年末产生的美元净现金流(偿付债务之后)。
2. 如果你通过借入美元为项目融资,计算项目在过去 7 年中每年年末产生的美元现金流的标准差。
3. 如果你通过借入欧元为项目融资,重新估计项目在过去 7 年中每年年末产生的美元净现金流及其标准差(你可以在互联网上找到过去 7 年中每年年末的欧元汇率。)借入美元还是欧元会使项目净现金流量的波动更大?试解释你的结果。

真实案例在线文章

在网上寻找一篇最近的文章,这篇文章应是国际财务管理的实际应用,或是现实世界中特定跨国公司的案例,该案例能够诠释本章所述的某一个或者多个概念的行为。

如果你的班级有在线平台,教授可以要求你将总结放在在线平台上,这样,其他学生也能看到这篇文章。如果你的班级是面授课堂,教授可以要求你在课堂上汇报你的文章。教授也可以给某个学生布置任务,让学生完成本章作业,或者要求学生自愿完成某些作业。

对于本章所用到的在线文章和现实世界的案例,考虑搜索以下术语,并且将本年度作为搜索关键词以保证在线文章是最近的:

1. 汇回收益政策;
2. 外国利润税收;
3. 公司和国际扩张;
4. 跨国公司和国际扩张;
5. 外国子公司和扩张;
6. (某个跨国公司)和国际项目;
7. 跨国公司和国际项目;
8. (某个跨国公司)和外国项目;
9. 公司和外国项目;
10. 跨国公司和外国项目。

第 14 章
国际公司治理与控制

当跨国公司在全球扩张时,会面临很多类型的代理问题。很多代理问题正是由于未能合理设计母公司及其子公司的高管激励,未能使管理层专注于企业价值最大化(即股东价值最大化)。国际公司治理与控制使得管理层目标和股东目标相一致。

本章具体目标包括:

- 阐述跨国公司治理的常见形式;
- 解释跨国公司如何将企业控制作为公司治理的一种形式;
- 识别对外国目标公司估值时考虑的因素;
- 描述对外国目标公司估值的步骤;
- 解释为何目标公司的评估价值会因跨国公司控制策略的不同而不同;
- 识别国际公司控制决策的其他类型;
- 解释在实物期权框架下公司控制决策是如何进行评估的。

14.1 国际公司治理

跨国公司常采用各种方式以确保子公司的管理层持有公司股份,从而使他们的利益与公司一致。跨国公司以一定年限内禁售的股票作为奖金,目的是激励子公司管理层在做决策时使跨国公司的股票价值最大化。然而,由于跨国公司高层管理者拥有的股份有限,管理层在决策时考虑的重点是保住其工作及职位,即使这样做会降低股票价值。例如,他们做出扩张子公司的决策以证明其地位,即使这些决策整体上会降低跨国公司的价值。另外,扩张子公司可能会增加他们的管理范围,并使他们获得晋升。因此公司治理是非常有必要的,以保证管理层的决策符合股东利益。跨国公司治理的常见形式如下。

14.1.1 董事会成员治理

董事会负责高层经理人员的任命,包括首席执行官的任命。董事会需要对公司做出重要决策,如对重组和扩张予以监督,并保证重大决策符合股东利益。然而跨国公司的董事会治理常常效率低下。

首先,一些公司董事会允许首席执行官同时兼任董事长。由于董事长有足够的权力控制董事会,当首席执行官同时兼任董事长时,董事会控制与监督管理层的能力降低。例如,董事长召集董事会会议,并建立决议程序。其次,董事会常包括内部人员(公司的经理),他们更倾向有利于提升管理层权力的决策。跨国公司董事会如果包含多数不在公司工作的外部董事将会更有效。最后,来自外国子公司的董事会成员通常以子公司利益最大化为目标,而不是以跨国公司整体利益最大化为目标。

14.1.2 机构投资者治理

许多上市公司的大部分股份由机构投资者持有,这些机构如养老基金、公共基金、对冲基金和保险公司。尽管机构投资者总体持有较高的股份,但是单个机构投资者可能仅持有公司1%或2%的股份,因此机构投资者对公司管理层的影响能力也是有限的。如果机构投资者认为公司的管理薄弱,它们可以卖掉自己的股份,但是这也不太可能会改变公司的政策。

不同机构投资者实施治理的能力和意愿是不同的。例如,养老基金和共同基金计划长期持有所购公司股票,但并不主动参与公司治理。

相反,对冲基金常用的投资战略是投资于当前业绩较差(表现为较低的股价)但有增长潜力的公司。因此对冲基金积极主动参与所投公司的治理,因为只有当公司业绩提升时,它们才能获利。

私募股权基金从机构投资者(如养老基金和保险公司等)处融资,并将资金投资于非上市企业。由于很多跨国公司是非上市企业,因此这些私募股权基金更为积极地参与到跨国治理中。除此之外,私募股权基金经常投资于外国企业。它们可能仅投资其中一部分业务并提供管理决策建议,甚至会直接管理该业务。私募股权基金通过股权投资进入企业后,会努力改善这些公司的经营。一般来说,它们会投资4—8年。通过提高管理水平提升公司价值后,它们会将持有的股票出售给其他投资者。

私募股权基金天生就有动机对企业进行投资,特别是在企业效率低下、管理不善的国家。如果政府规定允许进入,那么私募股权基金便可以较低价格购买这些公司的股权,提升管理水平,然后卖出所持股份以盈利。因此,私募股权基金有助于提高国际治理水平。

14.1.3 积极股东参与治理

上市跨国公司的某些机构投资者或自然人股东被称为大股东(Blockholders),因为他们持有公司股份的比例较高(比如至少5%)。大股东是股东中的积极分子,他们采取行动以影响公司管理层。投资者不一定为了成为股东中的积极分子而成为大股东。但是如果他们的股权比例较高,并能通过投票权影响管理层决策,那么他们就具有较强动机成为股东中的积极分子。如果这些积极型股东不同意管理层提出的新政策,他们便会与董事会成员进行沟通,并表达其意见。他们通常也会参与代理之争,改变董事会的构成。若能够获得其他股东的充分支持,亦可加入董事会成为其中一员。除此之外,积极型股东还可能通过提起诉讼来影响管理决策。

14.2 国际公司控制

即使存在多种形式的治理,管理者的决策行为仍可能服务于他们自身利益而非股东利益。如果企业决策行为服务于管理层而非股东的利益,这种低质量的决策会反映在相对较低的股价上。这就为其他跨国公司提供了在所谓的国际市场上低价收购管理不善公司的机会,然后通过更换低效的管理层以重构治理。

面临被收购的公司被称为"目标公司"。其他企业会联系目标公司讨论收购事宜。如果目标公司拒绝收购请求,其他公司可通过从目标公司的股东那里购买股权,进行要约收购。如果价格合理,管理不善企业的既有股东很愿意卖掉自己的股份。尽管企业管理层试图服务于自己的股东,但如果没有完全发挥公司潜力,那么企业仍会成为收购目标。

14.2.1 国际并购的动机

许多国际并购的动机是提高国际市场份额或者通过全球整合形成规模经济来获利。许多跨国公司在海外市场的竞争优势源于技术或企业形象,这些海外市场上的竞争不如国内市场上那么激烈。许多美国的跨国公司,如甲骨文(Oracle)、谷歌、陶氏化学都进行过国际并购。收购外国目标公司的公告会引起收购方的股价不变或者小幅上升,然而收购国内目标公司的公告将对收购方股价造成负面影响。在收购时,因收购方支付较高溢价获取目标公司的控制权,导致上市的外国目标公司的股价会大幅上升。

跨国公司认为国际并购是比建立一家新的子公司更好的境外直接投资方法。然而,这两种境外直接投资的方式也有明显区别。由于目标公司是既有的,因此公司通过国际并购可以迅速扩张国际业务。国际并购使公司能够快速获得新技术。

> **举例**
>
> 谷歌和脸书最近都在印度并购科技创业公司。谷歌购买了英派姆(Imperium)公司,这是一家设立在印度班加罗尔和美国加利福尼亚的网络安全公司。脸书购买了位于班加罗尔的小眼实验室(Little Eye Labs),该实验室开发手机软件分析工具。班加罗尔是印度信息技术产业的中心,很多企业通过外包的方式为美国公司提供技术服务。

与建立新的子公司相比,国际并购通常能够更为迅速地获得更多现金流,但是它通常需要更大的初始投资。国际并购也需要公司将自己的管理风格融入外国目标公司。

14.2.2 国际并购的趋势

一般而言,不同国家的跨国公司会关注特定的地域范围,并以股票或者现金方式实现收购,采用哪一种方式取决于股东的权力。

美国跨国公司会更愿意收购英国公司。英国和加拿大的公司是美国公司常见的收购方。通常,欧洲公司是美国公司常见的收购目标,特别是采用欧元的欧洲国家希望外国企业在本国开展业务,因此会放宽进入本国的门槛。

当美国公司试图收购一家股东权力薄弱的公司时,通常以自己的股票作为支付手段。目标公司的股东也十分乐意接受以股票作为支付方式,因为这样他们就可以持有股东权力较强公司的股份。然而,如果股东权力薄弱的公司想收购美国公司,则需要采用现金支付,因为目标公司股东不想持有股东权力较弱公司的股份。

国际并购数量日益增多。然而,在全球经济衰退时国际并购步伐会明显减慢,因为在此期间跨国公司会限制扩张规模。经济疲软时,跨国公司的市场估值会较低,为此它们并不想发行额外股份以支付并购。

14.2.3 国际公司控制的障碍

当目标公司或者当地政府为了保护本国企业而限制收购时,国际并购市场受到了限制。

目标公司修订反收购条款。目标公司修订反收购条款,要求收购必须经由绝大多数股东投票通过,该修订能够有效防止公司被收购。

目标公司实施"毒丸计划"。一种防止被收购的方式是"毒丸计划",该计划在特定情况下授予经理或股东特殊权利。例如,一旦发起收购计划,"毒丸计划"便授予目标公司已有股东额外的股票。"毒丸计划"不需要经过股东同意,因此容易实施。在一些案例中,目标公司采用"毒丸计划"并非为了防止被收购,而是将其作为议价工具。"毒丸计划"导致跨国公司收购目标公司的成本提高,迫使跨国公司与目标公司管理层协商谈判。

大多数情况下,目标公司的管理层和董事会不愿意放弃控制权,除非跨国公司同意支付30%—50%的溢价(高于当前股价)。例如,如果跨国公司打算收购当前市场价值为1亿美元的企业(基于当日股价),那么为了得到控制权它需要支付1.3亿—1.5亿美元。当跨国公司必须支付如此高的价格时,其董事会可能认为收购不公平而放弃收购。

又或者,跨国公司仍选择实施收购,这通常会导致部分股东认为跨国公司支付成本过高,而将手里的股份卖掉。因此,在发布意图收购目标公司的公告后,跨国公司的股票价格可能会下降,尤其是当计划支付溢价过高时。

东道国障碍。一些国家的政府限制外国公司并购境内企业,或者只有满足特定条款时,它们才允许外国公司持有本国公司股份。例如,只有外国公司保留目标公司所有员工时,外国公司才可并购该国公司。如果本国公司效率低下且收购成本较低,那么该公司是一个极为理想的收购目标,然而如果外国公司不能改善本国公司的就业水平,那么外国公司也无法改善目标公司的状况。因此,这可能是国际并购的主要障碍。

14.2.4　外国目标公司的估价模型

回顾第1章可知,跨国公司价值基于预计未来现金流量的现值。跨国公司重组会改变其资产结构,最终影响其现金流现值。比如说,如果跨国公司购买一个企业,会导致当年产生较高的初始投资,但是它的预期每年现金流也会增加。跨国公司并购外国公司的决策与投资其他项目的决策,均需要对收益和成本的净现值进行比较(见第13章)。从跨国公司母公司的角度来讲,可通过从外国目标公司获取的现金流量现值估计目标公司的价值。

只有从目标公司收到的现金流的预计现值大于并购目标公司的初始投资时,跨国公司才会考虑投资目标公司。因此,可以用资本预算分析来决定是否并购一个公司。从并购公司视角来看的净现值是:

$$NPV_a = -IO_a + \sum_{t=1}^{n} \frac{CF_{a,t}}{(1+k)^t} + \frac{SV_a}{(1+k)^n}$$

其中:
IO_a = 并购公司所需的初始投资;
$CF_{a,t}$ = 并购公司在目标公司所能获得的现金流;
k = 目标公司的回报率;
SV_a = 目标公司的残值(目标公司在将来某一时间的预期售价);
n = 目标公司将被出售的时间。

估计初始投资。初始投资指支付给目标公司的价格。当企业收购公开上市的外国目标公司时,它们通常需要支付高于当前股价至少30%的溢价来获得所有权。想要准确估计初始投资必须考虑该溢价。

为了成功并购,收购方需要实质性地提高目标公司的现金流,以弥补为目标公司可能支付的溢价。外国目标公司的资本预算分析必须考虑汇率。美国公司需要支付的美元单位初始支出是由外币单位并购价格(IO_f)和外汇的即期汇率(S)决定的:

$$IO_a = IO_f(S)$$

估计现金流。美国公司现金流的美元数额是由每期汇入美国的外国货币现金流($CF_{f,t}$)乘以即期汇率(S_t)计算得出:

$$CF_{a,t} = (CF_{f,t})S_t$$

外币现金流进行折算时必须考虑东道国政府的税收或者资金冻结限制。一些国际并购正是由于跨国公司高估了目标公司的净现金流而失败。这是因为跨国公司的经理过分乐观地估计了目标公司的未来现金流,致使该并购缺乏可行性。

美国公司未来能获得的子公司的美元残值是由以外币计量的残值(SV_f)和折算为美元的即期汇率(S_n)所决定的:

$$SV_a = (SV_f)S_n$$

估计净现值。 外国目标公司的净现值可通过将上述等式代入资本预算公式来获得：

$$NPV_a = -IO_a + \sum_{t=1}^{n} \frac{CF_{a,t}}{(1+k)^t} + \frac{SV_a}{(1+k)^n}$$

$$= -(IO_f)S + \sum_{t=1}^{n} \frac{(CF_{f,t})S_t}{(1+k)^t} + \frac{(SV_f)S_n}{(1+k)^n}$$

《萨班斯-奥克斯利法案》对目标公司估值的影响。 当跨国公司通过估计目标企业的净现值来考虑并购项目时，必须确保目标公司财务信息准确可靠。2002年通过的《萨班斯-奥克斯利法案》要求公司管理层和董事会成员均对财务报告流程及重大决策负有责任。跨国公司管理层应当充分审视评估外国目标公司的经营和风险(称为尽职调查)。另外，跨国公司董事会应对所有收购项目进行全面评估，直到项目被认可通过。跨国公司通常会聘任外部法律和财务顾问，以获得关于并购项目的专业评估意见。

14.3 影响目标公司估值的因素

跨国公司在估计并购目标公司最终能够收到的未来现金流量时，会考虑目标公司或本公司所在国家的因素。

14.3.1 目标公司因素

当估计外国目标公司能为母公司提供的现金流时，应考虑以下特征：

目标公司以前的现金流量。 外国目标公司若处于持续经营中，则可获得现金流的历史信息。考虑其他因素后，外国目标公司的最近每期现金流可作为未来每期现金流的初始基数。近期数据可以使现金流的估计比一个新的外国子公司的现金流估计要容易得多。

然而，外国目标公司的以前的现金流并不能作为未来现金流的精确估计，因为外国目标公司的现金流在汇回母公司时，还要被折算成本国货币。因此，跨国公司需要仔细考虑影响外国目标公司继续运营所需资金的所有因素，从而恰当估计目标公司汇回母公司的现金流。

目标公司管理层的能力。 收购公司必须评估目标公司现有管理层的能力以便决定并购后如何进行管理。第一种方案是如果跨国公司收购目标公司后可能仍允许目标公司如同被收购前那样进行管理，那么意味着收购公司并没有多大可以提高目标公司现金流的潜力。

第二种方案是收购方收购目标公司后缩小该公司规模。比如，如果收购公司引入先进技术到目标公司后，降低了对目标公司员工的需求，此时收购公司就可缩减目标公司规模。缩减规模在减少费用的同时也可能降低生产效率和收入，因此现金流将随情况的不同而变化。

跨国公司可以采取的第三种方案是保持现有员工规模，但需重组流程以提高员工效率。比如，跨国公司可通过引入自身先进技术重组企业业务流程，重新分配员工任务。该战略会导致收购公司支付额外费用,但未来具有提升现金流的潜力。

14.3.2 国家因素

跨国公司在估计外国目标公司能为母公司提供的现金流时,通常会考虑如下与国家有关的影响因素。

目标公司所在国的经济环境。目标公司所在国的经济环境较好时,目标公司的产品在未来会有较高需求并产生较高的现金流。然而,有些企业比其他企业对经济环境更加敏感。另外,有些并购公司打算从目标公司所在国进行进口,这样的话,当地的经济环境对这些企业的影响就不那么重要。从长期来讲经济环境难以预测,尤其对新兴国家而言。

目标公司所在国的政治环境。目标公司所在国的政治环境较好时,目标公司的现金流不易受到来自政治方面的负面影响。企业现金流受政治因素影响的敏感度是由企业类型决定的。长期来讲,政治环境也是难以预测的,尤其是新兴国家。

如果跨国公司计划裁掉不需要的员工以提高效率,那么它应在做出并购决策前确保政府允许该行为。有些国家有保护员工不被裁员的政策,这导致公司效率低下。如果不允许裁员,跨国公司就无法提高效率。

目标公司的行业环境。一些国家的行业环境使得本国公司比其他国家公司更具吸引力。某国的一些行业可能竞争极为激烈,而其他行业则不然。另外,某国的一些行业增长潜力巨大,而其他行业则不然。跨国公司评估不同国家的目标公司时,它会选择行业增长潜力大且竞争不那么激烈的目标公司。

目标公司的货币环境。如果一家美国跨国公司计划收购外国目标公司,它必须考虑未来的汇率变动会如何影响目标公司的本国货币现金流,也要考虑汇回美国母公司的货币受到的汇率影响。在其他条件不变的情况下,跨国公司在并购时希望目标公司所在国的货币较疲软(初始支出会较少),而将来货币汇回美国母公司时货币较坚挺。跨国公司需要预测未来汇率并且预测汇率变动对未来现金流的影响。

目标公司所在国的股市环境。市场会持续对上市的目标公司进行估值,所以股价也在不断快速变动。当目标公司股价变动时,收购目标公司所需的竞标价格也在变化。因此,目标公司的被购价格也在摇摆不定中。特别是在亚洲、东欧和拉美新兴市场中的上市公司,其股价每周变动可达5%以上。因此,跨国公司并购应当选择股市价格相对较低时进行。

目标公司的税负。当跨国公司评估一个外国目标公司时,必须考虑税后最终能汇回母公司的预计现金流。因此,应选择适合于目标公司的税法来计算税后现金流。第一,根据企业所得税来计算企业税后所得。第二,预提税率决定了每期准备汇回母公司的税后收益。第三,如果并购方所在国家政府对汇回收益征收额外税费或者给予税收减免,那么该税费或者税收减免必须在被考虑范围内。

14.4 目标公司价值评估案例

林肯公司(Lincoln Co.)希望在拉美地区和加拿大进行扩张。林肯公司的战略就是在不同国家筛选目标公司并评估其价值。

14.4.1 国际筛选过程

在最初筛选中,林肯公司考虑了前述各种因素。它在墨西哥、巴西、哥伦比亚和加拿大选出了预期目标公司,如图表14.1所示。墨西哥的目标公司无意出售其公司并且也不愿意接受林肯公司的出价。因此林肯公司不再考虑该公司。林肯公司认为哥伦比亚的潜在政治问题会对收购造成障碍,尽管该目标公司自身乐于被收购。巴西的股市环境不好,因为巴西公司的股价最近都在大幅上涨,这导致巴西目标公司的市场价值被过度高估,林肯公司不愿意在目前股价基础上收购巴西目标公司。

图表14.1 筛选外国目标公司过程举例

目标公司所在国	目标公司是否乐于被收购	当地经济和行业环境	当地政治环境	当地货币环境	当前股市价格	税法
墨西哥	否	乐观	一般	一般	一般	可能变化
巴西	也许	一般	一般	一般	太高	可能变化
哥伦比亚	是	乐观	多变	乐观	一般	合理
加拿大	是	一般	乐观	稍不乐观	一般	合理

根据这一筛选过程,唯一值得进一步评估的外国目标公司便是加拿大目标公司。根据林肯公司的评估,加拿大的货币环境有些不利,但这不足以构成收购目标公司的障碍。因此,林肯公司需进一步获取目标公司和加拿大尽可能多的信息。这样林肯公司就能用这些信息来获取目标公司未来的现金流并计算出未来的收益是否能够大于所需的最初投资,这将在下文中详细解释。

14.4.2 评估目标公司的价值

接上述简化的例子,通过林肯公司的筛选程序,最后只留下了一个可选目标,即一家加拿大公司。再假设林肯公司相信它可以提高目标公司的经营效率,从而使目标公司实现更高的收入和更低的费用。目标公司的预计现金流量以最近几年的收入和支出水平为基数进行估计,并在此基础上根据并购后发生的改变进行调整,得出预计现金流量,估计如图表14.2所示。

估计目标公司的收入。 目标公司在过去4年里每年收入额在8 000万到9 000万加元之间。林肯公司预期可以增加销售,预计明年(第一年)销售收入将达到1亿加元,后年(第二年)为9 330万加元,大后年(第三年)为1.21亿加元(见图表14.2的第1行)。

图表14.2　基于假设的加拿大目标公司的股价

单位:100万

		去年	第一年	第二年	第三年
1	收入(加元)	90	100	93.3	121
2	销售成本(加元)	45	40	37.3	48.4
3	毛利=(1)-(2)(加元)	45	60	56	72.6
4	销售及管理费用(加元)	20	15	15	15
5	折旧(加元)	10	10	10	10
6	税前收益=(3)-(4)-(5)(加元)	15	35	31	47.6
7	所得税(30%)(加元)	4.5	10.5	9.3	14.28
8	税后收益=(6)-(7)(加元)	10.5	24.5	21.7	33.32
9	+折旧(加元)		10	10	10
10	-再投资(加元)		5	5	5
11	出售公司税后收入(加元)				230
12	现金流=(8)+(9)-(10)+(11)(加元)		29.5	26.7	268.32
13	汇率(美元)		0.80	0.80	0.80
14	现金流=(12)*(13)(美元)		23.6	21.36	214.66
15	净现值(以20%折现)(美元)		19.67	14.83	124.22
16	累计净现值(美元)		19.67	34.5	158.72

估计目标公司的费用。以往目标公司的销售成本率为50%。但是林肯公司想提高效率因此希望将该比例降低到40%。这样,销售成本(第2行)是预期收入(第1行)的40%。毛利(第3行)等于收入(第1行)减销售成本(第2行)。当前的销售及管理费用(第4行)为每年2 000万加元,但林肯公司希望通过重组在未来3年里将该费用降至每年1 500万加元。折旧费用(第5行)在过去10年里每年为1 000万加元,在未来3年里会保持不变。

估计目标公司的收益。税前收益(第6行)等于毛利(第3行)减去销售及管理费用(第4行)和折旧(第5行)。目标公司的所得税(第7行)为预期税前收入的30%,将其从税前收益中扣除便得到了税后收益(第8行)。

母公司的现金流。林肯公司希望从自己的角度来评估目标公司,它更关注未来可收到的美元现金流。假设目标公司每年需要500万加元维持现有业务(包括对现有设备的维护),剩余现金流被汇回母公司。目标公司产生的现金流(第12行)等于折旧(第9行)加上税后收益,另外还需考虑维持现有业务的再投资(第10行)和出售目标公司的税后收入(第11行)。假设林肯公司在3年后出售目标公司获得2.3亿加元收入(缴纳资本利得税之后)。

假设没有额外的税,每年从加拿大获得的现金流被汇回林肯公司,并用每年年末的汇率进行兑换。在估计母公司收到的美元现金流(第14行)时,林肯公司使用加元当前的汇率(0.80美元)作为未来几年的预期汇率(第13行)。

估计预期现金流的现值。 假设预期回报率为20%,3年后目标公司累计净现值(第15行)为1.5872亿美元(第16行最后一列)。鉴于目标公司现有1000万股流通在外股份,并且当前价值为每股17加元,因此1000万股份的价值为1.7亿加元。按照当前0.80美元/加元的汇率,目标公司市场价值为1.36亿美元。然而林肯公司计划在股价的基础上支付至少30%的溢价以保证目标公司的董事会同意此项并购,这意味着收购价格会高达1.77亿加元。因为林肯公司对目标公司的估值(1.59亿美元)低于其愿意为此项并购所支付的价款,因此林肯公司决定不对目标公司投标。林肯公司未来仍会考虑收购目标公司,但是需要重新进行分析。随着影响目标公司预期现金流的国家因素(经济状况、行业竞争、汇率等)的变化,目标公司的估值也会随之变动。

14.4.3 目标公司估值的不确定性

当跨国公司打算收购一家目标公司时,它们会尝试确认目标公司未来现金流的现值。当然,它们也可以利用目标公司公开披露的财务报告,但是目标公司未来现金流仍存在一定的不确定性。

为识别出可能导致林肯公司高估目标公司的不确定性来源,请回顾图表14.2中影响预期现金流的各因素,从第一行开始向下看。第一,因经济增长难以估计,收入具有不确定性。第二,商品销售成本可能会超出预计的40%的收入水平,这会减少汇回美国母公司的现金流。第三,销售及管理费用可能会超出预计的1500万加元,特别是考虑到收购以前每年的费用为2000万加元。第四,加拿大的公司所得税税率可能会提高,这会减少汇回母公司的现金流。第五,加元可能比预期疲软,这也会减少汇回母公司的现金流。第六,目标公司3年以后销售价格的估计可能由于以上五种原因而不准确,而这一估计对目标公司的现在价值的评估有着重要影响。

为了解释不确定性,应根据各种可能情形重复进行资本预算分析。例如,林肯公司未来现金流需要在收入、成本、未来汇率和残值等各种假设下进行重新估计。

14.4.4 目标公司市场价值随着时间改变

正如目标公司所在国家状况的变化会影响跨国公司对目标公司的估值一样,这也会影响目标公司的市场价值。市场价值十分重要,因为这对跨国公司购买一家上市的目标公司时必须支付的价格有着重大影响。下面将详细解释对目标公司市场价值有重要影响的国家因素。

股市环境的影响。 股市环境的改变会影响市场中每一家企业的股价,进而影响上市公司的价值,收购这些公司的价格也随之变化。

> **举例**
>
> 回到前例中,林肯公司对加拿大目标公司的大致估值为1.59亿美元,但该估值不足以判断收购目标公司是否合理。假设在初始估值3个月后,加拿大的经济状况好转,林肯公司需重新评估是否应收购加拿大目标公司。林肯公司的最新分析发现目标公司价值达到2亿美元。如果林肯公司能以3个月之前收购目标公司的价格(1.77亿美元)进行收购,那么林肯公司对目标公司的新估值将确保本次收购是合理的。
>
> 然而,目标公司的市场价值在过去3个月也有所变化。随着经济回升,加拿大股价也在上涨,而目标公司的股价上升了20%。假设原例中的汇率没有发生变动,目标公司现在的市场价值是1.63亿美元。此外,林肯公司为了吸引目标公司的股东出售其股份,仍然需要在市场价值基础上支付30%的溢价,也就是说林肯公司为了收购目标公司需要支付2.12亿美元。尽管林肯公司大幅度提升了对目标公司的估值,但新的收购价格仍然超过其新的估值。最终,林肯公司决定这次不再对目标公司投标。

如果目标公司是非上市公司,股票市场总体环境会影响到收购方需要支付的数额,因为非上市公司的价值受该国相关公司的市盈率的影响。估计非上市公司价值较为简单的方法就是将同行业上市公司的市盈率(P/E比率)用至非上市公司的年度利润中。若一个国家的股票价格上涨,那该国上市公司市盈率会随之提高。

信贷可得性的影响。某国的信贷可得性对跨国公司收购能力具有重要影响,也会影响对目标公司的需求。当经济疲软时,金融机构通常对贷款设定更高的门槛,因为它们担心贷款难以收回。当金融机构紧缩贷款时,一些潜在的收购方可能因无法获得足够资金而无法进行收购。相反,当经济状况转好时,可用贷款增多,跨国企业较为容易获得资金进行收购。在这些情况下,收购频率会更高,支付给目标企业的价格也会更高。

市场对目标公司预期的影响。在某些国家,由于限制内部人交易的法律未能严格执行,收购计划的相关信息可能会泄露。如果这些内部信息被公开,目标企业的股价很可能上涨,因为投资者知道一旦收购企业投标,目标企业的股价将会大幅上升。当投资者抱着收购投标的预期购买股份时,目标企业的股价将会上涨,这将增加收购方的收购成本。因此,在内部信息经常泄露的国家,收购方需要支付较高的价格给目标企业。任何计划收购的跨国公司都应尽量保密,但是防止内部信息扩散往往十分较困难。

14.5 外国目标公司估值的差异

大部分已有特定收购目标的跨国公司都会估计目标企业未来创造现金流量的现值。然而,如果多个跨国公司考虑收购同一目标公司,它们对目标公司的估值也会因以下因素的差异而不同:(1)目标公司将产生的现金流;(2)汇回母公司的资金受汇率的影响;(3)收购目标公司要求的回报率。

14.5.1　外国目标公司的预期现金流

目标公司未来预期的现金流会因考虑收购它的跨国公司的不同而有差异，因为该现金流受跨国公司对目标公司运营管理或监督的影响。每个跨国公司对目标公司如何适应其内部组织以及如何进行未来的生产运作都有不同的计划。目标公司预期现金流将受其管理方式的影响。一个在亚洲有生产工厂的跨国公司收购另一个亚洲生产公司，可能仅仅是想提高其市场份额和生产能力。生产能力和销售水平提高使该跨国公司的现金流也发生变化。相反，生产工厂设在美国的跨国公司收购亚洲生产工厂主要是想将其生产部门转移到成本更低的地区。由于费用降低，该跨国公司的现金流也会相应改变。

某些国家的收购方会因税法获得竞争优势。低税率国家的收购方可以比高税率国家的收购方获得更多的现金流，因为目标公司（在被收购之后）未来要汇回本国的收益只需支付较低的税费。

14.5.2　汇率对汇回收益的影响

汇率对子公司汇回母公司收益的影响不同，将导致跨国公司对目标公司的估价不同。一方面，如果跨国公司要求目标公司在收购后便汇回大部分收益，那么目标公司的价值将部分取决于将收益汇回给跨国公司时当地货币的预期汇率；另一方面，如果跨国公司想让目标公司将收益再投资于东道国以扩张业务，这样目标公司的估值将更多地取决于当地的发展战略以及远期的汇率。

汇率的影响也取决于收购方所在国家（及其货币）。对于货币疲软国家的收购方，将来目标公司所在国的货币相对于收购方本国货币预期会升值，这使收益汇回收购方时（收购之后），收购方收到的预期现金流会大幅增加。对于货币坚挺国家的收购方，目标公司所在国的货币相对于收购方的本地货币预期会贬值，当收益汇回收购方时（收购之后），收购方收到的预期现金流会减少。

14.5.3　收购方的要求回报率

由于不同跨国公司收购目标公司的要求回报率不同，目标公司的价值可能有所差异。如果某跨国公司追求的是成功收购外国公司，以更有效的方式持续在当地的经营，那么经营风险相对较低。同时，该跨国公司对目标公司的要求回报率也相对较低。相反，如果跨国公司收购一个外国企业并打算将它变成该公司的主要出口商，那么因出口业务现金流不确定性很高，将导致较高风险。在这种情况下，对该目标公司的要求回报率也会相对较高。

如果潜在的收购者来自不同国家，即便它们以相似的方式经营目标公司，对某一收购目标的要求回报率也不同会有所。回想前面提到的跨国公司对项目的要求回报率是由当地的无风险利率决定的（因为那影响到跨国公司的资金成本）。因此，那些利率较高国家（比如巴西和委内瑞拉)的跨国公司与低利率国家(比如美国和日本)的跨国公司的要求回报率不同。拉美国家的跨国公司更高的要求回报率不一定会导致较低的估值。目标公司的货币可能相对于拉美国家的货币有实质上的升值(因为一些拉美国家的货币持续疲软),这会提高汇回资金和收到的现金流的数量,也可能会抵消较高的要求回报率的影响。

14.6 其他公司控制决策

除了收购外国企业,跨国公司可以进行国际部分收购,跨国购买非上市公司以及国际剥离等业务。以下对每种形式分别描述。

14.6.1 国际部分收购

跨国公司可能会考虑通过购买外国公司现有的部分股票以实现部分收购。这种收购所需资金少,因为只需要购买外国目标公司的一部分股份。在此类投资中,外国目标公司通常持续经营,不会出现目标公司股权发生转移后员工变更的问题。然而,收购目标公司部分股份后,跨国公司会影响目标公司管理层,将来也可能会完全收购该目标公司。一些跨国公司通过购买外国公司的大量股份来控制其经营。比如可口可乐购买了许多外国制瓶公司的股份,以确保饮料瓶的生产达到标准。

估值过程。当跨国公司部分收购足够多的股份以控制该企业时,评估目标公司的过程与完全并购是一样的。然而如果跨国公司只购买少部分的股票,跨国公司就无法重组该企业以提高效率。因此,对目标公司现金流的估计就只能从被动的投资者角度,而非从决策者的角度来进行。

14.6.2 国际收购私有化企业

近些年来,东欧和南美地区的一些发展中国家的政府所有企业被出售给个人或者企业。许多跨国公司利用这种私有化浪潮来购买政府出售的企业,这些企业对跨国公司来说非常有吸引力,因为它们有很大的提高效率的潜力。

估值过程。如前所述,跨国公司可运用资本预算分析对发展中国家政府所有的企业进行估值。但是估值存在以下困难:
- 由于这些企业原来所处的环境几乎没有竞争,所以未来现金流存在不确定性。因此以前的销售数据不能作为未来销售额的指标。
- 在某些国家,具有商业价值的数据非常有限,因为在该国市场中,公开交易的企业数量很少,而且其他并购价格的公开信息也很少。因此,没有可以用来估价的标杆企业。
- 这些国家在市场化过程中经济环境很不稳定。
- 在过渡时期政治环境易变,因为政府对企业的政策不明朗,或者容易突变。

- 如果政府保留了对企业的一部分所有权，它可能想控制该企业，其目标将与收购者的目标大为不同，这会导致冲突。

尽管存在上述困难，像 IBM、百事可乐这样的跨国公司还是通过私有化的方式来并购企业以进入新的市场。匈牙利是私有化的典型国家。匈牙利政府在销售其资产给跨国公司时是非常迅速和有效的，超过 25 000 家跨国公司持有匈牙利公司的股份。

14.6.3 国际剥离

跨国公司应定期重估外国项目以决定保留还是出售(资产剥离)。如果项目未来现金流量的现值小于当前的出售价格，则原来已实施的项目不再可行。以下列举了一些常见的使外国子公司未来现金流量现值降低的外部因素：

- 东道国疲软的经济减少了子公司的预期现金流；
- 东道国当地货币价值降低导致汇率下降，因此由子公司赚取的、将转化为母公司所在国货币的现金流减少；
- 东道国政府更高的税率减少了子公司的预期现金流；
- 跨国公司母公司资本成本的增加提高了在估算子公司现值时，折现未来现金流量所使用的折现率。

估值过程。 对可能的国际资产剥离的评估可以通过比较其持续经营现值和资产剥离得到的收益(税后)来决定。

> **举例**
>
> 重新考虑上一章的斯巴达公司的例子，该公司计划建立一家新加坡子公司，并计划在 4 年后出售新加坡子公司。假定子公司建立 2 年后，新加坡元的即期汇率下降至 0.46 美元，另外，对这一项目剩余 2 年的预测进行修改，新加坡元在第 3 年时的汇率将为 0.44 美元，在最后一年的汇率将为 0.40 美元。由于这些预计汇率对该项目有负面效应，斯巴达公司考虑剥离掉该子公司，而不是等到 2 年之后再进行剥离。假设初始的其他条件不变，潜在的收购者提出，如果能够保有现有营运资金，愿意以 1 300 万新加坡元的价格来收购该公司(资本利得税后)。
>
> 斯巴达公司可以通过比较出售该项目的可能税后收益(以美元表示)和不出售时该项目所能带来的美元现金流现值，进行剥离分析。这一比较将决定剥离净现值(NPV_d)，如图表 14.3 所示。该图表显示如果斯巴达公司剥离了该子公司，现在将会收到 5 980 000 美元(将 1 300 万新加坡元按照即期汇率 0.46 美元转换为美元)，该图表同时也显示了如果斯巴达公司在接下来的两年之中继续持有子公司，那么项目将来现金流的现值将是 8 533 112 美元。因为子公司剩余现金流的现值超过了斯巴达公司出售子公司能获得的价款，剥离是不可行的。因此，斯巴达公司不会按此价格出售，并且会继续寻找出价高于其子公司现值的公司。

图表 14.3　剥离分析：斯巴达公司

	第 2 年年末 （今天）	第 3 年年末 （1 年后的今天）	第 4 年年末 （2 年后的今天）
预提税后汇回收益（新加坡元）		6 840 000	19 560 000
售价（新加坡元）	13 000 000		
汇率（美元）	0.46	0.44	0.40
剥离获得美元现金流 =（2）×（3）（美元）	5 980 000		
剥离损失美元现金流 =（1）×（3）（美元）		3 009 600	7 824 000
损失的现金流的现值（15% 的折现率）		2 617 044	5 916 068
NPV_d = 5 980 000 −（2 617 044 + 5 916 068） = 5 980 000 − 8 533 112 = −2 553 112（美元）			

待剥离资产的市场价值。 尽管子公司预期表现不如意，但如果子公司的潜在购买方有同样的预期并且只愿意出较低的价格，跨国公司也会选择不剥离这些子公司。在这种情形下，潜在购买方愿意为子公司支付的价格反映了预期的业绩表现。

举例

在希腊债务危机中，TCU 公司（总部位于美国）对保留或者剥离其在希腊的子公司进行评估。出于疲软的希腊经济状况，TCU 向下调整了子公司的预期现金流。TCU 也担忧该子公司会面临更高的公司所得税，因为希腊政府一直在寻找方法修正其财政赤字。远期汇率（用来预计流向 TCU 母公司的未来现金流）则面临着更多的不确定性，因为 TCU 认为希腊可能会放弃使用欧元作为其货币。

出于以上原因，TCU 相信该子公司将会无利可图，它开始寻找潜在的买家。然而，其他考虑购买该子公司的跨国公司也有相同的预期。除非 TCU 以高折扣价卖出子公司，否则潜在购买者并不愿意购买。TCU 面临着是忍痛割弃子公司还是明知预期表现差却仍继续持有子公司的抉择。因为子公司未来现金流的现值比现在出售能够获得的价款更高，TCU 决定继续持有子公司，希望将来如果希腊危机解决，子公司的业绩会有所提高。

14.7　作为实物期权的公司控制决策

跨国公司的控制决策可能涉及**实物期权**（real options），或者在实物资产上的隐性选择权（比如跨国公司的房屋、机器和其他用于生产的资产）。实物期权可被分为实物资产的看涨期权和看跌期权。

14.7.1　实物资产看涨期权

实物资产看涨期权表示一个计划项目包含着追逐额外风险的期权。跨国公司的某些重组形式包括实物资产的看涨期权。可以用跨国资本预算来计算这种期权。

举例

珊瑚公司(Coral Inc.)是一家美国网络公司,正在考虑收购一家墨西哥网络公司。珊瑚公司估计并折现了通过并购业务可获得的美元现金流,并将其与初始投资进行比较。在这次评估中,墨西哥业务直接产生的未来现金流现值比收购所需的初始投资稍低,因此这项业务看起来是不可行的投资。

一家巴西网络公司也在出售中,但是其所有者仅愿意将该公司出售给它熟悉和信任的公司,而珊瑚公司与该公司并无联系。墨西哥公司的一个优点在于它不是用传统的跨国资本预算分析来进行估价的,而且这家公司与巴西网络公司有频繁的业务往来,可以用这个关系来帮助珊瑚公司取得巴西公司。因此,如果珊瑚公司购买了墨西哥公司,它就可以有选择权来购买这家巴西公司。从本质上讲,珊瑚公司拥有实物看涨期权(对巴西公司),因为它有这样的选择权(不是义务)来购买巴西公司,预期的购买价格在未来几个月内将是实物看涨期权的行权价格。如果珊瑚公司购买巴西公司,它将有第二笔初始投资和第二笔现金流。

当考虑到该项实物看涨期权时,购买墨西哥公司就变得可行了,尽管单独考虑该公司直接产生的现金流是不可行的,这个项目可以分成两种情景进行分析。在第一种情景下,珊瑚公司购买墨西哥公司,但是经过认真观察巴西公司,决定不执行期权(不购买巴西公司)。在此情景下,净现值就是该墨西哥公司所能带来的现金流现值减去购买时所必需的初始投资。在第二种情景下,珊瑚公司购买了墨西哥公司然后执行了期权,购买了巴西公司。在此情景下,合并现金流(墨西哥公司加巴西公司)的现值(以美元表示)就可以与合并的初始投资相比较。

如果购买巴西公司的支出在购买墨西哥公司的支出之后,那么这项购买巴西公司的支出就应该折现。如果珊瑚公司知道这两个情景发生的可能性,并知道每种情景发生的概率,它应该将两种情形发生的概率分别与其净现值相乘然后加总,再来计算净现值的期望价值。

14.7.2　实物资产看跌期权

实物资产看跌期权表示一个计划项目包含着部分或全部处置项目的权利。与实物资产看涨期权一样,看跌期权也可以用跨国资本预算来计算。

> **举 例**
>
> 翡翠公司(Jade Inc.)是一家美国的办公用品提供商,正在计划收购一家意大利同行业的公司。翡翠公司认为如果意大利未来经济向好,该项目的净现值将为正。然而,考虑到意大利疲软的经济环境,该项目可能不可行。
>
> 假设现在翡翠公司知道它将在4年后任意时间按某一特定价格出售该公司。因此在这个项目中,翡翠公司有一个看跌期权。
>
> 通过评价在经济条件好和经济条件不好两种条件下的净现值可决定该项目的可行性。该项目期望的净现值可以估计为每种情形下净现值与其发生概率的乘积之和。如果经济条件有利,净现值为正。如果经济条件不利,翡翠公司会以某一特定价格(与执行一个看跌期权的行权价格相似)出售该意大利公司,因此仍然可以获得正的净现值。于是,实物资产的看跌期权可以将一个不可行的项目变得可行。

小结

- 跨国公司董事会有责任确保经理人员实现股东财富最大化。如果董事长是外部董事或董事会由外部人员控制,则董事会效率会更高。机构投资者监督跨国公司,某些机构投资者(如对冲基金)相比于其他投资者是更有效率的监管者。大股东因其表决权也可能作为高效率监管者而影响公司管理。

- 如果上市公司不为股东服务,公司有可能成为并购对象,因此国际并购市场是一种公司治理形式。然而上市公司的经理可以通过反并购规定和"毒丸计划"设置并购障碍。

- 外国目标公司的估价受具体目标因素(比如目标公司以前的现金流和人才管理政策)和具体国家因素(比如经济环境、政治环境、货币环境、股市环境)的影响。

- 典型的估价过程中,一个跨国公司根据对方是否愿意被收购和国家壁垒情况进行最初的目标公司筛选。然后基于目标国家的特点以及预计的现金流量的折现值,通过估计目标公司现金流进行估价。然后再将预期价值与目标公司的市场价值相比,从跨国公司的角度确定目标公司能否以低于其预期价值的价格被购买。

- 因为对目标公司现金流量估计的方法不同、汇率变动或所要求的回报率不同,潜在的收购者在对外国目标公司的估值可能会有所不同,而这种差异在收购者来自不同国家时会格外明显。

- 除了国际收购公司,国际公司控制交易还包括国际部分收购、跨国收购私有化企业和国际剥离。这些不同类型的交易是否可行,这需要用跨国公司资本预算来进行判断。

- 一些跨国公司实行的国际公司控制决策包含隐性实物期权。这些跨国公司在进行资本预算分析时应该将这些期权纳入考虑范围。

正方反方

评估外国目标公司和评估其他资产的方法一样吗？

正方：是的。外国目标公司的价值对跨国公司来说是其未来现金流的现值。估计外国目标公司价值的过程与估计一台机器价值的过程是一样的。外国目标公司预计的现金流量可以从以前的现金流量信息中获取。

反方：不是的。跨国公司获得目标公司后目标公司的行为将会改变，效率取决于跨国公司对目标公司的业务整合能力。根据收购方的处理方式，收购完成后雇员士气可能改善或恶化。因此，评估目标公司现金流量时，必须考虑到由收购带来的变化。

孰是孰非？ 运用互联网了解该话题的更多内容。你支持哪种观点？对这个问题发表你的见解。

自测题

（答案见书后的附录A）

1. 如果一个发展中国家的政府突然同意外国公司持有本国公司的股份，为什么本国公司会成为受外国跨国企业青睐的目标呢？
2. 国际收购的障碍有哪些？
3. 为什么美国的跨国公司倾向于建立一个外国子公司，而不是收购外国现有的公司呢？
4. 普罗沃公司（Provo Inc.）（总部设在美国犹他州），一直在考虑剥离在瑞典生产和销售滑雪设备的瑞典子公司。一家瑞典公司已经提出了购买这个瑞典子公司。假定美国的母公司刚刚修订了关于瑞典克朗价值的预期，认为克朗价值将会下降。此项剥离，现在比以前执行是更可行还是相反呢？请解释。

应用思考题

1. **重组动机**。你认为为什么跨国公司要持续评估跨国各种重组方式，例如外国收购或缩减外国子公司？
2. **国家管制的风险**。莫德公司（Maude Inc.）是一家美国跨国公司，最近收购了一家新加坡公司。为提高效率，莫德公司对目标公司进行了裁员，裁掉三分之二的劳动力。为什么这一行为可能会影响新加坡政府对该子公司的管制？
3. **全球扩张战略**。波其公司（Poki Inc.）是一家美国跨国公司，由于它在美国边际利润率的减少，正考虑将业务扩展到泰国，因其公司的产品在泰国的需求非常旺盛。然而，预测显示泰铢在未来三年会大幅贬值。波其公司应在泰国扩展业务吗？什么因素可能影响其决策？
4. **非上市目标公司估值**。拉斯泰利公司（Rastell Inc.）是一家美国的跨国公司，正考虑购买一家俄罗斯的目标公司来生产平板电脑并在整个俄罗斯扩展市场,最近几年俄罗斯对平板电脑的需求大幅增长。假设恰好在拉斯泰利公司评估目标公司之前,大部分俄罗斯公司股票价格大幅度上升。如果拉斯泰利公司收购一家俄罗斯非上市目标公司,那么拉斯泰利公司可以避免高股价对企业价值的影响吗?

5. **国际项目比较**。萨瓦纳公司(Savannah Inc.)是一家服装制造公司,希望收购目标公司在欧洲的流行服装生产线来增加其市场份额。这条服装线早已建立。预测显示,项目生命周期内欧元相对稳定。马奎特公司(Marquette Inc.)希望购买一个目前在泰国生产收音机的企业,通过业务转换,来增加马奎特公司在泰国平板电脑的市场份额。预测表明,项目生命周期内泰铢将会贬值。这两个项目带来的资金收益将定期汇回美国母公司。你认为哪个会有较高的净现值?为什么?

6. **私有化业务的估价**。为什么对曾被发展中国家政府所拥有的私有化企业进行估价比对发达国家现有企业进行估价更难呢?

7. **对外国目标公司的估价**。布洛尔公司(Blore Inc.)是一家美国的跨国公司,已甄别了几个目标公司。基于经济和政治方面的考虑,只有一个在马来西亚的目标公司合适。布洛尔公司想让你来对这个目标公司估价,并提供以下信息:

- 布洛尔公司预计将持有目标公司3年,此后,预计以税后3亿马来西亚林吉特将该公司售出。
- 布洛尔公司预期马来西亚经济坚挺。预计第2年的收入为2亿马来西亚林吉特,之后两年每年增加8%的收入。
- 销售成本率为50%。
- 预计未来3年每年销售及管理费用为3 000万马来西亚林吉特。
- 预计马来西亚对目标公司征收的税率为35%。
- 预计未来3年每年折旧费用为2 000万马来西亚林吉特。
- 目标公司每年需要700万马来西亚林吉特作为营运资本。
- 目标公司当前股票价格为每股30马来西亚林吉特。目标公司现有900万股流通股。
- 剩余的现金流量将汇回母公司,布洛尔公司使用当前的马来西亚林吉特汇率作为未来3年的预期汇率。目前这一汇率是0.25美元。
- 布洛尔公司在类似项目上的期望收益率为20%。

a. 根据以上信息,编制一张工作表估计马来西亚目标公司的价值。
b. 将来布洛尔公司是否能够以低于目标公司价值的价格获得马来西亚的目标公司呢?

8. **目标公司环境的不确定性**。参阅问题7。布洛尔公司对目标公司的估价过程中有哪些不确定性的来源呢?如果亚洲发生新的危机,找出美国跨国公司的亚洲子公司预期的现金流量会降低的两个原因。

9. **剥离战略**。一场外国的危机通常会导致位于当地的跨国公司子公司现金流(及估值)大幅减少。请解释当这些子公司不盈利时,为何跨国公司也不一定会卖掉子公司。

10. **为什么外国收购可能会失败**。请提供两个原因说明为什么跨国公司收购外国目标公司的战略会失败,即解释为何收购可能会导致负净现值。

批判性思考题

外国目标企业估值

2011年,微软以85亿美元的价格收购了Skype(总部位于卢森堡)。写一篇小短文,描述微软决定愿意为Skype支付价格的过程。一些分析者声称仅Skype不值85亿美元的估值,但是对于微软来说Skype的价值超过85亿美元。在你的文章里解释这种观点。

布雷泽公司案例:评估一项在泰国的收购计划

回顾前例中的本·霍尔特——布雷泽公司的首席财务官,他建议董事会在泰国建立一个子公司。他分析认为,由于轮滑鞋市场在泰国具有高增长潜力,该子公司将有利可图。具体来说,无论与娱乐产品公司的现有协议是否续期,布雷泽公司都应设立一个在泰国制造轮滑鞋的子公司。根据协议,娱乐产品公司每年要购买18万双"Speedos"轮滑鞋(布雷泽公司的主要产品)。该协议的期限为3年,从现在起还有2年期满。到期后该协议可续延。由于交货延误,娱乐产品公司表示,只有当布雷泽公司在泰国建立了一个子公司时才会续约。在这种情况下,每双轮滑鞋的价格将固定在4 594泰铢。娱乐产品公司表示,如果布雷泽公司决定不再续签协议,那么它将每年按当时的市场价格购买5 000双"Speedos"轮滑鞋。

根据霍尔特的分析,与娱乐产品公司续约及建立一个在泰国子公司将带来2 638 735美元的净现值。然而,如果不续约但建立一个子公司,净现值将是8 746 688美元。因此,霍尔特建议,布雷泽公司应当设立一个子公司,但不续签现有的与娱乐产品公司的协议。

最近,泰国一家叫作Skates'n'Stuff公司的轮滑鞋制造商与霍尔特洽谈有关出售该公司的事宜。10年前,Skates'n'Stuff公司进入泰国轮滑鞋市场,每一年的运营中都有盈利。并且,Skates'n'Stuff公司建立了在泰国的分销渠道。因此,布雷泽公司如果收购该公司,可以立即开始销售,不需要在泰国另花时间建厂。初步预测表明,布雷泽公司每年将可出售2.8万双轮滑鞋。这些销售量是收购Skates'n'Stuff公司后的增量。此外,此次收购带来的所有销售将由泰国的零售商完成。布雷泽公司固定开支将达到每年2 000万泰铢。霍尔特虽然此前未曾考虑收购一个现有的公司,但现在他在考虑收购Skates'n'Stuff公司是否比在泰国建一个子公司更好。

霍尔特也知道此类收购的一些缺点。Skates'n'Stuff公司的CFO表示,他愿意接受的收购价格为10亿泰铢,这显然是比5.5亿泰铢在泰国建立一个子公司要贵得多。不过,Skates'n'Stuff公司的CFO已经表示了谈判意愿。此外,由于布雷泽公司采用高品质的生产过程,这使得布雷泽公司的轮滑鞋产品定价较高。由于Skates'n'Stuff公司的生产工艺水平较低,如果布雷泽公司收购了它,那么由于轮滑鞋质量较差,布雷泽公司的轮滑鞋只能以低价出售。初步预测表明,布雷泽公司在不影响销量的情况下可将价格定为4 500泰铢。然而,由于Skates'n'Stuff公司采用的生产过程致使轮滑鞋质量较低,其经营费用将类似于布雷泽公司在泰国建立子公司的经营费用。因此,布雷泽公司估计每双轮滑鞋的成本约为 3 500 泰铢。

假定你是布雷泽公司的财务分析师,霍尔特问你咨询收购 Skates'n'Stuff 公司是否是一个比在泰国建立一个子公司更好的决策。如果 Skates'n'Stuff 公司产生的现金流量现值比收购价格高,那么收购 Skates'n'Stuff 公司是一个比在泰国建立子公司更为划算的方案。因此,霍尔特要求你列出一个电子表格,计算收购的净现值。为了帮助你进行分析,霍尔特提供了以下其他信息,这是他从各种来源搜集到的,包括 Skates'n'Stuff 公司在过去的 3 年未经审计的财务报表:

- 布雷泽公司实施收购的要求回报率为 25%,此回报率与设立子公司要求的回报率相同。
- 如果 Skates'n'Stuff 公司被布雷泽公司收购,那么布雷泽公司将在经营该公司 10 年后将其出售,估计售价为 110 万泰铢。
- 在 10 亿泰铢的收买价格中,厂房及机器设备的成本为 6 亿泰铢。这些项目的折旧使用直线折旧。因此,10 年内每年将折旧 6 000 万泰铢。
- 每年将以 4 500 泰铢的价格销售 28 万双轮滑鞋。
- 每双轮滑鞋的可变成本为 3 500 泰铢。
- 固定的经营成本(包括工资和行政开支)每年将为 2 000 万泰铢。
- 目前泰铢的即期汇率是 0.023 美元。布雷泽公司预计未来 10 年泰铢平均每年贬值 2%。
- 泰国政府将对从 Skates'n'Stuff 公司汇到布雷泽公司的资金征收 25% 的所得税和 10% 的预提税。汇往美国的收益将不会再次在美国征税。Skates'n'Stuff 公司所产生的所有收益将汇往布雷泽公司。
- 预计泰国年平均通货膨胀率为 12%。收入、可变成本、固定成本都会受到通货膨胀率影响并且每年以相同比率随之改变。

此外,霍尔特已通知你,布雷泽公司在今年和明年共将制造 18 万双轮滑鞋并将其交付给在泰国的娱乐产品公司。由于以前轮滑鞋只用来自泰国的零部件(较美国组件质低价廉),每年足以制造 7.2 万双,这会使今年和明年的成本节省 3 240 万泰铢。不过,无论是否收购 Skates'n'Stuff 公司,布雷泽公司都需要在今年和明年交付给泰国的娱乐产品公司 18 万双"Speedos"产品,霍尔特已提醒你不要在分析中包括这些销售。明年年底布雷泽公司与娱乐产品公司将不再续约。

霍尔特想让你回答下列问题:

1. 使用电子表格,确定 Skates'n'Stuff 公司的净现值。根据你的数值分析,布雷泽公司是应该收购 Skates'n'Stuff 公司还是在泰国建立一个子公司?

2. 如果布雷泽公司与 Skates'n'Stuff 公司谈判,愿意支付的最高金额是多少泰铢?

3. 布雷泽公司在做出决策时是否应考虑其他因素?在你的答案中,相对于你在问题 1 中的分析,你应该考虑:(1) Skates'n'Stuff 公司所要求的价格;(2) 其他在泰国潜在出售的业务;(3) 你进行分析的基础信息来源;(4) 目标公司在未来的生产过程;(5) 未来 Skates'n'

Stuff 公司的管理情况。

小企业困境：体育出口公司的跨国重组

体育出口公司已成功地将在美国生产的橄榄球出口到英国。最近，吉姆·洛根(体育出口公司的所有者)已考虑重组，将他的公司业务扩大到整个欧洲市场。他计划把在欧洲还未很受欢迎的橄榄球和其他运动品出口到德国的一个大型体育用品经销商；然后分发给欧洲任何愿意购买这些商品的零售体育用品商店。经销商将采用欧元支付体育出口公司的货款。

1. 是否存在使该业务在英国成功而在其他欧洲国家不一定会成功的因素？
2. 如果业务在整个欧洲是分散的，这是否会大大减少体育出口公司的汇率风险呢？
3. 现在许多欧洲国家都加入了单一货币体系，这是否会影响在欧洲新的扩张的绩效？

互联网/Excel 练习

1. 使用网上新闻来研究在过去一个月中的国际收购，描述收购动机，解释收购方如何从此次收购中获益。
2. 你正考虑在阿根廷、巴西或加拿大收购目标公司。你知道一个国家股票市场的表现会部分影响到目标公司的价值。通过互联网找出 Merval 指数(阿根廷股价指数)。可以获取 3 年前、2 年前及 1 年前到至今的股票指数。在电子表格中插入数据，计算股票价值的年度变化百分比。计算 3 年前与今天股票价值的年度变化百分比。用同样的方法计算巴西股价指数(Ibovespa)和加拿大股价指数(S&P/TSX)的变化。在此基础上，找出哪个国家的公司价值增加最多？哪个国家的公司价值增加最少？为什么这方面的信息可能影响到你在何处寻找目标公司的决策？

真实案例在线文章

在网上寻找一篇最近的文章，这篇文章应是国际财务管理的实际应用，或是现实世界中特定跨国公司的案例，该案例能够诠释本章所述的某一个或者多个概念的行为。

如果你的班级有在线平台，教授可以要求你将总结放在在线平台上，这样，其他学生也能看到这篇文章。如果你的班级是面授课堂，教授可以要求你在课堂上汇报你的文章。教授也可以给某个学生布置任务，让学生完成本章作业，或者要求学生自愿完成某些作业。

对于本章所用到的在线文章和现实世界的案例，考虑搜索以下术语，并且将本年度作为搜索关键词以保证在线文章是最近的：

1. 国际公司治理；
2. 跨国公司和董事会成员；
3. 跨国公司和积极股东；

4. 跨国公司和公司控制；
5. 国际收购；
6. 外国目标公司；
7. 收购和外国公司；
8. 部分收购和国际；
9. 剥离和外国；
10. 收购和外国。

第 15 章
跨国资本成本和资本结构

跨国公司依靠资本为扩张子公司、新建子公司以及其他项目筹资。由于跨国公司的资本结构决策会影响资本成本,而资本成本直接影响项目的营利性,所以资本结构影响企业价值。

本章目标:

- 描述跨国公司资本的主要构成;
- 识别影响跨国公司资本结构的因素;
- 解释母公司与子公司资本结构决策的交互影响;
- 解释如何估计资本成本;
- 解释为什么不同国家的资本成本会有差异。

15.1 资本要素

跨国公司依靠资本进行扩张活动。一般来说,跨国公司可以通过内部的利润留存、对外借款以及发行股票的方式增加资本。这些资本来源将在下文一一描述。

15.1.1 留存收益

跨国公司母公司及其子公司通常会创造收益,这些收益可留存于企业,也可用于再投资以支持公司的经营与扩张。跨国公司利用留存收益的方式多种多样。跨国公司会允许其子公司留存充裕的收益以支付以后以本币计量的营业费用。该战略可以使子公司能够用近期现金流入去支撑未来的现金流出。这种方式由于能够使子公司汇回母公司的收益以及母公司为子公司进行的融资达到最小化,可以使母、子公司不同币种间现金流的转换达到最小化。然而,由于一些子公司的收益并不能满足其资金需求,因此该战略也不总是完美无缺的。此外,母公司可能要求子公司汇回其收益以支撑母公司在日后的经营。如果子公司是由母公司以自有资本建立的,那么母公司可能将收益返还视为初始投资的一种回报。

跨国公司也会使用留存收益,通过现金形式进行股权投资,在另一个国家设立子公司来拓展其国际业务。这笔资金将会被子公司用于自身发展经营。子公司最终通过留存收益或者向当地银行贷款增加自己的资本。这样的子公司有着不同于其他子公司和母公司的独特资本结构。当跨国公司拥有国际子公司时,它的整体资本结构便是母公司与所有子公司资本结构的结合。

15.1.2　债务资本的来源

跨国公司在债务筹资时往往会采用以下方式。

发行国内债券。 跨国公司通常在本国以本币发行债券,与投资银行一起决定发行数量和发行价格。投资银行同时扮演着将股票卖给投资机构的角色,债券的期限通常为10年至20年。债券投资者不需要一直持有债券至到期日,持有期间可以在二级市场上将债券转让给其他投资者。

发行国内债券收到的初始价款是以母公司的本币计价的。因此,如果母公司计划将一部分价款用于为子公司融资,则需要以市场汇率将资金转换成子公司所持币种。

发行全球债券。 跨国公司可以(在投资银行的协助下)在全球范围内发行以多种货币计价的债券,以期从需要筹资的大型子公司所在国那里获取资金。例如,美国的一家跨国公司为了维持本国的经营活动,需要向美国投资者发行以美元计价的2 000万美元的债券,英国子公司在英国发行以英镑计价的1 500万英镑的债券,瑞士的子公司向瑞士投资者发行以法郎计价的1 000万瑞士法郎的债券。购买这些债券的投资者可以在到期日之前将这些债券在二级市场上转让。美国母公司将依靠其自身经营对以美元计价的债券进行息票支付,英国子公司将依靠英镑收入对以英镑计价的债券进行息票支付,而瑞士子公司将依靠瑞士法郎收入对以瑞士法郎计价的债券进行息票支付。

私募债券。 跨国企业债务资本的另一来源是向国内机构投资者或扩张地机构投资者发行债券。私募面对的机构投资者较少,因此可以降低交易成本。然而,因为私募债券在二级市场交易存在很多限制,所以跨国公司通过私募方式不能得到全部所需资金。因此,跨国公司只能向投资者提供有限的流动性。

金融机构贷款。 跨国公司的母公司一般会从金融机构贷款,这样不仅可以通过资金获利,还可以与金融机构建立商业关系,例如,给予企业汇率以及现金管理方面的咨询。跨国公司的子公司从东道国金融机构贷款的同时也依赖金融机构提供的服务。

金融机构贷款的利率通常为浮动利率,该利率每6个月或者1年会根据银行同业拆借利率的调整而发生变化。例如,以英镑计价债券的利率每年会在英镑贷款利率的基础上加上

3%的溢价来重新设定。瑞士法郎的贷款利率每年会在法郎的伦敦银行同业拆借利率的基础上加上3%的溢价。两种贷款的计算方式相同，但因为某种货币的伦敦银行同业拆借率可能远远高于另一种货币的伦敦银行同业拆借利率，所以利率差异可能会很大。比如，如果以英镑计价债券的现行银行同业拆借利率高于以瑞士法郎计价债券的银行同业拆借利率，那么以英镑计价的贷款利率就高于以瑞士法郎计价的贷款利率。

支付高于银行同业拆借利率的溢价部分取决于跨国公司能够接受的信用风险。如果债务人将盈利的跨国企业作为抵押品，则只需支付相对低的溢价（比如2%）；反之，如果债务人没有可作为抵押品的企业，则通常需要支付相对高的溢价（比如5%）

如果跨国企业有大额融资需求，那么财团借贷可能比单一借贷更稳妥。财团贷款的结构可以根据跨国企业的需求量身定做。例如，贷款可以根据不同国家子公司的不同币种需求而分成不同部分。贷款利率将依据货币的市场汇率每6个月或1年重新设定。

贷款条款可以根据企业的偏好来设置，而跨国公司通常依靠长期贷款进行筹资活动，为了满足短期的现金需求，它也会利用短期贷款和信贷额度。许多跨国公司通常将短期贷款展期，将短期贷款作为永久性资金使用，这也是资本要素的另一来源。

15.1.3　权益资本的外部来源

跨国公司通常考虑用以下权益资本筹资。

发行国内股票。跨国公司可以在本国发行以本币计价的股票，可能将一部分股票发行分配给子公司。分配给子公司的任何资金都需要以市场汇率兑换成子公司所在国的货币。

发行全球股票。当大多数跨国公司在本国发行股票时，另一些跨国公司追求全球权益资本，可以同时获得多个国家的权益资金。它们重点在需要筹集资金的子公司所在国发行股票，股票以外币计价且在当地外汇市场上市，以便当地投资者买卖股票。如果跨国公司在某国发行大量的股票，那么当地投资者更倾向于购买这种全球股票，因为该股票在该国二级市场上更活跃、流动性更好，将来该股票在二级市场上更容易卖出。

> **举例**
>
> 格鲁吉亚公司（Georgia Co.）发行全球股票。其中，第一部分全球股票以美元计价，发行收入用于美国子公司的运营，该股票在美国发行，因该股票在美国市场上市，投资者在美国股票市场非常容易卖出该股票。
>
> 第二部分全球股票以日元计价，发行收入用于日本子公司的运营。该股票在日本发行，因该股票在日本市场上市，投资者在日本股票市场非常容易卖出该股票。
>
> 第三部分全球股票以欧元计价，发行收入用于欧洲子公司的运营。该股票在欧洲发行，因该股票在欧洲市场上市，投资者在欧洲股票市场非常容易卖出该股票。

发行全球股票的跨国企业通常比在国内发行股票企业更容易在当前市场发行新股。这些跨国公司一般具有更大的规模以及更高的国际知名度，它们更容易在全球发行股票。当该国的证券信息披露法律、所有者保护法律以及证券发行法律不完善时,发行全球股票是不可行的,因为这些国家的投资者对股票的需求很少。

另外,跨国公司倾向于在股票价值相对高的国家发行股票。如果价值相对较低,股票发行不会吸引投资者,同时不能为跨国公司筹集足够的资金。

私募股权。 跨国公司权益资本还有一种来源,那就是对国内机构投资者或者扩张地机构投资者募集资本。与私募债券一样,私募股权可以降低发行成本。然而,跨国公司可能不能通过私募股权得到足够的资金,这些资金来源于希望长期持有投资的有限机构投资者,该权益资本在再出售时将受限。

子公司发行股票。 假定在母公司允许的条件下,跨国公司的海外子公司可以自己独立公开发行股票。如果股票在东道国上市,那么尽管母公司可能仍然是第一大股东,但子公司将不再是该母公司的全资子公司。如果跨国公司允许子公司自行募股,那么子公司的管理层可能会被授予一定数量的股份作为补偿,以激励他们做出能够使公司股价最大化的决策。然而,这种管理层成为少数股东的方式将引发潜在的利益冲突。子公司管理层可能做出牺牲跨国集团整体利益以换取子公司利益的决策。比如,子公司管理层可能投资那些在他们眼里可行但是从母公司角度来看不可行的项目。尽管一些子公司进行了公开募股,但大多数跨国母公司更偏好以全资控制其子公司。因此这些子公司更可能采用通过不断增加留存收益以增加股本的方式来筹资,而不是公开发行股票来筹资。

15.2 跨国公司的资本结构决策

一个跨国公司的资本结构决策涉及其子公司对债务和权益融资的选择。债务融资相对于权益融资的优势因跨国公司自身特点的不同而不同,也因跨国公司的子公司所在国特性的不同而不同。

15.2.1 公司特征的影响

每个跨国公司独有的特点可以影响其资本结构。

跨国公司现金流量的稳定性。 现金流量更稳定的跨国公司可以承受更多的债务,因为它们有稳定的现金流入来偿付定期的利息费用。相反,现金流量变化无常的跨国公司可能更偏爱较少的债务,因为它们不能确保每一期都能产生足够的现金来支付大量的债务利息费用。在一些国家进行多样化经营的跨国公司可能有更稳定的现金流量,因为任何一个单一国家的状况都不会对其现金流量产生重大影响。因此,这些跨国公司可以接受包含更多债务的资本结构。

跨国公司的信用风险。 有较低信用风险(不能偿还债权人贷款的风险)的跨国公司更容易获得贷款。拥有可作为担保品资产(如建筑物和可改变用途的机器)的跨国公司更易获得贷款，也更愿意加强债务融资。相反，拥有较少的可接受担保品的跨国公司，可能需要使用更多的权益融资。

跨国公司对留存收益的利用。 盈利较高的跨国公司可用留存收益来为大部分投资融资，因此采用的是权益密集的资本结构。相反，留存收益水平较低的跨国公司可能会依靠债务融资。高增长的跨国公司的留存收益不足以为扩张融资，因而更依赖债务融资。低增长的跨国公司需要较少的新投入资金，因此可能会更依赖留存收益融资而非债务融资。

跨国公司的债务担保。 如果母公司为子公司提供债务担保，那么子公司的借款能力会提高，这样子公司将减少对股权融资的需求。但与此同时，由于资金可能会被用于支援子公司，债权人可能不那么愿意再为母公司提供资金支持，因此母公司的借贷能力将会下降。

跨国公司的代理问题。 如果母公司所在国的投资者们无法对国际子公司进行轻易的监督，那么代理成本将会增加。母公司将会要求子公司更多地依赖债务融资，因为这将会使子公司由于定期的还款压力而更加自律。

15.2.2 东道国国家特征的影响

除各个跨国公司独有的特点外，各东道国独有的特点也会影响跨国公司对债务和权益融资的选择，因而也影响了该跨国公司的资本结构。

东道国利率。 可贷资金的价格(利率)可能各国有别。于是跨国公司对负债的偏好取决于它和子公司所在国债务成本的高低。如果子公司所在国的资金成本极高，母公司就可能会使用自己的权益资本来支持子公司的项目。

东道国的货币实力。 如果跨国公司担心其子公司所在国的货币贬值，那么它可能希望用东道国货币而非母公司所在国货币为子公司的经营筹集大量资金。因为如果这样，子公司将来汇回母公司的收益就会因对当地债务支付利息而变得较少。这种策略减少了跨国公司的汇率风险。

如果母公司认为子公司所在国货币相对母公司所在国货币将升值，那么它可能会让子公司留存更多收益以用于再投资。结果是子公司将会减少对债务融资的依赖。

东道国的国家风险。 相对温和的国家风险表现为东道国政府可能临时冻结子公司汇往母公司的资金。若一段时期内被禁止汇回收益，那么子公司可能更愿意利用当地的债务融资。这种策略会减少冻结资金量，因为子公司需要利用部分资金支付当地债务的利息。

如果一个跨国公司的子公司面临东道国政府可能没收其资产的风险，那么该子公司可能会大量利用该东道国的债务融资。因此借钱给子公司的当地债权人会非常关心该子公司是否被东道国政府公平对待。另外，如果该跨国公司在外国的经营被东道国政府终止，并且经营是从当地债权人处融资，那么债权人的损失可能会较少。这是因为当地债权人将会与东道国政府谈判，以使东道国政府清算从该跨国公司没收的资产，然后使债权人全部或部分收回资金。

一个减少国家风险的方式是子公司在东道国发行股票。这样东道国的小股东能够直接从盈利的子公司获益。因此，小股东们会向政府施压，以避免过高的税收、环境方面的限制或其他减少子公司利润的规定。拥有子公司少数股权的当地投资者可能会为子公司提供一些保护，以抵御东道国政府不利行为带来的威胁。东道国的投资者拥有子公司部分股份的优势是可能会打开子公司在东道国的更多机会。当东道国的投资者拥有子公司的少数股份时，子公司的知名度将提高。然而正如前面所说，如果子公司的管理层是少数股东，那么管理层的决策行为将以牺牲母公司利益为代价而增加子公司利益，母、子公司之间将会产生利益冲突。

东道国的税法。 汇回收益时，跨国公司的外国子公司可能要缴纳预提税。因为子公司要对当地债务支付利息费用，所以子公司会利用当地债务融资而非依靠母公司融资，可以减少定期汇回母公司的资金量。因此，子公司会利用更多的当地债务融资可以减少预提税。

15.2.3 根据国家特性调整资本结构

国家特性不仅因国家不同而不同，即便是同一个国家，每个时期的特性也会不一样。因此，公司不仅要根据国家特性选择资本结构，还要根据每个国家所处时期选择相应的资本结构。

举例

普利茅斯公司(Plymouth Co.)在几个国家都有子公司。它们按照以下方法调整资本结构：
- 普利茅斯的母公司认为两年之后日元将会贬值，所以在日元贬值之前，它要求日本的子公司上缴所有利润。这种做法最终导致日本的子公司不能依靠留存收益筹资，必须完全依靠当地债务筹资。
- 普利茅斯在印度拥有子公司。该国政府宣布一年之后将取消预提税。子公司现在将越来越多的利润上缴母公司。因此，印度的子公司越来越少地依靠留存收益，而是通过在当地筹集债务资金以维持经营活动。
- 普利茅斯在智利拥有子公司。该国政府已宣布将于明年开始限制资金转移，所以子公司用本来应上缴的收益偿还到期的债务，这导致其资本结构以权益资本为主。
- 普利茅斯公司在阿根廷拥有子公司。因阿根廷利率上升，导致债务的筹资成本增加，因此该子公司依赖于留存收益筹资。该子公司的资本结构以权益资本为主。

总之，由于国家特性，普利茅斯的两个子公司使用以债务为主的资本结构，而其他两个子公司则使用以权益为主的资本结构。

15.3 子公司和母公司资本结构决策之间的相互影响

跨国公司的资本结构是变化的，有些子公司适合债务融资，而另一些子公司适合权益融资。子公司的融资决策影响着向母公司汇回的资金量以及对母公司资金的依赖程度,这最终会影响母公司的资本结构,所以子公司的融资决策应该与母公司协商后做出。下面介绍几种子公司融资情形对母公司资本结构的潜在影响。

15.3.1 子公司增加债务融资的影响

当子公司严重依赖债务融资时,子公司对内部权益资金(留存收益)的需求减少。因为这些多余的内部资金被汇回了母公司,所以母公司在借助外部融资之前有更多的内部资金可用。假设母公司的经营用光了所有的内部资金,并且还需要一些债务融资,那么子公司和母公司的资本结构就会产生抵消性影响。子公司债务融资的增加被母公司债务融资的减少所抵消。由于子公司的财务杠杆远远大于母公司所期望的,为了实现整体(全球)资本结构目标,母公司通常会使用较小的财务杠杆。

15.3.2 子公司减少债务融资的影响

当全球因素使子公司减少债务融资时,子公司所需要的内部融资就会增加。结果导致子公司汇回母公司的资金减少,母公司可用的内部资金量也减少。如果母公司的经营用光了所有的内部资金,并且还需要一些债务融资,那么子公司和母公司的资本结构就会产生抵消性影响,子公司债务融资的减少被母公司债务融资的增加所抵消。因此,即使当地(子公司)资本结构发生变化,跨国公司总的资本结构也会保持不变。母公司通过一个子公司财务杠杆的影响抵消另一个子公司财务杠杆的影响,实现跨国公司的总体资本结构目标。

15.3.3 抵消子公司财务杠杆的局限性

该种筹资方式只要能被外国债权人和投资者接受,确保全球目标资本结构并且对子公司杠杆抵消,那么该方式就是合理的。子公司当地资本结构一般会存在高杠杆(即使跨国公司总杠杆平衡),即外国债权人对子公司实行更高的贷款利率,因为他们认为这些子公司可能难以偿付如此多的债务。然而,如果母公司打算支持子公司,它可以向外国债权人做出偿付债务的保证,这样会减少债权人对风险的担心,从而降低债务成本。许多跨国公司的母公司会在财务上支持其子公司,因为如果不支持,这些子公司将不能获得足够的资金。

15.4 跨国资本成本

跨国公司的资本包括债务资本和权益资本,所以资本成本应该反映债务资本成本和权益资本成本。

15.4.1 跨国公司的债务资本成本

企业的债务资本成本取决于借款时确定的利率。该利率等于当前借款的无风险利率加上跨国公司为补偿债权人面对的违约风险而支付的风险溢价。由于在确定公司所得税时，债务利息费用可抵减税收，因此该负债有税收优势。

15.4.2　跨国公司的权益资本成本

公司可以通过留存收益或者发行新股获得权益资本。公司留存收益成本应被视为机会成本，即如果将现有股东收到的股利再投资出去所能赚得的收益。公司新的普通股权益资本（发行新股）成本也反映了一种机会成本，即如果新股东不把这笔钱投资于该股票，而是投资于其他地方所能赚取的收益。这种成本大于留存收益的成本，因为它包括了与发行新股有关的费用（发行成本）。

企业的权益包含了风险溢价（高于无风险利率），作为对权益投资者投资权益资本的补偿。如果投资人认为公司将来提供的回报不会高于当前的无风险利率，那么他们宁可投资无风险债券也不会进行权益投资。对跨国公司进行权益投资时，投资收益充满着不确定性，因此，股票发行价格应足够低，以使投资者可以得到高于无风险利率的回报。

为了使投资者投资跨国公司的权益资本，而不是投资无风险债券或者其他债券，公司付出的风险溢价应依据公司的风险而定，现金流不稳定的企业风险较高，这意味着投资者的回报也是不确定的。因此，股票价格应该足够低，以使投资者得到足够的回报以补偿其风险。

15.4.3　计算跨国公司的资本成本

一个公司的加权平均资本成本（称为 K_c）等于债务资本成本加上权益资本成本。通过对债务和权益赋予权重来反映企业资本结构的百分比，加权平均资本成本可表示为：

$$K_C = \left(\frac{D}{D+E}\right)K_d(1-t) + \left(\frac{E}{D+E}\right)K_e$$

其中：

　　D = 公司负债额；

　　K_d = 税前债务成本；

　　t = 公司所得税税率；

　　E = 公司权益资本；

　　K_e = 权益融资成本。

债务资本和权益资本的权重通过括号里的公式计算而得到。

15.4.4　权益资本成本与债务资本成本的比较

使用债务而非权益作为资本的主要优势在于利息费用可以抵减税收。然而，负债越高，利息费用越多，公司无力偿债的可能性就越大。结果是，当跨国公司增加债务比例时，潜在的新股东或债权人所要求的收益率会相应增加,因为此时企业发生破产的可能性增大。

图表 15.1 列示了对负债的优势(利息费用可抵减税收)和劣势(增加破产风险)的权衡。该图描述了企业财务杠杆程度(资产负债率,横轴)与资本成本(纵轴)的关系。当资产负债率很低时,便不用担心企业破产,因为企业可以偿还到期债务。基于这些条件,债务的利息抵税效应高于债务的劣势(潜在的破产风险)。

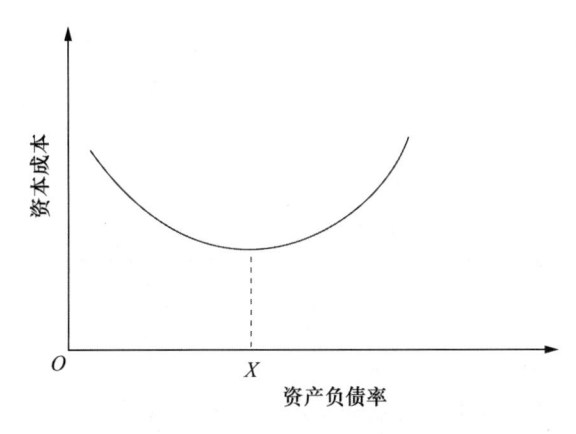

图表 15.1　寻求合适的资本结构

然而越过某点后(图表 15.1 中的 X),当资产负债率足够高时,债权人和股东非常担心企业的潜在破产风险。大量的负债导致企业面临更高的还款额,增加企业破产的可能性。在更高的债务水平上,更高的信用风险导致债务资本成本增加。另外,因有更高的破产风险,股东要求的权益成本也会提高。结果是当资产负债率超过横轴上的 X 点时,负债增加的同时,资本成本也会增加。在 X 点的资本成本最小,企业可以从债务利息抵税中获利,且不会过度负债,因而也不必担心过高的破产风险。

15.4.5　跨国公司与国内公司的资本成本

跨国公司的资本成本与国内公司的资本成本可能由于以下原因而有所不同:

公司规模。 经常大量借债的跨国公司可能会得到债权人的优惠待遇,因此可以降低其资本成本。而且因它们大量发行股票和债券也相应降低了发行费用(以融资额的百分比计)。但这些都是因为其规模大而非因为有国际化业务。也就是说,假如一家国内公司规模足够大的话,它也可以获得同等待遇。但如果公司不愿意进行国际化经营,其发展就会受限。由于跨国公司可能更容易实现经济增长,所以它们可能比纯国内公司更容易达到必要的规模,从而更容易获得债权人的优惠待遇。

可进入国际资本市场。 跨国公司通常能从国际资本市场获得资金。不同市场的资金成本不同,跨国公司因进入国际资本市场可能会比国内公司拥有更低的成本。另外,只要子公司所在国市场利率相对较低,子公司也许就能在当地获得比母公司在本国成本更低的资金。

> **举 例**
>
> 可口可乐公司在最近的年报称:因我们参与全球业务和拥有强大的资金实力,我们能较容易地进入全球重要的金融市场,这使得我们能以较低的实际成本筹资。总借款成本因这种优势和我们创造性地对长、短期债务实行融合管理而变得更低。

国际多元化。如前所述,公司资本成本受到破产风险的影响。如果公司现金流量来自世界各地,那么这些现金流量是十分稳定的,因为企业总销售额不会因一个经济体而产生重大的影响。由于各国经济相互独立,所以来自不同子公司的组合净现金流量变动较小,这样就会减小破产的概率,因而降低资本成本。

汇率风险。如果受到高汇率风险的影响,那么一个跨国公司的现金流量可能会比国内同行业公司更加易变。如果外国收入能汇回跨国公司在美国的母公司但美元变得更坚挺,则这些收入可能没那么值钱了。这样,公司支付借款利息的能力降低了,导致破产风险更高了。另外,受汇率波动风险影响更大的公司通常在未来各期有更大的(更分散的)现金流入变化。这会迫使股东和债权人要求更高的收益率,从而增加该跨国公司的资本成本。

国家风险。拥有外国子公司的跨国公司可能会遇到东道国政府征用其子公司资产的风险。有许多因素影响这种事情发生的可能性,其中包括东道国政府的态度和该子公司所处的行业。如果子公司资产被征用且无公平补偿,那么该跨国公司破产的概率就增加了。在其他因素不变的情况下,若一个跨国公司投资于外国的资产份额越高,且所在国总体国家风险越高,则该跨国公司破产的概率也就越高(因此资本成本也越高)。

还有其他温和一些的国家风险,如东道国政府修订税法等,也可能会影响跨国公司子公司的现金流量。由于这类情况发生的可能性较大,所以资本预算过程应该适当考虑这些风险。

> **举 例**
>
> 埃克森美孚(ExxonMobil)公司有大量评估海外项目可行性的经验。如果它探听到政府或税收政策会发生根本性变化,那么会给相关项目在要求的收益率基础上加上一个风险溢价。该调整反映了资本成本可能会增加。

图表15.2总结了把特定行业跨国公司和国内公司的资本成本区分开来的五个因素。总体上说,前三个因素(公司规模、可进入国际资本市场和国际多元化)对跨国公司的资本成本会产生有利的影响,而汇率风险和国家风险对跨国公司的资本成本的影响却是不利的。因此,我们不可能得出结论说跨国公司比国内公司更有资本成本方面的优势。每一个跨国公司都应该被单独评估来确定其国际经营的资本成本净效应是否有利。

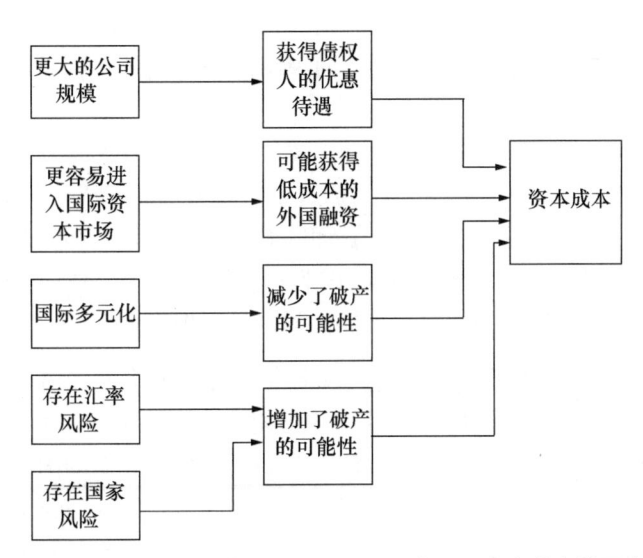

图表15.2　使得跨国公司资本成本不同于国内公司资本成本的因素总结

15.4.6　用资本资产定价模型比较权益资本成本

为了评估跨国公司和纯国内公司的权益资本成本如何不同,我们可以使用资本资产定价模型。该模型确定了股票要求的收益率(K_e),公式如下:

$$K_e = R_f + B(R_m - R_f)$$

其中,
R_f = 无风险收益率;
R_m = 市场收益率;
B = 该股票的 β 系数。

资本资产定价模型指出公司股票要求的收益率是由如下因素确定的:(1) 无风险收益率;(2) 市场收益率;(3) 该股票的 β 系数。β 系数代表了该股票收益率对市场收益率(在美国,股票指数通常被作为评价美国公司股票的指标)的敏感度。

跨国公司风险的资本资产定价模型的意义。 一家增加国际业务量的美国公司有可能有效降低其股票收益对股票指数的敏感度,也即降低其股票的 β 值。根据前述公式,降低 β 值(如通过增加国际贸易的方式)能够降低投资者要求的回报率。这样,跨国公司可以降低权益资本成本,从而降低其资本成本。

跨国公司项目资本资产定价模型的意义。 资本资产定价模型的拥护者认为项目的 β 系数可以用来决定该项目要求的收益率。项目的 β 系数代表了该项目产生的现金流量对市场状况的敏感度。对于高度多样化的公司,有多个项目在创造着现金流量,每一个项目都包含着两种风险:(1) 系统性风险,即由于整体市场环境而存在的风险。(2) 非系统性风险,即项目独有的风险。资本资产定价理论认为,由于项目的非系统性风险可以被多样化分散掉,故无须考虑。然而,系统性风险不能被多样化分散掉,因为所有项目都受到了此类风险的影响。

因为美国跨国企业的许多项目在外国开展,导致其现金流对美国经济缺乏敏感性。因此,这些项目的 β 值相对较低,投资者要求的回报率也相对较低,从而权益资本较低,导致企业总资本成本较低。

然而,有些投资者会考虑项目的非系统性风险。比如,美国跨国公司在亚洲和南美洲有项目,这些项目的现金流对美国经济并不敏感,这意味着项目的系统性风险较低。然而,非系统性风险会导致现金流非常不稳定,比如项目面临着高国家风险。即使跨国公司实行多元化经营战略,投资者也不能忽视非系统性风险,因为这会影响跨国公司的整体现金流和盈利能力。根据这些条件,投资者要求的回报率不能比国内的回报率低。

将资本资产定价模型应用于国际市场。以上资本资产定价模型描述了项目现金流对美国市场指数的敏感性。如果美国投资者主要在美国进行投资,投资会受到美国市场的系统性风险影响。因此,投资者更愿意投资于现金流对市场状况敏感度低的国际项目。

然而,世界市场可能比美国市场更适合确定美国跨国公司的 β 值,也就是说,如果投资者在许多国家购买股票,其股票将受到世界市场状况的重大影响而不只是受到美国市场状况的影响。因此,投资者更愿意投资于对世界市场状况敏感度低的公司,而不是投资于对美国市场状况敏感度低的公司。跨国公司投资于与世界市场状况相关性不高的项目可能会降低它们对世界市场状况总的敏感度,从而被投资者青睐。如果根据对世界市场条件的敏感度来确定项目的 β 值,那么跨国公司想获得比国内公司更低的 β 值是有困难的。

总的来讲,我们不能确定在同一行业里,跨国公司是否比纯国内公司有更低的资本成本。然而,我们可以借此讨论来理解一个跨国公司是怎样充分利用对风险的衡量,并让风险衡量与国内公司的权益成本进行比较。

15.5 各个国家资本成本的差异

理解各国资本成本为什么不同是很重要的,这是由于以下三个原因。第一,资本成本能解释为什么有些国家的跨国公司比其他国家的跨国公司更有竞争优势。有些国家的跨国公司因为资本成本较低,这会有更多可行(正的净现值)项目可以投资。因此,这些跨国公司就能更容易地增加其世界市场份额。第二,跨国公司可以调整其国际经营业务和资金筹措来源,以利用各国间资本成本的不同而获利。第三,理解资本组成部分(债务和权益)间成本的差异,有助于解释为什么一些国家的跨国公司比其他国家的跨国公司更愿意采用高负债的资本结构。接下来我们先说明负债成本的国家差异,然后解释权益成本的国家差异。

15.5.1 负债成本的国家差异

公司的债务成本主要由借入货币时的无风险利率和债权人所要求的风险溢价决定。一些国家公司的债务成本高于另一些国家,是由于在一个确定的时点,相应的无风险利率更高,或者风险溢价更高。下面我们来解释无风险利率和风险溢价在国家间的差异。

无风险利率的差异。 无风险利率由某国政府无违约风险的贷款利率决定。许多国家政府为了有足够的资金偿还到期债务，通过提高税收或者减少支出来降低信用风险。

任何影响资金供求的因素都会影响贷出资金的无风险利率。这些因素包括税法、人口状况、货币政策和经济状况，不同国家的这些因素是不同的。一些国家的税法比另一些国家更愿意鼓励储蓄，这会影响储蓄的供应，因此也会影响利率。一个国家的公司所得税法会影响公司对资金的需求，进而影响利率。

一个国家的人口状况会影响储蓄的供应及所需要的可贷资金数量。各国的人口状况不同，资金供求状况也不同，从而名义利率也不同。因为年轻人倾向于少储蓄多借钱，所以人口年轻化的国家利率可能更高。

因为经济状况影响利率，所以利率在各国间不同。许多欠发达国家的债务成本比工业化国家的债务成本高得多，这主要是由于不同国家的经济状况不同。有些国家，如巴西和俄罗斯，通常具有较高的无风险利率，这可以部分归因于高通货膨胀。只有在这些国家投资获得的回报率高于产品价格预计增长的幅度时，投资者才会投资公司的债券。

每个国家中央银行执行的货币政策都会影响可贷资金的供应，进而影响利率。各国中央银行都在执行自己的货币政策，这就会引起利率在各国间的差异。欧洲国家是一个例外，它们依赖欧洲中央银行控制欧元的供应。所有这些欧洲国家目前有相同的无风险利率，因为它们使用相同的货币。

风险溢价的国家差异。 跨国公司为了借入贷款，通常需要支付高于借款国家无风险利率的风险溢价。跨国公司支付的风险溢价必须足够高，以便补偿债权人因借款者不能履行偿付义务的风险。

债权国特性对跨国公司贷款风险溢价的影响是非常大的，比如各国经济状况、债务人与债权人的关系以及政府挽救濒临破产公司的意愿。一个国家的经济状况越稳定，经济衰退的风险就越低，这样，公司不能偿付债务的概率也就越低，因此所要求的风险溢价也会越低。

一些国家的公司与债权人之间有更为紧密的关系。在日本，债权人通常会向陷入财务困境的公司继续发放贷款，从而减少了公司的流动性风险。公司的财务问题可以由公司管理层、企业客户及消费者分担。既然财务问题并不全由债权人承担，那么有关各方就有积极性来帮助解决该问题。这样，日本公司破产的可能性就变小了（对于给定的债务水平），这就意味着日本公司债务的风险溢价较低。

一些国家政府更愿意参与挽救濒临破产的企业。例如，在英国，许多公司由政府拥有部分股权，挽救这些公司也符合政府的最大利益。即使政府不是部分所有者，也可能给濒临破产的企业直接提供补贴或发放贷款。在美国，也有一些政府干预以保护某些行业（比如2008年次贷危机中的政府干预），但是在美国濒临破产的企业由政府救助的可能性比其他国家要低，因为美国的纳税人不愿承担公司管理不善的成本。

一些国家的公司有更强的借贷能力，这是因为该国债权人愿意承担更大的财务杠杆风险。例如，日本和德国公司的财务杠杆比美国要高得多。如果所有其他因素都相同，高财务杠杆的公司不得不支付更高的风险溢价。然而，所有其他因素并非相同。事实上，这些公司被允许使用更高的财务杠杆，是因为它们和债权人及政府之间的独特关系。

各国债务成本比较。图表15.3列示了各国的税前债务成本(由公司债券收益率测度)。各国间债务成本水平有一定正相关关系。从图表可以看出各个国家的利率呈同方向变动。但是,一些国家的利率变动程度比另一些国家要大。各国债务成本的不同,主要是由其无风险利率不同造成的。

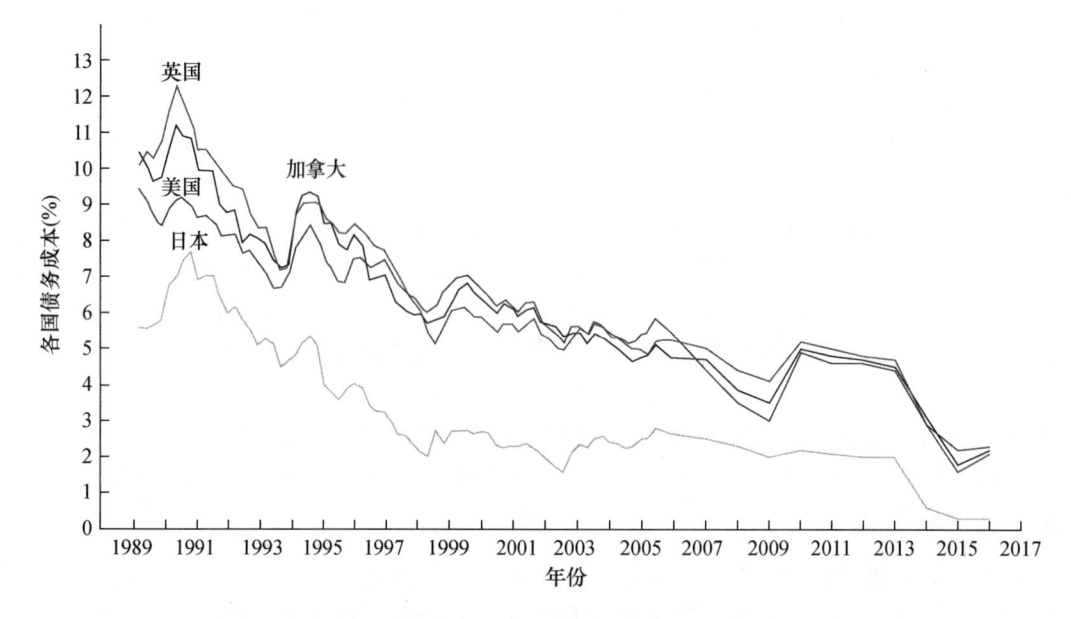

图表 15.3 各国债务成本

资料来源:美联储(US Federal Reserve)。

15.5.2 权益成本在国家间的差异

一个国家的权益成本代表了一种机会成本,即如果权益资金被分配给股东,在同样风险条件下,他们通过投资所能赚取的收益。由于各国特点不同,各国的权益成本也有差异。

无风险利率的国家差异。各国无风险利率不同,所以权益成本也不相同。某国无风险利率很高,只有在潜在投资回报远高于无风险利率时,当地投资者才会选择投资股票。因此,想得到权益资本的企业需通过高回报补偿投资者。相反,如果利率较低,投资者更倾向于投资股票,因为放弃投资无风险利率的政府债券并没有损失太多。

风险溢价的国家差异。风险溢价部分取决于相关国家的投资机会。一个有大量投资机会的国家,潜在收益可能会相对较高。以相对较高的价格出售股票的企业,意味着权益融资成本较低(支付相对低的风险溢价)。相反,一个投资机会有限的国家,投资者可能不愿意投资股票,则企业只能以相对低的价格出售股票,意味着权益融资成本较高(支付相对高的风险溢价)。换句话说,为了满足特定项目的资金需要,企业需发行足够多的股票。

影响风险溢价的另一个因素为国家风险。如果某国环境稳定且不会对企业扩张造成威胁,那么企业出售股票更加容易。因为有较多的投资者愿意购买股票,所以企业可以以相对高的价格发行股票,意味着权益融资成本低。相反,如果某国的国家风险较大(例如政府腐败、政治不稳定以及存在政府官僚主义严重),企业只能以较低价格出售股票。也就是说,因为当地环境问题减少了投资机会,所以为了吸引投资者,企业必须付出相对高的溢价。

另外,有关公司信息披露、股东权益保护的法律以及证券发行法会影响权益成本。信息披露法律能保证企业的透明性以及股东更容易监管企业。严格的股东权益保护法和证券发行法鼓励投资者投资股票,而不用担心欺诈行为。这些可以保证企业以相对高的价格发行股票,从而权益融资成本较低。相反,缺乏信息披露、股东权益保护的法律以及证券发行等相关法律的国家会阻碍投资者投资本地市场。此时,本地公司只能以相对低的价格发行股票(承担较高权益成本)。

比较各国权益成本的另一个方法是通过比较不同国家的股票市盈率。市盈率反映了公司的股价与公司业绩(以收益测度)的比例关系。高市盈率意味着在特定收益水平下公司出售股票时能获得高价,因而意味着权益融资成本较低。不同公司的市盈率是不一样的。那些鼓励企业扩张和保护投资者权益的国家,公司的平均市盈率比其他国家的高。

小结

- 跨国公司资本包括债务资本和权益资本。跨国公司可以通过发行国内债券、全球债券、私募债券以及金融机构贷款获取债务资本;通过发行国内股票和全球股票以及私募股权方式获取权益资本。
- 跨国公司的资本结构决策受到公司特征的影响,如跨国公司现金流量的稳定性、跨国公司的信用风险及跨国公司对留存收益的利用。跨国公司的资本结构决策还受到跨国公司经营所在国特征的影响,如利率、当地货币的实力、国家风险和税法。一些特点使得公司不愿利用债务融资,而更偏好高权益的资本结构。其他一些特点又使得公司出于利用外债防范风险的愿望而更偏好高债务的资本结构。
- 如果跨国公司某家子公司的财务杠杆偏离了总目标资本结构,那么另外的子公司或者母公司采取相反的头寸财务杠杆仍能保持企业的总目标资本结构。但即使采取这些抵消影响的措施,资本成本仍然可能会受影响。
- 跨国企业的特性使其资本成本低于国内企业,这些特性包括公司规模、能否进入国际资本市场以及多元化程度。而跨国公司的另外一些特性会使其资本成本增高,比如汇率风险、国家风险。
- 由于各国组成资本成本的各个部分具有不同特点,资本成本在各国间也有差异,特别是各国间在负债成本和权益成本上存在差异。无风险利率高的国家通常有更高的资本成本。

正方反方

降低对股息征税的税率会影响跨国公司的资本结构吗?

正方:不会。税法的变化减少了投资者对股息支付的税收,但它并没有改变跨国公司缴纳的税。因此,它不会影响跨国公司的资本结构。

反方:股息收入税的减少可能会促使美国跨国公司向其股东支付股息或者增加其股息支付。该策略使得跨国公司的现金流出增加。为了弥补这些现金流出,跨国公司可能要调整其资本结构。例如,如果该公司接下来再筹资的话,它可能会更愿意利用权益而不是债务融资,以便减少一些现金流出(支付股息的现金流出要比与债务相关的现金流出少)。

孰是孰非? 运用互联网更多地了解这个问题。你支持哪种观点?对这个问题提出自己的看法。

自测题

(答案见书后的附录 A)

1. 当戈申公司(Goshen, Inc.)仅仅专注于美国国内业务时,其债务水平较低。当它把业务扩展到其他国家时,其财务杠杆水平将提高(从公司整体来看)。是什么因素使得该公司提高了财务杠杆水平(假定不考虑国家风险)?

2. 林德公司(Lynde Co.)是一家美国跨国公司,在菲律宾建有一个大型子公司,该子公司从母公司处获得权益融资。当听到菲律宾政府可能发生变动的消息后,该子公司的反应是改变其资本结构。它从当地银行借入资金,并把美国母公司的权益投资转回母公司。解释该公司此行为背后的可能动机。

3. 迪弗公司(Duever Co.,一家美国公司)的财务杠杆比同一行业里德国和日本大多数成功公司的财务杠杆都低得多。迪弗公司的资本结构不是最优结构,对吗?

4. 亚特兰大公司(Atlanta Inc.)在委内瑞拉建有一个大型子公司。委内瑞拉利率很高,且其货币预计会贬值。假定该跨国公司预计委内瑞拉国家风险也很高。解释在为该子公司融资时,如何在利用当地债务融资和接受母公司权益投资之间进行选择。

5. 里诺公司(Reno Inc.)正在考虑一个项目,即在一个不发达国家建立一家工厂生产并销售消费品。假定东道国的经济非常依赖石油价格,且当地国家货币币值很不稳定,国家风险很高。同时假定该国经济状况与美国经济无关。该项目要求的收益率(或风险溢价)要比美国其他项目更高还是更低?

应用思考题

1. **跨国公司的资本结构**。提出支持一家跨国公司采用高债务资本结构的论据。提出支持一家跨国公司采用高权益资本结构的论据。

2. **最优融资**。向导公司(Wizard, Inc.)在某国有一个子公司,该国政府只允许每年向美国母公司汇回少量的收益。向导公司为该子公司融资时,应采用哪种方式更合适?(1)母公司提供的债务融资;(2)母公司提供的权益融资;(3)向当地银行进行债务融资。

3. **国家差异**。描述美国公司和日本公司资本结构之间的一般差异,并解释这种差异。

4. **当地和全球资本结构**。一家公司为什么会在某一子公司使用与其"全球"资本结构极不相同的当地资本结构?

5. **资本成本**。解释跨国公司的特点怎样影响资本成本。

6. **资本结构和代理问题**。解释为什么母公司全资控制子公司的经理人员更愿意满足跨国公司股东的要求。

7. **目标资本结构**。拉萨尔公司(LaSalle Corp.)是一家美国跨国公司,在多个股票市场尚不完善的欠发达国家设有子公司。当拉萨尔公司计划只使用债务为这些国家的子公司融资时,它如何达到其全球目标资本结构,即50%的权益资本和50%的债务资本?

8. **融资决策**。德雷塞尔公司(Drexel Co.)是一家美国公司,正在一个政局不稳的国家建设一个项目。该公司正在考虑两种可能的融资来源,即由母公司提供大多数资金,或者在子公司所在国获得当地银行贷款的支持。哪一种融资方法对该子公司更合适?

9. **融资决策**。风行者公司(Veer Co.)是一家美国跨国公司,大多数经营业务在日本。因为日本竞争者公司使用更高的财务杠杆,所以它决定调整其财务杠杆以便与日本竞争者保持一致。由于风行者公司有更多负债,它会获得更多的税收优惠。它认为市场对其风险的预期将保持不变,因为其财务杠杆并不比日本竞争者高。请对此予以评论。

10. **融资权衡**。普尔曼公司(Pullman, Inc.)是一家美国公司,盈利能力很强,但由于股东希望把收益再投资,故该公司不愿意过多支付股利。它计划在几个欠发达国家大幅扩张。该公司想要在这些东道国利用当地债务为其扩张融资,以减少国家风险。解释普尔曼公司面临的困境,并提出可能的解决方案。

11. **各国资本成本**。解释为什么一家在巴西建有大型子公司的美国跨国公司的资本成本高于另一家同行业在日本设有大型子公司的美国跨国公司的资本成本。假定每一家跨国公司的子公司都用东道国的当地债务为其经营活动融资。

12. **资本成本**。一家跨国公司拥有总资产1亿美元,总负债2 000万美元。该公司的税前债务成本为12%,权益成本为15%,公司所得税税率为40%。该公司的加权平均资本成本是多少?

13. **权益成本**。威立公司(Wiley, Inc.)是一家跨国公司,它的β值为1.3。美国股市的预期年收益率为11%。当前,国债的收益率为2%。基于这些信息,威立公司的估计权益成本是多少?

14. **加权平均资本成本**。布鲁斯公司(Blues, Inc.)是一家位于美国的跨国公司。它想要估计其加权平均资本成本。平均来说,布鲁斯公司所发行债券的收益率为9%。当前,国库券利率为3%。此外,布鲁斯公司股票的β值为1.5,威尔逊5 000指数的预期收益率为10%。布鲁斯公司的目标资本结构为30%的负债和70%的权益。如果布鲁斯公司的公司所得税税率为35%,那么其加权平均资本成本是多少?

15. **"9·11"事件的影响**。位于美国得克萨斯州达拉斯市的罗斯公司(Rose, Inc.)需要向其外国子公司注入资本以支持其扩张。截至2001年8月,它一直计划在美国发行股票。但是,在2001年9月11日美国发生恐怖袭击事件后,它断定长期债务是一个更便宜的资本来源。解释"9·11"恐怖袭击事件是怎样改变这两种资本形式的。

16. **耐克公司的资本成本**。如果耐克公司决定在南美洲进一步扩张,那么为什么它的资本结构会受到影响？为什么它的总资本成本会受到影响？

批判性思考题 》》》

　　跨国公司资本结构决策中的权衡。近些年，一些美国跨国公司（比如苹果）在低利率的大额美元借贷中收益颇丰。写一篇小短文阐述这种融资方式的优点和缺点。思考该融资方式将对资本成本产生怎样的影响，注意3%利率的债务与10%利率的债务在利息支付上的差异。与此同时，如果借入的资金被用于外国业务，考虑一下这样的融资方式对跨国公司所面临的汇率风险有什么样的影响。

布雷泽公司案例：评估资本成本 》》》

　　布雷泽公司已经初步决定在泰国设立一个子公司生产轮滑鞋。新工厂将被用来生产"Speedos"轮滑鞋，它是布雷泽公司的主要产品。一旦该子公司在泰国建成，它将经营10年，到期预计被出售。本·霍尔特是布雷泽公司的CFO，他认为未来几年泰国经济的增长潜力极大。但是，大多数经济预测者不同意霍尔特的乐观看法，他们认为泰国经济已经受到该国最近发生事件的极大不利影响，预测泰国经济将会有一个缓慢的复苏阶段。而且，对泰铢未来价值的预测表明该货币在未来几年可能会继续贬值。

　　尽管预测悲观，但霍尔特认为泰国是布雷泽公司产品的一个良好的国际目标市场，因为泰国经济的增长潜力很大，且泰国市场内缺乏竞争对手。在最近一次董事会会议上，霍尔特介绍了他的资本预算分析，指出即使用25%的必要收益率来折现该项目产生的现金流量，在泰国设立一个子公司也将产生超过800万美元的净现值。布雷泽公司的董事会虽然赞成国际扩张的想法，但是对该项目仍持怀疑的态度。具体来说，董事们想知道霍尔特是如何获得25%的折现率来进行其资本预算分析的，而且该折现率是否足够高。因此，在泰国设立一个子公司的决策被推迟到下个月的董事会会议。

　　董事们要求霍尔特明确在泰国经营一个子公司将如何影响布雷泽公司的必要收益率和资本成本。董事们想知道与只在美国经营的轮滑鞋制造商相比，布雷泽公司的特点会怎样影响其资本成本。另外，有两个董事提到了资本资产定价模型。他们想知道向泰国扩张将怎样影响布雷泽公司的系统性风险。还有一个被提出的问题是泰国的债务和权益成本如何不同于相应的美国成本，这些不同是否会影响布雷泽公司的资本成本。会议上提出的最后一个问题是在泰国进行扩张是否会影响布雷泽公司的资本结构。董事们要求霍尔特对这些问题进行透彻的分析，并在下次会议上向他们汇报。

　　霍尔特关于资本成本和资本结构决策的知识是有限的，他需要你的帮助。你是布雷泽公司的一名财务分析师。霍尔特搜集了一些关于布雷泽公司特点的信息，这些特点能将布雷泽公司和那些只在美国经营的轮滑鞋制造商区别开来。他还搜集了一些关于布雷泽公司的系统性风险以及泰国的债务成本和权益成本等信息。他想知道这些信息是否会影响以及会怎样影响布雷泽公司的资本成本和资本结构决策。

关于布雷泽公司的特点，霍尔特搜集了公司的规模、对泰国资本市场的利用、向泰国扩张的多样化好处、面临的汇率风险和国家风险等信息。尽管布雷泽公司向泰国的扩张使得该公司成为跨国公司，但布雷泽公司与美国轮滑鞋制造商相比规模仍然相对较小。同时，布雷泽公司向泰国的扩张使得它可以利用泰国的资本市场和货币市场。但是，与泰国各商业银行的谈判表明，布雷泽公司能够以大约15%的利率借入泰国资金，而在美国只需要8%。

向泰国的扩张使布雷泽公司的经营多样化。由于这次扩张，布雷泽公司不仅受美国经济状况的影响，还受到泰国经济状况的影响。霍尔特将这视为一个主要优势，因为布雷泽公司的现金流量将不再仅仅取决于美国经济。因此，他认为布雷泽公司的破产概率将会降低。然而，如果布雷泽公司在泰国设立子公司，子公司的所有收益都将被汇回美国母公司，这将带来高水平的汇率风险。要特别关注这一点，因为泰国当前的经济预测表明未来几年泰铢将会进一步贬值。另外，霍尔特对泰国的国家风险进行了分析，结果表明泰国的国家风险处在一个不利的风险等级上。

关于布雷泽公司的系统性风险水平，霍尔特已经明确了在泰国设立一个子公司将会怎样影响布雷泽公司的 β 值，β 值衡量的是系统性风险。霍尔特认为布雷泽公司的 β 值将从目前的 2.0 降低到 1.8，因为向泰国的扩张使得美国市场状况对该公司的影响减少了。此外，霍尔特估计无风险利率为 5%，市场要求的收益率为 12%。

霍尔特还确定了泰国的债务成本和权益成本都高于美国的相应成本。泰国的资金出借方如商业银行要求其利率高于美国利率，这部分是由于泰国的风险溢价高于美国的风险溢价，反映了泰国比美国具有更大程度的经济不确定性。泰国的权益成本也比美国高。泰国在许多方面都不如美国发达，所以泰国投资者有许多投资机会，这就增加了其机会成本。但是，当布雷泽公司的所有股东都位于美国时，霍尔特不能确定泰国较高的权益成本会不会影响布雷泽公司。

霍尔特让你分析这些信息将如何影响布雷泽公司的资本成本和资本结构。为了帮助你进行分析，霍尔特希望你回答下面的问题：

1. 如果布雷泽公司扩张进入泰国，你认为它的资本成本将会高于还是低于仅在美国经营轮滑鞋制造商的资本成本？通过概述布雷泽公司的特点与美国轮滑鞋制造商如何不同来支持你的答案。

2. 根据资本资产定价模型，向泰国的扩张会如何影响布雷泽公司要求的收益率？你怎样使得该结果与你对问题 1 的回答结果保持一致？你认为布雷泽公司应该使用源自资本资产定价模型要求的收益率来折现泰国子公司的现金流量，以得到净现值吗？

3. 如果布雷泽公司借入泰国资金以支持其泰国子公司，这将会如何影响其资本成本？为什么？

4. 考虑到泰国的高利率、高汇率风险和高国家风险，你认为布雷泽公司将会更多还是更少地使用债务以支持其向泰国的扩张？为什么？

小企业困境：体育用品出口公司的跨国资本结构决策

体育用品出口公司考虑了许多项目，但它所有的业务仍都在英国。因为大多数业务源自出口橄榄球（以英镑计价），所以它仍然受到汇率风险的影响。从有利方面来讲，英国对橄榄球的需求逐月增长。吉姆·洛根是体育用品出口公司的所有者，自创立公司以来已留存了超过 100 000 美元（英镑兑换成美元后）的收益。此时，他的资本结构主要是权益投资，几乎没有负债。吉姆一直想在英国建立一个小型子公司以生产橄榄球（这样他就不用从美国进口了）。如果他确实要建立该子公司，用以支持该子公司的资本结构，他有几种选择：(1) 将他自己所有的权益资金投资于该子公司；(2) 利用以英镑计价的长期负债；(3) 利用以美元计价的长期负债。英国长期负债的利率比美国长期负债的利率要稍高一些。

1. 利用权益融资支持该子公司的优点是什么？缺点是什么？
2. 如果吉姆决定用长期负债作为主要资本形式以支持该子公司，那么他应该借入以美元计价的债务还是以英镑计价的债务？
3. 在该子公司建立之后，资本结构中的权益比例如何能够不断增加？

互联网/Excel 练习

互联网提供许多国家和各种期限的利率数据。假设一个跨国公司愿意为借入资金在无风险（政府）利率基础之上再多支付 1%，通过互联网找出这些无风险利率。确定借入美元的美国母公司的债务（10 年期）成本，确定一个在日本的外国子公司借入当地资金的成本，确定一个在德国的外国子公司借入当地资金的成本。为什么这三个国家的债务成本存在不同，给出一些解释。

真实案例在线文章

在网上寻找一篇最近的文章，这篇文章应是国际财务管理的实际应用，或是现实世界中特定跨国公司的案例，该案例能够诠释本章所述的某一个或者多个概念的行为。

如果你的班级有在线平台，教授可以要求你将总结放在在线平台上，这样，其他学生也能看到这篇文章。如果你的班级是面授课堂，教授可以要求你在课堂上汇报你的文章。教授也可以给某个学生布置任务，让学生完成本章作业，或者要求学生自愿完成某些作业。

对于本章所用到的在线文章和现实世界的案例，考虑搜索以下术语，并且将本年度作为搜索关键词以保证在线文章是最近的：

1. （一个跨国公司的名称）和负债；
2. 跨国公司和权益；
3. 跨国公司和资本；

4. 国际和资本机构；
5. 国际和资本成本；
6. 公司和外国融资；
7. 子公司和汇回；
8. 子公司和融资；
9. 国际和融资。

第 16 章
长期债务融资

跨国公司通常用长期资金为长期项目融资。长期资金包括国内外资金。对跨国公司来说，在做出最终决策前考虑各种可能的融资形式是有价值的。财务经理必须知道长期资金的来源，以便能够将跨国公司财富最大化作为国际项目融资的目的。

当评估备选项目时，跨国公司的债务成本会影响期望回报率。债务的特征，诸如货币面值、到期日和其利率是否固定将影响资本成本，并将进一步影响债务支持项目的可行性。因此，跨国公司会通过确定一些能够降低债务成本的方式来提高融资的价值。

> **本章目标：**
>
> - 了解需要长期债务融资的跨国公司所面临的困境；
> - 阐述跨国公司如何进行债务计价货币决策；
> - 解释货币掉期与平行贷款如何有助于长期债务融资；
> - 解释跨国公司在获取债务时怎样确定最优期限；
> - 解释跨国公司在固定利率与浮动利率之间如何决策。

16.1 外国子公司的债务计价货币决策

当美国跨国公司的外国子公司需要通过债务融资来为日常经营或者企业扩张提供资金时，通常会考虑以下选择：

（1）举借以子公司所在国家货币计价的债务，并用以当地货币计价的销售收入来偿还债务。

（2）举借美元债务,然后将美元转换成子公司所在地的当地货币,以支持子公司日常经营及企业扩张。由于当地销售所产生的现金流是以当地货币计价的,因此一部分资金可以转换成美元来进行阶段性的债务偿还。

下面我们将详细解释每种融资方式的优缺点。

16.1.1　外国子公司借入当地货币

跨国公司的子公司通常举借以结算其产品的货币为计价货币的债务来获得现金为其经营进行融资。这种战略使外国子公司能够将其销售收入的结算货币与所需偿还债务的货币相匹配。由于子公司不需要将其收到的销售收入转换成偿还债务所需的货币,这种方式避免了在偿还债务中可能产生的汇率风险。

> **举例**
> 许多跨国公司,包括霍尼韦尔公司和可口可乐公司,都以其可获得收入的外币作为发行债券的计价货币。可口可乐公司发行几种外币债券,并用来自海外经营的同种货币收入支付利息和本金。IBM 和耐克公司以低利率发行日元债券,并使用日元收入支付债券利息。光谱能源公司(Spectra Energy Corp.)以加拿大元发行债券,并用其以加拿大元计价的销售收入(来自加拿大的经营业务)来偿还债务。

上述匹配战略对那些处于利率相对较低国家的外国子公司尤为有效。跨国公司获得较低的融资利率,同时通过将对外支付的债务与现金流入的币值相匹配,降低其汇率变动的风险。中国政府近来才允许跨国公司以人民币发行债券。现在跨国公司可以将人民币收入与其在中国子公司用来偿还人民币借款的支出相匹配。此外,低利率也使得以人民币为计价货币的借款颇具吸引力,愿意购买信用较好的跨国公司所发行的人民币债券的中国买家很多。

不同国家长期贷款利率的比较。 如果跨国公司外国子公司的借款货币与其结算商品的货币相匹配,那么债务成本将取决于当地国家的市场借贷利率。图表 16.1 显示了长期无风险债券收益在不同国家之间的差别。由于包含信贷风险溢价,因此这些国家子公司的债务成本将稍高于图表 16.1 所示的无风险利率。

德国和日本的债务融资成本往往特别低,因为这些国家的贷款利率很低。相反,巴西、印度这样的发展中国家,债务融资成本会很高。当子公司的匹配战略规避了偿还债务的汇率风险时,这也会导致美国跨国公司在发展中国家的子公司产生高昂的借贷成本。

图表 16.1　不同国家的年化债务收益率(2015 年 10 月)

国家	年化债务收益率(%)
澳大利亚	1.5
巴西	6.5
加拿大	1.5
德国	0.6
印度	7.6
日本	0.4
新西兰	3.3
新加坡	2.5
韩国	2.1
英国	1.8
美国	2.1

16.1.2　外国子公司借入美元

如果美国跨国公司位于发展中国家的外国子公司所在地的借款利率很高,那么它可以选择借入美元。这样做的好处是美元的借款利率显著低于发展中国家的借款利率,外国子公司可以以更低的成本融资。

然而,这样做的缺点是子公司必须将当地货币转换成美元来偿还贷款。如果当地货币对美元随时间贬值,则需要更多的当地货币兑换成美元去偿还定期债务。因此,即使美元借款利率低于当地借款利率,以美元计价的债务实际成本可能仍高于以当地货币计价的债务成本。

可以回忆一下,利率较高的国家往往面临较高的通货膨胀率(费雪效应,详见第 8 章),具有相对较高通货膨胀率国家的货币会随着时间而走弱(购买力平价,详见第 8 章)。因此,为了避免在发展中国家产生较高的债务成本,美国跨国公司的子公司会面临更高的汇率风险。

外国子公司借入美元并对冲汇率风险。处在发展中国家的外国子公司可能会尝试对冲未来的美元贷款,那么它可能需要卖掉当地货币远期合约来换取未来某时及时偿还贷款。然而,根据第 7 章讲到的利率平价理论,高名义利率国家货币的远期利率将存在贴水(与市场报价利率相关),以反映该国贷款利率与美国贷款利率之间的差异。因此子公司以美元为计价货币的债务利率将不会比以当地货币计价的债务利率低。即使子公司无法有效对冲风险,它也会考虑用与其所在国币种不同的货币进行融资。最终的债务计价货币决策将很大可能基于子公司对汇率的预测,见下文。

16.2　债务计价货币分析:案例学习

当跨国公司的子公司处于发展中国家,如巴西、印度尼西亚、马来西亚、墨西哥和泰国时,它们会面临着相对较高的利率。因此，尽管前面所提及的匹配策略降低了汇率风险，但是同时也使得处于发展中国家的子公司承担了较高的债务成本。例如，母公司有一家位于美国的子公司，母公司会考虑提供一笔美元贷款给子公司，这样子公司便能避免产生较高的当地债务成本。然而，这也使得子公司必须将其所拥有的部分资金转化为美元以偿还这笔贷款。

16.2.1 识别债务计价货币的替代选择

思考下面的案例：博伊西公司（Boise Co.，一家美国企业）在墨西哥有一家子公司，该子公司 3 年共需要 2 亿墨西哥比索为其墨西哥的经营融资。尽管墨西哥的子公司在 3 年后依然存在，但此处仅需关注 3 年便足以说明当所处国家利率较高时，子公司的融资困境问题。假设比索的即期汇率为 0.1 美元，那么融资额为 0.2 亿美元（2 亿 × 0.1）。为了经营需要进行融资，博伊西公司会考虑如下可能的选择：

（1）比索贷款。墨西哥子公司直接借入 2 亿墨西哥比索以满足其经营所需资金。墨西哥比索的 3 年期固定贷款利率为 12%。如果墨西哥子公司借入墨西哥比索，便可以使现金流入（源于墨西哥当地销售收入）的币种与所需还款的币种相匹配。

（2）美元贷款。墨西哥子公司借入美元，并将美元转换成 2 亿墨西哥比索以满足其经营。美元的 3 年期固定贷款利率为 7%。

这样的话，博伊西公司在墨西哥的子公司便可以通过借入墨西哥比索将债务成本锁定在 12%。尽管它意识到可以通过借入美元将债务成本降低到 7%，但是如果墨西哥比索对美元发生大幅贬值，那么子公司借入美元债务的成本可能会高于借入墨西哥比索的成本。只有对美元债务的融资成本预测进行详细分析才能做出恰当的债务计价货币决策。

16.2.2 对债务计价货币另一种选择的分析

假定所有的贷款本金将在 3 年后偿还。图表 16.2 展示了每种债务融资方式下的现金流出情况。如果博伊西公司的墨西哥子公司获得了一笔总额为 2 亿墨西哥比索、年利率为 12% 的贷款，那么它将在未来 3 年每年支付 2 400 万墨西哥比索（2 亿 × 0.12），并在第 3 年年末偿还本金。由于不存在汇率风险，因此子公司对以墨西哥比索为计价货币的贷款付息额仅仅是本金与利率 12% 的乘积。

相反，如果子公司以年利率 7% 借入 2 000 万美元，它将每年偿还 140 万美元利息并在第 3 年年末偿还 2 000 万美元本金。由于子公司的收入是以墨西哥比索计价的，它还需要将墨西哥比索转换成美元来偿还贷款。并且由于要在未来支付，它还需要预测付款日的即期汇率。假设它预测墨西哥比索在未来 3 年的即期汇率分别为 0.1 美元、0.09 美元、0.09 美元。

有了需要偿还的美元还款额和预测的汇率，就可以估计用于偿还贷款的墨西哥比索数额，如图表 16.2 所示。下一步，确定墨西哥子公司以美元融资的年成本，即贷款发生时的数额（2 000 万美元）与偿还数额的现值相等时的折现率，可以通过多种方式计算得出。据估计，以美元融资的折现率为 10.82%。

图表16.2　外国子公司不同债务计价方式的比较

	第1年	第2年	第3年
利率为12%、额度为2亿墨西哥比索的贷款	2400万墨西哥比索	2400万墨西哥比索	2400万墨西哥比索+偿还债务本金2亿墨西哥比索
利率为7%、额度为2000万美元的贷款(需以美元偿还债务)	140万美元	140万美元	140万美元+偿还债务本金2000万美元
预测的比索汇率	0.10美元	0.09美元	0.09美元
偿还美元贷款需要的比索额	1400万墨西哥比索	15 555 556墨西哥比索	237 777 778墨西哥比索

尽管墨西哥子公司以美元融资的年成本略低,但是该成本仅仅是基于对汇率的预测计算得出的。如果墨西哥比索的贬值幅度超出预期,未来的即期汇率比预期汇率低,那么美元融资的成本将会比墨西哥比索融资的成本高。相反,墨西哥子公司以比索为计价货币的贷款成本是确定的。因此,由于子公司对未来比索汇率的预测没有信心,它最终将认为美元融资带来的潜在成本节约并不足以平衡以墨西哥比索为计价货币的贷款的高风险。

融资成本不确定性的记录。当跨国公司的子公司以不同于母国的货币借款时,其债务融资的预计成本对预测的汇率具有较高的敏感度。敏感性分析能够揭示与估计汇率相关的不确定性,在当地货币相对于借款货币大幅贬值时这将使跨国公司能够估计子公司的贷款成本将会有多高。

跨国公司还可以运用模拟方式构建每个贷款发放期汇率的概率分布。此方式可以将概率分布输入电脑模拟程序中,该程序能够生成借入美元的年度财务成本分布,并依据该分布生成借款成本,利用该借款成本同公司以当地货币借款的成本进行比较。通过这种比较,跨国公司能够确定获得非当地货币(母国)借款比跨国公司借得当地货币更低的年融资成本的概率。

16.3　贷款融资

在某些情况下,一家跨国公司可能无法通过借到与其计价币种相匹配的货币来降低利率变动的风险。此时,跨国公司会采用货币掉期或平行贷款的方式来执行匹配战略,如下文所述。

16.3.1　使用货币掉期

货币掉期使得公司可以定期进行货币交换。货币掉期使跨国公司的现金流出与其现金收入的币种相同成为可能,这减少了跨国公司的汇率风险。

> **举 例**
>
> 米勒公司(Miller Co.)是一家美国公司,它希望发行以欧元计价的债券,这样它就可以用目前经营业务所创造的欧元收入来偿还债务,但是想购买欧元债券的投资者并不了解该公司。与此同时,德国贝克公司(Beck Co.)希望发行以美元计价的债券,因为它的大部分收入都是美元。但是想购买美元债券的投资者也不了解贝克公司。
>
> 如果米勒公司在美元市场为人所知,而贝克公司在欧元市场为人所知,那么下面的交易就是合适的,即米勒公司发行以美元计价的债券,而贝克公司发行以欧元计价的债券。然后米勒公司向贝克公司提供欧元收入以换取贝克公司的美元收入。这种货币掉期可使各公司向它们各自的债券持有人付款时无须考虑汇率风险。这种货币掉期如图表16.3所示。
>
> **图表16.3　货币掉期**

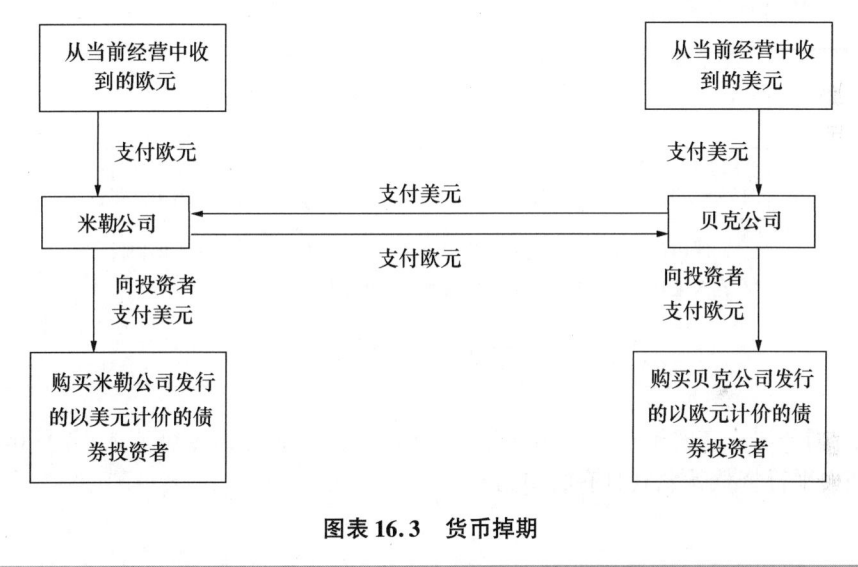

上面所描述的货币掉期消除了米勒公司和贝克公司的汇率风险,因为两家企业能够将它们的现金流出货币与流入货币匹配起来。米勒公司实质上将从当前经营中收到的欧元提供给贝克公司,然后将从贝克公司收到的美元支付给购买米勒公司美元债券的投资者。这样,即使米勒公司从当前经营中收到欧元,它也能够通过货币掉期向投资者支付美元,而无须考虑汇率风险。

福特汽车、强生公司、可口可乐公司和许多其他跨国公司都会采用货币掉期。作为货币掉期金融中介机构的大型商业银行有时也建立头寸。也就是说,大型商业银行可能愿意和公司进行货币掉期,而不只是为公司寻找合适的掉期对象。

16.3.2　使用平行贷款

如果跨国公司不能借到与其计价币种一致的货币,它也可以通过平行(或背对背)贷款获得外币融资来实现与计价币种的匹配。在平行贷款方式下,双方同时向对方提供贷款,并在协议中约定在未来某一指定时点偿还贷款。

> **举例**
>
> 安阿伯公司(Ann Arbor Co.)是一家美国跨国公司,它希望扩大其英国子公司的业务,而布里特公司(Brit Ltd.,一家英国跨国公司)希望扩大其美国子公司的业务。安阿伯公司能够较为容易地获得美元贷款,而布里特公司则能较为容易地获得英镑贷款。两个公司进行平行贷款的过程如下:布里特公司提供英镑贷款给安阿伯公司的英国子公司,而安阿伯公司提供美元贷款给布里特公司的美国子公司(如图表16.4所示)。两者依据贷款协议中规定的时间来偿还贷款。安阿伯公司的英国子公司使用以英镑计价的收入来偿付向其提供贷款的英国公司。同时,布里特公司的美国子公司使用以美元计价的收入来偿付向其提供贷款的美国公司。
>
> ```
>   美国母公司  ←①美元──  ①英镑→  英国母公司
>                  ╲        ╱
>                   ╲      ╱
>                    ╲    ╱
>                     ╲  ╱
>                      ╳
>                     ╱  ╲
>   美国跨国公司    ╱      ╲    英国跨国公司
>   的英国子公司  ──②英镑→  ←②美元──  的美国子公司
> ```
>
> ① 同时由每一家跨国公司的母公司向另一家跨国公司的子公司提供贷款。
> ② 在未来某一指定时间,用与贷款相同的货币偿付贷款。
>
> **图表 16.4 平行贷款**

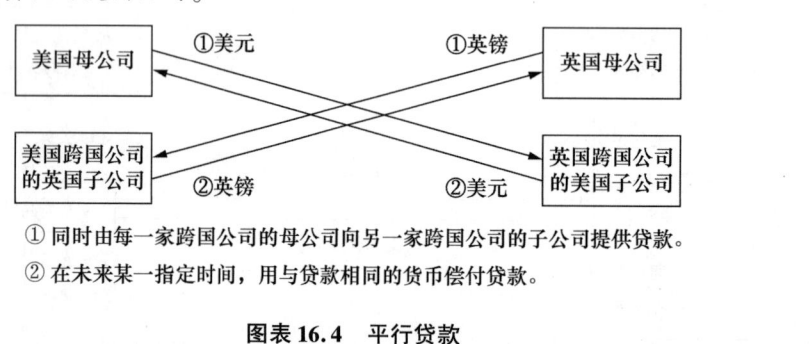

如果跨国公司正在实施一个外国项目,预计将来会收到外币现金流入,并且担心该外币会大幅贬值,平行贷款就尤其具有吸引力。

> **举例**
>
> 施耐尔公司(Schnell, Inc.)一直与马来西亚政府接洽,将在明年参与马来西亚的一个项目。该项目的投资总计100万马来西亚林吉特。预计该项目明年将产生现金流入140万马来西亚林吉特。该项目在收到现金流入时结束。
>
> 马来西亚林吉特目前的汇率为0.25美元,但施耐尔公司认为马来西亚林吉特明年的汇率将下降到0.20美元。而且,施耐尔公司必须借入1年的资金来承担该项目,这将会导致下一年的融资成本达13%。
>
> 如果施耐尔公司参与了该项目,现在就会产生一个250 000美元(1 000 000×0.25)的净现金流出。明年,它还必须要支付32 500美元(250 000×13%)的融资成本。如果明年马来西亚林吉特贬值到0.20美元,那么施耐尔公司明年将收到280 000美元(1 400 000×0.20)的现金流入。该公司每年的现金流量总结如下:

	第0年	第1年
投资支出	-250 000 美元	
利息支出		-32 500 美元
项目现金流量	0	280 000 美元
净现金流量	-250 000 美元	247 500 美元

施耐尔公司的现金流入(列于第1年最后一行)低于其初始投资,即使在忽略资金的时间成本时依然如此。

然而,平行贷款可以增加施耐尔公司的收益。现在假定马来西亚政府向施耐尔公司提供了一笔平行贷款。根据贷款协议,马来西亚政府将向施耐尔公司提供100万马来西亚林吉特贷款,并以当时的汇率换取施耐尔公司向其提供的250 000美元贷款(基于现在的汇率)。双方都将在项目结束时向对方偿还与借入时同样数量的贷款。明年,施耐尔公司将支付给马来西亚政府本金(1 000 000马来西亚林吉特)并加上15%的马来西亚林吉特贷款利息,马来西亚政府将支付给施耐尔公司本金(250 000美元)外加7%的美元贷款利息。平行贷款如图表16.5所示。

第0年:

施耐尔公司 ←── 1 000 000马来西亚林吉特 ── 马来西亚政府
施耐尔公司 ── (1 000 000×0.25=)250 000美元 → 马来西亚政府

第1年:

施耐尔公司 ── (250 000×7%=)17 500美元 → 马来西亚政府
施耐尔公司 ── 250 000美元 → 马来西亚政府
施耐尔公司 ← 1 000 000马来西亚林吉特 ── 马来西亚政府
施耐尔公司 ← (1 000 000×15%=)150 000马来西亚林吉特 ── 马来西亚政府

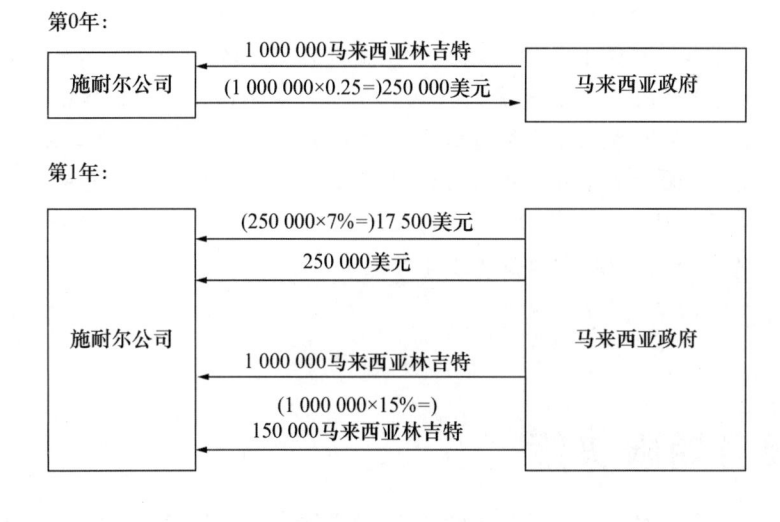

图表16.5　平行贷款

通过使用平行贷款,施耐尔公司使现金流入和马来西亚林吉特流出较好地匹配,如下表所示:

施耐尔公司的现金流量：

	美元现金流量（美元）	
	第0年	第1年
给马来西亚政府的贷款	-250 000	
利息支出		-32 500
贷款利息收入(250 000×7%)		17 500
收到贷款		250 000
净现金流量	-250 000	235 000

	林吉特现金流量（马来西亚林吉特）	
	第0年	第1年
来自马来西亚政府的贷款	1 000 000	
项目投资支出	-1 000 000	
贷款利息支出(1 000 000×15%)		-150 000
偿还贷款		-1 000 000
项目现金流量		1 400 000
净现金流量		250 000

通过第1年的净现金流量250 000马来西亚林吉特以及第1年的马来西亚林吉特预测汇率0.20美元，可以得到第1年的美元净现金流将为(250 000×0.20=)50 000美元。这样，使用平行贷款产生的美元现金流总计为(235 000+50 000=)285 000美元。总体而言，施耐尔公司第1年的净现金流量超出了其初始现金流出额250 000美元。除此之外，通过使用平行贷款，施耐尔公司将在项目结束时必须将兑换为美元的马来西亚林吉特金额从140万马来西亚林吉特减少到25万马来西亚林吉特，从而减少可能受到马来西亚林吉特贬值影响的现金流金额，即降低了汇率风险。

16.4 债务期限决策

跨国公司无论使用哪种货币为国际经营融资，都必须决定债务期限。通常，跨国公司会采用长期债务融资方式为其子公司在较长期间内的经营进行融资。但是，跨国公司可能会考虑采用比它所需资金的期限更短的债务期限，特别是当它注意到债务的年利率在特定期限内较低时。

16.4.1 收益曲线的评估

在做出债务期限决策之前，跨国公司需要评估资金来源国的收益率曲线。

收益率曲线（表示年收益率和债务期限之间的关系）的形状在各国间不同。一些国家的收益率曲线向上倾斜,这意味着短期债务的年收益率比长期债务的年收益率低。对斜率上升的一种解释是投资者可能对长期债务要求更高的收益率,以补偿较低的流动性(资本投入时间较长)。

16.4.2 不同债务期限贷款的融资成本

当收益率曲线向上倾斜时,跨国公司试图采用较短债务期限为项目融资,以获得较低的融资成本。这种做法意味着跨国公司需要的融资期限超出了贷款期限。然而,如果在现有贷款到期后市场利率较高,那么跨国公司获得其他贷款便会面临较高的融资成本。因此跨国公司应当决定是采用与其需求匹配的债务期限,还是在利率较低时采用短期的债务期限然后在该债务到期时再通过其他方式融资。

当选择了一个比所需期限短的债务期限时,跨国公司将面临未来需要延长债务期限时,利率比预期利率要高的风险。因此实际融资成本可能会比长期限贷款的成本更高。

举例

斯科茨代尔公司(Scottsdale Co.,一家美国公司)的瑞士子公司需要一笔5年期的瑞士法郎贷款进行融资,该公司计划申请4 000万瑞士法郎贷款。一家瑞士银行提供了一笔5年期、年利率为8%的贷款,该笔贷款预期每年会产生320万(4 000万×0.08)瑞士法郎利息费用。假设子公司能够获得一笔年成本仅为6%的贷款,期限为3年而非5年。在此种情况下,子公司在前3年每年的利息费用为240万(4 000万×0.06)瑞士法郎。因此,如果子公司要采用此贷款,那么前3年每年能减少80万瑞士法郎的利息费用。如果斯科茨代尔公司同意采用该笔3年期贷款,那么它可以将该3年期贷款再延长2年,但是这2年贷款利率取决于那时瑞士法郎的市场利率。斯科茨代尔公司认为瑞士法郎第4年和第5年的利率为9%。那么,公司将必须在第4年和第5年每年支付360万瑞士法郎的利息费用。

两种融资方式的偿还列示于图表16.6。第1行列示了5年期贷款的偿还,第2行则列示了3年期贷款的偿还和贷款延期(第4年和第5年)的预期偿还。两种融资方式的年成本可以用贴现率来测度,贴现率用偿还4 000万瑞士法郎的贷款计算获得。5年期贷款的贴现率为8%,3年期贷款加上延期的贷款的贴现率则为7.08%。由于3年期贷款加延期贷款的年融资成本较低,因此斯科茨代尔公司更为偏好这种贷款方式。

图表16.6 外国子公司不同债务期限贷款的两种选择比较

单位:瑞士法郎

	第1年	第2年	第3年	第4年	第5年
5年期贷款:以5年固定利率8%偿还	3 200 000	3 200 000	3 200 000	3 200 000	3 200 000 + 贷款本金 40 000 000
3年期贷款加延期:3年固定利率6% + 第4年和第5年预测的利率9%	2 400 000	2 400 000	2 400 000	3 600 000	3 600 000 + 贷款本金 40 000 000

当斯科茨代尔公司评估3年期贷款加贷款延期方式下的年融资成本时,延长期(第4年和第5年)需支付的利率具有不确定性。该公司也已经考虑到在这一期间可能的利率选择,并且估计了在这些情境下的年融资成本。既然这样,该公司便可以绘制出年融资成本的概率分布,并与5年期固定利率下的年融资成本进行比较。

16.5 固定利率和浮动利率债务决策

想要发行长期债券,但又不想用固定利率的跨国公司可以考虑发行浮动利率债券。浮动利率债券的票面利率(或贷款利率)将随市场利率而波动。例如,浮动利率债券的票面利率经常和伦敦银行同业拆借利率挂钩,伦敦银行同业拆借利率是一种银行间彼此借贷的利率。伦敦银行同业拆借利率上升时,浮动利率债券的票面利率也会上升。浮动利率债券的票面利率在市场利率下降期间对债券发行者有利,否则公司会在债券持续期内被高固定利率锁住手脚。但是浮动利率债券的票面利率在市场利率上升期间对债券发行者不利。在南美洲的一些国家,大部分长期债券的利率是浮动的。

16.5.1 固定利率与浮动利率贷款的融资成本

若跨国公司考虑以与伦敦银行同业拆借利率挂钩的浮动利率进行融资,便可先预测每年伦敦银行同业拆借利率,进而确定每年的利率,从而使得公司能够推断出贷款期内所有年份预计支付的利息。基于预期需偿还的贷款利率和本金,公司能够预测年融资成本。

举例

以前述斯科茨代尔公司为例,该公司计划未来3年以固定利率借款4 000万瑞士法郎,同时将贷款延期两年。现有一种融资方式可供选择,公司以浮动利率从其他公司借款,利率为在伦敦银行同业拆借利率的基础上加上3%。这种贷款方式的分析如图表16.7。

图表16.7 使用浮动利率贷款的融资方式

单位:瑞士法郎

	第1年	第2年	第3年	第4年	第5年
伦敦银行同业拆借利率预测	3%	4%	4%	6%	6%
浮动利率贷款使用的利率预测	6%	7%	7%	9%	9%
5年期浮动利率贷款偿还:基于伦敦银行同业拆借利率加上3%的浮动利率贷款	2 400 000	2 800 000	2 800 000	3 600 000	3 600 000 + 贷款本金 40 000 000

为了预测浮动利率贷款需支付的利息,斯科茨代尔公司应首先预测每年伦敦银行同业拆借利率。假设预测值如图表16.7第1行所示。该笔贷款每年利率为在伦敦银行同

业拆借利率的基础上加上3%,如第2行所示。第3行则列出了将贷款额4 000万瑞士法郎乘以该利率得到的每年利息费用,而债务本金的偿还在第5年列出。

年融资成本等于偿还贷款额4 000万瑞士法郎的贴现率。对于浮动利率贷款,年融资成本为7.48%。尽管这一成本低于上一例子中5年固定利率贷款的年成本8%,但是却高于上一例子中3年期固定利率加延期贷款的成本7.08%。基于这一比较,斯科茨代尔公司决定采用3年固定利率贷款加延期贷款的方式。

16.5.2 使用利率掉期进行套期保值

在许多案例中,由于债务发行时浮动利率更吸引人,因此跨国公司往往会采用浮动利率融资,而非固定利率融资。然而,如果跨国公司意识到利率会随时间而提高,它们便会在浮动利率贷款中采用利率掉期来对冲该风险。采用利率掉期使跨国公司可以用抵消支付给债券持有人现金流量的方式来重新调整未来的现金流量。通过这种方式,跨国公司可以减少其面临的利率变动。亚什兰公司(Ashland, Inc.)、金宝汤料公司(Campbell Soup Co.)、英特尔公司、江森自控公司(Johnson Controls),以及许多其他跨国公司经常使用利率掉期进行套期保值。

金融机构如商业银行、投资银行以及保险公司经常充当利率掉期的交易商。金融机构也可以在利率掉期市场上充当中介。作为中介,金融机构只是撮合双方之间进行利率掉期,收取服务费,并不实际建立掉期头寸。

在普通利率掉期中,参与的公司会将定期(每6个月或1年)支付固定利率以获取浮动利率支付。在契约期间内,支付的固定利率保持不变。每期支付的浮动利率基于诸如同期伦敦银行同业拆借利率。利率掉期支付额主要受契约各方一致认可的、用以确定掉期支付的掉期名义价值的影响。

固定利率支付者主要担忧未来利率会提高。固定利率支付者近期发行了一笔浮动利率债券,担心若将来利率提高,支付的利息也会提高。因此,如果预期是正确的,它便可以通过将支付浮动利率转化为支付固定利率而受益,因为利率掉期所得到的收益能够抵消发行债券支付的高额利息。与之相反,浮动利率支付者预期利率会随时间而降低,那么它会因将支付浮动利率转换为支付固定利率而受益。

举 例

有两家公司计划发行债券:
- 品质公司(Quality Co.)是一家受到高度评价的公司。由于它预期利率将会降低,因此更愿意以可变(浮动)利率借款。
- 风险公司(Risky Co.)是一家受到较低评价的公司。它更愿意以固定利率借款。

假定这两家公司为发行浮动利率或固定利率债券所需支付的利率如下所示：

	固定利率债券	浮动利率债券
品质公司	9%	LIBOR+0.5%
风险公司	10.5%	LIBOR+1%

基于上述信息，品质公司无论采用固定利率还是浮动利率发行债券均具有优势，固定利率债券的优势更为明显。但是品质公司预期利率会降低，因此希望发行浮动利率债券。品质公司可以发行固定利率债券，而风险公司发行浮动利率债券。然后品质公司向风险公司提供以可变利率计算的付息额来换取风险公司向其提供的以固定利率计算的付息额。

假定品质公司与风险公司商定以 LIBOR+0.5% 的可变利率付息额来交换 9.5% 的固定利率付息额。利率掉期安排如图表 16.8 所示。品质公司会因此受益，因为它通过掉期获得的固定利率支付(9.5%)比它支付给债券持有人的固定利率(9%)高 0.5 个百分点。品质公司支付给风险公司的以浮动利率(LIBOR+0.5%)计算的付息额与它自己发行可变利率债券的付息额相同。

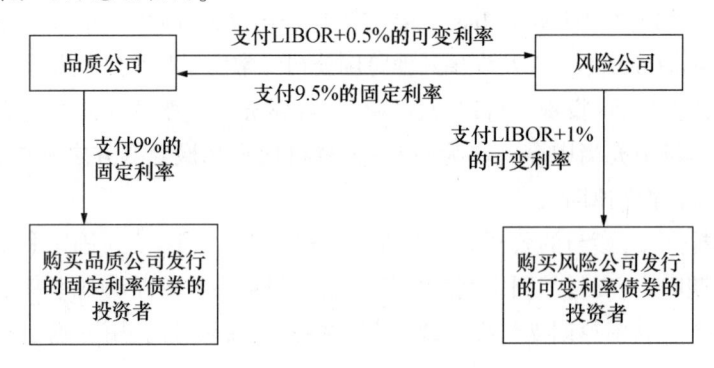

图表 16.8　利率掉期

风险公司通过掉期获得 LIBOR+0.5% 的浮动利率，比它自己发行浮动利率债券必须支付的利率(LIBOR+1%)低 0.5 个百分点。然而，风险公司支付给品质公司的 9.5% 的固定利率又比它自己发行固定利率债券必须支付的利率低 1 个百分点。总的来说，风险公司每年节约了 0.5 个百分点的融资成本。

假设掉期交易双方商定的名义价值为 5 000 万美元，双方每年交换净额。从品质公司的角度看，该完整的掉期协议每年涉及根据 5 000 万美元的名义价值、以 LIBOR+0.5% 的浮动利率来计算的付息额。从风险公司的角度看，该掉期协议每年涉及根据 5 000 万美元的名义价值、以 9.5% 的固定利率计算的付息额。图表 16.9 列示了基于不同 LIBOR 的付息额。

图表 16.9 利率互换下的预期付息额

年	LIBOR	品质公司的付息额（美元）	风险公司的付息额（美元）	净付息额（美元）
1	8.0%	(8.5% × 50 000 000 =) 4 250 000	(9.5% × 50 000 000 =) 4 750 000	风险公司向品质公司 支付 500 000
2	7.0%	(7.5% × 50 000 000 =) 3 750 000	(9.5% × 50 000 000 =) 4 750 000	风险公司向品质公司 支付 1 000 000
3	5.5%	(6.0% × 50 000 000 =) 3 000 000	(9.5% × 50 000 000 =) 4 750 000	风险公司向品质公司 支付 1 750 000
4	9.0%	(9.5% × 50 000 000 =) 4 750 000	(9.5% × 50 000 000 =) 4 750 000	没有支付
5	10.0%	(10.5% × 50 000 000 =) 5 250 000	(9.5% × 50 000 000 =) 4 750 000	品质公司向风险公司 支付 500 000

利率掉期的局限性。 值得注意的是，利率掉期存在两个主要局限：第一，寻找合适的掉期对象和谈判掉期条件需要花费时间和其他资源；第二，每个掉期参与者都面临交易对方不付款的风险（违约风险）。

其他类型的利率掉期。 近年来，持续的金融创新产生了许多其他类型的利率掉期。下面列出其中一些：

- 递增掉期（accretion swap）。它是一种名义价值随时间推移逐步增加的利率掉期。
- 递减掉期（amortizing swap）。它是一种名义价值随时间推移逐步减少的利率掉期。
- 基准掉期[basis，浮动利率对浮动利率（floating-for-floating）]。基准掉期是指两种浮动利率支付之间的交换。例如，1 年期 LIBOR 和 6 个月期 LIBOR 之间的交换就是一种基准掉期。
- 可买回掉期（callable swap，可提前终止掉期）。顾名思义，该掉期赋予固定利率支付者提前终止掉期的权利。当利率大幅下跌时，固定利率支付者可以行使该权利。
- 远期掉期（forward swap）。远期掉期是一种在今天签订、在未来某一特定时点才开始支付的利率掉期。
- 可卖回掉期（putable swap，可提前终止掉期）。该掉期赋予浮动利率支付者提前终止掉期的权利。当利率大幅上升时，浮动利率支付者可以行使该权利。
- 零息掉期（zero-coupon swap）。全部固定利息推迟到掉期合约到期时一次性支付，而浮动利息仍定期支付。
- 掉期期权（swaption）。掉期期权赋予其所有者参与掉期的权利。掉期期权的所有者在未来某一指定日期以某一指定的固定利率参与掉期，该固定利率就是掉期期权的行权价格。支付型掉期期权赋予其所有者将支付浮动利率转换为以行权价格支付固定利率的权利。接受型掉期期权赋予其所有者将收入浮动利率转换为以行权价格收入固定利率的权利。

掉期市场的标准化。 近年来掉期市场发展逐步标准化，一个协会发挥了重要作用。**国际**

掉期与衍生工具协会(International Swaps and Derivatives Association，ISDA)是一个全球性的贸易协会，该协会领导了与衍生工具交易主要参与者的私下磋商。这些衍生工具包括利率、货币、商品、信贷和权益掉期。

ISDA 的两个主要目标是：(1) 优化和维护关于衍生工具的标准文件，以促进高效商业行为规范的产生；(2) 促进健全的风险管理规范的发展。ISDA 最显著的成就之一是 ISDA **主协议**(Master Agreement)的发展。这项协议给私下衍生工具市场的参与者提供了确定法律和信用条款的可能。这项协议的关键优势是一般法律和信用条款无须在每次交易时都重新商定。因此，ISDA 主协议大大促进了衍生工具市场的标准化。①

小结

- 跨国公司的子公司可能更偏好用与其收到的现金流入货币相匹配的货币进行债务融资。现金流入被用于偿还现有贷款的利息。当跨国公司以不同于销售收到的货币发行债券时，它可能会因本地货币的贬值而面临汇率风险。
- 跨国公司的子公司可能会考虑用不同于其所在地(母国)货币的外币进行长期融资以降低融资成本。这样它可以预测贷款偿还期间的汇率，在此基础上估计该种货币融资的年成本。然而，实际债务融资成本并不确定，因为子公司对汇率的预测并不一定准确。
- 跨国公司可以通过使用货币掉期或者平行贷款来对冲长期债务融资的汇率风险。
- 跨国公司的子公司在为其经营进行融资时，可以选择不同的债务期限，并估计不同债务期限的年融资成本，确定何种债务期限的年期望融资成本最低。
- 对浮动利率债券来说，支付给投资者的利息(票面利率)取决于未来伦敦银行同业拆借利率(LIBOR)，因此具有不确定性。跨国公司通过预测 LIBOR 来推算未来应当支付贷款利息的期望利率。这些期望利率可以用来估计预期的贷款付息额，并且推算出浮动利率贷款的预期年融资成本。最后，可以比较浮动利率和固定利率贷款的融资成本。在一些情况下，跨国公司可以采用浮动利率贷款，并使用利率掉期来为利率风险套期保值。

正方反方

货币掉期会导致融资成本降低吗？

正方：会。越来越多的需要在未来兑换货币的公司参与了货币掉期。因此，以低利率货币融资的公司可以很容易地建立一个协议来获得所需要的另外一种低利率的货币。

反方：不会。货币掉期将建立一个基于市场力量的汇率。如果在未来一个时期内远期汇率存在，那么掉期汇率应该类似于远期汇率。如果掉期汇率不像远期汇率一样具有吸引力，参与者就会转而利用远期市场。如果该货币的远期市场不存在，掉期汇率就应该反映市场力

---

① 关于利率掉期的信息，可以参考：R. A. Strong. Derivatives: An Introduction, 2e[M]. Mason, Ohio: South-Western, 2005.

量。购买低利率货币的汇率将高于当时的即期汇率,否则跨国公司将借入低利率货币,同时购买远期货币合约,以便能够对未来的利息支付进行套期保值。

孰是孰非? 运用互联网更多地了解这个问题。你支持哪种观点?对这个问题提出自己的看法。

自测题

(答案见书后的附录 A)

1. 解释为什么一家公司可能会发行以非本国货币计价的债券为经营融资。解释涉及的相关风险。

2. 杜兰公司(Tulane, Inc.,总部设在路易斯安那州)正在考虑发行一种以瑞士法郎计价的 20 年期债券。发债收入将被兑换为英镑以支持该公司的英国业务。杜兰公司没有瑞士业务,却更愿意发行瑞士法郎债券而不是英镑债券,因为前者的票面利率比后者低 2%。解释该策略涉及的风险。你认为该策略涉及的风险是大于还是小于将该债券收入用以为美国业务融资所涉及的风险?为什么?

3. 一些拉美国家的大公司可用比它们本国利率低得多的利率借钱(通过在美国发行债券或者从美国银行借钱)。假定它们在美国有良好的信用记录,为什么它们仍然更愿意从本国借钱来为本国项目融资(即使它们本国的利率为 80% 甚至更高)?

4. 一个颇受敬重的经济学家最近预言即使日本通货膨胀率不提高,日本利率在未来 5 年也会持续提高。帕克森公司(Paxson Co.)是一家美国公司,没有海外业务,最近发行了一种日元债券来为美国业务融资。该债券选择以日元计价是因为其票面利率很低。该公司副总裁表示:"我不关心预测结果,因为我们发行的是固定利率债券,所以没有风险。"你同意该观点吗?请解释。

5. 一些拉美国家的长期利率通常远远高于工业化国家的利率。你认为为什么这些国家的有些项目对于当地公司是可行的,即使项目的融资成本如此之高?

应用思考题

1. **浮动利率债券**。
   a. 一家计划以外币发行浮动利率债券的美国公司应该考虑哪些因素?
   b. 发行浮动利率债券的风险比发行固定利率债券的风险高还是低?请解释。
   c. 投资公司和借款公司在用以外币计价的浮动利率债券融资时,对该债券的特征(如利率和该货币的远期汇率)有哪些不同的要求?

2. **发行外币债券的风险**。用模拟法评估债券融资风险的优点是什么?

3. **汇率的影响**。
   a. 解释一家美国公司在美元坚挺时期和美元疲软时期外币融资成本的差异。
   b. 解释一家发行欧元债券的美国跨国公司怎样可以抵消一部分汇率风险。

4. **债券发行决策**。哥伦比亚公司(Columbia Corp.)是一家美国公司,没有外币现金流量,它计划发行以欧元计价的固定利率债券或者以美元计价的浮动利率债券。它估计了每种债券定期的美元现金流量。关于这些未来美元现金流量,你认为哪一种债券的不确定性更大?请解释。

5. **采用远期套期的借款**。锡达福尔斯公司(Cedar Falls Co.)有一家巴西子公司,子公司所在国利率较高。该公司考虑以美元借款,并且在需要偿还美元贷款时,将巴西雷亚尔兑换为美元,为汇率风险套期保值。假设雷亚尔的远期合约有效,那么,该策略的局限性是什么?

6. **降低汇率风险的融资**。克尔公司(Kerr, Inc.)是一家向日本出口产品的美国大型出口商,它以美元计价其出口产品,且没有其他国际业务。它可以按9%的利率借入美元来为其业务融资,或者按3%的利率借入日元。如果它借入日元,将会面临汇率风险。克尔公司如何能够借入日元并降低其面临的汇率风险?

7. **汇率影响**。卡蒂娜公司(Katina, Inc.)是一家美国公司,它计划发行欧元债券来融资,以获得比发行美元债券更低的利率。汇率影响最大的关键时点是什么时候?

8. **融资决策**。关逗公司(Cuanto Corp.)是一家美国制药公司,它想充分利用新机遇在东欧地区扩张。大部分东欧地区的生产成本都很低,经常不到德国或瑞士的四分之一。而且,东欧地区对药品的需求很强。关逗公司通过购买一家捷克生产药品的公司60%的股份而进入东欧市场。

a. 关逗公司应该通过从美国银行借入美元,然后兑换为捷克克朗(捷克货币)来为其投资的捷克公司融资,还是应该通过从当地的捷克银行借入捷克克朗来融资?为了回答这个问题,你需要知道哪些信息?

b. 如果从当地的捷克银行借入捷克克朗,那么如何能够降低公司面临的汇率风险?

c. 如果从当地的捷克银行借入捷克克朗,那么如何能够降低公司面临的由政府管制引起的政治风险?

批判性思考题

用外国债务对外国业务进行融资。光谱能源公司(位于美国休斯敦)在加拿大有大量业务,产生大量加拿大元收入。它借入以加拿大元为计价货币的贷款(而不是美元)来为加拿大业务融资。写一篇短文解释这样的战略带来的潜在优势。解释美国跨国公司在利率较高的国家尝试这种策略时可能产生的缺陷。同时也考虑一下替代解决方案,比如不进行套期保值,或者出售远期合约。

布雷泽公司案例:利用长期融资

布雷泽公司正考虑在泰国设立一家子公司来生产"Speedos"轮滑鞋,它是布雷泽公司主要的轮滑鞋产品。另一种选择是,布雷泽公司可以收购一家现有的泰国轮滑鞋制造商Skates'n' Stuff公司。在布雷泽公司最近一次董事会会议上,董事们一致决定在泰国建立一家子公司,这样布雷泽公司可以对泰国子公司拥有更大的控制权。

泰国子公司预计在明年年初开始生产,现在必须立即开始在泰国兴建工厂并购买生产轮滑鞋必需的设备。在曼谷设立子公司所需要的工厂和设备的初始成本约为5.5亿泰铢。泰铢当前的汇率为0.023美元,以该汇率兑换而来的美元成本为1 265万美元。布雷泽公司目前有265万美元的可用现金来支付部分成本,剩下的1 000万美元(434 782 609泰铢)必须通过其他渠道来源获得。

董事会要求布雷泽公司的CFO本·霍尔特列出剩下的兴建工厂和购买设备所必需的资金支出。霍尔特意识到布雷泽公司是一家相对较小的公司,其股票并不被广泛持有。而且,他认为布雷泽公司的股票目前被低估,因为该公司向泰国的扩张还没有被广泛宣传。基于这些考虑,霍尔特更喜欢用债务融资而不是权益融资的方式来筹集必需的资金以完成泰国工厂的兴建。

霍尔特已确定了两种债务融资的方法:发行相当于1 000万美元的日元债券或者发行相当于1 000万美元的泰铢债券。两种类型的债券都是5年期。在第5年,债券的本金将和最后1期年利息被一起偿还。日元债券以12.5万日元为单位来发行,而泰铢债券以5万泰铢为单位来发行。因为泰铢债券以5万泰铢为单位来发行,所以布雷泽公司需要发行(434 782 609/50 000 =)8 696份泰铢债券。另外,因为日元对泰铢的当前汇率为1日元兑换0.347826泰铢,所以布雷泽公司需要获得(434 782 609/0.347826 =)1 250 000 313日元。因为日元债券将以12.5万日元为单位来发行,所以布雷泽公司需要发行(1 250 000 313/125 000 =)10 000份日元债券。

由于泰国近来处于不利的经济环境,在泰国的扩张被认为风险相对较大。霍尔特的研究表明,布雷泽公司必须以约10%的票面利率发行日元债券以吸引投资者购买该债券,而布雷泽公司可以按15%的票面利率发行泰铢债券。不管布雷泽公司决定发行泰铢债券还是日元债券,都会使用泰国子公司产生的现金流量来支付债券利息和5年后的本金。例如,如果布雷泽公司决定发行日元债券,那么它将需要把泰铢兑换为日元来支付这些日元债券的利息和5年后的本金。

尽管布雷泽公司可以通过发行日元债券以低票面利率获得融资,但是霍尔特怀疑发行日元债券的实际融资成本可能会高于泰铢债券。这是因为对日元未来价值的预测表明日元将对泰铢升值。尽管不知道日元确切的未来价值,但是霍尔特编制了日元对泰铢价值的年度百分比变化的概率分布,如下所示:

日元对泰铢价值的年度百分比变化	概率
0	20%
2%	50%
3%	30%

霍尔特怀疑一旦考虑日元对泰铢的升值预期,发行日元债券的实际融资成本可能就高于发行泰铢债券。

假设你是布雷泽公司的一名财务分析师,霍尔特要求你来为他回答下面的问题:

1. 如果布雷泽公司预计使用泰国子公司产生的现金流来支付债券利息和本金，发行泰铢债券的实际融资成本会受到汇率变动的影响吗？发行日元债券的实际融资成本会受到汇率变动的影响吗？如果会，将会发生怎样的影响？建立一个电子数据表分别计算在三种情况下，发行日元债券的实际年融资百分比成本。发行日元债券的融资成本高于发行泰铢债券的融资成本的概率是多少？

2. 使用一个电子数据表来计算发行日元债券的预期年实际融资百分比成本。该预期融资成本和发行泰铢债券的预期融资成本比起来怎样？

3. 根据你对前面问题的回答，你认为布雷泽公司应该发行日元债券还是泰铢债券？

4. 决策过程中涉及哪些权衡和得失？

小企业困境：体育用品出口公司的长期融资决策

体育用品出口公司继续致力于在美国生产橄榄球并出口到英国，出口产品以英镑计价，这使公司一再受到汇率风险的影响。公司现在正考虑扩展新业务，即在美国销售专用体育用品。如果公司经营该美国项目，就需要借入长期资金。以美元计价的债务的利率略低于以英镑计价的债务的利率。

1. 吉姆·洛根是体育用品出口公司的所有者，如果他的确要扩展此项业务，那么他需要决定以美元债务还是以英镑债务进行融资最合适。他倾向于用美元债务来为该美国项目融资，因为他的目标是避免汇率风险。是否有理由能够说明为减少汇率风险，他应该考虑用英镑债务来融资？

2. 假定如果洛根的确要开展该美国业务，他决定用美元债务来为计划中的美国业务融资。他应该怎样利用货币掉期及负债来减少公司的汇率风险？

互联网/Excel 练习

互联网提供许多国家和各种期限债券的利率数据，找到澳大利亚债券的利率信息。考虑一家美国跨国公司的子公司，它位于澳大利亚。假定该子公司借入澳元，它愿意在无风险（政府）利率之上再多支付1%。该子公司愿意为1年期债券支付多少利率？5年期呢？10年期呢？假定它需要资金的时间为10年，你认为它应该使用1年期债券、5年期债券还是10年期债券？请解释。

真实案例在线文章

在网上寻找一篇最近的文章，这篇文章应是国际财务管理的实际应用，或是现实世界中特定跨国公司的案例，该案例能够诠释本章所述的某一个或者多个概念的行为。

如果你的班级有在线平台，教授可以要求你将总结放在在线平台上，这样，其他学生也能看到这篇文章。如果你的班级是面授课堂，教授可以要求你在课堂上汇报你的文章。教授也可以给某个学生布置任务,让学生完成本章作业,或者要求学生自愿完成某些作业。

对于本章所用到的在线文章和现实世界的案例,考虑搜索以下术语,并且将本年度作为搜索关键词以保证在线文章是最近的:

1. 公司和外国债务;
2. 股份有限公司和外国债务;
3. (跨国公司名称)和债务;
4. 国际和债务;
5. 国际和融资;
6. 公司和外国融资;
7. 股份有限公司和外国融资;
8. 子公司和债务;
9. 子公司和融资;
10. 子公司和杠杆。

第4篇综合题
长期资产和负债管理

冈多公司(Gandor Co.)是一家美国公司,它正在考虑与一家中国公司在中国创办一家合资企业,生产和销售盒式录像带(DVD)。冈多公司将在该项目中投资1 200万美元以支持该合资企业的生产。在前3年的每一年,总利润的50%将分配给中国公司,剩下的50%将兑换为美元汇往美国。中国政府打算对分配给冈多公司的利润征收20%的所得税。中国政府保证每年的税后利润(以人民币计价)可以按1元比0.20美元的汇率兑换为美元并汇回冈多公司。目前,中国政府对合资企业汇往美国的利润不征收预提税。假定在考虑了冈多公司向中国政府缴纳的税收以后,美国政府还要对冈多公司收到的利润征收10%的税。3年以后,所有赚得的利润都分配给中国公司。

该合资企业每年预计产生的总利润如下:

年	合资企业的总利润(元)
1	6 000万
2	8 000万
3	1亿

冈多公司的税前平均债务成本为13.8%,平均权益成本为18%。假定冈多公司的公司所得税税率通常为30%,冈多公司的资本结构是60%的负债和40%的权益。冈多公司通常在其资本成本之上再加4%来得到国际合资企业要求的收益率。该项目具有独特的国家风险,冈多公司计划在现金流量的估计中考虑了这些风险。

冈多公司担心两种形式的国家风险。第一,中国政府可能将公司所得税税率从20%增加到40%(20%的概率)。如果这种情况确实发生,美国政府将不再对来自该合资企业的利润征税。第二,中国政府可能对汇往美国的利润征收10%的预提税(20%的概率)。在这种情况下,冈多公司将不会获得额外的税收优惠,美国政府仍然要对来自中国的利润征收10%的税。假定这两种类型的国家风险是相互排斥的,即如果中国政府确实要调整税收的话,那么也只会调整其中一种税收(所得税或者预提税)。

问题：

1. 计算冈多公司的资本成本。计算冈多公司对该中国合资企业要求的收益率。

2. 计算冈多公司来自该合资企业的现金流净现值的概率分布，并分别对以下三种情形进行资本预算分析。
   - 情形 1：基于最初的假设。
   - 情形 2：假设中国政府提高公司所得税税率。
   - 情形 3：假设中国政府征收预提税。

3. 你会建议冈多公司投资该合资企业吗？请解释。

4. 你认为对该合资企业赚得的利润具有最大影响的关键因素是什么？

5. 是否有理由说明冈多公司在为合资企业（如本例中在中国的合资企业）融资时应该调整其来自美国的资本结构（负债和权益的比例）？

6. 在冈多公司评估该合资企业时，一些经理建议借入人民币而非美元来获得部分初始投资所必需的资本。他们认为这样的策略可以降低冈多公司的汇率风险。你同意这种观点吗？请解释。

第5篇

短期资产与短期负债的管理

第5篇(第17章到第19章)主要讨论跨国公司短期资产和负债的管理。第17章描述了跨国公司为其国际贸易融资采用的方法。第18章识别了几种短期资金的来源,并解释了跨国公司用于进行短期融资决策的标准。第19章描述了跨国公司如何最优化其现金流量,并解释了进行短期投资决策的标准。

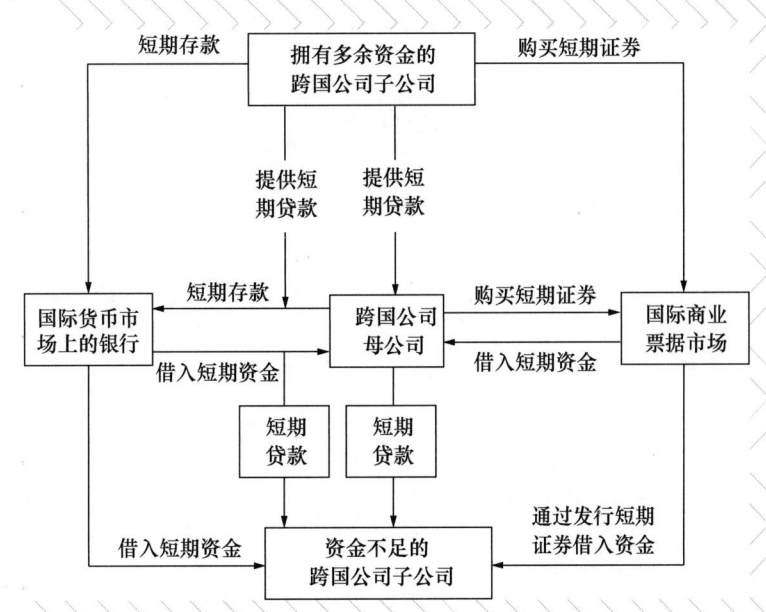

第 17 章
国际贸易融资

跨国公司的国际贸易活动日趋重要。这主要归因于经济全球化的快速发展及国际银团贸易融资效率的提高。

> **本章目标：**
>
> - 讲述国际贸易中的支付方式；
> - 介绍常用的国际贸易融资方法；
> - 介绍因开展出口保险或贷款项目而促进国际贸易的主要机构。

17.1 国际贸易的支付方式

由于国际贸易中出口商(销售方)和进口商(购买方)可能有一方不会履行其义务,因此发生交易时的支付方式非常复杂。出口商可能会质疑进口商的付款能力。即使进口商愿意支付,政府也可能实行外汇管制,妨碍它向出口商付款。进口商也可能不信任出口商会发货。财务经理必须对国际贸易中能够确保货物运输或者货款支付的方式有所了解。

总的来说,在国际贸易中,有五种基本支付方式,每一种方式对于买方和卖方都有不同程度的风险(如图表17.1所示),具体如下:

1. 预付(prepayment)；
2. 信用证(letter of credit, L/C)；
3. 汇票(即期/远期)(draft)；
4. 寄售(consignment)；

5. 记账(open account)。

图表 17.1　国际贸易支付方式比较

支付方式	通常付款时间	买方收到货物	出口商的风险	进口商的风险
预付	发运货物前	付款后	无	完全依赖于出口商能否按订单发运货物
信用证	发运货物时	付款后	非常小或无,取决于信用条款	保障了货物的发运,但是依赖于出口商发运的货物能否符合合同条款
即期汇票:付款交单	汇票提示付款时	付款后	如果汇票未获支付必须对货物进行处置	同上,除非进口商在付款前可以查验货物
远期汇票:承兑交单	汇票到期日	付款前	依赖于购货方对汇票的支付	同上
寄售	买方销售货物时	付款前	允许进口商在向出口商付款前销售货物	无
记账	按清算协定	付款前	完全依赖于进口商能否按清算协定支付货款	无

17.1.1　预付

在**预付**货款方式下,只有在进口商汇款给出口商后,出口商才会发货。通常以国际电汇方式将货款汇到卖方账户或采用外国银行汇票方式支付。随着科技的进步,公司将可以通过第三方银行以电子信贷的方式进行国际贸易。这种方式给出口商提供了最大程度的保护,通常用于那些信用情况不清楚或其国家处于金融危机之中首次购货的进口商。然而,大部分进口商并不愿意采用预付的方式,因为它们担心出口商不会向它们发货。

17.1.2　信用证

信用证(L/C)是一种当确认货物已经发运,为保证进口商对出口商的付款义务而开立的书面凭证。简言之,就是进口商银行(也被称为开票行)收到能确认出口商已经发货的相关货物运输文件,代表进口商所开具的向出口商付款的书面承诺。相对于进口商,出口商可能对银行信用更加认可,因此信用证能使出口商受益。

通常来讲,出口商银行将向进口商银行出具货物运输相关文件以证实已经发货。而由于进口商在发货前不必支付货款,且进口商在确认是否发货时,可能相较于出口商本身更信任其银行,因此进口商也将从信用证中获益。

即使进口商银行是世界闻名的银行,出口商也会担心外国政府实施外汇管制或其他可能妨碍银行向其付款的限制。为此,出口商可能会找一家当地银行对信用证加以保付,以确保进口商银行能履行全部义务。在这种情况下,出口商只要关心保付行的信誉就可以了。

> **举例**
>
> 20世纪70年代,耐克公司将国际化经营业务的增长部分归功于信用证的使用。1971年,耐克(当时称为BRS)在日本或其他地区并没有什么名气,然而通过信用证,它仍可以将运动鞋的生产分包给日本制鞋商并将这些鞋运到美国去销售。信用证确保了耐克公司能收到订购的鞋,而日本制鞋商可以收到销往美国的鞋的货款。图表17.2是不可撤销信用证的示例。
>
> **图表 17.2　不可撤销信用证示例**
>
> ```
>                                               开证行名称:
>                                               开证行地址:
>
> 出口商名称:
> 出口商地址:
> 兹开立不可撤销的信用证:
> 开证人(进口商名称):
> 金额(出口货物价值):
> 到期日(日期):
> 您的汇票在(时间间隔)天内且同时出具以下文件时有效(发票、装箱单、提单
> 等须与信用证一并提交的单据)
> 保险提供者(出口商或进口商):
> 运载货物(商品描述):
> 从(发运港):
> 到(到达港):
>
>                                               (负责人签字)
> ```

信用证所需提供的关键文件。 在信用证下的国际货运中,关键的文件就是**提单**(bill of lading, B/L)。它证明货物已经由承运人装船并据此计算运费。最重要的是,提单具有物权凭证的功能。如果货物是以船运的方式运输,承运人则签发**海运提单**(ocean bill of lading);如果是空运,承运人则签发**空运提单**(airway bill)。承运人把提单提交给出口商(托运人),出口商然后将此单连同其他需要出具的单据交给银行。

国际贸易中所用的信用证是不可撤销信用证(见图表17.2),这也就意味着没有出口商的同意,信用证不可以被撤销或者修改。信用证通常依据国际商会公布的"跟单信用证统一惯例"(Uniform Customs and Practice for Documentary Credits)条款来开具。

提单记载的事项如下:
- 货物描述;
- 货物标志;
- 装货港(卸货港)证明;
- 出口商(托运人)名称;
- 进口商名称;

- 运费支付方式(预付或到付);
- 装运日期。

商业发票(commercial invoice)描述了出口商(卖方)出售货物的详细信息,它主要包含以下内容:
- 卖方名称和地址;
- 买方名称和地址;
- 日期;
- 付款方式;
- 价格(包含运费、装卸费及保险费);
- 数量、重量、包装等;
- 发货信息。

在信用证形式下发货,发票里对商品的描述必须同信用证规定的完全一致。(跟单信用证流程见图表17.3。)

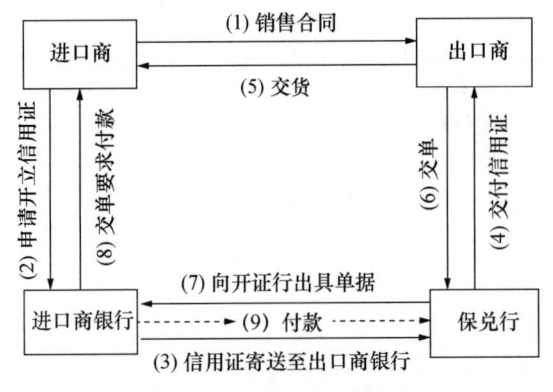

图表 17.3　跟单信用证流程

17.1.3　汇票

汇票是对出口商无条件提款的承诺,它表示买方应在提示付款后或者在未来某时按票面金额支付款项。信用证的文件中通常包括了汇票,但汇票也可以在没有信用证的情况下被使用。然而,由于银行无义务代表买方付款,所以汇票提供给卖方的保护要小于信用证。

大多数以汇票形式办理的贸易业务,都是通过银行系统来处理的,银行术语称之为**跟单托收**(documentary collections)。在跟单托收业务中,银行在货运单据处理和货款收回的过程中都扮演着中介角色。如果在即期汇票条件下发货,出口商将货物发出后向进口商提示付款,进口商见票后立即付款,这就是**付款交单**(documents against payment)。只有得到出口商的指示后银行才会交付货运单据,因此,付款交单对出口商提供了一定程度的保护。进口商需凭货运单据才能提货,但直到汇票被提交时它才需要付款。

如果货物是在远期汇票条件下发运的,出口商就会指示银行直到见到进口商承兑汇票后才把货运单据向其交付,这种支付方式有时被称为**承兑交单**(documents against acceptance)。

通过承兑汇票,进口商承诺在未来某一特定日期向出口商付款,汇票的期限一般从30天到180天不等。这种承兑汇票也被称为**商业承兑汇票**(trade acceptance)。

在远期汇票下,进口商能在付款之前就获得商品。出口商提供融资,汇票到期时能否获得还款依赖于进口商的信誉。如果进口商在到期日没有付款,则银行没有义务代其支付。出口商承担着全部风险,所以要根据实际情况对进口商进行相应的评估。汇票是财务上的义务,所以当进口商不支付款项时,出口商可对未收到的应收账款提起诉讼。

17.1.4 寄售

在**寄售**协议下,出口商将商品发给进口商,同时保留商品的所有权。进口商可以安排商品存仓,商品售出给第三方后才需要支付货款。出口商相信进口商在售出商品后会支付货款。如果进口商没有汇回货款,由于商品已经售出,且未采用汇票结算,那么出口商对货款仅有有限的追索权。因为这种方式存在高风险,除了在母公司与子公司之间或联营公司之间,寄售方式在实务中很少被运用。有些设备供应商会允许进口商以推销样品的形式持有一些设备,一旦这些样品被售出或经过一段时间的持有,就要交付货款给出口商。

17.1.5 记账

记账交易是出口商发出货物并期望进口商能按照协议支付货款。出口商能否取得货款完全依赖进口商的资信能力和信誉。这种方式主要用于交易双方相互信任并有大量经验的情况下。尽管存在风险,记账交易方式仍被广泛应用,尤其是在北美和欧洲的工业化国家之间。

17.1.6 信贷危机对支付方式的影响

当2008年发生信贷危机时,国际贸易交易便停滞了。通常,由于各方相信商业银行能够代表进口商付款,商业银行能够促进贸易交易的进行。然而,在信贷危机期间,许多金融机构面临着财务问题,最终使得商业银行失去了出口商的信任。即便是有进口商银行承诺,出口商也不想出口产品。危机阐释了国际贸易依赖于商业银行的可靠性与诚信。

17.2 贸易融资方式

在任何国际贸易交易中,出口商、进口商及一个或多个金融机构,或者这几方的任何组合都会提供信贷。出口商可能有充裕的现金流来向从产品生产到进口商付款的整个周期提供融资。由于提供商品的供应商同时也提供信贷,所以这种形式的信贷也被称为**卖方信贷**(supplier credit)。

如果出口商没有充裕的现金流来对整个周期提供融资,那么它可能要求银行提供融资,否则进口商必须自己对交易进行融资。因此商业银行通常在交易双方的贸易融资中扮演着整合的角色。

下面是国际贸易融资中普遍运用的几种方法：
- 应收账款融资(account receivable financing)；
- 保理(factoring)；
- 信用证；
- 银行承兑汇票(banker's acceptance)；
- 中期资本性商品融资(福费廷)；
- 对销贸易(countertrade)。

下面将依次介绍这些贸易融资方式。

17.2.1 应收账款融资

有时，出口商在未得到银行付款保证的情况下也愿意向进口商发货。这有可能是采用记账或远期汇票的方式。发运货物前，出口商要对进口商进行信誉调查以确定进口商的资信能力。如果出口商愿意等待对方付款，那么它可以延长进口商的信用期。

如果出口商急需资金，那么它可能会从银行筹措资金。在**应收账款融资**中，出口商以应收账款作为担保获得银行贷款。银行贷款主要基于出口商的信用，如果进口商出于什么原因未向出口商付款，那么出口商仍要偿还银行贷款。

应收账款融资还有另外的风险，政府的限制和外汇管制都有可能妨碍进口商向出口商付款。因此，这种方式的贷款利率通常比国内应收账款融资的利率要高，贷款期限一般为1—6个月。为了降低外国应收账款的额外风险，在融资前，出口商和银行经常要运用出口信用保险。

17.2.2 保理

当出口商在收到货款之前发运货物，应收账款余额也会随之增加。如果出口商没有从银行获得贷款，那么它就要着手为该交易融资并监督应收账款的收回。由于存在买方可能不付款的风险，卖方可能会考虑将应收账款出售给第三方，即**保理方**(factor)。在这种方式下，保理方要承担向买方收款的所有责任及有关信用风险。保理方通常以一定折扣购买债权并收取固定的处理费。

在购入应收账款前，保理方将对进口商进行信贷审核。在国际交易中，**跨国保理**(cross-border factoring)经常被采用。在评估信贷风险时，这涉及不同国家的保理方网络。出口商的保理方联系进口商所在国家的对应保理方，以进行进口商的信贷审核，并收回应收账款。

保理给出口商带来如下利益。首先，通过出售应收账款，出口商不必再考虑应收账款分类管理的责任。其次，保理方承担着进口商的信用风险，所以出口商无须评估进口商的资信状况。最后，将应收账款出售给保理方，出口商可以立即获得付款并可以增加现金流。

通常情况下，保理服务由商业银行的保理分支机构、商业财务公司和其他专业金融机构进行。保理方经常运用出口信贷保险来降低外国应收账款的额外风险。

17.2.3　信用证

信用证不仅是国际贸易中一种重要的支付手段,也是一种融资手段。许多信用证需在未来一个指定日期支付,因此,在进口商(或进口商银行)给出口商付款之前,出口商实质上是在向进口商提供贸易融资。

进口商的银行也可能会提供融资。当进口商拿到信用证时,它必须向银行支付信用证费用及手续费。进口商通常会在银行开立付款账户。然而,当进口商账户没有足够资金时,根据信用证条款,进口商银行依旧需要支付货款。在这种情况下,银行是在延长进口商的信贷期限。因此,只有当进口商银行相信进口商时,它才会为进口商开立信用证。

还有另一种形式的融资,即备用信用证,指进口商银行保证如果进口商未按约定付款,那么银行将向出口商付款。在国际上,备用信用证经常被用于与政府相关的合同,作为投标保证金、履约保证金或者预付款保证金。

17.2.4　银行承兑汇票

如前所述,**银行承兑汇票**(如图表17.4所示)是一种由银行签发承诺付款的远期汇票,承兑银行在到期日负有向汇票持有人付款的义务。办理银行承兑汇票的第一步是建立国际贸易中的银行承兑,由进口商向出口商订货,然后进口商要求其开户行以其名义开立信用证以保证向出口商付款。出口商将汇票连同运单一起交给其开户行,然后其开户行将上述单据提交给进口商开户行。进口商开户行接受该汇票。这就构成了银行承兑。

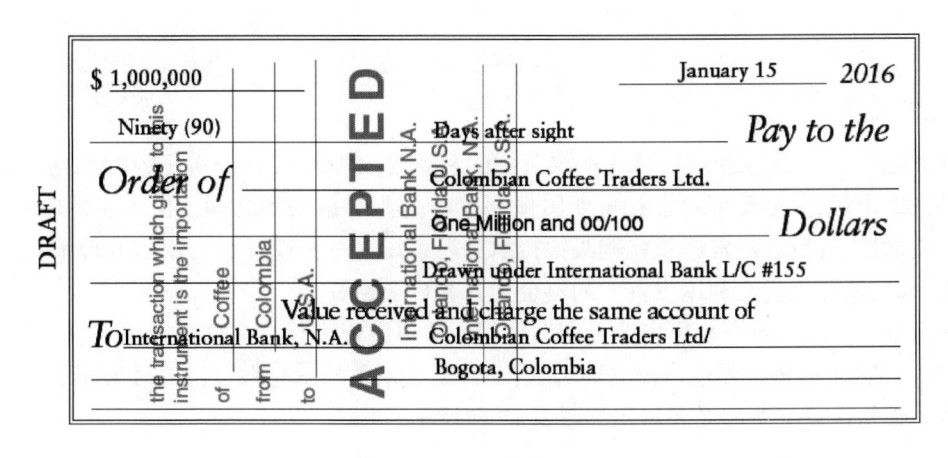

图表17.4　银行承兑汇票

同应收账款融资的情况一样,如果出口商持有该汇票至到期日,则出口商为进口商提供融资。这种情况下,银行承兑汇票和应收账款融资的关键区别在于前者是由银行保证向出口商付款。

出口商如果不愿持有该汇票至到期日,便可在货币市场上将票据贴现。这样的话,出口商获得的款项将少于汇票到期时的金额。这一折扣体现了货币的时间价值。货币市场的投资者会愿意以折扣价购买银行承兑汇票,然后持有其至到期日。银行将在特定日期全额付款,它向进口商收取的款项为汇票票面金额加上附加费用。

银行承兑汇票对出口商、进口商和开证行都有好处。出口商不必担心进口商的信用风险,可以在不用考虑潜在客户信用风险的情况下渗透新的市场。另外,出口商几乎不会遭受政治风险或政府实施的外汇管制,因为即使实施了管制,政府也会允许银行履行付款承诺。相反,外汇管制会阻止进口商向出口商付款。所以,如果没有银行承兑汇票,即使进口商想付款,出口商也有可能收不到。最后,出口商可以在汇票到期之前以折扣价进行贴现,从而提前获得资金。

在购买材料或商品时,进口商通过使用银行承兑汇票获得了通往海外市场的更多途径。如果没有银行承兑汇票,那么出口商可能不会愿意承担进口商的信用风险。另外,由于单据连同汇票一起被提交,进口商可以确信货物已经发运。最后,由于银行承兑汇票允许进口商在稍晚的日期内付款,进口商可在到期日之前获得融资机会。假如没有承兑汇票,进口商就有可能被要求预付款项,那样将会使其资金吃紧。

承兑汇票的银行也能从中受益,因为它可从承兑汇票业务中赚取佣金。银行向客户收取的佣金反映了进口商的可辨认信誉。收取的佣金费率通常被称为**综合费率**,由贴现率和承兑手续费构成。通常,银行承兑汇票融资的综合费率会低于借款基本利率,参见下面的比较:

	借款	承兑
金额(美元)	1 000 000	1 000 000
期限	180 天	180 天
利率	基本利率+1.5% 10.0% + 1.5% = 11.5%	银行承兑汇票贴现率+1.5% 7.6% + 1.5% = 9.1%
利息成本(美元)	57 500	45 500

在此例中,6个月期的银行承兑汇票节约的利息为12 000美元。由于银行承兑汇票具有活跃的二级市场,其贴现率通常在短期国债利率和商业票据利率之间。由于它的收益性、安全性和流动性,投资者经常愿意将购买银行承兑汇票作为一种投资。当银行办理承兑和出售承兑汇票时,实际上它在利用投资者的资金为其客户融通资金。

银行承兑汇票的融资也可以通过即期信用证的再融资进行。在这种情况下,信用证的受益人(出口商)可能坚持要进口商立即付款,银行通过单独的承兑融资协议来为即期信用证提供融资。银行承兑汇票的循环过程如图表17.5所示。

17.2.5 中期资本性商品融资(福费廷)

由于资本性商品通常具有较高的价格,进口商可能在短期内无法支付货款。因此,就需要筹集长期资金。出口商也许能为进口商提供融资,但由于该融资要延续若干年,它可能不愿意这样做。这种情况下可以采用一种被称为**福费廷**(forfeiting)的贸易融资方式。福费廷指从票据持有人(通常为出口商)那里购买汇票或本票。在福费廷交易中,进口商会签发一张以

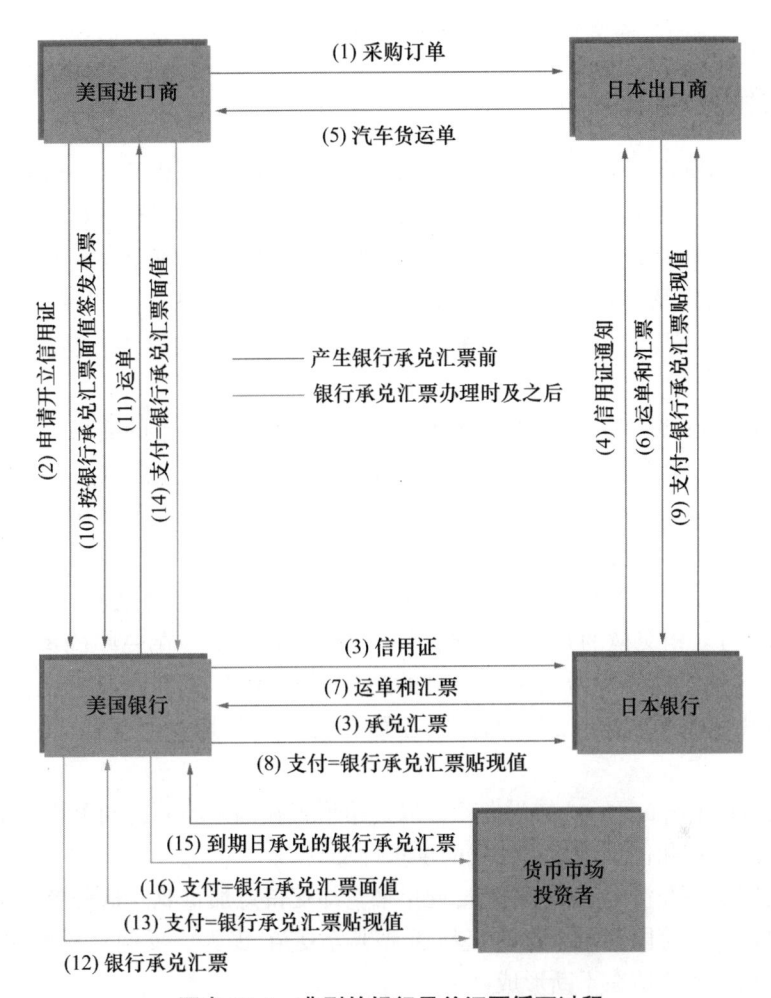

```
                    (1) 采购订单
      美国进口商 ─────────────────→ 日本出口商
              ←─────────────────
                    (5) 汽车货运单
```

图表 17.5 典型的银行承兑汇票循环过程

出口商为受益人、期限为 3—7 年的本票，以支付进口商品的款项，然后出口商会向银行出售这些票据。这些票据具有"无追索权"，即出口商对其支付行为无任何责任。如果进口商不予支付，银行就不能从出口商那里收回到期金额。

在某些方面，福费廷与保理类似，包买商（或保理方）承担着从买方收款的责任、潜在的信用风险和有关的国家风险。既然福费廷银行承担着买方不付款的风险，则银行应该评估进口商的信用度，就像中期贷款合同展期那样。福费廷交易通常由银行保函或进口商开户行为该项交易专门签发的信用证来担保。由于很难获得进口商的财务信息，福费廷银行主要依靠进口商开户行的保函作为买方不能按协议付款时的担保物。正是由于有这种保函为国际贸易作后盾，福费廷交易发展迅速，尤其在欧洲，它已成为贸易融资的有效手段。

福费廷交易的金额一般超过 50 万美元，而且能够用多种货币标价，对于一些大额交易，可能涉及不止一家银行。这时，银团就形成了。这种方式下，每一个参与者都承担着一定比例的潜在风险和收益。福费廷银行可能会向其他有意愿购买的金融机构出售本票，然而，在进口商无力支付货款时,福费廷银行仍然要对票据的支付负责。

17.2.6 对销贸易

对销贸易一词概指一个国家将货物销售到另一个国家,并且从另一个国家购买或交换商品的国际贸易形式。有些对销贸易,如易货贸易,已经存在了数千年。然而,近年来对销贸易才得到普及并变得更为重要。对销贸易种类的增加是由巨额的国际收支失衡、外汇短缺、欠发达国家的债务问题及世界经济萧条等问题的存在而刺激起来的。许多地区存在着对销贸易的机会,尤其在亚洲、拉丁美洲和东欧。对销贸易最常见的形式有易货贸易、补偿贸易和反购贸易。

易货贸易(barter)是双方进行物物交换而不需要使用任何货币的交易。大多数易货贸易是在一个合同下的一次性交易。例如,加拿大的100吨小麦与厄瓜多尔的20吨虾相交换。

在**补偿贸易**(compensation)或记账贸易中,卖方售出商品后,货款以从买方购回一定数量的商品来偿付。这种交易以合同的形式存在,且商品价值是用货币形式来表示的。回购可以是原来销售额的一部分(**部分补偿**)或等于原来的销售额(**全额补偿**)。例如,摩洛哥向法国销售磷酸盐,与之相交换的是从法国获得一定比例的化肥。在一些国家,这也被称为工业合作协议。这种协议经常涉及大型项目的建设,如发电厂以其产品返销抵偿应付款项,巴西向阿根廷出售一个水电厂,作为补偿,巴西获得了在长期合同下购买一定比例的水电厂产出的权利。

反购贸易(counterpurchase)是买卖双方以货币形式在两个不同合同下进行商品交换的贸易形式。商品的发货和付款是相互独立的供求性交易。

尽管反购贸易在经济上效果不理想,近年来它却变得愈加重要。这种贸易形式的主要参与者包括政府机构和跨国公司。这些交易通常十分复杂、庞大。反购贸易形式多种多样,由市场参与者应用的术语还在不断形成。

小结

- 国际贸易的主要支付方式:(1)预付(在商品发出之前);(2)信用证;(3)汇票;(4)寄售;(5)记账。
- 国际贸易融资的常见方式:(1)应收账款融资;(2)保理;(3)信用证;(4)银行承兑汇票;(5)中期资本性商品融资(福费廷);(6)对销贸易。

正方反方

促进国际贸易的机构是否妨碍了自由贸易的发展?

正方:是的。美国进出口银行(Ex-Imbank)提供了很多项目帮助出口商进行国际贸易。政府对出口进行补贴,其他国家的政府也有不同的方式促进国际贸易。有些国家的出口商以不同方式得到补贴,它们就可能具有贸易优势。这些补贴扭曲了自由贸易。

反方:不会。对于任何国家,促进相对欠缺经验的出口商的出口业务发展都是正常的。所有政府都在向它们的企业提供不同的服务,包括提供公共设施和出口商品免税优惠。促进出口经营和保护公司免受外国竞争是不同的,保护公司免受外国竞争违反了自由贸易的宗旨,促进出口经营则不会。

孰是孰非? 运用互联网了解该话题的更多内容。你支持哪种观点?对这个问题发表你的见解。

自测题

(答案见书后的附录 A)

1. 解释为何这么多的国际交易需要商业银行提供的国际贸易融资。
2. 说明应收账款融资和保理在风险方面对出口商的区别。

应用思考题

1. **银行承兑汇票**。
   a. 描述如果银行不提供与贸易相关的服务,会给国际贸易带来怎样的影响。
   b. 银行承兑汇票如何对出口商、进口商和银行三方都有好处?
2. **出口融资**。
   a. 为什么出口商要为进口商提供融资?
   b. 这种行为是否有很多风险?解释一下。
3. **保理商的角色**。保理商在国际贸易中发挥着怎样的作用?
4. **提单**。什么是提单?它们是如何促进国际贸易的?
5. **福费廷**。什么是福费廷?说明运用福费廷进行交易的商品类别。
6. **对销贸易**。什么是对销贸易?
7. **外汇控制的影响**。每个季度,布朗克斯(Bronx)公司都会将计算机配件发往中亚的一家公司。以前布朗克斯公司没有采用任何形式的贸易融资,因为进口商一直是收到货物后就会及时付款。然而,布朗克斯公司开始面临着外国政府对外汇进行管制的问题。此后,布朗克斯公司开始考虑是否应该采用某种贸易融资方式来确保其出口的商品获得付款。为了使布朗克斯公司达到目标,请给出建议。

批判性思考题

国际贸易支付方式的局限性:
写一篇短文,讨论两国关系紧张时,国际贸易支付方式是否隔绝了跨国公司的经营。

布雷泽公司案例：评价在泰国的国际贸易融资

布雷泽公司近来决定在泰国成立一家生产其主要产品"Speedos"轮滑鞋的子公司。布雷泽公司在泰国设立子公司主要受到泰国轮滑鞋市场高速增长潜力的吸引。此外，比起收购一家现成的轮滑鞋制造商，设立子公司更能使布雷泽公司维持对子公司管理的灵活性及对经营的控制。另外，布雷泽公司已决定发行日元票据，为其设立子公司所需的部分成本融资。公司没有选择发行泰铢票据而是选择发行日元票据，是为了避免泰铢较高的实际利率。

现在，布雷泽公司打算把在泰国生产的轮滑鞋卖给当地的经销商，并且计划从泰国购买轮滑鞋原料。同样地，它把在美国生产的轮滑鞋卖给美国经销商，其原料也从美国购买。因此，一旦布雷泽公司在泰国的工厂投入运营，布雷泽公司将不会发生出口或进口业务。

泰国的工厂已经在建，布雷泽公司目前在购买生产设备来生产"Speedos"轮滑鞋。除此之外，布雷泽公司首席财务官本·霍尔特已经主动联系了泰国的橡胶和塑料供应商，也确定了泰国的客户（由各运动用品经销商组成）。

虽然霍尔特已成功地挖掘出潜在的供应商和客户，但是他发现自己在泰国经营子公司时还不够谨慎。虽然布雷泽公司在美国市场名气很大，但它在国际市场上还不是很知名。布雷泽公司打算在泰国选取的供应商对布雷泽公司并不是很熟悉，也不了解其声誉。而且，布雷泽公司之前只被允许每年出口一定数量的"Speedos"轮滑鞋给一家名为娱乐产品的客户。对于可能购买新工厂生产的轮滑鞋的客户，霍尔特知之甚少。他明白，虽然在出口业务中经常用到信用证和汇票，但这些方式主要还是用于不太了解的交易对象。

在布雷泽公司确定的潜在客户中，有四家经销商对其产品较感兴趣。因为布雷泽公司对它们不太熟悉，也不了解它们的信誉，所以想尽快收到货款。布雷泽公司希望它的客户采用预付货款的形式交易，这样就会使其风险最小化。但不幸的是，这四家客户没有一家愿意预付货款。实际上，其中一家名叫酷跑的公司，坚持要以记账形式交易。在泰国进行这类交易的付款方式通常为"到货后60天付款"，即购买商品大约2个月后才支付货款。另外三家潜在客户中的两家——运动装备公司和成年人联盟公司也倾向于采用记账形式交易，不过也接受由银行作为中介开具汇票；第四家经销商——运动加速公司没有明确倾向于以哪种方式付款，但是已明确告诉布雷泽公司，预付货款是不可能的。

布雷泽公司需要和泰国的潜在原料（塑料和橡胶）供应商达成一个合适的协议。由于其子公司的贷款是由一家美国银行提供的，子公司实际上和泰国的银行系统没什么接触。因为布雷泽公司在泰国没有名气，泰国的供应商表示它们倾向于预付货款，或至少由银行开具布雷泽公司将会于购买原料后30天内付款的履约保函。布雷泽公司目前在泰国没有应收账款。不过，由于在美国有产品销售，公司确实在美国有应收账款。

为了在泰国建立稳固的商业关系，霍尔特想让布雷泽公司的客户和供应商都能满意。然而，他担心如果接受这些公司的要求，会对布雷泽公司不利。因此，他请你作为布雷泽公司的

财务分析师,为他提供一些有关国际贸易的指导。具体地说,霍尔特希望你回答他的下述问题:

1. 假设泰国的银行以运动装备公司和成年人联盟公司的名义开具了远期汇票,布雷泽公司在发货之前能收到货款吗?如果客户未能付款,该银行会付款吗?

2. 布雷泽公司应建议运动加速公司采用哪种付款方式?说出你的理由。

3. 为了保证泰国客户有产品销售,布雷泽公司可以联系哪个组织?该组织应该提供哪种形式的保险?

4. 考虑到在泰国还没有应收账款,布雷泽公司应如何利用应收账款融资或保理?如果布雷泽公司从一家泰国银行获取融资,而布雷泽公司在泰国没有应收账款,你认为这样将会怎样影响融资条件?

5. 假设布雷泽公司在泰国无法找到愿意为其开立信用证的银行,你能否想出办法,利用它在美国的银行获得泰国银行开立的信用证?

6. 布雷泽公司可以联系哪些组织来为其营运融资?如果布雷泽公司无法从这些组织获得融资,有什么其他办法能使它在泰国筹得资金?

小企业困境:确保体育用品出口公司收到出口货款

体育用品出口公司生产橄榄球,并把橄榄球出口给英国的经销商。一般做法是,它成批发运货物,经销商收到货物后付款。它们之间的商业关系建立在信用基础上。虽然这种关系持续了很长时间,但是现在,吉姆·洛根已考虑到经销商有不付款的可能性。

1. 洛根如何利用信用证来保证出口的产品获得支付?

2. 洛根已经研究了通过在英国的第二个经销商来扩大出口的可能性,第二个经销商的销售区域与第一个不同,第二个经销商在向零售商销售橄榄球时只愿意订立寄售合约。请说明体育用品出口公司向第一个经销商销售产品时,除固有风险外,还面临什么风险。他是否应该继续采用这种贸易方式?

真实案例在线文章

在网上寻找一篇最近的文章,这篇文章应是国际财务管理的实际应用,或是现实世界中特定跨国公司的案例,该案例能够诠释本章所述的某一个或者多个概念的行为。

如果你的班级有在线平台,教授可以要求你将总结放在在线平台上,这样,其他学生也能看到这篇文章。如果你的班级是面授课堂,教授可以要求你在课堂上汇报你的文章。教授也可以给某个学生布置任务,让学生完成本章作业,或者要求学生自愿完成某些作业。

对于本章所用到的在线文章和现实世界的案例,考虑搜索以下术语,并且将本年度作为搜索关键词以保证在线文章是最近的：
1. 国际贸易和支付；
2. 国际贸易和融资；
3. 公司和贸易融资；
4. 股份有限公司和贸易融资；
5. 国际化和贸易融资；
6. 跨国和贸易融资；
7. 国际化和信用证；
8. 跨国和信用证；
9. 出口信用保险。

第 18 章
短期融资

任何公司都会定期做出短期融资决策。除上一章讨论的国际贸易融资外,跨国公司也会通过短期融资来支持其营运。由于跨国公司有其他获取资金的渠道,因此它们的短期融资决策要比其他公司更复杂。跨国公司的财务管理人员要了解利用外币进行短期融资的优点和缺点,才能做出使公司价值最大化的短期融资决策。

> **本章目标:**
>
> - 掌握跨国公司短期融资的来源;
> - 说明跨国公司如何确定是否进行外国融资;
> - 阐述多币种融资组合可能带来的好处。

18.1 外国融资的来源

跨国公司往往面临着资金的临时短缺。当跨国公司拥有足够的现金流入以补偿这种短缺时,才会降低对短期融资的依赖。在考虑短期融资时,跨国公司首先尝试内部短期融资方式。然而,当内部资金不够时,它们只能从外部获取资金。下面我们就两种融资方式进行阐述。

18.1.1 内部短期融资

具有跨国公司性质的母公司或子公司在寻求外部融资前,它们会核查其他子公司的现金流以确定是否有可利用的内部资金来源。

> **举例**
> 什里夫波特(Shreveport)公司在加拿大的子公司获得了较高的利润且将部分利润用于当地货币市场证券投资,但是它预计未来6个月并不需要这些资金。什里夫波特公司在墨西哥的子公司一般依靠盈利来支撑其业务扩张,但是这一季度墨西哥子公司盈利相对较低,从而没有足够的资金用于这一阶段的扩张。因此其美国母公司指示加拿大子公司将其部分盈余资金借给墨西哥子公司6个月。因为墨西哥子公司预计在接下来的两个季度会产生正现金流,所以它能够在6个月之内偿还这笔贷款。

跨国母公司还可以通过提高其向子公司销售产品的价格来融资。这样的话,子公司给母公司的资金就无须偿还。这种方法比从子公司获得借款更可行,因为它可以规避本国政府的管制或征税。不过这种方法有时会受到子公司所在国政府的限制。

资金的内部控制。一个跨国公司应建立内部系统,以持续地监管所有子公司短期融资额。通过该系统,跨国公司能够掌握哪些子公司拥有其他子公司需要借款的资金。进一步地,短期融资的内部监管系统管理着每个子公司的短期融资金额。当所有子公司以母公司为担保向银行借款时,如若没有控制系统,某子公司可能超额借款,最终影响其他子公司的借款额。内部控制不仅可用于监管每个子公司的短期融资水平,也可以控制每个子公司最大短期债务的额度。

18.1.2 外部短期融资

如果跨国公司的母公司及其子公司无法从内部获得短期资金,那么它们可以考虑运用以下方式获得短期资金,以满足其流动性需求。

短期票据。近年来运用较多的一个短期融资方式为发行短期票据或无担保债券。在欧洲,这种债券被称为欧洲票据(Euronotes)。它的利率以LIBOR为基础,是欧洲和其他国家银行间贷款所需支付的利率。短期票据的期限一般为1个月、3个月或6个月。有些跨国公司将短期票据连续滚动从而成为一种中期融资。商业银行为跨国公司包销票据,有些商业银行也会将购买这些票据作为其投资组合之一。

商业票据。除短期票据外,跨国公司还发行商业票据来筹集短期资金。在欧洲,这种票据叫作欧洲商业票据(Euro-commercial paper)。代销商在没有辛迪加包销支持的情况下为跨国公司发行这些票据,所以对发行者来说售价得不到保证。到期日依据发行者的意愿而定,代销商可在到期日前再赎回这些票据从而创造一个二级市场。

银行贷款。与银行保持一定的关系,通过银行贷款直接获得资金,是跨国公司普遍采用的短期融资方式。如果无法通过其他方式获取短期资金,跨国公司对银行的依赖性就更强。

大多数跨国公司与全球多家银行都保持着信贷关系,有些则与国内外100多家银行有着信贷合约。

18.1.3 信贷危机期间资金的获取

在信贷危机期间,金融机构会减少它们对跨国公司所提供的信贷额度,因为这些机构会担心借款者不能偿还贷款。例如2008—2009年信贷危机期间,短期票据、商业票据和银行贷款的市场流动性很弱。许多在这些市场中提供资金的金融机构转而将资金分配至无风险(政府)债券,因为它们担忧跨国公司的信贷风险。一些跨国公司为了获得短期债务,不得不支付较高的风险溢价。而其他跨国公司在信贷危机中难以获得短期资金,只能更多地依赖于现金或者留存收益(内部融资)。

18.2 外币融资

跨国公司获得短期融资时,它们会借入与预期未来现金流入一致的外币。若跨国公司拥有应收外币,它们便会以该种货币获得短期贷款。如此一来,跨国公司不仅可以获得短期资金,还能同时为其应收项目进行汇率套期保值。如果外币的利率较低,那么该战略极富有吸引力。

18.2.1 外币融资的动机

跨国公司的母公司或子公司有时并没有应收的外币项目,它仍然会考虑在外币利率相对较低的情况下借入外币。融资利率每降低1%,跨国公司借款1亿美元时每年便能够节约100万美元的利息费用。如此高额的节约刺激着跨国公司在为其经营活动进行融资时考虑各种不同的货币。

图表18.1比较了一些国家的短期利率。发展中国家的利率通常高于发达国家。如图表18.1所示,巴西和印度的利率远远高于发达国家。发展中国家往往面临着较高的通货膨胀率以及相对较低的存款水平,这些因素导致其利率相对较高。与其他国家相比,日元的利率总是比较低,原因在于其储蓄率较高,从而有足够的资金借给借款人。

由于各个国家的利率水平不一致,跨国企业很自然地会选择利率更低的外汇进行融资。它们必须将外汇融资带来的成本节约和风险进行权衡,这将在下一部分进行介绍。

图表 18.1　各国家(地区)短期利率比较(2016 年 1 月)

国家(地区)	年化利率(%)
澳大利亚	2.5
巴西	14.7
加拿大	1.1
智利	3.5
欧元区国家	1.1
印度	6.3
印度尼西亚	8.2
日本	0.5
墨西哥	3.5
新西兰	3.3
俄罗斯	11.5
土耳其	8.0
英国	1.0
美国	1.2

18.2.2　外币融资中的潜在成本节约

跨国公司以与其母国货币不一致的外币借款时,债务人的实际(或有效)融资利率将取决于:(1) 贷款银行收取的利率;(2) 借入资金的币值在借款期间的波动。具体地说,有效融资利率(r_f)的计算过程如下:

$$r_f = (1 + i_f)(1 + e_f) - 1$$

此处 i_f 指外币在融资期间的融资利率,e_f 代表外币汇率在融资期间的变动百分比。尽管利率在融资期开始之时就已经确定了,但是融资期间所借货币的价值变动却是不确定的。所以说,外币融资的实际利率在融资结束之前都是未知的。但是,跨国公司可以对其可能借入外币的汇率变动进行预测,如下例所示。

举例

柯博拉公司(Cobra Co.)是一家总部设在美国密歇根州的跨国公司。该公司需要一笔 1 年期的贷款去支持其在美国的业务活动。其合作银行现在提供年化利率为 8% 的美元贷款,该银行也提供年化利率为 3% 的加元贷款。因为目前加拿大市场利率很低,柯博拉公司可以取得一笔 1 年期的加元贷款,再将其兑换成美元以支持在美国的业务。在 1 年后,柯博拉公司需要把美元兑换成加元以偿还贷款本金,此外还需支付 3% 的贷款利息。

假设柯博拉公司预期加元在融资期间相对于美元将贬值1%。已知该笔融资的利率是3%，若在融资期间加元贬值1%，则这笔以加元借入的贷款的有效融资利率可以计算如下：

$$r_f = (1 + i_f)(1 + e_f) - 1$$
$$= (1 + 0.03)[1 + (-0.01)] - 1$$
$$= 0.0197 \text{ 或 } 1.97\%$$

柯博拉公司不仅可以从此笔贷款的低利率中获益，也可以从加元的小幅贬值中获益。

以上举例说明了如果在融资期间发生货币贬值，那么企业的有效融资利率也会降低。该案例中，如果加元在融资期间的贬值幅度超过银行贷款的3%利率，柯博拉公司的有效融资利率甚至可能为负值。有效融资利率为负值意味着实际归还的金额少于实际借入的金额。

18.2.3 外币融资的风险

尽管跨国公司可以通过借入与所需币种不同且利率较低的外汇来获利，但是如果融资期间借入的外币持续增值，这种策略则可能适得其反。

举例

柯博拉公司考虑了另一种可能的情形：在这1年的融资期中加元升值10%。那么，已知利率报价3%（i_f）以及融资期间加元（e_f）的价值变动了10%，柯博拉公司的有效融资利率则变成：

$$r_f = (1 + 0.03)(1 + 0.10) - 1$$
$$= 0.133 \text{ 或 } 13.3\%$$

在此例中，柯博拉公司如果用加元进行融资，则会产生比借入美元更高的成本。

以上举例说明了即使外币有着较低的利率，外币融资也会带来潜在的汇率风险。当一种外币有着不稳定的汇率变动，其价值在未来有很大的不确定性，在这种情况下，以此外币融资的汇率风险也就更高。

18.2.4 借入外币的套期保值

为了避免外汇融资所带来的汇率风险，跨国公司可以通过提前购入所借入的外币来进行套期（为偿还外币做准备）。在这种情况下，跨国企业的融资成本将受收到融资时将外币兑换为本国货币时的即期汇率以及偿还贷款时再次购入外币的远期汇率这两者的差额的影响。两者之间的差异反映了外币的远期升水（p），它可以替代前文计算有效融资利率公式中的汇率变动百分比（e_f）：

$$r_f = (1 + i_f)(1 + p) - 1$$

结合第 7 章的内容,如果利率平价存在,那么外币的远期升水便由外币利率和国内利率的差异所决定:

$$p = \frac{1+i_h}{1+i_f} - 1$$

其中,i_h 代表本国货币的利率,我们可以将 p 的计算方法代入公式中,确定利率平价下外币的有效融资利率:

$$\begin{aligned} r_f &= (1+i_f)(1+p) - 1 \\ &= (1+i_f)\left(1 + \frac{1+i_h}{1+i_f} - 1\right) - 1 \\ &= i_h \end{aligned}$$

因此,如果利率平价存在,那么试图以低利率的外币进行融资,同时进行套期保值,其有效融资利率与国内利率相近。

举 例

前例中柯博拉公司需要在下一年中对其在美国的经营进行融资。它计划以现有的 3% 的利率借入加元,而非以 8% 的利率借入美元。由于柯博拉公司希望避免汇率风险,所以在考虑以 3% 的利率借入 1 年期加元的同时,购入 1 年后的加元的远期合约,以保证在 1 年之后偿还外币贷款。然而,如果利率平价存在,加元的 1 年期远期利率将会升水,而远期升水是由美元利率与加元利率之间的差额所决定:

$$\begin{aligned} p &= \frac{1+i_h}{1+i_f} - 1 \\ &= \frac{1.08}{1.03} - 1 \\ &\approx 4.85\% \end{aligned}$$

因此,柯博拉公司若是采用上述融资策略,则其有效融资利率将是:

$$\begin{aligned} r_f &= (1+i_f)(1+p) - 1 \\ &= (1+0.03)(1+1.0485) - 1 \\ &\approx 0.08 \text{ 或 } 8\% \end{aligned}$$

综上,如果利率平价存在,那么借入以加元计价的贷款同时进行套期保值的融资策略将不会给柯博拉公司带来比直接借入美元贷款更低的融资成本。不过柯博拉公司仍然可以通过借入外币来降低融资成本,而不进行套期保值操作。

18.2.5 以远期汇率进行预测

尽管跨国公司在利用外币进行融资时可能不会因使用远期汇率套期保值而获益(如前例所述),但是它们仍然可以使用远期汇率来预测借入外币的未来价值。前面第 9 章提到,远期汇率经常被用于预测货币未来即期汇率。如果 1 年期的远期汇率被用来预测从现在开始 1

年后的未来即期汇率,那么现在的远期汇率升水代表 1 年后的即期汇率的变动百分比。

回顾前文所举例子,如果利率平价存在,那么远期汇率升水便由两种货币之间的利率差异所决定。也就是说,如果利率平价存在,那么用于预测未来汇率变动百分比的远期升水便是由两种货币之间的利率差异所决定的。如果远期汇率是未来即期汇率准确的估计量,那么外币的融资成本率将和本币融资的成本率相近。

但是在现实中,远期汇率并不能完全准确地预测未来即期汇率,但是如果远期汇率代表对未来即期汇率的无偏预测,那么意味着远期汇率升水代表借入外币在融资期内变动率的无偏预测。如果利率平价存在,外币融资的有效利率在部分期间会低于本币融资利率,在其他期间高于本币融资利率,但是平均而言,将会和本币融资的成本近似。因此,那些相信远期汇率是未来即期汇率的无偏预测值的跨国公司更愿意借入它们本国的货币,因为这种融资成本是确定的,而且总体来说也不会比外币融资的成本高。

图表 18.2 概括了与利率平价有关的多种情形的影响。即使利率平价存在,外币融资也是可行的,不过要采用非抛补套利交易(不进行套期保值)。换句话说,柯博拉公司之类的跨国公司可能以低于国内融资的成本获得外币融资,但这是不能保证的,除非进行融资的公司还有同币种的应收账款。

图表 18.2　利率平价对于融资的含义

情形	含义
1. 利率平价存在	运用外币融资,同时在远期市场上进行套期保值,外币融资成本和国内融资成本相同
2. 利率平价存在,远期汇率是未来即期汇率的精确预测值	未抛补套利交易的外币融资成本和国内融资成本相同
3. 利率平价存在,远期汇率高估了未来即期汇率	未抛补套利交易的外币融资成本低于国内融资成本
4. 利率平价存在,远期汇率低估了未来即期汇率	未抛补套利交易的外币融资成本高于国内融资成本

不过很多跨国公司仍考虑利用外币进行融资,因为它们相信远期汇率并不一定是未来即期汇率的无偏预测值。鉴于汇率变动对外币融资成本所带来的影响,柯博拉之类的跨国公司可能会在进行融资决策的时候,利用概率对各种可能的汇率变动情形进行分析,这将在下文进行说明。

18.2.6　利用概率分布优化融资决策

通过对货币价值变动百分比以及利率的概率分布进行分析,跨国公司可以确定外币各种可能的有效融资利率的概率分布,并且可以将这个分布同国内本币的已知融资利率进行对比,从而做出融资决策。

举例

柯博拉公司考虑以加元进行短期融资。假设柯博拉公司对下一年中加元的汇率变动进行了概率分布分析,如图表18.3所示。

图表18.3 外币融资分析

借款期内加元汇率的可能变化率(e_f)	概率	加元币值变化时的有效融资利率
−1%	60%	$1.03 \times [1 + (-0.01)] - 1 = 1.97\%$
+10%	40%	$1.03 \times (1 + 0.10) - 1 = 13.3\%$

第一行表示柯博拉公司相信加元在融资期间贬值1%的可能性是60%。如果加元贬值了1%,那么有效融资利率便是1.97%。这意味着在融资期间,柯博拉公司的有效融资利率将有60%的概率是1.97%。

第二行表示加元在融资期间升值10%的概率是40%。在这种情况下,有效融资利率将是13.3%。因此,柯博拉公司取得13.3%有效融资利率的概率是40%。

通过将各个预计有效融资利率和概率相乘,柯博拉公司便可以预测出加元借款的有效融资利率的期望值。基于图表18.3的信息,有效融资利率的期望值可计算如下:

$$E(r_f) = (60\% \times 1.97\%) + (40\% \times 13.3\%)$$
$$= 1.182\% + 5.32\%$$
$$= 6.502\%$$

因此加元贷款有效融资利率的期望值低于借入美元时8%的资本成本。

图表18.3中的信息也可以用来判定外汇融资的有效融资利率超过本币融资利率8%的风险。对于柯博拉公司而言,该风险表现为有40%的概率,加元贷款的有效融资利率将会比借入美元时的资本成本高出很多。

请你站在柯博拉公司的角度看一看,你是更愿意借入以加元计价的贷款,还是更愿意以确定的8%的利率借入美元?部分跨国公司的财务总监可能会被加元贷款所吸引,因为有60%的概率让他们公司的融资成本会比借入美元的融资成本低不止6个百分点。然而,他们也应该考虑到如果另一种情况发生(有40%的概率),那么这个融资策略将适得其反。在这种情况下,他们公司的融资成本将比美元贷款的融资成本高超过5个百分点。很多财务总监将会倾向于选择以(能够确定的)8%的成本借入美元贷款,而不是将公司置于借入加元后所带来的有40%概率的负面作用的风险中。

假定在最后确定短期融资决策之前,柯博拉公司希望能考虑额外的融资选择,这将在下一部分进行讨论。

18.3 多币种组合融资

跨国公司可以通过多种外币的组合融资而不是单一外币融资来实现更低的融资成本，同时不会带来过多的风险，示例如下。

举 例

前例中柯博拉公司需要为其美国公司的经营活动进行融资，合作银行为该公司提供了利率为8%的美元贷款以及利率为3%的加元贷款。先假设该银行也提供利率为4%的日元贷款。柯博拉公司考虑以加元和日元为组合进行借款。柯博拉公司预测了加元即期汇率的各种可能变化率（如前例所述）。假设柯博拉公司也对日元在融资期间的即期汇率变动百分比做出了预测，具体来说，柯博拉公司预计日元有70%的概率会贬值2%，有30%的概率会升值8%。图表18.4展示了基于预测的各种货币的有效融资利率。图表第三列代表各币值变化率可能发生的概率。

图表18.4　各币种预计有效融资利率

币种	借款期内即期汇率的可能变化率	即期汇率的变化概率	有效融资利率
加元的第一种结果	−1%	60%	$1.03 \times [1+(-0.01)] - 1 = 0.0197$ 或 1.97%
加元的第二种结果	10%	40%	$1.03 \times (1+0.10) - 1 = 0.133$ 或 13.3%
		100%	
日元的第一种结果	−2%	70%	$1.04 \times [1+(-0.02)] - 1 = 0.0192$ 或 1.92%
日元的第二种结果	8%	30%	$1.04 \times (1+0.08) - 1 = 0.1232$ 或 12.32%
		100%	

假设柯博拉公司计划以加元借入一半所需资金，另一半则借入日元。因为加元有两种可能的变化结果（如图表18.4前两行所示），日元也有两种可能的变化结果（如图表18.4后两行所示），这意味着对于这个有效融资利率组合将有四种不同的结果，如图表18.5所示。

图表18.5的前两列是预期货币有效融资利率，第(3)列在假定加元与日元两种货币的汇率变化相互独立的前提下，计算了两币种变化的概率。最后，第(4)列基于每种货币各自占融资组合的50%的比例，计算了组合的有效融资利率。

图表 18.5　两种货币的融资组合分析

(1)	(2)	(3)	(4)
预期货币有效融资利率		联合概率计算	组合有效融资利率的计算（每个币种各借入50%）
加元	日元		
1.97%	1.92%	60% × 70% = 42%	0.5 × 1.97% + 0.5 × 1.92% = 1.945%
1.97%	12.32%	60% × 30% = 18%	0.5 × 1.97% + 0.5 × 12.32% = 7.145%
13.3%	1.92%	40% × 70% = 28%	0.5 × 13.3% + 0.5 × 1.92% = 7.61%
13.3%	12.32%	40% × 30% = 12%	0.5 × 13.3% + 0.5 × 12.32% = 12.81%
		100%	

对图表18.5第一行的数据进行检查可以使我们对表格的认识更加明晰。这一行表明借入加元和日元的一个可能结果是，加元贷款的有效融资利率将有60%的概率为1.97%，同时日元贷款的有效融资利率将有70%的概率为1.92%。这两种结果同时发生的综合概率为60%×70%=42%。假设所需资金的一半均来自两种货币，那么，如果这两种利率结果同时发生，该组合下第(4)列中的有效融资利率就是1.945%。

类似的计算过程还可用于图表18.5的其余三行。从计算结果可知，该组合的有效融资利率为1.945%的概率是42%（如第一行所示），为7.145%的概率是18%（如第二行所示）等。

当两种外币都被借入时，该融资组合的有效融资利率比美元贷款高的唯一可能便是两种货币相对于美元同时升值。如果只有一种外币升值，它升值带来的不利影响将会被另一种外币的变动在一定程度上抵消。如图表18.5最后一行所示，加元升值的概率是40%，日元升值的概率为30%，因此这两个事件同时发生的联合概率仅为12%。这种多样性的变化正是外币组合融资的优点，从柯博拉公司的角度看，通过外币组合融资的成本低于国内融资成本的概率是88%，因此它决定采用外币组合融资。

跨国企业有很多种预测未来汇率的方法，这些方法可能会使得各货币有不同的预期有效融资利率，从而导致不同的短期融资决策。而且，即使所有跨国公司得到的有效融资利率概率分布都如图表18.5所示，它们的最终短期融资决策也会因为各自对风险的厌恶程度不同而有所差别。一些跨国公司，如柯博拉公司，可能会选择以外币组合的形式借入资金，因为这样融资相比于美元贷款有很大概率能给它带来更低的成本。然而，其他跨国公司可能不愿意采取同样的选择，因为有12%的概率会让两种货币相对于美元同时升值，从而会导致该项融资的成本大幅度高于美元贷款。

在本例中，联合概率的计算需要假设这两种货币的汇率波动是独立的。如果两种货币的变动高度正相关，那么，由于两种货币很可能同时经受大幅升值，组合融资将不像所描述的那样有利；如果两种货币不高度相关，那么它们很可能不会同时升值到一定程度。因此，当包含在组合中的货币并不相关时，该组合的有效融资利率超过美元利率的概率就会降低。

本例中的货币组合包含两种货币,如果增加一些利率较低的其他货币,构成更为分散的组合,则该种组合的融资成本低于国内融资成本的概率就会增大。某些货币不可能同步变动,也就是说不可能同时升值以抵消低利率的优势。

小结

- 跨国公司短期融资时会首先考虑内部资金来源,包括具有超额资金的外国子公司。它们也会考虑诸如短期票据、商业票据或银行贷款等外部来源。
- 跨国公司会运用外国融资以降低融资成本。它们会在考虑其需要融资期间外币的融资利率,并确定是否采用外国融资的方式。期望融资率取决于外国货币的利率和融资期间货币价值的预测变动百分比。
- 当跨国公司以具有较低利率的外币进行组合融资时,如果币种之间不是高度相关的,那么这种方式能够使融资成本降低的概率提高。

正方反方

借入外币是否使跨国公司的风险增加?

正方:是的。跨国公司应该借入与现金流入相匹配的融资。跨国公司通过借入外币为其业务活动融资,实际上就是对外币汇率的变动进行投机。因为这种方式的结果是不确定的,所以会给跨国公司和其股东带来风险。

反方:不会。如果跨国公司预计通过借入外币可以降低有效融资利率,它们应该借入外币。这样可以使成本降低并提高其竞争力。如果采用最保守的方式借入所需资金,即使是借入的资金与现金流入相匹配,它们也可能会发生更高的成本及面临更多的风险。

孰是孰非? 运用互联网了解该话题的更多内容。你支持哪种观点?对这个问题发表你的见解。

自测题

(答案见书后的附录 A)

1. 假设新西兰元的利率为9%,一家美国公司打算借入新西兰元并将其兑换成美元,借款1年后归还。请问新西兰元升值6%或贬值3%,该公司的有效融资利率将各是多少?
2. 根据第1题中的信息,假设新西兰元升值6%和贬值3%的概率分别为50%,求出其有效融资利率的期望值。
3. 假设日元1年期借款利率为5%,美元1年期借款利率为8%。日元的变动率为多少时,其有效融资利率会和借入美元的利率相同?
4. 澳元的即期汇率为0.62美元,1年期的远期汇率为0.60美元。澳元1年期借款利率是9%。以澳元1年期的远期汇率来预计1年后的即期汇率。计算美国公司用澳元为本国经营活动融资时的预计有效融资利率。

5. 克利夫兰公司(Cleveland Inc.)计划通过借入两种利率较低且汇率波动高度相关的外币,以支持美国公司的经营活动。两种外币相对于美元的价值变动是高度相关的。尽管克利夫兰公司意识到两种外币在融资期间都可能大幅度升值,但公司希望通过借入更多元化的外币币种,来避免可能的汇率变动所带来的负面影响。请对克利夫兰公司的战略和逻辑提出你的观点。

应用思考题

1. **从子公司获得融资**。解释为什么跨国母公司会考虑从子公司融资。
2. **外国融资**。
   a. 解释公司对风险的厌恶程度如何影响其用外币还是本国货币融资的决策。
   b. 假定利率平价存在。如果远期利率是未来即期汇率的无偏预测,试解释融资期间借入外币的影响(相对于本地融资)。
3. **概率分布**。
   a. 讨论利用外币融资时,有效融资利率的概率分布是如何确定的。
   b. 一旦外币有效融资利率的概率分布被确定,该如何进行借入外币还是本国货币的决策?
4. **融资和汇率风险**。美国公司如何用欧元融资而不必承担汇率风险?
5. **短期融资分析**。假设达文波特公司(Davenport Inc.)需要300万美元的资金,时间为1年。1年内,它要获得足够的美元来偿还借款。该公司现在面临三种选择:(1)以6%的利率借入美元;(2)以3%的利率借入日元;(3)以4%的利率借入加元。达文波特公司估计日元在下一年将升值1%,加元将升值3%,对于这三种选择,其预计的有效融资利率各是多少?哪种选择看起来最可行?为什么达文波特公司未必选择反映最低实际利率的融资方式?
6. **有效融资利率**。对于一个公司来说,在什么情况下有效融资利率可能为负数?
7. **利率平价在短期融资中的应用**。
   a. 假如利率平价不存在,康涅狄格公司(Connecticut Co.)需要短期资金时,会考虑采用哪种策略?
   b. 假设康涅狄格公司需要美元。它以低于美元的利率借入欧元。如果利率平价存在,且欧元的远期汇率是其未来即期汇率的可靠预测值,这种策略的可行性如何?
   c. 如果康涅狄格公司预计欧元的现行即期汇率是其未来即期汇率更为可靠的预测值,那么这种策略的可行性如何?
8. **利率平价在短期融资中的应用**
   西博睿兹公司(Seabreeze Co.)需要融资一些美元,时间为1年。它可以借入比美元便宜的欧元。假设利率平价存在。欧元的1年期远期利率包含了4%的升水。如果西博睿兹公司相信欧元在下一年将会升值6%,那么其借入美元还是欧元才能实现更低的融资成本?

9. **利率平价在短期融资中的应用**。假设利率平价存在。如果一家公司确信外币的远期汇率是其未来汇率的无偏差预测值,那么持续借入低利率的外币能实现更低的融资成本吗?

10. **有效融资利率**。格林斯博罗公司(Greensboro Inc.)需要400万美元,时间为1年。最近它在日本没有业务,但由于日元的利率比美元低3个百分点,它打算用日元进行融资。假设利率平价存在,且格林斯博罗公司相信日元的1年期远期汇率将超过1年后的即期汇率。那么日元的预计有效融资利率将高于、低于还是等于美元利率?

11. **利率平价在短期融资中的应用**。假设美元利率是7%,欧元利率是4%,假设欧元的远期汇率将升水4%。判断下面的话是否正确:"利率平价并不存在,因此美国公司可以通过借入欧元同时购入1年期的远期欧元,将融资成本锁定在较低的水平。"请解释。

12. **外币融资中远期汇率的影响**。米兹纳公司(Mizner Inc.)是一家美国跨国公司,它在墨西哥的子公司因经营需要,需借入1000万比索,期限为1年。该公司以11%的利率借入比索,并且可以用下一年度收到的比索收入偿还贷款,同时,还可以6%的利率借入美元。假设利率平价存在。预计比索的远期利率将高于其1年后的即期汇率。该子公司应该借入比索还是美元?

13. **危机期间的融资**。布雷登顿公司(Bradenton Inc.)在亚洲有个子公司,经常从当地的银行借入短期资金。如果亚洲突然发生危机,请解释为什么布雷登顿公司无法轻易地从当地银行获得借款?

14. **信贷危机对融资风险的影响**。霍姆伍德公司(Homewood Co.)通常短期借入外币(比如日元)为其在美国的业务扩张融资。试解释全球信贷危机可能会如何限制该公司反复借入短期资金的行为并且提高借款成本?

批判性思考题

跨国公司的短期美元借款。近些年,美国的短期利率接近于0。假设你是一家跨国公司的经理,你是否会更加愿意为在海外盈利的子公司借入美元贷款,以满足其短期的资金贷款?请写一篇文章提出你的观点,并解释其中涉及的权衡取舍。

布雷泽公司案例:外国短期融资的运用

布雷泽公司刚刚接到一笔12万双"Speedos"轮滑鞋的订单。该公司的首席财务官本·霍尔特需要为这笔大订单从购买原料至收到货款的期间进行短期融资。每双"Speedos"轮滑鞋售价5 000泰铢,生产这12万双轮滑鞋所需的原料要从泰国购买。因为是子公司在泰国营运的第一年,布雷泽公司估计每双"Speedos"的成本大约为3 500泰铢。

由于布雷泽公司在泰国名气不大,它的供应商表示它们想尽早收到货款;而该笔订单的客户则坚持要赊购商品,这意味着布雷泽公司大约要在销售产品3个月后才能收到货款。除此之外,从购买原料到售出商品大约需要3个月。基于这些情况,布雷泽公司估计在支付完原料(如橡胶和塑料)款后6个月才能收回货款。

为满足布雷泽公司的资金需要,霍尔特想出了至少两种可供选择的方案。第一种方案是:公司可以借入6个月期的日元,将其兑换成泰铢以支付原料款。当公司的应收账款收回后,将其兑换成日元用来归还借款。第二种方案是:布雷泽公司可以借入6个月期的泰铢用来支付款项,应收账款收回后,可以归还借款。因此,不管布雷泽公司借入的是日元还是泰铢,它都要用在泰国的收入来还款。

霍尔特最初的调查显示,180天的日元和泰铢的借款利率分别为4%和6%,所以霍尔特希望借入日元,因为他相信这种方式的借款成本将比借入泰铢的成本低。霍尔特知道他在分析时应该把日元/泰铢的汇率变化考虑进去,但他并不确定该如何分析。不过,他已经得出6个月借款期内日元/泰铢汇率变化百分比及泰铢/美元汇率变化百分比的概率分布,见下表:

借款期间日元/泰铢的汇率变化百分比	借款期间泰铢/美元的汇率变化百分比	概率
2%	−3%	30%
1%	−2%	30%
0%	−1%	20%
1%	0	15%
2%	1%	5%

霍尔特还了解到日元(以泰铢表示)的即期汇率是0.347826泰铢,泰铢(以美元表示)的即期汇率是0.023美元。

作为布雷泽公司的财务分析师,你被要求为霍尔特回答下列问题:

1. 为了向泰国供应商支付货款,布雷泽公司需要借入多少泰铢?为了支付原料款,该公司要借入多少日元?

2. 布雷泽公司将用在泰国收到的销售货款归还借款,并且,不管它借入的是日元还是泰铢,它都打算把所有泰铢现金汇给美国母公司。如果借入的是日元,未来日元对泰铢的汇率会影响借款成本吗?

3. 用一张表格,计算出6个月内布雷泽公司将汇给美国公司的预计金额(以美元表示),把布雷泽借入泰铢和借入日元两种情况相比较。根据你的分析,布雷泽公司应该借入日元还是泰铢?

小企业困境:体育用品出口公司的短期融资

目前,体育用品出口公司主要生产橄榄球,并出口给英国的经销商。出口商品以英镑标价。公司老板吉姆·洛根计划开发另一种体育用品。他所有的扩展业务将集中在英国,并试图在英国提高公司的知名度。他仍旧关注公司面临的汇率风险,但不想让这种风险阻碍公司的扩展计划,因为他相信公司能继续打入英国体育用品市场。他已与一家英国公司协商设立合资公司,该公司将生产在美国更流行的其他体育用品(如篮球)并向英国销售。洛根用英镑向英国制造商支付款项。产品会直接发给英国的经销商,经销商用英镑向洛根支付货款。

洛根的业务扩展需要额外的资金。他想利用短期借款的形式筹集资金。洛根有很高的信用等级及担保物,所以他能获得短期融资。英镑利率比美元利率高0.25个百分点。

1. 洛根应该为他的合资公司借入美元还是英镑？为什么？
2. 洛根还能以低于美元或英镑的利率借入欧元。欧元和英镑对美元的汇率呈同方向变动，但波动幅度不总是相同。为英国的合资企业借入欧元比借入英镑有更高的汇率风险吗？和借入美元相比呢？

互联网/Excel 练习

互联网上提供了许多外币不同期限的利率资料。

1. 浏览各币种3个月的利率。假设你能够以高于利率报价1个百分点的利率借入资金。哪种货币能提供最低的利率报价？
2. 作为一家需要借入美元支持运营的美国跨国公司的现金管理者，接下来的3个月，你会从哪里借款？试解释。
3. 假设过去7年的每年年初，你都要为1年期的借款选择借入美元还是日元。你的业务在美国，但是你考虑借入日元，因为美元的利率是7%，而日元的利率只有2%。从互联网上获取过去7年日元每年的汇率变化率，得出过去7年日元每年的有效融资利率。根据你的计算结果，过去7年用日元或美元融资的平均有效利率比现在低吗？有几年是日元融资比美元融资的成本更低？

真实案例在线文章

在网上寻找一篇最近的文章，这篇文章应是国际财务管理的实际应用，或是现实世界中特定跨国公司的案例，该案例能够诠释本章所述的某一个或者多个概念的行为。

如果你的班级有在线平台，教授可以要求你将总结放在在线平台上，这样，其他学生也能看到这篇文章。如果你的班级是面授课堂，教授可以要求你在课堂上汇报你的文章。教授也可以给某个学生布置任务，让学生完成本章作业，或者要求学生自愿完成某些作业。

对于本章所用到的在线文章和现实世界的案例，考虑搜索以下术语，并且将本年度作为搜索关键词以保证在线文章是最近的：

1. （跨国公司的名称）和短期融资；
2. 跨国和短期融资；
3. 母公司和短期融资；
4. 子公司和短期融资；
5. 短期融资和汇率风险；
6. 外国融资；
7. 跨国融资；
8. 跨国和资金；
9. 子公司和融资；
10. 国际化和短期融资。

第 19 章
国际现金管理

现金管理从广义上来说可以解释为优化现金流和对超额现金进行投资。财务管理者要了解在外国市场上对现金投资的优缺点,这样才能做出使跨国公司价值最大化的国际现金管理决策。

> **本章目标:**
> - 分别从子公司和母公司的角度解释营运资本;
> - 解释如何实现现金管理的集权化,以确保现金更为有效的使用;
> - 介绍优化现金流常用的方法;
> - 阐述现金投资国际化的决策。

19.1 营运资金的跨国管理

跨国公司在对其包括各项短期资产在内的营运资本如存货、应收账款及现金进行投资时,会占用资金。跨国公司应首先保持充足的现金维持生产经营。但是,跨国公司并不想持有过多的短期资产,原因是企业可以更好地利用这些资金。

拥有外国子公司的跨国公司,由于每个子公司都要有足够的资金来支持营运,其营运资金管理更为复杂。如果一个子公司的存货发生短缺,其生产就会被延误。如果公司现金余额不足,就无法购买货物或原材料。如果跨国母公司能了解其每个子公司的营运资金状况,就可以将资金从一个子公司调拨至另一个子公司,以解决任一个子公司的流动资金暂时性短缺问题。

19.1.1 子公司费用

营运资金管理从考虑各个子公司独特的现金流状况出发。如果子公司从外国采购而不是在国内采购，由于汇率波动，子公司通常很难预测将要对外支付的金额。另外，由于计价币种存在升值的可能性，支付的款项也可能会大幅提高。所以，公司可能希望持有大量存货，以便在计价币种升值时利用自己的存货降低采购量。还有一种可能，就是从另一个国家进口商品可能会受到原产国政府的限制（通过配额等）。在这种情况下，库存较大的公司有更多时间去寻找可替代的货物或原材料。拥有国内货源的子公司将不会遇到这种问题，因此不必备有大量的库存。

如果销量受汇率波动的影响很大，那么公司能够获得的收入更加具有不确定性，从而导致对外采购材料的需求更加不明确，这种不确定性迫使子公司持有大量现金，以便应对意外增加的采购需要。

19.1.2 子公司收入

如果子公司将产品出口，那么其销量比仅在国内销售更具不稳定性，尤其是当计价的货币价值波动较大的时候。如果计价货币升值，那么进口商对商品的需求很可能会减少。汇率波动对在国内销售的产品不会造成直接冲击，但其波动会影响外国竞争者在国内销售商品的售价，从而也会产生间接的影响。

当信用标准比较宽松时，销量通常会增加。然而，重视销售带来的现金流比关注销售收入更为重要。宽松的信用标准可能会使销售现金流入减速，会抵消销量增加的好处。由于信用对现金流存在潜在的影响，应收账款的管理也成了营运资金管理的重要部分。

19.1.3 子公司的股利支付

子公司可能会向母公司定期支付股利和其他费用，这些费用可能是特许权使用费，或母公司为使子公司盈利发生的营业费用，如母公司提供的可提高子公司产品质量的研发费用。不论何种原因，子公司通常都要向母公司支付款项。如果支付的股利和费用是提前确定的，且以子公司的货币进行计量，预测现金流对子公司来说就比较容易。子公司向母公司支付的股利取决于子公司的流动性需求、不同地方子公司对资金的使用情况、子公司所在国货币价值的预计变动以及子公司所在国政府的相关规定。

19.1.4 子公司的流动性管理

在计算了所有流出和流入的金额后，子公司会面临现金剩余或现金短缺的情况。流动性管理主要通过对超额现金进行投资或以借款弥补现金短缺。如果出现现金短缺，正如上一章所述，则需要进行短期融资。如果出现现金剩余，就要决定如何使用超额现金。投资外汇有时很有吸引力，但汇率风险使实际收益率具有不确定性。

流动性管理是子公司营运资金管理的关键。子公司能够获取多种渠道的信用额度，能够透支多种货币。因此,即使没有足够的现金余额,子公司的营运资金也可能保持充分的流动性。对整个跨国公司来说,流动性很重要,但用流动比率来衡量流动性却不是很合适,随时获得资金的能力比库存现金更为重要。

19.2 现金集中管理

营运资金管理的一个重要内容就是现金管理。跨国公司有着巨额的不同币种的现金流入和流出。在任意给定的月份中,任何币种的流入和流出都不可能达到平衡。每个子公司都会自然地关注自己的现金管理。分散的管理是不理想的,这样会迫使跨国公司的现金维持在一个超过其需要的数额。因此,跨国公司通常用**现金集中管理**(centralized cash management)来监督和管理母子公司和子公司之间的现金流。

图表19.1阐释了资金如何在母公司及其子公司间流动。各子公司定期向母公司归还借款和支付股利,或把超额现金交给母公司(假定采用现金集中管理)。母公司对子公司的现金流出包括贷款给子公司和对子公司以前的现金投资的返还。子公司由于会购买彼此的货物,它们之间也存在着现金流动。

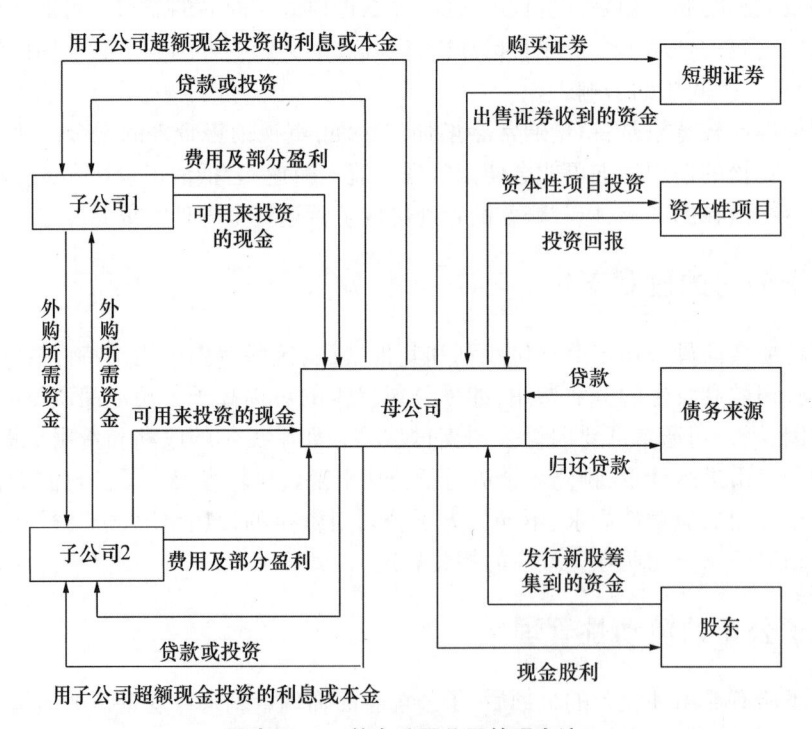

图表19.1 整个跨国公司的现金流

19.2.1 现金短缺的调节

跨国公司集中化的现金管理无法精确地预测母公司或每个子公司的现金流量,但是当母公司或者某个子公司存在资金短缺时,可以帮助审视每个子公司是否具有超额资金用于弥补这一短缺。集中化的现金管理的主要作用在于有助于将资金从有超额资金的公司调动到需要资金的公司。这就需要及时更新所有子公司的现金状况,同时母公司有权指引一个子公司将资金贷款给另一个子公司。若面临现金短缺的子公司可能无法依靠其他子公司获得资金,这时子公司则需要其他来源(信贷方式)的资金。

促进资金调动的方法。现金集中管理系统需要持续的货币信息流,以确定存在现金短缺的子公司是否能够运用其他子公司的超额现金。

举例

犹他公司(Utah Co.)建立了现金余额的网站,该网站能够详细记录每个子公司每种货币的余额。每一天快结束时,每个子公司将提供和更新每种货币的余额。每个子公司也会详细说明其现金流过剩或短缺持续的时间。母公司的财务部门会监测更新的数据,并确定某个子公司所需的某种货币现金量是否可从拥有该种货币的子公司进行调动。财务部门会通过电子邮件告知子公司资金调动的事宜。资金调动主要采用短期贷款的方式,因此借得资金的子公司将会偿还利息。贷款利息费用使子公司有动机将其超额现金流用于调动,也让借款的子公司具有尽快偿还资金的动机。所有子公司都以同一银行为交易中介,这样使得资金能在不同子公司间进行调动。

现金情况的监测。现金集中管理亦能起到内部控制的作用,通过监测子公司现金流余额,能够检测到子公司潜在的财务问题。这种监测阻止了外国子公司的管理层偷挪超额资金,因为该系统能够检测到存在超额资金。在部分案例中,短期资金缺乏的原因超出子公司管理层的控制范围,诸如当地经济衰退导致销售下降。然而,现金集中管理能够识别子公司现金流低于特定水平的时间,母公司可以据此调查子公司现金缺乏的原因。

19.3 优化现金流

通过以下方法可以优化现金流:
- 加快现金流入;
- 货币兑换成本最小化;
- 管理被冻结的资金;
- 管理子公司间现金转移。

下面依次介绍这些方法。

19.3.1 加快现金流入

国际现金管理的首要目标就是加快现金流入,因为收到现金越快,就能越早将该现金用于投资或其他目的。有几项管理实践可用于各子公司。第一,公司可以在全球设立**收款箱**(lockboxes),即一个当地的邮局信箱,客户按要求将支票寄入收款箱,当收款箱设置在恰当的位置时,它可以帮助缩短邮递时间。通常银行每天都会处理这些支票并将款项存入公司账户中。如今收款箱服务通常也包含了电子收付款的处理。第二,通过**预授权支付**(preauthorized)方式也可加速现金流入,它允许公司从客户的银行账户中支取一定限额的款项。预授权支付和收款箱也可用于处理国内业务。由于国际经济业务的票据邮寄时间通常较长,这些方法对跨国公司很有用。

19.3.2 货币兑换成本最小化

净额结算(netting)是一种通过降低货币兑换的管理和交易成本来优化现金流的方法。可由各子公司共同努力或由现金集中管理小组实施。

> **举例**
>
> 蒙大拿公司(Montana Inc.)在法国和英国都有子公司。当法国子公司向英国子公司采购时,需要把欧元兑换成英镑来支付货款。英国子公司向法国子公司购买产品时也要将英镑换成欧元。蒙大拿公司让这两家公司每月对往来款项进行净额结算,这样只需在月底发生一笔支付。通过这种方法,两个子公司都可以避免(或至少降低)货币兑换的交易成本。

净额结算日益普及。其优点主要包括:第一,净额结算减少了子公司之间跨国交易的数量,从而降低了这种现金转移的综合管理成本;第二,由于交易不经常发生,净额结算降低了对外币兑换的需求,从而降低了外币兑换的交易成本;第三,净额结算对子公司之间的交易信息实施了更严格的控制,因此,各子公司会更努力地正确报告和处理各种账目;第四,由于只在每个期末支付结算净额,而不是在期间内支付每笔现金,现金流的预测更为容易。现金流量预测准确性的提高有助于公司做出融资和投资决策。

双边净额结算体系(bilateral netting system)涉及两个单位之间的交易:母子公司或者两个子公司。**多边净额结算体系**(multilateral netting system)则涉及母公司和若干子公司之间更加复杂的交易。对大多数大型跨国公司来说,多边净额结算体系能够有效降低管理成本和货币兑换成本。这种方式通常是集中的,因此所有需要的信息都是合并后的。根据合并现金流信息,可以确定每一对单位(子公司或其他)的净现金流状况,期末的调整也可以得到控制。现金集中管理小组还可持有多种货币储备,以使期末净额结算的货币可以在不发生大量兑换成本的情况下完成。

跨国公司通常利用子公司支付矩阵控制子公司间的现金流。美国的跨国公司一般会把要支付的款项折算成美元(基于交易日的汇率),这样结算净额就更容易确定。如果加拿大子公司用欧元支付法国子公司的款项,而法国子公司用加元支付加拿子大公司的款项,就需要将款项折算成通用币种计算要支付的净额,可将支付的净额转换为美元以确定各子公司间的结算净额。这样可以方便美国的母公司评估每个子公司支付净额的相对规模。

举例

图表19.2是一个子公司间支付矩阵的例子,它汇总了每个子公司应付其他子公司的款项。第一行表示加拿大子公司欠法国子公司40 000美元,欠日本子公司90 000美元,等等。在这段时间里,法国、日本等子公司也从加拿大子公司那里收到商品。第一列表示加拿大子公司应收法国子公司60 000美元,应收日本子公司100 000美元,等等。

图表19.2　子公司间的支付矩阵　　　　单位:1000美元

	下列各国子公司应收				
	加拿大	法国	日本	瑞士	美国
加拿大子公司应付	—	40	90	20	40
法国子公司应付	60	—	30	60	50
日本子公司应付	100	30	—	20	30
瑞士子公司应付	10	50	10	—	50
美国子公司应付	10	60	20	20	—

由于子公司间相互欠款,货币兑换成本可通过只计算支付净额而降低。运用子公司间的支付矩阵,可确定如图表19.3所示的支付净额明细。由于加拿大子公司欠法国子公司40 000美元,应收法国子公司60 000美元,所以法国子公司应向加拿大子公司支付净额为20 000美元。图表19.2和图表19.3将所有数据转换为等值的美元,允许在两个方向合并支付额,从而确定支付净额。

图表19.3　净额结算表　　　　单位:1000美元

	下列各国子公司应收					
	加拿大	法国	日本	瑞士	美国	合计
加拿大子公司应付	—	0	0	10	30	40
法国子公司应付	20	—	0	10	0	30
日本子公司应付	10	0	—	10	10	30
瑞士子公司应付	0	0	0	—	30	30
美国子公司应付	0	10	0	0	—	10
合计	30	10	0	30	70	

每个子公司应付其他子公司的款项在图表19.3的最后一列,应收其他子公司的款项在最后一行。加拿大子公司的应付款项总计40 000美元,应收款项总计30 000美元。因此,它在此期间的应收、应付款项相抵后的净额为应付10 000美元。加拿大子公司可用该净额与预计的与其他子公司无关的现金流合并在一起,确定在此期间是否有足够的现金流。

由于存在外汇管制,多边净额结算可能会受到限制。虽然主要工业国一般不会实施类似的控制,但是其他一些国家却会实施控制,有些国家甚至禁止净额结算。因此,在全球拥有子公司的跨国公司,可能无法在所有子公司中实施多边净额结算。显然,限制净额结算会降低管理效率和交易成本。

19.3.3 管理被冻结的资金

子公司的现金流会受到其所在国对资金限制的影响,如政府要求把全部资金保留在国内,以便创造工作岗位、减少失业。为应对这种情况,跨国公司可以在高税负东道国实施同样的战略。为了有效地使用资金,跨国公司可能要求子公司设立研发机构,该机构发生的成本为其他子公司创造收入。

跨国公司还可以使用转移价格,增加子公司的费用。相比汇往母公司的资金,东道国政府可能对支付的费用更为宽容。

当子公司被限制向母公司转移资金时,母公司可以要求子公司从当地银行融资,而不是向母公司借款。子公司从当地中介机构借入资金,然后用利润偿还之前的借款。总之,大多数管理被冻结资金的方法都是通过支付在子公司所在国发生的费用,使资金得到有效的利用。

> **举例**
>
> 威登堡公司(Wittenberg Inc.)是一家美国的跨国公司,它在菲律宾设有子公司。在一段动乱时期,子公司的资金不允许被兑换成美元汇回母公司。因此,威登堡公司选择在马尼拉召开公司会议,这样就可以用比索支付会议费用(住宿费、餐费等)。通过这种方法,公司可以用当地的资金来支付发生的费用。通常,公司会议会在母公司所在国召开,并由母公司支付相应的费用。

19.3.4 管理子公司间的现金转移

对现金流量的恰当管理,还可以使需要资金的子公司受益。

> **举例**
>
> 得克萨斯公司(Texas Inc.)有两家在外国的子公司,分别叫作短缺子公司和盈余子公司。短缺子公司需要资金,而盈余子公司拥有超额现金。如果盈余子公司从短缺子公司购货,则可以通过提早支付货款向短缺子公司提供融资。这种方法被称为**移前付款**(Leading)。相对应的是,如果盈余子公司向短缺子公司出售货物,它可以通过允许短缺子公司以延迟付款的方式为短缺子公司提供融资。这种方法被称为**推后付款**(Lagging)。

移前或推后付款可以提高资金的使用效率并减少负债。一些东道国政府禁止这种做法,它们要求子公司间的商品转移要支付现款。跨国公司需要了解限制这种方法的法律。

19.3.5 影响现金流优化的问题

在优化现金流过程中遇到的难题可归为三类：
- 公司特征；
- 政府管制；
- 银行系统的局限性。

这些问题将在下面逐一进行讨论。

公司特征。有些情况下，优化现金流可能会由于跨国公司特征而变得复杂。例如，一家子公司推迟向其他子公司支付货款，销售货物的子公司可能会被迫借入资金直至收到货款。监督所有子公司间支付情况的现金集中管理能够减少这些问题。

政府管制。政府管制可能会破坏优化现金流的策略，如有些国家禁止采用前面提到的净额结算方式。另外，有些国家会定期阻止现金离境，从而限制净额结算。即使是那些不存在与公司特性有关问题的跨国公司，也可能会遇到这种问题。拉美国家通常会实施影响跨国公司现金流的管制。

银行系统的局限性。银行促进跨国公司现金转移的能力因国而异。美国的银行在这一领域处于领先地位，但有些国家并不能提供相应的服务。例如，跨国公司偏好某种零余额账户，资金在用于支付之前能赚取利息。另外，有些跨国公司也从收款箱的使用中受益。然而有些国家却无法提供这些服务。

另外，银行不能及时更新跨国公司的账户信息，或不能提供银行收取的费用明细，这些也属于银行系统的局限性。如果不能充分利用银行资源和信息，国际现金管理的有效性会受到影响。再比如，一个在八个国家拥有子公司的跨国公司，可能会面对八个不同的银行系统。近年来，外国银行系统有了长足进步，随着时间的推移和全球银行系统一体化的推进，这些问题可能会有所缓解。

19.4 将超额现金用于投资

很多跨国公司拥有上亿美元的现金余额，这些现金分布在不同国家的银行里。如果跨国公司每年能对1亿美元现金余额多赚取1%的利润，每年就可额外获得100万美元。因此，跨国公司的短期投资决策影响其现金流入。跨国公司通常投资于商业银行的大笔存款，也购买外国国库券和商业票据。

跨国公司通常能够从大笔短期投资中获得较高的利率。如果两个子公司各有为期一个月的50 000美元超额现金，并将它们分别存入银行，利率会低于把这些资金合成一笔100 000美元的银行存款而获得的利率。基于这个原因，跨国公司往往会汇集子公司之间的超额现金，并通过短期投资获取高额回报。

19.4.1 外币投资的优点

跨国公司的超额现金可以投资于国内外的各种短期证券。在一些时期,外国短期证券相对于国内证券有更高的利率,因此值得拥有超额资金的跨国公司考虑投资。一家美国公司可能会以外币的形式存入利率更高的存款,到期时再将存款转换成美元。在此情况下,这笔投资的实际收益率(effective yield)受到从跨国公司将美元转换为外币,至存款到期时将存款转换回美元期间外币汇率变动的影响。银行存款的实际收益率(r)取决于外币的利率(i_f)以及存款期间的升值率(e_f)(i_f在第18章中被用来表示借入外币的利率。在本章中,i_f被用来表示外币的利率,但是它表示的是外币的存款利率)。实际收益率计算公式如下:

$$r = (1+i_f)(1+e_f) - 1$$

实际利率可能与外币存款的利率报价有很大区别。

举例

犹他公司(Utah Co.)是一家美国公司,目前有一笔准备投资1年的超额资金。该公司可以以4%的利率进行美元存款,但是它被7%的澳元存款利率所吸引。犹他公司预测澳元在1年后会升值4%。基于此项预测,该笔澳元存款的实际收益率如下:

$$r = (1+i_f)(1+e_i) - 1$$
$$= (1+0.07) \times (1+0.04) - 1$$
$$= 0.1128 \text{ 或 } 11.28\%$$

因此,该存款的实际收益率可能由于外币币值的利好变动(e_f)而比存款利率(i_f)更高。在此例中,犹他公司可能会从澳元存款相对较高的利率以及存款期间澳元的币值变动中受益。

19.4.2 外币投资的风险

当跨国企业从外币存款中获得更高的实际收益率时,投资必然面临风险,或者说存在使实际收益率不稳定的因素。在一些情形下,投资会面临信用(或者违约)风险。然而,跨国公司会尝试将其资金投资于可以避免信用风险的短期证券。因此,本章中所有短期投资案例中的存款都默认为免受信用风险影响的银行存款。我们对于外币短期投资的讨论将集中于银行存款。然而,讨论得出的结论也可用于其他无风险短期证券,如政府债券。

外币存款这类短期投资即使不存在违约风险,也仍面临汇率风险。如果存款所用的币种在存款期间贬值,那么实际收益率会比存款利率报价低。外币较低利率的优势可能会被存款贬值的劣势所抵消。从而,外币存款的实际收益率可能会比跨国公司投资于本币的投资收益率还低。

> **举例**
>
> 前例中犹他公司计划投资于利率为7%的澳元存款，因为7%的利率比4%的美元存款利率更诱人。尽管犹他公司曾预测澳元在存款期间将会升值4%，但是现在承认该预测可能有误。该公司考虑了另一种可能的情形，澳大利亚元贬值5%。基于这一预测，该澳元存款的实际收益率计算如下：
>
> $$r = (1 + i_f)(1 + e_i) - 1$$
> $$= (1 + 0.07) \times (1 - 0.05) - 1$$
> $$= 0.0165 \text{ 或 } 1.65\%$$
>
> 因此，如果上述情形发生，犹他公司将从澳元存款中获得比美元存款更低的回报率。

当存款货币的贬值程度超过了存款的利率时，外币存款的实际收益率甚至可能为负。这意味着，跨国公司在投资结束时会拿回比投资开始时更少的资金。

19.4.3 外币投资的套期保值

一些准备投资利率更高的外币存款的跨国公司会考虑使用套期保值以规避汇率风险。在以外币存款进行投资的当天，跨国公司可以出售一个远期合约，从而在存款到期日卖出外币。

在这种情形下，跨国企业的实际收益率将会受到公司初始投资时买入外币的即期汇率同存款到期时卖出外币的远期汇率（初始投资时所商定的）之间差异的影响。这种差异率反映了远期升水(p)。远期升水可以代替计算实际收益率公式中的汇率变动百分比(e_f)。

$$r = (1 + i_f)(1 + p) - 1$$

回顾第7章中存在利率平价的情形，外币的远期升水是由外币利率和本币利率之间的差异所决定的：

$$p = \frac{1 + i_h}{1 + i_f} - 1$$

上式中i_h代表本币利率。将远期升水p的计算公式代入实际收益率公式，来决定利率平价情况下外币投资的实际收益率。

$$r = (1 + i_f)(1 + p) - 1$$
$$= (1 + i_f)\left(1 + \frac{1 + i_h}{1 + i_f} - 1\right) - 1$$
$$= i_h$$

因此，如果利率平价存在，在对利率较高的外币进行投资的同时进行套期保值的投资策略，那么得到的实际收益率会与国内利率类似。

> **举例**
>
> 上例中犹他公司计划在下一年将自己超额资金投资于利率为7%的澳元存款,而不是利率为4%的美元存款。因为犹他公司不想遭受汇率风险,所以它在投资澳元存款的同时,出售一份澳元的远期合约以锁定1年之后将澳元转换成美元时的利率。然而,如果利率平价存在,那么澳元目前的1年期远期汇率有升水(升水为负则表示货币贬值),而升水由澳元和美元之间的利率差异所决定:
>
> $$p = \frac{1+i_h}{1+i_f} - 1$$
> $$= \frac{1.04}{1.07} - 1$$
> $$\approx -0.028 \text{ 或 } -2.8\%$$
>
> 负的升水意味着澳元的远期汇率包含着贬值,因此该种投资策略下犹他公司的实际收益率将是:
>
> $$r = (1+i_f)(1+p) - 1$$
> $$= (1+0.07) \times (1-0.028) - 1$$
> $$= 0.04 \text{ 或 } 4\%$$
>
> 因此如果利率平价存在,进行澳元存款投资,同时套期保值的投资策略将不会使犹他公司获得比使用本币投资更高的实际收益率。

即使利率平价存在,如果不进行套期保值,外币存款的短期投资仍然是可行的,但是这样跨国公司将会面临汇率风险。

19.4.4 外币投资的盈亏临界点

前文关于利率平价和套期保值的讨论,使我们对跨国公司在不进行套期保值的情况下,进行外币存款投资时使用远期汇率作为预测值的方式有了更多了解。如果利率平价存在,并且远期汇率是存款到期时未来即期汇率的准确预测值,那么外币存款的实际收益率将和本币存款利率一样。原因是如果利率平价存在,那么远期汇率的升降(代表着存款期即期汇率的预计变动百分比)反映了国内外利率的差异。如果远期外币像预计的那样发生了贬值,则意味着该贬值将会抵消低利率带来的优势。因此远期汇率可以被视作盈亏临界点,因为它是一个未来即期汇率的准确预测值,在这一点上外币存款的实际收益率将和投资于本币存款一样。

由于远期汇率可以被视为盈亏临界点,较之远期汇率所得预测,偏高或偏低的预测为短期投资提供了相关线索。如果跨国公司预计未来即期汇率(存款到期时的汇率)比其进行存款投资时的远期汇率高,则意味该跨国公司预测该外币存款的实际收益率将高于国内投资的收益率。相反,如果跨国公司预计未来即期汇率(存款到期时的汇率)比其进行存款投资时的远期汇率低,则意味该跨国公司预测该外币存款的实际收益率将低于国内投资的收益率。

与国际费雪效应的联系。当利率平价存在时,那些用远期汇率作为未来即期汇率预测值的跨国公司,期望外国存款的收益率与美元存款的收益率相等。虽然远期汇率并不总是一个精准的预测值,但是它可以提供对未来即期汇率的无偏差预测。如果远期汇率是无偏差的,它就不会一直以相同的概率低估或高估未来即期汇率。因此,平均起来,外国存款的实际收益率与国内存款相同。那些始终投资外国短期证券的跨国公司获得的收益率和投资国内短期证券的收益率差不多。

这里的讨论与国际费雪效应(IFE)密切相关。国际费雪效应认为,外币汇率的变化值反映了该币种与美元的利率差别。这个理论的依据是,较高的名义利率反映了通货膨胀率的较高预期,它会导致该货币走软(根据购买力平价理论)。

如果利率平价存在,则远期升水或贴水反映了外币利率和投资者本国利率的差异,当远期汇率被当作未来即期汇率的预测值时,远期升水或贴水也代表着外币的预计汇率变化率。国际费雪效应认为公司不可能在外国证券投资上一直获得高于国内证券投资的收益率,因为汇率的变化反映了利率的差异。如果利率平价存在,且远期汇率是未来即期汇率的无偏差预测值,我们就可以预计国际费雪效应存在。

回顾过去我们发现,有些货币在某段时间内存在国际费雪效应。但是,对于跨国公司来说,要预测何时存在费雪效应比较困难。对于任何一种货币,确认在以前的何段时期跨国公司通过投资外国证券市场能够获得较高的回报率是可能的。同样,确认在以前的何段时期,跨国公司在同一种外币存款中可能获得较低甚至负的回报率也是可能的。

远期汇率的相关结论。利率平价和作为未来即期汇率预测值的远期汇率的重要含义总结如图表19.4。该图表说明了在哪些情况下,投资外国短期证券市场是可行的。因为一些跨国公司并不相信远期汇率是未来即期汇率的准确或无偏差预测值,它们只考虑利用有更高利率的外币存款进行超额资金的投资。

图表19.4 利用超额资金进行投资时考虑的情形

情形	投资外国货币市场的含义
1. 利率平价存在	不值得抛补套利
2. 利率平价存在,且远期汇率是未来即期汇率的准确预测值	不值得进行未抛补套利的外币存款
3. 利率平价存在,且远期汇率是未来即期汇率的无偏差预测值	未抛补套利获得的实际收益率将和国内投资的实际收益率相似
4. 利率平价存在,且预计远期汇率会高于未来即期汇率	未抛补套利获得的实际收益率将低于国内投资的实际收益率
5. 利率平价存在,且预计远期汇率会低于未来即期汇率	未抛补套利获得的实际收益率将高于国内投资的实际收益率
6. 利率平价不存在,且远期升水(贴水)大于(或小于)利率差异	抛补套利对国内投资者而言是可行的
7. 利率平价不存在,且远期升水(贴水)小于(或大于)利率差异	抛补套利对外国投资者而言是可行的,但对国内投资者而言不合适

19.4.5　利用概率分布优化投资决策

计划投资于外币存款的跨国公司可能通过获取该存款币种汇率变动的概率情况而获利。概率分布的建立表示了预测汇率的难度，并且使跨国公司有机会考虑存款期间各种可能的利率变动带来的不同结果。下面是一个如何应用概率分布的例子。

举例

前例中犹他公司正在决定是利用每年7%利率的澳元还是4%利率的美元进行短期存款投资。前文中犹他公司考虑了澳元两种可能的利率变化结果，现在公司决定对结果进行概率分析，并认为澳元有70%的概率将会升值4%，有30%的概率将会贬值5%。

犹他公司可以使用汇率变动的各种可能性计算出澳元存款的实际收益率的概率分布，如图表19.5所示。从图表的第一行，我们看到澳元在存款期内升值4%的概率是70%。如果澳元确实升值4%，则投资澳元存款的实际收益率将是11.28%。这意味着犹他公司有70%的概率获得11.28%的实际收益率。从图表的第二行可知澳元在存款期内贬值5%的概率是30%。如果澳元确实贬值5%，则投资澳元存款的实际收益率将是1.65%，这表明犹他公司有30%的概率获得1.65%的实际收益率。

图表19.5　外币投资分析

澳元币值在投资期内的可能变化率(e_f)	概率	澳元币值变化时对应的实际收益率
+4%	70%	$1.07 \times (1+0.04) - 1 = 0.1128$ 或 11.28%
−5%	30%	$1.07 \times [1+(-0.05)] - 1 = 0.0165$ 或 1.65%
	100%	

犹他公司可以通过将各种汇率变动情况可能发生的概率与汇率变动发生之后的实际收益率的乘积加总，求得实际收益率的期望值。基于图表19.5中的信息，实际收益率的期望值$E(r)$可计算如下：

$$E(r) = 70\% \times 11.28\% + 30\% \times 1.65\%$$
$$= 7.896\% + 0.495\%$$
$$= 8.391\%$$

要进一步评价投资哪种货币，可以运用图表19.5的第二列和第三列的数据得出实际收益率的概率分布。如果犹他公司投资于澳元，那么公司将会面临投资只有1.65%回报率的风险，而该风险发生的概率为30%，而投资美元可以很确定地得到4%的回报率。但犹他公司在实施超额资金投资计划之前，希望考虑另一种可能的外币组合投资策略，这将在下一部分进行讲解。

19.4.6 多币种组合投资

由于跨国公司无法确定汇率将如何变动,它更愿意把现金投资于多币种组合的存款。限定每一币种的投资比例可以降低跨国公司面临的汇率风险。

> **举 例**
>
> 前例中犹他公司可以利用美元投资获得4%的利率,或者利用澳元投资获得7%的利率。假设现在犹他公司也可以投资墨西哥比索的1年期存款并且利率为6%。公司希望考虑将其一半资金投资于澳元存款、另一半资金投资于比索存款的外币组合情形下的可能结果。基于前例中估计的信息,犹他公司确定出澳元投资的可能结果,如图表19.6中的前两行所示。
>
> **图表19.6　预计实际收益率的计算**
>
> | 币种 | 存款期间即期汇率的可能变化率 | 即期汇率的变化概率 | 实际收益率(基于即期汇率的变化率) |
> | --- | --- | --- | --- |
> | 澳元 | +4% | 70% | 1.07×(1+0.04)−1=11.28% |
> | 澳元 | −5% | 30% | 1.07×[1+(−0.05)]−1=1.65% |
> | | | 100% | |
> | 墨西哥比索 | +2% | 60% | 1.06×(1+0.02)−1=0.0812 或 8.12% |
> | 墨西哥比索 | −4% | 40% | 1.06×[1+(−0.04)]−1=0.0176 或 1.76% |
> | | | 100% | |
>
> 假定犹他公司预测到墨西哥比索有60%的概率会升值2%,或者40%的概率会贬值4%。图表19.6的最后两行展示了墨西哥比索存款在各种汇率情况下的实际收益率,可以看到犹他公司通过投资比索存款,有60%的概率实现8.12%的实际收益率,有40%的概率实现1.76%的实际收益率。
>
> 因为澳元有两种可能的结果,墨西哥比索也有两种结果,因此两币种的投资组合可能出现四种结果。犹他公司对两种外币各投资一半的超额资金,然后对投资组合的实际收益率进行了预测。在预测中,假设澳元的变动是独立于比索变动结果的。预测结果如图表19.7所示。前两列列示了所有的实际收益组合,第三列计算了各种可能结果的联合概率,第四列基于前两列中各单一货币可能的收益率,计算了投资组合的实际收益率。表格的第一行表明其中一种可能的结果是:澳元存款将会有70%的概率获得11.28%的实际收益率,同时墨西哥比索存款将有60%的概率获得8.12%的实际收益率。这两种结果同时发生的联合概率为0.7×0.6=42%。假设将投资资金中各有一半投资于两种货币,则该投资组合的实际收益率将是0.5×11.28%+0.5×8.12%=9.7%(各币种单一的实际收益率实现的情况下)。
>
> 类似的计算过程还可以用于图表19.7的其余三行,该投资组合的实际收益率为9.7%的概率为42%,实际收益率为6.52%的概率为28%,等等。

图表 19.7 投资两种外币的分析

预计组合实际收益率

澳元	墨西哥比索	联合概率的计算	投资组合的实际收益率 （各币种投资50%的资金）
11.28%	8.12%	70% ×60% =42%	0.5×11.28% +0.5×8.12% =9.70%
11.28%	1.76%	70% ×40% =28%	0.5×11.28% +0.5×1.76% =6.52%
1.65%	8.12%	30% ×60% =18%	0.5×1.65% +0.5×8.12% =4.885%
1.65%	1.76%	30% ×40% =12%	0.5×1.65% +0.5×1.76% =1.705%
		100%	

图表 19.7 表明在四种可能结果中有三种，犹他公司都能在外币投资组合上获得比美元存款更高的实际收益率。在第四种情形下，即澳元和墨西哥比索同时贬值，只有在该情形下外币投资组合才会有更低的实际收益率。

通过对比各种可能的结果，可以发现相比于单一投资某一外币，投资货币组合有明显的优势。如果犹他公司仅仅投资于澳元存款，将有30%的概率使得实际收益率低于美元存款。如果犹他公司仅投资于墨西哥比索，将有40%的概率使得实际收益率低于美元存款。但是如果犹他公司投资由澳元和墨西哥比索组成的货币组合，仅有12%的概率使得该投资组合的实际收益率低于美元存款。这种货币组合的投资结果证实了多元化投资的好处。

如果澳元和墨西哥比索的汇率变动是相互独立的，那么将有很大的可能，不利的结果不会同时发生于两种货币。如果其中一种货币发生了不利变动，那么其影响可能会被另一种货币的有利变动而部分抵消。

在我们的例子中，联合概率的计算要求假设两种货币的汇率变动都是独立的。如果两种货币的汇率变动实际是高度相关的，那么对于外币组合的投资就不如这里所讲的有利，因为很可能两种货币会同时发生大幅贬值。如果两种货币的汇率不是高度相关的，那么它们可能不会同时发生大幅贬值。

上例的组合只涉及两种货币，如果投资于其他高利率货币的多元化组合，可能会提升外币投资比美元存款更有利的可能性。因为所有货币同向变动，同时发生贬值，从而抵消高利率优势的可能性会很低。此外如前文所述，这些货币相互之间的关联程度也是十分重要的，如果组合中的货币都是高度正相关的，那么投资这种外币组合和投资单一外币不会有很大差异。

19.4.7 动态套期保值

一些跨国公司根据各币种的预期变动，不断调整其短期货币套期保值策略。它们可以采用动态套期保值（dynamic hedging），即在预计持有的货币会贬值时，买入该币种的期货；在预计持有的货币会升值时,卖出该币种的期货。实际上,这种方法的主要目的是从汇率的有利变动中获利,从而抵消风险。

例如,假设一家美国公司的财务人员计划投资英国货币存款。当英镑价值开始下跌并预计会继续贬值时,财务人员将在外汇市场上卖出英镑远期合约,并预期英镑价值将在合约到期后上涨。如果他坚信英镑将在短期内贬值,那么大部分或全部投资将被进行套期保值。

现在假设英镑在远期合约到期日前开始升值,由于这份合约会抵消由于英镑升值带来的潜在收益,财务人员可以买入英镑远期合约以冲销现存的远期卖出合约。这样等于撤销了现存的套期交易。当然,如果购入远期合约时的汇率高于销售远期合约时的汇率,就会产生套期交易成本。

财务人员可能决定只取消部分套期交易,即以远期合约的形式,只冲销一部分现存的远期合约销售。如果英镑进一步贬值,那么用这种方法,该头寸可得到一部分保护。总的来说,采用套期保值的效果取决于管理者预测汇率变动方向的能力。

小结

- 跨国公司管理其营运资本,如存货、应收账款和现金等短期资产。对于拥有子公司的跨国公司而言,营运资本的跨国管理是很复杂的,因为每个子公司必须拥有足够的营运资本以支持运营。跨国公司的母公司可能会采用现金集中管理以监管现金的结存情况,确保资金能够调拨到资金短缺的子公司。
- 跨国公司集中化的现金管理能够监管子公司之间、子公司和母公司之间的现金流,有助于将资金从具有超额资金的子公司调度到需要资金的子公司,确保跨国公司的资金得到有效运用。
- 优化现金流的常用方法包括:(1) 加快现金流入;(2) 货币兑换成本最小化;(3) 管理被冻结的资金;(4) 管理子公司间现金转移。跨国公司优化现金流的结果因公司特征、政府管制和银行系统局限性的不同而变得复杂。
- 跨国公司将超额现金投资于利率较高或可能在投资期内升值的外币时,将获得较高回报率。如果外币在投资期内贬值,就可能会抵消该货币的利率优势。

正方反方

利率平价会不会阻止跨国公司的外币投资?

正方:会。根据利率平价理论,高利率的货币会有大幅远期贴水。由于远期汇率是未来即期汇率的合理预测值,所以外币投资不可行。

反方:不会。即使利率平价存在,跨国公司也会进行外币投资。关键是跨国公司对未来即期汇率的期望。如果跨国公司认为未来即期汇率将高于远期汇率,那么它们还是能从外币投资中获益。

孰是孰非? 在互联网上学习更多关于这方面的知识。你支持哪一方? 说出你的观点。

自测题

（答案见书后的附录 A）

1. X 国的利率较高，且其货币相对于美元可能走强；Y 国的利率较低，其货币相对于美元估计将走弱。两个国家在未来 4 年里，都对设在该国由美国公司拥有的子公司实行冻结资金的限制。假设在这两个国家的子公司都只有有限的扩张机会，哪家子公司受到冻结资金限制的影响更大？

2. 假设澳元 1 年期利率是 14%，估计澳元在未来 1 年内相对于美元将升值 8%。美国公司投资澳元 1 年期存款的实际收益率将是多少？

3. 假设用 1 年期远期汇率作为未来即期汇率的预测值。马来西亚林吉特的即期汇率是 0.20 美元，1 年期远期汇率是 0.19 美元，1 年期利率是 11%。美国公司投资马来西亚林吉特 1 年期存款的实际收益率将是多少？

4. 假设委内瑞拉玻利瓦尔（bolivar，委内瑞拉货币）1 年期的利率是 90%，美元 1 年期的利率是 6%。委内瑞拉玻利瓦尔的汇率变化率是多少时，其 1 年期存款与美元 1 年期存款的实际收益率相同？

5. 假设利率平价存在，美国公司会考虑在高利率国家存款吗？为什么？

应用思考题

1. **国际现金管理**。讨论国际现金管理的一般作用，解释为何跨国公司的现金流优化会使各子公司的利润失真？

2. **净额结算**。说明净额结算的好处。现金集中管理系统是如何有利于跨国公司的？

3. **提前和延迟付款**。跨国公司如何运用提前和延迟付款的方法帮助那些需要资金的子公司？

4. **国际费雪效应**。如果一家美国公司认为国际费雪效应存在，那么，持续投资于高利率的货币，试图获得高回报的投资策略有意义吗？

5. **投资策略**。塔拉哈西公司（Tallahassee Co.）有 200 万美元的超额现金，它以 60% 的年利率投资墨西哥比索，美元的利率是 9%。墨西哥比索贬值多少时，其收益将低于投资美元的收益？

6. **投资策略**。为什么美国公司将来即使不发生欧元流出，它也愿意进行欧元短期投资？

7. **抛补套利**。埃文斯纽尔公司（Evansville Inc.）有 200 万美元现金可在未来 90 天内使用。由于欧元 90 天的利率高于美元同期利率，该公司考虑采用抛补套利交易。影响该决策是否可行的因素有哪些？

8. **实际收益**。科林斯堡公司（Fort Collins Inc.）有 100 万美元现金可在未来 30 天内使用。在美国，30 天的投资回报率是 1%。如果该公司将美元兑换成墨西哥比索，其投资回报率将是 1.5%。墨西哥比索的即期汇率是 0.12 美元，30 天后的即期汇率估计是 0.10 美元。

科林斯堡公司应该投资于美元还是墨西哥比索？请用数字说明。

9. **实际收益**。罗林斯公司（Rollins Inc.）有 300 万美元现金可在未来 180 天内使用。它可以投资于美国国债，收益率为 7%，也可以投资于英国国债，收益率为 9%。如果投资于英国国债，需要将美元兑换为英镑。假设利率平价存在，且罗林斯公司认为英镑 180 天的远期汇率是 180 天后实际即期汇率的可靠预测值。投资于英镑会低于、高于还是等于投资于美元的实际收益？请回答并解释。

10. **实际收益**。重复问题 9，这次假设罗林斯公司认为英镑 180 天的远期汇率高估了其 180 天后的实际即期汇率。

11. **实际收益**。重复问题 9，这次假设罗林斯公司认为英镑 180 天的远期汇率低估了其 180 天后的实际即期汇率。

12. **实际收益**。假设美元 1 年期利率是 10%，加元 1 年期利率是 3%。如果一家美国公司把资金投到加拿大，则加元贬值多少时，其实际收益率与美元利率相同？

13. **货币投资组合**。为什么公司会考虑外币组合投资而不是单一外币投资？

14. **利率平价**。达拉斯公司（Dallas Co.）已知欧元 1 年期国债的利率是 16%，美元 1 年期国债的利率是 11%，欧元的 1 年期远期汇率有 7% 的贴水。利率平价是否存在？达拉斯公司靠抛补套利能取得高于投资美国国债的实际收益吗？请解释。

15. **币种多样化**。霍夫斯特拉公司（Hofstra Inc.）在欧洲设有业务，它将现金在欧洲 6 个国家进行投资，而这 6 个国家均把欧元作为本国货币。霍夫斯特拉公司的投资很好地做到多元化了吗？它面临很低的汇率风险吗？试解释。

16. **投资策略**。麦克尼斯公司（McNeese Co.）可能会在拉丁美洲扩大产能，它应该在拉丁美洲进行投资吗？当地的利率很高，且投资带来的收益可支持其扩张。在什么时候这种策略会起到反作用呢？

17. **"9·11"事件的影响**。帕洛斯公司（Palos Co.）会将其超额资金投资于外国政府债券，以获取更高的短期利息。论述 2001 年 9 月 11 日发生在美国的恐怖袭击事件是如何改变该投资策略的潜在收益和风险的。

批判性思考题

现金在外国的最佳使用。一些美国跨国公司在外国存有大量的现金，因为若将这些现金转移至美国的母公司，将会对公司征收所得税，该税种的征收主要是为了弥补美国公司税率与外国公司税率之间的差异。近些年，很多国家的短期利率变得很低，尽管还没有和美国利率一样低。请写一篇小论文说明低利率是否会使跨国企业更好地利用其资金。是否有其他外国资金使用方式供跨国公司采用？为什么跨国公司可能会将资金存放于现金账户（利息很低），而不是以预期回报率更高的方式使用资金？

布雷泽公司案例：国际现金管理

回想一下第 18 章提到的布雷泽公司在泰国的子公司，它接到客户一次性采购 12 万双"Speedos"轮滑鞋（布雷泽公司的主要产品）的订单。从它为"Speedos"购买原材料至收到货款需要 6 个月的时间。本·霍尔特是布雷泽公司的首席财务官，他打算以 6% 的利率借入为期 6 个月的泰铢。由于每双轮滑鞋的成本大约为 3 500 泰铢，布雷泽公司总共需要借入 4.2 亿泰铢。销售"Speedos"所得的款项将用来支付借款本金和利息。

霍尔特现在计划让泰国子公司把剩余现金汇给美国母公司。就在布雷泽快要收到货款的时候，霍尔特发现泰铢的利率在上升。布雷泽公司可以将这些资金投资于泰铢，因为泰国利率比美国利率更高，也就是说，布雷泽公司可以以 15% 的利率投资于 1 年期的泰铢。

如果将资金汇给美国的母公司，这笔超额现金可用于支持"Speedos"在美国的生产，如果有需要，也可在美国用来投资。具体来说，这笔资金将用来弥补布雷泽公司在美国内布拉斯加州奥马哈市工厂的生产成本。由于布雷泽公司在对泰国工厂的初始投资和购买生产设备中投入了巨额资金，它在美国的营运资金比较紧张。所以，如果泰国子公司的资金不汇过来，布雷泽公司就要以 10% 的利率借入美元以支持其在美国的生产运营。如果汇过来的资金被用于在美国投资，则利率是 8%。霍尔特估计汇过来的资金有 60% 会被用于生产经营，另外的 40% 会被用于在美国投资。

基于这种情况，霍尔特在两种方案间进行选择。他可以指示泰国的子公司归还其之前的借款（包括利息），然后将剩余的泰铢按 15% 的利率在泰国投资。另外，他也可以让泰国子公司归还借款后将剩下的现金汇往美国的母公司，其中 60% 的现金用于生产经营，40% 的现金在美国以 8% 的利率投资。假定在泰国所获得的收入没有被征收所得税或者预提税。

假设你是布雷泽公司的财务分析师。霍尔特请你来帮他分析这两种选择。霍尔特已经告诉你泰铢的即期汇率是 0.0225 美元，且预计下一年泰铢可能会贬值 5%。他希望你回答以下问题：

1. 需要在泰铢的高利率和泰铢兑换为美元的延迟之间做出权衡。这意味着什么？
2. 如果从泰国子公司汇回来的款项全部用来在泰国投资，布雷泽公司在美国的生产经营将会受到怎样的影响？
3. 制作一张表格，比较两种方案的现金流。第一种方案，在泰国以 15% 的利率投资，期限为 1 年，到期时将泰铢兑换成美元。第二种方案，泰铢很快被兑换成美元汇给母公司，其中的 60% 用于营运，40% 在美国以 8% 的利率投资，期限为 1 年。以泰铢期望的价值来衡量，哪个方案对布雷泽公司更有利？

小企业困境：体育用品出口公司的现金管理

自从吉姆·洛根创建体育用品出口公司以来，他就一直担忧可能面临的汇率风险。该公司生产橄榄球，并把它们出口给英国的一家经销商，出口商品以英镑计价。吉姆刚在英国创办了一家合资公司,该公司为吉姆公司生产体育用品,并将其销给英国经销商。经销商用英镑支付货款。最近吉姆借入英镑为合资公司提供资金,为此引起了一些现金流出(支付利息),它部分抵消了英镑的现金流入。该借款的利率比英国国债利率高出3%。吉姆的公司最近一直在盈利,这使吉姆有了多余的英镑现金。吉姆要决定是归还部分现有的英镑借款,还是将这些现金投资于美国短期国债或英国短期国债。

1. 如果吉姆把多余现金投资于美国短期国债,能降低体育用品出口公司的汇率风险吗?

2. 吉姆决定用这些多余现金归还英镑借款,然而,一位朋友建议他投资于英国短期国债,原因是"该借款可以抵销英镑应收账款,所以投资于英国短期国债比归还借款更有利。"他朋友说的对吗?吉姆应该怎么做?

互联网/Excel 练习

互联网提供了各国货币不同到期日的利率数据。

1. 找出不同国家货币的1年期利率。假设可以投资于任一币种,哪种货币可以产生最高的收益率?

2. 作为一家美国跨国公司的现金管理者,如果有超额现金可用于1年期的投资,你会在下一年将资金投向何处?请解释。

3. 如果你正在日本为一家外国公司的子公司工作,且可以进行为期1年的日元投资,你会将资金投向何处?请解释。

4. 假设过去7年中每年年初,你都有机会进行1年期的美元或澳元投资。你的公司在美国,但是你想投资澳元,因为澳元的年利率是9%,而美元的年利率是6%。找到过去7年澳元每年的汇率变化率。确定过去7年投资于澳元的实际收益率。根据你的计算结果,过去7年里澳元和美元的平均年实际收益率哪个更高?投资于澳元的收益率高于美元的情况有几年?请解释。

真实案例在线文章

在网上寻找一篇最近的文章,这篇文章应是国际财务管理的实际应用,或是现实世界中特定跨国公司的案例,该案例能够诠释本章所述的某一个或者多个概念的行为。

如果你的班级有在线平台,教授可以要求你将总结放在在线平台上,这样,其他学生也能看到这篇文章。如果你的班级是面授课堂,教授可以要求你在课堂上汇报你的文章。教授也可以给某个学生布置任务,让学生完成本章作业,或者要求学生自愿完成某些作业。

对于本章所用到的在线文章和现实世界的案例,考虑搜索以下术语,并且将本年度作为搜索关键词以保证在线文章是最近的:

1. (跨国公司名称)和现金管理;
2. 跨国和现金;
3. 母公司和流动性;

4. 子公司和流动性;
5. 现金和汇率风险;
6. 现金和外国;
7. 母公司和现金;
8. 公司间和现金;
9. 子公司间和现金;
10. 子公司和流动性。

第 5 篇综合题
短期资产和负债管理

肯特公司(Kent Co.)是美国的一家大公司。它没有跨国业务,在美国有两家分公司:东部分公司和西部分公司。目前每家分公司都独立进行投资、融资决策。东部分公司下一年将有 1 500 万美元的超额现金用来投资,可以投资于美元短期国债,也可以投资于任意四种外币。母公司对它的唯一限制是,以任一外币投资的限额是 500 万美元。

西部分公司需要借入 1 年期以上的 1 500 万美元以支持其在美国的业务。它能够借入相同金额的任一外币(但借入的外币资金要兑换成美元)。母公司对它的唯一限制是,借入的任一外币金额最多只能相当于 500 万美元。一家向国际货币市场提供服务的大银行给肯特公司提供如下方案:

币种	存款年利率	借款年利率
美元	6%	9%
澳元	11%	14%
加元	7%	10%
新西兰元	9%	12%
日元	8%	11%

肯特公司已经对其分公司投资、融资决策中可能用到的每种货币做了 1 年期的预测:

币种	即期汇率(美元)	预计汇率变化率
澳元	0.70	−4%
加元	0.80	−2%
新西兰元	0.60	+3%
日元	0.008	0

问题:
1. 为肯特公司的东部分公司确定一种既能使其预期实际收益率最高又能满足母公司有

关限制的投资组合。

2. 该投资组合的预计实际收益率是多少？

3. 以该组合的预计实际收益率和 1 500 万美元的投资总额为基础，确定该投资组合可获得的年利息。

4. 为肯特公司的西部分公司确定一种既能使其预计实际融资利率最低，又能满足母公司有关限制的融资组合。

5. 借入全部资金的预计实际融资利率是多少？

6. 根据该组合的预计实际融资利率和 1 500 万美元的融资总额，确定除本金外，要支付的利息是多少。

7. 将东部分公司预计获得的利息和西部分公司预计支付的利息合并，得到的利息净额是多少？

8. 如果东部分公司和西部分公司合作，东部分公司能够贷给西部分公司 1 500 万美元。然而，有人可能认为这样分公司将不能得到利率差异或不同货币间预计汇率变动的好处。根据本例中的数据，你建议这两家分公司分别进行短期投资与融资，还是东部分公司将其超额现金借给西部分公司？试解释。

期末自测题

期末复习

　　本部分自测题主要针对与管理有关的章节(第9—19章)。在此简要说明一下这些章节的重点。第9章介绍了汇率预测的各种方法。第10章说明了交易风险受与交易相关币种的影响,而经济风险影响跨国公司的公司价值;折算风险受到利润纳入合并报表的外国子公司的影响。第11章讲述应付项目的交易风险如何通过购买远期合约或期货合约、购买看涨期权或通过投资于外币等货币市场上的套期保值来规避;应收项目的交易风险则可以通过出售远期合约或期货合约、购买看跌期权或采用借入外币等货币市场上的套期保值来规避。第12章说明跨国公司如何通过业务重组来匹配外币现金流,从而对经济风险套期保值。折算风险可以通过出售外国子公司的外币远期合约来进行套期保值。然而,尽管套期保值能降低折算风险,它也会导致现金的损失。

　　第13章解释了跨国投资项目的净现值在收到的外币升值时是如何增加的,在收到的外币贬值时是如何减少的;还介绍了外币融资将如何冲销现金流入且减少汇率风险。第14章讲述了如何将净现值体系应用到企业合并、企业分立或其他形式的重组中。第15章说明了跨国公司的资金成本如何受其本国无风险利率和风险溢价的影响。如果跨国公司有稳定的现金流,其资本结构决策可能会偏重于较高比例的负债、较少的留存收益以及较多的用于担保的资产。

　　第16章解释了以外币进行长期融资,其成本易受汇率变动的影响。如果外币借款支付的成本不能被同一币种的现金流入抵消,那么当外币负债增加时,相应的外币融资成本也会加大。

　　第17章介绍了不同的支付和融资方式如何推进国际贸易活动。第18章讲述了如果跨国公司在期末有外币现金流入,那么以外币进行短期融资可降低汇率风险。如果没有现金流入的抵消,当外币的利率较低且在融资期间贬值时,外币的实际融资利率也比本国融资更有利(成本更低)。

第19章介绍了如果获取的收益在期末能够弥补发生的外币现金流出,跨国公司以外币进行短期现金投资是如何降低汇率风险的。如果不能弥补现金流出,当外币利率较高且在投资期内升值时,这种方式的实际收益率也比在本国投资更高。

期末自测题可以测试你对涉及管理的章节中一些重要内容的理解。这是评估你对这些章节理解程度的很好机会。这些期末自测题不能取代各章节后的自测题,也无法涵盖各章节的所有内容。它们仅是对一些重要内容的总体测试。试着不看书和笔记,来一次模拟测试。答案就在这些自测题的后面。如果你做错了,那么应该再看一下相关的内容,然后将那些你回答不正确的问题重新做一遍。

这些题目不必与你课程中要求掌握的程度相匹配。你的老师会告诉你该自测题与你期末考试所涵盖的范围和难度有什么联系。

期末自测题

1. 新罕布什尔公司(New Hampshire Co.)认为正如现金会向名义利率较高的国家流动一样,美国和日本之间每个月的现金流是影响未来日元月度汇率变动的主要因素。每个月初,新罕布什尔公司就用当时的即期汇率或远期汇率来预测月末的未来即期汇率。以月为基础,如果未来即期汇率小于、大于或等于月初的远期汇率,那么这是否代表了绝对的预测失误?试解释。

2. 加利福尼亚公司(California Co.)在两年内需要100万波兰兹罗提来购买进口货物。假设利率平价存在,且波兰兹罗提的即期汇率是0.30美元。美元2年期的贷款利率是5%,波兰兹罗提2年期的贷款利率是11%。如果加利福尼亚公司利用远期合约对应付账款进行套期保值,那么它在2年内需要多少美元?

3. 明尼苏达公司(Minnesota Co.)运用回归分析评估了加元汇率波动带来的经济风险,因变量为股票价格月变动率,自变量是加元汇率月变动率。假设常量是0,且加元汇率月变动率的相关系数是-0.6。假设加元的利率总是高于美元的利率,并且利率平价存在,以远期汇率预测加元的未来汇率。你认为明尼苏达公司的股票价值会受到加元预期变动的什么影响?(a)有利影响;(b)不利影响;(c)无影响。回答并解释你的推断。

4. 爱荷华公司(Iowa Co.)除了出口商品到葡萄牙,大部分业务在美国。去年它的出口涉及了欧元(葡萄牙货币)。除此之外,爱荷华公司没有其他由汇率变化导致的经济风险。它在产品销往葡萄牙时的主要竞争对手是葡萄牙当地一家生产相似产品且以欧元标价的公司。从今天开始,爱荷华公司打算修正其定价策略,改为以欧元标价。根据新的策略,爱荷华公司将来容易受到汇率变动带来的经济风险吗?请简要解释。

5. 缅因公司(Maine Co.)在印度尼西亚(那里的人工成本很低)有一套生产服装的设备,生产的服装在美国销售。由于设备的所有权不是当地居民,所以要在印度尼西亚缴税。这笔税金使生产成本增加了20%,但即使这样,还是比在美国生产的成本低了40%(因为印度尼西亚的廉价劳动力)。缅因公司想实现地域的多样化,决定在印度尼西亚销售产品。它的竞争对手主要来自当地的制衣商。简要说明你认为缅因公司对外直接投资的决策是否可行。

6. 假设利率平价现在存在，且将来也存在。在不考虑到期日的情况下，墨西哥元和美元的利率现在是相同的，而且将来也相同。图森公司(Tucson Co.)和菲尼克斯公司(Phoneix Co.)均会在1年后收到100万墨西哥比索，在2年后收到100万墨西哥比索。现在，图森公司用1年期的远期合约对它将在1年后收到的款项套期保值，还用一份2年期的远期合约对将在2年后收到的款项套期保值。

菲尼克斯公司用1年期的远期合约对将在1年后收到的款项套期保值。1年后，它将再用一份1年期的远期合约对将在距离现在2年后收到的款项套期保值。预计墨西哥比索在之后的2年内会持续贬值。

相对于菲尼克斯公司，图森公司的收益是更多、更少，还是相同？请解释。

7. 假设贾雷特公司(Jarret Co.，一家美国公司)1年后会收到100万欧元。欧元目前的即期汇率是1.20美元，1年期的远期汇率是1.21美元。贾雷特公司估计1年后的即期汇率是1.22美元。

假设1年期的欧元看跌期权可用，交割价是1.23美元，单位期权费用是0.04美元。假设货币市场的利率如下：

	美国	欧元区
存款利率	8%	5%
借款利率	9%	6%

a. 如果贾雷特公司在货币市场进行套期保值，请确定它的美元收入。(假设贾雷特公司手头没有其他的现金)

b. 如果贾雷特公使用看跌期权套期保值，请确定它的美元收入。

8. a. 波特兰公司(Portland Co.)是一家美国公司，在外国没有子公司。除了在美国的大量业务，出口业务也会给它每年带来2 000万美元的现金流。简要解释为什么波特兰公司容易受到折算风险的影响。

b. 托皮卡公司(Topeka Co.)是一家没有进出口业务的美国公司。它在德国有一家子公司，该公司每年会带来1 000万欧元的收入，但这些资金都不会上缴给托皮卡公司。简要解释为什么托皮卡公司容易受折算风险的影响。

9. 列克星敦公司(Lexington Co.)是一家美国公司。它在印度有一家生产计算机配件的公司，产品销往欧洲，产品以美元标价。子公司用印度卢比支付工资、租金和其他营运成本。每个月，子公司都会将一大笔收入上缴美国母公司。这是列克星敦公司唯一的国际性业务。子公司想通过借款来扩展它的业务。它可以以9%的年利率借入美元，也可以以9%的年利率借入卢比。如果母公司的主要目的是使汇率风险最小化，母公司应该建议子公司借入哪种货币？请解释。

10. 伊利诺伊公司(Illinois Co.，一家美国公司)和佛朗哥公司(Franco Co.，一家法国公司)都打算收购普丹斯克公司(Podansk，一家波兰公司)。伊利诺伊公司和佛朗哥公司对将来普丹斯克公司产生的预计现金流(波兰兹罗提)的估计是相同的。目前美元的长期无风险利率是8%,欧元的长期无风险利率是3%。伊利诺伊公司和佛朗哥公司认为美国证券市场的回报率会高于法国证券市场。伊利诺伊公司具有美国公司的典型风险,佛朗哥公司有法国公司的典型风险。预计波兰兹罗提对欧元的汇率会以每年1.2%的速度贬值,对美元的汇率会以每年1.4%的速度贬值。哪个公司对普丹斯克公司的估价会更高?

11. 1年前,欧元的即期汇率是1.20美元。那时,塔伦公司(Talen Co.,一家美国公司)在荷兰投资400万美元新建了一个项目。它希望这个项目在第1年和第2年年末会带来300万欧元的现金流入。

塔伦公司经常用即期汇率作为远期汇率的预测值。它要求的国际项目预期收益率为20%。

因为荷兰的一些情况比预期要差,该项目第1年的现金流入是200万欧元,塔伦公司估计下一年的现金流入可能只有100万欧元。现在有公司愿意以125万美元的价格购买泰勒公司在荷兰的项目。假设税收的影响忽略不计。现在,欧元的即期汇率是1.30美元。塔伦公司应该出售这个项目吗?请说出你的意见及原因。

12. 埃弗哈特公司(Everhart Inc.)是一家没有国际业务的美国公司。它每年在美国以10%的利率借款。美国的无风险利率是8%,美国证券市场的收益率预计每年为14%。埃弗哈特公司的β系数是1.2。它的目标资本结构是30%的负债、70%的所有者权益。埃弗哈特公司的所得税税率是25%。它计划在菲律宾开发一个新项目,预计每年在菲律宾的现金净流入为正值。这个项目的风险和公司其他业务的风险相同。菲律宾现有的无风险利率是21%,证券市场的回报率预计每年是28%。埃弗哈特公司计划通过自有资金或借入菲律宾比索来为项目融资。

a. 如果埃弗哈特公司用其美元自有资金投入,其权益成本率将是多少?

b. 假设埃弗哈特公司认为菲律宾比索对美元会持续升值,你认为它是应该借入美元还是应该借入菲律宾比索?请解释。

c. 假设菲律宾有投资者愿意用菲律宾比索参股投资该项目,你认为这种方式是否比在菲律宾借款更合适?请解释。

13. 假设目前欧元的汇率是1.0美元。美国公司可以用平行贷款的方式从一家比利时公司借入100万欧元,然后贷给这家比利时公司100万美元。贷款本金及利息将在1年后归还。为了减少汇兑风险,以下哪家公司采用平行贷款最有效?(假设美国公司除本题所述的业务外,没有其他国际业务)请解释。

萨克拉门托公司(Sacramento Co.)将于1年后收到一家法国公司归还的100万欧元贷款。

斯坦尼斯劳斯公司(Stanislaus Co.)要在1年后向一家德国供应商支付100万欧元的货款。

洛杉矶公司(Los Angelus Co.)1年后会从荷兰政府那里收到100万欧元。它采用了1年后出售100万欧元的远期合约。

圣马特奥公司(San Mateo Co.)会在今天收到100万欧元,1年后要向一家供货商支付100万欧元的货款。

旧金山公司(San Francisco Co.)今天要向一家西班牙公司支付 100 万欧元,1 年后会从一家西班牙公司收到咨询服务费 100 万欧元。

14. 假设以下是过去 7 年每年年初瑞士法郎和阿根廷比索的直接汇率:

年初	瑞士法郎(美元)	阿根廷比索(美元)
1	0.60	0.35
2	0.64	0.36
3	0.60	0.38
4	0.66	0.40
5	0.68	0.39
6	0.72	0.37
7	0.76	0.36

a. 假设你预测瑞士法郎会在下一年内升值 3%,但是你知道该预测是有很大不确定性的。根据提供的资料,运用风险价值理论估计(在可能性为 95% 的基础上)瑞士法郎下一年可能发生的最大贬值。

b. 假设你预测阿根廷比索会在下一年内贬值 2%,但是你知道预测是有很大不确定性的。根据提供的资料,运用风险价值理论估计(在可能性为 95% 的基础上)阿根廷比索下一年可能发生的最大贬值。

15. 布鲁克斯公司(Brooks Co.,一家美国公司)打算进行一项开发计算机软件的项目。它把软件卖给澳大利亚一家拉松公司(Razon Co.),并且将于年末收到 1 000 万澳大利亚元。为了获得该软件,布鲁克斯公司今天要支付 400 万美元给当地一家软件制造商。

布鲁克斯公司可能会收到另一家澳大利亚公司楚格公司(Zug Co.)对该软件的订单。如果接受这份订单,它将会于年末收到 400 万澳大利亚元且不发生其他成本,因为这套软件和卖给拉松公司的是相同的。

澳大利亚元的即期汇率是 0.50 美元,1 年后的即期汇率可能会降低 8%。澳大利亚元的 1 年期远期汇率是 0.47 美元。

如果布鲁克斯公司决定投资于该项目(软件开发),它将会购买 1 年期的远期合约,对将收到拉松公司的款项套期保值,但不会对收到楚格公司的款项套期保值。布鲁克斯公司在这个项目上要求的收益率是 24%。

a. 如果布鲁克斯公司收到拉松公司和楚格公司的订单,且在 1 年后收到订单款项,确定布鲁克斯公司在该项目的净现值。

b. 布鲁克斯公司了解到一些国家风险可能会导致拉松公司破产。在这种情况下,假如布鲁克斯公司收到两家澳大利亚公司的订单,但拉松公司因破产而无法支付布鲁克斯公司的货款,确定这种情况下该项目的净现值。

16. 奥斯汀公司(Austin Co.)在下一年借入 1 000 万美元以维持在美国的营运。它可以以 7% 的利率借入美元,也可以以 1% 的利率借入日元。公司没有其他日元的现金流。假设利率平价存在,在本例中 1 年期的远期汇率存在溢价。奥斯汀公司预计日元会升值但不希望高于 1 年期远期合约约定的汇率。

　　a. 奥斯汀公司应该利用日元融资且同时购入 1 年期远期合约来套期保值吗？请解释。

　　b. 如果奥斯汀公司用日元融资而不进行套期保值，这种方式的实际利率会比日元 1% 的利率高、低还是相等？和 7% 的美元利率相比又如何？

　　c. 如果奥斯汀公司用日元融资而不进行套期保值，1 年内即期汇率高于现在 1 年期远期合约中的利率意味着什么？请解释。

　　17. 普罗沃公司 (Provo Co.) 1 年内手头有 1500 万美元可用。它可以投资于美元证券，收益率为 6%；也可以投资于新西兰元证券，收益率为 11%。它没有其他的新西兰元现金流入。假设利率平价存在，则新西兰元 1 年期远期汇率存在贴水。普罗沃公司希望新西兰元贬值，但不要低于 1 年期远期合约中约定的汇率。

　　a. 普罗沃公司应该投资于新西兰元且同时购入 1 年期远期合约来套期保值吗？请解释。

　　b. 如果奥斯汀公司对新西兰元投资且不进行套期保值，这种方式的实际利率会比 6% 的美元利率高、低还是相等？和 11% 的新西兰元利率相比又如何？

　　c. 如果奥斯汀公司对新西兰元投资而不进行套期保值，1 年后的未来即期汇率低于现在的 1 年期远期合约中的利率意味着什么？请解释。

期末自测题答案

　　1. 根据即期汇率预测的准确度会高一些。当货币的利率较低时，远期汇率会比即期汇率高（存在升水）。因此，如果用远期汇率作为预测，这就意味着拥有较低利率的货币会升值（根据国际费雪效应）。然而，因为资金会流向利率较高处，这也意味着如果货币的利率较高，其即期汇率应该会上升。这种关系和国际费雪效应是相对的。因此，根据本题信息，用远期汇率来预测月末的即期汇率，会降低本应上升的外币汇率；以即期汇率来预测，则表明对月末的即期汇率预期没有变化。没有变化的预测要比以一个贬值的汇率来预测本应上升汇率的准确性高。所以，以即期汇率来预测的平均误差绝对值要小一些。

　　2. 2 年的远期升水是 1.1025/1.2321 − 1 = − 0.10518。则 2 年期的远期汇率是 0.30 × (1 − 0.10518) = 0.26844 美元。需要的美元应该是 0.26844 × 1 000 000 = 268 440 美元。

　　3. 明尼苏达公司的股票价值会受到有利影响。当加元利率较高时，加元的汇率会出现远期贴水，这意味着在利用远期汇率进行未来即期汇率预测时加元会贬值。回归模型中的负相关系数说明公司的股价会和预测呈反向变动。因此，加元的预期贬值会使明尼苏达公司的股价上升。

　　4. 爱荷华公司会遭受经济风险，因为如果欧元对美元呈现疲软态势，葡萄牙对爱荷华公司的产品需求会减少，从而汇率波动也会影响公司的现金流。

　　5. 缅因公司不会比其他印度尼西亚当地企业有优势，因为竞争者也有廉价的土地和人工成本。

　　6. 图森公司会得到更多的现金流入。1 年期和 2 年期的远期汇率和当前的即期汇率是一样的。因此,它套期的汇率和现在的汇率是相同的。菲尼克斯公司也是以同样的汇率进行套期保值。但从现在起的 1 年后,它会对将收到的款项套期保值。1 年后,即期汇率会降低,那时的 1 年期远期汇率会比当前的远期汇率低。所以,菲尼克斯公司在 2 年后收到的款项转换为美元后将少于图森公司。

7. a. 货币市场套期保值

借入欧元:

$$1\,000\,000/1.06 = 943\,396(欧元,需要借入的金额)$$

将借入的欧元转换成美元:

$$943\,396 \times 1.20 = 1\,132\,075(美元)$$

将美元用来投资:

$$1\,132\,075 \times 1.08 = 1\,222\,641(美元)$$

b. 卖出期权

支付期权费用:

$$0.04 \times 1\,000\,000 = 40\,000(美元)$$

假如现实正如预期那样,1 年后欧元的即期汇率为 1.22 美元,那么卖出期权的交割价就是约定价 1.23 美元。贾雷特公司的现金流入应该是:

$$1\,000\,000 \times (1.23 - 0.04) = 1\,190\,000(美元)$$

因此,采用货币市场的套期保值更加合适。

8. a. 由于没有外国子公司,波特兰公司不会受到折算风险的影响。

b. 如果欧元对美元的汇率在报告期内升值,那么托皮卡公司的合并收益将会增加。

9. 子公司应该借入美元,因为它有卢比现金的流出,借入卢比会增加风险。

10. 因为佛朗哥公司对普丹斯克公司的现有估价会更高(因为欧元的无风险利率较低),所以佛朗哥公司会提出比伊利诺伊公司更高的标价。

11. 就目前而言,出售该项目的净现值 = 出售该项目获得的收入 − 放弃的现金流入的现值(不出售该项目时)。

出售该项目获得的收入 = 125(万美元)

放弃的现金流入的现值 = $(1\,000\,000 \times 1.30)/1.2 = 1\,083\,333(美元)$

出售该项目的净现值 = $1\,250\,000 - 1\,083\,333 = 166\,667(美元)$

因此,出售该项目是可行的。

12. a. 根据埃弗哈特公司的资本结构,其权益成本率 = $8\% + 1.2 \times (14\% - 8\%) = 15.2\%$。

b. 用菲律宾比索筹资的成本较高,而且比索升值将会增加负债的成本。埃弗哈特公司应该利用美元债务进行融资。

c. 菲律宾的负债成本低于权益成本。菲律宾投资者会要求比以负债方式投资更高的回报率。而且,假如菲律宾公司接受权益投资,也无法享受税收的优惠。

13. 萨克拉门托公司将会从平行贷款中受益,因为它在 1 年内收到的款项可以用来偿还应付的欧元借款本金。

14. a. 瑞士法郎的年度汇率变动的标准差是 0.0557 或 5.57%。有必要关注该变动的变动性,而不是变动值。

瑞士法郎年度贬值的最大幅度是:

$$3\% - (1.65 \times 0.0557) = -0.0619 \text{ 或 } -6.19\%$$

b. 阿根廷比索年度汇率变动的标准差是0.0458或4.58%。

阿根廷比索年度贬值的最大幅度是:

$$-0.02 - (1.65 \times 0.0458) = -0.09557 \text{ 或 } -9.557\%$$

15. a. 拉松公司的订单:

$$0.47 \times 10\,000\,000 = 4\,700\,000(\text{美元})$$

楚格公司的订单:

$$0.46^* \times 4\,000\,000 = 1\,840\,000(\text{美元})$$

$$\text{现值} = 6\,540\,000/1.24 = 5\,274\,193(\text{美元})$$

$$\text{净现值} = 5\,274\,193 - 4\,000\,000 = 1\,274\,193(\text{美元})$$

b. 由楚格公司发出的订单所获收入如上所示为1 840 000美元。抵消套期保值现金流入的成本是100 000美元。如下所示:

布鲁克斯公司会在将来收到1 000万澳大利亚元。它将在现货市场购入澳大利亚元来履行其远期合约。未来即期汇率的期望值为0.46美元,因此每澳大利亚元要支付0.46美元,拉松公司以0.47美元的远期汇率出售,即每单位获利0.01美元。对于1 000万澳大利亚元,利润则是(0.01×1 000万=)100 000美元。

$$1\text{ 年后的现金流} = 1\,840\,000 + 100\,000 = 1\,940\,000(\text{美元})$$

$$\text{现值} = 1\,940\,000/1.24 = 1\,564\,516(\text{美元})$$

$$\text{净现值} = 1\,564\,516 - 4\,000\,000 = -2\,435\,484(\text{美元})$$

(另一个可替代的方法是以0.47美元的汇率,用剩下的600万澳大利亚元来履行远期合约。答案和上面相同。)

16. a. 奥斯汀公司不会考虑利用日元融资且同时购入1年期日元远期合约,因为其实际融资利率7%和美元融资利率相同。

b. 如果奥斯汀公司利用日元融资而不进行套期保值,由于融资期内日元预计升值,那么实际融资利率将高于利率报价。不过,实际利率不会高到和美元利率相同的程度。

c. 如果1年内日元的即期汇率高于现在的远期汇率,那么日元实际融资利率将高于7%的美元利率。

17. a. 普罗沃(Provo)公司不会考虑利用新西兰元融资且同时购入1年期新西兰元远期合约,因为其实际融资利率6%和美元融资利率相同。

b. 如果普罗沃公司投资于新西兰元,其实际融资利率将高于美元的利率,但低于新西兰元的利率。

c. 如果1年后新西兰元的即期汇率低于现在的远期汇率,那么新西兰元实际融资利率将低于6%的美元利率。

---

* $0.50 \times (1-8\%) = 0.46$——译者注

附录 A
自测题答案

第1章

1. 跨国公司可以利用它们相对于其他国家公司的比较优势(例如技术优势或劳动力成本优势),进入这些国家的市场。如果市场是不完全的,国家之间的比较优势就不能自由转换。因此,跨国公司可以利用比较优势进行投资。许多跨国公司最初以出口打入市场,但最终在外国市场上设立子公司,并试图在其他公司进入这些市场时,实现产品的差异化(产品周期理论)。

2. 外国萧条的经济状况或不稳定的政治环境使跨国公司所能收到的现金流量减少,或使跨国公司要求的投资回报率更高。这些影响会导致跨国公司价值更低。

3. 首先,在外国存在经济状况不佳的风险。其次是国家风险,该风险反映出政府和公众对跨国公司的态度。最后是汇率风险,该风险可以影响跨国公司在外国的业绩。

第2章

1. 假定其他因素不变,依次解释下面的经济因素:

a. 通货膨胀。美国的通货膨胀率比其他国家高,使得美国产品对美国和非美国的消费者而言吸引力较小,导致美国出口少而进口多,并且使经常项目余额较小(或者赤字增加)。而美国的低通货膨胀率有相反的效果。

b. 国民收入。与其他国家相比,美国国民收入的高增长可能导致进口需求的大幅增长,并且造成经常项目余额降低(或者赤字增加)。而美国国民收入的低增长可能有相反的效果。

c. 汇率。疲软的货币可能使美国公司的产品比非美国公司的产品便宜,而非美国公司的产品比美国公司的产品昂贵。这样,美国的出口预期增加,而进口预期减少。尽管如此,正如本章所述,有些条件可以阻止这些影响的发生。在正常情况下,坚挺的货币可以使美国出口减少而进口增加,因为它使得美国公司的产品比非美国公司的产品更昂贵,而非美国公司的产品比美国公司的产品便宜一些。

d. 政府管制。当美国政府在进口方面施加新的贸易壁垒时,美国的进口下降,导致美国的贸易余额增加(或者赤字减少)。当非美国的政府对从美国的进口实行新的贸易壁垒时,美国的贸易余额下降(或者赤字增加)。当政府取消贸易壁垒时,预期将产生相反的效果。

2. 当美国对进口货物征收关税时,其他国家就会采取报复性措施对美国出口的货物征收关税。这样,美国的出口下降将会抵消美国的进口下降。

3. 全球经济衰退可能会促使政府强制实施贸易限制从而在激烈的竞争中保护本地企业,并阻止国内更多的裁员。然而,如果其他国家也实施更多的报复性壁垒,那么这个策略就会事与愿违。

第3章

1. $(0.80 - 0.784)/0.80 = 0.02$ 或 2%。
2. $(0.19 - 0.188)/0.19 = 0.0105$ 或 1.05%。
3. 跨国公司可以利用即期外汇市场,兑换外汇实现即时支付。它们运用远期外汇市场和货币期货市场锁定将来兑换货币时的汇率。如果它们希望锁定将来进行货币交易时要支付(或收到)的最大值(或最小值),但又希望在发生有利的汇率变动时保持灵活性,那么可以利用货币期权市场。

跨国公司利用欧洲货币市场从事短期投资或融资,或者利用欧洲信贷市场进行中期融资。它们可以在欧洲债券市场上发行债券或者在国际市场上发行股票获得长期融资。

第4章

1. 影响日元的经济因素如下:

a. 如果美国通货膨胀率高于日本,美国对日本产品的需求就会增加(避免美国商品的高价格),日本对美国产品的需求可能会降低(避免美国商品的高价格),结果是对日元形成升值压力。

b. 如果美国利率上升并超过日本,美国对日本带息证券的需求可能会降低(因为美国带息证券更有吸引力),而日本对美国带息证券的需求可能会上升。这两种力量对日元形成贬值压力。

c. 如果美国国民收入增速超过日本,美国对日本产品需求的增加可能会高于日本对美国产品需求的增加。假定国民收入水平的变化不会通过影响相对利率而间接影响汇率,那么这些因素可能使日元形成升值压力。

d. 如果政府管制减少了美国对日本产品的需求,该需求就会对日元形成贬值压力。如果这种管制减少了日本对美国产品的需求,该需求就会对日元形成升值压力。

上面所讲的相反情况将使得该压力反方向作用于相关因素。

2. 美国和A国的资本流动可能大于美国和B国的资本流动。因此,利率差异的不同会对美国和A国的资本流动产生更大的影响,这会使汇率发生变动。如果美国和B国没有资本流动,利率变动就不会改变资本流动,从而不会改变外汇市场上的需求状况。

3. 巧银公司不应该采用该策略,因为该策略会招致损失,计算如下:

a. 借入 500 万美元。

b. 把 500 万美元兑换成 5 263 158 加元(根据即期汇率每加元为 0.95 美元)。

c. 以 9% 的年利率投资兑换的加元,这代表 6 天期有 0.15% 的收益,所以 6 天后收到的加元是 5 271 053[由 5 263 158 × (1 + 0.001 5) 计算得出]。

d. 把收到的加元在 6 天后兑换回美元,5 271 053 加元可兑换 4 954 789 美元(根据预计的 6 天后每加元兑换 0.94 美元计算)。

e. 美元贷款 6 天的利率是 0.1%。这样该贷款总金额是 5 005 000 美元[由 5 000 000 × (1 + 0.001) 计算得出]。

采用该策略预计收益为 - 50 211 美元(由 4 954 789 - 5 005 000 计算得出)。

第 5 章

1. 该投机者的净利润是每单位 - 0.01 美元。

该投机者一份合约的净利润是 - 500 美元(由 - 0.01 × 50 000 计算得出)。

使该投机者实现盈亏平衡的即期汇率是 0.66 美元。

该买入期权的卖方净利润是每单位 0.01 美元。

2. 该投机者应行使该期权。

该投机者的净利润是每单位 0.04 美元。

卖出该期权的卖方净利润是每单位 - 0.04 美元。

3. 距到期时间更长的期权需付更高的期权费用(其他条件相同的情况下),公司可能不愿付如此高的期权费用。

4. a. 杰罗德的预期利润是每单位 0.02 美元。

b. 劳里的预期利润是每单位 0.03 美元,这意味着卖出看跌期权时收到了额外费用。

5. a. 你的损失是每单位 - 0.04 美元。

b. 当卖出看涨期权时,你的利润是每单位 0.02 美元。

第 6 章

1. 市场力量会导致外汇市场上日元供需的变化,并引起均衡汇率的变化。中央银行能通过干预影响外汇市场的供需状况,但不能持久地抵消市场力量。例如,如果美国对日元的需求大幅度增加,而可出售日元的供应却没有增加,中央银行就不得不增加外汇市场的日元供应以抵消需求的增加。

2. 美联储能够在外汇市场上通过出售一部分美元储备来换取比索的方式进行直接干预。它还能运用货币政策以降低美元利率的方式来实行间接干预。具体而言,它能增加货币供应,并引起美元利率下降(假定通胀预期不会发生变化)。较低的美元利率会阻止外国对美国的投资,以及增加美国投资者对外国债券的投资。这两种力量都会导致美元走软。

3. 美元走软会增加对美国商品的需求,因为非美国公司以美元支付的价款减少了。另外，美国对外国商品的需求也减少了，因为一旦美元走软，就需要用更多的美元才能取得一定金额的外币。这两种因素都会刺激美国经济，进而提高美国的生产率，减少失业。

4. a. 如果欧元对美元贬值，欧元也必须对 slu 贬值（因为 slu 的价值与美元挂钩）。因此，Sluban 对欧元区进口商的出口将变得更加昂贵，Sluban 对欧元区的出口量将会下降。

b. 如果欧元对美元贬值，美国进口商可能更愿意从欧元区购买商品，而不是 Sluban，因此，Sluban 对美国的出口应该减少。

第 7 章

1. 不可以。根据其他汇率，英镑与加元之间的套算汇率是适当的。没有差异可以获利。

2. 不可行。抛补套利交易涉及以美元兑换英镑。假定投资者开始有 1 000 000 万美元（开始的数目不会影响最后的结论），美元可以以下列方式兑换成英镑：

$$1\,000\,000/1.60 = 625\,000(英镑)$$

英国的投资者在 180 天后会获得的利息为：

$$625\,000 \times 1.04 = 650\,000(英镑)$$

180 天后，英镑可兑换成美元：

$$650\,000 \times 1.56 = 1\,014\,000(美元)$$

这个数值反映了收益比美国投资者初始投资额高 1.4%。投资者如果是把资金投资于美元就可以得到 3% 的收益率。因此，与在美国投资相比，美国投资者利用抛补套利策略得到的收益较少。

3. 不存在。英镑的远期汇率贴水不能完全抵消利率差价。事实上，贴水为 2.5%，它比利率差异大。由于远期贴水大大抵消了对英国投资的利率优势，美国投资者在进行抛补套利交易时得到的收益比把资金投资于美元时少。

在此应进一步分析说明。当美国投资者不能从抛补套利交易中得到好处时，英国投资者可利用抛补套利交易。虽然英国投资者从美元的投资中得到的利息少 1%，但他们可以在投资期期末购买贴水 2.5% 的远期英镑。当利率平价不存在时，两国中只有一个国家的投资者可以从抛补套利交易中获利。

4. 如果一种货币的标价有差别的话，人们可以运用本章讨论的各种套利交易来从这一差异中获利。当套利活动发生时，由于套利者会在外汇市场购买估价过低的货币（货币需求的增加会使货币产生升值压力），并会在外汇市场出售估价过高的货币（货币供给的增加会使货币产生贬值压力），从而使汇率趋于合理水平。

5. 由于英国利率和美国利率的差价会扩大，英镑一年期远期贴水会变得更显著（比原来高大约 1 个百分点）。

第 8 章

1. 由于日本存在通货膨胀，导致商品价格上涨，则日元价值会下降。因此，尽管进口商需要支付更多的日元，它也会从日元疲软中受益（要兑换特定数目的日元，支付的美元比以前少了)。因此,如果存在购买力平价,就有抵消效应。

2. 购买力平价不一定存在。在我们的例子中,日本的通货膨胀率会上升(使得进口商需要支付更多的日元),但日元不一定能贬值到抵消的数目,或一点也不会发生贬值。因此,用于购买日本商品需支付的美元数目会增加。

3. 较高的通货膨胀率会引起贸易收支差额的调整,美国会减少对这些国家商品的购买,而这些国家对美国商品的需求则会增加(根据购买力平价理论)。结果,这些货币产生贬值压力。

4. $e_f = I_h - I_f$
$\quad = 3\% - 4\%$
$\quad = -0.01$ 或 -1%
$S_{t+1} = S(1 + e_f)$
$\quad = 0.85[1 + (-0.01)]$
$\quad = 0.8415$

5. $e_f = \dfrac{(1 + i_h)}{(1 + i_f)} - 1$
$\quad = \dfrac{(1 + 0.06)}{(1 + 0.11)} - 1$
$\quad \approx -0.045$ 或 -4.5%
$S_{t+1} = S(1 + e_f)$
$\quad = 0.90[1 + (-0.045)]$
$\quad = 0.8595$

6. 根据国际费雪效应,利率上升5个百分点反映了预期通货膨胀率会上升5个百分点。

如果对通货膨胀率进行调整,贸易收支差额也会受到影响。澳大利亚对美国商品的需求会增加,而美国对澳大利亚商品的需求会下降。因此,澳大利亚元会疲软。

如果美国投资者相信国际费雪效应,由于预计澳大利亚元会贬值,美国投资者就不会从澳大利亚较高的利率中获利。

第9章

1. 美国4年期利率 $= (1 + 0.07)^4 = 131.08\%$ 或 1.3108
墨西哥4年期利率 $= (1 + 0.20)^4 = 207.36\%$ 或 2.0736
$p = \dfrac{(1 + i_h)}{(1 + i_f)} - 1 = \dfrac{1.3108}{2.0736} - 1 = -0.3679$ 或 -36.79%

2. 加元:$\dfrac{|0.80 - 0.82|}{0.82} = 2.44\%$

日元:$\dfrac{|0.012 - 0.011|}{0.011} = 9.09\%$

日元的预测误差较大。

3. 比索的远期汇率会高估未来即期汇率,因为即期汇率到每个月月末为止都会下降。

4. 半强式有效市场将会被否定,因为币值不会就有用的公开信息立即做出调整。

5. 预期比索会贬值,因为比索的远期汇率会低于即期汇率。因此,由远期汇率得出的预测值会低于即期汇率,即意味着预期比索会贬值。

6. 正如本章所述,货币预测值存在严重的误差。因此,如果项目的成功对玻利瓦尔的未来值非常敏感,那么项目将有很大的不确定性。该项目很容易适得其反,因为玻利瓦尔的未来价值具有不确定性。

第 10 章

1. 经理人员比股东掌握更多关于公司汇率风险的信息,因而能比股东更容易进行套期保值,所以股东更愿意让经理人员为其进行套期保值。再者,套期保值会使现金流量稳定,从而降低公司的融资成本。

2. 加拿大物品将会承受较少的汇率风险,因为加拿大元的波动比墨西哥比索小。

3. 从墨西哥进口材料较为合适,因为公司可能用流入的比索为进口材料付款。

4. 不会消除。如果出口以美元计价,那么出口收入的美元现金流量取决于墨西哥的需求,而需求受比索价值的影响。若比索贬值,则墨西哥对出口的需求下降。

5. 如果美元坚挺,那么欧洲子公司创造的收益会折算成较少的美元。这样,美国跨国公司的合并收益将减少。

第 11 章

1. 今天需投资的澳大利亚元金额:$3\,000\,000/(1+0.12)=2\,678\,571$(澳元)

兑换澳元需借入的美元金额:$2\,678\,571\times0.85=2\,276\,785$(美元)

1 年后偿还贷款所需的美元金额:$2\,276\,785\times(1+0.07)=2\,436\,160$(美元)

2. 远期套期保值较为合适。若远期汇率为 0.81 美元,那么蒙特克莱尔公司进行远期套期保值,在 1 年后需 2 430 000 美元($3\,000\,000\times0.81$)。

3. 蒙特克莱尔公司可购买澳元买入期权。该期权能对澳元升值套期保值。而当澳元贬值时,蒙特克莱尔公司可以选择让该期权失效,以即期汇率购买所需的澳元。

货币买入期权的一大缺点是必须支付期权费。因此,如果蒙特克莱尔公司预期澳元在该年升值,那么货币市场套期保值是更好的选择,因为期权带来的灵活性不适用于本案例。

4. 即使萨尼贝尔公司从月初到月末不受影响,远期汇率也会逐月上升,因为远期汇率随即期汇率波动。如此一来,即使在月中进行套期保值,该公司仍需每月支付更多的美元。萨尼贝尔公司将会不断受到英镑升值的不利影响。

5. 萨尼贝尔公司可在现在订立一系列远期合约来支付以后各月的支出。这样一来,该公司在今天便锁定了未来的支出,不必在未来月份以较高的远期汇率支出。

6. 2 000 000 瑞士法郎卖出期权的成本为 60 000 美元。如果瑞士法郎的即期汇率如同预期的一样,达到 0.68 美元,那么将执行卖出期权,得到 1 380 000 美元($2\,000\,000\times0.69$)。扣除期权费 60 000 美元,应收款金额能兑换成 1 320 000 美元。如果霍普金斯不套期保值,预期会收获 1 360 000 美元(2 000 000 × 0.68)。因此,该公司应选择不套期保值策略。

第 12 章

1. 塞勒姆公司可尝试从加拿大购买化学用品。这样,如果加元贬值,那么对公司加拿大出口产生的加元收入减少,从而可以抵消自加拿大进口所需加元的减少。另一个解决办法是该公司取得加元融资。但这一方法效率较低。

2. 可能的缺点是在加元升值时,塞勒姆公司将错过一些好处。

3. 如果英镑贬值,那么科斯特公司的合并收益会受到不利影响,因为在合并的利润表中英镑收益会以较低汇率折算成美元收益。科斯特公司可通过预先出售英镑来对折算风险进行套期保值。如果英镑贬值,那么该公司将从远期头寸中受益,从而有助于抵消折算影响。

4. 对此没有完美的解决办法。即使收益低的原因是欧元走弱,造成不利的折算影响,股东们也不能原谅该公司。虽然可对折算影响进行套期保值能稳定收益,但是该公司可考虑告知股东,收益的变化主要是由于折算影响而非消费需求或其他因素变化造成的。也许在了解了收益变化主要是由折算影响造成后,股东们的反应不会那么强烈。

5. 由于在国外没有子公司,所以林肯郡公司无折算风险。卡拉发公司的折算风险来自其在西班牙的子公司。

第 13 章

1. 除在牙买加赚取收入外,净现值还取决于一些公司不能控制的其他因素。这些因素包括东道国政府会如何对利润课税、东道国政府所课之预提税及项目终结时所能收到的残值。而且,对汇率的预测也会影响利润汇回时母公司所能收到的美元现金流。

2. 最明显的影响应该是对爱尔兰配售中心所能赚取的现金收入的影响。这些现金收入的预计值将可能要向下修订(因为预计销售额会下降),预计残值可能也会减少。由于估计汇率要按已调整的经济状况修订,预计爱尔兰政府对配售中心征收的税率也会受到经济状况调整的影响。

3. 新奥尔良出口公司必须考虑由于新建工厂而可能放弃的现金流入,因为过去一些通过出口业务而由母公司获取的现金流入将会失去。在考虑这些因素后,净现值的预测值将会降低。

4. (1) 风险的增加会使子公司要求的回报率增加,最终导致子公司残值的折现值更低。

(2) 如果印度尼西亚货币贬值,子公司残值会因为所获收入只能换得更少的美元而降低。

5. 威尔米特公司的美元现金收入将受到更大的影响,因为从泰国定期汇回的需要换成美元的收益更多。奈尔斯公司(Niles)的美元现金收入不会受到与威尔米特公司同样大小的影响,因为在汇回美元之前还要对泰国贷款支付利息,这样汇回的收益就变少了。

6. 因外国对该产品的需求存在不确定性,这又使得总收入存在不确定性。汇率存在不确定性,这又使美国母公司所能收到的美元现金收入存在不确定性。残值也存在不确定性,如果项目寿命期较短,这也会对总收入产生较大影响(对寿命期很长的项目来说,残值折现值无论如何都会很小)。

第14章

1. 如果政府过去限制外资企业的所有权,这可能保护当地企业免受外资企业的控制。一些当地企业可能存在管理不善(因此有提升的潜力),但在过去受到了政府的保护。因而这些公司现在可能是具有吸引力的目标。

2. 国际收购的障碍包括政府管制,如反托拉斯法的限制、环境限制,以及繁琐的手续。

3. 设立一个新的子公司允许跨国公司能够在不消费现有设施和雇员的条件下创立其所需要的子公司。然而,设立新子公司和雇用员工的过程,通常比收购一个现有外国公司需要更长的时间。

4. 目前进行剥离是较为可行的,因为美国母公司收到的美元现金流量将由于瑞典克朗价值的修订而降低。

第15章

1. 业务增加可能使戈申公司需要大量的融资,而这些融资不能完全由留存收益来提供。另外,这些外国的利率可能会很低,使得债务融资很有吸引力。最后,使用外债可以降低汇率风险,因为使用外债要支付利息,而支付利息会减少定期汇回的收益额。

2. 如果国家风险增加,那么林德公司可以通过从该子公司退出其权益投资来降低该风险。当子公司用当地资金融资时,如果东道国政府对该子公司施加严格的限制,那么当地债权人会比母公司损失更多。

3. 不一定。德国和日本公司在遇到现金流问题时一般更容易得到其他公司或政府的支持。因此它们一般比同行业的美国公司能承受更高的财务杠杆。

4. 用当地债务融资是有利的,因为这会减少该跨国公司面临的国家风险和汇率风险。然而,高利率又会使在当地借债成本很高。如果母公司对该子公司进行权益投资以避免当地债务的高成本,该跨国公司就会面临更大的国家风险和汇率风险。

5. 该问题的答案取决于你是否相信非系统性风险是相关的。如果用资本资产定价模型来测算该项目的风险,该项目的风险就会很低,因为系统性风险很低。也就是说,该风险取决于东道国而与美国市场状况无关。然而,如果该项目的非系统性风险是相关的,该项目的风险就会很高,因为即使系统性风险很低,该项目的现金流量也会存在不确定性。

第16章

1. 一家公司发行以外币计价的债券可能获得较低的票面利率。该公司可以把发行债券所获收入兑换成本国货币来为其本国经营融资。然而,因为公司需要用债券计价的货币来支付票面利息和本金,所以存在汇率风险。如果所借货币相对该公司的本国货币升值,那么融资成本会比预想的更高。

2. 风险在于瑞士法郎可能会对英镑升值,因为英国子公司需要定期把一些英镑收入兑换成瑞士法郎以支付票面利息。

这里的风险会低于将发债收入用于为美国经营活动融资的风险。因为瑞士法郎对美元汇率的变化比瑞士法郎对英镑汇率的变化大得多。历史上英镑和瑞士法郎相对于美元的同步变化说明了英镑与瑞士法郎之间的汇率有一定稳定性。

3. 如果这些公司借入美元然后兑换成本国货币来为本国项目融资,它们就需要用本国货币购买美元以支付票面利息。这些公司将会遭受高汇率风险。

4. 不同意,帕克森公司面临汇率风险。如果日元升值,兑换日元所需的美元金额就会增加。当日元升值到一定程度时,派克森公司用日元融资的成本就会高于用美元融资的成本。

5. 名义利率要考虑预期的通货膨胀(根据费雪效应)。因此,高利率反映了人们预期的高通货膨胀。通货膨胀会增加现金流量,因为通货膨胀使得在给定的利润率下,会得到更多的利润,即使成本与收入同比例增加。

第 17 章

1. 出口商可能不信任进口商,或可能担心政府将实施外汇管制,妨碍向出口商付款。同时,进口商可能不信任出口商会发运其订购的货物,从而在收到商品之前不会付款。商业银行通过向出口商提供担保以防止进口商不支付货款。

2. 在应收账款融资中,银行向以应收账款担保的出口商提供贷款。如果进口商未能支付货款,出口商仍然有责任归还借款。保理涉及出口商向所谓的保理商出售应收账款,所以出口商不必再对进口商支付的货款负责。

第 18 章

1. $r_f = (1 + i_f)(1 + e_f) - 1$

如果 $e_f = -6\%$,则 $r_f = (1 + 0.09) \times [1 + (-0.06)] - 1 = 0.0246$ 或 2.46%

如果 $e_f = 3\%$,则 $r_f = (1 + 0.09) \times (1 + 0.03) - 1 = 0.1227$ 或 12.27%

2. $E(r_f) = 50\% \times 2.46\% + 50\% \times 12.27\% = 1.23\% + 6.135\% = 7.365\%$

3. $e_f = \dfrac{1 + r_f}{1 + i} - 1 = \dfrac{1 + 0.08}{1 + 0.05} - 1 = 0.0286$ 或 2.86%

4. $E(e_f) = $(远期汇率 − 即期汇率)/即期汇率 $= (0.60 - 0.62)/0.62$
$= -0.0322$ 或 -3.22%

$E(e_f) = (1 + i_f)[1 + E(e_f)] - 1 = (1 + 0.09) \times [1 + (-0.0322)] - 1 = 0.0549$ 或 5.49%

5. 由于两种货币与美元的走势是高度相关的,在同一时间这两种货币对美元都可能发生大幅度升值,因此,克里夫兰公司的逻辑是有缺陷的。多样化结果的影响非常有限。

第 19 章

1. Y 国的子公司可能受到更为不利的影响,这是因为受限制的资金将不能获得在 X 国那么高的利息。另外,由于预计 Y 国的货币会疲软,受限制的资金可能无法以令人满意的汇率兑换成美元。

2. $E(r) = (1+i_f)[1+E(e_f)] - 1$
    $= (1+0.14) \times (1+0.08) - 1$
    $= 0.2312$ 或 23.12%

3. $E(e_f) = ($远期汇率 $-$ 即期汇率$)/$即期汇率
    $= (0.19 - 0.20)/0.20$
    $= -0.05$ 或 5%
   $E(r) = (1+i_f)[1+E(e_f)] - 1$
    $= (1+0.11) \times [1+(-0.05)] - 1$
    $= 0.0545$ 或 5.45%

4. $e_f = \dfrac{1+r}{1+i_f} - 1$
    $= \dfrac{1+0.06}{1+0.90} - 1$
    $= -0.4421$ 或 44.21%

如果玻利瓦尔在 1 年内对美元的贬值幅度小于 44.21%,那么委内瑞拉 1 年期存款的实际收益率将会高于美国 1 年期存款的实际收益率。

5. 是的。利率平价不鼓励美国公司仅靠远期合约抵补其外币存款投资。只有当公司相信这种货币不会贬值从而抵消其利率优势时,它们才会考虑在那些高利率的国家投资。

术语表

A

absolute form of PPP：绝对购买力平价。该理论解释了通货膨胀差异是如何影响汇率的。它认为不同国家两种产品的价格在用相同的货币计量时应该相等。

account receivable financing：应收账款融资。出口商对进口商的一种间接融资方法，即出口商在出口商品后允许进口商日后付款。

advising bank：通知行。受益人所在国接收开证行所开信用证的相应银行。

agency problem：委托代理问题。公司股东与经理人员间的目标冲突。

airway bill：空运提单。指空运收据,指明运费及商品所有权。

all-in-rate：综合费率。客户接受银行承兑时对客户适用的利率,包括贴现利率加承兑手续费。

American depository receipts(ADRs)：美国存托凭证。代表外国股票所有权的证书,可在美国股票交易所交易。

appreciation：升值。货币价值增加。

arbitrage：套利(套汇)。利用价差赚钱的行为,许多情况下无须长期占用投资基金。

Asian money market：亚洲货币市场。在亚洲,银行以美元存贷的市场。

ask price：卖出价。外汇交易者愿意卖出某外币的价格。

assignment of proceeds：款项让渡。指信用证原始受益人向最终供货者抵押或转让收益。

B

balance of payments：国际收支平衡表。指一国在一定时期内对外支付和收入的报告表。

balance of trade：贸易余额。进出口总额的差异。

Bank for International Settlements(BIS)：国际清算银行。促进各国国际交易合作的机构,对国际收支困难的国家提供帮助。

Bank Letter of Credit Policy：银行信用证保险。该政策使银行可以对支持购买美国出口品的外国银行开立的信用证予以保兑。

banker's acceptance：银行承兑汇票。银行机构签发并承兑的汇票;它一般用来向出口商担保在出口商向进口商发货后会收到货款。

barter：易货贸易。双方不用货币作为交换媒介的货物交换。

Basel Accord：《巴塞尔协议》。1988年各国代表对各国银行出于风险防范需要而进行的标准化资本要求达成的协议。

  bid price：买入价。外汇交易者(通常为银行)愿意为购买某种货币所支付的价格。
  bid/ask spread：买入/卖出差价。银行愿意购买某种货币和出售某种货币的价格差异。
  bilateral netting system：双边净额结算体系。两个单位间进行交易时所用的净额结算法。
  bill of exchange(draft)汇票。一方(常为出口商)向另一方做出的在指定的未来某日或在提示汇票后支付指定金额款项的承诺。
  bill of lading(B/L)：提单(提货单)。作为发货收据的文件，表明运费已支付及货物所有权已转移。
  Bretton Woods Agreement：布雷顿森林协议，1944年在新罕布什尔州布雷顿森林召开的会议上达成协议，保持货币汇率在很窄的幅度内波动，该协议持续有效至1971年。

C

  call option on real assets：买入实物资产期权。含有追求额外风险的一种期权计划。
  capital account：资本项目。代表某一特定国家和其他国家之间的现金流，由于购买商品和服务或创收型金融资产产生的现金流。
  cash management：现金管理。现金流及超额现金投资的优化过程。
  centralized cash management：现金集中管理。通常由母公司为所有下属单位统一进行现金管理决策。
  coefficient of determination：判定系数。回归分析时，自变量引起因变量变动的百分比。
  cofinancing agreements：共同融资协定。世界银行和其他机构或借款人一同对发展中国家提供资金的协议安排。
  commercial invoice：商业发票。出口商对出售给买方的商品进行描述的凭据。
  commercial letters of credit：商业信用证。与贸易有关的信用证。
  comparative advantage：比较优势。该理论认为各国进行专业化生产能增加世界总产量。
  compensation：补偿贸易。把货物发向另一方后再从同一方买回一定数量产品的贸易安排。
  Compensatory Financing Facility(CFF)：补偿融资协议。该协议能减少出口不稳对他国经济的影响。
  consignment：寄售。出口方把货物运给进口方后仍旧保持货物所有权的一种安排。
  counterpurchase：反购贸易。双方以货币形式在两个不同合同下进行商品交换的贸易形势。
  countertrade：对销贸易。把货物销给某国，也会从该国购买或交换商品的贸易形势。
  country risk：国家风险。东道国的政治、金融状况等一些可以影响跨国公司现金流量的国家特征。
  covered interest arbitrage：抛补套利。通过两国之间的利率差异来获利并以远期合约来抵消汇率风险的行为。
  cross exchange rate：套算汇率。已知货币A、B相对于第三方货币的价值，货币A、B间的汇率即套算汇率。
  cross-hedging：交叉套期保值。通过对与一种货币高度相关的另一种货币套期保值而实现对第一种货币的套期保值。当由于某些原因对第一种货币不适用常见的套期保值方法时，可应用此法。交叉套期保值不是完全的套期保值，但可明显降低风险。
  cross-sectional analysis：截面分析。分析某特定时点不同国家、企业或其他变量间的关系。
  currency board：联系汇率。是一个将本国货币币值与一些其他特定货币币值相挂钩的系统。
  currency call option：货币买入期权。授权在某一指定时期以特定价格(汇率)购买特定货币的合约。
  currency diversification：货币分散化。使用一种以上货币作为投资或融资策略的过程。分散化货币组合的汇率风险低于单一货币下的汇率风险。
  currency futures contract：货币期货合约。指明标准数量的某种货币在某特定结算日进行兑换的合约。

currency option combination：货币期权组合。同时使用买入期权和卖出期权头寸来构建特别头寸，以满足套期保值人或投机者的需要。最为普遍的货币期权组合是勒式组合和跨式组合。

currency put option：货币卖出期权。授权在指定时期以指定价格(汇率)出售某种货币的合约。

currency swap：货币掉期。以指定汇率在指定时期用一种货币兑换另一种货币的协议。银行通常作为货币掉期交易双方的中间人。

current account：经常项目。一般用来计量一国商品和服务贸易的状况。

D

Delphi technique：德尔菲法。提供观点的评估人不需集中讨论，而只是独立提出各自观点的一种调查方法；用于进行各种评估(如国家风险评估)。

depreciation：贬值。一种货币价值的下降。

devaluation：汇率下调。中央银行向下调整汇率。

devalue：币值下调。降低某一货币对其他货币的价格。

direct foreign investment(DFI)：对外直接投资。在外国进行投资以增加国际业务的方式。

Direct Loan Program：直接贷款项目。美国进出口银行对购买美国资本性设备和服务的外国买方直接提供固定利率贷款的项目。

direct quotations：直接报价。以每外币所需美元数表示的汇率报价。

discount：贴水。涉及远期汇率，表示远期汇率低于即期汇率的百分比。

documentary collections：跟单托收。以汇票为基础进行的交易。

documents against acceptance：承兑交单。买方开户行直到见到买方承兑(签字)汇票后才交付发货单据的一种状况。

documents against payment：付款交单。买方付款后，货运单据才交给买方的一种安排。

dollarization：美元化。用美元代替某一外币。

draft(bill of exchange)：汇票。由一方(通常是出口商)签发，要求买方无条件支付票据上所表示的金额。

dumping：倾销。出口的产品在生产时得到政府的补贴。

dynamic hedging：动态套期保值。当持有的货币头寸预计受到不利影响时才会套期保值。而当货币头寸预计会受到有利影响时不套期保值的一种策略。

E

economic exposure：经济风险。公司未来现金流量受到汇率波动影响的程度。

economies of scale：规模经济。通过增加总产量而实现单位成本的降低。

equilibrium exchange rate：均衡汇率。某货币需求等于可供出售的货币供给时的汇率。

Eurobonks：欧洲债券。在发债货币代表的国家之外的国家发行的债券。

Euro-commercial paper：欧洲商业票据。跨国公司发行的短期融资债券。

Eurocredit loans：欧洲信用贷款。由欧洲银行提供给跨国公司或政府机构的一年期或更长期限的贷款。

Eurocredit market：欧洲信贷市场。接受各种外币大额存、贷款的银团，组成该市场的银行也就是组成欧洲货币市场的银行；二者的差异在于欧洲信用贷款比所谓的欧洲货币贷款期限更长。

Eurodollars：欧洲美元。存入欧洲银行的美元。

Euronotes：欧洲票据。跨国发行的未担保的短期融资债券。

European Central Bank(ECB)：欧洲中央银行。该银行的创建是为了处理那些加入欧洲单一货币体系(欧元)国家的货币政策。

exchange rate mechanism(ERM):汇率机制。联系欧洲各国货币币值与欧洲货币单位的方法。
exercise price(strike price):行使价格(清算价格)。货币买入期权拥有者被允许买入指定货币的价格(汇率),或货币卖出期权所有者被允许出售某一指定货币的价格(汇率)。
Export-Import Bank(Ex-Im Bank):进出口银行。提供融资并利用美国产品和服务的出口保持美国公司在海外竞争力的银行。

F

factor:保理。专业处理应收账款业务的公司;出口商有时把应收账款折价让售给代理商。
factor income:初次收入。向外国金融资产(证券)投资的投资者收到的收入(利息和股利)。
factoring:应收账款让售。代理商购入出口商的应收账款并不保留对出口商的追索权。
financial account:金融项目。衡量国家之间由于对外直接投资、证券投资和其他资本投资所产生的资金流动。
Financial Institution Buyer Credit Policy:金融机构买方信贷保险单。对购买出口品的外国买方贷款提供短期保险的保险单。
fixed exchange rate system:固定汇率制。汇率保持不变或只在很小的范围内变动的货币制度。
floating rate notes(FRNs):浮动利率票据。票面利率根据市场利率而调整的一些欧洲债券。
foreign bond:外国债券。债券发行人不在债券实际发行地发行的债券。
foreign exchange dealers:外汇交易商。应跨国公司或个人的要求,在外汇市场上充当货币兑换中介的交易商。
foreign exchange market:外汇市场。主要由银行组成的市场,服务于希望买卖各种货币的公司和消费者。
foreign investment risk matrix(FIRM):对外投资风险矩阵。利用曲线间间隔大小说明金融和政治风险,这样根据对各国的风险评级可以确定国家在矩阵中的位置。
forfeiting:福费廷。涉及购买金融义务,例如汇票或本票,对原始持有人(通常是出口商)无追索权。
forward contract:远期合约。商业银行与客户间就在未来某时点以指定汇率兑换货币的协议。
forward market:远期市场。代表远期合约交易的市场。
forward rate:远期汇率。远期合约中约定的汇率。

I

imperfect market:不完全市场。根据劳动力和生产所需的其他资源转移成本的状况,当外国生产要素的成本低于本国时,公司可能希望利用外国的生产要素进行生产。
import/export letters of credit:进出口信用证。与贸易有关的信用证。
independent variable:自变量。回归分析中所用的术语,指预计会影响其他变量(即所谓因变量)的变量。
indirect quotations:间接报价。以每美元可兑换的外币数来表示的汇率报价。
International Bank for Reconstruction and Development(IBRD):国际复兴与开发银行,也称世界银行。1944年建立,目的是通过向各国提供贷款,减少贫困促进经济发展。
International Development Association(IDA):国际开发协会。1960年建立,该协会通过提供贷款支持经济发展,尤其是在不发达国家。
International Financial Corporation(IFC):国际金融公司。建立于1956年,目的是促进各国私营企业发展。
International Monetary Fund(IMF):国际货币基金组织。1944年建立,旨在促进各国间在国际货币事件、稳定汇率及增加国际贸易方面加强合作。
intracompany trade:公司内部交易。公司购买其子公司生产的产品的过程。

J

J-curve effect：J曲线效应。指美元疲软对美国贸易收支的影响,开始时贸易差异恶化。只有当美国和非美国进出口商对美元疲软引起的购买力变化做出反应后贸易收支才会改善。

joint venture：合资企业。两个或多个公司所有和经营的企业。

L

lagging：延后支付。一家公司拖延付款时所用的策略,通常是根据汇率预测结果而做出的反应。

leading：提前支付。一家公司加速付款时所用的策略,通常是根据汇率预测结果而做出的反应。

letter of credit(L/C)：信用证。银行在指定条件下代表指定一方(通常是进口商)向出口商(受益人)承诺当货运单据与规定一致时见票即付的协议。

licensing：许可经营。公司为获得报酬或出于其他考虑,向外提供其技术(版权、专利、商标或商号名称)的安排。

locational arbitrage：区位套利。在一个地方以低价买入货币,然后立刻在另一个地方以高价卖出货币的过程。

lockbox：收款箱。客户按指定要求汇款的邮局信箱号。

London Interbank Offer Rate(LIBOR)：伦敦银行同业拆借利率。银行之间最常用的短期(如一天)利率。

M

Macroassessment of country risk：国家风险的宏观评估。不考虑一个行业或一个公司的具体情况,而只考虑各种影响到国家风险的变量,对一个国家进行总体风险的评估。

mail float：邮寄浮存。邮寄支付时的邮寄时间。

manage float：管理浮动。中央银行可以干预以防止汇率过度波动。

market-based forecasting：市场预测。用市场决定的汇率(如即期汇率或远期汇率)预测未来的即期汇率。

Master Agreement：主协议。在私下衍生品市场里,给参与人为正在进行的商业关系提供建立法律和信用条款机会的协议。

micro-assessment of country risk：国家风险的微观评估。根据跨国公司经营业务特点对一个国家所做的风险评估。

mixed forecasting：混合预测法。综合运用几种预测方法进行预测的方法。

Multibuyer Policy：多买方保单。美国进出口银行制定的保险单,对向多个买方的出口提供信用保险。

Multilateral Investment guarantee Agency(MIGA)：多边投资担保机构。世界银行建立的一个机构,该机构向公司提供各种政治风险的保险。

multilateral netting system：多边净额结算体系。母公司和几个子公司交易净额的复杂互换。

Multinational corporation(MNCs)：跨国公司。从事国际经营活动的公司。

N

net operating loss carrybacks：净经营亏损前转。用经营亏损来抵消以前年度利润的做法。

net operating loss carryforwards：净经营亏损后转。用经营亏损来抵消未来年度利润的做法。

netting：净额结算。在转换货币时通过减少管理和交易费用来优化现金流的方法。

non-deliverable forward contracts(NDF)：无本金交割远期合约。类似于远期合约,表示一种有关某一特定货币头寸、特定汇率和特定结算日的合约,但是并不会交割货币。相反,在该合约中,一方对另一方的支付则基于未来日期的汇率。

nonsterilized intervention:非冲销干预。干预外汇市场而不调整货币供应的变化。

notional value:名义价值。在利率掉期中,各方一致赞同的价值。

O

ocean bill of lading:海运提单。用船运输的收据。

open account transaction:记账交易。出口商发运货物后,希望买方能根据协议汇回款项的销售交易。

outsourcing:外包。将业务分包给第三方的过程。

overhedging:超额套期保值。对某外币套期保值的金额大于实际交易的金额。

P

parallel bonds:平行债券。在不同国家发行以各国货币标价的债券。

parallel loan:平行贷款。涉及双方货币兑换的贷款,即一方答应在未来以指定汇率重新换回该货币。

partial compensation:部分补偿。向一方发货后再从同一方买回一定量产品(是原销售额的一部分)的协议安排。

pegged exchange rate:钉住汇率。指本国汇率钉住某一外国货币价值或某一记账单位。

perfect forecast line:完美预测线。图表上45度线表明预测汇率与实际汇率相等。

petrodollars:石油美元。因出售石油给其他国家而收到的美元收入形成的存款,该术语一般指OPEC成员国在欧洲货币市场的美元存款。

political risk:政治风险。东道国政府或公众采取的影响跨国公司现金流量的政治行为。

preauthorized payment:预授权付款。通过获得授权从客户银行账户支取一定限额的收款而加速现金流入的方法。

prepayment:预付。出口商在发货前收到货款的方法。

price elastic:价格弹性。对价格变动的敏感度。

Primary income:初次收入收支。经常账户的组成部分,主要由跨国公司在外国直接投资中获得的收入,以及投资外国证券赚取的收入构成。

privatization:私有化。从政府拥有的企业变为由股东或个人拥有的企业。

product cycle theory:产品周期理论。该理论认为一家公司首先在当地设立机构,然后由于外国对其产品的需求开始进入国际市场。一段时间后跨国公司在国际市场成长,再后来,如果该公司不能使它的产品与竞争者有所差异,外国业务就会下降。

Project Finance Loan Program:项目融资贷款计划。该计划使商业银行、进出口银行或二者同时对与大型项目相关的资本性设备和服务进行长期项目融资。

purchasing power parity(PPP) line:购买力平价线。该线上各点反映了两国通货膨胀差异等于两国各自货币汇率变动的差异。

purchasing power parity(PPP) theory:购买力平价理论。该理论认为汇率会根据两国通货膨胀的差异而进行调节。这时购买国内商品的购买力和购买国外商品的购买力相同。

put option on real assets:实物资产看跌期权。包含部分或全部处置项目的权利。

Q

quota:配额。一国政府对允许进入该国的商品施加的最大限额。

R

real cost of hedging：套期保值的实际成本。和不套期保值相比,进行套期保值的额外成本(实际成本为负说明套期保值比不套期保值有利)。

real interest rate：实际利率。名义(挂牌利率)利率减去通货膨胀率。

real options：实物期权。指实物资产期权。

regression analysis：回归分析。用来测算变量间关系,以及一个变量对另一个或多个变量敏感性的统计方法。

regression coefficient：回归系数。回归分析所用术语,用来估计因变量对某一自变量的敏感性。

revaluation：汇率上调。中央银行向上调整汇率。

revalue：币值上调。提升某一货币对其他货币的价格。

revocable letter of credit：可撤销信用证。指银行开出的信用证可随时撤销而不用预先通知受益人。

S

Secondary income：二次收入。经常账户的组成部分,主要包括国家之间的援助、补贴和赠予。

semistrong-form efficient：半强式有效。用来说明外汇市场的特点,表明所有相关的公开信息都反映在当前的即期汇率中。

sensitivity analysis：敏感性分析。评估不确定性的一种方法,这种方法可用来测算各种可能性下的可能结果。

simulation：模拟。评估不确定程度的方法。通过各变量的概率分布,模拟可测算出可能的结果。

Single European Act：《单一欧洲法案》。该法案要消除欧洲国家对贸易和资本流动施加的大量壁垒。

Single-Buyer Policy：单一买方保单。美国进出口银行的保险单,该保单使出口商有选择地对某些交易进行保险。

Small Business Policy：小企业保单。对新出口商和小企业提供特别保险的保险单。

Smithsonian Agreement：史密森协议。各国在 1971 年召开的会议,该会议使美元对主要货币贬值,并且放宽了汇率波动幅度(上下 2% 的波动)。

snake：蛇形浮动。该制度是在 1972 年建立的,使得欧洲货币在指定限额内彼此挂钩。

special drawing right(SDR)特别提款权。代表分配给成员国的一种记账单位以补充国际货币储备。

spot market：即期市场。外汇交易现场交割的市场。

spot rate：即期汇率。当前的货币汇率。

standby letter of credit：备用信用证。用来向供货方提供担保付款的文件,根据该信用证,如果买方不能付款,可由该信用证开立者向受益人付款。

sterilized intervention：冲销干预。美联储干预外汇市场时,同时在国债市场进行交易,以抵消对货币供应的任何影响。因此,通过不改变现有的美元货币供应实现对外汇市场的干预。

straddle options：跨式期权。卖出和买入期权的结合,执行价格相同。

strangle：勒式期权。卖出和买入期权的结合,执行价格并不相同。

strike price：清算价。看涨期权的所有者被允许买进特定货币的价格(汇率);或看跌期权的所有者被允许卖出特定货币的价格(汇率)。

strong-form efficient：强式有效。说明外汇市场的所有相关公开和不公开信息都反映在了当前的即期汇率中。

Structural Adjustment Loan (SAL)：结构性调节贷款。世界银行在 1980 年设立的通过项目融资促进一国经济长期增长的贷款。

　　supplier credit：卖方信贷。由卖方提供的信贷以支持买方的经营。
　　syndicate：辛迪加。参与贷款的银团。

T

　　tariff：关税。政府对进口物品征收的税。
　　technical forecasting：技术预测法。用历史汇率数据及趋势进行预测的方法。
　　tenor：有效期。汇票期限。
　　time-series analysis：时间序列分析。对某段期限内两个或多个变量关系的分析。
　　trade acceptance：商业承兑汇票。允许买方在付款前收到货物的汇票。
　　transaction exposure：交易风险。未来现金交易值受汇率波动影响的程度。
　　transfer payment：转移支付。有时涉及国际收支账户的非营业收入。是经常账户的组成部分，主要指国家之间的援助、补贴和赠予。
　　transfer pricing：转移定价。母公司或子公司把商品转移给另一家子公司进行的定价政策。
　　transferable letter of credit：可转让信用证。使备用信用证的第一受益人可以把部分或全部原始信用证转给第三方的文件。
　　translation exposure：折算风险。公司合并财务报表受汇率波动影响的程度。
　　triangular arbitrage：三角套利。利用套算（交叉）汇率报价不等于均衡汇率时的差异进行牟利的行为。

U

　　Umbrella Policy：伞形保单。银行或贸易公司开出的保险单，该保险单对出口商的出口予以保险并能处理相关管理事务的政策。

W

　　weak form efficient：弱式有效。说明外汇市场中，所有历史和当前汇率信息已经反映在即期汇率中。
　　Working Capital Guarantee Program：营运资金担保项目。美国进出口银行执行的计划，鼓励商业银行对合格出口商进行短期出口融资。美国进出口银行对贷款本息予以担保。
　　World Bank：世界银行。在1944年建立的银行，该银行通过提供贷款促进各国经济发展。
　　World Trade Organization(WTO)：世界贸易组织。该组织是一个提供多边贸易谈判论坛的组织，处理与关贸总协定相关的争议。
　　Writer：写单者。期权的卖方。

Y

　　Yankee stock offerings：扬基股票发行。非美国公司在美国市场发行的股票。

CENGAGE Learning®

Supplements Request Form（教辅材料申请表）

Lecturer's Details（教师信息）

Name:(姓名)		Title:(职务)	
Department:(系科)		School/University:(学院/大学)	
Official E-mail:(学校邮箱)		Lecturer's Address /Post Code:(教师通讯地址/邮编)	
Tel:(电话)			
Mobile:(手机)			

Adoption Details(教材信息)　　原版☐　　翻译版☐　　影印版☐

Title:(英文书名) Edition:(版次) Author:(作者)	
Local Publisher:(中国出版社)	
Enrolment:(学生人数)	Semester:(学期起止日期时间)

Contact Person & Phone/E-Mail/Subject:
(系科/学院教学负责人电话/邮件/研究方向)
(我公司要求在此处标明系科/学院教学负责人电话/传真及电话和传真号码并在此加盖公章.)

教材购买由 我☐ 我作为委员会的一部份☐　　其他人☐[姓名：　　　　]决定。

申请方式一：填写以上表格，扫描后同时发送至以下邮箱：

asia.infochina@cengage.com
em@pup.cn

申请方式二：扫描下方二维码，通过微信公众号线上申请教辅资料

如需**中英文PPT**，请扫描下方二维码：
关注"北京大学经管书苑"微信公众号，
点击菜单栏的【在线申请】—【教辅申请】，
选择并填写相关信息后提交即可。

如需**其他英文教辅资料**，请扫描下方二维码：
关注"圣智教育服务中心"微信公众号，
点击菜单栏的【教学服务】—【获取教辅】，
选择并填写相关信息后提交即可。

北京大学出版社经济与管理图书事业部
电话：010-62767312

Cengage Learning Beijing
电话：010-83435000

VERIFICATION FORM / CENGAGELEARNING